Wisser — Philosophische Wegweisung

Richard Wisser

Philosophische Wegweisung

Versionen und Perspektiven

Königshausen & Neumann

Die Deutsche Bibliothek — CIP-Einheitsaufnahme

Wisser, Richard:
Philosophische Wegweisung : Versionen und Perspektiven /
Richard Wisser. – Würzburg : Königshausen und Neumann, 1996
ISBN 3-8260-1251-8

Druck: Verlag Königshausen & Neumann, GmbH
Gedruckt auf säurefreiem, alterungsbeständigem Papier
Bindung: Rimparer Industriebuchbinderei GmbH

Printed in Germany
ISBN 3-8260-1251-8

INHALT

II. Teil

KREUZWEGE

Vorwort

Die weitverbreitete und seit langem in der Menschheitsgeschichte vertretene Auffassung, daß der Mensch homo viator sei, spricht dafür, daß Worte wie »Weg« und »Unterwegssein« für den Menschen mehr als nur eine zeitweilige und modische metaphorische Bedeutung haben. Daß nicht nur in der Diskussion wissenschaftlicher »Methoden« (met-hodos), also geprüfter und überprüfbar einzuschlagender Wege des »Vorgehens«, sondern auch in den Auseinandersetzungen um den »richtigen« Weg (hodos), der im Handlungsbereich von Politik und Moral einzuschlagen ist, »unentwegt« von Wegen, von Bahnen, von Trassen, aber auch von Ab- und Irrwegen, von »krummen Wegen« und von Sackgassen, ja im zweideutigen Sinne des Wortes von »Holzwegen« die Rede ist, läßt erkennen, wie wesentlich für ein Wesen wie den Menschen, dem in prinzipieller »Weltoffenheit« viele Richtungen und Ziele offenstehen, die Entscheidung ist, entweder überkommenen, traditionell oder ideologisch gebahnten Wegen zu vertrauen oder aber angesichts neuer Situationen neue Wege einzuschlagen.

In Natur und Geschichte ist alles in »Be-wegung«, und mag sich auch der natürliche Jahreskreislauf gleichbleiben, um so deutlicher fallen die Veränderungen der Phasen ins Auge. Und mag auch der Verlauf der Geschichte Gesetzen unterliegen, gerade ihre Kenntnis macht es dem Menschen möglich, daß er sich nicht in das für Schicksal Gehaltene zu schicken braucht, sondern Veränderungen in Gang zu setzen vermag. »Weg« ist nicht nur als feststehende Größe die Verbindung zwischen zwei Orten. Weg ist mit allem, was ein zurückzulegender Weg mit sich bringt, die ursprünglichste Form der Be-wegung, die den, der *sich* bewegt, selbst nicht unverändert läßt. Insofern gilt es, nicht nur Wege zu entdecken, indem man sie dadurch erschließt, daß man sie geht, sondern *sich selbst* als Weg zu begreifen, als Weg des eigenen Lebens, und das heißt: nicht nur von einem fix und fertig vorgezeichneten Lebensweg zu sprechen, sondern von einem, für den man selbst verantwortlich, jedenfalls mitverantwortlich ist.

In solchem Sinne sollten I. »GESCHICHTLICHE WEGE«, die von Philosophen gelegt und eingeschlagen worden sind, daraufhin überprüft werden, inwieweit sich auf ihnen mehr abspielt als eine subjektive Deutung dieses oder jenes Denkers oder Täters. Für die Erschließung der Wirklichkeit wie des dem Menschen Möglichen haben Philosophen wie Albertus Magnus, Giambattista Vico, Karl Marx und Friedrich Nietzsche wichtige Wegweisungen geleistet.

Daß es aber II. auch »KREUZWEGE« gibt, »SCHEIDEWEGE«, an denen deutlich wird, daß der Mensch recht unterschiedlichen Wegen und Richtungen konfrontiert wird und aufgerufen ist, sich zu »entscheiden«, zeigt sich, wenn man sich im Blick auf Vico, Hegel, Jaspers und Heidegger an historisch-systematischen Knotenpunkten der Philosophiegeschichte fragt: Wie geht es weiter und wie soll es weitergehen? Werden durch die »Seinsfrage« und durch die Heiderggersche Wende vom »Denken des Denkens« zum »Seinsdenken«, d.h. durch den Weg von Hegel zu Heidegger, der Philosophie »neue Wege« erschlossen, ober aber wird durch Heideggers »anderes Denken« dem »Ende der Philosophie« der Kehr-Weg bereitet? Ist, wie Heidegger nicht müde wird, zu betonen, der »Schritt zurück«, der weder Fortschritt noch Rückschritt im geläufigen Zeitverständnis meint, sondern den Schritt zurück an einen »anfänglicheren Anfang« als die Philosophie ihn genommen hat, gefordert und »Aufgabe des Denkens«, oder gilt es, eingedenk dessen, was Karl Jaspers nachdrücklich fordert: »Die Philosophie soll nicht abdanken. Am wenigsten heute«, das Philosophieren in den Dienst der philosophia perennis, der weder versiegenden noch versagenden Philosophie zu stellen? Auf welche Art des »Unterwegsseins« laufen die Be-wegungen, von den utopischen und atopischen, von den ideologischen und pragmatischen ganz zu schweigen, hinaus?

Wenn III. das »UNTERWEGSSEIN« für den Menschen wesentlich ist, wenn menschliche Be-wegung Unterwegssein ist, wenn es Sein in Be-wegung ist, dann gilt es, sich dessen bewußt zu werden, daß es sich bei den Wegen des Menschen nicht um fix und fertig festgelegte Trassen und Kanalisationen, eindeutig ausgewiesene Auto-Bahnen und unabänderliche Kursbeschreibungen eines »Netzwerkes« handelt, die dogmatisch und doktrinär behandelt werden können, sondern um solches, was der Mensch zu »verantworten« hat. Solcherart »Unterwegssein« ist nicht die Weise, um auf einer eindeutig gebahnten Route, sich selbst gleichbleibend, von hier nach dort zu kommen, sondern besagt, die *Selbstveränderung* in Raum und Zeit als Existenzform des Menschen zu erfahren, zu akzeptieren und zu verwirklichen. Was das Denken, aber auch das Philosophieren »zu Wege« bringen, sind also in erster Linie nicht »Werke« sondern »Wege«.

Angesichts dessen zeigt sich: Es gibt eine *Grundbefindlichkeit* des Menschen, die, erkennt man sie als *»kritisch-krisische«*, verständlich macht, weshalb Be-wegung, in der nicht nur, entsprechend der Betonung des großgeschriebenen Wortes Weg, von Wēg die Rede ist, sondern entsprechend der Betonung des kleingeschriebenen Wortes weg als wég von und hinzu, Veränderung, die sich abspielt, angesprochen wird, das Unterwegssein eines Wesens ist, das ist, indem es wird. Anders gesagt: Es gilt, der condition humaine, des »Menschenloses«, wie Gabriel Marcel Blaise Pascals Kennwort übersetzt hat, nicht nur ansichtig zu werden, sondern dem Umstand zu entsprechen, daß »Kritik« und »Krise« Wege zum Selbstverständnis des Menschen sind, weil sie Ausdruck der Wesensform des Menschen und nicht nur seiner Erscheinungsform sind.

Jeder Versuch, die »kritisch-krisische Grundbefindlichkeit des Menschen« zu ignorieren und sich gewissermaßen in die Büsche zu schlagen oder totalitärer Wegfestsetzung sich anheimzugeben, kann als Münchhauseniade, sich am eigenen Zopf aus der Situation ziehen zu wollen, durchschaut werden. Der Mensch ist immer schon kritisch auf alles Krisische bezogen, dem er eine ihm notwendig erscheinende Wende geben möchte. Und er bringt sich selbst immer wieder durch Kritik in die Krise, die ihn aber als eine in gewissem Sinne heilsame den Verfestigungen und dem Starrsinn einer nicht mehr selbstkritischen Kritik entreißt. So erweist sich, daß der Mensch nicht nur das auf Herausforderungen an ihn, wie auf Herausforderungen, die er sich selbst stellt, *antwortende* Wesen ist, sondern, weil keine Antwort für sich in Anspruch nehmen kann, das letzte Wort zu haben, das *ver-antwortende* Wesen ist, das folglich dem Risiko seines Denkens und Handelns nicht zu entgehen vermag.

Soviel über den vorliegenden Band und den systematischen Zusammenhang der in ihm enthaltenen Versionen und Perspektiven, d.h. die unterschiedlichen Weisen und Wendungen und die unterschiedlichen Gesichtspunkte und Richtungen. Die Essays und Ansprachen, in denen bewußt der jeweilige Ton und »tonos«, also das sachlich prüfende Erkunden beziehungsweise das an den Leser gerichtete Wort angeschlagen wird, sind zwar zu verschiedenen

Gelegenheiten und in unterschiedlichen Zeiten entstanden, gehören aber zusammen, und wenn sie auch nicht »aus einem Guß« sind, sie sind aus einem Geist. Deshalb behalten sie gewisse Wiederholungen nicht nur zur Anbindung des Gedankenganges und, um einem Gedanken Nachdruck zu geben, bei, sie stellen zugleich Variationen des Leitthemas oder Zusammenfassungen des Erreichten, nicht bloße Repetition, also Wieder-*holung*, sondern *Wieder*-holung dar.

*

Nun noch ein Hinweis auf den Autor. Wenn ein Autor über sich selbst sprechen soll, hat dies immer etwas Mißliches an sich. Ich zitiere daher aus dem, was in der »Brockhaus Enzyklopädie« (1974/1994) über mich gesagt wird und schlüssele es auf: »W. ist bestrebt, von der ›kritisch-krisischen Grundbefindlichkeit‹ des Menschen aus im geschichtlich Gewordenen den Wandel und den Bestand menschlicher Möglichkeiten zu durchleuchten. Er hebt die individuelle Verantwortung im Konkreten (»situationelle Verantwortung«) hervor, die die jeweils vorgegebene Fixierung durch institutionelle (»instantielle«) Verantwortung überschreitet. Der Doppelfrage nach ›Sinn und Sein‹ soll ein nicht ablassendes Bemühen gelten, der ›Ursprünglichkeit‹ auf die Spur zu kommen durch Kritik in einem als permanente Krise aufgefaßten lebensweltlichen Zusammenhang.«

In dieser gewissermaßen »offiziellen« Kennzeichnung wird auf mein 1967 veröffentlichtes Buch »Verantwortung im Wandel der Zeit. Einübung in geistiges Handeln« (Mainz) angespielt, das im Jahre 1970 in Buenos Aires in spanischer Übersetzung unter dem Titel »Responsabilid y cambio histórico« und im Jahre 1988 in »serbokroatischer« Übersetzung unter dem Titel »Odgovornost u mijeni vremena« in Sarajevo erschienen ist. Zugleich wird aber auch auf einen von mir 1960 herausgegebenen umfangreichen Band »Sinn und Sein« (Tübingen) abgehoben, in dem die Sinnfrage nicht nur auf die Heideggersche Frage nach dem »Sinn von Sein« bezogen wird. Schließlich wird auf den von Dieter Stolte (dem nachmaligen Intendanten des ZDF) und mir edierten Sammelband »Integritas. Geistige Wandlung und menschliche Wirklichkeit« (Tübingen) angespielt, durch den »Integritas« als topischer wie utopischer, jedenfalls ontologischer, aber auch als spezifisch ethisch-anthropologischer Grundzug herausgestellt wird.

Der Wendung zum lebenspraktischen Bezug und zu Fragen der Verbindlichkeit des Handelns bin ich in dem von mir 1967 herausgegebenen Band »Politik als Gedanke und Tat« (Mainz) gefolgt, insofern es mir hier um den Nachweis gegangen ist, daß es nicht ausreicht, abstrakte Gedanken über konkrete Handlungen vorzulegen oder einen bloßen Report über undurchschaute politische Vorkommnisse zu geben. Praxisbezug hinsichtlich des heutigentags vordringlichsten Mediums, des Fernsehens, hat auch das zusammen mit Dieter Stolte von mir herausgegebene Buch »Fernsehen. Ein Medium sieht sich selbst« (Mainz 1976).

Dank schulde ich für viele Anregungen Karl Jaspers und Martin Heidegger, letzterem Dank auch dafür, daß er mir 1969 anläßlich seines 80. Geburtstages als einzigem und überhaupt ein Fernseh-Interview gewährt hat, das ich in »Martin Heidegger im Gespräch« (Freiburg/München 1970) dokumentiert habe und das in viele Sprachen übersetzt worden ist. Die Umstände habe ich ausführlich in dem von Günther Neske und Emil Kettering 1988 herausgebrachten Band »Antwort. Martin Heidegger im Gespräch« (Pfullingen) beschrieben. In diesen Umkreis gehört auch der 1987 von mir herausgegebene Sammelband »Martin Heidegger - Unterwegs im Denken« (Freiburg/München). Ein mit Leonhard H. Ehrlich (Amherst/Massachusetts, USA) gemeinsam edierter Band »Karl Jaspers Today. Philosophy at the Threshold of the Future« (Washington 1988) belegt aus Anlaß des 100. Geburtstages von Karl Jaspers (1983) die weltweite Wirksamkeit seines Philosophierens, zu dem ich auch durch die Organisation dreier internationaler Karl Jaspers-Konferenzen auf den Weltkongressen für Philosophie in Montreal (1983), Brighton (1988) und Moskau (1993) beigetragen habe. Ebenfalls mit Leonhard H. Ehrlich habe ich 1993 einen weiteren Sammelband unter dem Titel »Karl Jaspers. Philosopher among Philosophers - Philosoph unter Philosophen« (Würzburg) herausgebracht.

Solches, was als »Jahrhundertkontroverse« der Philosophiegeschichte des 20. Jahrhunderts angesprochen worden ist, Karl Jaspers' Eintreten für die Philosophie, der Kampf seiner Existenzphilosophie um die Existenz der Philosophie angesichts des von Martin Heidegger konstatierten »Endes der Philosophie«, habe ich in dem Buch »Karl Jaspers: Philosophie in der Bewährung. Vorträge und Aufsätze« (Würzburg 1995, 2. Auflage 1995) herausgestellt und dabei versucht, sowohl dem »offenen Horizont« des *Philosophierens* als auch der Ursprünglichkeit seinsfragenden *Denkens* von der »kritisch-krisischen Grundbefindlichkeit des Menschen« aus gerecht zu werden.

Daß es möglich war, in einer für Kroatien schweren Zeit 1992 in Zagreb eine Übersetzung von Essays und Ansprachen, von denen eine Reihe während meiner Jahre als Direktor eines internationalen Philosophiekurses am Inter-University Centre of postgraduate studies in Dubrovnik zur Sprache gekommen sind, unter dem Titel »Filozofski putokazi« (Philosophische Wegweisungen) herauszubringen, halte ich für bemerkenswert. Eine Auswahl von fünf Kapiteln aus diesem Buch ist 1994 in japanischer Übersetzung unter dem Titel »Menschsein und Fragen. Kritisch-krisische Anthropologie« in einer gewissenhaft redigierten und kommentierten Ausgabe in Tokyo veröffentlicht worden.

An solchem, was sich mit unterschiedlichen Feldern, denen ich mich gewidmet habe, befaßt, sei genannt: »Verantwortlich Mensch sein. Ein philosophisches Symposion zu Ehren von Richard Wisser«, herausgegeben von Emil Kettering (Mainz 1993), dem auch eine Bibliographie beigegeben ist, und der Katalog einer Ausstellung »Richard Wisser: Weltweit vor Ort - Zuhause in Worms«, den die Wormser Stadtbibliothek, Dipl.-Bibliothekar Detlev Johannes und Dr. Karen Joisten 1993/94 herausgebracht haben.

Den vorliegenden Band, dessen Druckvorlage ich der mich ermutigenden Arbeit von Dr. Emil Kettering und der Mitarbeit von Dr. Karen Joisten, Dr. Susanne Marschall, Anja Ebert, Matthias Vollet M.A., Bernhard Ruppert M.A. und Evelyn Weber verdanke, für dessen Erscheinen ich aber auch dem Verleger Dr. Thomas Neumann verbunden bin, lege ich dem Leser nicht nur in freundlicher Gesinnung in die Hände, sondern ans Herz; denn, auch wenn Philosophie vornehmlich den Kopf beschäftigt und Kopfzerbrechen auslösen mag, sofern ihre Wegweisung tatsächlich vollzogen werden soll, bedarf es des Pulsschlages, der alles auf dem laufenden hält.

Richard Wisser Mainz, im März 1996

I. Teil

GESCHICHTLICHE WEGE

Albertus Magnus

Ein Mensch auf dem Weg durch die Wirklichkeit

Einleitung

1. Aufdeckung der Gegenwartsbefangenheit

Es wirft große Schwierigkeiten auf, eines Menschen zu gedenken, den an Umfang des Wissens im Mittelalter kein anderer übertroffen haben dürfte, dem bereits seine gelehrten Zeitgenossen zu Lebzeiten den Ehrentitel »philosophus magnus«[1] verliehen haben und den sie später sogar »doctor universalis«[2], den alles Umfassenden und alles Ineinsfassenden nannten, den noch Aventinus in seiner berühmten Bayerischen Chronik als den »gelertisten Teutschen«[3] bezeichnet hat, der aber auch beim einfachen Volk, besonders wegen der Zauberkunst, die ihm nachgesagt wurde, volkstümlich gewesen ist. Soll eines solchen Menschen gedacht werden, muß an sehr vieles und zugleich daran gedacht werden, wie solches miteinander zusammenhängt. Es ist aber auch schwer, einem Menschen nahezukommen, den einer seiner Biographen einen »Geistesriesen« nennt, »wie er in dieser Universalität nicht wieder über diese Erde

[1] Martin Grabmann, Der Einfluß Alberts des Grossen auf das mittelalterliche Geistesleben, in: Ztschr. f. kathol. Theol. 52 (1928) 153-182, 313-356 und Grabmann, Mittelalterliches Geistesleben, München 1936, 24-412. - Bernhard Geyer, Albertus Magnus, in: Die großen Deutschen. Deutsche Biographie, hrsg. von Heimpel u.a., 1. Bd., Berlin 1956, sieht die Entstehung des Ehrentitels »Magnus« »in Dunkel gehüllt. Mag er nun aus ehrenden Attributen wie ›magnus philosophus‹ oder ›magnus in philosophia‹, die ihm häufig gegeben werden, durch Auslassung entstanden oder ›magni‹ aus ›magistri‹ verlesen worden sein, oder, wie neuestens vermutet wurde, der Herkunftsbezeichnung de La Magna, unter der er in Dantes Convivio (III, 5) angeführt wird, seinen Ursprung verdanken, sicher ist, daß er nicht so anspruchsvoll gemeint war, wie wir ihn heute empfinden, sondern mehr in dem Sinne, wie nach Matthäus 5,19 der getreue Gesetzeslehrer als groß im Himmel bezeichnet werden soll«, 201.

[2] Grabmann, 19.

[3] Johannes Turmair's (Aventinus) Bayerische Chronik, hrsg. von V. von Lexer, in: Johannes Turmair's Sämtliche Werke, Bd. V, München 1886, 382.

gewandelt ist«[4], denn es läßt sich nicht darüber hinwegsehen, daß wir Menschen am Ende des 20. Jahrhunderts mehr als 700 Jahre über ihn hinaus sind.

Goethe hat in seinen »Annalen«, einem Alterswerk, in dem er autobiographische Notizen und Reminiszensen kundtut, davon berichtet, daß er, selbst wenn er »weder Muße noch Gelegenheit« gehabt habe, »in ältere Behandlungen der Naturgeschichte einzugehen«, immerhin den Albertus Magnus studiert habe. »Aber«, fügt Goethe aufrichtig hinzu, »mit wenigem Erfolg«. Und Goethe nennt auch sogleich den Grund für dieses Mißlingen: »Man müßte sich den Zustand seines Jahrhunderts vergegenwärtigen, um nur einigermaßen zu begreifen, was hier gemeint und getan sei«.[5] Wie aber sollte, was einem Goethe nicht glücken wollte, uns gelingen? Wenn wir trotzdem versuchen, Albertus Magnus nahezukommen, dann im Bewußtsein dessen, daß dies nur gelingen kann, wenn wir diese mehr als 700 Jahre überbrücken und mit solchem in Kontakt kommen, was zwar an der Zeit gewesen, aber deshalb nicht einfachhin vergangen ist.

Immerhin, der zeitliche Abstand ist gewaltig, und es läßt sich, was an Geschehnissen und Ereignissen dazwischenliegt, nicht einfach überspringen. Da obendrein vielen Zeitgenossen der Name »Mittelalter« und »mittelalterlich« immer noch suspekt ist, weil der Geist, der ihm entspricht, als »finster«[6] in Verruf steht, besteht, obwohl inzwischen der Zugang sogar durch ein »Dictionary of the Middle Ages«[7] erleichtert worden ist, wenig Neigung, den Blick zurückzuwenden. Manchem Zeitgenossen sitzt, eingestanden oder uneingestanden, obendrein die Furcht, von der öffentlichen Meinung, ob eines Rückblicks für reaktionär und konservativ gehalten zu werden, in den Knochen, scheint es doch so, als würden wir alle vorangetrieben auf der Bahn, die der »Fortschritt« oder die »ge-

[4] Heribert Christian Scheeben, Albertus Magnus, Köln 1953, 193. Auf dem Umschlag und in Verantwortung des J.P. Bachem-Verlags: »Der Mann, dessen Name und Werk das Beste deutschen Mannestums verkörpert!«

[5] Goethe, Annalen oder Tag- und Jahreshefte als Ergänzung meiner sonstigen Bekenntnisse, in: Cotta'sche Jubiläumsausgabe, Stuttgart und Berlin, 30. Bd., 227.

[6] Vgl. Renovatio et Reformatio. Wider das Bild vom »finsteren« Mittelalter. Festschrift für Ludwig Hödl, hrsg. von M. Germing u. G. Ruppert, Münster 1984.

[7] Vgl. Announcing the Dictionary of the Middle Ages, ed. by Joseph R. Strayer. From Scribner Reference Books, Collier MacMillan, New York 1-12 (seit 1982); Index 1989.

schichtliche Notwendigkeit« einschlägt, denen zu folgen bedeutet, auf der Höhe zu sein, und die einzig und allein das progressive Bewußtsein vermitteln, das üblicherweise weithin Respekt einbringt. »Aufklärung« und »Kritische Rationalität«, exzessive »Wissenschaftlichkeit« und »Ideologiekritik« tun das Übrige, uns über all das auf dem laufenden zu halten, was zur Entlarvung zurückgebliebener Rückständigkeit führt, überlebtem, ewig gestrigen Konservativismus den Garaus macht und rückschrittlicher Fortschrittsfeindlichkeit das Genick bricht, die davon nicht Betroffenen aber im Lichte unentwegter Progressivität erscheinen läßt. Da alle Welt obendrein Augenzeuge dessen geworden ist, daß Menschen den Mond betreten haben, mag man nicht hinter der Zeit zurückbleiben, und nachdem auch die Rückseite des Mondes ihre Geheimnisse hat preisgeben müssen, gilt es als unschicklich, »hinter dem Mond« zu Hause zu sein.

Goethe hat recht: »Man müßte sich den Zustand des Jahrhunderts von Albertus Magnus vergegenwärtigen, um nur einigermaßen zu begreifen, was hier gemeint und getan ist«. Vielleicht läßt sich aber die Zielrichtung des Goethe-Wortes auch umkehren. Vielleicht ist es, damit man dem selbstverständlich Scheinenden und durch Angewöhnung dem Argwohn Entzogenen nicht auf den Leim geht, nicht minder, ja in erster Linie nötig, sich des *Zustandes unseres Jahrhunderts* zu vergewissern, soll nicht wegen eigener etwaiger Gegenwartsbefangenheit eine Begegnung mit Albertus Magnus ausgeschlossen bleiben. Wenn der »Fortschritt« alles das zu Rückschrittlichem werden läßt, über das die Zeit hinweggegangen ist, und wenn das, was einmal war, wie Hegel sagt, »*gewesen*« ist, das Wesen aber das »zeitlos vergangene Seyn« ist[8], das »aufgehoben und somit zugleich conservirt ist«[9], lohnt es sich dann noch, ja ist es überhaupt möglich, so lange Zurückliegendem sich zuzuwenden? Werden wir, wenn wir uns der »Antike« zuwenden, automatisch zu Antiquaren? Tauschen wir, wenn wir uns dem »Mittelalter« zukehren, unsere Jugendlichkeit und unser Licht gegen Alter und »Finsternis« ein?

[8] G.W.F. Hegel, Wissenschaft der Logik. 1. Teil. Die objektive Logik. In: Sämtliche Werke. Jubiläumsausgabe in zwanzig Bänden, hrsg. von Hermann Glockner, Stuttgart 1936, 4. Bd., 481.

[9] Hegel, System der Philosophie. l. Teil. Die Logik (Glockner), Stuttgart 1940, 8. Bd., 263.

Eines dürfte klar sein: Wenn wir nicht bereit sind, uns über die Grundtendenz eines heute immer noch pulsierenden, drängenden und treibenden Richtungsbewußtseins unentwegter Fortschrittlichkeit oder auch dialektischer Aufhebung klar zu werden, wenn wir gar ausschließlich der Vorstellung, wesentlich sei immer nur das Neue, Neueste, Allerneueste - wir tun uns nicht schwer, die »Neuzeit« durch die »Moderne« und diese durch die »Postmoderne« auch sprachlich zu übertrumpfen - trotz des sonstigen modischen kritischen Gehabes blindlings oder bedenkenlos aufsitzen, dann wird uns die Erinnerung an einen Mann, der zwar vielen angesehenen Forschern als »Leuchte des Mittelalters« gilt und den ein Alexander von Humboldt gar eine *»herrliche Figur* des Mittelalters«[10] genannt hat, zur Sentimentalität folgenloser Pietät gerinnen. Es bleibt dann die wesentliche Er-innerung, also die Erfahrung der Tiefendimension menschlichen Lebens aus, die nicht durch den eindimensionalen, obendrein linear-progressiv vorgestellten Verlauf der Zeit außer Kurs gesetzt werden kann und die gerade nicht zum alten Eisen gehört, an dem sich nur noch der Rost und der berühmte sog. Zahn der Zeit zu schaffen machen.

Wer einzig den »Fortschritt« gelten läßt - eine Geschichtsbetrachtung, die in bestimmten Bereichen und bei gewissen Materien durchaus ihre Berechtigung hat -, der wird die Leistung Alberts, selbst wenn sie auch unter diesem Aspekt einiges hergibt, nur an eben diesem Kriterium messen. Mit anderen Worten: Er wird nur nach den »fortschrittsbezogenen« Momenten suchen. Gerade dadurch gerät aber alles das außer acht, was ihn nicht bloß als »Vorläufer« auf einem Weg erweist, auf dem dann wir es so herrlich weit gebracht haben, daß uns heute die Folgelasten des Fortschritts die Nachtruhe rauben. Wer einzig den »Fortschritt« preist, dem wird der Gedanke, umzukehren und nach Ansätzen, Herkünften, Ur-sprüngen zu suchen, die vielleicht zu einer lebensnotwendigen Erweiterung des Horizontes der Wirklichkeit und zu einer Umpolung der Richtung wie unserer Ein-richtungen in der Welt führen könnten, nicht in den Sinn kommen. Ja, einem solchen Zeitgenossen wird vielleicht, wenn er mit Albertus Magnus konfrontiert wird, nichts anderes einfallen als die Masche, alles, was nicht in den eigenen Kram paßt, polemisch als konterrevolutionär und als

[10] Zitiert nach: Joachim Sighart, Albertus Magnus. Sein Leben und seine Wissenschaft. Nach Quellen dargestellt, Regensburg 1857, 282.

reaktionär zu verwerfen und als Rückfall oder als Rückschritt ins längst überwundene sog. »finstere Mittelalter« zu denunzieren, von dem man obendrein sagt, daß es heute in bestimmten Gegenden der Welt weniger fröhlich als verbissen »Urständ« feiert.

2. Vergegenwärtigung der Vergangenheit

Es liegt auf der Hand, daß der Gesichtspunkt des »Fortschritts«, der zwar stets die Nase - wie man sagt - vorn trägt und durch das mit ihm verbundene einseitige Richtungsbewußtsein jeweils nur im Neuen up to date ist, weil für ihn der dernier cri das letzte Wort hat, alles das als *verkehrt,* als schief gewickelt und als falsch gepolt verpfeifen muß, was dieser *seiner* Richtung nicht nachkommt und entspricht. Wenn es aber nicht den wesentlichen »Schritt zurück« gibt, der nicht einfach das Gegenteil des »Fortschritts« ist, also nur Rückschritt, bloße Ab-kehr von dem, mit dem man selbst nicht Schritt zu halten versteht, sondern seinerseits aus der Stärke erwächst, kritisch von einer Bewußtseins- und Fühlweise Abstand zu nehmen, die uns alle, ob wir es wollen oder nicht, prägt und durchpulst, dann ist es ausgeschlossen, der Eigenart eines Mannes wie Albertus Magnus und dem zeitübergreifenden Anspruch seines Denkens gerecht zu werden. Es wird uns, sobald wir Albertus Magnus als den von der Entwicklung überrollten mittelalterlich Zurückgebliebenen ansehen und sein Denken, weil reichlich veraltet, auf sich beruhen lassen, dann begreiflicherweise auch nicht gelingen, uns der Möglichkeiten zu versichern, die sein Denken vielleicht noch bereithält.

Wie aber kommen wir Albertus Magnus nahe und in ein Verhältnis zu ihm? Fragen wir zunächst in durchaus modern klingender Ausdrucksweise: Lohnt es sich für uns überhaupt, uns mit Albert zu beschäftigen? Und wenn ja, in welchem Sinn? - Aber schon stutzen wir, denn das Wort vom Lohn und vom Lohnen, das uns sofort an Lohnempfänger und an Lohn-Preis-Gefüge, an Brutto- und an Netto-Lohn, vielleicht an Lohnerhöhung oder an Lohnsteuer denken läßt, ist mehrdeutig. Es kommt beispielsweise auch in der christlichen »Bergpredigt« vor, wo davon die Rede ist, daß den Seliggepriesenen der »Lohn« im Himmel groß und sicher ist. Wir sehen uns also gezwungen, darüber nachzudenken, was das ist, was wir da für lohnend, für brauchbar, für tauglich, für erfreulich halten.

Vielleicht wird man von Seiten einer Kirchengemeinde[11] - und von einer solchen darf wohl zuerst die Rede sein, weil es in der ganzen Welt katholische Pfarrgemeinden gibt, die nach Albertus Magnus benannt sind, also seinen Namen tragen - einwenden, man sei ihm bereits nahe. Und in der Tat, die merkwürdige Vorstellung *religiöser Gleichzeitigkeit* scheint uns der Forderung Goethes, zunächst mit seiner Zeit ins Reine zu kommen, zu entheben. Wer sich vom *Heiligen* Albert ins Gewissen reden läßt, weil er ihm im Glauben verbunden ist, bedarf keiner Aufdeckung unserer Gegenwartsbefangenheit. Man sollte sich dann allerdings an einem Wort des hl. Albert orientieren, das ihn als einen recht seltsamen Heiligen ausweist. Genau gesagt handelt es sich bei dem gemeinten Wort um den sechsten der berühmten zwölf Sprüche, die einst in vielen Kirchen unter dem Namen »Alberti-Tafeln« aufgestellt gewesen sind und die sich beim gläubigen Volk, das von unverschnörkelter, einfacher Denkart war, großer Beliebtheit erfreut haben.[12] Der Satz lautete: »Geh' selber zu Gott; das ist dir nützlicher, denn daß du alle die Heiligen hinsendest, die im Himmel sind«.[13] Der hl. Albert lehnt eine vordergründig verstandene, eine mißbrauchte Fürbitterrolle, die den Heiligen nicht selten noch immer zugemutet wird, ab. Er distanziert uns bewußt von sich, aber er tut dies um unserer selbst und um Gottes willen.

Vielleicht ist es ratsam, uns wenigstens anhand einiger *biographischer Daten* des Umrisses der Lebensleistung von Albertus Magnus zu versichern. Vermutlich 1193 im schwäbischen Lauingen geboren, wird Albert im Jahre 1223 in den Dominikaner-

[11] Dieser Gesichtspunkt ergibt sich, weil es sich bei dem Text ursprünglich um einen Vortrag im Rahmen des »Humanwissenschaftlichen und gesellschaftspolitischen Forums« des Bildungsprogramms von »Messerschmitt-Bölkow-Blohm« (MBB) in Ottobrunn bei München, um eine Sonderveranstaltung gemeinsam mit der Ottobrunner Pfarrei St. Albertus Magnus zum 700. Todesjahr ihres Namenspatrons handelte, der auch anläßlich des Albertus-Festes der Katholischen Hochschulgemeinde St. Albertus in Mainz gehalten worden ist. Als offizieller Beitrag zum Albertus-Jahr ist die Vortragsfassung auch auf Einladung der Philosophischen Seminare und des Studium Generale an der Johannes Gutenberg-Universität in Mainz zur Sprache gebracht worden.

[12] Vgl. Genoveva Nitz, Albertus Magnus in der Volkskunst. Die Alberti-Tafeln, München 1980; vgl. auch: Albertus Magnus. Ausstellung zum 700. Todestag, Köln 1981, 188 f., 251. Scheeben, 192.

[13] Scheeben, 192.

orden aufgenommen, nachdem er zuvor in Padua Medizin und Philosophie studiert hatte. Theologie lernt und lehrt er an der Pariser Universität. In Köln richtet er eine Form des Studiums ein, die diesen Namen bis heute behalten hat, das sog. Studium Generale. 1254 in Worms vom Dominikanerkapitel zum Provinzial für die teutonische, also die deutsche Ordensprovinz gewählt, lernt Albert in beschwerlichen Fußmärschen, die sein Orden vorschreibt, auf ausgedehnten Visitationsreisen Deutschland wie kein zweiter kennen und sehen[14]. Auf ausdrücklichen Befehl des Papstes übernimmt er den verwahrlosten Bischofssitz in Regensburg. Nachdem es ihm gelungen ist, Frieden und Ordnung in dieser Diözese zu stiften, vertauscht er seine Stellung als Reichsfürst wieder mit der Studier- und Lehrstube. Vom Volk von Regensburg wird Albert übrigens »Bundschuh« genannt, weil er, der zeitlebens der strengen Auslegung der Ordensregel gemäß »auf Schusters Rappen«, also zu Fuß, reiste, auch als Bischof den Wanderschuh nicht von den Füßen streifte[15].

Fast zwei Jahrzehnte arbeitete Albertus an der Kommentierung des Gesamtwerks des Philosophen Aristoteles. Seine Beschäftigung mit der theoretischen Vernunft wird allerdings immer wieder von Aufgaben unterbrochen, in denen sich seine praktische Vernunft zu bewähren hat[16]. Albert muß erneut Frieden stiften durch ausgedehnte schiedsrichterliche Tätigkeit bei Fehden, und zwar nicht nur solchen zwischen dem Kölner Erzbischof und der Kölner Bürgerschaft, sondern auch bei Zwistigkeiten zwischen verfeindeten Städten und in Rechtsstreitigkeiten zwischen Klerus und Adel[17]. Erst als Albert am 15. November 1280 nach einem vergleichslos arbeitsamen Leben als Seelsorger, Gelehrter, Natur-

[14] Scheeben: »Wie in seiner Jugend, so schritt er auch jetzt als Provinzialprior offenen Auges durch Gottes schöne Natur. Am Wegrand fand er eine Pflanze, die er noch nicht gesehen. Er nahm sie aus dem Boden und untersuchte sie auf dem Weitermarsch. Im Walde traf er auf ein Rudel Hirsche, hielt an und beobachtete aus einem Versteck die Gewohnheiten dieser Tiere. Dann wieder zog ein Raubvogel über die Fluren, den Albert auf seinem Fluge verfolgte. Bei den Köhlern und Holzfällern machte er halt und fragte sie aus nach ihren Erfahrungen mit den Tieren des Waldes. An den Küsten der Nord- und Ostsee weilte er stundenlang, um die Fische des Meeres zu beobachten«, usw., 95.

[15] Peter Dörfler, Albertus Magnus, München 1940, 37 f., 50, 54 (Neuauflage, München 1946); Scheeben, 129, 152 ff.

[16] Scheeben rechnet ihn sogar ausdrücklich den »Tatmenschen« zu, 186.

[17] Scheeben, 152 ff.

forscher, Philosoph und Theologe im hohen Alter stirbt, kommt er zu dem Frieden, der ihm als Ziel christlichen Lebens gegolten hat. Friede ist für Albert allerdings nie und nicht ein fauler Kompromiß oder ein Zustand abgeschlaffter Gleichgültigkeit, sondern kraftvolle Ordnung, die jedem das, was ihm zukommt, bewahrt und die jedem den Ort, der ihm gebührt, gewährt.

Als Jahre nach seinem Tod der Sarg geöffnet wird, weil man den Leichnam in den von Albert gebauten Chor der Kölner Dominikanerkirche überführen will, liegt Albertus, so berichtet einer seiner Biographen, nicht mehr auf dem Rücken, sondern umgewendet mit dem Gesicht nach unten, so »wie er während seines Lebens im Gebete dazuliegen pflegte«[18] oder, wie andere mutmaßen, »als hätte der Ruhelose noch im Grab keine Ruhe gefunden«.[19] Albertus ist zeitlebens ein Wanderer gewesen, der nicht auf dem Weg des Fortschritts voranzukommen trachtete, der vielmehr durch seine einzigartige Begabung einer harmonischen Verbindung des Richtigen und des Wahren auf allen Ebenen und in allen Wirklichkeitsbereichen über ein Richtungs- und über ein Wahrheitsbewußtsein verfügte, das keiner Seite der Realität den Rücken zukehrt. Insofern war Albertus *vor*schrittlich.

Albertus führt allerdings nicht nur in die uns heute geläufige horizontale Wirklichkeit ein und hinein, in diejenige Wirklichkeit, die wir als die *Welt-Wirklichkeit* und als Inbegriff der Wirk-Ursachen und der Wirk-Kräfte verstehen. Albertus visiert auch die vertikal strukturierte *Wert-Wirklichkeit* an, wobei er versucht, uns durch Realisation der Tiefendimension der Seele und am Leitfaden der Spuren des Guten in der Welt, Dimensionen und Spuren, die über sich hinausweisen, durch Rückwendung zu Gott zum Ursprung zurückzuführen[20], d. h. uns zum Anfänglichen den Weg zu weisen.

[18] Sighart, 258. Vgl. Scheeben, 201, 220.

[19] Dörfler, 18.

[20] Vgl. zu diesem Gesichtspunkt: Fritz-Joachim von Rintelen, Albert der Deutsche und wir, Leipzig 1935, 40 f.; Philotheus Böhner, Etienne Gilson, Albert der Große, in: Gilson-Böhner, Christliche Philosophie. Von ihren Anfängen bis Nikolaus von Cues, 3. Aufl., Paderborn 1954, 468 ff. Vgl. F.-J. von Rintelen, Albertus Magnus, in: Values in European Thought, I, Pamplona 1972, 305 ff.

I.

Wege des Wirklichkeitswissens in der Natur

1. Zeitgemäßer Zugang zu Albertus Magnus

Heute denkt wohl niemand daran, Wissenschaftler und Techniker trotz der unglaublich scheinenden Dinge, die sie im Verein mit Management-Spezialisten und Logistikern fertigbringen, für Zauberkünstler zu halten, gar für solche, die, wie man nicht nur im Mittelalter angenommen hat, mit dem Teufel im Bunde stehen und ihm ihre Seele verkauft haben, damit er im aktuellen Fall regelt und steuert, daß Menschen beispielsweise den Mond betreten. Heute hält man landauf, landab diese Wissenschaftler höchstens für Tausendsassas.

Der Grund dafür ist sehr einfach. Nachdem in der Neuzeit und erst recht in der Gegenwart die natürlichen Ursachen für natürliche Wirkungen erkannt sind, macht man nicht den Teufel für alles das verantwortlich, was über die eigene Hutschnur geht oder was einen Strich durch unser Konzept macht. Es hat eine »Entzauberung« stattgefunden, die mit der Beseitigung der Zauberei allerdings auch das Bezaubernde dessen weggeblasen hat, das staunenswerten Leistungen mitunter anhaftet und uns, wenn auch nicht verzaubert, so doch bisweilen bezaubert. Nachdem statt eingebildeter über- oder außernatürlicher Verursacher die wirklichen, d. h. die tatsächlich, sachlich, natürlich wirkenden Ursachen ins Auge gefaßt worden sind, und nachdem es selbstverständlich geworden ist, durch Spezifizierung und Spezialisierung solches, was zu einem Fall und Vorgang nicht hinzugehört, zu separieren, kurzum, nachdem »Beobachtung und Reflexion« als die zwei Seiten der einen Medaille Naturforschung[21] erkannt und formuliert worden sind, sind die Hirngespinste phantastischer Einbildungen und fixer Ideen, Gespenster, die ein mißratener Geist als sog. »Geister« hatte auftreten lassen, verscheucht. Mit dem wissenschaftlich inexistenten Teufel und seinen höllischen Künsten und Streichen ist aller-

[21] Große Naturforscher, Bd. 1: Albertus Magnus als Biologe. Werk und Ursprung. Von Heinrich Balss, Stuttgart 1947, 271.

dings auch in mancher Hinsicht der Gegenpart, ist Gott als der Schöpfer von allem »Guten« aus dem Auge geraten.

Mag, wenn eines der großen technischen Projekte klappt, manch Naturwissenschaftler noch das altvertraute und geläufige Deo gratias sagen, der Wissenschaftler vertraut *als* Wissenschaftler nur den eigenen Berechnungen und macht, falls etwas schief gehen sollte, auch nicht den Teufel, sondern die Rechenstelle oder wer sonst gepatzt hat, aber keinen Sündenbock verantwortlich. An die Stelle der Magier sind die Mathematiker getreten, an die Stelle fabelhafter Visionen die Beobachtungen, an die Stelle sagenhafter Behauptungen kritische Analysen. Mit dem Teufel, der seine Hand im Spiel hat, rechnet kaum noch jemand ernstlich, und Gott ins Spiel einzubeziehen, erscheint selbst denen, die an ihn glauben, im Bereich wissenschaftlich methodischen Vorgehens, jedenfalls gelinde gesagt, unnötig, schroff gesagt, ungebührlich und überflüssig. Wo die direkten, die nachweisbaren, die verifizierbaren Ursachen griffbereit sind, kann man auch die sog. Erst-Ursache beziehungsweise die sog. Letzt-Ursache, Gott, getrost auf sich beruhen lassen. Und vom »Nützlichen«, meint man, hat man ohnedies mehr als vom »Guten«.

Was ist angesichts *dieser* Wirklichkeitsauffassung nun aber von Albertus Magnus zu erwarten, dessen seinerzeitige Volkstümlichkeit gerade nicht seinen großen Leistungen als Naturforscher[22], Philosoph und Theologe gegolten hat, sondern dem »Sagen-Albert«, dem »typischen Erzzauberkünstler«[23], also »Albertus Magnus magnus in Magia«, »Albert dem Großen, groß in der Magie«, wie es in einer belgischen Chronik seinerzeit verzeichnet steht[24]? Was soll unsereins heute von einem Seligen und Heiligen halten, der zu seinen Lebzeiten und bis in die Neuzeit hinein als Magus und Magier gegolten hat und auf dessen Bedeutung für die Alchemie noch heute C. G. Jung hinweist?[25] Und fällt nicht außer dem »Sagen-Albert« auch der »Heilige Albert«, der, wie es manchem

[22] Erst 365 Jahre nach Alberts Tod ist eine kurze deutsche Auswahlübersetzung (XXII-XXVI) aus De animalibus libri XXVI in Frankfurt am Main (1545) erschienen, vgl. Balss, 194 f.

[23] Dörfler, 5.

[24] Sighart, 278.

[25] Carl Gustav Jung, Psychologie und Alchemie, 2. Aufl., Zürich 1952. Vgl. dort: Die alchemistische Symbolik im religionsgeschichtlichen Rahmen.

vorkommen mag, paradoxerweise ausgerechnet im wissenschaftsbewußten 20. Jahrhundert erst zur Ehre der Altäre erhoben worden ist, durch die Maschen des modernen Wirklichkeitsrasters?[26]

Es gibt nun allerdings zu denken, daß die päpstliche Bulle der Heiligsprechung und der Erhebung des Albertus Magnus zum Kirchenlehrer vom 16. Dezember 1931 zwar sein sittliches Leben und sein geistliches Wirken, seine grandiosen Mühen als Provinzial der Dominikaner, als Bischof, als Kreuzzugsprediger anschaulich schildert und wertschätzt, aber nachdrücklich seine *wissenschaftliche* Leistung, »dieses Monument seines Scharfsinns, der Weite und Höhe seines Geistes und des Reichtums seiner Gelehrsamkeit«[27] betont. Es gibt zu denken, daß der damalige Papst, Pius XI., selbst Gelehrter, die *wissenschaftliche* Größe des »Heiligen« Albert hervorhebt, und daß die päpstliche Bulle besonders diejenigen Leistungen unterstreicht, die wir Albertus Magnus auf naturwissenschaftlichem Gebiet in der Astronomie, Kosmographie, Metereologie, Klimatologie, Physik, Mechanik, Architektur, Chemie, Mineralogie, Anthropologie, Zoologie und Botanik verdanken. Wie paßt dies alles mit dem »Sagen-Albert« zusammen, von dem Ulrich von Straßburg, einer seiner Schüler, berichtet, daß er »in rebus magicis expertus fuit«, also in Dingen der Magie ein Experte gewesen sei[28]? Wie konveniert dies mit »Albert, dem Heiligen«, der da ausdrücklich gebetet hat: »Herre ich wolt daz ich wer ein Mensch nach deinem allerliebsten willn«?[29]

Hat Albertus uns, die wir zwar 700 Jahre über ihn hinaus sind, trotz seiner mittelalterlichen Mentalität vielleicht etwas voraus, das unserer Besinnung wert ist? Ist sein Verhältnis zum Fort-schritt

[26] Martin Grabmann, Der hl. Albert der Grosse. Ein wissenschaftliches Charakterbild. Rede, gehalten bei der Münchner Albertusfeier, am 28. Februar 1932, München 1932, 6 f.

[27] Grabmann, 7. Vgl. Geyer: Albert hat »in einer für seine Zeit einzigartigen Weise selbst die Naturerscheinungen auf allen Gebieten beobachtet und erforscht«. Keiner hat seine »Beobachtungen systematisch (wie er) auf alle Gebiete der Natur erstreckt und keiner hat sie wie Albert mit den überlieferten Berichten in Beziehung zu setzen und sie wissenschaftlich einzuordnen und zu erklären vermocht«. »Keine Geschichte irgendeines Gebietes der Naturwissenschaft kann an den Werken Alberts vorbeigehen«, 212.

[28] Sighart, 80.

[29] Grabmann, 22, vgl. Anm. 76. Scheeben, 132. Albert läßt Christus sprechen: »Ich habe meinen Tod nicht erlitten um eines Münsters willen, auch nicht um des Singens und Lesens willen, sondern des Menschen willen«. Nächstenliebe erscheint ihm wichtiger als Kirchenbau.

vielleicht gerade nicht identisch mit dem üblichen Weg-schritt vom Anfänglichen? Ist Albertus unserem Jahrhundert, in dem Menschen im Fortschritt den Mond betreten haben, Menschen, denen beim Flug im Weltall »Gott nicht begegnet ist« (Gagarin), womöglich darin voraus, daß er mehr Wege kennt, als die moderne Eindimensionalität der Fortschrittlichkeit sie wahrhaben will, Methoden, die uns wieder methodenbewußt machen, zumal uns allmählich die Augen darüber aufgehen, daß wir dann in größte Bedrängnis geraten, wenn wir mit *einer* Methode die gesamte Wirklichkeit erklären wollen? Albertus setzt uns einem methodologischen Grundbefund aus, daß nämlich jede Wissenschaft - und ihm ist auch Philosophie und Theologie eine Wissenschaft - ihre nur ihr eigentümliche Methode hat, die deshalb nur in ihrem Wirklichkeitsbereich wirksam ist. Albertus macht Ernst damit, daß die ihrer selbst bewußte Wissenschaftlichkeit gerade in der Erkenntnis besteht, daß eine metabasis eis allo genos, ein »Hinüberspringen in ein anderes Gebiet«, ein methodisch unzulässiger Denkschritt ist. Albertus kann uns lehren, daß ein beliebiges Hantieren mit dem vermeintlichen Passepartout des Hauptschlüssels *einer* Methode nur zu Einbruch und Verwirrung in Nachbars Garten führt.

2. Experimentum und Ratio: Beobachtung und Einsicht

In seinem Werk »De animalibus, libri XXVI« (Über die Tierwelt in 26 Büchern) hat Albertus Magnus die Prinzipien benannt, nach denen er, im Bereich der *Naturwissenschaft* vorzugehen, einzig für angebracht hält: ex*perimentum* et ratio[30]. Es ist ein bemerkenswerter Erweis seines Methodenbewußtseins, daß der »Heilige Albert« dort, wo es um *Physisches* geht, *Metaphysisches* einklammert. Das Wort Gott wird von Albert in diesem Zusammenhang nicht herangezogen. Weder wird von ihm der Name Gott leichtfertig und obenhin ausgesprochen, noch wird Gott eilfertig und devot beflissen als Erklärungsgrund für Gegebenheiten im Bereich natürlicher Vorgänge ins Feld geführt. Gottes Name wird nicht dazu mißbraucht, in solchen Bereichen auf ihn sich herauszureden, wo exakte Beobachtung möglich und wissenschaftliche Unter-

[30] Balss, 271.

suchung am Platz ist. Gott wird die Ehre allerdings dort gegeben, wo seiner zu gedenken und wo ihm zu danken ist. Erst am Schluß seines Werkes spricht Albertus Gott an[31], aber nicht, um etwa durch die Berufung auf ihn die Richtigkeit der eigenen Beobachtungen über das Verhalten und die Art der Lebewesen zu begründen und abzusichern, sondern um *als Mensch* Gott dafür zu danken, daß mit seiner Hilfe das Werk abgeschlossen und zu Ende gebracht werden konnte. Albert ist demütig als Mensch, als Wissenschaftler konsequent. »Am Ende schließt er wie ein guter Erntearbeiter, der sein Tagewerk mit Gott angefangen hat, es auch mit einem Deo gratias«.[32]

In »De caelo et mundo« (Vom Himmel und der Erde), ein Buch, das in die Physik hineingehört, konstatiert Albertus definitiv: »In der Naturwissenschaft haben wir nicht zu erforschen, wie Gott nach seinem freien Willen durch eigenes Eingreifen als Urheber über die Geschöpfe verfügt, um Wunder zu wirken, durch die er seine Allmacht zu erkennen gibt. Wir müssen vielmehr untersuchen, was im Bereich der Natur entsprechend der den Dingen der Natur innewohnenden Kausalität geschehen kann«[33]. Und mag uns heute auch die Ausdrucksweise vielleicht gewunden anmuten, die Aussage ist dem Prinzip moderner Naturforschung konform. Albert lehrt eine Kausalität der kleinen Schritte, die das Natürliche, soweit möglich, erklärt und die nicht ins Übernatürliche springt oder überwechselt, sondern in den Bereichen bleibt, in denen es mit »natürlichen Dingen« zugeht. In »De generatione et corruptione« (Vom Entstehen und Vergehen) schreibt Albertus kurz und bündig: »Wenn ich Naturwissenschaft treibe, habe ich mich nicht mit den Wundern Gottes auseinanderzusetzen«[34]. Man möchte diesen Satz manchen Ideologen unserer Tage ins Stammbuch schreiben. Aber nicht nur die Theologie, auch die Philosophie wird, etwa in dem Buch »De vegetabilibus libri VII« (Über die Pflanzen in 7 Büchern), wenn sie sich dort einmischt, wo sie nicht hingehört und wo sie, weil sie

[31] De animalibus libri XXVI. Nach der Cölner Urschrift hrsg. von Hermann Stadler, Bd. 2 (Bücher XIII-XXVI), Münster in Westf. 1920, XXI, 51.

[32] Dörfler, 51.

[33] Alberti Magni, De caelo et mundo. Ad fidem autographi edidit Paulus Hossfeld, Opera omnia, Tom. V., pars I, Münster 1971, lib. I, tract. 4, cap. 10, p. 103. Grabmann, 27. Sighart, 315.

[34] De generatione et corruptione, lib. I, tract. 1, c. 22.

nichts zu sagen hat, zu orgeln und zu röhren beginnt, daran erinnert, daß sie nicht zuständig ist und zu schweigen hat: »Über das konkrete Einzelne gibt es keine Philosophie«.[35] Wirklichkeitswissen über Einzelwesen (de particularibus) gewinnt man nur aus der unmittelbaren Erfahrung. Albertus läßt an Deutlichkeit nichts zu wünschen übrig, wenn er an anderer Stelle geradezu loslegt: »Was mich betrifft, ich hasse logische Argumentationen in denjenigen Wissenschaften, die es mit Sachen zu tun haben«.[36]

Da sich Albertus, den man auch Albertus experitus magnus genannt hat, zu dem Grundsatz »experimentum et ratio« bekennt, soll etwas näher untersucht werden, was damit *gemeint* ist. Vielleicht dient dies auch dazu, gerade weil uns die beiden Begriffe experimentum und ratio geläufig klingen und ins Ohr gehen, unser Ohr für die unterschiedlichen Nuancen dieser Begriffe - ganz im Sinne der obigen Forderung Goethes - damals und heute zu schärfen.

Da ist zunächst das experimentum im mittelalterlichen Sinn. Es ist nicht identisch mit dem Sinn des heutigen Wortes »Experiment«, also der planmäßigen Isolierung, Einrichtung und Variation von Bedingungen, ein Verfahren, das es ermöglicht, Erscheinungen, die von diesen Bedingungen abhängig sind, exakt zu beobachten und ihren regelmäßigen Verlauf, gar ihre Gesetzmäßigkeiten eindeutig zu beschreiben. Im experimentum bei Albertus wird die Natur auch nicht, wie später seit Galileo Galilei gewissermaßen auf die Folter gespannt, auf daß sie im sog. experimentum crucis, wie man dieses Verfahren genannt hat, auf experimentell inquisitionelle Fragen zum Sprechen gezwungen, ihre Geheimnisse preisgibt, wobei das indicium crucis, die Aussage auf der Folter zustandekommt. Ein solches Vorgehen setzt - und man braucht hier nicht, das Problem verschiebend und historisierend, an die mittelalterliche Inquisition zu denken, sondern kann sich auf die Vivisektion von Lebewesen beziehen, von Schlimmerem ganz zu schweigen, sollte sich also an die eigene Nase fassen - eine Einstellung zur Natur voraus, die diese nur noch als Gegenstand unseres Begreifens, Angreifens und Ergreifens nimmt, an dem wir uns zu schaffen machen, das wir in unsere Verfügungsgewalt zu bringen trachten, uns vornehmen und nach einem allgemeinen Paradigma, Schema, Muster verhören. Auf

[35] De vegetabilibus libri VII, 6,1, c. 1. Vgl. Josef Pieper, Albertus Magnus, in: Die Großen der Weltgeschichte, hrsg. von Kurt Fassmann, Bd. III, Zürich 1973, 646.

[36] Kommentar zur aristotelischen Metaphysik, I, l, cap. 2.

jeden Fall ist dazu nötig ein theoretisches Bewußtsein, das nach einem demonstrativen Beweisverfahren greift, um zwischen konkurrierenden Theorien über die Naturdinge eine Entscheidung durch Bestätigung der einen und Widerlegung der anderen Theorie herbeizuführen, also Forschung und Wissenschaftskritik.

Das experimentum des Albertus ist dagegen das probeweise In-Erfahrung-Bringen dessen, wie sich etwas verhält und wie es sich mit etwas verhält. »Es genügt nämlich nicht«, schreibt Albertus in »De causis et proprietatibus elementorum et planetarum« (Über die Ursachen und Beschaffenheiten der Elemente und Planeten), »von den Naturdingen nur im Allgemeinen etwas zu wissen, wir müssen vielmehr jedes Ding, was es auch sei, daraufhin untersuchen, wie es sich seiner eigenen Natur nach verhält. Das ist die beste und die perfekte Art, um Fortschritte zu machen«[37]. Albertus setzt alles daran, in der Wissenschaft wissenschaftlich voranzukommen. Er beläßt es nicht bei den allgemeinen Vorstellungen, diesen vagen Ansichten und Annahmen, die man ungeprüft von jemandem übernommen oder im besten Fall selbst sich von etwas gemacht oder gar nur zurechtgemacht hat. Albertus nimmt gewissermaßen das Brett vom Kopf und er macht die Augen auf. »Eine Annahme, die durch die Sinne bestätigt wird, ist besser als eine solche, die den Sinnen widerspricht; und eine Schlußfolgerung, die im Widerspruch zur Sinneswahrnehmung steht, ist unglaubwürdig. Ein Grundsatz schließlich, der mit der experimentellen Sinneswahrnehmung nicht übereinstimmt, ist überhaupt kein Grundsatz, sondern das genaue Gegenteil«, schreibt er in Libri Physicorum[38].

Es ist hier nicht der Ort zu prüfen, ob Albert in allen Fällen seinen eigenen Prinzipien treu geblieben ist. Eines steht fest: Er war sich dessen bewußt, daß »viel Zeit benötigt wird, um zu überprüfen, daß bei einem Experiment Täuschung ausgeschlossen ist«. Er beruft sich auf Hippokrates, der über die medizinische Wissenschaft gesagt hat: Das Leben ist kurz, die Kunst lang, die Beobachtung trügerisch und das Urteil schwer, und er macht es sich und anderen zur Maxime: »Man darf eine Beobachtung nicht nur auf eine einzige Weise vornehmen, muß sie vielmehr unter den verschiedensten Umständen wiederholen, damit die richtige Ursache

37 De causis, I, 2, c. 9.

38 Libri physicorum, 8, 5.

von etwas sicher und zutreffend ermittelt werden kann« (Ethic.)[39]. Deshalb versteht es sich für Albert von selbst, daß beispielsweise im Bereich »De vegetabilibus« (Über die Pflanzen) einzig die Beobachtung Erkenntnisgewißheit vermittelt und daß »der Weg mittels eines Syllogismus (also der Schluß vom Allgemeinen auf das Besondere, das in ihm enthalten ist) bei naturwissenschaftlichen Spezialuntersuchungen nicht gangbar ist«[40].

Und wie haben wir den anderen Begriff, den Begriff ratio, in der Grundformel »experimentum et ratio« zu verstehen? Ratio ist bei Albertus noch nicht, wie im Rationalismus der Neuzeit, die unter Ausschluß anderer Erkenntnisweisen zur einzigen Quelle der Erkenntnis erhobene Gewißheitsinstanz und Verfügungsmittel, dem sich alle anderen Weisen: Empfindung, Gemüt, Wille zu beugen haben und das einzig für fähig und sicher gehalten wird, sich aller Dinge zu bemächtigen, weil sie allein klare und distinkte Vorstellungen verbürgt. Ratio ist noch nicht der allmächtige Gerichtshof, gegen den weder Einspruch noch Berufung möglich ist und der verwirft und verurteilt, was seinem Kriterium restloser Durchschaubarkeit und Aufklärung sich nicht unterwirft und fügt. Ratio ist auch noch nicht der Inbegriff für eine in mathematisch-naturwissenschaftlicher Sprache sich artikulierende Wissenschaftlichkeit, die sich aus Prinzip und um der als »wertfrei« definierten Wissenschaft willen weder um die Auswirkungen der sog. »Rationalisierung« auf den Menschen und seine Lebensform kümmert, noch der Frage eine entscheidende Bedeutung beimißt, ob durch den sog. »Rationalismus« nicht eine vielschichtige Wirklichkeit auf eine einzige Etage, die eines aufgeblasenen Bewußtseins[41] reduziert wird.

[39] Ethic., 6, 3, c. 25.

[40] De vegetabilibus, 6, 1, c. 1.

[41] C. G. Jung: »Ein aufgeblasenes Bewußtsein ist immer egozentrisch und nur seiner eigenen Gegenwart bewußt. Es ist unfähig, aus der Vergangenheit zu lernen, unfähig das gegenwärtige Geschehen zu begreifen, und unfähig, richtige Schlüsse auf die Zukunft zu ziehen«, 644 f. »Es ist von sich selber hypnotisiert und läßt darum auch nicht mit sich reden. Es ist daher auf Katastrophen angewiesen, die es nötigenfalls totschlagen«, 645. Es »bleibt wohl nichts anderes übrig, als den arroganten Bewußtseinsanspruch, selber Seele zu sein, zurückzuweisen und der Seele eine Wirklichkeit zuzuerkennen, die wir mit unseren derzeitigen Verstandesmitteln nicht zu erfassen vermögen. Ich halte nicht den für einen Dunkelmann, der sein Nichtwissen eingesteht, sondern jenen, dessen Bewußtheit noch nicht einmal so weit entwickelt ist, daß er um sein Nichtwissen weiß«, 646.

Ratio im Sinne von Albert meint ein geistiges Überschlagen, meint Rechenschaftsablage, meint ein Ins-Reine-kommen, weil es den Grund von etwas, die ratio essendi und die ratio cognoscendi, also den Grund des Seins eines Dinges und den Grund seiner Erkennbarkeit vor Augen führt. Ratio meint eine gründliche Erwägung, die nicht aufgibt, weil für sie Erkennen bedeutet, einer Sache auf den Grund zu gehen. Ratio ist bei Albertus also gewissermaßen offen, und sie vermag daher über bloßen Rationalismus wie über einen sich selbst einengenden Empirismus hinauszugehen.

Albertus meint mit Experimentum und Ratio den bewußten Willen zu beobachtender Erfahrung und zu kritischer Rechenschaftsablage über die tatsächlichen Ursachen einer Sache, die sachliche Erfahrung einer Sache und ihrer Ur-sache.

3. Beispiele und Konsequenzen der Naturforschung

Experimentum et ratio, Beobachtung und Einsicht gehören bei Albertus folglich zusammen und dürfen nicht vereinzelt angewandt werden. »Naturwissenschaft besteht nicht darin«, schreibt Albert in »De mineralibus« (Über die Steine), »Geschildertes zu akzeptieren, sondern darin, die Ursachen im Naturgeschehen zu ergründen«[42]. Experimentierfreude kommt bei ihm z. B. schon zum Ausdruck, wenn er aus Samen der Zypresse oder des Feigenbaumes, die er aus Italien mitgebracht hat, Pflänzchen zieht, was ihm auch und sogar mit dem Kern einer Dattel gelingt[43]. Mancher Ökologe mag sich Albertus nahe fühlen, wenn dieser ausführlich darüber spricht, wie der Mist beschaffen sein muß, damit er, den schon sein Gewährsmann Palladius (de agricultura) im 4. Jahrhundert »laetamen«, also Freude und Frohmacher der Pflanzen nennt, den Pflanzen wirklich nutzt und ihnen nichts Schädliches zuführt[44]. Und Wißbegierde drängt Albertus dazu, zu überprüfen, ob zutrifft, was das Volk behauptet, daß der Maulwurf blind ist und keine Augen besitzt. Albertus seziert einen Maulwurf, und das heißt bei ihm: Er sieht

[42] De mineralibus, 2, 2, c. 1.

[43] Balss, 76.

[44] Balss, 170 f.

nach, er überprüft Meinungen, Behauptungen, Gehörtes und Gesagtes. Und selbst wenn er die winzigen Augen nicht findet, weil er vermutlich an der falschen Stelle sucht[45], *daß* er sucht[46], daß er *unter*sucht, Versuche anstellt und sich, wo es ihm immer möglich ist, nicht auf die Redensarten anderer unkritisch verläßt, das ist entscheidend. Gerade die *kritische Distanz*, die Albertus seinerzeit aufbringt, bringt ihn uns heute nahe.

Wie wichtig diese grundsätzliche Einstellung von experimentum und ratio ist, zeigt sich überall dort, wo Albertus sich keinen Bären aufbinden läßt. Er tritt beispielsweise Berichten entgegen, die nicht einfach mit Jägerlatein in einem Atemzug genannt werden dürfen, sondern im »Physiologos« stehen, einer Sammlung von Erzählungen über Tiere, Pflanzen, Edelsteine, denen wundersame oder wunderbare Eigenschaften nachgesagt werden. Der »Physiologos«, also wörtlich übersetzt, der »Naturforscher«, alles andere als ein wissenschaftliches Werk, zählt zu der kirchlichen symbolischen Literatur und hat seit dem Anfang des 3. Jahrhunderts einen derart nachhaltigen Einfluß auf das Abendland ausgeübt, daß wir seinen Spuren noch heute in fast jeder Kirche begegnen. Gewiß, Albertus weiß, daß die Sagengestalt des Einhorns, das nur im Schoß einer reinen Jungfrau gefangen werden kann[47], zur Allegorie für den irdischen Aufenthalt von Jesus Christus und für seine Geburt aus der Jungfrau Maria geworden ist. Auch die Fabel vom Pelikan, der sein Blut opfert, um seine verhungerten Jungen wieder zum Leben zu erwecken, findet noch heute, um Christi Opfertod zu symbolisieren, in der kirchlichen Kunst Verwendung. Und die Wundererzählung vom Vogel Phönix schließlich, der allein lebt und allein stirbt, aber aus der Asche stets neu ersteht, ist auch in unseren Tagen noch beliebtes Sinnbild für stete Erneuerung geblieben.[48]

45 Balss, 200.

46 De animalibus, I, 140.

47 C. G. Jung: Das Einhornmotiv als Paradigma, 587-634.

48 In der Albert unterschobenen Schrift »Scriptum Alberti super Arborem Aristotelis« ist es der Storch, dieses Fruchtbarkeitssymbol ersten Ranges, vgl. C. G. Jung. - Richard Wisser, Die Tiefendimension des Symbols. In: Zeitwende - die neue Furche. Band 36, Hamburg 1965, 82-94; vgl. auch: Christliche Sinnzeichen und Sinnbilder in zwei alten Beispielen und Entwürfen von Bildhauer Gustav Nonnenmacher, Worms. Einführung und Bildtexte von Richard Wisser, Worms, in: Friedhof und Denkmal, Nr. 6, 8. Jg., Kassel 1963.

Albertus, als Naturforscher kritisch und skeptisch eingestellt, deutet nun aber das Einhorn, zwar sachlich falsch, aber konsequent im Sinne der Verwissenschaftlichung des Problems, in das einhörnige Nashorn um, von dem er zu sagen weiß, daß man es sehr wohl auf andere als die oben bezeichnete Weise fangen kann. Albertus kommentiert den Wirklichkeitsgehalt der Behauptungen über das seltsame Gebaren des Pelikan mit der Bemerkung: »Dies wird mehr in den Geschichten gelesen, als daß es durch Erfahrung in der Natur nachgewiesen wäre«.[49] Und im Blick auf die wundersamen Fähigkeiten des Vogels Phönix überläßt er, solches zu schreiben, »mehr denen, die mystische Theologie als Naturwissenschaft treiben«[50]. Eine andere Fabel aus dem »Physiologos«, die volkstümliche vom Biber, der, gejagt wegen des sog. Bibergails, eines Drüsensekrets von krampfstillender Wirkung, sobald keine Fluchtmöglichkeit mehr gegeben ist, sich selbst die Hoden abbeiße und sie dem Jäger offeriere, um der Tötung, die dann ja unnötig ist, zu entgehen, eine Fabel, der allerdings im Unterschied zu den oben genannten unsere Kirchen verschlossen geblieben sind, wird von Albert verworfen, weil diese Behauptungen im eigenen Land und aus eigener Beobachtung von jedermann widerlegt werden könnten.[51]

Ist erst einmal experimentum et ratio, Erfahrung und Gründlichkeit zum Grundsatz wissenschaftlichen Vorgehens erhoben, dann macht die Wissenschaft im Feld grenzenlosen Wissens, wo sie geht und steht, die ihr möglichen Fortschritte. Und ist erst einmal ein definitiver Weg, eine Methode gefunden, kommt Wissenschaft auf diesem Weg Irrtümern auf die Spur und der Arglist auf die Schliche. Daß noch über 250 Jahre nach Alberts Tod in der deutschen Auswahl-Übersetzung seines Buches über die Tiere in dem von Walther Herrmann Ryff im Jahre 1545 in Frankfurt am Main herausgebrachten »Thierbuch Alberti Magni« beispielsweise das weithin bekannte Alpenschneehuhn (Lagopus, aus λαγώς = Hase und ποῦς = Fuß), also wörtlich der Hasenfüßige, der Hasenfuß, in ein Phantasiegebilde verwandelt wird, dem in den Alpen niemand je begegnet sein dürfte, geht deshalb auch nicht auf Albertus

49 De animalibus XXIII, 132. Vgl. Balss, 197.

50 De animalibus XXIII, 110. Vgl. Balss, 213, 197,15 f.

51 De animalibus XXII, 39. Balss, 228 f.

zurück, sondern auf den Holzschneider. Er hat den Text Alberts nicht sorgfältig genug gelesen. Schon Plinius hatte nur davon gesprochen, daß die Beine des »Lagopus« aussähen, als ob sie mit Hasenwolle überzogen seien.[52]

Heinrich Balss, ehemals Hauptkonservator an der zoologischen Staatssammlung in München, gebürtiger Mainzer, hat - und ich weise, ihm für manche Anregung dankend, darauf hin - unter Rückgriff auf Hermann Stadlers Ausgabe von »De animalibus« und dessen Kenntlichmachung der von Albertus übernommenen und der von ihm selbst stammenden Namen und Worte nicht nur dargestellt, was Albert mit seinen Vorgängern, angefangen von Aristoteles aus Stagyra bis zu dem Mainzer Rhabanus Maurus oder der berühmten Hildegard von Bingen eint, sondern auch worin er sich von ihnen unterscheidet[53]. Indem auf solche Weise die sog. Digressionen des Albertus, die Ergänzungen, durch die er die Kenntnisse der Alten erweitert und die sein geistiges Eigentum sind, kenntlich gemacht sind, hat Balss den mittelalterlichen Gelehrten Albertus als den »unermüdlichen, vergleichenden Beobachter« nahegebracht, als einen Naturforscher, der in die »erste Reihe« gehört, ja als den ersten Naturforscher in Deutschland überhaupt, und ihn als den Naturbeobachter gewürdigt, »der als erster die gesamte deutsche Pflanzen- und Tierwelt mit seinen Augen aufnahm«[54].

Uns mag solche kritische Einstellung, besonders dann, wenn wir geneigt sind, außerhalb unserer beruflichen Ausbildung und unseres Fachwissens über unsere eigenen, oft nicht in gleicher Weise kritischen Einstellungsweisen beschwichtigend hinwegzugehen und schonungsvoll hinwegzusehen, zwar durchaus achtbar erscheinen, sie reißt uns aber vermutlich nicht gerade vom Stuhl. Berücksichtigt man aber, daß die Einstellung des Albertus auch dazu geführt hat, daß Albertus beispielsweise Mißgeburten, die noch in späteren Jahrhunderten als Werk des Teufels, als Auswirkung von Hexenkünsten oder aber als Strafen Gottes für Verfehlungen angesehen worden sind, nicht auf außernatürliche Ursachen, sondern mit Aristoteles auf Störungen der ontogenetischen Entwicklung eines Individuums, sei es Tier, sei es Mensch, zurückgeführt

52 Plinius, X, 48, 68. Balss, 13, 283.

53 Balss, 188 ff.

54 Balss, 187, 272, 53, 274.

wissen will, dürfte dies den Respekt vor ihm steigern[55]. Auf die Natur ist Verlaß. »Sie läßt es«, schreibt Albertus in »De animalibus«, »niemals am Nötigen fehlen«[56]. Laufen die Dinge anders als üblich, so liegen die Ursachen in der Natur der Sache selbst und sind demgemäß dort aufzusuchen.

Wenn der »Physiologos« beispielsweise angesichts der Nachtfledermaus fragt: »Wen, o Gottesfürchtige, stellt diese im geistigen Sinne anders dar als den Teufel, der eine Nachtfledermaus ist, d. h. ein Liebhaber der Finsternis?«[57], so hindert dies Albertus expertus magnus nicht, die Fledermaus im Freien zu beobachten, selbst wenn aus seinen Beobachtungen hervorgeht, daß er selbst »kein mazeriertes Skelett von ihr gesehen hat«[58]. Der Teufel kommt Albertus aber weder bei Fledermäusen noch bei Schlangen oder sonstigem Gewürm, auch nicht bei organischen Mißbildungen in den Sinn, und von Strafe oder Fluch ist bei ihm nicht die Rede.

4. Der »Sagen-Albert« als Adressat psychologischer Übertragungen

Zu kurz gegriffen wäre nun allerdings, wenn wir vermeinten, *Wirklichkeit* wäre für Albertus bereits durch Ebenen erschöpft, denen wir mit experimentum et ratio begegnen müssen, die gewissermaßen mit den Auswirkungen, der *Auswirklichkeit* identisch sind. Jahrtausende hindurch galt die Magie als die Kunst, verborgene Realität sichtbar zu machen und möglich Scheinendes als Tatsächliches zu erweisen. Goethe spricht in seinen »Materialien zur Geschichte der Farbenlehre« verständnisvoll von der »natürlichen Magie«, die da hofft, »mit demjenigen, was wir für tätig erkennen, weiter, als billig ist, zu wirken und mit dem, was spezifiziert vor uns liegt, mehr, als tunlich ist, zu schalten«[59]. Er beschreibt die Anlässe zur Magie wie folgt: »Je beschränkter der Erkenntniskreis, je

[55] Balss, 199, 211, 273.
[56] De animalibus VII, 150.
[57] Balss, 16.
[58] Balss, 233.
[59] Goethe, Schriften zur Naturwissenschaft (Jubiläums-Ausgabe), 40. Bd., 190.

dringender das Bedürfnis, je höher das Ahnungsvermögen, je froher das poetische Talent, desto mehr Elemente entspringen dem Menschen, jene wunderbare, unzusammenhängende, nur durch ein geistiges Band zu verknüpfende Kunst wünschenswert zu machen«[60]. Goethe erwähnt in diesem Kontext auch Albert den Großen und seine Schule, auch die Alchemisten, die immerfort gewirkt hätten. Und Goethe preist Roger Bacon nicht nur, weil er fast gänzlich von Aberglauben frei ist, sondern auch, weil er gegen das Wüste des Wahns nicht mit der »negierenden, erkältenden Manier des Neuern« gerichtet ist[61]. Goethe weiß um die *psychologische* Bedeutung der natürlichen Magie, und auch heute wird man geneigt sein, C. G. Jung zuzustimmen, der sich in den letzten Jahren seines Lebens zum Ziel gesetzt hatte, deutlich zu machen, »bis zu welchem Grade die Alchemie eine religiös-philosophische oder ›mystische‹ Bewegung war, und der darauf hinweist, daß sie »wohl ihren Gipfel in der Gestaltung von *Goethes* religiöser Weltanschauung, wie sie uns im ›Faust‹ erscheint, erreichte«[62].

Die Existenz der magischen Kunst ist Albertus nur allzu gut bekannt. Er berichtet ausführlich über Besprechungen, beispielsweise auch über den aus gutem Grund allseits beliebten Impotenzzauber, und Albertus ist nicht frei vom Glauben an den Einfluß der Gestirne[63]. Letzteres werden ihm noch heute viele Zeitgenossen nachfühlen können und vielleicht sogar nachsehen, sofern sie in dem verbreiteten schaurig-schönen Verhältnis zu den beliebten Horoskop-Spalten in ansonsten meist eher modern tuenden und progressiv sich gebenden Illustrierten stehen. Nachdem es in bestimmter Hinsicht und selbst auf den Titelbildern der Magazine nichts mehr zu entschleiern gibt, bleibt offenbar nur noch die Zukunft für ein solches Unterfangen übrig. Aber Albertus betont doch, daß bei allen Zaubereien bewußte Täuschung im Spiel ist, und er deckt auf, daß der unzureichend Gebildete leicht dem Trugschluß unterliegt, das, was lediglich auf Zufall beruht, leichtfertig für notwendig zu halten[64].

60 Goethe, 191.

61 Goethe, 192.

62 C. G. Jung, 633.

63 Balss, 211, 213.

64 Helm, in: Handwörterbuch des deutschen Aberglaubens, Berlin/Leipzig 1927, Bd. 1, Sp. 242.

Albertus beginnt, experimento et ratione, also mittels gründlicher Beobachtung einzusehen, daß Magie als eine *psychische Wirklichkeit* die *Kehrseite wissenschaftlichen Vorgehens* ist, folglich ein Gebaren, das mit unzulänglichen Mitteln Einfluß auf Wirkungen zu nehmen versucht, deren faktische Ursachen Magie aber nicht nur nicht kennt, die aufzusuchen, sie gerade unter keinen Umständen bereit ist. Deshalb kommt der Verdacht, mit den Mächten der Hölle im Bund zu stehen, besonders in solchen Fällen auf, in denen man sich nicht nur nicht erklären kann, wie etwas entstanden ist und zustande kommt, in denen man es vielmehr nicht *will,* in Fällen, bei denen man, weil Gott für sie nicht verantwortlich gemacht werden kann, nicht nur vermutet, daß es nicht »mit rechten Dingen zugeht«, sondern in denen man behauptet, daß ein verteufelter Teufel seine Hand im Spiel hat. Magie wäre dann nicht so sehr der Boden, aus dem Wissenschaft sich entwickeln kann, sondern die psychologische Sperre, die gerade deren Entstehung und erst recht ihre Fortschritte blockiert. Sie wäre nicht so sehr als Vorstufe von Wissenschaft zu betrachten, sondern als virulente Verkehrung, vielleicht aber auch als psychische Vorsorge vor drohender Verwissenschaftlichung und seelischer Verödung, nicht nur als Gegensatz zur Wissenschaft, sondern als ihre *Kompensation.*

Was aber hat es mit den geheimen Künsten auf sich, die dem »Sagen-Albert« Albertus Magnus magnus in Magia zugeschrieben werden? Es gibt deren eine Menge, und der Volksmund weiß sie zu berichten[65]. In der Peterskirche in Rom tritt Albertus als Schlangenbeschwörer auf. In Frankreich entführt er auf Zauberweise des Königs schönes Töchterlein. Auf dem Rücken des Teufels reitet er nach Rom, um den Papst vor einer Sünde zu bewahren. Mit einem Zauberbecher heilt er Kranke, ja, die Sage berichtet von Albertus, daß er einen künstlichen Menschen, das »wunderliebliche Zauberbild« eines Mädchens, das sprechen konnte, geschaffen habe[66]. Die wundersamen Vorgänge lassen sich natürlich »natürlich« aufklären, sei es, daß man davon ausgeht, daß das Volk Albert mit eigener unerschöpflicher sagenbildender Phantasie alles das angedichtet hat, was es sich selbst ausgedacht hat, sei es, daß man ins Auge

[65] Sighart, 67-85. Scheeben, Nachtrag: Albert in der Legende, 197-225. Albertus Magnus. Ausstellung zum 700. Todestag 1981, 170-182.

[66] Helm, Spalten 242 f.; Sighart, 71 f.

faßt, daß etwas dran ist, wenn auch in einem anderen Sinn als der Volksaberglaube es sich dann zusammenreimt und erklärlich macht. Da ist beispielsweise die Legende, in der davon berichtet wird, Albertus habe König Wilhelm von Holland im Winter einen Rosengarten für kurze Zeit vorgezaubert[67]. Sie dürfte, wie der Historiker der Botanik, Ernst Meyer, in der von ihm und Karl Jessen veranstalteten kritischen Edition »De vegetabilibus libri septem« anmerkt, wohl durch Alberts Bericht über eine Vorschrift des Hermes Trismegistos, des dreimal großen Hermes = Merkur, angeregt worden sein. Diese besagt, man solle Rosen, deren Zweige man fest zusammengebunden hat, in Boden pflanzen, der mit Menschenblut befeuchtet ist. Auf solche Weise treibe der Saft, könne aber solange zurückgehalten werden, bis man die Bindung löse. Bei anhaltendem Feuer gelinge es solcherart unter Umständen, Rosen sogar im Winter zum Blühen zu bringen. Albertus vermerkt allerdings ausdrücklich, er selbst habe diese Vorschrift nicht erprobt[68].

So ist es also aufs Ganze gesehen - wie zu erwarten war - nichts mit der Magie, die Albertus nachgesagt wird, selbst wenn die *psychologische* Seite in vieler Hinsicht aufschlußreich ist. Überdies stammen die Albertus zugeschriebenen und teilweise bis in die Neuzeit weit verbreiteten alchemistischen Schriften, wie »Das Buch der Versammlung oder das Buch der Heimlichkeiten Magni Alberti von den Tugenden der Kräuter, Edelsteine und von etlichen Tieren«, oder »Von den Wundern der Welt« und »Von den Heimlichkeiten der Frauenzimmer«[69], nachweislich nicht von ihm. Aber die Zuordnung zu Albertus zeigt, daß ihm ein Interesse für solches zugetraut worden ist, für Phänomene, die als *psychisches Phänomen* der Beachtung wert sind und denen man mit Bewußtseins-Kategorien, die nach objektiver Richtigkeit fragen, oder mit einer Logik des Wahren und Falschen nicht gerecht wird. Anders gesagt: Versuche, angefangen von Peter von Preußen, dem ersten Biographen Alberts, der meinte, die Dinge ins rechte Lot bringen zu können, und der danach trachtete, weiterer Legendenbildung und dem Mißbrauch Alberts durch die Alchemisten vorzubeugen, bis in

[67] Sighart, 69-71. Vgl. Will-Erich Peuckert, Über die mit Albertus Magnus verb. Sage vom gezauberten Wintergarten. Der Wintergarten, in: Die Nachbarn, 3, Göttingen 1962, 94-110. Grenzsagen, 111 f.

[68] Balss, 107 f.

[69] Balss, 67. Sighart, 297.

unsere Tage, Albert in diesem Punkt als leichtgläubiges Kind seiner Zeit großzügig zu entschuldigen, machen es sich mit der psychologischen Wirklichkeit eines Phänomens, das durch rationalistische Überlegungen schwer zu enträtseln ist, zu leicht[70]. Für Albert gehört die scientia magica als Ergänzung zur scientia rationalis zur Gesamtwissenschaft des Naturgeschehens hinzu. Er »befürchtet, daß die Erfassung der Wirklichkeit des Naturgeschehens und ihre Erklärung nicht vollständig wäre, wenn man diesen Kreis der Erscheinungen nicht in sie einbezöge«[71]. Die Gesetze der seelischen Kausalität haben ihre eigene Logik.

Aufschlußreich, weil charakteristisch für den Wirklichkeitsdurst des Albertus, ist insbesondere eine Legende, die von Alberts Schüler Thomas von Cantimpré, einem Augen- und Ohrenzeugen stammt. Albertus habe Gott gebeten, ihn einige Tage ins Fegefeuer zu versetzen, weil Albertus, nachdem er auf Erden alles erforscht habe, auch diese Region der »Wirklichkeit« kennen lernen wollte[72].

II.

Unterwegs in der Philosophie

1. Der »Universalismus« von Albertus Magnus: Materialsammlung und Wissensbeherrschung

Verliert Albertus, wenn er groß nicht als Magus ist, seinen Beinamen »der Große«? Groß ist Albertus, und in diesem Zusammenhang tritt der Beiname erstmals auf, in der *Philosophie.* Selbst wenn sich in der bereits erwähnten belgischen Chronik der Satz findet: Albertus Magnus magnus in Magia, major in Philosophia, maximus in Theologia, also »Albertus Magnus groß in der Magie,

[70] Vgl. C. G. Jung: »Man hat sich allzulange bei der im Grunde unfruchtbaren Frage aufgehalten, ob die Behauptungen des religiösen Glaubens wahr seien oder nicht ... Das Vorhandensein der Behauptung ist eine an sich evidente Tatsache, die keines weiteren Beweises bedarf... In Bezug auf das psychische Phänomen ist die Kategorie der objektiven Richtigkeit oder Wahrheit inkommensurabel. Durch rationale Beurteilung ist ein Phänomen nie erledigt ...«, 50.

[71] Geyer, 213.

[72] Sighart, 75.

größer in der Philosophie, am größten in der Theologie«, so wurde Albert doch zuerst »philosophus magnus« genannt und dementsprechend als Albertus Magnus gefeiert[73].

Auf der Tafel, die nach seinem Tod an seinem Grab angebracht wird, heißt es von Albert unter anderem: »... der Unvergleichliche, der Fürst / der Philosophen, das Gefäß, / das die Sätze heiliger Wissenschaft / ausgoß, Albert liegt hier ... beredt wie keiner, ein Verteidiger / der Wahrheit unbesieglich, / größer als Plato, kaum geringer / als Salomon...«[74]. - Hier wird gefeiert und geehrt erstens der Philosoph, zweitens der Theologe, drittens der mit Salomo vergleichbare weise Richter und Schlichter in politischen Auseinandersetzungen und bei sozialen Konflikten. Hier wird somit der Blick auf die wichtigsten *Wirklichkeitsbereiche* gelenkt, denen Albert sich gewidmet hat. Der doctor expertus magnus, der in der Erprobung der Erfahrung große Gelehrte, tritt als der unvergleichliche doctor universalis ans Licht, als der umfassend Gebildete, der unter Einschluß der Naturwissenschaft alle Wirklichkeitsbereiche ineinszufassen imstande ist. Albertus verhilft nicht nur wissenschaftlicher Richtigkeit zum Siege, er ist als Philosoph und »Verteidiger der Wahrheit unbesiegbar«. Albertus übersieht über der Richtigkeit natürlichen oder auch praktischen Wissens nicht die Wichtigkeit des Wahren und er opfert technischen und taktischen Zwecken nicht die Einsicht in die Wahrheit, d. h. in das, was um seiner selbst willen angestrebt wird[75]. Wahrheit ist zwar nicht verwertbar und sie ist daher in den Augen derjenigen, die nur auf berechenbare Nützlichkeitserwägungen oder eigene konstruktive Zwecke aus sind, sogar unnütz, weil zwecklos. Im Sinne des Wortes: nur die Wahrheit macht frei, lohnt aber einzig die Wahrheit, weil sie und nur sie fähig ist, den Menschen aus vielerlei Bindungen zu lösen, ja ihn, theologisch gesprochen, zu erlösen.

Albertus steht, und das ist das Zweite, von dem der Grabspruch Zeugnis gibt, auch im Dienste der Offenbarung. Es ist die Aufgabe der Theologie, ihr, die alle Aufklärung, die der Mensch zu leisten vermag, übersteigt, Ausdruck zu geben, nicht der Existenz der Offenbarung, die ja aus sich ist, sondern ihrem Sinn, der ausgelegt

[73] Grabmann, 11 f.

[74] Sighart, 256. Balss, 61. Grabmann,13, (25).

[75] De natura et origine animae, tract. I, c. 1.

werden muß. Deshalb argumentiert eine Theologie, wie Albertus sie vertritt, nicht über die Sätze heiliger Wissenschaft, zieht vielmehr aus der Position der Wahrheit die richtigen Konsequenzen. Theologie ist, und so wird auch Albertus genannt, Gefäß. Sie ist nicht die Sache selbst.[76]

Albertus verfügt schließlich drittens auch über die Kunst der Gerechtigkeit, die, wie das Beispiel des weisen Salomo lehrt, mehr erfordert, als nur richtige Rechtsauslegung und Kenntnis der Gesetze. Gerechtigkeit besteht in der viel wichtigeren Fähigkeit, gerade dort, wo die gegensätzlichen Parteien alle im Recht zu sein scheinen, die Wahrheit an den Tag zu bringen.

Verfolgen wir wenigstens, weshalb Albertus groß genannt wird als Philosoph, als Denker.

In einem Gedicht, das von einem Magister Heinrich, genannt der Poet von Würzburg, aus dem 13. Jahrhundert stammt, wird die Frage aufgeworfen, wer wohl, wenn die gesamte philosophische Literatur am päpstlichen Hof (de statu curiae) vernichtet und verbrannt wäre, fähig sei, kraft eigenen Geistes als Erfinder einer neuen Philosophie (inventor nove philosophia) das Gebäude der Philosophie auf bessere Weise wiederherzustellen und die alten Denker durch seine neue Wissenschaft zu überragen. Hier handelt es sich ersichtlich um ein Gedankenexperiment, das wohl auf den verheerenden Brand der Bibliothek von Alexandria anspielt und einer Furcht entstammt, die auch heutigen Zeitgenossen im Zeitalter regionaler Bücherverbrennungen, aber auch des gefürchteten overkill, der aus der phantastischen Sphäre von Science-fictions greifbar in die Ebene des Machbaren gerückt ist, in den Knochen stecken mag. Magister Heinrich kennt einen einzigen, dem dies zuzutrauen wäre, und Martin Grabmann, der Lehrer meines Lehrers, hat nachgewiesen, daß gemeint ist: Albertus Magnus[77]. - Roger Bacon, der übrigens durchaus kritisch gegenüber Albert gewesen ist, hat immerhin geäußert: Albertus habe noch zu Lebzeiten ein Ansehen besessen wie überhaupt niemand sonst[78].

Worin besteht der entscheidende philosophische Gedanke und läßt er sich ebenso auf eine Formel bringen wie das wissenschaft-

[76] S. theol. p. 15.

[77] Grabmann, 3, 25 (Anm. 3.). Balss, 60.

[78] Grabmann, 3, 25 (Anm. 4). Gilson-Böhner, 455 f.

liche Methodenbewußtsein auf die Kürzel experimentum et ratio? Vielleicht kann, wenn auch zunächst formal, die Kennzeichnung Alberts als *doctor universalis* weiterhelfen. Man hat treffend zweierlei Bedeutungen im Ehrentitel doctor universalis unterschieden, und durch diese Differenzierung vermag nicht nur ein besseres Verständnis für das befördert werden, was seinerzeit als Universalität, als universell, als Universität gegolten hat, sondern sie kann zugleich mit der besonderen Schwierigkeit konfrontieren, die tatsächlichen Auffassungen Alberts kennenzulernen. Er hat nämlich gerade wegen seines Universalismus, der das Wissen aller anderen zusammenträgt, kein im heutigen Sinne des Wortes philosophisches Hauptwerk hinterlassen. Es mag zwar bei uns an der Tagesordnung sein, daß jeder Philosoph, der sich selbst für originell hält, seine eigene Philosophie vorlegt. Mittelalterlicher Universalismus - und das ist die *eine* Bedeutung des Wortes - besagt zunächst und in erster Linie umfassende Kenntnis aller Quellen, besagt sodann möglichst lückenlose Materialsammlung und versteht sich schließlich als komplette Darbietung des gesamten vorhandenen Wissensstoffes[79]. Albertus hat sich durch das, was man seine Aristoteles-Enzyklopädie nennt, also seine Kommentare zum vielseitigen und vielbändigen Werk des Aristoteles, durch die er zum Bahnbrecher des Aristotelismus im 13. Jahrhundert wird, eines Philosophen, dessen naturwissenschaftliche und dessen metaphysische Schriften kirchlicherseits übrigens noch in den Jahren 1210 und 1215 an der Pariser Universität verboten worden sind, aber auch durch Berücksichtigung der ihm zugänglichen arabisch-jüdischen und neuplatonischen Literatur sowie durch die Heranziehung frühscholastischer Werke einen Wissensumfang erworben, der den seines allerdings systembewußteren und gedanklich stringenteren Schülers Thomas von Aquin überragt[80].

Der Universalismus Alberts ist aber mit diesem enzyklopädischen Wissen, durch das er sich als gewissenhafter und keineswegs unkritischer Sammler, aber immerhin als Exzerptor, Rezipient und Kompilator, kurzum als *reproduktiver* Gelehrter erweist, keineswegs erschöpft. Zwar genießt Albertus gerade in unserem Zeitalter der leichthändigen mechanischen Speicherung des Wis-

[79] Grabmann, 19.

[80] Grabmann, in: Deutsche Biographie, 146.

sens in Computern und des gedankenreichen Teamworks enzyklopädisch angelegter Lexika bei denen, die wissen, wie diffizil es ist, den äußersten Horizont des Wissens auszumessen und nichts zu vergessen, höchste Bewunderung ob seiner universalen Kraft weitgespannter, umfassender Wissenssammlung. Aber Albertus ist nicht nur ein Genie an Fleiß, sondern gewissermaßen ein Genie an Genie, *an selbständiger* Denkkraft. Albert ist auch - und das ist die *zweite* Bedeutung des Wortes Universalismus - »Doctor universalis durch seinen Universalismus in der *Beherrschung der Wissenschaften*«[81]. Dies gilt nicht nur hinsichtlich der Naturwissenschaften, sondern auch für die Philosophie und für die Theologie. Es muß folglich Alberts Position dar- und ihre Exposition herausgestellt werden.

Ganz im Sinne der programmatischen Aufgabenstellung haben schon die Zeitgenossen und Schüler von Albertus Magnus ihn nicht in erster Linie nur als universellen Rezipienten, sondern als universalen Auktor angesehen, als eigenständigen Urheber und als selbständigen Vermehrer auf allen Gebieten[82]. Allerdings müssen die Bausteine seines Gedankengebäudes aus den Paraphrasen, die er über die von ihm rezipierten Autoren vorgenommen hat, erst zusammengetragen werden. Und es müssen die Strebepfeiler für das Bauwerk einzelnen und disparaten Partien seiner Werke entnommen werden.

Dieser Aufgabe haben sich seit Mitte des vergangenen Jahrhunderts, insbesondere seit 1880, dem Sechshundertjahr-Gedächtnis, verstärkt seit der Heiligsprechung im Jahre 1931 und schließlich seit der Gründung des Albertus-Magnus-Instituts in Köln, das seit dem Jahre 1951 die längst fällige und allein seiner würdige, kritische Ausgabe des auf 40 Folio-Bänden veranschlagten, lateinisch geschriebenen Gesamtwerkes betreut, viele bedeutende Forscher gewidmet[83].

So findet sich - und darauf sei genauer eingegangen - beispielsweise der wichtige philosophische Gedanke einer fundamentalen systematischen Ethik, der die Idee des Guten, des bonum zur

[81] Martin Grabmann, Der Einfluß Alberts des Großen auf das mittelalterliche Geistesleben, 24.

[82] Gilson-Böhner, 454 f.

[83] Vgl. Wilhelm Totok, Handbuch der Geschichte der Philosophie, Bd. II, Frankfurt am Main 1973, 367-376.

Grundlage der Tugendlehre nimmt, in einer Sammlung von sechs theologischen Schriften, die den Sammeltitel »Summa de creaturis« (Summe über die Geschöpfe) trägt und wohl aus den Jahren 1245-1250 stammt. Und Alberts entscheidende Definition der Seele, die zugleich aristotelische wie platonische Gedanken vereint (Seele als »Form des Körpers« und als eigenständige Substanz), ist in dem »Summa theologiae« (Summe der Theologie) überschriebenen Werk zu finden, das nach 1270 entstanden sein dürfte. Alberts vielleicht philosophischstes Werk, seine um 1265 niedergeschriebene »Metaphysica« (Metaphysik), erlegt dem Leser beträchtliche Mühe auf, zwingt es ihn doch, die eigene Position Alberts aus den sog. »Paraphrasen« über die Texte des Aristoteles, den er obendrein nicht wörtlich zitiert, aber auch aus den sog. Kommentaren, in die Albert eigene Ergänzungen einflicht, die seine Erläuterungen weiterführen, und schließlich aus den sog. »Digressionen«, die mitunter in umfangreichen Exkursen bestehen, herauszuschälen. Unbeschwert von modernen textkritischen Editionsmethoden und unbekümmert von der heute selbstverständlichen historisch-kritischen Akribie geht Albertus gar so weit, allen Ernstes zu verkünden, er werde »an bestimmten Stellen den (aristotelischen) Büchern, die unvollendet blieben, Teile hinzufügen«, ja, er sagt: »wir werden ganze Bücher hinzufügen, die uns fehlen oder die ausgelassen sind, sei es, weil Aristoteles sie selbst nicht geschrieben hat, sei es, daß er sie geschrieben hat, diese aber nicht auf uns gelangt sind«[84].

2. Die Seele: ihr Wesen (Vermögensfülle) und ihre Wege (reductio)

An zwei Beispielen, die allerdings, wie sich zeigen wird, innerlich miteinander zusammengehören, soll demonstriert werden, wie berechtigt es ist, den Universalismus des Albertus nicht nur als den Universalismus des Materialkenners anzusprechen, sondern als den Universalismus dessen, der auch kontroverses Ideengut beherrscht

[84] Physic. 1. I., tr. l, c.1.; t. 3, p.1 b-2 a. Vgl. Gilson-Böhner, 455. Josef Pieper, 641. Ihm ist nachzufühlen, daß ihm solche Unbekümmertheit »den kalten Schauder über den Rücken jagt«.

und die Zusammengehörigkeit alles Seienden einsichtig zu machen versucht, und zwar im Blick auf das, in das alles, was ist, hineingehört und dem alles, was ist, zugehört, ja vielleicht gehört.

Eines der großen Probleme der Menschheit ist bis heute die Frage, was die Seele ist, und es sind bekanntlich die unterschiedlichsten Antworten auf diese Frage gegeben worden. Für den Hausgebrauch der Alltagssprache reicht es zwar aus, wenn sie unter Seele allgemein die Bewußtseinsregungen eines Lebewesens im Unterschied zu körperlichen Vorgängen oder aber, was noch deutlicher ist, zum toten Stoff versteht. Aber für die Wissenschaft, insbesondere die der Psychologie, reicht eine solche Vorstellung nicht aus, gilt ihr doch gerade als die besondere Aufgabe, die unterschiedlichen Seelenregungen, etwa die mit dem Organismus eng verbundenen Erlebnisse, die Empfindungen, die Gefühle, die Tendenzen des Willens, nicht nur zu beschreiben und in Testreihen dingfest zu machen, sondern sie auch im Blick auf ihre Entstehung und Entwicklung zu untersuchen und sie obendrein beispielsweise von spezifisch geistigen Akten, dem sog. Geist abzuheben.

Wieder anderes beschäftigt das Interesse derjenigen Wissenschaftler, die sich beispielsweise der Psychoanalyse verschworen haben und die durch die Aufdeckung unbewußter Vorgänge menschlichen Seelenlebens und durch Bewußtmachung von solchem, was ins sog. Unterbewußte verdrängt worden ist, sowie durch Entschlüsselung dessen, was in mancherlei Verkleidung und Maskerade ins Bewußtsein drängt, psychische Krankheiten heilen möchten, also Psychotherapie treiben. Wieder andere halten für die wichtigste Sache der Welt nicht so sehr die Lösung von Komplexen und die Heilung von Neurosen, sondern die Erlösung von der Sünde und das Heil der Seele, die ihnen für unsterblich und für des Menschen bestes Teil gilt.

Für den Philosophen Albertus Magnus standen im Zentrum der Untersuchung nicht so sehr Fragen wie die: Was ist alles zu den Leistungen der Seele zu rechnen? Was läßt sich aus den verräterischen Fehl-Leistungen der Seele ablesen? Was kann der Seele auf Erden alles zugemutet werden? Was steht ihr nach dem Tode bevor? Albertus fragt nicht: Wie *verhält* sich die Seele und was *geschieht* ihr, sondern: Was »ist« die Seele, d. h. worin besteht ihr Wesen?

Es geht Albertus nicht in erster Linie um die bereits von Aristoteles vorgenommene Unterscheidung des Seelischen in die sog.

vegetativen, sensitiven, animalischen (appetitiven), intellektiven (motiven) Funktionen, sondern um die Frage: Müssen wir uns darauf beschränken, die Seele als Ausdruck für das geglückte Zusammenspiel der organischen Seelenbetätigungen eines natürlichen Körpers zu nehmen, also für die hervorstechende Wirklichkeit lebendiger Körper, oder ist die Seele das Prinzip des Körpers? Anders gefragt: Ist sie der Motor des Körpers, der, wie das bei Motoren so üblich ist, eines Tages den »Geist aufgibt«, oder ist sie der Steuermann (Avicenna) des Körpers, dem folglich eine selbständige Tätigkeit zukommt, so daß die Seele für sich genommen keineswegs im Körperlichen aufgeht, selbst wenn sie auf ihn ausgeht? Wie entscheidet sich Albertus? Für den Steuermann, dem es auch möglich ist, von Bord zu gehen, oder für die Untrennbarkeit der Seele vom organisch-materiellen Körper, dessen bloße Form die Seele ist? Vereinfacht gefragt: Entscheidet sich Albertus für Plato oder für Aristoteles?

Albertus wäre nicht der doctor universalis unverkürzter und ineinsgefaßter Wirklichkeit, wenn es ihm nicht gelänge, der Polemik gegensätzlicher Positionen die Spitze abzubrechen. Die Seele muß, lehrt er, auf eine doppelte Weise definiert werden. Wird die Seele im Blick auf den Körper definiert, so kann sie nur als »Form« eines physischen Körpers - Albertus spricht ihr mit Aristoteles Entelechie zu, selbst wenn er schwäbischer Weise »Endelechia« sagt - bestimmt werden. Und sie muß folglich an den Lebensbetätigungen des Körpers aufgewiesen werden[85]. Wird die Seele allerdings für sich genommen, d. h. im Blick auf sich selbst definiert, bleibt - und hier greift Albertus auf Plato zurück - nichts anderes übrig, als sie, weil sie sich in ihrem Formsein nicht erschöpft, als Geist, als spiritus, d. h. als Lebens-Atem anzusprechen, ohne den der Körper nicht lebendig ist, der aber auch ohne den Körper weht und besteht. Auch bei der Lösung des Problems der Seele bleibt Albertus seinem Grundsatz treu: »Wisse, daß niemand in der Philosophie vollkommen wird, außer durch die Kenntnis der beiden Philosophien des Aristoteles und Plato«[86].

Albertus stimmt demnach in der einen Hinsicht Aristoteles zu und er ist bereit, die Konsequenz einer empirischen Psychologie zu

[85] S. theol. ad. I.; p. 16 a-b. Gilson-Böhner, 461.

[86] Grabmann, 14. Sighart, 358

ziehen, getreu der Formel experimentum et ratio. In der anderen Hinsicht stimmt er mit Plato überein und er läßt sich nicht davon abhalten, mit geeigneten Mitteln und Methoden dem metaphysischen Problem einer unkörperlichen Seele gerecht zu werden, und zwar mittels ratio und speculatio[87]. Was das erstgenannte Untersuchungsfeld betrifft, so fällt es uns heute nicht schwer, uns auf ihm zu betätigen, ja wir treiben zumeist so ausschließlich Psychologie in besagtem Sinne, daß es in den Augen vieler den Wissenschaftler geradezu definiert, sich von der metaphysischen Problematik, die von positivistischer Wissenschaftsauslegung sogar als Scheinwissenschaft denunziert wird, freizuhalten. Für Albertus ergeben sich von seinem umfassenden Wirklichkeitsverständnis aus allerdings auf dem Feld der Metaphysik Probleme eigener Art.

Es ist nicht leicht, Alberts Position, die sich aus der kritischen Auseinandersetzung mit bisherigen Seelenlehren ergibt, ohne Rückgriff auf den spezifischen Begriffsapparat einleuchtend darzustellen. Vereinfacht läßt sich sagen: Albert weist sowohl die Auffassung zurück, daß die Seele eine *Einheit* ist, deren Teile man nur *gedanklich* unterscheiden kann, als auch die Meinung, daß es sich bei der Seele um eine *Vielheit* von *wirklich* voneinander geschiedenen Vermögen handelt. Er gewinnt einen neuen Seelenbegriff, indem er die *Einheit* der Seele, aber als *wirkliches* Seelenvermögen betont. Die Seele ist nach Alberts Definition ein *Ganzes,* das aus vielen *wirklichen* Kräften besteht[88]. Anders gesagt: Die Seele ist *wirkliche Einheit* (totum potentiale, totum potestativum). Das bedeutet: gedankliche Unterscheidungen bleiben der wirklichen Seele äußerlich, aber auch die Behauptung einer tatsächlichen Vielheit der Seele geht gerade am Wesentlichen der Seele vorbei. Seele ist vielmehr die *wirkliche Einheit wirklicher Vermögen.*

Die Konsequenz dieser Seelenlehre besteht darin, daß die jeweils niedrigeren Vermögen der Seele in die höheren einbezogen sind. Seele ist also nicht eine äußerliche Zusammenstückung von gedanklich *Unter*schiedenem oder aber von real *Ge*schiedenem. Sie ist nicht zusammengesetztes Stückwerk, sondern Mächtigkeit. Sie ist Ausmaß von Kräften. Seele ist nicht Hülle, sondern Fülle, nicht ein Sammelsurium, sondern Summe, nicht stückweise Zusammen-

[87] Pieper, 639.

[88] Summa de creaturis, p. II, tr. 1, q. o; t. 35, p. 87

gestelltes, sondern ein Ganzes. Wer die Seele in Stockwerke oder in Stückwerke aufspaltet, in vegetative, sensitive, animalische Etagen, der wird der Wirklichkeit der Kräfte nicht gerecht, die alle in der Mächtigkeit der vernünftigen Menschenseele (anima rationalis) pulsieren. Die vernünftige Menschenseele darf aber auch nicht vorgestellt werden wie ein Aufzug, der gewissermaßen durch Etagen hindurchschnurrt. Sie ist vielmehr das »Formträchtigste, aus dem alle Vermögen fließen«[89], deren Verrichtungen deshalb auf sie hingeordnet sind.

Es ist folglich keine Vielzahl von Vermögen schematisch in die Seele hineingepackt wie in einen Behälter. Und die Seele ist auch nicht äußerlich zusammengesetzt wie ein Baukasten. Schließlich ist sie auch kein Lastträger, dem allerlei aufgebürdet ist. Die vernünftige Menschenseele ist vielmehr Kraftfülle, sie ist Vermögensfülle, Formträchtigkeit, die nicht auf die unteren Regionen und niederen Vermögen eingeschränkt und eingeengt werden kann. Sie findet sich vielmehr in ihnen wieder und sie findet die Vermögen in sich wieder. Je einfacher also die Seele ist, desto mehr Kräfte sind ihr eigen, und je mehr Kräfte ihr zukommen, umso mehr wirkt sie[90], umso wirk-licher ist sie.

Diese vernünftige Seele ist ihrerseits wiederum eine Einheit von Begabungen des Intellekts, die miteinander in Verbindung stehen und eine Einheit von Vollkommenheitsgraden der Vernunft darstellen, die nicht auf die Ebene des Verstandes oder des Bewußtseins reduziert werden dürfen, die vielmehr in zunehmendem Maße dazu befähigen, mit dem, was Albertus die göttliche Sonne nennt, in »Konjunktion« zu treten[91]. Auf diese Weise sieht Albertus das Band der Seele an das geknüpft, über das es, weil es Grund und Ziel, Ursache und höchste Vollkommenheit ist, kein Hinaus, kein »mehr und mehr« gibt, an Gott. Er ist das, was in einzigartiger, unvergleichbarer Weise notwendig ist, weil er nicht, wie alles das, was ein Mehr kennt, ist und folglich nicht das Letzte sein kann, da es

[89] Gilson, 466.

[90] De anima, 1.III, tr. 5, c. 4; t. 5, p. 419 a ff.

[91] Sententiae I, d. 2, q. 5; t. 25, p. 59. Vgl. C. G. Jung, Mysterium coniunctionis. Untersuchungen über die Trennung und Zusammensetzung der seelischen Gegensätze in der Alchemie. Ges. Werke, 14. Bd., Zürich/Stuttgart 1958.

noch möglich, noch nicht vollständig wirklich ist[92]. Im Vollsinn des Wortes »ist« ist also einzig und allein Er.

Daß es bei diesen Überlegungen von Albertus nicht um Gedanken am grünen Tisch geht, sondern um existentielle Fragen, zeigt ein Blick auf bestimmte Konsequenzen. In seiner philosophischen Streitschrift »De unitate intellectus, contra Averroem« (Über die Einheit des Verstandes gegen Averroes)[93], legt Albertus ein Gutachten über Irrtümer der Averroisten vor, genauer gesagt, nimmt Albertus die Lehre Siger von Brabants, eines philosophischen Wortführers an der Pariser Sorbonne, aufs Korn. Siger hatte behauptet, daß es nur eine einzige Seele gibt, die allen Menschen gemeinsam ist. Dementsprechend dürfen also keine einzelnen individuellen Seelen als wirklich angenommen werden. Es herrscht vielmehr ein Monopsychismus. Albertus argumentiert, um die Hauptthese seines Gegners zu treffen, folgendermaßen: Wenn die Averroisten davon ausgehen, daß die eine, allen Individuen gemeinsame Seele nicht wirklich individuell werden könne, weil sie sonst materiell werden müsse, dann könne diese allen gemeinsame, aber niemand gehörende eine Seele als gesonderte Substanz weder Form noch Prinzip eines organischen Körpers sein. Wer behaupte, daß die eine Seele zwar in allen Individuen vorhanden sei, aber in keinem eigentlich vorkomme, der mache sich mit solchem Widerspruch lächerlich.

Mit einer Schrift gleichen Titels »De unitate intellectus contra Averroistas« (Über die Einheit des Verstandes, gegen die Averroisten) greift übrigens 1270 auch Alberts größter Schüler Thomas von Aquin, der ihn, wie gesagt, zwar nicht an Wissen, aber doch an synthetisch-architektonischer Kraft übertroffen hat, ebenfalls in die Auseinandersetzung an der Pariser Universität um Siger von Brabants Thesen ein, Thesen, die ersichtlich auf eine Leugnung der individuellen Seele und der Vorstellung von der persönlichen Unsterblichkeit der Seele hinauslaufen. Als sich der Pariser Erzbischof Stephan Tempier im Jahre 1277 entschließt, averroistische Sätze in einem Dekret zu verurteilen, befinden sich auch einige thomistische Sätze darunter. Albertus, inzwischen über 80 Jahre alt,

92 De intell. et intellig., l. II, c. 10; p. 518

93 Vermutlich schon 1256 geschrieben, in leichtveränderter Form auch in die Summa theologiae von (circa) 1270 aufgenommen und der philosophischen Monographie »De quindecim problematibus« zugrundegelegt.

macht sich, da Thomas von Aquin inzwischen verstorben ist, auf den beschwerlichen Weg von Köln nach Paris. Der Lehrer verteidigt seinen Schüler, der selbst zum bedeutendsten Lehrmeister für die nachfolgenden Jahrhunderte herangewachsen war, sich aber nicht mehr selbst rechtfertigen kann. »Albert ist«, was sein Biograph Petrus von Prussia als vorzüglichste Eigenschaft hervorhebt, »in der Wissenschaft ohne Neid gewesen«[94].

Wenn es bei der Seele nicht nur um den experimentellen, nicht nur um den beschreibenden Aufweis unterschiedlicher Qualitäten, nicht nur um die Messung und Registrierung der Intensität und Häufigkeit ihrer Äußerungen, um ihre Aus-Wirklichkeit geht, nicht nur um ihr differenziertes Vorhandensein im Leiblichen, sondern auch um das, was sie »ist« (id quod est), und um das, *wodurch* sie, was sie ist, ist (quo est), ihre Wirklichkeit, ja letztenendes um ihre Bezogenheit auf den Grund ihres Seins, aus dem sie ihre Überlebenskraft zieht, dann darf der Blick des Nachdenklichen nicht an solchem hängen bleiben, was den Forscher in Tests und Analysen allein beschäftigt und beschäftigen muß. Der Philosoph muß vielmehr den Blick von der Beobachtung des Verhaltens der Seele auf das lenken, wodurch und als was sie in sich steht. Damit ist allerdings nicht das gemeint, wozu sie dient und als Funktionsträger oder Motor nützlich und brauchbar ist, sondern was sie als zielgerichtete und als richtungsgebende Mächtigkeit »ist«, ihr wirkliches Wesen und nicht nur ihre Erscheinung in der sogenannten Wirklichkeit.

Die von Albertus vorgenommene Blickwendung bedeutet nicht, daß er seiner vitalen Veranlagung, zu konkretem Wirklichkeitswissen zu gelangen, untreu geworden wäre und nun versuchen möchte, wie Münchhausen am Zopf sich aus dem Sumpf zieht, seinerseits die Seele mit der Seele aus dem Leib herauszulupfen. Albertus faßt vielmehr den Weg der Seele in ihre eigenste Wirklichkeit, in ihr ursprüngliches Sein, in das Formträchtigste hinein ins Auge. Es findet eine Rückführung, eine *reductio* in des Wortes wahrer Bedeutung statt, die Rückführung der Seele auf ihr Sein und zugleich auf das erste Sein, ihre Annäherung an das notwendige Sein, ihre ursprüngliche Nähe zur Ursache von allem, zur All-

[94] Dörfler, 47.

ursache[95]. Reductio meint bei Albertus also nicht, was das moderne Wort von der Reduktion und vom Reduzieren suggeriert, daß hier eine Einschränkung und Verminderung stattfindet, eine Verkleinerung, gar Herabsetzung. Dem ursprünglichen Wortsinn von reductio entsprechend meint Rückführung eher Heimführung, Heimholung ins Eigentliche, Rückbeziehung der Seele auf den Ursprung, auf ihr Sein, ihr Wesen, ihre Wesensfülle. Es kann nach Albertus nicht bezweifelt werden, daß die Seele der Sinnendinge und des Körpers bedarf, aber es kann deshalb noch lange nicht behauptet werden, daß der Gang in die horizontale Wirklichkeit schon die ganze Seele ausmacht beziehungsweise diese auszumessen vermöchte.

Es gehört für Albertus zum Weg durch die Wirklichkeit auch der Gang in die vertikale Wirklichkeit der Seele hinzu. Anders gesagt: Dem Fortschritt in der Psychologie und ihrer Ausführung darf der Rückschritt, die Rückführung ins Prinzipielle nicht geopfert werden. Sonst würde übersehen, daß die organisch-physischen Vorgänge des Menschen zwar die Voraussetzungen für die Verstandesleistungen sind, diese aber nicht in technischen Verrichtungen und in praktischer Intelligenz ihr Ende finden, sondern Voraussetzung für weitere Stufen des Intellekts sind, der sich im Geist, sofern er sich zurückgeführt sieht auf die Allursache, am Ziel weiß, dort nämlich, wo das Suchen aufhört, weil das Gesuchte gefunden ist. Zugleich wird unter ontologischem Aspekt deutlich, daß die Rückführung auf diejenige *Wirklichkeit* hinführt, von der die stärksten Wirkungen ausgehen, auf das Trächtigste und Mächtigste. Der Weg führt also nicht nur hinauf, er führt auch herab. Erst wenn die Seele durch diese reductio gewissermaßen zu sich gekommen ist, steht sie in sich selbst in ihrer eigentlichen Wirklichkeit. Sie hat ihr Ziel erreicht, aber sie ist zugleich bis in ihr niedrigstes Vermögen hinein durchpulst. Das Ziel ist nicht nur das, um dessentwillen die Seele unterwegs ist, sondern um dessentwillen die Seele überhaupt »ist«.

Der Weg der Seele durch die Wirklichkeit läßt sich also nicht auf die Dimensionen beschränken, von denen »Faust« in Goethes gleichnamigem Drama spricht, wenn er verzweifelt ausruft: »Ich bin nur durch die Welt gerannt; / Ein jed Gelüst ergriff ich bei den Haaren, / Was nicht genügte, ließ ich fahren; / Was mir entwischte,

[95] Gilson, 477 f.

ließ ich ziehn« (II,11433-36). Der Weg der Seele ist auch nicht auf die von Albertus hochgeschätzte Dimension von experimentum et ratio, von prüfender Beobachtung und gründlicher Einsicht einzuengen, eine Konzentration, die dann zur Beschränktheit wird, wenn sie unter Mißachtung anderer Möglichkeiten verabsolutiert wird. Sie ist dann eine Fehlform, wie sie den »gelehrten Herrn« eigen ist, die Mephistopheles in Goethes »Faust« auf die Schippe nimmt: »Was ihr nicht tastet, steht euch meilenfern, / Was ihr nicht faßt, das fehlt euch ganz und gar, / Was ihr nicht rechnet, glaubt ihr, sei nicht wahr, / Was ihr nicht wägt, hat für euch kein Gewicht, / Was ihr nicht münzt, das meint ihr, gelte nicht« (II, 4918-22). Der Weg der Seele endet aber auch nicht auf der Ebene des praktischen Intellekts und seiner technischen Einrichtungen. Er führt auf ein Ziel, das Albertus die reductio animae in esse divinum, die Rückführung der Seele ins göttliche Sein nennt und das auf der letzten Stufe ihre eigene Voll-endung darstellt[96]; denn die Seele ist zugleich Faden und Wegweiser zum göttlichen Sein. Sie sucht, im Bild gesprochen, das Licht als die Ursache von allem. Erst wenn sie es außer der Zeit und dem Raum, d. h. der Endlichkeit, in der es grenzenlos in die Horizontale geht und gerade wegen der Endlichkeit kein wirkliches Ende gefunden werden kann, aufgespürt hat und von ihm durchdrungen ist, weiß sie, sagt Albertus, »nichts weiter mehr zu suchen, vielmehr in sich selbst stehend, bleibt sie im Licht«[97].

3. Die Spuren des Guten in der Welt als Wegweiser zum Guten alles Guten

Die Seele hat aber - und das ist das Zweite, auf das noch hingewiesen sei - nicht nur einen Kompaß in sich selbst, sie vermag auch, Spuren, die in der Wirklichkeit selbst gelegen sind, zu folgen, Spuren, die auf das letzte Ziel hinweisen. Die wesentliche reductio, die Rückführung auf das Wesentliche gelingt nicht nur der *spekulativen Psychologie.* Auch die vorbehaltlose Untersuchung der Realität in ihrer komplexen Fülle, eine *spekulative Ontologie,* ein Ernst-

[96] Gilson, 470.

[97] Gilson, 472. De intell. et intellig., 1. II, tr. u.c. 12; t. 9. 520 a f.

nehmen dessen, was ist und wodurch es ist, d. h. nicht nur die Feststellung dessen, wozu etwas nütze und brauchbar ist, führt zum gleichen Ziel. Albertus betont, daß jedem Sein, jedem Seienden, wie wir heute sagen, eine positive Kraft eigen ist, modern gesagt, ein Eigenwert[98]. Gemeint ist eine Qualität, die nicht nur unter dem subjektiven Aspekt der Verwertbarkeit und Brauchbarkeit von etwas für unsere mehr oder weniger beschränkten Zwecke beurteilt werden darf, die vielmehr den Sinn seines Seins ausmacht.

Albertus wiederholt in seiner Abhandlung »De bono« (Über das Gute) mehrfach den Grundsatz, der ihn bei seiner Untersuchung leitet: Alles, was ist, ist, insofern es ist, gut[99]. Uns fällt es heute schwer, die Bedeutung dieses Satzes unvoreingenommen aufzufassen, weil wir, die wir meist nicht mehr auf das zu hören imstande sind, was das biblische Wort Genesis I, 1 sagt: »Und Gott sah, daß es gut war«, gewohnt sind beziehungsweise uns daran gewöhnt haben, alles, was ist, nur noch auf uns zu beziehen und den Dingen dementsprechend nachzusagen, sie seien gut, wenn sie uns dienlich, brauchbar und nützlich sind, schlecht aber, wenn sie uns schaden, Schmerz zufügen und nicht in unser Konzept sich einfügen wollen. Es ist nicht schwer, einzusehen, daß wir bei solcher beschränkten und beschränkenden Betrachtungsweise nicht über unsere eigene Hutschnur hinaus denken und daß wir auf solche Weise nur die Beziehung der Dinge zu uns berücksichtigen, nicht aber das Eigensein der Dinge in Augenschein nehmen, geschweige dem, was etwas in *sich* und nicht nur für uns ist, gerecht werden.

Albertus lenkt den Blick von solchen Auffassungsweisen *verminderter Wirklichkeit* und *verengter* Realität, die sich zufrieden geben, wenn sie ein Seiendes in die eigene Verfügungsgewalt gebracht haben, weg und auf das Eigensein der Dinge hin und er deckt dadurch auf, daß es nichts gibt, dem nicht Gutsein zukommt und das daher auch gut genannt zu werden verdient. Da aber, und das ist gewissermaßen das Gute am Guten, Gutes steigerbar ist und da Gutes nie identisch ist mit dem höchsten Guten, ist bereits mit dem geringsten Gut im unscheinbarsten Sein ein Weg vorgezeichnet, der zielstrebig über das unvollkommene Gut zu immer vollkommenerem Gut, schließlich zum vollkommenen Gut führt, zum

[98] v. Rintelen, Albert der Deutsche und wir, 15 f.

[99] v. Rintelen, 12, 21, 23.

vollendeten Gut, über das es nicht hinausgeht, zum Guten alles Guten. Wo auch immer der Anfang für diesen vertikalen Weg und Einstieg genommen wird, gleichgültig, wo immer wir ansetzen, sobald wir über unseren Schatten springen und uns dem Eigensein von etwas zukehren, überall und in jedem endlichen Guten ist uns die Chance geboten, im Unvollkommenen den Weg zur Vollendung zu betreten (secundum inchoationem). Wir können überall mit dem Spurenlesen beginnen, das zum Ziel führt, reductio in esse divinum, hier zum summum bonum, dem höchsten Guten, dem, durch das, was ist, gut ist[100].

Wenn ich vom Spurenlesen spreche, dann entspreche ich einem Bild, das Albertus, der wie kein zweiter Gelehrter seiner Zeit bis ins hohe Alter durch Deutschland unterwegs gewesen ist, selbst verwendet, wenn er davon spricht, daß jedes Sein in der Natur göttliche Spuren aufweist, die vestigia Dei[101], die Spuren Gottes in der Welt. Sie führen zu dem zurück, was Prinzip von allem ist. Sie führen rück, heim, indem sie zu dem hinaufführen, der das Ziel von allem ist, und indem sie zu dem hinabführen, der die letzte Ursache von allem ist.

Es mag diese Philosophie Alberts tröstlich anmuten. Sie will aber nicht obenhin trösten oder gar nur illusionistisch vertrösten. Sie will uns nichts vormachen oder einreden. Sie fordert von uns lediglich, die Augen aufzumachen, nach außen und nach innen. Sie sagt: Der Mensch ist nicht dazu verurteilt, sich zu verirren. Er ist vielmehr fähig, den Weg durch die Wirklichkeit am Leitseil der Seele und angesichts der Spuren des Guten in allem, was ist, zielsicher einzuschlagen.

4. Albertus als Zeitgenosse

Daß Albert unterschiedliche Grade des Guten festgestellt hat, mag einem Zeitgeist, der statt auf Universalität auf Uniformität, statt auf

[100] De bono. Primum ediderunt Heinrich Kühle, Karl Feckes, Bernhard Geyer, Wilhelm Kübel (Opera Omnia, Tom. XXVIII), Münster 1951. Trac. primus, de bono in genere, q. I, art. 1, p. 2; art. 2, p 7 / 8; art. 7, p. 12.

[101] Summa theol. I, 3. q. 15.; Summa theologiae sive de mirabili scientia Dei, lib. I, pars I, edidit D. Siedler, collab. W. Kübel, H. G. Vogels (Opera Omnia, Tom. XXXIV, Pars I), Münster 1978, trac. 3, q.15, c. 2.

Mannigfaltigkeit auf Einfältigkeit, statt auf Ganzheitlichkeit auf Parteilichkeit aus ist, nicht behagen. Gleichmacherei geht im Nivellieren in die Breite. Antiautoritärer Anarchismus setzte vielerorten an der Basis die Spitzhacke zum Abbruch an. Daß es Stufen, Schichten oder wie man die*se Dimensioniertheit in der Vertikalen* nennen mag, gibt, daß gar eine Rangordnung, eine Hierarchie des Guten herrscht, klingt in unseren Zeiten, in denen dem Ruf nach allgemeiner Gleichheit, dem Ruf nach Zerschlagung angemaßter Herrschaftssysteme und dem Ruf nach Beseitigung sog. Rangordnungen die Tat gefolgt ist, anachronistisch, d. h. unzeitgemäß. Immerhin, Albertus wäre, wenn er in unseren Tagen gelebt hätte, daran zweifle ich nicht, in der ersten Reihe der Protestler mitmarschiert. Aber, er hätte sich eingereiht nicht, um *gegen* den ordo bonorum, gegen die Hierarchie des Guten, gegen die Rangordnung zu demonstrieren, sondern *wegen* ihr, d.h. weil es um ihretwillen überhaupt erst einen Sinn hat und zweckmäßig ist, d. h. erfolgversprechend ist, sich gegen *falsche* Hierarchien, gegen ideologisch fiktive Herrschaftssysteme, gegen angemaßte Privilegien, durch die andere inzwischen bevormundet werden, zur Wehr zu setzen.

Albertus hätte, um der richtigen und um der wahren Ordnung willen, gegen die zur Tagesordnung gewordene Verkehrung des ordo bonorum, gegen seine üblich, ja selbstverständlich gewordene Mißachtung Stellung genommen. Er hätte nicht abstrakte Maximen aufgestellt oder einseitige Parolen ausgegeben, die an die Stelle bisheriger Mächte neue nur mit anderen Vorzeichen setzen, sondern die Augen aufgehalten, um, statt fernen Utopien nachzuschweifen oder vorzugreifen, *Spuren zu lesen.* »In allem«, schreibt Albertus, »leuchtet die erste Güte, das erste Gute, das Gute alles Guten heraus«[102]. Und in allem, was ist, steckt nicht nur der Hang zum Nützlichen und Brauchbaren, wirkt vielmehr seelisch primär ein natürliches Streben zum Vollkommenen, eine Neigung zur Vollendung des Guten, das in allem ist[103].

Nicht wir setzen also die Weltrangordnung nach eigenem Gutdünken fest, sondern jede Festsetzung muß auf das bezogen werden und erhält nur hiervon ihr Gewicht und ihren Rang, was als Stufen des Seins zugleich Stufen des Guten absteckt[104]. Deshalb lehrt

[102] De bono, q. I, art. 2 (2), p. 8.

[103] De bono, q. I, art. l, solutio (1), p. 4.

[104] De bono, q. II; Ethic. I, 3, 6.

Albertus nicht nur den Fortschritt innerhalb der verschiedenen horizontalen Wirklichkeitsebenen, sondern auch den Einstieg ins vertikale Gebirge der Wirklichkeit, den Hinaufstieg, den Aufstieg, der von dem uns umgebenden und uns angehenden Guten ausgeht und über es hinausgelangt in die Kraftfülle des Guten, zum Guten alles Guten[105]. Albertus lehrt nicht nur experimento et ratione den Fortschritt, sondern auch die reductio, den wesentlichen Schritt zurück, der ein Voranschritt zum Anfänglichen sein dürfte. Insofern hängt für Albertus alles im wörtlichen Sinn am Guten und vom Guten ab. Aber gerade diese Verbindung ist der *Leitpfad durch die Wirklichkeit,* der uns von der Bindung an dieses oder jenes, und sei es eine nur nach ihrer Nützlichkeit gewogene Wissenschaft und Technik, von denen zwar unsere Zivilisation, nicht aber unsere Menschlichkeit abhängt, frei macht.

Wohlgemerkt, Albertus ruft nicht etwa dazu auf, wissenschaftlich die Hände in den Schoß zu legen, und er fordert uns an keiner Stelle seines Werkes auf, uns irgendwelchen Spintisierereien zu überantworten, im Gegenteil. Albertus weist uns *wissenschaftlich* und *philosophisch* einen Weg, auf dem wir merken, daß wir in unseren mannigfachen Verrichtungen und selbstgebastelten Richtigkeiten als Menschen nicht aufgehen. Solcherart auf den Weg durch die Wirklichkeit gebracht, wird der Widerhall Gottes in der Welt, wird, wie Albertus sagt, die resonantia Dei in mundo[106] trotz des Lärms, den derzeit immer noch der Nur-Fortschritt macht, vernehmbar, und die »Wanderfahrt des Geistes zu Gott«, wie Bonaventura diesen langen Weg durch die Bereiche des Seins nennt, dieses itinerarium mentis in Deum[107], verliert nicht das Ziel der reductio, das Ziel der Heimführung, den für uns - wie Albertus sagt - unbenennbaren (innominabilis) Gott[108] aus dem Sinn. Ihn erfahren wir in Richtung des Guten, des spurenlesend erlesenen Guten, als das ersehnte höchste Gute, das uns, wenn wir es nicht durch unsere Einrichtungen, Transparente und Plakatwände verstellen, aus allem Guten entgegenstrahlt als das Gute alles Guten,

[105] v. Rintelen, 36.

[106] Summa theol. I, 3, q. 15.

[107] v. Rintelen, 18.

[108] v. Rintelen, 36.

von dem alles, auch wir, abhängen und dem wir uns verdanken und alles andere sich verdankt.

Mein Lehrer Fritz-Joachim von Rintelen, der im Jahre 1935 eine Broschüre unter dem Titel »Albert der Deutsche und wir« veröffentlicht hat, war damals bemüht, das Weltbild Alberts des Großen seiner Zeit als Spiegel vor Augen zu halten, in dem sie sich nicht nur erkennen sollte, durch den sie auch gespiegelt sehen mochte, was ihr fehlt. Er hat damals vor einer Einstellung in Deutschland gewarnt, die »aus Mangel an Ehrlichkeit vor uns und der Lebenswirklichkeit die *letzte Stellungnahme* in Unrast« flieht[109] und, statt der »Sehkraft« Alberts des Deutschen eine Chance zu geben, nur auf Teilbereiche starrt. Rintelen hat auch auf das verhängnisvolle Auseinanderbrechen der Wirklichkeit in die voneinander isolierten und voreinander isolierenden Sphären religiöser Innerlichkeit oder des Subjektivismus abstrakten Denkens und utopischen Tuns oder der Wissenschaft von einer entseelten Natur aufmerksam gemacht[110]. Er hat vor den Vereinseitigungen und Parteinahmen gewarnt, die sich einer ganzheitlichen Sicht verschließen und Perspektiven für die Totale ausgeben. »Wir können«, schreibt v. Rintelen, »auf der Stufenordnung des Guten herabsteigen, bis ... die Fußspur Gottes in der Welt zur völligen Unkenntlichkeit verwischt ist, und es gibt Zeiten, die von diesem Urlicht nichts wissen wollen, nicht wegen seines Mangels oder wegen der Unsicherheit und Fragwürdigkeit seiner Wahrheit, sondern wegen ihrer (eigenen) Existenzverfallenheit, wegen des Sinkens im Niveau, wegen der geringfügigeren Sicherheit des Blickes, das Gute als das Göttliche noch in sich aufzunehmen«[111].

Rintelen hat in einer Zeit, in der, was für Deutsch zu gelten hatte, der Ver-führer Hitler bestimmen wollte, dazu aufgerufen, der Ausrichtung Alberts des Deutschen zu folgen. Mir scheint, die Ausrichtung auf Albertus Magnus ist auch heute nötig und möglich. In einer Zeit, in der es dem Menschen dämmert, daß manche Großtat der Wissenschaft allmählich von den Folgen eingeholt

[109] v. Rintelen, 19. Vgl. Fritz-Joachim von Rintelen (1898-1979). Reden bei der Akademischen Trauerfeier des Fachbereiches 11 (Philosophie / Pädagogik) der Johannes Gutenberg-Universität in Mainz am 7. Dezember 1979. Hrsg. von Richard Wisser, Worms 1980.

[110] v. Rintelen, 17.

[111] v. Rintelen, 40.

wird und der Glanz angesichts der Schattenseiten zu verblassen beginnt, in der die drohende Erschöpfung der natürlichen Ressourcen zu der Einsicht zwingt, daß der Raubbau an der Natur seine Grenzen und die totale Machbarkeit ihre Gefahren hat, besteht die Chance, sich von Albertus, der experimentum et ratio zum Wirklichkeitswissen zählt, sagen zu lassen, daß auch die Aufdeckung der Spuren des Guten in der Welt, die reductio, die Wahrheit des Guten, zur Wirklichkeit hinzugehört. An uns ist es zu entscheiden, ob wir bereit sind, Albertus als einem Zeitgenossen zu folgen. Wer mit ihm erkennt, daß alle Wege, die den Dingen auf den Grund gehen, zu dem gleichen Ziel führen, zur Rückführung der Seele in ein göttlich zu nennendes Sein, schließlich zum Guten alles Guten, zum höchsten Gut, zu dem, was über allen Menschen ist[112], der wird geneigt sein, Albertus auf seinem Weg sowohl durch die *horizontale Wirklichkeit* als auch durch die *vertikale Wirklichkeit* als einem nicht nur fort-schrittlichen, sondern auch voranschreitenden Zeitgenossen zu folgen. Das aber ist alles andere als ein bloß historisierender Spaziergang!

[112] v. Rintelen, Der Wertgedanke in der europäischen Geistesentwicklung. Teil 1: Altertum und Mittelalter, Halle 1932, 194. Values in European Thought, 316.

Von der Entdeckung des »wahren« Vico:

Geschichtsmächtigkeit des Menschen und Verstehbarkeit von Geschichte

Tendenzielles - Aktuelles - Strukturelles

Francesco De Sanctis, der Begründer der modernen Literaturkritik in Italien, mehrfach italienischer Unterrichtsminister und zuletzt Professor in Giambattista Vicos Geburtsstadt Neapel, hat in seiner vielgerühmten »Geschichte der italienischen Literatur« dem, was er dort »Die neue Wissenschaft« nennt, ein umfangreiches Kapitel gewidmet. Wer nun allerdings meint, hier werde ausschließlich Vico abgehandelt, der sich seit 1721 ausdrücklich die Aufgabe gestellt hat: »Nova Scientia tentatur«[1], und der wenige Jahre später den Titel »Scienza Nuova« zur exzeptionellen Kennzeichnung seines Hauptwerkes verwendet, wird - vielleicht enttäuscht - feststellen, daß De Sanctis »*Die neue Wissenschaft*« als eine umfassende Bewegung auffaßt, die von Giordano Bruno und Campanella bis hin zu Vico und Giannone reicht. Er stellt »Die neue Wissenschaft« als einen Jahrhunderttrend dar, dessen Entwicklung in das mündet, was De Sanctis folgerichtig als »*Die neue Literatur*« charakterisiert, die von Metastasio bis zu Manzoni und den Romantikern sich erstreckt und die es sich zum Ziele gesetzt hat, die Philosophie, über die als gelehrte Wissenschaft weniger Privilegierter man inzwischen hinaus ist, allgemein und für jedermann »auszubreiten und zu interpretieren«[2]. De Sanctis nimmt, da seine Absicht ist, eine

[1] Giambattista Vico, L' Autobiografia, Il Carteggio e le Poesie varie, Seconda Edizione riveduta e aumentata a Cura di Benedetto Croce e Fausto Nicolini, Bari 1929 (Scrittori d' Italia, Vico, Opere V), 42. Deutsche Übersetzung: Giambattista Vico, Autobiographie, hrsg. von Vinzenz Rüfner, Zürich-Bruxelles 1948 (Lux et Humanitas. Eine Schriftenreihe zur Pflege geisteswissenschaftlicher Werte, Bd. III), 87.

[2] Francesco De Sanctis, Geschichte der italienischen Literatur. Band II: Von der Spätrenaissance bis zur Romantik, Stuttgart 1943, 279 ff., 417 ff., 416, Vico: 368-394.

»Geschichte« der italienischen Literatur zu schreiben, eine Einbindung Vicos in die Tradition vor, zumal in eine philosophisch-literarische und in eine literarisch-politische Bewegung.

1. Tendenzielles: Vicos »Neue Wissenschaft«

Es versteht sich, daß es speziell für Vicos Philosophie und im Blick auf seine Prinzipien und Axiome, seine Methode und deren Anwendung sowie auf die Inhalte und die Gehalte seiner Untersuchungen aufschlußreiche Ausführungen *philosophiehistorischer* Art gibt, die ihn im geistigen Umfeld seiner Zeit und Zeitgenossen und im Verbund mit der Tradition sowie in der Abhängigkeit von der Überlieferung, die ihn trägt und bestimmt, *vor*stellen, ihn aber auch hinsichtlich seiner Versuche, gerade von solchem freizukommen, *dar*stellen. Für die wissenschaftliche und gelehrte Rezeption ist solche Erörterung der Überlieferung, solche Herleitung der Gedanken, solche Festschreibung, aber auch solche Fortführung von Tendenzen von großer Wichtigkeit. Beim geistigen Reichtum Vicos, der sich als Autodidakt für alles ihn Interessierende freigehalten hat - eine gewisse Rolle spielt auch die Tatsache, daß sein Vater Buchhändler war[3] -, gibt es immer wieder Neues zu entdecken, und da er später als Professor für Rhetorik die Hörer aller Fakultäten in einer Frühform unseres heutigen »Studium Generale« in die Methoden der verschiedenen Studienfächer einzuführen hatte, hat er den Zugang zu unterschiedlichsten Materien gesucht und gefunden.

Wem allerdings an einer dramatischen Schilderung dessen gelegen ist, was Giambattista Vico - von dem man gesagt hat, daß er »einem Cartesius, Locke, Kant, ebenbürtig zur Seite« zu stellen sei[4] und daß er »nicht bloß dem italienischen Denken angehört, sondern ebensosehr dem deutschen Philosophieren, ja (daß) er ein Denker von wahrhaft europäischer Größe ist«[5] - die »Neue Wissenschaft« nennt, ein *Werk-Titel*, den er selbstbewußt und um die Reaktion

[3] Vico, L' Autobiografia, 18; Autobiographie, 36.

[4] Karl Werner, Giambattista Vico als Philosoph und gelehrter Forscher, Wien 1879, III.

[5] Vinzenz Rüfner, Vicos philosophische Bedeutung, in: Autobiographie, 209.

seiner Kollegen wissend, »neiderregend« genannt hat[6], und ein *Werk-Gehalt*, durch den er sachbewußt verfügt, daß die hier vorgelegten Prinzipien »die Grenzen der menschlichen Vernunft sein müssen, und wer sich ihnen entziehen will, der sehe zu, daß er sich nicht der Menschheit überhaupt entziehe«[7], findet sie in einer beredten Schilderung, die der französische Historiker Paul Hazard, der den Terminus »Neue Wissenschaft« eigens für Vico reserviert, in seiner Darstellung dessen vorträgt, was er »Die Krise des europäischen Geistes (1680-1715)«[8] nennt. Das Neue von Vicos Wissenschaft, das ist die exzeptionelle Stellung, die hier der Phantasie, und damit dem eigentlich Schöpferischen im Menschen, eingeräumt wird, der *Schaffenskraft*, die die ursprünglichen Schaffensprozesse angemessen zu erfahren versteht; einer Phantasie allerdings, die nicht in eine ferne Zukunft hinein utopisch spekuliert, die vielmehr die Gegebenheiten berücksichtigt, die sich deshalb mittels der »historischen Methode« selbst verstehen lernt, indem sie sich, den Lauf der Zeiten rückwärts durchlaufend, dem Ursprung der Menschheit zuwendet und dabei Real-Geschichte aus den Spuren, die diese in Dichtung, Sprache, Recht, Institutionen und dergleichen hinterlassen hat, lesbar macht und dadurch den

[6] Vico, La Scienza Nuova seconda. Giusta l' Edizione del 1744. A Cura di Fausto Nicolini, Quarta Edizione, Bari 1953, 535 (= SN); erste deutsche Übersetzung von Wilhelm Ernst Weber: Giambattista Vico, Grundzüge einer Neuen Wissenschaft über die gemeinschaftliche Natur der Völker, Leipzig 1822, 838 (= NW-W); Übersetzung von Erich Auerbach, München 1924, 420 (= NW-A); fotomech. Nachdruck Berlin, New York 1965. Seit 1966 in der Reihe »Rowohlts Klassiker der Literatur und Wissenschaft« 196/197 (Reinbek). Mit einem Essay »Zum Verständnis des Werkes« und einer Bibliographie von Eginhard Hora (229-248). Weber übersetzt »invidioso« mit »kitzlich«. Hingewiesen sei auf: Die neue Wissenschaft von der gemeinschaftlichen Natur der Nationen. Auswahl, Übersetzung und Einleitung von Ferdinand Fellmann, Frankfurt am Main 1981 (Klostermann-Texte: Philosophie). - Die vom Felix Meiner-Verlag als Band 418 a und 418 b der »Philosophischen Bibliothek« für 1989 in zwei Teilbänden angekündigte »vollständige, wissenschaftlichen Ansprüchen entsprechende Neuübersetzung«, die durch eine »kompetente Einführung« das Werk erschließen soll, ist 1990 erschienen: Giovanni Battista Vico, Prinzipien einer neuen Wissenschaft über die gemeinschaftliche Natur der Völker. Übersetzt von Vittorio Hösle und Christoph Jermann und mit Textverweisen von Christoph Jermann. Mit einer Einleitung »Vico und die Idee der Kulturwissenschaft« von Vittorio Hösle (in Teilband 1), Hamburg 1990.

[7] SN, 131; NW-W, 198; NW-A, 142.

[8] Paul Hazard, Die Krise des europäischen Geistes. La Crise de la Conscience Européenne 1680-1715. Aus dem Französischen übertragen von Harriet Wegener, Hamburg 1939 (Europa-Bibliothek), 475-478.

tieferen Sinn des Lebens des Menschen und der Menschheit als »unaufhörliche Neuschöpfung« in Erfahrung bringt.

»Die Neue Wissenschaft«, das ist nicht irgendeine neue Wissenschaft, die Fortschritte auf dem sogenannten Gebiet der Wissenschaft macht. Sie ist vielmehr neu »ihrem Wesen nach«. »Neu« ist gewissermaßen kein Adjektiv zu Wissenschaft. »Die Neue Wissenschaft« ist vielmehr eigentliche Wissenschaft, ist Wissenschaft, die sich ihres Wesens und Weges bewußt geworden ist, insofern sie »die Erkenntnis ... des (menschlichen) Seins« ist, »das sich gleichzeitig schafft und begreift, und dem die Identität von Subjekt und Objekt die Sicherheit verbürgt: Wissenschaft ist die Erschaffung der Menschheit durch die Menschheit, registriert gleichfalls von der Menschheit«[9].

Hatte Vico selbst die 1. Auflage seines Hauptwerks »Princípi di una Scienza nuova«[10] tituliert, so geschehen 1725, so spricht er seit der 2. Auflage selbst von »La Scienza nuova«[11]. Und der Haupttitel der 3. Auflage von 1744, zu der er 12 Tage vor seinem Tod noch die Widmung diktieren konnte (was äußerst wichtig war, weil damals die durch die Widmung Geehrten die Druckkosten zu übernehmen hatten), lautet: »Princípj di Scienza Nuova di Giambattista Vico«[12].

Das hatte es bisher nicht gegeben, Wissenschaft, die nicht, wie die Theologie, einzig der Bewahrung dogmatischer *Be*kenntnisse dient, die nicht, wie die Historiographie und Philologie, nur gelehrte *Kenntnisse* zu gewinnen sucht und die weder, wie die Wissenschaften von der Natur, nur allgemeine Gesetze oder spezielle Fälle ausfindig macht, noch, wie die Metaphysik, sogenannte ewige Wahrheiten, philosophisch faßlich zu machen, bemüht ist. »Neue Wissenschaft«, das will sagen: Wissenschaft, die alles dem Menschen Mögliche zu erfahren sucht, indem sie erkenntniskritisch das vom Menschen Geschaffene, weil von ihm geschaffen, begreift und somit das ihm wesentlich Begreifbare vor Augen führt, d.h. indem sie die menschliche Selbsterschaffung in der Geschichte als Selbsterfahrung des geschichtlichen Menschen zum Musterbild der dem

9 Hazard, 477.

10 Vico, L' Autobiografia, 49; Autobiographie, 101.

11 Vico, L' Autobiografia, 79; Autobiographie, 123.

12 SN, 1; NW-W: »Grundzüge einer Neuen Wissenschaft«, III; NW-A: »Die Neue Wissenschaft«, 3.

Menschen möglichen wissenschaftlichen Erkenntnis überhaupt erhebt. Doch nun zu Paul Hazards dramatischer Inszenierung:

»Armer großer Vico! Man verstand ihn nicht; man hörte ihm kaum zu; seine Ideen waren zu neuartig, zu abweichend von all denen, die man rings um ihn bejahte. Die anderen priesen das Abstrakte, das Rationale, erröteten über eine Vergangenheit, die ihnen Schande für ihre fortschrittliche Zivilisation schien, hielten die Geschichte für eine einzige Lüge und die Dichtung für einen Kunstgriff, verbannten die Empfindsamkeit als krank, die Einbildungskraft als toll. Er aber weigerte sich mit dem Eigensinn des Genies, den ungeheuren Körper der Menschheit als ein Objekt der Anatomie zu betrachten, und wollte durchaus den Pulsschlag des Lebens wiederfinden. Mit Hilfe der Rechtswissenschaft, der Philologie, der Bilder, der Symbole und der Sagen wurde er allmählich mit der Vergangenheit vertraut und stieg tief in den Abgrund der Jahrhunderte hinab, um dort sowohl der Geschichte unserer Entwicklung als der Idealform unseres Geistes nachzuspüren.

Man nahm den goldenen Zweig, den er zurückbrachte, nicht an. Wir können denn auch noch in der Scienza Nuova den Aufschrei einer empörten Seele vernehmen. Die Leidenschaft versucht die allzu gedankenbeladenen Sätze hochzutragen, damit sie ihren Flug leichter nehmen können. Und so sehen wir Vico, gierig, alles auf einmal zu beweisen, stets fürchtend, nicht genug gesagt zu haben, eilig, außer Atem und schwerfällig, seinen Zeitgenossen das grandiose Werk anbieten, das sie ganz gleichgültig läßt. Dreiviertel Jahrhundert müssen noch vergehen, bis dies bewundernswürdige Buch endlich seinen strahlenden Glanz auf den Horizont Europas wirft«[13].

Hier ist einiges eingefangen, was uns Vico lebendig und leibhaftig vor Augen führt: seine kritische Wendung gegen einen Rationalismus, der vermeint, erst durch ihn habe die Stunde des Geistes geschlagen, seine besorgte Warnung vor frühaufklärerischer Überheblichkeit, die sich, um sich von der tatsächlich geschehenen Geschichte zu entlasten, mittels der ratio und rationalistischer Moral am Zopf aus dem Sumpf dieser Geschichte zieht, sein impulsives hermeneutisches Eingehen auf alles das, was in Bildern und Gebilden, Sagen und Mythen, aber auch in Dokumenten und Berichten aufgeblättert, entziffert und gelesen werden kann

[13] Hazard, 478.

und gelesen werden muß als Zeugnis geschichtlichen Wandels des Wesens des Menschen, eines Wesens, das nicht über einen Kamm geschoren werden darf, sondern wesentlich geschichtliches *Wesen*, d.h. ein geschichtliches Lebewesen ist. Zugleich ist in Paul Hazards Inszenierung angedeutet, in welchem Stil Vicos Gedanken sich Ausdruck verschaffen, welcher seelischen Befindlichkeit sie entstammen, welcher Emphase und welchem Enthusiasmus sie ihre Entstehung verdanken.

Hinsichtlich des Inhaltlichen nüchterner hat Benedetto Croce, der seine idealistisch inspirierte und ambitionierte berühmte Vico-Monographie 1910 Wilhelm Windelband gewidmet hat und sich dafür schon dankbar zeigte, daß dieser daraufhin in der 5. Auflage seiner »Geschichte der modernen Philosophie« Vico auf sage und schreibe 1 1/2 Seiten Platz »einräumte«[14], als für Vicos Geist eigentümlich »seine geniale Konfusion oder seine konfuse Genialität« geltend gemacht[15]. Und hinsichtlich des Stilistischen, der Form in der Vico sich artikuliert, hat Croce davon gesprochen, daß Vico »manchmal an eine plötzlich umgestülpte Flasche voll Wasser erinnert, aus deren engem Halse die Flüssigkeit in ihrer Hast, sich einen Weg zu bahnen, ›nur Tropfen um Tropfen mühsam herausquillt‹. Mühsam oder in Strömen, jedenfalls in wildem Durcheinander«[16].

Doch auch heute noch - und es gibt viele solche und ähnliche Kennzeichnungen -, ist Croces Rat beherzigenswert, solcherart erzählende und für Vico einnehmende oder aber Befremden wecken wollende Charakteristik nicht »an die Stelle der Analyse und Kritik seines Gedankens« zu setzen[17], also gewissermaßen die Mobilisierung eines persönlichen Steckbriefes nicht mit der Aktualisierung der gedanklichen Intentionen, bzw. die Vorstellung nicht mit dem Begriff zu verwechseln. Und doch, sieht man von der sympathisierenden Schilderung Paul Hazards ab, bleibt auch bei ihm, was, auf Formeln gebracht, meist als der Kern von Vicos Philosophie angesehen wird, nämlich Vicos »Grundsatz: verum et factum con-

[14] Benedetto Croce, Die Philosophie Giambattista Vicos. Nach der 2. Aufl. übersetzt von Erich Auerbach und Theodor Lücke, Tübingen 1927, VIII.

[15] Croce, 37.

[16] Croce, 233.

[17] Croce, 242.

vertuntur«[18], also: Wahres und Geschaffenes sind konvertibel, sind austauschbar, auswechselbar. Verum und factum, wahr und schöpferisch, lassen sich so einsetzen, daß eines für das andere steht. Anders gesagt: nur Geschaffenes ist erkennbar, Erkennbares ist geschaffen. Bei Hazard ist aber auch vom sogenannten »Vico-Axiom: Der Mensch macht die Geschichte«[19] die Rede, will sagen: die Geschichtsmächtigkeit des Menschen erweist sich in allem, was er in der Geschichte als seiner eigentlichen Hervorbringung und Schöpfung geschichtlich zu Wege gebracht hat, die allerdings, so ist von Vico her einschränkend zu sagen, nicht mit der von Gott hervorgebrachten Schöpfung verwechselt werden darf, die im Unterschied zum menschlichen »factum« als das göttliche »genitum« angesprochen werden muß[20].

Mit diesem einschränkenden Nebensatz, der auf Gott als »primus factor« (erster Schöpfer) und »omnium factor« (Schöpfer von allem), als primus auctor motuum omnium abhebt[21], im Blick auf den der Mensch ad Dei instar[22] ist, also gleichsam nach dem Vorbild Gottes schafft, wird nun allerdings ein weiteres Grundaxiom genannt, über das Paul Hazard nichts sagt und das besonders von solchen Interpreten, die Vicos »Modernität« herauskehren möchten, übersehen oder verschwiegen wird. Gerade durch dieses Axiom wird jedoch überhaupt erst die für Vico fundamentale, Gott wie Mensch kennzeichnende Bedeutung des sogenannten »Vico-Axioms« verum et factum convertuntur ans Licht gehoben. Ohne die Berücksichtigung von Vicos Grundsatz, daß Sein, Einheit, Bild, Bewegung, Körper, Intellekt und Wille in Gott Eines sind, während

[18] Vgl. Karl Löwith, Vicos Grundsatz: verum et factum convertuntur. Seine theologische Prämisse und deren säkulare Konsequenzen, Heidelberg 1968; auch in: Aufsätze und Vorträge 1930-1970, Stuttgart/Berlin/Köln/Mainz 1971, 157 ff; und in: Karl Löwith, Sämtliche Schriften, Bd. 9, Stuttgart 1986, 195-227, siehe auch: Anhang, Nachweise und Anmerkungen, 414-418. - Eigens hingewiesen sei auch auf Stephan Otto, Giambattista Vico. Grundzüge seiner Philosophie, Stuttgart 1989, (= Urban-Tb., 410).

[19] Ferdinand Fellmann, Das Vico-Axiom: Der Mensch macht die Geschichte, Freiburg/München 1976.

[20] Rüfner, 152.

[21] Vgl. Johannes Luginbühl, Die Axiomatik bei Giambattista Vico, Bern 1946, 51-54. Giambattista Vico, Liber metaphysicus (De antiquissima Italorum sapientia liber primus) 1710. Risposte 1711, 1712. Aus dem Lateinischen und Italienischen ins Deutsche übertragen von Stephan Otto und Helmut Viechtbauer, mit einer Einleitung von Stephan Otto, München 1979, 36/37 (= DAIS).

[22] Luginbühl, 118. DAIS, 42/43.

sie im Menschen jeweils Anderes und getrennt da sind, daß sie also »in Gott leben, im Menschen (aber) vergehen« (in Deo vivunt, in homine pereunt)[23], daß die Dinge folglich in der Natur, und damit auch im Menschen, prava sunt et imperfecta[24], also gegeneinander schief und insofern ver-kehrt, jedenfalls nicht gerade, sondern unvollkommen sind, während der Maßstab des Richtigen und Geraden und Vollkommenen und Gefügten supranatural ist, anders gesagt: ohne das sogenannte »Prava-Axiom«[25], das auf die Maßstäblichkeit von allem, auf den Factor und Auctor Gott abhebt, steht das sogenannte »Vico-Axiom: Der Mensch macht die Geschichte« in der Gefahr, sich zu verselbständigen bzw. gar zu verabsolutieren.

Wohlgemerkt, Vico entnimmt den Grundsatz verum esse ipsum factum; ac proinde in Deo esse primum verum, quia Deus primus Factor (das Wahre ist das Geschaffene selber, und daher ist in Gott das erste Wahre, da Gott der erste Schöpfer ist) nicht einfach dem Repertoire der christlichen Philosophie bzw. dem, was man als solche bezeichnet. Vico behauptet vielmehr, daß er ihn, wie er ausdrücklich in seiner »Metaphysik« (de antiquissima Italorum sapientia ex linguae latinae originibus eruenda, 1710) vermerkt, bei den alten italischen Weisen vorfindet, und zwar an den Ursprüngen der lateinischen Sprache, also philologisch[26], was allerdings unter dem Gesichtspunkt heutiger Philologie völlig unzulänglich ist. Vico will suggerieren, daß es sich um eine ursprüngliche und zugleich ursprungserschließende Weisheit handelt, um die älteste Weisheit überhaupt, die zugleich alles einschließt.

Schon hier zeigt sich, daß der seit 1710 in Gang gekommene und bis auf den heutigen Tag in Gang gebliebene Streit und die Auseinandersetzung um das richtige Verständnis des allseits zitierten sogenannten »Vico-Axioms: Der Mensch macht die Geschichte«, das für Vielerlei herhalten muß und oft eine ungemäße, jedenfalls Vico nicht zuzurechnende Auslegung und Anwendung findet, dadurch am allerwenigsten entschieden, sondern nur umgangen

[23] Luginbühl, 55 f. DAIS, 40/41.

[24] Luginbühl, 57. DAIS, 94/95.

[25] Luginbühl, 57, vgl. 74, 100, 197.

[26] Vico, DAIS, 34/35, 36/37. »Latinis ›verum‹ et ›factum‹ reciprocantur, seu, ut Scholarum vulgus loquitur, convertuntur« (für die Lateiner sind die Begriffe des »Wahren« und des »Geschaffenen« miteinander vertauschbar), 34/35.

wird, wenn man über das »Prava-Axiom« hinwegsieht, das besagt, daß in Natur und im Menschen dasjenige nicht im Lot und daher unvollkommen ist, was jenseits im Lot und die Regel ist[27], d.h. das ihm vorgeordnete Axiom außer acht läßt, daß Gott primus Factor ist, weil in ihm Erkennen Schaffen und Schaffen Erkennen ist und der Mensch im Blick hierauf ad Dei instar ist. Und es ist auch nicht vicogemäß, wenn man nur auf das sogenannte Vico-Axiom starrt, daß der Mensch die Geschichte macht und über das »Gegenaxiom«, daß nämlich »die Vorsehung Königin der Geschichte« ist[28], hinweggeht.

Es versteht sich leicht, daß es nicht zu Vico führt, wenn man das sogenannte »Vico-Axiom« nicht im *Zusammenhang* der Axiomatik, in der es steht, auslegt, und seinem Sinn obendrein gerade das und nur das unterlegt, für was man es gerne als bekräftigendes Motto heranziehen möchte. Ich zitiere nur eine kritische Stimme, Johannes Luginbühl, insbesondere auf den die später üblich gewordene Rede von der Axiomatik bei Vico zurückgeht, und ich zitiere ihn nur in einer Hinsicht: Vico brach aus dem alten Axiom ens et verum convertuntur »gleichsam das steinerne Herz heraus und legte ein pulsierend-lebendiges hinein. An die Stelle der so vieldeutigen Kategorie des ens rückte nun das factum. Das philosophisch verhängnisvollste Wörtchen ›ist‹ bekam nun lebendigen Sinn mit der Kategorie des facere«. Aber: »das steinerne Herz beschwert bis auf den heutigen Tag den Leib des abendländischen Denkens; jedenfalls wurde noch in der neuesten Philosophie des 20. Jahrhunderts das factum im vichianischen Axiom als ens genommen, nicht im immer neu zu deutenden Sinn des Maßstabes von ens et verum, sondern bezeichnenderweise als sein Gegenpol: das factum wurde genommen als die jeweilig vorliegende Sache oder ›Tatsache‹. Auf die Spitze getrieben: Wahr ist, was ich handgreiflich vor mir sehe«[29].

Es wäre reizvoll, und dies nicht nur unter philosophiegeschichtlichem Interesse, im einzelnen zu verfolgen, in welcher Tradition Vico sachlich steht bzw. sich bewegt, und, etwa unter Rückgriff auf Nicolaus Cusanus, auf Analogien und auf Unterschiede aufmerk-

[27] Vgl. Luginbühl, 197.

[28] Richard Wilhelm Schmidt, Die Geschichtsphilosophie G.B. Vicos. Mit einem Anhang zu Hegel. Geleitwort von Odo Marquard, Würzburg 1982, 113, Anm. 5.

[29] Luginbühl, 101.

sam zu machen. Cusanus sieht die gesamte mathematische Welt als eine Hervorbringung des menschlichen Geistes an, der aber seinerseits von Gott erschaffen ist. Cusanus kennzeichnet den Menschen als den, der durch die von ihm selbst geschaffenen Gebilde, sich als »ein zweiter Gott« (de beryllo 6) erweist, was nicht Zweitrangigkeit meint, sondern den Unterschied zu Gott als Nähe zu dem hervorhebt, der, weil er die Dinge schafft, sie genau (praecise) erkennt, während der »zweite Gott« sie, jedenfalls die, die er nicht selbst hervorgebracht hat, konjektural erfaßt. Es gilt folglich zwar »homo enim deus est«, der »Mensch ist Gott«, aber es darf über die differentia specifica nicht hinweggesehen werden, was im Nachsatz vermerkt ist: »sed non absolute, quoniam homo; humanus est igitur Deus«. Der Mensch ist Gott, aber nicht absolut, weil er Mensch ist. Er ist also ein menschlicher Gott (de conj. II, 14).

So hat beispielsweise Karl Jaspers hervorgehoben, daß der das moderne Denken charakterisierende Satz: »Ich erkenne nur, was ich machen kann«, von Cusanus »zum ersten Mal getroffen zu sein scheint«. Jaspers hat aber zugleich angemerkt, daß dieser Satz »einen zweifachen Sinn« hat, daß er für Vico bedeutet, die Geschichte ist die eigentliche Wissenschaft, für die Naturforscher dagegen, »nicht im verstehenden Rückblick, sondern im herstellenden Tun erkenne ich«[30]. Und wenn besagter Satz gar in die Formel gefaßt werde: »Wissen ist Macht«, bedeute dies bei Cusanus: »Wissen ist die Verwandlung des Menschen, der mit dem Wissen selber wirklich wird, was er sein kann. Er hat nicht mehr bloß ein Wissen, das er verwenden kann, sondern er ist das Wissen geworden, das er selbst wirkt«[31].

Philosophiehistorisches Interesse ist daher einerseits bemüht, rückblickend und anhand der Wendung vom mittelalterlichen Satz »ens et verum convertuntur« zum neuzeitlichen »factum et verum convertuntur«, den Wendepunkt auszumachen, an dem »das statische Sein ... durch das dynamische Schaffensprinzip des Menschen verdrängt wird«, wie es etwa Vinzenz Rüfner ausdrückt, um dadurch zu demonstrieren, daß in dem Gegensatz dieser Sätze »der ganze Unterschied zwischen mittelalterlicher und neuzeitlicher Haltung ruht«[32]. Andererseits aber und vorausblickend ist philoso-

[30] Karl Jaspers, Nicolaus Cusanus, München 1964, 142.

[31] Jaspers, 143 f.

[32] Rüfner, 152 f., vgl. 177.

phiehistorisches Interesse bestrebt, wie beispielsweise Joseph Ratzinger formuliert, von Vico ausgehend, der »wohl als erster eine völlig neue Idee von Wahrheit und Erkenntnis formuliert und in einem kühnen Vorgriff die typische Formel des neuzeitlichen Geistes hinsichtlich der Wahrheits- und Wirklichkeitsfrage gefragt hat«, die Stationen der weiteren Entwicklung zu umreißen. Indem Vico der scholastischen Gleichung »verum est ens - das Sein ist die Wahrheit« seine Formel »verum quia factum«, als wahr ist erkennbar für uns nur, was wir gemacht haben, entgegenstellt, sei »die Revolution des modernen Denkens gegenüber allem Vorangegangenen hier mit einer geradezu unnachahmlichen Präzision gegenwärtig«[33]. Zur vollen Wirkung sei das Programm »verum quia factum« allerdings erst gekommen, als Karl Marx mit der 11. Feuerbach-These und durch seine nochmalige grundlegende Neubestimmung der Aufgabe der Philosophie an die Stelle des »verum quia factum« das neue Programm gesetzt habe, nämlich« verum quia faciendum - die Wahrheit, um die es fortan geht, ist die Machbarkeit«, ist also weder die Wahrheit des Seins noch die der gewesenen Geschichte, sondern die der »Weltveränderung, der Weltgestaltung - eine auf Zukunft und Aktion bezogene Wahrheit«[34]: kurzum die geschehende und die zukünftige Geschichte. So werde das Faktum und die ihm entsprechende Herkunftbetrachtung durch das Faciendum und die mit ihm verbundene Zukunftsaussicht abgelöst[35] und beides, das »verum quia factum seu faciendum«[36], wird - können wir sagen - schließlich heute durch die Einholung der Zukunft mittels Kybernetik und Gen-Manipulation zum prinzipiell und kurzfristig verfügbaren effizienten Effekt[37]: verum quia perficiendum seu perfectum.

[33] Joseph Ratzinger, Einführung in das Christentum. Vorlesungen über das apostolische Glaubensbekenntnis, München 1968, 35.

[34] Ratzinger, 39.

[35] Ratzinger, 39 f.

[36] Ratzinger, 44.

[37] Ratzinger, vgl. 49.- Zur Änderung von a in i: während in vorhistorischer Zeit das Latein alle Worte auf der ersten Silbe betont hat, wobei weder auf die Länge des Wortes noch auf die Quantität der Silben Rücksicht genommen wurde, ursprünglich also éffacio betont wurde, was eine Schwächung erbrachte (éfficio), wird durch das Dreisilbengesetz der Akzent auf die drittletzte Silbe verschoben (efficio).

Gegen das, was in dieser Perspektive zutage tritt, die gewissermaßen die Perfektion der bisherigen programmatischen Entwürfe, also das efficiendum des perfectum anvisiert, wird heute allerdings mehr oder weniger wirksam angegangen. Dabei ist jedoch die große Frage, auf was zurückgegriffen werden kann oder noch und schon wieder Verlaß ist. Diese allgemeine Frage motiviert m.E. auch die spezielle Frage nach dem, wie Giambattista Vicos Denken sich heute darstellt und was Vico uns heute zu sagen hat. Bemühen wir uns daher in einem zweiten Ansatz um eine Begegnung mit Vico, die bewußt den Weg über eine Konfrontation mit der Vico-Rezeption der letzten Jahrzehnte nimmt, wohlgemerkt nur der deutschen und nur ausschnittweise.

2. Aktuelles: Hinweise auf heutige Sichtweisen von Vicos sogenannter Geschichtsphilosophie

Es hat eine Zeit gegeben, in der man Giambattista Vico dadurch zu ehren meinte, daß man ihn als den eigentlichen Inaugurator derjenigen Disziplin bezeichnet hat, die seit ihm wie ein gewaltiger Sog alle anderen Disziplinen der klassischen Philosophie aus ihrer bisherigen Verankerung gerissen und zu einer Totaldisziplin vereinnahmt und vereint hat, aus der es kein Entrinnen und nur noch ein konsequentes Vorwärts- und Voranschreiten gab, gemeint ist die »Geschichtsphilosophie«.

Umso erstaunlicher ist, daß im »Historischen Wörterbuch der Philosophie«, dem eine repräsentative Bedeutung in der Präsentation und Repräsentation von Gedanken-Wörtern und Wort-Führern zukommt, beim Stichwort »Geschichtsphilosophie«, das in dem 1974 erschienenen 3. Band enthalten ist, weder auf Vicos Thesen noch auf seinen Namen Bezug genommen wird[38].

Das Staunen hat damit aber noch nicht sein Ende gefunden, denn im Jahre 1982 bringt *Richard Wilhelm Schmidt*, ein Schüler des Gießener Philosophen Odo Marquard, eine bemerkenswerte Dissertation unter dem Titel »Die Geschichtsphilosophie G. B.

[38] Historisches Wörterbuch der Philosophie, hrsg. von Joachim Ritter, Bd. 3: G - H, Basel 1974, 416-439. Unter dem Stichwort »Geschichte« wird auf Vico hingewiesen, vgl. Sp. 357 und 359.

Vicos (mit einem Anhang zu Hegel)« heraus[39]. Marquard hat bekanntlich seit 1963 nachhaltig »Vorbereitungen vom Abschied von der Geschichtsphilosophie« betrieben und zehn Jahre später die Schwierigkeiten der Geschichtsphilosophie mit sich selbst und die der Welt mit der Geschichtsphilosophie in den programmatischen Kritik-Satz gefaßt, der auf den endgültigen »Abschied von der Geschichtsphilosophie« abzielt: »Die Geschichtsphilosophen haben die Welt verändert; es kömmt darauf an, sie zu verschonen«[40]. Daß es sich bei Richard Wilhelm Schmidts Untersuchung nicht um einen Rückfall in eine gewissermaßen vorkritische Phase der Geschichtsphilosophie handelt, signalisiert bereits die Tatsache eines »Geleitworts von Odo Marquard«, der ausdrücklich unterstreicht, daß »der Schritt von Vicos initialer Geschichtsphilosophie in die spätere autonomistische Geschichtsphilosophie ein - ruinöser - Abfall von ihrem Beginn ist«, weshalb der »›Blick zurück auf Vico‹«, durch den Richard Wilhelm Schmidt den »unaufhaltsamen Aufstieg der Autonomieposition als Verfallsgeschichte eines kritischen Ansatzes« vor Augen führt, ein Problembewußtsein demonstriert, das »gegenüber der autonomistischen Lösungswut« der Geschichtsphilosophie im üblichen Sinne des Wortes »die aporetische Position einer ›skeptischen Geschichtsphilosophie‹« nahelegt[41].

Gewiß, mag gerade Vico es gewesen sein, der die »Ermächtigung des Menschen zum Täter der Geschichte«[42] thematisiert hat, sprich: »Die Menschen machen ihre Geschichte selbst«[43] oder »Homo creator - Der Mensch als Schöpfer seiner Lebenswelt«[44], was den Anschein erwecken konnte, daß er »Geschichtsphilosophie« in Reinkultur betreibt. Dadurch daß er jedoch für die Geschichts- und Gesellschaftsentwicklung, trotz tendenzieller Autonomisierung, faktisch nicht auf die göttliche Vorsehung verzichtet, die zwar nicht mehr als eine solche vorgestellt wird, die von außen in die menschlichen Vorgänge eingreift, die vielmehr - um mit

[39] Siehe Anm. 28.

[40] Odo Marquard, Schwierigkeiten mit der Geschichtsphilosophie. Aufsätze, Frankfurt am Main 1973, 13; 2. Aufl. 1982.

[41] Marquard, Geleitwort zu Schmidt, Geschichtsphilosophie, X; bei Schmidt, 144.

[42] Schmidt, 28.

[43] Schmidt, 29.

[44] Schmidt, 31.

Schmidt zu sprechen - depotensiert, säkularisiert, »profanisiert und entglorialisiert« ist[45], die aber doch durch die Handlungen der Menschen hindurch und mitunter geradezu deren Ziele - analog der »List der Vernunft« Hegels[46] - zu ihren Zwecken nutzend, natürlich wirksam ist, wird der Mensch nicht als absoluter Geschichtstäter vorgestellt, und es wird die Geschichtslehre nicht zur Geschichtsphilosophie verabsolutiert.

Angesichts einer fast unüberschaubar umfangreichen Literatur über Geschichtsphilosophie, die inzwischen bereits zu einer Geschichtsphilosophiegeschichte gediehen ist[47], ist es ratsam, nicht hinter Schmidts Vorschlag zurückzugehen, den Odo Marquard wie folgt formuliert: »nicht mehr die extreme autonomistische Geschichtsphilosophie, sondern Vicos Geschichtsphilosophie, die halb auf Gott, halb auf den Menschen setzt, eben wegen dieser weisen Halbheit zum Maßstab der Philosophie der Geschichte zu machen, an dem gemessen der Autonomismus als ruinöser Irrweg erscheint, gegen den die von ihm verdrängten Aporien verteidigt werden müssen«[48]. Die Aktualität von Vicos nur sogenannter Geschichtsphilosophie bestünde dann geradezu darin, daß sie es ist, die heutigen Tages als *kritischer Maßstab* für all das fungieren könnte, was sich als Geschichtsphilosophie versteht. Mit Vico sich zu beschäftigen, ist dann keine philosophiehistorische Angelegenheit mehr, die beim besten Willen den musealen Charakter nicht los wird, sondern eine *Notwendigkeit für heutige Philosophie*, insofern sie nicht den letzten Schrei für das letzte Wort hält und das up to date-Sein, auch solches, das sich durch das Wörtchen »post« stilisiert, nicht mit dem von der Sache her Geforderten verwechselt.

All dies würde bedeuten: Es sollte Vico, den man für den Vater der Geschichtsphilosophie gehalten und ausgegeben hat, währenddessen Voltaire dem Kind gewissermaßen lediglich den Namen »La

45 Schmidt, 28.

46 Richard Wisser, Der »metaphysische Historismus« des Giambattista Vico, in: Philosophia. Miscelánea en homenaje al Profesor Dr. D. José Ignacio de Alcorta, Barcelona 1971, (645-667), 648. Wisser, Giambattista Vicos »Neue Wissenschaft« als frühes Modell integrativen Denkens, in: Akten des XVI. Internationalen Kongresses für Philosophie (Wien 1968), Bd. VI, Wien 1971, 572-584.

47 Lutz Geldsetzer, Die Philosophie der Philosophiegeschichtsschreibung des 19. Jahrhunderts, Meisenheim 1968.

48 Marquard, in Schmidt, XI.

philosophie de l'histoire«[49] gegeben hat, der nun allerdings von jederlei Heiligennamen Abstand nimmt und ein natürlicher und vernünftiger, ein aufgeklärter Name sein möchte, nicht mehr kurzerhand als der Anfang einer Entwicklung angesprochen werden, zumal nicht mehr einer - wie die Späteren sie und im Vergleich zu ihr sich sahen - »frühen, noch in ersten Versuchen befangenen Geschichtsphilosophie«, als ein bloß »tentatives Unternehmen«, als eine Geschichtsphilosophie »in der Möglichkeitsform«[50], über die diejenige Geschichtsphilosophie hinweggeschritten und hinausgegangen ist, die die menschliche Freiheit, verstanden als die sich autonom setzende Autonomie, zum neuen Grunddogma erhoben hat[51].

Anders gesagt: der »Blick zurück auf Vico«[52] erbrächte dann gerade keinen Rückschritt, sondern, nachdem die Geschichtsphilosophie sich gewissermaßen nicht nur die Hörner abgestoßen hat, sondern sich inzwischen als Disziplin, zumal in ihrer verabsolutierten und totalisierten Form »unüberbietbar verdächtig« gemacht und schließlich in einem doktrinären Hegel- und Marx-Verständnis desavouiert hat, ja ruinös geworden ist, erbrächte der »Blick zurück auf Vico« den Schritt zurück, der über eine Tendenz hinaus ist, die sich als die Vollendung der Philosophie, sei es in der zum System gewordenen spekulativen Geschichtsphilosophie präsentiert, sei es in der zur Praxis gewordenen Geschichtsphilosophie begriffen und ergriffen haben möchte. Der »Blick zurück auf Vico«, der nicht mit einem bloß historischen *Rück*blick oder bloß systematischen *An*blick verwechselt werden darf, sondern kritischer *Ein*blick in ein komplexes historisch-systematisches Syndrom darstellt, könnte dann der Einsicht aufhelfen, daß Vico gewissermaßen weder nur, wie der Vorwurf an Vico, er wage es nicht, von der »Vorsehung« abzusehen, suggerieren mag, *historisch gesehen*, eine Spätform oder Post-Form der »Geschichtstheologie« abgibt, noch nur, wie der ins Prinzipielle gewandte Gedanke von der Geschichtstäterschaft des Menschen bei Vico es nahelegen kann, eine Vor- und

[49] Karl Löwith, Weltgeschichte und Heilsgeschehen. Die theologischen Voraussetzungen der Geschichtsphilosophie, Stuttgart 1953, 11, 99. Vgl. Historisches Wörterbuch, Bd. 3, 416 f.

[50] Schmidt, 141.

[51] Schmidt, 144.

[52] Schmidt, 144.

Frühform darstellt, also ein ante der »Geschichtsphilosophie«, die sich seit 1750 etabliert hat[53]. Es würde sich vielmehr zeigen, daß »die Aporien« und eine »geschichtsphilosophische Skepsis«[54] bei Vico das ist, was an ihm *heute aktuell* genannt werden darf. Sollte dies der Fall sein, dann würde sich empfehlen, mit Vico als Aporetiker und skeptischem Kritiker ins Gespräch zu kommen, den Probleme mehr als Lösungen interessiert haben[55], und ihn nicht nur als einfachen »Vorläufer« für dies oder das, das von anderen Philosophen anschließend und schließlich besser beantwortet worden ist, gewissermaßen in »Vorworten« unterzubringen, ihm aber nicht das Wort zu erteilen.

Der »Blick zurück auf Vico« darf dann aber auch nicht mit einem a-historischen *Systemblick* verwechselt werden, der von der *Geschichte* der Geschichtsphilosophie, die sich auf ihn beruft oder der er zugerechnet wird, völlig absieht. Schließlich ist nicht einfach von der Hand zu weisen, was beispielsweise Eduard Gans (1798-1839), der frühverstorbene Herausgeber von Hegels »Vorlesungen über die Philosophie der Geschichte«[56], betont hat: in Abhebung zu solchen Philosophen, die »mehr bloße Andeutungen zur Philosophie der Geschichte als wirkliche Ausführungen derselben« gegeben haben, die also »zwar richtige Ansichten, aber nicht die Notwendigkeit ihrer Existenz ausgewiesen« haben, aber auch in Abhebung zu Leibniz, Kant, Fichte, die zur Geschichtsphilosophie nur »beigetragen« haben, kommen, wenn man von »wirklich ausgearbeiteten Philosophien der Geschichte sprechen will«, lediglich »vier Männer zum Vorschein«: Vico, Herder, Friedrich von Schlegel und Hegel[57].

Es kommt nicht von ungefähr, daß man Entdeckungen Vicos »geniale Blitze« genannt hat, wie Goethe sagt, »sibyllinische Vorahnungen des Guten und Rechten, das einst kommen solle oder sollte«[58], oder daß, wie Karl Marx dies tut, Vico »viel Schock

[53] Schmidt, 159.

[54] Schmidt, 57 f., 138 ff., 141.

[55] Schmidt, 58.

[56] 9. Band, Berlin 1837, V.

[57] Eduard Gans (Hegel-Edition), VIII, IX.

[58] Goethe, Italiänische Reise, II, Sophienausgabe, 31. Band, Weimar 1904, 27 f. (5. März 1787).

Genialität«[59] zuerkannt wird. Es sollte dann aber eine seiner wichtigsten Entdeckungen, daß nämlich alles, was geschichtlich geworden, d.h. hervorgebracht worden, *gemacht* worden ist, also einem historischen Wandel unterliegt, möglichst auf die Geschichtsphilosophie selbst angewandt werden. In solchem Sinne ist Richard Schaeffler zuzustimmen, der in seiner »Einführung in die Geschichtsphilosophie« gerade die Geschichtsphilosophie davor warnt, »sich selber ahistorisch zu verstehen« und über die »Wandelbarkeit ihres Begriffs, des Begriffs der Geschichte hinwegzusehen«[60].

Wenn aber für Vico der Zusammenhang von Vorsehung und Mensch, von unendlichem Wissen Gottes und der Endlichkeit des menschlichen Wissens respektive Schaffens, von Geschichte als Begriff und als Tat, von System und Problem, von dem, was der Mensch nicht geschaffen hat, und dem, was er hervorgebracht hat, der Frage wert ist, kann es nicht damit sein Bewenden haben und getan sein, wie *Karl Löwith* dies in seiner Destruktion des durch das »eschatologische Motiv« bestimmten historischen Bewußtseins tut[61], Vico historisch als »doppeldeutig«[62] zu charakterisieren und ihn zugleich systematisch kaltzustellen. Selbst wenn die *historische* Kennzeichnung plausibel scheint, Vico sei »halben Wegs zwischen Bossuet«[63], der den ganzen Gang der menschlichen Geschichte von der Vorsehung gelenkt denkt, »und Voltaire« einzuordnen, der behauptet, daß die Vorsehung im Verlauf der Geschichte nicht in Erscheinung tritt[64]. Und selbst wenn Löwith beizustimmen ist, daß, *systematisch* gesehen, Vicos Grundsatz »verum et factum convertuntur« nicht ohne »theologische Prämisse« ist[65]. Für Karl Löwith, der nicht dem verwässerten Gehalt des Begriffs Geschichtsphilosophie das Wort redet, der dazu geführt hat, »daß sich jede Meinung über Geschichte als eine Philosophie ausgeben kann«, der

[59] Ferdinand Lassalle, Nachgelassene Briefe und Schriften, hrsg. von Gustav Mayer. 3. Bd.: Der Briefwechsel zwischen Lassalle und Marx (Deutsche Geschichtsquellen des 19. Jahrhunderts), Berlin 1922, 388 (28. April 1862, Nr. 135).

[60] Richard Schaeffler, Einführung in die Geschichtsphilosophie, Darmstadt 1973, 2.

[61] Löwith, Weltgeschichte, 26.

[62] Löwith, 128.

[63] Löwith, 128.

[64] Löwith, 104.

[65] Siehe Anm. 18.

vielmehr unter diesem Ausdruck »die systematische Ausdeutung der Geschichte am Leitfaden eines Prinzips (versteht), durch welches historische Geschehnisse und Folgen in Zusammenhang gebracht und auf einen letzten Sinn bezogen werden«, ist um dessentwillen »alle Philosophie der Geschichte ganz und gar abhängig von der Theologie, d.h. von der theologischen Ausdeutung von der Geschichte als eines Heilsgeschehens«[66].

Vicos Werk gilt Löwith zwar als der »bedeutendste Ausdruck« der »großen Krise in der Geschichte des historischen Bewußtseins«[67], weil es »weder eine Theologie der Geschichte im Sinn von Augustin noch eine Geschichtsphilosophie in dem polemischen Sinn von Voltaire« ist und »auf der Grenze zwischen der kritischen Umwandlung der Geschichtstheologie in Geschichtsphilosophie« liegt[68]. Aber: Vico bleibt unter dem Gesichtswinkel von Löwiths *eigener* Philosophie, die sich von jeglicher Geschichtsphilosophie, sprich dem Kind der Geschichtstheologie, befreien möchte und eine Sicht der Welt präferiert, die der Geschichte vorausliegt und nicht in ihr aufgeht, weitgehend ohne Bewandtnis, es sei als kritisch behandeltes oder angemerktes Demonstrationsobjekt[69].

Anhand der »theologischen Prämisse« von »Vicos Grundsatz: verum et factum convertuntur« - noch einmal sei es gesagt: analog wie in Gott Erkennen und Machen dasselbe ist, erkennt der Mensch die von ihm geschaffene Welt der Geschichte - versucht Löwith darzutun, welche »säkularen Konsequenzen«[70], salopper gesagt, welche »Folgen«[71] sich, von Vico zwar durchaus unbeabsichtigt, aus diesem Satz ergeben haben, nämlich: der Mensch als homo faber, der sich inzwischen als der Herr der Natur wie der Geschichte fühlt[72], die Dominanz des Leistungswissens und ihre Expansion in Kybernetik und experimenteller Genetik, schließlich die Verände-

[66] Löwith, Weltgeschichte, 11.

[67] Löwith, 109.

[68] Löwith, 128.

[69] Vgl. Anm. 18. Löwith, G. B. Vico und die Folgen, in: Merkur, 22, 1968, 1097-1110; Geschichte und Natur in Vicos »Scienza Nuova«, in: Quaderni Contemporanei II (1969); Mensch und Geschichte, in: Gesammelte Abhandlungen. Zur Kritik der geschichtlichen Existenz, Stuttgart 1960, 164 f.

[70] Löwith, Sämtliche Schriften, Bd. 9, 195 ff; vgl. Anm. 18.

[71] Löwith, 416.

[72] Löwith, 415.

rung der Macher selbst, die notwendig geworden ist, damit die Macher es mit den eigenen »Gemächten« aufnehmen und »ihnen gemäß« werden können[73]. Löwith zeigt, wenn ich das bildlich ausdrücken darf, wie Vico gewissermaßen mit dem Feuer spielt, ohne sich noch die Finger zu verbrennen, während heute Vicos »Folgen« unübersehbar und für jeden einzelnen, nicht mehr nur auf den Nägeln brennend, verspürbar sind.

Es sollen aber noch einige *andere Versuche* beim Namen genannt werden, Gesichtspunkte, die Vico nicht nur oder vorrangig als Demonstrationsobjekt verwenden, die vielmehr einen positiven Gebrauch von Vicos *aktualisierter Philosophie* zu machen suchen.

So hat beispielsweise *Ernesto Grassi*, der sich seit 1942/43 intensiv mit Vico beschäftigt[74], entsprechend seiner eigenen Einschätzung der welterschließenden Bedeutung des *italienischen Humanismus*, insbesondere seit dem Vico-Jahr 1968 konsequent alles das bei Vico betont, was als Kritik an der »Verselbständigung der Wissenschaft«[75] interpretiert werden kann. Solches stellt alles andere als etwas zukunftslos Überwundenes und Gewesenes dar: Phantasie und ingenium, den Vorrang des Konkreten und des Logos vor abstraktem Apriorismus und logizistischem Rationalismus, Hermeneutik lebensweltlich existenzialer Akte statt wissenschaftstheoretischer Verwissenschaftlichung[76].

Auch *Eckhard Keßler* betont die Rolle der humanistischen Tradition in Vico, die als ständiger Überschuß Quelle lebendiger Weltzuwendung ist, unterschreibt aber nicht die auch heute noch in der Vico-Forschung vertretene These von Vicos Gegenwendung zum Wissenschaftsdenken, die meist einseitig an Vicos Descartes-Kritik orientiert ist und die »Legitimation neuzeitlicher Wissen-

[73] Löwith, 226, 416.

[74] Ernesto Grassi, Vom Wahren und Wahrscheinlichen bei Vico, in: Kant-Studien 1942/43, 48-63.

[75] Ernesto Grassi, Humanismus und Marxismus. Zur Kritik der Verselbständigung der Wissenschaft, Reinbek 1973.

[76] Genannt seien wenigstens die folgenden Veröffentlichungen: G. B. Vico und das Problem des Beginns des modernen Denkens. Kritische oder topische Philosophie?, in: Zeitschr. für philos. Forsch. 22 (1968), 491-509 (= ZphF); Vom Vorrang des Gemeinsinns und die Logik der Phantasie. Zur philosophischen Aktualität G. B. Vicos, in: ZphF 30 (1976), 491-509. Zu Grassi vgl. die Dissertation meines Schülers Eberhard Bons, Der Philosoph Ernesto Grassi. Integratives Denken, Antirationalismus, Vico-Interpretation, München 1990.

schaft durch den Humanismus«[77] ebenso wie Vicos grundsätzliche, mit dem Axiom »verum et factum convertuntur« verbundene Intention auf Wissenschaft als solche außer Acht läßt. Vicos Descartes-Kritik erschöpft sich nicht in der Demonstration der topischen Methode, die Vico in Fortsetzung der humanistischen Rhetorik entwickelt[78] und die er der kritischen Methode Descartes' entgegensetzt, die im cogito ergo sum gründet. Vicos Kritik setzt vielmehr an einem zu engen Wissenschaftsbegriff an und versucht, den Nachweis zu führen, daß der berühmte Satz Descartes', wenn er besagt, daß ich ein Bewußtsein des Denkens habe, eine Binsenweisheit darstellt, wenn er aber besagen soll, daß ich durch ihn ein Wissen von Seiendem habe, unsinnig ist[79]. Vico stellt sich also nicht nur nicht außerhalb der Wissenschaftsdiskussion[80], seine Kritik an Descartes ist vielmehr das Ergebnis umfassenden Wissenschaftsdenkens, das allerdings gerade die von Descartes aus dem Kosmos der Wissenschaften ausgeschlossene Geschichte demonstrativ für die Wissenschaft zu retten sich herausgefordert sieht.

Eine andere Weise der *Aktualisierung* von Vicos Philosophie, die in dem Axiom »verum et factum convertuntur« verwurzelt ist, vertreten *Stephan Otto* und sein Schüler *Helmut Viechtbauer*, insofern von ersterem »*die transzendentalphilosophische Relevanz*« dieses Axioms behauptet wird und mittels seiner nicht nur »Die Aktualität der Geschichtsphilosophie G. B. Vicos im Blick auf Kant und Hegel«[81] erwiesen werden soll, sondern geradezu »Vico als Transzendentalphilosoph«[82] bezeichnet wird. Dieserhalben faßt Ottos Schüler *Viechtbauer* seine »Überlegungen zu G. Vicos ›Liber metaphysicus'« von 1710 unter die These: »Transzendentale Ein-

77 Eckhard Keßler, Humanismus und Naturwissenschaft. Zur Legitimation neuzeitlicher Naturwissenschaft durch den Humanismus, in: ZphF 33 (1979), 23-40.

78 Vgl. bereits Theodor Viehweg, Topik und Jurisprudenz, München 1953, § 1 Vicos Hinweis, 3 ff.

79 Vico, DAIS, 50/51.

80 Vgl. Schmidt, 98.

81 Stephan Otto, Die transzendentalphilosophische Relevanz des Axioms »verum et factum convertuntur«. Überlegungen zu Giambattista Vico's »Liber metaphysicus«, in: Stephan Otto, Materialien zur Theorie der Geistesgeschichte, München 1979, 174-196. Daselbst auch: Faktizität und Transzendentalität der Geschichte. Die Aktualität der Geschichtsphilosophie G. B. Vicos im Blick auf Kant und Hegel, 197-214.

82 Stephan Otto, Vico als Transzendentalphilosoph, in: Arch. Gesch. d. Philos., 62, 1980, 67-79.

sicht und Theorie der Geschichte«[83]. Auch wenn es nicht jedem leicht fallen wird, den hier zugrundegelegten weitgefaßten Begriff von Transzendentalphilosophie zu akzeptieren, gemeint ist jedenfalls »wissenschaftsfundierendes« Denken[84], und gemeint ist demzufolge, daß dort, wo Vico vom Machen spricht, nicht einfach nur ein handgreifliches Faktum vorliegt oder der handelnde Mensch gewissermaßen nur als historisches Faktotum fungiert, gemeint ist vielmehr, daß es sich bei Vico um ein »transzendentales facere« handelt, um »das facere des sich in der Geschichte wiedererkennenden Geistes«[85]. Vicos Philosophie, bei der bisweilen ungemäß einseitig empiristische, materialistische, naturalistische, objektivistische Momente oder aber idealistische, konzeptualistische, historistische, subjektivistische Umstände betont werden, gewinnt auf diese Weise ein beachtliches Maß an konstruktiver Begründungsintentionalität, was dem vichianischen Problem der von ihm zwar behaupteten, aber nicht eigens gedachten Einheit von *sogenannter idealer ewiger Geschichte*, die als Vorsehung in der Geschichte selbst wirksam ist, und *faktischer Geschichte*, in der sich das menschliche Handlungsingenium selbst seine Welt schafft, zugute kommen könnte. Doch soll nicht verschwiegen werden, daß bei der transzendentalphilosophischen Vico-Deutung die Gefahr darin besteht, daß sie, gerade indem sie den Blick auf die Begründung lenkt, ihn vom Begründeten, also der materialen wie der idealen Seite vichianischen Geschichtsdenkens, d.h. der spezifisch vichianischen Geschichtsphilosophie, weglenken könnte.

Auch bei *Helmut Viechtbauer*, dem wir die seit langem fällige, zusammen mit Stephan Otto durchgeführte Übertragung des »Liber metaphysicus« von 1710 und der Risposte von 1711 und 1712 verdanken[86], wird dem Topos, daß Vico und seine Kritik an Descartes' Wissenschaftskonzept zu seinem Teil für den prinzipiell unüberwindlichen neuzeitlichen Dualismus von Natur- und Geisteswissenschaften verantwortlich ist, der Boden entzogen und der Durchblick freigelegt auf ein transzendentalphilosophisches Wahrheitsverständnis, dem es um die Einheit der Wissenschaft in

[83] Helmut Viechtbauer, Transzendentale Einheit und Theorie der Geschichte. Überlegungen zu G. Vicos »Liber metaphysicus«, München 1977.

[84] Otto, Die transzendentalphil. Relevanz, 176.

[85] Otto, 188.

[86] Vgl. Anm. 21.

einer »transzendental-logischen Hypothesis«[87] zu tun ist. Vico ist kein »Wissenschaftsflüchter«[88], wie Richard Wilhelm Schmidt anschaulich sagt. Es ist aber doch fraglich, ob ihm, der Philosophie und Geschichte, sprich: Plato und Tacitus zu vereinen suchte[89], im besagten fundamentalen Sinne an einer Transzendentalphilosophie gelegen war, ob er also gewissermaßen ein Transzendentalhocker gewesen ist.

Schließlich sei noch hingewiesen auf *Ferdinand Fellmanns* Habilitationsschrift von 1976, die »Das Vico Axiom: Der Mensch macht die Geschichte«[90] nicht kurzgriffig als Formel für die technische Machbarkeit von Geschichte oder als Formular der Rationalisierbarkeit politischen Handelns[91] auslegt, also nicht auf eine zweckrationale und fortschrittsgläubige Geschichtsmächtigkeit des Menschen reduziert, sondern »Produktivität des Geistes« meint. Daß es dabei um einen in die Lebenspraxis verflochtenen Geist geht, der sich durch schöpferisches Handeln die Welt erschließt und gerade durch die Eingebundenheit in Lebenszusammenhänge die »Gleichursprünglichkeit von Theorie und Praxis«[92] erweist, lenkt den Blick auf die geschichtshermeneutische Brauchbarkeit des Vico-Axioms, durch das im Sinne des Historismus frühe Zeiten der Menschheit erschlossen werden und eine handlungsorientierte

87 Schmidt über Viechtbauer, 106-110. Hinsichtlich der Möglichkeit der Erkenntnis von Geschichte: Viechtbauer: »Die eigentliche philosophische Leistung Vicos liegt ... darin, daß er die geschichtliche Verfaßtheit des Menschen transzendentalphilosophisch soweit aufklärt, bis eben jene mögliche Distanz und Freiheit des menschlichen Geistes gegenüber der Geschichte in den Blick kommt, aus der heraus allein Erkenntnis von Geschichte möglich erscheint«, 53.

88 Schmidt, 109.

89 Wisser, Der »metaphysische Historismus«, 648 ff.; vgl. Wisser, Giambattista Vico, in: Die Religion in Geschichte und Gegenwart, 3. Aufl. Tübingen 1962, 6. Bd., 1391 ff.

90 Vgl. Anm. 19. Vgl. F. Fellmann, Die Geburt der Gesellschaft aus dem Mythos. Giambattista Vico und die Kontroverse um die transzendental- oder geschichtsphilosophische Rekonstruktion seines Werkes, in: Frankfurter Allgemeine Zeitung, 26.3.1986, Nr. 72, S. III. Vgl. auch: Rainer Piepmeier, Situierung und Distanzierung G. Vicos. Erörterungen zu F. Fellmann, Das Vico-Axiom: Der Mensch macht die Geschichte, in: Studia Leibnitiana, XII, 1980, 253-264.

91 Fellmann, 7.

92 Ferdinand Fellmann, Vicos Theorem der Gleichursprünglichkeit von Theorie und Praxis und die dogmatische Denkform, in: Philos. Jahrbuch, 85, 1978, 259-273.

»Deutung der Geschichte als Geistesgeschichte«[93] auf neuer Betrachtungsebene möglich wird.

Bei unserem sporadischen Überblick bleibt übrig, noch einmal eigens auf *Richard Wilhelm Schmidt* aufmerksam zu machen, von dem ich bereits gesagt habe, daß er Vico weniger als System- denn als Problemdenker ansichtig machen möchte[94]. Er zeichnet Vico als den, bei dem, vergleichbar dem »auf der Höhe der spekulativen Geschichtsphilosophie in Deutschland« stehenden Hegel, bei dem übrigens der Problemgedanke trotz allem nicht gänzlich im System verschwunden sei, eine »letztlich unvermittelte Balance von Systemdenken und Problemdenken« wirksam bleibt[95]. Gerade das aber befähige heute den »Blick zurück auf Vico« dazu, gewisse *skeptische Momente* wahrzunehmen, etwa Vicos »christlich begründete Wissenschaftsskepsis«, die menschliches Erkennen und Schaffen nachdrücklich und mit entsprechenden Folgen für die sogenannte Geschichtsphilosophie vom göttlichen Schaffen und Erkennen abhebt, eine Skepsis, die aber hinsichtlich der geschichtlichen Welt durchaus als »›konstruktive Wissenschaftsskepsis‹« angesprochen werden könne[96]. Die Gesamtsicht führe allerdings auch in puncto Geschichtsphilosophie zu einer geschichtsphilosophischen »Enttäuschung«[97], d.h. zur Beseitigung von Täuschungen, denen sich eine Geschichtsphilosophie, die sich autonom setzt und sich verabsolutiert, hingibt. Schmidt betont deshalb nachdrücklich die »ganz grundlegende Wirklichkeit«[98] dessen, was er Vicos »philosophischen Fiktionalismus«[99] nennt, die Tatsache, daß Vico schon bei den Urmenschen nachweist, daß sie sich ihre Welt kraft ihrer Einbildungskraft - zunächst unbewußt - erschaffen: »fingunt simul creduntque«[100], indem sie in *einem* Akt glaubten und so das Fingierte - z.B. die Götter - hervorbrachten, also zugleich fingierten und an das Erdichtete glaubten. Dieser Fiktionalismus setze sich

[93] Fellmann, Das Vico-Axiom, 16.

[94] Schmidt, 2.

[95] Schmidt, 3.

[96] Schmidt, 118, 139.

[97] Schmidt, 182 (zu Hegel).

[98] Schmidt, 120.

[99] Schmidt, 118 f.

[100] Schmidt, 119. (Vico-Zitat), vgl. 67.

später - bewußt - darin fort, daß Vico auch die in entwickelteren Phasen der Menschheit aufkommende Mathematik und Geometrie - erkenntnistheoretisch gesehen - als »ficta« bezeichnete, so daß es berechtigt sei zu sagen: »eine Philosophie der Fiktion steht im Zentrum sowohl der gnoseologischen wie auch der angewandten geschichtstheoretischen Überlegungen Vicos.«[101] Insofern spricht Schmidt geradezu von einer Konvertibilität von »factum« und »fictum« als der eigentlich »neuen Wirklichkeit« Vicos[102].

3. Strukturelles: wahr-gemachte und tat-bedachte Geschichte

Es ist in diesem Rahmen unmöglich, den Reichtum an Entdeckungen auszubreiten, von denen Vico selbst einmal in seiner »Neuen Wissenschaft«, und zwar den Leser direkt anredend, sagt, Entdeckungen, die »Du diesem Werk, o Leser, an tausend Proben entnehmen kannst«[103], Entdeckungen, die Vico der Anwendung seiner Grundsätze verdankt und die dazu geführt haben, Vico zum Ahnherrn und Vorläufer nicht nur der »Geschichtsphilosophie«, sondern auch der Sozial- und Völkerpsychologie, nicht nur der »Philosophie des Geistes«, sondern auch der Transzendentalphilosophie zu machen, der Kulturmorphologie wie der Wissenssoziologie, der Ästhetik wie der Mytho- und Metaphorologie, der vergleichenden Sprachforschung wie der Kulturzyklentheorie, Entdeckungen, angesichts deren Friedrich Meinecke von dem »geistesgeschichtlichen Wunder« gesprochen hat, in einer Zeit überheblicher Selbstgerechtigkeit fremdartige Mentalitäten der Menschheit innerhalb der Geschichte tief zu verstehen[104], und angesichts deren Erich Auerbach konstatiert, daß »das erste Werk der verstehenden Philologie«[105] Vico zu verdanken ist.

[101] Schmidt, 120.

[102] Schmidt, 121.

[103] SN, 28; NW-W, 34; NW-A, fehlt auf Seite 66.

[104] Friedrich Meinecke, Die Entstehung des Historismus, hrsg. und eingeleitet von Carl Hinrichs, München 1959, (Vico 53-69), 69.

[105] Erich Auerbach, Giambattista Vico und die Idee der Philologie, in: Homenatge a Anton Rubió i Lluch. Miscellània, Barcelona 1936, (293-304), 304.

Vico selbst hat sowohl in seiner Autobiographie, in der Vico übrigens nach einem Wort von Georg Misch »zum ersten Mal die Ansicht einer natürlichen Entwicklung für die Biographie fruchtbar« gemacht habe[106], - sie reicht allerdings auch in der von ihm erweiterten Fassung nur bis 1732 -, als auch in dem als »Idee des Werkes« dem 1. Buch der »Scienza nuova« vorangestellten Prospekt, aber auch in diesem 1. Buch, das von der »Begründung der Prinzipien« handelt, wobei »Von den Elementen«, »Von den Grundzügen« und »Von der Methode« die Rede ist, schließlich auch anhand der »Zusätze über die Hauptgesichtspunkte dieser Wissenschaft«, wie sie im 2. Buch nachgetragen werden, mehrfach alles das hervorgehoben und artikuliert, was er intendiert und zu leisten gedenkt.

Kurz - und mit eigenen Worten gesagt - läßt sich festhalten: Indem Vico nicht die zum Bewußtsein ihrer selbst gelangte rationalistische Verstandesphilosophie seiner Zeitgenossen zum Kriterium der Frühstadien menschlicher Geschichte nimmt, gelingt es ihm, die Mythen vor der Verurteilung, sie seien allegorische Einkleidungen für moralische Belehrungen oder gar nur Fabeleien, zu retten und sie als Zeugnisse sprachschöpferischer Weltentwürfe, in denen geschichtliche Vorgänge ihren Niederschlag gefunden haben, beim Wort zu nehmen. Ist aber erst einmal aufgedeckt, daß das Weltverhalten in den Anfängen der Menschheit von der weltbildenden Kraft der Phantasie abhängt, während das Abstraktionsvermögen erst späteren Phasen menschlicher Entwicklung vorbehalten bleibt, liegt auf der Hand, im *konkreten Menschen* selber die Anfänge der Entwicklung der Gesellschaft und der Geschichte aufzudecken.

Unter Rückgriff auf zwei von den alten Ägyptern überlieferte Lehren, daß die bisherige Weltzeit *drei* Zeitalter umfaßt habe, nämlich zunächst das der Götter, dann das der Heroen und schließlich das der Menschen, und daß es dementsprechend drei Sprachen gegeben habe, und zwar diejenige, die mit Hieroglyphen, also mit heiligen Zeichen umgegangen ist, die symbolische, bei der heroische Sinnbilder die Kommunikation gestiftet haben, und die der üblichen Mitteilung in Wort und Schrift, gliedert Vico die Geschichte triadisch. Konsequent kennzeichnet er jeweils in einzelnen Bereichen die Natur menschlichen Wesens als eine in Entwicklung

[106] Georg Misch, Geschichte der Autobiographie, Leipzig/Berlin 1907, 456.

und stetem Wandel befindliche, z.B. hinsichtlich des Erkennens nach jeweils vorherrschender Sinnlichkeit, Phantasie und Vernunft, und unterscheidet eine »poetische Logik« von der »Logik der Gelehrten« und eine »poetische Moral, Ökonomie, Politik« von der Behandlung dieser Materien durch die spätere Wissenschaft; hinsichtlich der Weltentwürfe hebt er die Weltschöpfung der sogenannten theologischen Dichter ab von der der heroischen Staatengründer und von der zivilisierter Gesellschaften; im Blick auf die Gewalten kontrastiert er die patriarchalische, die aristokratische und die republikanische Phase; in puncto Sprache unterscheidet er die nonverbale, kultische Körper- und Zeichensprache von der der Wappen, Abzeichen, Bilder und Metaphern, wie sie in der heroischen Zeit gängig war, und schließlich die prosaische konventionell artikulierter Worte.

Die bei Vico ungleich feinmaschigere Rasterung differenziert auf jeder Stufe synchron und im Nacheinander diachron nach Denk- und Lebensweisen, Religion und Weltanschauung, Staats- und Regierungsformen, nach Rechts- und Gesellschaftsverhältnissen, nach Autorität und Sitten, nach Sprache und Schrift[107]. Wichtig bei dieser Herausarbeitung des Phasencharakters der wesentlich geschichtlichen Existenz des Menschen ist, daß sich in der Endphase Verfallserscheinungen herausbilden, die in eine »Barbarei der Reflexion«, aber auch der Zügellosigkeit münden, also extreme bürokratische Pedanterie und Spitzfindigkeit mit hemmungsloser Freizügigkeit und brutaler Rohheit sich verbinden, was - wie das Beispiel des antiken Durchlaufs, Vico nennt ihn corso, lehrt - zum Untergang führen kann. Dann beginnt, Vico zufolge, ein ricorso, ein erneuter geschichtlicher Kreislauf, der, wenn auch gewissermaßen spiralig, weil nicht alle Errungenschaften verloren gehen, auf höherer Gesamtstufe aber doch nach dem gleichen Entwicklungsgesetz abläuft. Wenn Vico sich die Entdeckung der »ewigen idealen Geschichte« zuschreibt, dann meint er diese Kontinuität. Wenn er die Entdeckung des realen Geschichtsverlaufs für sich reklamiert, dann hebt er auf die Differenz im Prozeß ab. Anders gesagt: Vico übersieht über dem Typischen nicht das Spezifische,

[107] Vgl. das Übersichtsschema bei Franz Rauhut, Die Geschichtsphilosophie Vicos, Spenglers und Toynbees in ihrer Zusammengehörigkeit, in: Der Vergleich. Literatur- und Sprachwissenschaftliche Interpretationen, Hamburg 1955, (23-32), zwischen den Seiten 24 und 25.

über der Geschichte als solcher nicht das Geschichtliche, über dem von der Vorsehung gesteckten Rahmen nicht die Details der Ausmalung.

Heben wir abschließend die gedankliche Struktur hervor: Zu Beginn seiner Untersuchung zeichnet Vico im Kapitel »Von den Grundzügen« ein Bild der Ausgangslage seines Versuchs, erstmalig Geschichte zu verstehen und ihr die Form einer Wissenschaft zu geben. Es gilt, sowohl die Anmaßung der Völker zu durchschauen, deren jedes für sich in Anspruch nimmt, das erste der Welt gewesen zu sein, weshalb auf die kritiklosen Aussagen der *Philologen*, die davon berichten, kein Verlaß ist, als auch der nicht minder großen Anmaßung der Gelehrten zu entgehen, die es gerne hätten, daß ausgerechnet das, was sie jeweils wissen, von Anfang der Welt an eingesehen worden sei, weshalb auch mit den von sich überzeugten *Philosophen* nicht zu rechnen ist[108]. Vico sieht sich daher, ähnlich wie René Descartes, gezwungen, so zu tun, »als gebe es gar keine Bücher in der Welt«[109], und genötigt, sich auf die Suche nach einer Wahrheit zu machen, auf die, analog zu Descartes' Evidenz, die zum fundamentum inconcussum dienen soll, die »Neue Wissenschaft« zu gründen ist. Es muß dies aber eine Wahrheit sein, die ungleich radikaler als die Erfahrung des Bewußtseins, alles, was mit dem Menschen zusammenhängt und entsprechend dem geschichtlichen Ort, an dem es hervorgebracht wird, *verstehbar* macht.

Analog zur »mirabilis inventio« René Descartes', der zum Dank eine Wallfahrt nach Loreto zu Fuß von Venedig aus oder mit den sonst üblichen Wallfahrtsbräuchen gelobte[110], erscheint »in solcher Nacht der Finsterniß, womit das erste von uns soweit entfernte Alterthum bedeckt ist«, Vico auf allerdings gar nicht wunderliche Weise »dies ewige Licht, welches nie untergeht, folgender Wahrheit, die durchaus auf keine Weise kann in Zweifel gezogen werden: daß diese bürgerthümliche Welt sicherlich aufgebauet worden durch den Menschen: woher ihre Principien gefunden werden können, weil sie in ihnen gefunden werden müssen, innerhalb der Modificationen unseres eigenen menschlichen Geistes«. Vico

[108] SN, 117; NW-W, 175 f.; NW-A, 124.

[109] SN, 117; NW-W, 176; NW-A, 125.

[110] René Descartes. Dialoge mit deutschen Denkern. Von Prof. Dr: Liselotte Richter, Hamburg 1949, 7.

spricht nicht von Wunder, ihn verwundert vielmehr, »wie alle Philosophen sich im Ernst angelegen seyn lassen, die Wissenschaft zu erlangen von der Welt der Natur; und sich nicht bekümmert nachzuforschen über die Welt der Nationen, oder die bürgerthümliche Welt; von welcher, weil sie die Menschen gegründet, die Menschen auch die Wissenschaft erlangen konnten«[111]. Und im Abschnitt »Von der Methode« wiederholt Vico das Gesagte nicht nur, er getraut sich sogar zu behaupten, »daß in so weit, wer dieser Wissenschaft nachdenkt, sich selbst diese ewige ideale Geschichte erzählen könne, als er ... (aus obigem Grunde) dasselbe in jener Beweisart, es mußte, es muß, es wird müssen, vollziehen wird; da, wenn es sich trifft, daß, wer die Facten vollzieht, dieselben auch selber erzähle, es keine gewissere Geschichte geben kann«. Ja, Vico spricht hinsichtlich der von Menschen hervorgebrachten Realität der Geschichte, und er spricht dabei erneut den Leser direkt an, von Beweisen »göttlicher Art«, die »Dir, o Leser, eine göttliche Wollust gewähren; denn in Gott ist das Erkennen und Thun eins und dasselbe«[112].

Am Ende seines Werkes und im Rückblick auf das Ausgeführte betont Vico, daß man, und auch das unterscheidet sein Werk von bisherigen Versuchen, nicht etwa nur eine besondere Historie vor sich habe, etwa die, die die Gesetze und Taten der Römer oder Griechen genommen haben, sondern die »ideale Geschichte der ewigen Gesetze«. Und er konstatiert, daß diesen Gesetzen zufolge »die Begebenheiten ablaufen aller Völker in ihren Ursprüngen, Fortschritten, Zuständen, ihrem Sinken und Ende, gesetzt auch, es erhüben sich, was sicherlich falsch ist, in alle Ewigkeit von Zeit zu Zeit unendliche Welten«, und zwar entsprechend der »identitá in sostanza d'intendere e diversitá de'modi lor di spiegarsi«, also entsprechend »der Identität des Gedankeninhalts und der Verschiedenheit der Ausdrucksformen«, genauer gesagt: entsprechend dem bei aller Differenz Identischen, so daß zugleich der verstehbar gemachte Inhalt, die Substanz, und die unterschiedlichen Weisen, in denen sie sich ausdrückt, die modi, also sowohl das Gesetzliche,

[111] SN, 117 f.; NW-W, 176; NW-A, 125. Zum Gesamtzusammenhang: Richard Wisser, Leibniz und Vico. Das Verhältnis beider Denker und die Bedeutung der Philosophie des Rechts für die Geschichte des Geistes. Phil. Diss. Mainz 1954, wo die These entwickelt wird, daß Vicos Erkenntnisse und Leistungen in der Entdeckung der wesentlichen Geschichtlichkeit des Rechts wurzeln.

[112] SN, 128 f.; NW-W, 193f.; NW-A, 138 f.

demzufolge in der Zeit alles geschieht, als auch das Faktische, das zeitlich jeweils geschieht, kurzum »die ganze Geschichte (tutta la storia) gedeutet« vor Augen steht[113].

Alles in allem: Stolz darauf, daß er als erster sowohl die natürliche, also gewaltlose und nicht von außen eingreifende Wirksamkeit der Vorsehung, als auch die natürliche, von Menschen aus ihnen selbst hervorgebrachte Geschichte in Theorie und Praxis geschrieben hat, ein Unternehmen, von dem er zu Beginn seiner »Scienza nuova« sagt, daß bisher alle Gelehrten behauptet haben, Geschichte »sey in ihren Principien mangelhaft«[114], faßt Vico selbstbewußt und unter Rückgriff auf das ihn leitende Grundprinzip zusammen: »denn nur die Menschen selbst haben diese Welt der Völker geschaffen; welches der erste unbestreitbare Grundzug war dieser Wissenschaft, nachdem wir verzweifeln mußten, sie bei den Philosophen und den Philologen zu finden: aber eben diese Welt ist ohne Zweifel hervorgegangen aus einem Geiste, der oftmals verschieden, unterweilen geradezu entgegen, immer aber erhaben ist über die besonderen Zwecke, welche die Menschen selbst sich vorgesetzt hatten; welche beschränkten Zwecke er als Mittel, um höheren Zwecken zu dienen, immerdar verwendet hat, die menschliche Generation auf dieser Erde zu erhalten. Denn es wollen die Menschen sich viehischer Lust bedienen und ihre Geburten verderben; und sie bringen damit die Zucht der Ehen zu Wege, aus welchen die Familien entspringen: es wollen die Väter ihrer väterlichen Gewalt über die Clienten sich schrankenlos bedienen; und daher entstehen die Städte: es wollen die herrschenden Stände der Adelichen die grundherrliche Freiheit über die Plebejen misbrauchen, und gerathen in die Knechtschaft der Gesetze, welche die Volksfreiheit herbeiführen: es wollen die freien Völker sich vom Zügel ihrer Gesetze los machen, und fallen in die Unterwerfung der Alleinherrscher: die Alleinherrscher wollen ihre Unterthanen durch alle Laster der Entartung, um sich sicherzustellen, erniedrigen, und bringen sie dahin, daß sie das Joch kräftigerer Nationen tragen müssen: die Nationen wollen sich selbst zu Grunde richten, und müssen ihre Reste in Einöden retten, auf daß sie, dem Phönix gleich, einst auferstehen. Der dieß alles gethan, war nur ein Geist;

[113] SN, 535; NW-W, 838; NW-A, 420.

[114] SN, 42; NW-W, 56; NW-A fehlt.

denn vollbracht haben es die Menschen mit der Intelligenz: es war kein Fatum; denn sie vollbrachten es mit Wahl; kein Zufall; denn fort und fort kommen sie mit demselben Vollbringen zu denselben Erscheinungen«[115].

Das ist es, was Vico dazu zwingt, seinem Werk »den neiderregenden Titel einer Neuen Wissenschaft zu geben«[116] und ihn davon überzeugt, daß hiermit die »Grenzen des Menschenverhältnisses« gesteckt sind, weshalb »jeder, der sich ihnen entziehen wollte, zuzusehen habe, ob er sich nicht der ganzen Menschheit selbst entziehen würde«[117].

[115] SN, 546; NW-W, 851 f.; NW-A, 424 f.

[116] Vgl. Anm. 6.

[117] Vgl. Anm. 7.

»Von Hegel zu Marx«

oder

»Die ungeheure Macht des Negativen«

Was hat es mit solchem Titel auf sich? »*Von Hegel zu Marx*«, das versteht sich leicht, vielleicht allzu leicht als Unterwegs, als Vorgang, als Entwicklung, vielleicht gar als Fortschritt von einem zum anderen. Worin aber besteht solcher Fort-schritt? Meint Fortschritt lediglich ein zeitliches, ein historisches Hinaussein des Späteren über das Frühere, der Gegenwart über die Vergangenheit, oder meint Fortschritt wirkliches Vorankommen, Steigerung der Bedeutsamkeit, größere Treffsicherheit, verstärktes Richtungsbewußtsein, Richtigkeit des Gedankenganges und des praktischen Verhaltens? Birgt die Anschaulichkeit des Titels bereits ein Argument?

1. Formeln zur Veranschaulichung oder als Argumentation?

Ein erster Hinweis mag den Einstieg in das »Problem« des Vorgangs »Von Hegel zu Marx« erleichtern: Karl Marx hat immer wieder darauf hingewiesen, daß gerade auch durch Hegel die wirklichen Verhältnisse der tatsächlichen Welt des Menschen *verkehrt* worden seien. Hegel, statt vom wirklichen Menschen auszugehen und »fortzuschreiten mit dem wirklichen Menschen«[1], gehe *umgekehrt* von der Idee des Menschen aus. Er lasse folglich die wirklichen Verhältnisse der Menschen nur als »Erscheinung«, nur als »Phänomen«[2] der zu Unrecht zum Subjekt erhobenen übermenschlichen Idee gelten[3]. Die Folge davon ist: In dieser »verkehrten

[1] Karl Marx, Frühe Schriften. Bd. I der Werke, Schriften, Briefe, hrsg. von Hans-Joachim Lieber und Peter Furth, Stuttgart 1962, (Kritik des Hegelschen Staatsrechts), 279.

[2] Marx, I, 262; vgl. 264.

[3] Marx, I, 266.

Welt« wird zwangsläufig nicht der »*Mensch* als *Mensch*« gesetzt[4], und es wird nicht auf den »*wirklichen menschlichen und natürlichen Wesenskräften*« aufgebaut. Einer »*verkehrenden* Macht« zufolge werde vielmehr der konkrete Mensch »qualvollen Hirngespinsten« unterworfen[5], die nur in der Einbildung bestehen. »Die Wirklichkeit wird nicht als sie selbst, sondern als eine andere Wirklichkeit ausgesprochen«, und zwar als die der Idee, so daß die eigentliche Entwicklung nicht ein Fortschritt unter konkreten Menschen ist, sondern »umgekehrt« gewissermaßen »hinter der Gardine (der Idee) vorgeht«[6]. Auf diese Weise werde von Hegels Nachfolgern, den sog. Junghegelianern, »die Verkehrung der Wirklichkeit durch die Philosophie bis zur anschaulichsten Komödie vollendet«[7].

Die anschauliche Vorstellung solcher *Verkehrung* und *Umkehrung* suggeriert Verständnis. Marx formuliert seine Aufgabe: er möchte den »auf dem Kopf stehenden Hegel«[8], den er wegen solch verzwickter und kurioser Lage sogar als »*Sophist*«, als scheinwissenschaftlichen Wort-Verdreher anspricht, wieder auf die Füße stellen.

Besonders dieses Bild dient gemeinhin zur Veranschaulichung der *Differenz zwischen Hegel und Marx*. Es soll den Fortschritt »Von Hegel zu Marx« kennzeichnen. Manchen enthebt es der Mühe, die recht komplizierte »Kritik des Hegelschen Staatsrechts«, die Marx im Sommer des Jahres 1843 ausgearbeitet hat, zu studieren[9]. Ein solches Bild, das dem gesunden Menschenverstand zusagt und entspricht, ist zwar wirksam, ersetzt aber nicht die Einsicht in das von Marx erörterte Problem. Immerhin ist dieses Bild von Hegel selbst angeregt. Er verwendet es in einem Zusammenhang,

4 Marx I, (Ökonomisch-Philosophische Manuskripte: Geld), 636; vgl. Kritik der Hegelschen Dialektik und Philosophie, 642. Vgl. auch: Aus den Deutsch-Französischen Jahrbüchern. Ein Briefwechsel von 1843: die »*entmenschte Welt*« (433) und »*der entmenschte Mensch*« (434) oder: »Der König von Preußen wird so lange ein Mann seiner Zeit sein, als die verkehrte Welt die wirkliche ist« (435).

5 Marx, I, 635.

6 Marx, I, (Kritik des Hegelschen Staatsrechts), 262; vgl. 266.

7 Marx, I, (Friedrich Engels und Karl Marx, Die heilige Familie oder Kritik der kritischen Kritik. Gegen Bruno Bauer & Consorten), 670.

8 Karl Marx, Die Frühschriften, hrsg. von Siegfried Landshut, Stuttgart 1953, Einführung (Landshut), XXVI.

9 Marx, I, (Kritik des Hegelschen Staatsrechts), 279.

bei dem er mit eben diesem gesunden Menschenverstand abrechnet, einer, wie Hegel sagt, »lokalen und temporären Beschränktheit eines Geschlechts der Menschen«, im Verhältnis zu dem »die Welt der Philosophen eine verkehrte Welt« ist. Die Philosophie ist nur dadurch Philosophie, daß sie dem Populären und dem »Pöbel«, der Manier des Verstandes, welcher philosophische Ideen »gemein zu machen bestrebt ist«, und dem gesunden Menschverstand »entgegengesetzt ist«[10].

Der Unterschied zwischen Hegel und Marx wird, wenn auch immer noch anschaulich, so doch im Blick auf eine Argumentation stichwortartig auch als die *Überwindung der Theorie durch die Praxis* charakterisiert. Marx nimmt die sog. »Negation der Philosophie« vor, aber nicht etwa dadurch, daß er ihr, wie dies andere borniert und selbstgefällig tun, »den Rücken kehrt und abgewandten Hauptes - einige ärgerliche und banale Phrasen über sie hermurmelt«, sondern dadurch, daß die Philosophie *verwirklicht* wird[11]. Die Philosophie soll durch die Praxis aufgehoben, negiert werden[12].

Gerade weil Hegels Philosophie entdeckt zu haben meint, daß beispielsweise Reichtum oder Staatsmacht »dem *menschlichen* Wesen entfremdete Wesen« sind[13], fühlt sie sich nicht gedrängt, praktisch zu werden, d.h. den »*Weg* zur wahren *menschlichen* Wirklichkeit« zu beschreiten[14] und das Unmenschliche in der Praxis zu negieren und aufzuheben. Wenn solche Entfremdung des Menschen und mit ihr verbundene Unmenschlichkeit nicht Ausdruck der wirklichen Geschichte des Menschen ist, wenn es in der Geschichte nicht um den Menschen geht, weil nicht er ihr Subjekt ist, wenn wirkliche Entfremdung nicht *in der Tat* aus der Welt ge-

[10] Hegel, Sämtliche Werke. Jubiläumsausgabe (Ed. Hermann Glockner), 1. Bd.: Aufsätze aus dem kritischen Journal der Philosophie und andere Schriften aus der Jenenser Zeit, Stuttgart 1941, (Über das Wesen der philosophischen Kritik überhaupt, und ihr Verhältniß zum gegenwärtigen Zustand der Philosophie insbesondere), 184 f.

[11] Marx, I, (Kritik der Hegelschen Rechtsphilosophie), 495: »*Ihr könnt die Philosophie nicht aufheben, ohne sie zu verwirklichen*«.

[12] Marx, I, 496 f.; vgl. schon in den Anmerkungen zur Dissertation die Prozeßbeschreibung, »daß das Philosophisch-Werden der Welt zugleich ein Weltlich-Werden der Philosophie, daß ihre Verwirklichung zugleich ihr Verlust« ist, I, 71 f.

[13] Marx, I, (Kritik der Hegelschen Dialektik und Philosophie), 642.

[14] Marx, I, 644.

schafft, sondern in der Philosophie nur *in Gedanken* aufgehoben wird, dann ändert sich für den konkreten Menschen nichts. Ja, wenn die Theorie gar behauptet, es komme überhaupt nicht auf den Menschen, sondern auf einen übermenschlichen, einen absoluten Geist an, der den Menschen gewissermaßen nur als vorläufige »Hülle«[15] und Verpuppungszustand braucht und gebraucht, dann wird ein »außer dem Menschen hausendes und von ihm unabhängiges Wesen«[16] fälschlich zum wahren Wesen erklärt.

Aufhebung der Philosophie durch ihre Verwirklichung, Überwindung der Theorie durch die Praxis bedeutet folglich für Marx die »Negation des Scheinwesens«: »Kritik der Religion« beispielsweise und die auf der daraus erwachsenden Lehre, daß der »*Mensch das höchste Wesen für den Menschen*«[17] ist, basierende Revolution der Zustände und bisherigen Verhältnisse. Indem die Kritik solcherart zu »wahrhaft menschlichen Problemen sich erhebt«[18], wird sie »Kritik im *Handgemenge*«, praktisch treffende Kritik. Ihr »wesentliches Pathos ist (dann) die *Indignation* (also Entrüstung), ihre wesentliche Arbeit die *Denunziation* (also Anklage)«[19]. Hegels Philosophie, das ist der Vorwurf von Marx, vollzieht demnach nicht die Negation des Scheinwesens einer vermeintlich jenseitigen Wahrheit. Sie geht folglich nicht darauf aus, »die Wahrheit des Diesseits zu etablieren«[20]. Hegel negiert vielmehr gerade diese Wahrheit des Diesseits und bestätigt durch die »Negation der Negation«, daß das Scheinwesen das wahre Wesen ist[21]. Statt durch die Aufhebung der ökonomischen Entfremdung dem wirklichen Leben durch die Negation von Unmenschlichkeiten und zugleich durch die Negation von Hirngespinsten zu dienen[22], gelten dem Philo-

15 Marx, I, 643.

16 Marx, I, 655: »Bei Hegel ist die Negation der Negation daher nicht die Bestätigung des wahren Wesens, eben durch Negation des Scheinwesens, sondern die Bestätigung des Scheinwesens oder des sich entfremdeten Wesens in seiner Verneinung ... Eine eigentümliche Rolle spielt daher das *Aufheben*, worin die *Verneinung* und die Aufbewahrung, die Bejahung, verknüpft sind«.

17 Marx, I, (Zur Kritik der Hegelschen Rechtsphilosophie), 497.

18 Marx, I, 493.

19 Marx, I, 491.

20 Marx, I, 489.

21 Marx, I, (Kritik der Hegelschen Dialektik und Philosophie), 655.

22 Marx, I, (Privateigentum und Kommunismus), 595.

sophen die wirklichen Verhältnisse nur als Momente einer Bewegung[23], die ein »*göttlicher Prozeß*«[24] gewissermaßen auf Kosten des Menschen durchmacht.

Anschaulichkeit und Argument erbringt im übrigen nicht nur der Rückgriff auf Hegels Wort und Bild gegen den gesunden Menschenverstand, im Verhältnis zu dem »an und für sich die Welt der Philosophie eine verkehrte Welt« ist[25]; oder wenn Marx in seinem Artikel »Zur Kritik der Hegelschen Rechtsphilosophie« davon spricht, daß »*die Welt des Menschen*, Staat, Sozietät«, es sind, die die Religion, und damit »ein *verkehrtes Weltbewußtsein*« produzieren, und zwar aus einem einfachen Grund, »weil sie eine *verkehrte Welt* sind«[26]. Anschaulichkeit und Bild erbringt auch der Rückgriff auf Immanuel Kants Wort und Bild von der »Umänderung der Denkart«, der »Revolution« der Denkungsart, bei der es »eben so, als mit dem ersten Gedanken des *Kopernikus* bewandt ist, der, nachdem es mit der Erklärung der Himmelsbewegungen nicht gut fort wollte, wenn er annahm, das ganze Sternenheer drehe sich um den Zuschauer, versuchte, ob es nicht besser gelingen möchte, wenn er den Zuschauer sich drehen, und dagegen die Sterne in Ruhe ließ«[27]; oder wenn Marx die Kritik der Religion als Ent-täuschung bezeichnet, als Aufhebung einer Illusion, wodurch es dem Menschen in Zukunft möglich sein wird, zu denken, zu handeln und seine Wirklichkeit zu gestalten wie ein »zu Verstand gekommener Mensch«, der »sich um sich selbst und damit um seine wirkliche Sonne« dreht. »Die Religion ist nur die illusorische Sonne, die sich um den Menschen bewegt, solange er sich nicht um sich selbst bewegt«[28].

Ersichtlich dienen die beiden bisher von uns verwendeten Verständigungshilfen, das anschauliche *Bild* von dem »auf dem Kopf stehenden Hegel«, der durch Marx auf die Füße gestellt wird, und die argumentierende *Parole* von der Theorie in die Praxis vornehmlich dazu, die Leistung von Karl Marx zu versinnbildlichen

23 Marx, I, (Kritik der Hegelschen Dialektik und Philosophie), 655.

24 Marx, I, 659.

25 Hegel, 1. Bd., 185.

26 Marx, I, 488.

27 Kant, Kritik der reinen Vernunft, B XVI; vgl. B XXIII, auch B 313.

28 Marx, I, 489.

und herauszustellen. Hegel, so mag es scheinen, kommt hierbei zu kurz. Versuchen wir daher mit einer anderen, wenn auch auf den ersten Blick vielleicht nicht so griffig anmutenden Formel zu operieren, der Formel von der »*ungeheuren Macht des Negativen*«. Sie hat den Vorteil, daß sie durch das Adjektiv »negativ« zugleich auch auf das Problem aufmerksam macht, was unter der Negation, dem Negativen, der Negativität speziell verstanden werden muß, und gerade dadurch vielleicht den grundstürzenden Vorgang von Hegel zu Marx begreiflich macht, bei dem das Unterste zuoberst und das Oberste zuunterst gekehrt werden.

Die Formel von der »ungeheuren Macht des Negativen« fängt auch psychologisch etwas von dem vermuteten »Diabolischen« (διαβάλλειν, durcheinanderwerfen, verkehren) ein. Wichtig ist, daß sie es auch erlaubt, sowohl aktuelle Unternehmungen in der Philosophie und im Zeitgeschehen als auch zurückliegende, aber in Kontinuität stehende mit Hegel und Marx in Verbindung zu bringen. Schließlich vermag besagte Formel auch dazu dienen, auf ein generelles und schwerwiegendes Problem, auf das Nichts und seine Rolle, aufmerksam zu machen[29].

Nun haben Formeln es bekanntlich an sich, nur demjenigen Schlüsseldienste zu leisten, der mit ihnen umgehen kann. Aber jeder weiß auch, daß Formeln es *in sich* haben, daß mit ihnen schwer Durchschaubares einsichtig und übersichtlich gemacht wird und beziehungslos Scheinendes auf einen Nenner gebracht werden kann.

Soll das, wird man vielleicht fragen, heißen, daß mit der Formel von der »ungeheuren Macht des Negativen« gesagt werden soll, der Weg »Von Hegel zu Marx« sei ein Irrweg, ein Weg ins Negative, ins Nichts? Soll am Ende gar herauskommen, daß Karl Marx für manchen Murx verantwortlich ist, der in seinem Namen gemacht wird? - Mögen manche Zeitgenossen Marx für »negativ« halten, und mögen andere statt seiner Hegel eine »negative« Einstellung nachsagen, in der Formel von der »ungeheuren Macht des Negativen« meint »negativ« nicht den oder jenen Negativen, sondern *das* Negative.

[29] Historisch und systematisch ergiebig: Gertrud Kahl-Furthmann, Das Problem des Nicht, Berlin 1934; anthropologisch aufschlußreich: Hans Kunz, Die anthropologische Bedeutung der Phantasie, 2. Teil: Ihre Voraussetzungen, Basel 1946, 37 ff.

Soll mit dieser Formel, so wird man vielleicht fragen, ein *Grundzug der Wirklichkeit* begriffen werden, der unter vielerlei Namen angesprochen wird und der einem jeden von uns zu schaffen macht: das Übel, das Böse, die Sünde; oder der Mangel, die Ergebnislosigkeit, die Endlichkeit; oder das Leiden, die Schuld, der Tod; oder der Kampf, der Krieg, die Vernichtung; oder der Schmerz, die Verzweiflung, das Nichts? *Das Negative*, solcherart vielnamig und vielgestaltig, scheint uns wie ein vielköpfiges Untier zu bedrohen, von außen wie von innen, und unser Ruf und unsere Sehnsucht nach dem Guten, Wahren und Schönen, kurz: nach dem *Positiven* kommt angesichts solcher Gefahren wohl aus tiefstem Herzen.

Wer aber das Negative als Inbegriff für alle die genannten Schattenseiten des Lebens versteht, macht es sich mit dem Negativen doch wohl ein wenig zu einfach; denn mag auch der »Tod der Sünde Sold«[30] sein, schon Heraklit hat beobachtet, besser gesagt, beachtet, daß der »Streit der Vater aller Dinge«[31] ist. Und manche Religion hält das Leiden und das Mitleid für den einzigen, jedenfalls für den einzigartigen Weg zum Heil. Vielleicht ist also das Negative gar nicht so »negativ«? Vielleicht ist es für die Erlangung des Positiven unumgänglich, und es fällt folglich von dort ein Lichtstrahl in seine Dunkelheiten. Aber, so wird man möglicherweise einwenden, heißt das nicht das Böse und die Sünde verniedlichen? Und hat nicht päpstlich der Papst die Realität des Bösen und die Existenz des Satans bekundet?[32]

Wie dem auch sei, das Stichwort von der »ungeheuren Macht des Negativen« ist keineswegs ein bloßes Reizwort, das in oberflächlicher Rhetorik lediglich dem Jargon einer Zeit entsprechen möchte, die es für positiv hält, sich negativ zu gebärden; oder die für das Negative eintritt, nachdem sie es umfunktioniert hat, indem sie das Negative als das Positive erwiesen zu haben glaubt, das von anderen lediglich für negativ erklärt worden sei. Mancher mag ein solches Vorgehen für Sophistik halten und ein solches Verfahren

[30] Gen. 2,17; vgl. Ps. 9,18; Spr. 22, 23.

[31] Heraklit, in: Die Fragmente der Vorsokratiker. Ed. von Hermann Diels. 6. verb. Aufl., hrsg. von Walther Kranz, 1. Bd., Berlin 1951, 162, 22 B, 53.

[32] Zur Existenz des Satans. Erklärungen von Prof. Maurice Flick von der päpstlichen Universität Gregoriana über die Realität des Bösen, in: L'Osservatore Romano, 12. Januar 1973, Nr. 2. Bezieht sich auf die Ansprache des Papstes bei der Generalaudienz am 15. November 1972 über die Realität des Teufels.

demzufolge als gefährliche *Dialektik* verschreien. Die Formel von der »ungeheuren Macht des Negativen« erlaubt es, aus der Gegenwart und diesen ihren Problemen einen Bogen zurück zu *Hegel und Goethe* zu schlagen und eine Auseinandersetzung zwischen diesen beiden Exponenten ihrer Zeit über dieses Problem einzubeziehen.

2. Goethe und der verneinende Geist des Mephistopheles

Im letzten Gespräch, das der Achtundsiebzigjährige Goethe mit dem Siebenundfünfzigjährigen Hegel geführt hat, kommt es nämlich genau bei diesem Thema zu einem gereizten Ton zwischen beiden, ja es bildet sich fast so etwas wie ein feiner Haarriß der Feindseligkeit. Als Hegel werbend über die von ihm in seiner Philosophie durchgeführte *Dialektik* spricht und betont, daß sie »im Grunde nichts weiter ist, als der geregelte, methodisch ausgebildete Widerspruchsgeist, der jedem Menschen innewohnt, und welche Gabe sich groß erweist in Unterscheidung des Wahren und Falschen«, fällt *Goethe* ihm ins Wort: »Wenn nur solche geistige Künste und Gewandtheiten nicht häufig mißbraucht und dazu verwendet würden, um das Falsche wahr und das Wahre falsch zu machen!«[33].

Das Falsche wahr und das Wahre falsch machen, das Negative als positiv und das Positive als negativ erweisen, das leistet die zweifelhafte Kunst der Sophistik. Goethe fürchtet, daß die Dinge auf den Kopf gestellt werden, wenn man dialektisch mit ihnen umgeht. Er wehrt sich dagegen, daß man durch Negation dem Menschen ein X für ein U vormacht. Hegels dialektische Methode Sophistik? Die Frage steht - damals - jedenfalls im Raum. Auch Marx wirft später Hegel, wie wir erinnert haben, einmal vor, »Sophist« zu sein.

Und dabei hatte es Hegel in seinem Gespräch mit Goethe recht geschickt angefangen, um diesen für seine neue Methode zu gewinnen, wenigstens zu erwärmen. Indem Hegel die Dialektik gesprächsweise und nicht ganz zutreffend auf den »Widerspruchsgeist« im Menschen reduziert, erinnert er Goethe an dessen eigene

[33] Johann Peter Eckermann, Gespräche mit Goethe in den letzten Jahren seines Lebens, 5. Aufl. Leipzig 1883, 151 (18. Oktober 1827).

Auffassung vom Geist des Widerspruchs, dem er in der Figur des Mephistopheles im »Faust« Gestalt gegeben hat. Dort bekundet sogar Gott dem Teufel, der »verneint«, seine Sympathie[34].

»Ich habe deinesgleichen nie gehaßt.
Von allen Geistern, die verneinen,
Ist mir der Schalk am wenigsten zur Last.
Des Menschen Tätigkeit kann allzuleicht erschlaffen,
Er liebt sich bald die unbedingte Ruh;
Drum geb' ich gern ihm den Gesellen zu,
Der reizt und wirkt und muß als Teufel schaffen« (Vers 337 ff.).

Aber hat Goethe mit solcher Verniedlichung nicht dem Bösen bereits den Zahn gezogen? Hat er der »ungeheuren Macht des Negativen« nicht solcherart bereits die Luft abgelassen? Ist nicht am Ende im »Faust« Mephistopheles gar der Betrogene, ein »armer Teufel« (Vers 1675) im ursprünglichen Wortsinn? Als Mephistopheles Faust erstmals begegnet, antwortet er auf die Frage, wer er sei, in fast tragisch zu nennender Einsicht:

»Ein Teil von jener Kraft,
Die stets das Böse will und stets das Gute schafft« (Vers 1335 f.).

Bei Goethe richtet sich der Teufel gar nicht direkt gegen Gott, sondern gegen die ewig rege, heilsam schaffende Kraft des Lebens (Vers 1389 f.).

»Ich bin der Geist der stets verneint!
Und das mit Recht; denn alles, was entsteht,
Ist wert, daß es zugrunde geht;
Drum besser wär's, daß nichts entstünde.
So ist denn alles, was ihr Sünde,
Zerstörung, kurz das Böse nennt,
Mein eigentliches Element« (V. 1338 ff.).

Mephistopheles ist *kein Atheist*, er ist *anti-human* und *widernatürlich* eingestellt. Er möchte, daß Faust sein Streben aufgibt

[34] Mircea Eliade, La coincidentia oppositorum et le mystére de la totalité, in: Eranos-Jahrbuch 1958, Band XXVII: Mensch und Frieden. Hrsg. von Olga Fröbe-Kapteyn, Zürich 1959: La ›sympathie‹ de Méphistophélès, 195 f. »La sympathie, montré par Dieu á l'égard de Méphistophélès« (Vers 338-343). »La sympathie était d'ailleurs réciproque« (Vers 350; vgl. Vers 273). »Paradoxalement, il existait une ›sympathie‹ inattendue entre Dieu et l'Ésprit négateur«.

(V. 1676), möchte, daß er sich »auf ein Faulbett« (V. 1692) oder in sonstige Betten legt, daß er zum Augenblick sagt: »Verweile doch! du bist so schön!« (V. 1700). Mephistopheles möchte, daß Faust an der »flachen Unbedeutenheit« eines zügellosen Lebens »zappeln, starren, kleben« bleibt (V. 1861 f.). Mephistopheles, der »Geist des Widerspruchs« (V. 4030) und der »Vater ... aller Hindernisse« (V. 6205), möchte Faust »aufreiben« (V. 3301), ihn um den Verstand bringen, so daß ihm Hören und Sehen vergeht. Faust soll »erstarren« (V. 6271). Das in ihm verkörperte Leben und sein nimmermüdes Streben und Schaffen sollen in Genuß und im Genießen verkommen, sollen ihr Ziel vergessen und in der Genüßlichkeit der Selbstbefriedigung und Selbstzufriedenheit auf der Stelle treten, kurzum: stehenbleiben. »L'activité de Mephistophélès n'est pas dirigé contre Dieu, mais contre la Vie«[35].

Mephistopheles möchte in die Speichen des Lebens eingreifen, damit am Ende alles »vorbei« ist und »reines Nichts, vollkommenes Einerlei« sich ausbreitet. »Was soll uns denn das ew'ge Schaffen!« ruft Mephistopheles aus, als er es schließlich geschafft zu haben glaubt und an Fausts Leichnam vermeintlich siegreich steht. Was soll der ständige Unsinn,

»Geschaffenes zu nichts hinwegzuraffen!
›Da ist's vorbei!‹ Was ist daran zu lesen?
Es ist so gut, als wär' es nicht gewesen,
Und treibt sich doch im Kreis, als wenn es wäre,
Ich liebte mir dafür das Ewig-Leere« (V. 11597).

Mephistopheles möchte den Wettlauf anhalten, möchte Schluß machen mit dem kümmerlichen Kreislauf, möchte Stillstand, Entropie erzwingen durch die Sterilisation von Faust, der hier für den Menschen überhaupt steht. Tragikomisch wird es, als Mephistopheles hilflos zusehen muß, wie die Engel, »Faustens Unsterblichkeit tragend« (V. 11215), mit diesem davonschweben:

»Gerettet ist das edle Glied
Der Geisterwelt vom Bösen:
›Wer immer strebend sich bemüht,
Den können wir erlösen‹ « (V. 11934 ff.).

[35] Eliade, 196; vgl. 488.

Er hätte es wissen können, der dumme Teufel, daß die Wette mit Gott so endet: Gott legte von Anfang an die Karten auf den Tisch. Gott hat dem Menschen ausdrücklich den Geist, der stets verneint, als »Gesellen« zu einem ganz bestimmten Zwecke beigegeben. *Er hebt das Negative durch das Negative auf.* Gerade durch Mephistopheles' Versuch, den Menschen abzuschlaffen und dem strebenden Leben durch Erschlaffung ein Ende zu setzen, »reizt und wirkt« er, stimuliert und irritiert er. Folglich hält gerade seine Negativität das Streben auf dem laufenden. Und so muß der arme Teufel, der da meint, daß alles, was entsteht, nur wert ist, daß es zugrunde geht, paradoxerweise und ausgerechnet selbst »als Teufel schaffen« (V. 343). Wahrlich ein »armer Teufel«, der auf solche dialektische Weise nicht nur zum hilfreichsten Gesellen des Menschen wird, den er vernichten möchte, sondern auch zum wirkungsvollsten Mitarbeiter Gottes, dem er doch, eins auszuwischen, angetreten ist. Von einer »ungeheuren Macht des Negativen« kann also bei Goethe hier nicht die Rede sein.

3. Hegels Geistverständnis und das Negative

Von Goethe stammt die Formel von der »ungeheuren Macht des Negativen« denn auch nicht, sondern von *Hegel.* Sie ist - genauer gesagt - von mir Hegels erster seiner berühmten »Vorreden« zum ersten seiner berühmten Hauptwerke, der sog. »Phänomenologie des Geistes« von 1806, entnommen. In dem Gedanken von der »ungeheuren Macht des Negativen« kommt mehr zum Ausdruck, als wenn Goethe Gott Mephistopheles mit dessen eigenen Mitteln ein Schnippchen schlagen läßt und die Dialektik des Negativen auf den Arm nimmt. Versuchen wir zunächst zu sagen, was Hegel mit diesem Ausdruck *nicht* sagen möchte.

Hegel will an der Stelle, an der er von der »ungeheuren Macht des Negativen« spricht, nicht das landläufige Verständnis des Negativen im Sinne des Pejorativen, also des Schlechten, Minderwertigen, Armseligen hochleben lassen oder gar die Vorzüge des Erbärmlichen, die übliche Einschätzung auf den Kopf stellend, preisen. Hegel möchte auch nicht so verstanden bzw. mißverstanden werden, als wolle er das Negative im Sinne der von anderen vorgenommenen Personifikation des Bösen in der Gestalt des

Teufels, des Satans oder wie dieses Gelichter sonst heißen möge, seiner ungewöhnlichen, nicht ganz geheuren, also un-geheuren Macht nach staunend schätzen oder jedenfalls deren Existenz und Wirksamkeit feststellen und gar zum Dogma erklären. Das Wort »das Negative« wird von Hegel auch nicht im Sinne einer uns heutzutage geläufigen und gewohnten Verwendung gebraucht, die »negativ« sagt, wenn sie ergebnislos meint, oder die darauf hofft, daß ein bestimmter medizinischer Test »negativ« ausfällt, weil es dann noch einmal »gut« gegangen ist.

Hegel will an besagter Stelle in der sog. »Vorrede« zu seiner »Phänomenologie des Geistes«, also seiner Lehre, seiner Logik von dem in Erscheinung tretenden, alles durchpulsenden und innere, vernünftige Beziehung stiftenden, kurzum *absoluten Geist* darauf aufmerksam machen, daß das Leben des Geistes nicht mit kraftloser Schönheit verwechselt werden darf. Er will deutlich machen, daß *sein* Geistbegriff nichts mit billigem Ästhetizismus und Schöngeistigem zu tun hat, das sich nicht auf die Wirklichkeit einläßt. Das Leben des Geistes vollzieht sich nach Hegels dialektischer Philosophie vielmehr durch alle Stufen des Seins hindurch und endet nicht im rationalen Verstand. Der Geist läßt sich nicht durch den Verstand um die Vernunft bringen. Er bewährt sich vielmehr gerade im Konkreten in der Weise des rationalen Verstandes, in der Weise des Analysierens, des Scheidens, der Absonderung, in einer Energie und Macht also, die sich nicht nur im Kopf abspielt, sondern sich sogar auf den Tod als auf die furchtbarste Trennung, die Zerstörung einläßt. Als Hegel sich im Jahre 1831 an die Revision seiner »Phänomenologie des Geistes« zum Zwecke einer Neuauflage macht, kommt er mit seiner Durchsicht bis zu der Stelle, an der es heißt: »... nicht das Leben, das sich vor dem Tode scheut und von der Verwüstung rein bewahrt, sondern das ihn erträgt und in ihm sich erhält, ist das Leben des Geistes«[36]. Kurz darauf rafft ihn die Cholera hinweg.

[36] Hegel, Phänomenologie des Geistes (Ausgabe Glockner, 2. Bd., Stuttgart 1927), 34. Vorwort von Johannes Schulze, 2. - Für den Gesamtzusammenhang von besonderer Wichtigkeit ist Martin Heideggers Abhandlung in GA 68 (Unveröffentlichte Abhandlungen), Frankfurt am Main 1993: »Die Negativität. Eine Auseinandersetzung mit Hegel aus dem Ansatz in der Negativität (1938/39, 1941)«, die in dem Satz gipfelt: »*Hegels Negativität* ist keine, weil sie mit dem Nicht und dem Nichten nie ernst macht, - das Nicht schon in das ›Ja‹ aufgehoben hat«, 47.

Eines dürfte bereits deutlich geworden sein: In der Formel von der »ungeheuren Macht des Negativen« spricht sich somit ein Wirklichkeitsverständnis aus, für das Geist nicht nur eitel Freude und Sonnenschein bedeutet. Geist ist keine verramschte Bezeichnung für einen idealistisch über den Wolken thronenden Geist, kein Name für irgendwelche hinter den Dingen spukende Geister. Dieses Wirklichkeitsverständnis verschließt nicht die Augen vor den Schattenseiten des Daseins und versimpelt nicht geistiges Leben zu beschaulicher Idylle. Es blickt vielmehr in die Tiefen des Daseins, in die Abgründe des Seins, in die Spalten der Wirklichkeit: kurzum, es lotet in den Tod als in das Furchtbarste hinab. Es läßt sich mit der »ungeheuren Macht des Negativen« ein, weil es begriffen hat, daß den Geist nicht die Scheu vor dem Negativen rettet. Nur *der* Geist überlebt, der durch die Bewegung des Konkreten, die dialektischen Widersprüche und die faktischen Gegensätze mit ihren Scheidungen, Absonderungen, Trennungen, ihrem Tod und ihren Negativitäten hindurch sich erhält, der sich also nicht angesichts der »ungeheuren Macht des Negativen« selbst aufgibt, der sich nicht gehen läßt, sondern gerade auf diesem Wege äußerster Gefährdung zu sich kommt.

Zwar spricht auch Goethe vom »Ungeheuren«. Aber das Ungeheure ist für ihn gerade kein Vorgang im Leben des Geistes selbst. Das »Ungeheure« bezeichnet bei Goethe vielmehr die unvergleichliche Dimension der »Mütter«, wie er den schöpferischen Urgrund, ja Un-Grund nennt, wo:

»Gestaltung, Umgestaltung,
Des ewigen Sinnes ewige Unterhaltung« (V. 6287 f.)

stattfindet, ein Ort, der kein Ort ist, eine Dimension ohne Dimension, außer Zeit und Raum. Auch zu den »Müttern« ist der »Unbehauste« (V. 3348) Faust unterwegs und selbst hier erstarrt er nicht, *schaudert* er vielmehr, verharrt er nicht, erfährt er vielmehr gerade im Schaudern:

»Doch im Erstarren such' ich nicht mein Heil,
Das Schaudern ist der Menschheit bestes Teil;
Wie auch die Welt ihm das Gefühl verteure,
Ergriffen, fühlt er tief das Ungeheure« (V. 6271 ff.).

Bei den »Müttern« ist der Widerspruch, auf den jeder in unserer Welt allerorten und jederzeit stößt, aufgehoben (V. 6234). In diesem »Nichts hoff' ich«, sagt Faust, »das All zu finden« (V. 6256).

Eben der *Widerspruch* ist aber für Hegel nicht außer der Zeit und aus dem Raum wie weggeblasen. Der Widerspruch, der für Hegel nicht nur der *menschliche* Widerspruchsgeist ist, sondern das treibende Gesetz, nach dem der *absolute* Geist sich entwickelt und durch dessen Vermittlung er zu sich kommt, ist Ausdruck der Geschichte des Geistes und der Geistesgeschichte. Für Hegel bezeugt gerade die »ungeheure Macht des Negativen«, daß die Verneinung, die Scheidung, der Gegensatz und Widerspruch, daß schließlich der Tod zum Leben des Geistes selbst dialektisch hinzugehört und daß folglich die Größe des Geistes gerade darin besteht, daß er sich durch den Tod hindurch erhält[37].

Es ist hier nicht der Ort näher auszuführen, inwieweit Hegel hier auf seine Weise einer religiösen, ja der entscheidenden »christlichen« *Grunderfahrung* Ausdruck gibt, daß Gottes Größe sich gerade in seinem Sterben und der Auferstehung bezeugt. Hegel hält eine Grundstimmung, die sich in seiner eigenen Zeit bemerkbar macht, das »Gefühl: Gott selbst ist todt« - heute spricht man bereits ganz selbstverständlich vom »Tod Gottes« -, eine Grundstimmung, die alle religiösen Menschen, ja die Menschen überhaupt im Tiefsten ergriffen habe, für ein unumgängliches, notwendiges »Moment«, für einen ausschlaggebenden Zeitumstand, der allerdings einen vorübergehenden Zustand, nur einen Moment in der Geschichte des menschlichen Bewußtseins darstellt. Hegel geht so weit, daß er für die wahre Philosophie einen, wie er ihn geradezu nennt, »spekulativen Charfreitag« fordert. An ihm ereignet sich die Verzweiflung der Philosophie darüber, je erkennen zu können, was die Dinge im Innersten zusammenhält. Aber aus ihm kann und muß dann die wahre Philosophie »in die heiterste Freiheit ihrer Gestalt auferstehen«[38].

[37] Adolf Sannwald, Der Begriff der »Dialektik« und die Anthropologie, München 1931, 208 f.

[38] Hegel, 1, 433. Vgl. Jörg Salaquarda, Vorwort zu dem von ihm herausgegebenen Buch: Philosophische Theologie im Schatten des Nihilismus, Berlin 1971, 5 ff. und Richard Wisser, »Gott ist tot«. Philosophische Wurzeln einer Grundformel menschlicher Selbstbegegnung und die Menschwerdung des Menschen durch den Menschen, in: Areopag, Mainz 1972, 7. Jg., 37 ff.

Vergleicht man Goethe mit Hegel, dann wird deutlich: Für Goethe *endet* die Dialektik *vor* dem »Ungeheuren«, für Hegel wird *in* ihr die »ungeheure Macht des Negativen« erfahren. Für Goethe bleibt die Dialektik *außerhalb* Gottes, der dem Geist, der stets verneint, ein Schnippchen schlägt und ihm die Dialektik dialektisch austreibt. Für Hegel gehört die Dialektik *ins* Wesen Gottes hinein. Sie ist die Weise, durch die der absolute Geist sich auf sich bezieht und zu sich kommt.

4. Das Negative in und an der Gegenwart

Die Formel von der »ungeheuren Macht des Negativen« soll aber nicht nur die Vergangenheit aufschlüsseln, sie soll, sagten wir, auch ein Begreifen von Gegenwartsvorgängen erlauben. Wie stark das *Denken unserer Gegenwart* um ein gemäßes Verständnis dessen bemüht ist, was es mit dem Negativen, der Negation, der Negativität, dem Negieren und dem Nichten auf sich hat, dafür gibt es viele Beispiele. Bevor wir im Schlußteil noch eigens auf das Verhältnis von Hegel und Marx zu sprechen kommen, sei daher ein Blick auf Vorgänge in unserem Umkreis geworfen.

1. Unter dem Stichwort vom »Tod Gottes« treibt dieses Problem beispielsweise eine Diskussion voran, die Heilsames und Gefährdendes schwer lösbar miteinander verkettet. Wir haben an anderer Stelle darüber berichtet[39].

2. Als weiteres Beispiel sei Jean-Paul Sartre genannt, der - unter eigenwilligem Rückgriff auf Husserl - schon frühzeitig sein Augenmerk auf die merkwürdige Fähigkeit des Bewußtseins gerichtet hat, nicht nur sich etwas einbilden zu können, sondern auch etwas, das es sich in der Einbildungskraft gewissermaßen einverleibt hat, als eine bloße »Fiktion« zu erkennen, ja manches sogar als Nicht-Existenz, anderes als abwesend zu erfahren[40]. Das Bewußtsein vermag sich von den Dingen, die, wie wir vorschnell meinen, gegeben und vorgegeben sind, die uns umlagern, die uns vielleicht sogar belagern und repressiv-autoritär bedrängen, zurückzuziehen. Es kann sie negieren, nichten.

[39] Richard Wisser, »Gott ist tot«, 33 ff.

[40] Jean-Paul Sartre, Die Transzendenz des Ego. Drei Essays, Hamburg 1964, 141.

Das Nichts, folgert Sartre daher, darf dementsprechend nicht mehr nur als ein bloßes Fehlen des Seins, als eine privatio - wie man früher sagte -, als ein Mangel an Sein gewissermaßen um seine ungeheure Macht gebracht und gedanklich eskamotiert oder faktisch auf die leichte Schulter genommen werden. Wenn es nur das Sein gäbe, dann hätte es mit dem Nichts, dem Negativen, dem Nichten nichts auf sich. Dann wäre das Sein gediegen, dann gäbe es keinen Spalt, auch kein Werden und keine Veränderung im Sein. Es gibt aber »*Das Sein und das Nichts*«, wie der Titel von Sartres erstem Hauptwerk heißt und verheißt. Das Negative, die Verneinung, zu der das menschliche Bewußtsein fähig ist, die sog. nichtende Funktion des Bewußtseins ist es gerade, die verhindert, daß der Mensch das Gegebene einfach hinnimmt, sei dieses Gegebene ontologisch, soziologisch oder politisch verstanden. Die Seinsart des menschlichen Daseins ist vielmehr gerade durch die »ungeheure Macht des Negativen« charakterisiert. Der Mensch »ist« nicht, wie das fertige, komplexe, gediegene, das voll-kommene, voll-endete Sein. Der Mensch ist endlich und er nichtet, d.h. er bringt aus dem vermeintlich Gegebenen überhaupt erst seine Welt und sich selbst hervor[41].

3. Für das Verständnis des »Negativen« kann als Beispiel auch Ulrich Sonnemann dienen. Adorno nahestehend bekämpft er in seinem Buch »*Negative Anthropologie*«[42] solche Aussagen über den Menschen, die ihn, sei es psychologisch, psychoanalytisch, sei es marxistisch, determinieren und konditionieren, die ihn fixieren und festlegen wollen. Auch bei Sonnemann bedeutet das Wort »negativ« nichts Minderwertiges. Es will vielmehr die prinzipielle Unfixierbarkeit menschlichen Wesens zum Ausdruck bringen, gegen die alle diejenigen verstoßen, die seine Zukunft - wie Marx - ideologisch »kanalisieren« oder die seine Vergangenheit - wie Freud - psychoanalytisch »entdämmen« wollen. Sonnemann bezeichnet seine Untersuchung deshalb als »Vorstudien zur Sabotage

[41] Jean-Paul Sartre, Das Sein und das Nichts. Versuch einer phänomenologischen Ontologie, Hamburg 1962, 27 ff., 33 ff., 42 ff., 50 ff., 55 ff., 62 ff. Für die Auseinandersetzung um und mit Marx wichtig: Kritik der dialektischen Vernunft, 1. Bd.: Theorie der gesellschaftlichen Praxis, Hamburg 1967, 15 ff. und: Marxismus und Existentialismus. Versuch einer Methodik, Reinbek bei Hamburg 1964. Stammt aus: Critique de la raison dialectique (précédé de Questions de méthode). Tome I. Théorie des ensembles pratiques, Paris 1960.

[42] Ulrich Sonnemann, Negative Anthropologie. Vorstudien zur Sabotage des Schicksals, Reinbek 1969, 29 ff., 61 ff.

des Schicksals«. In der Negativität spiegelt sich wider, daß der Mensch seinem Wesen nach unverwirklicht ist. Die Absage an die vermeintlich positiven Aussagen über den Menschen dient folglich der Freisetzung seiner Möglichkeiten, der Beförderung der abwesenden Humanität. »Negative Anthropologie« macht sich also auf den Weg, die »ungeheure Macht des Negativen« zu nutzen, um durch sie das Humane gerade aus seiner »Verleugnung und Abwesenheit«[43] zu erschließen und dort, wo es mit Füßen getreten wird, zu protestieren.

4. Viel von sich reden hat auch Theodor W. Adornos Hauptwerk gemacht, das den Titel »Negative Dialektik«[44] trägt und auf seine Weise die Aktualität der »ungeheuren Macht des Negativen« bezeugt. Bei Adorno tritt die Beziehung zu Hegel und Marx und zugleich die Kritik an Hegel am deutlichsten zutage. Vielleicht läßt sich sein Gedanke für unseren Zusammenhang am besten verdeutlichen, wenn wir an bereits über das Verhältnis von Hegel und Goethe Gesagtes erinnern. Goethe beargwöhnt Hegels Dialektik als Sophistik. Hegel dagegen hält die Dialektik um der Erfahrung der »ungeheuren Macht des Negativen« willen für ein grundwichtiges Moment der Wirklichkeit, aber nur für einen Moment, für einen vorübergehenden Zustand und Zeitumstand. Es kommt Hegel also wesentlich nicht auf die Negation an, sondern auf die Überwindung der Negation, auf die Auferstehung der wahren Philosophie in ihre »heiterste Freiheit«, auf den zu sich kommenden Geist, kurzum auf die »Negation der Negation«, auf das aufgehobene Negative, auf das wahre *Positive*.

Genau hier hat Karl Marx eingesetzt und auf das konkrete Elend leidender, versklavter, entmenschter Menschen aufmerksam gemacht. Genau deshalb hat er kritisch auf Philosophen hingewiesen, die zwar eine »Philosophie des Elends« (Proudhon) schreiben, aber nicht »Das Elend der Philosophie«[45] durchschauen. Die abstrakten Denker, die, statt etwas zu der Veränderung der elenden Verhältnisse beizutragen, in »hochtrabend spekulativem Kauderwelsch,

[43] Sonnemann, 227 ff.

[44] Theodor W. Adorno, Negative Dialektik, Frankfurt/M. 1966, 137 ff. Vgl. die Besprechung von Richard Wisser, in: Die Welt der Bücher. Orbis librorum, 3. Folge, H. 9, Freiburg i. Br. 1968, 459 f.

[45] Marx, Das Elend der Philosophie. Antwort auf Proudhons ›Philosophie des Elends‹, Berlin 1952 (nach der 1884 von Engels eingeleiteten und 1892 in zweiter Aufl. erschienenen deutschen Ausgabe).

deutsch-philosophisch sein sollend«[46], auftreten, ziehen sich wie Münchhausen am Zopf aus dem Sumpfe.

Adorno teilt die Bedenken von Marx. Statt zur dritten Phase der Dialektik in Gedanken voranzuschreiten, fordert er, bei der »Negativen Dialektik« zu bleiben. Adorno wendet sich gegen Hegels positive Dialektik, in der nicht der Geist des geplagten *Menschen* aus dem Grab aufersteht, sondern der *absolute* Geist, und in der nicht der *konkrete* Mensch aus seinem Elend erlöst wird, sondern lediglich der *abstrakte* Welt-Geist einem neuen, schöneren Tag entgegenstrebt. Mit Marx betont Adorno, in Hegels Philosophie gehe es nicht um den Menschen, sondern um das Absolute, das die Nacht durchläuft, um glanzvoller und glorreicher als zuvor aufzuerstehen und die »ungeheure Macht des Negativen« geradewegs hinter sich zu lassen. In Hegels Philosophie sei also der Begriff das Letztentscheidende. Genau diese Hegelsche »Autarkie des Begriffs«, also die sich selbst genügende Unabhängigkeit des Begriffs, führe aber zu einer »Totalität des Geistes«[47], zum absoluten Idealismus, aus dem auszubrechen unmöglich erscheine und der dazu verleite, das faktische Elend und die tatsächlichen Unmenschlichkeiten zu bagatellisieren, statt sie zu beseitigen. Wie peinlich dies ist, spürt vor allem der, den sie betreffen.

Adorno möchte also der Philosophie, der seit Hegel unter den mannigfachen Schlägen der Wissenschaft ihre auf ein absolutes Totum gerichteten Flausen ausgetrieben worden sind, wieder Mut machen. Durch die Betonung der »Negativen Dialektik« und das bewußte Insistieren auf ihr soll sie eine entscheidende Rolle in der geschändeten Gegenwart übernehmen. Indem die Philosophie als »Negative Dialektik« gegen alle Reste von Totaltheorien »Widerstand« leistet, d.h. gegen Affirmationen sich negativ verhält, verhindert sie, daß die wirklichen Schändlichkeiten ideologisch überspielt oder verharmlost werden. Philosophie, die in der »Negativen Dialektik« das entscheidende »Scharnier«[48] nimmt, in dem sie sich hinfort zu drehen gewillt ist, immer darauf bedacht, totalen Weltanschauungen, die zu einer Verabsolutierung, Totalisierung und in deren Gefolge zum Totalitarismus führen, die Stirn zu bieten, kehrt

[46] Marx, 44 (Über P.J. Proudhon, Brief an J. B. Schweitzer).

[47] Adorno, 21, 19.

[48] Adorno, 22.

der »ungeheuren Macht des Negativen« nicht den Rücken, sondern verwehrt im Vollzug der »Negativen Dialektik« den vermeintlich positiven Schlußstrich.

So wie *Sartre* dem Menschen durch das Nichten die volle Verantwortung für seine Welt auferlegt, so wie *Sonnemann* zu einer, wie er sagt, »Sabotage des Schicksals« durch »negative Anthropologie« ausholt, also dem vermeintlich den Menschen Nötigenden einen Strich durch die Rechnung macht, so fordert *Adorno* dazu auf, mittels »Negativer Dialektik« Widerstand zu leisten und das Elend, wo es sich zeigt, zu denunzieren, fordert er auf, zu protestieren, es anzuprangern, um es zu beseitigen.

5. Bis zu welchem Grad das Negative in solcher Hinsicht die Geister beschäftigen kann, zeigt ein letztes extremes Beispiel: Vor geraumer Zeit stellte sich in Frankfurt ein musikalisches Experimental-Ensemble vor, das den Namen »Musica Negativa« führt. Diesen problembewußten Künstlern ging es nicht um solistische Vollkommenheit, nicht um die Beurteilung einer musikalischen Ton- oder Kompositions-Qualität, sondern um ein Gegen-den-Strich-Bürsten von Klang und Faktur. Sie wollten auf diese Weise das Programm der Gruppe verwirklichen, das eine »kritische Spitze gegen die affirmative (also die bejahende, die positive) Kultur« fordert[49].

5. Hegels spekulative Dialektik als Vermittlung des Ganzen

In alledem zeigt sich ein *Grundvorgang*, den wir durch den Titel »Von Hegel zu Marx« umschrieben haben und den die Formel von der »ungeheuren Macht des Negativen« aufschlüsseln helfen soll, die von Hegel gesichtet, aber nach Auffassung von Marx vorschnell gerichtet und ins Lot gebracht worden ist. Was, so müssen wir jetzt fragen, hat es mit *Hegels Dialektik* auf sich, in der die »ungeheure Macht des Negativen«, wenn auch nicht die Hauptrolle, so doch eine mitentscheidende Rolle spielt? Leider läßt sich dies nicht einfach sagen, denn der Dialektiker lehnt es gerade ab, Definitionen vorzunehmen und Festlegungen zu machen, auf denen man auf-

[49] Friedrich Hommel, Asketisch-empfindsam. Das Ensemble »Musica Negativa« in Frankfurt, in: Frankfurter Allgemeine Zeitung, 20.04.1972, 9.

bauen könnte, gewissermaßen Stein auf Stein legend, um, wie etwa in den am mathematischen oder geometrischen Wissenschaftsideal orientierten undialektischen Philosophien von einfachen Bestimmungen zu immer komplizierteren aufzusteigen. Die dialektische Methode und mit ihr die »ungeheure Macht des Negativen« besteht ja gerade im Unterschied hierzu darin, daß sie nicht nur keine Definition bestehen läßt, daß sie sogar keinen Stein auf dem anderen läßt, ja daß sie, um im Bild zu bleiben, auch die einzelnen fest scheinenden Backsteine, sprich Definitionen, noch auflöst und als »flüssig« erweisen möchte.

Genau das hatte ja Goethe gespürt und er hat deshalb auf Dimensionen hingewiesen, die, wie er meinte, dieser Dialektik entzogen sind[50]. Genau vor der hier auftauchenden Gefahr des Mißbrauchs ist er zurückgeschreckt. Genau diese Verkehrung ins Gegenteil erschien ihm als »krank«, als Sophistik.

Gewiß, auch *Hegel* geht in seiner »Phänomenologie des Geistes« von etwas aus, etwa von den Vorstellungen des sog. natürlichen Bewußtseins, von den Meinungen des sog. gesunden Menschenverstandes, von den sinnlich-empirischen Erfahrungen, die der wissenschaftliche Verstand macht. Aber Hegel baut nicht etwa auf ihnen auf, er baut sie vielmehr ab. Hegels Philosophie tritt gewissermaßen nicht auf der Stelle, ist vielmehr auf dem Weg, den die Dialektik vorzeichnet. Mag das gewohnte definitorische oder das nützliche axiomatische Erkennen aus einem größeren Zusammenhang einen Sektor herausgreifen, den es durch abgrenzende Bestimmungen umschreibt, beschreibt und vielleicht sogar experimentell verifiziert, der dialektischen Bewegung, die sich, wie Hegel einmal sagt, »hinter dem Rücken« des Bewußtseins[51] vollzieht, wird solch ein Vorgehen nicht gerecht.

Das Bewußtsein selbst ist gerade nicht, wie undialektische Denkweisen annehmen, ein reines Bewußtsein von statischer Punktualität, das sich mit allem und jedem objektiv in Beziehung setzt. Es verändert sich selbst. Hinter den konkreten und inhaltlichen Vorstellungen, Meinungen, Haltungen und Verhaltensweisen, gewissermaßen hinter der Schauseite, steckt das, was die Meinung

[50] Eckermann, 18. Oktober 1827: »Da lobe ich mir das Studium der Natur, das eine solche Krankheit nicht aufkommen läßt! ... Auch bin ich gewiß, daß mancher dialektisch Kranke im Studium der Natur eine wohltätige Leitung finden könnte«.

[51] Hegel, 2. Bd., (Einleitung in die »Phänomenologie des Geistes«), 79.

eigentlich meint, aber nicht trifft; was die Vorstellung bereits im Vorstellen sich verstellt; was die Haltung zum Stehen bringen möchte, und das durch sie doch nicht anhält; was das Verhalten steuert, ohne doch dadurch alles festhalten und fixieren zu können. Kurzum, der Weg des Bewußtseins führt »durch alle Formen des *Verhältnisses des Bewußtseins zum Objekte*«[52] hindurch. Es bleibt weder bei einer stehen, noch gelingt es ihm, im sog. Subjekt selbst einen festen Punkt für die Erfassung des sog. Objektiven anzusetzen. Hegels Dialektik geht es nicht um dies oder das, sondern stets *ums Ganze* und sie geht *aufs Ganze*, das heißt, es müssen nicht nur alle Manifestationsweisen des Bewußtseins durchwandert werden, es muß »diese *dialektische* Bewegung, welche das Bewußtsein an ihm selbst, sowohl an seinem Wissen, als an seinem Gegenstande ausübt«[53], selbst als Vermittlung (Mediation) zur Erfahrung gebracht werden.

Wenn wir heute von Erfahrung sprechen, dann verbinden wir mit diesem Begriff meist, wie selbstverständlich, einen vom Empirismus oder Positivismus geprägten Sinn. Hegel verbindet mit dem Wort, wenn er sein Werk »Die Phänomenologie des Geistes« nennt[54], einen anderen Sinn. Unmittelbares, von dem man ausgehen könnte und auf das sich ein fix und fertiges Subjekt als auf eine fixe Gegebenheit beziehen könnte, gibt es für Hegel nicht. Es geht ihm vielmehr gerade um die Aufhebung unveränderlich scheinender Inhaltlichkeiten sog. gegenständlicher Erkenntnisse, also nicht um ihre bornierte Beseitigung, sondern um die Erkenntnis *ihrer Einseitigkeit*, eben um die Erkenntnis, daß es mit der vermeintlichen Unmittelbarkeit nicht weit her ist, mit dem, was hingenommen, gesetzt oder behauptet wird. Die Aufhebung des für fix und fertig Gehaltenen, des als selbstverständlich Ausgegebenen oder des als effektiv Behaupteten durch die Vermittlungen wird angezielt.

Gerade das, was »hinter dem Rücken« des Bewußtseins vor sich geht, aber auch die gewissermaßen hinter der Schauseite der Dinge sich abspielende dialektische Bewegung soll durch ein *ursprüng-*

[52] Hegel, 4. Bd., (Wissenschaft der Logik), Stuttgart 1963, 44.

[53] Hegel, 2. Bd., 78.

[54] Hegel, Phänomenologie des Geistes. Nach dem Text der Originalausgabe hrsg. von Johannes Hoffmeister, Leipzig 1937. Einleitung des Herausgebers, XXXIII; vgl. Zur Feststellung des Textes, 577.

liches Begreifen erfahren werden. Der *Verstand*, der sich mit Einseitigkeiten und Vorderansichten zufrieden gibt, der sich an Widersprüchlichem abarbeitet und nicht die Einheit im Unterschiedenen, das Miteinander im Gegeneinander, das Zusammengehören im Widersprechenden zu begreifen vermag, bleibt bei einem fruchtlosen Hin- und Herraisonnieren stehen. Soll die Freilegung des vermittelten Ganzen, das über das Vereinzelte hinaus ist, gelingen, bedarf es der *spekulativen Vernunft*. Sie bekommt gewissermaßen den roten Faden zu fassen, der durch alles, was ist, sich hindurchzieht und durch Widersprüchliches gerade nicht unterbrochen, sondern fortgesponnen wird.

Aber die spekulative Vernunft versucht nun nicht etwa, das Ganze in *einem Satz* zu fassen, dem dann ein anderer Satz entgegengesetzt werden könnte, oder es durch eine Definition, die durch eine andere eingegrenzt wird, zu bestimmen. Sie bezieht vielmehr alles, was ist, Gott, Natur, Welt, Mensch auf den Prozeß der Entwicklung des Ganzen. Dementsprechend formuliert Hegel nicht einen beliebigen Satz, sondern einen *spekulativen Grundsatz*, wenn er sagt: »Das Wahre ist das Ganze. Das Ganze aber ist nur das durch seine Entwicklung sich vollendende Wesen«. Das Ganze ist folglich »erst am Ende das, was es in Wahrheit ist«[55].

Spekulation? Spekulieren? Spekulativer Satz? Nun, nach dem Gesagten ist ersichtlich, daß auf Hegel nicht zutrifft, was Goethes Mephistopheles im »Faust« in die Verse faßt:

»Ein Kerl, der spekuliert
Ist wie ein Tier, auf dürrer Heide
Von einem bösen Geist im Kreis herumgeführt,
Und ringsumher liegt schöne grüne Weide« (V. 1830 ff.).

Im Gegenteil, Hegel versucht gerade durch den spekulativen Satz, demzufolge das Wahre das *Ganze* ist, die Leine zu lösen, an die das Verstandesdenken, das räsonnierende Denken, wie Hegel es nennt, mit seinen Einzelerkenntnissen gefesselt ist. Er versucht gerade die Gefahr zu bannen, daß der Verstand, in Widersprüche und Gegensätze verrannt, Partielles und das Detail verabsolutiert, wenn ihm gewissermaßen die Nerven durchgehen, und er sich, der fort und fort weisenden Not des vermittelnden und vermittelten Begründens überdrüssig, mutwillig darüber hinwegsetzt. Hegels

[55] Hegel, 2. Bd., 24.

Dialektik soll gerade vermeiden, daß aus der Entwicklung des Ganzen irgendein Glied herausgebrochen wird, und sei es der Mensch, der, den Zusammenhang vergessend, alles Außermenschliche, Menschliche und Übermenschliche nur noch auf sich bezieht oder gar Gott für die Projektion des Menschen ausgibt. »Die Religion«, sagt Hegel, »ist ein Erzeugnis des göttlichen Geistes, nicht Erfindung des Menschen, sondern Werk des göttlichen Wirkens und Hervorbringens in ihm«[56]. Hegel möchte gerade hierdurch der »*Erniedrigung* des Menschen«[57] wehren.

Ersichtlich ist Marx diametral anderer Auffassung, wenn er mit Ludwig Feuerbach behauptet, daß der Mensch in der phantastischen Wirklichkeit des Himmels »nur den *Widerschein* seiner selbst gefunden hat«. Hegels Satz *umkehrend* behauptet Marx: »*Der Mensch macht die Religion*, die Religion macht nicht den Menschen«[58].

Hegels Spekulation, gegen die Marx nicht müde wird zu polemisieren, will die *Einseitigkeit* vermeiden, will das *Ganze*, wenn nicht im Auge, so doch im Sinn haben, wenn nicht in den Griff bekommen, so doch im Begriff halten, will die *Einheit im Unterschied* erfahrbar machen. Spekulation ist nicht einfachhin mit Spekulieren zu verwechseln, bei dem frei flottierende Wolkenschieberei getrieben wird. Hegel will vielmehr dartun, daß es genau *umgekehrt* ist, daß Spekulation die einzigartige Möglichkeit darstellt, nicht im Empirischen gefesselt zu bleiben, nicht in ihm aufzugehen oder sich nur an ihm entlangzuhangeln. Die »ungeheure Macht des Negativen« hält also gewissermaßen die Türe offen, damit sie nicht, bevor das Ganze sich entwickelt hat und »ist«, ins Schloß fällt. Auf diese Weise soll der absolute Geist eintreten.

Hegel weist deshalb auf das Energischste die sog. »ausgemachten Wahrheiten« zurück, »auf welche der Besitzer es nicht nötig zu haben meint zurückzukommen, sondern sie zugrunde legt und sie aussprechen zu können glaubt, sowie durch sie richten und absprechen« zu können vermeint[59]. Und es ist für Hegel gleichgültig, ob es sich bei den »ausgemachten Wahrheiten« um solche mit

[56] Hegel, 15. Bd., (Vorlesungen über die Philosophie der Religion, 1. Bd.), Stuttgart 1940, 50.

[57] Hegel, 15. Bd., 53.

[58] Marx, I, (Zur Kritik der Hegelschen Rechtsphilosophie), 488.

[59] Hegel, 2. Bd., 61.

olympischem Aroma handelt (also philosophisch-klassische) oder um von elysäischem Weihrauch (also vom kirchlichen Dogma) verklärte, ob sie von den Viktualienmärkten des sog. gesunden Menschenverstandes stammen oder aus dem Topf hausgemachter Sprich- und Sprüchwörter-Weisheiten gelöffelt werden.

6. Die »Position des Menschen« in Feuerbachs Fundamentalanthropologie

Aber reicht es wirklich aus, daß die »ungeheure Macht des Negativen« von Hegel zwar erkannt wird, aber schließlich nur dazu dient, gerade in der bängsten Stunde die Stärke des absoluten Geistes zu erweisen, der »in der absoluten Zerrissenheit sich selbst findet«? Kommt es nicht vielmehr darauf an, die »Energie des Denkens« nutzbar zu machen, um durch sie all das zu beseitigen, was den Menschen um die Menschlichkeit bringt, ihn an die Kette legt, ihn sich selbst entfremdet? Was haben die vom Elend und der Not betroffenen Menschen davon, wenn im spekulativen Ausblick auf die Entwicklung des absoluten Geistes das Negative in Gedanken, nicht in der Tat überwunden wird? Was davon, wenn der absolute Geist diese ungeheure Macht nur ist, »indem er dem Negativen ins Angesicht schaut, bei ihm verweilt«? Genügt es, daß Hegel sagt: »Dieses Verweilen ist die Zauberkraft, die es (das Negative) in das Sein umkehrt«[60]? Kommt es nicht auf *diejenige Umkehrung* an, die der dem Menschen verbundene wahre Anti-Hegel, Ludwig Feuerbach, und in der Folge Karl Marx vorgenommen haben?

Feuerbach ist es, der die entscheidende Weiche zu Marx stellt und die grundstürzende Umkehrung vornimmt. Wie steht er zur »ungeheuren Macht des Negativen«? An die Stelle des spekulativen Satzes von Hegel, der verhindern soll, daß die Dialektik auf irgendeiner Stufe vorzeitig abgebrochen wird, setzt Ludwig Feuerbach ausdrücklich seine »Grundsätze der Philosophie« (1843/44). »Gott« - schreibt Feuerbach - war mein erster Gedanke, die Vernunft mein zweiter, der Mensch mein dritter und letzter Gedanke«[61]. Folglich

[60] Hegel, 2. Bd., 34.

[61] Ludwig Feuerbach, Sämtliche Werke, 2. Bd.: Philosophische Kritiken und Grundsätze, durchges. und neu hrsg. von Friedrich Jodl, 2. Aufl. Stuttgart/Bad Cannstatt 1959, 388.

verwandelt sich die Theologie und die Vernunftphilosophie in *Anthropologie*, und die Anthropologie hat zu erkennen, daß die *Dialektik* nicht über den Menschen hinausweist, sondern in den menschlichen Bereich hineinführt. »Der Mensch ist ein Product des Menschen, der Cultur, der Geschichte«[62]. Er ist somit sein eigener Ursprung, und es bedarf keines Gottes, keines Deus ex machina zur Erklärung seiner Herkunft[63].

Mag zwar die Wissenschaft nicht oder noch nicht alle Rätsel des Lebens lösen, es »hieße vom Regen in die Traufe kommen«, wollte man deshalb zum Glauben überlaufen. »Die Zweifel, die die Theorie nicht löst, löst dir« - sagt Feuerbach - »die Praxis«[64]. Und noch einmal rückblickend auf sein eigenes Denken sagt Feuerbach: »Die Philosophie zur *Sache der Menschheit* zu machen, das war mein erstes Bestreben. Aber wer einmal diesen Weg einschlägt, kommt notwendig zuletzt dahin, den Menschen zur Sache der Philosophie zu machen, und die Philosophie selbst aufzuheben: denn sie wird nur dadurch Sache der Menschheit, daß sie eben aufhört, Philosophie zu sein«[65]. »Die wahre Philosophie ist die Negation der Philosophie, ist *keine* Philosophie... nur das Wirkliche, Sinnliche, Menschliche ist das Wahre«[66]. Kurz: »Ich negiere Gott. Das heißt bei mir: ich negiere die Negation des Menschen, ich setze an die Stelle der illusorischen, phantastischen, himmlischen Position des Menschen, welche im wirklichen Leben notwendig zur Negation des Menschen wird, die sinnliche, wirkliche, folglich notwendig auch politische und sociale Position des Menschen«[67].

Dialektik dient seit Feuerbach dazu, die *Negation des Menschen* dadurch aufzuheben, daß sie das vermeintlich Positive aufhebt, um dessentwillen der Mensch negiert wird. Feuerbach bringt nach der theologischen und vernunftphilosophischen *Verkehrung* »consequent umgekehrt«[68] die menschliche Wahrheit in Sicht. Die absolute Position des Menschen wird also nicht einfachhin

[62] Feuerbach, 2. Bd., 389.

[63] Feuerbach, II, 388 f.

[64] Feuerbach, II, 389.

[65] Feuerbach, II, 391.

[66] Feuerbach, II, 409 f.

[67] Feuerbach, II, 411.

[68] Feuerbach, II, 410.

behauptet, sie soll vielmehr dadurch erwiesen werden, daß »alles Uebernatürliche vermittelst des Menschen auf die Natur und alles Uebermenschliche vermittelst der Natur auf den Menschen reduciert« wird. Nicht wie bei Hegel dient die Negation der Negation dazu, die positive Dialektik des absoluten Geistes zu vollenden. Bei Feuerbach wird die Dialektik »umgekehrt« angewandt, nicht vertikal hinauf, sondern horizontal hinein in das Menschliche. Als negativ bleibende Dialektik hebt die »Negation der Negation«[69] also gerade das auf, was als höhere Theologie und Vernunftphilosophie die *Position des Menschen* negieren möchte. Feuerbach solidarisiert sich daher mit all jenen, denen es sich nicht darum handelt, »ob Gott mit uns eines oder anderen Wesens ist, sondern darum, ob wir Menschen einander gleich oder ungleich sind; nicht darum, wie der Mensch vor Gott, sondern wie er vor Menschen Gerechtigkeit finde ...«[70].

7. Der dialektische »reale Humanismus« von Marx

Und *Marx*? Ihm sind die Junghegelianer nichts als eine »Heilige Familie«, ja eine scheinheilige Hegelsche Sippschaft, so heilig, scheinheilig und belanglos wie ihr Meister, weil sie keine von der menschlichen Gesellschaft getragene und von ihren Nöten zutiefst erregte und auf Abstellung des Elends bedachte wirkliche *menschliche* Familie sind, sondern eine vom Heiligen Geist, vom absoluten Geist der Spekulation Hegels gezeugte Clique. Die Hegelianer sind nach Marx die Macht, die den Menschen um der spekulativen Idee willen regelrecht umbringt, indem sie die konkreten Menschen als kritische Instanz, als dialektisch mit allen Mitteln die Gründe für das Elend aufspürende Menschenkinder (nicht Gotteskinder) vernichtet. Nicht umsonst hatte Hegel einzig den absoluten Geist gepredigt, der den Menschen um seine wirkliche Existenz bringt und der ausgerechnet auf dem leidgebeugten Rücken des Menschen sein menschenverachtendes Ziel erreicht. Deshalb ist letzten Endes Hegel für Marx die Macht, die macht, daß niemand etwas gegen die etablierte Macht macht.

[69] Feuerbach, II, 390.

[70] Feuerbach, II, 410.

»Der *reale Humanismus*« - schreiben Marx-Engels - »hat in Deutschland keinen gefährlicheren Feind als den ... *spekulativen Idealismus*, der an die Stelle des *wirklichen individuellen Menschen* ... den »Geist‹ setzt«[71]. Indem der »reale Humanismus« aber konsequent behauptet, daß es ihm auf den wirklichen Menschen ankommt und daß alles darauf ankommt, daß es nur auf *ihn* ankommt, weil der gesellschaftliche Mensch der Inbegriff der Wirklichkeit des Wirklichen ist und nicht etwa die Natur oder Gott, zielt Marx darauf ab, den Menschen aus dem leeren Raum geistiger Spekulation und aus den stickigen Niederungen brutaler Praktiken in das Land der Väter zu führen. Marx möchte den Menschen auf dieser Erde und in Gesellschaft von Menschen ansässig machen. Die »ungeheure Macht des Negativen« soll dort, wo sie aufs schmerzlichste erfahren wird, und soll von denen, die sie aufs bitterste aushalten müssen, überwunden werden. »Die Kritik des Himmels verwandelt sich damit in die Kritik der Erde, die *Kritik der Religion* in die *Kritik des Rechts*, die *Kritik der Theologie* in die *Kritik der Politik*«[72].

Marx hat zu diesem Zwecke nicht nur die Hegelsche Rechtsphilosophie kritisiert. Er hat in den Manuskriptfragmenten zur Kritik der Nationalökonomie, in den sog. »Ökonomisch-philosophischen Manuskripten«, nicht nur mehrfach auf Hegel Bezug genommen, er hat eigens eine »Kritik der Hegelschen Dialektik und Philosophie überhaupt« verfaßt. Gerade weil Marx während der Arbeit an seinem Aufsatz zur Hegelschen Rechtsphilosophie, der sich »nur gegen die Spekulation« richtet, bemerkte, daß eine Vermengung mit der von ihm ebenfalls beabsichtigten Kritik der verschiedenen konkreten Materien das Verständnis erschweren mußte, wendet sich Marx in den »Ökonomisch-philosophischen Manuskripten« stärker der Kritik dieser Materien zu, wie sie auch von der Nationalökonomie berührt werden und wie sie dem konkreten Menschen in konkreten Verhältnissen Rechnung tragen, also beispielsweise dem »Arbeitslohn«, dem »Profit des Kapitals«, der »Grundrente«, der »entfremdeten Arbeit« usw., usw. - In unserem Zusammenhang wichtig sind vor allem auch die Stücke, denen man den Titel »Kritik der Hegelschen Dialektik und Philosophie über-

[71] Marx, I, (Die heilige Familie. Vorrede von Engels und Marx), 669.

[72] Marx, I, (Zur Kritik der Hegelschen Rechtsphilosophie), 489.

haupt« gegeben hat. Wie dankbar Marx übrigens für Feuerbachs Unternehmungen ist, zeigt eine Bemerkung: Seit Hegels »Phänomenologie des Geistes« und seit Hegels »Logik« habe es überhaupt erst durch Ludwig Feuerbachs »*positive* humanistische und naturalistische Kritik« - wie dieser sie vornehmlich in seiner »Philosophie der Zukunft« vorgetragen hat - »eine wirkliche theoretische Revolution«[73] gegeben. Sie gestattet, und das sieht Marx als seine eigene Aufgabe an, sowohl in eine weitere kritische Auseinandersetzung mit der philosophischen *Dialektik* einzutreten, als auch durch Bedingungsanalyse die *praktische Revolution* voranzutreiben.

Marx geht davon aus, daß bei den Junghegelianern die »wirklich *wesentliche* Frage«: »Wie halten wir es nun mit der Hegelschen *Dialektik*?«[74] nicht aufgeworfen wird. Demzufolge wird auch die »ungeheure Macht des Negativen« nicht nach ihrem vollen Gewicht erkannt. Beißend ist die Kritik, die Marx an solchen Junghegelianern vornimmt, die hinter Feuerbachs radikale Umwälzung, hinter seine Verwandlung der Theologie und Philosophie in Anthropologie, zurückfallen und die es nicht wahrhaben wollen, daß von der Theologie her, also dem, wie Marx ihn nennt, »faulen Fleck der Philosophie« aus auch die »negative Auflösung der (bisherigen) Philosophie«, d.h. ihr »Verfaulungsprozeß«[75] sich vollzieht. Unkritisch in ihrem »spiritualistischen Hochmut« hätten sie keine Ahnung, von welcher Mutter sie herstammten, eben der Hegelschen Dialektik[76].

Feuerbach dagegen wird als der »wahre Überwinder der alten Philosophie« aus dreierlei Gründen gepriesen: 1. habe er bewiesen, daß »die Philosophie nichts anderes ist als die in Gedanken gebrachte und denkend ausgeführte Religion«. 2. habe er das »gesellschaftliche Verhältnis »des Menschen zum Menschen««, den »*wahren Materialismus*« und die »*reelle Wissenschaft*« zum Grundprinzip der Theorie gemacht. Und 3. habe er der Hegelschen »Negation der Negation, die das absolut Positive zu sein behauptet, das auf

[73] Marx, I, (Ökonomisch-Philosophische Manuskripte; Vorrede), 508; Hinweis auf die Abhebung von Feuerbach, 510.

[74] Marx, I, (Kritik der Hegelschen Dialektik und Philosophie überhaupt), 637.

[75] Marx, I, 509 f.

[76] Marx, I, (Kritik der Hegelschen Dialektik und Philosophie überhaupt), 639.

sich selbst ruhende und positiv auf sich selbst begründete Positive (gemeint ist: das Sinnlich-Gewisse) entgegengestellt«[77].

Marx ist also der Auffassung, Feuerbach habe den Erweis erbracht, daß Hegel, der von der Religion ausgeht, sie zwar durch die Philosophie negiert, aber daß er durch die Negation der Negation die Religion wiederherstellt. Das heißt: Hegel mag auf solche Weise zwar den »*abstrakten, logischen, spekulativen* Ausdruck für die Bewegung der Geschichte« gefunden haben, er vermag aber nicht die »*wirkliche* Geschichte des Menschen«[78] zu fassen.

Marx will deutlich machen, daß Hegel mit der Spekulation vom *absoluten* Geist, der durch die Stadien seiner Entfremdung in Natur und Menschenwelt schließlich zu sich selbst kommt, gerade den *menschlichen* Geist nach seiner Eigenständigkeit aus dem Blick verliert. Einer solchen Philosophie kann der wirkliche Mensch nur für ein »Gedankenwesen« gelten. Die von Menschen erlittene und erlebte Wirklichkeit ist dann nur »Schein«, nur »Hülle«, nur Schale, die der absolute Geist zertrümmert und wegwirft. Mögen also die Menschen sich kümmern und bekümmern, mögen sie ihre Existenz für Wirklichkeit halten, der Philosoph solcher Philosophie, gewissermaßen der Vertreter des absoluten Geistes auf Erden, weiß es besser. Er nimmt die Scheinwelt, die entfremdete Welt zurück und überwindet durch das spekulative Denken die Entäußerung im Hinblick auf den absoluten Geist. Nicht reale Unmenschlichkeiten, durch die konkrete Menschen sich gegen das menschliche Wesen und gegen andere Menschen vergehen, rühren solche »Philosophen«. Sie kümmert nur, daß der Mensch als Mensch sich im Gegensatz zum absoluten Geist vergegenständlicht und entfremdet hat und daß er folglich aufgehoben werden muß, damit die Reinheit und Heimkehr des absoluten Geistes zu sich selbst hergestellt werden kann. Statt darauf zu pochen, daß alles, was Menschen hervorgebracht haben, im Guten wie im Bösen, von Menschen Geschaffenes ist, also Ausdruck »*menschlicher* Wesenskräfte«, und daß folglich einzig und allein die gegenständliche Welt des Menschen den »Weg zur wahren *menschlichen* Wirklichkeit« abgibt, gilt solchen Philosophen alles vom Menschen Erlebte und Erlittene

[77] Marx, I, 639.

[78] Marx, I, 640.

lediglich als »*Gedankenbewegungen*« im Blick auf den absoluten Geist.

Wenn nach Hegel einzig und allein der »*Geist* das *wahre* Wesen des Menschen ist«, und wenn der Geist spekulativer Geist ist, dann wird alles, was die Menschlichkeit des Menschen hervorgebracht hat, zu bloßen Produkten des übermenschlichen absoluten Geistes und der konkrete Mensch fällt gewissermaßen durch die Maschen des Netzes, das der absolute Geist spinnt. Und selbst wenn Marx Hegels *Dialektik der Negativität* als bewegendes und erzeugendes Prinzip[79] *groß* nennt, denn es werde ja durch sie »die Selbsterzeugung des Menschen als ein Prozeß« gefaßt, Hegels Dialektik hat nach Marx ihre »Einseitigkeit« und »Grenze« genau in ihrem spekulativen Anteil, also darin, daß sie *positive Dialektik* ist. Mit anderen Worten: Hegels Fehler ist nach Marx, daß jener die »ungeheure Macht des Negativen« spekulativ überspielt.

Marx wird daher nicht müde zu betonen, daß es um den »wirklichen, leiblichen, auf der festen wohlgerundeten Erde stehenden, alle Naturkräfte aus- und einatmenden *Menschen*«[80] geht und nicht um ein mystifiziertes Phantom. Der Mensch ist - und er ist nichts anderes als - ein auf sinnliche Gegenstände angewiesenes Wesen, ist kein ungegenständliches »Unwesen«, sondern ein »*leidendes* und, weil seine Leiden empfindendes Wesen, ein *leidenschaftliches* Wesen«[81]. Gerade durch die »Passion« strebt des Menschen Wesenskraft energisch nach seinem eigenen Gegenstand[82]. Als geschichtliches Wesen muß der Mensch sich in seinem Sein und in seinem Wissen »bestätigen und betätigen«. »Die Geschichte« - sagt Marx deshalb - »ist die wahre Naturgeschichte des Menschen«[83], d.h. sie ist *nicht* die Geschichte des *absoluten* Geistes.

Während also Hegels Negation der Negation letzten Endes die Wiederherstellung der durch die Philosophie aufgehobenen Religion erbringe und damit, wie Marx sagt, die »*Bestätigung des Scheinwesens*« der Religion vollzieht, soll der »*falsche* Positivismus« und der nur »*scheinbare* Kritizismus« von Hegels Philo-

[79] Marx, I, 645.

[80] Marx, I, 649.

[81] Marx, I, 651.

[82] Marx, I, 651 f.

[83] Marx, I, 652.

sophie durch Marx und seinen Versuch einer »Negation des Scheinwesens«[84] aufgedeckt werden.

8. »Von Marx zu Hegel« oder »Der Mensch geht im Menschen nicht auf«

Fassen wir - kritisch sichtend - zusammen: Die Formel von der »ungeheuren Macht des Negativen« rührt an ein Grundproblem, das den Menschen unter *vielerlei Namen* seit *eh* und *je* beschäftigt. Es gibt Versuche, der »ungeheuren Macht des Negativen« den Rücken zuzukehren oder ihr die Stirn zu bieten, sie zu ertragen oder gegen sie zu revoltieren, sie durch positive Dialektik in Gedanken aufzuheben oder durch negative Dialektik in der Tat zu überwinden.

Goethe kennt zwar die Abgründe des Lebens. Aber durch die menschlichen Widersprüche hindurch gilt ihm, was er Gott, den »Herrn«, sagen läßt: »Ein guter Mensch, in seinem dunklen Drange, ist sich des rechten Weges wohl bewußt« (V. 328/9). Der Geist, der stets verneint, kann das Streben des Menschen ins Vor- und Überdialektische nicht erstarren lassen. Im Schaudern »fühlt er tief das Ungeheure« (V. 6274). Und schließlich erfährt der Mensch:

»Alles Vergängliche
Ist nur ein Gleichnis;
Das Unzulängliche,
Hier wird's Ereignis;
Das Unbeschreibliche,
Hier ist's getan« (V. 12104 ff.).

Hegel nimmt die »ungeheure Macht des Negativen« in den göttlichen Prozeß mit hinein. In ihr erweist sich die Lebendigkeit des Geistes, der sich vor nichts scheut, auch nicht vor dem Tod, ja gerade durch ihn hindurch sich erhält. Er stiehlt sich nicht als das Positive vom Negativen weg, sieht nicht weg vom Negativen, sondern verweilt, ist die Zauberkraft, die es umkehrt.

Feuerbach dagegen reduziert Theologie und Philosophie radikal auf Anthropologie. Und es gibt, nach einem Wort von Marx, »kei-

[84] Marx, I, 655.

nen anderen Weg ... zur Wahrheit und Freiheit, als durch den Feuer-bach. Der Feuerbach ist das Purgatorium der Gegenwart«[85]. Feuerbach negiert Gott und die Philosophie, um auf diese Weise die Hegelsche Negation des Menschen zu negieren[86], um statt Bücher »Menschen zu machen«[87].

Marx schließlich wendet sich um der »ungeheuren Macht des Negativen« willen gerade auch ökonomisch-soziologisch, besser sozietär gegen Hegels Versuch, das Jammertal zu einem Scheinwesen zu verharmlosen. Er hält dafür, daß es möglich ist, wenn man nur die Gründe ausfindig zu machen bereit ist, durch die diese Erde zum Jammertal geworden ist, durch Kritik der Erde dem Paradies auf Erden näher zu kommen.

Und die Gegenwart? In ihr wächst die Einsicht, daß es nicht schon durch eine »Negation des Scheinwesens«[88], also der Überwelt, gelingt, daß die Welt des Menschen sich frei entfalten kann. Es genügt nicht die Rückführung der Theologie und der Philosophie auf die Anthropologie und die Umpolung von beider Vorzeichen zugunsten einer positiven Anthropologie statt negativer Theologie und Philosophie. Die »Negative Anthropologie« hat mit Hilfe der »Negativen Dialektik« nachgewiesen, daß positive Totaltheorien vom Menschen nicht widerspruchsfrei formuliert werden können und daß die Unverwirklichtheit des Humanen es verhindert, menschliche Positionen für die »Position des Menschen«[89] auszugeben.

Ist aber nicht, wenn Humanes utopisch aus seiner Verleugnung und Abwesenheit - oder wie bei Ernst Bloch aus der Hoffnung - erschlossen wird, bereits durch etwas wie einen spekulativen Vorgriff wieder eine Tür aufgestoßen, durch die manches der vermeintlich auf dem Weg »Von Hegel zu Marx« überwundenen Probleme, wenn auch in veränderter Form, sich aufs neue meldet? Zwingt uns also am Ende die Formel von der »ungeheuren Macht des Negativen« dazu, daran zu denken, ob nicht auch die Umkehrung

[85] Marx, I, (Luther als Schiedsrichter zwischen Strauss und Feuerbach), 109.

[86] Feuerbach, II, 411.

[87] Feuerbach, II, 391.

[88] Marx, I, 655.

[89] Vgl. hierzu auch Feuerbach, II, 390.

des Titels »Von Hegel zu Marx« in den »Von Marx zu Hegel« einen Sinn hat?

Dies sollte nicht vorschnell im Sinne einer Rückspulung der Geschichte mißverstanden werden. Wenn alles menschliche Schaffen und Hervorbringen, sei es Verkörperung der Menschlichkeit, des Humanen, sei es Vergegenständlichung des Unmenschlichen, des Inhumanen, in den von Menschen hervorgebrachten Verhältnissen bei Hegel nur als bloßer Schein erscheint, dann wird auf solche Weise die Menschlichkeit nicht gewürdigt und die Unmenschlichkeit nicht beseitigt. Aber vielleicht hat Hegel doch auf eine Wahrheit aufmerksam gemacht, deren Nichtbeachtung sich rächt: daß es nämlich bei allem Menschlichen nicht nur auf den Menschen ankommt und nicht nur um den Menschen geht. Der Mensch geht im Menschen nicht auf.

Wenn Hegel durch den Vorgriff seiner Spekulation, daß die Negation der Negation das Weltwesen in Gedanken aufhebt, lediglich hätte verhindern wollen, daß konkrete Unmenschlichkeit in der Tat beseitigt wird, dann ist diese Spekulation keinen Heller wert. Wenn sie aber trotz des Weges »Von Hegel zu Marx«, welch letzterem gerade die »ungeheure Macht des Negativen« den Sinn dafür geweckt hat, welchen Anteil der Mensch am Diesseits hat, auf die einfache Wahrheit aufmerksam macht, daß nicht alles, was ist, sein Sein dem Menschen verdankt und es außerdem fraglich ist, ob er sein eigenes Sein sich selbst verdankt, dann hält Hegels Spekulation die Frage wach, in welchem Verhältnis der Mensch zu dem steht, was er nicht ist.

Mag also, wie Marx sagt, »die Wurzel für den Menschen der Mensch selbst« sein[90]. Die Frage nach dem Grund, in dem sie wurzelt, und die Frage nach der Frucht, die sie hervorbringt, gründet im Außermenschlichen und wächst über das Menschliche hinaus. Die Unabgeschlossenheit, die Unbestimmbarkeit, die Unverwirklichtheit des Menschen verhindern gerade seine Selbstverschließung. Die »ungeheure Macht des Negativen« macht den Menschen gerade dann, wenn er sich selbst entdeckt hat und in der Gefahr steht, alles andere darüber zu vergessen, betroffen.

Gerade weil der Mensch immer mehr ist, als er im Gewußten von sich weiß, und weil er in seinem Machen wie in seinem Gemächte nicht aufgeht, weist er über einen geschlossenen anthro-

[90] Marx, I, (Kritik der Hegelschen Rechtsphilosophie), 497.

pologischen Horizont stets schon hinaus. Das ist wie ein Wink, und deshalb schreibt Blaise Pascal in den »Pensées«: »Der Mensch übersteigt unendlich den Menschen«[91]. Der Mensch ist nicht das Erste und deshalb auch nicht das Letzte. »Der Mensch kann nun einmal nicht zu sich selbst kommen, ohne über sich selbst und über den Bereich der Endlichkeit hinauszusteigen«[92]. In der »ungeheuren Macht des Negativen« bekundet sich, daß er Übergang ist. Das ist viel, nicht alles. Das »cogitor ergo sum«[93] mag durch das »cogito ergo sum« in Vergessenheit kommen oder durch das »laboro ergo sum« aus dem Blick geraten. Es mag verdrängt oder übersehen werden, aus ihm spricht und in ihm bezeugt sich eine Aktivität, die menschliches Denken und Tun, weit davon entfernt, es herabzusetzen, vor Selbstüberschätzung bewahrt, weil sie den Menschen in Frage stellt und für das Sein, das er nicht ist und das weder durch des Menschen Negation noch durch seine Position »ist«, offen hält.

[91] Blaise Pascal, Über die Religion und über einige andere Gegenstände (Pensées), übertragen und hrsg. von Ewald Wasmuth, Heidelberg 1963; Fragment 434.

[92] Fritz Heinemann, Odysseus oder Die Zukunft der Philosophie, Stockholm 1939, 108.

[93] Gerhard Funke, Cogitor ergo sum. Sein und Bewußtsein, in: Sinn und Sein. Ein philosophisches Symposion, hrsg. von Richard Wisser, Tübingen 1960, 165, 174 f., 178 ff., 182.

Grund-Richtungen des 19. Jahrhunderts in Abkehr von Hegel

Eine unzeitgemäß zeitgemäße Betrachtung im Blick auf den derzeitigen Unterschied von »links« und »rechts«

Daß der Mensch im Unterschied zum Tier ein geschichtliches Wesen ist, daß er folglich seinem Wesen nur auf die Spur und seinem Unwesen nur auf die Schliche kommen kann, wenn er vor seiner eigenen Geschichte und den in der Tradition und Progression gespiegelten Wegen und Irrwegen nicht die Augen verschließt, darüber herrscht unter Anthropologen weitgehend Einigkeit. Uneins ist man sich allerdings in der Beurteilung der historischen An- und Abwege und des möglicherweise in ihnen Aufgebrochenen oder zu Bruch Gegangenen. Und da der Mensch sich nicht wie das Tier auf invarianten Bahnen bewegt, die von der *Natur* festgelegt sind, sondern durch *Kultur*, die er selbst zu verantworten hat, überhaupt erst eigene Ziele, *seine* Ziele setzen muß und folglich die Wege, zu ihnen zu gelangen, *selbst* zu bahnen hat, gibt es keine Patentlösung im menschlichen Bereich, nur viele unterschiedliche Rezepte und Richtungen. Kein Wunder, daß die Diagnostiker an dem in der Geschichte zu Tage Getretenen oder durch sie Bevorstehenden herumdoktern und sich nicht einigen können, ob »es« beim Tradierten und Edierten auf- oder abwärts geht und ob Innovationen oder Renovationen vorrangig sind.

Richtungssinn: Kriterium für Standortkritik

Der Mensch muß sich auf sich verlassen und auf seinesgleichen und er ist dabei nur allzu oft von allen guten Geistern verlassen. Will er nicht irregehen und möglicherweise Kopf und Kragen verlieren, muß er sich *orientieren*. Aber da die Richtung nicht feststeht, er sie vielmehr anzugeben und nicht etwa nur hinzunehmen hat, entscheidet er sich mit jeder Orientierung selbst höchst eigenhändig, eigenwillig, eigensinnig über sein Woher und sein Wohin. Der Mensch nimmt seinen Weg nicht wie der Lachs, und er zieht nicht wie die Zugvögel seine Bahn. Ihm ist die Route nicht gegeben, ihm ist vielmehr aufgegeben, sich *seinen* Weg, aller Routine zum Trotz, zu suchen und die Richtung, die er einschlägt, zu verantworten. Die Folge davon ist, daß die, die in den Augen der einen als »Führer« gelten, von anderen als »Verführer« gescholten werden. Die Diskussion darüber, wo der Garten Eden und das gelobte Land liegen und welche Wege zum Paradies führen, wird vermutlich, solange Menschen leben, nicht abreißen, und die Ansichten über das Erreichte dürften wohl auch in Zukunft auseinandergehen; denn: nur wo die Richtung feststeht, besser gesagt festliegt, herrscht Eindeutigkeit und Einverständnis über Richtiges und Falsches. Aber die Erfahrung zeigt, daß überall dort, wo die Richtung »tendenziös« ist, anthropologischer Widerspruch sich meldet, der so weit gehen kann, daß ihm die »ganze Richtung nicht paßt«. Schränkt man die Richtung prinzipiell auf Unumkehrbarkeit ein, wird man dem, was *Richtung als Anthropinon* bedeutet, ebenso wenig gerecht wie einer Auffassung, die einzig die Wiederholung für das »Wesen« des richtigen menschlichen Richtungsbewußtseins hält.

Doch wer *seine* Richtung für *die* Richtung hält, der wird kein Verständnis dafür aufbringen, daß sich der Mensch über das, was ihn erwartet, also *seine* Geschichte, wenn er sich Rechenschaft über das gegeben hat, was bisher gewesen ist, also seine *Geschichte*, keinen Illusionen über dieses sein merkwürdiges Wesen hingibt. Alte Fragen werden nicht ohne weiteres durch neue Antworten gegenstandslos, und neue Wege des Denkens gehen nicht ohne weiteres alten aus dem Wege. Wo die Einseitigkeit der Richtung hinfällig wird, verlieren Worte wie »alt« und »neu« ihren Suggestionscharakter, den das Wort »alt« beispielsweise für Antiquitätensammler hat und das Wort »neu« für Modistinnen besitzt. Gezwungen, sich überhaupt erst hervorzubringen oder aber sich aus Entfremdungen zurückgewinnen zu müssen, dämmert es dem Menschen, daß es *kritisch* und *krisisch* um ihn bestellt ist, daß er ein endliches Wesen und dementsprechend nicht nur im Blick auf »Altes« und »Neues« sondern wesensgemäß un-voll-endet ist. Anders gesagt: es ist seine Bestimmung, sich selbst zu bestimmen, ja es ist paradoxerweise sein Wesen, kein fix und fertiges Wesen zu besitzen. Daß der Mensch Autobahnen baut, für seine Autos Bahnen baut, mag er in gewissem Sinne mit den Ameisen gemeinsam haben. Das verkehrstechnische Richtungsgeflecht entbindet ihn nicht davon, Wege für sein Selbst (αὐτός) zu bahnen. Der Mensch er-fährt, wenn er sich in der steten Verwandlung seiner Gestaltungen und hinsichtlich des unentwegten Zurechtrückens seiner *Richt*werte und *Stand*punkte zur Kenntnis nimmt, daß er ein Un-wesen ist. Und in diesem Ausdruck schwingt zweierlei mit: die Erkenntnis, daß ihm eine allgemeinverbindliche, für alle anderen Artgenossen und Genossen gleichermaßen geltende Marschroute und Richtung fehlt, und zugleich die Erfahrung, daß er in Ermangelung eines solchen Kriteriums, also eines absolut feststehenden Richtmaßes, trotzdem den »rechten Weg« verfehlen und auf die »schiefe Bahn« geraten kann.

In einer solchermaßen offenen und auf Durchzug gestellten Welt kann der Mensch allerdings über eines nicht hinwegspringen - über seinen eigenen Schatten, d.h. er kann nicht umhin, er muß seine Antriebe *orientieren*, er muß seiner Phantasie *Ziele stecken*, er muß seinem Willen eine *Richtung weisen*, kurz: er muß scheiden, unterscheiden, sich entscheiden. Er hat sich denkend Rechenschaft zu geben, weshalb er diesen und nicht jenen *seiner* Wege einzuschlagen beabsichtigt. Entsprechend den Dimensionen und Richtungen des menschlichen Anschauungsraumes bleibt ihm nichts anderes übrig, als kritisch Stellung zu nehmen »zu« und kritisch Position zu beziehen »gegenüber«. Und er wird somit nicht nur der Tradition »gegenüber« stehen und »zum« Neuen stehen oder dem Neuen widerstehen und für die Tradition einstehen, sondern, da die Tradition wie das Neue jeweils Komplexe von Positionen und Negationen darstellen, die nicht einfach auf die Formel »alt« und »neu« gebracht werden können, wird alles darauf ankommen, daß ihm das Neue im Alten und das Alte im Neuen, das Alte im Alten und das Neue im Neuen offenbar werden und offenstehen. Dort allerdings zu entscheiden, wo es keine Generalstabskarte des Weltgeistes oder einer ideologischen Planungsagentur gibt, macht ein nicht leichtes Geschäft aus, wenn auch wohl das menschlichste von allen. Es liegt zwar, weil der Mensch sich orientieren muß, nahe, sich *nach* etwas zu richten. Wenn der Mensch aber wesentlich kritisch ist, vermögen Richtungen, wie die nach »links« oder

»rechts« zwar die Übersichtlichkeit zu steigern, fraglich bleibt, ob damit bereits der zu verantwortenden Sache gedient wird.

Allgemein sprechen wir meist wie selbstverständlich von kritischer Stellungnahme und von kritischer Positionsangabe und bemerken deshalb oft nicht, daß wir mit dem Wort »kritisch« einer, ja vielleicht der wichtigsten *menschlichen Grundbefindlichkeit* überhaupt entsprechen, der Fähigkeit, die der Mensch hat, und zugleich dem Zwang, dem er nicht entrinnen kann, *unter*scheiden, *sich* unterscheiden und dementsprechend sich *ent*scheiden zu können und zu müssen. Kritik zu treiben ist nicht das Vorrecht einer gewissen Zunft, der sog. Kritiker. Der Mensch ist *als* Mensch kritisch. Er teilt, unterteilt, ur-teilt, er unterscheidet, scheidet, er richtet. Und wenn wir davon sprechen, daß wir uns *nach* etwas richten, daß wir uns *orientieren*, oder wenn wir davon reden, daß wir *über* andere oder *über* uns richten, daß wir *jurieren*, dann verwenden wir Worte, die verraten, woran wir denken: beim Orientieren an die Richtung nach Osten (Orient) und beim Jurieren, Justieren, Justifizieren, beim Richten, beim sich oder etwas *Richten nach* und beim *Sich-* oder *Andere* Richten an die Orientierung nach dem Richtigen, dem Rechten, nach Recht und nach rechts. Und wenn gegenläufig hierzu immer wieder davon die Rede ist, daß der Geist »links« steht und das Herz »links« schlägt, ja wenn man sogar vom »Prinzip links« spricht, dann verrät dieser Mentalitätswandel, woher der Wind weht, und es taucht die Frage auf, was zu diesem Umschlagen der Stimmung, diesem Richtungs- und Stimmungswechsel geführt hat.

Geht man Schlagworten nicht auf den Leim, sondern zu Leibe, dann zeigt sich: Aus der kritischen Grundbefindlichkeit des Menschen, die durch die Entscheidung, die sie fordert, stets das Risiko mit sich bringt, auch falsche Richtungen einzuschlagen - die *kritische* Grundbefindlichkeit erweist sich demgemäß, wie ich es nenne, als *kritisch-krisische Grundbefindlichkeit*[1]-, ergeben sich

[1] Vgl. Richard Wisser, Die Frage nach dem Menschen, in: Wissenschaft und Weltbild, 24. Jg., Wien 1971, 176-193, insbes. 187 ff.; R. Wisser, Kritik als Weg zum Selbstverständnis des Menschen, in: Aufgaben und Wege des Philosophieunterrichts. H. 6. Didaktische Möglichkeiten der Philosophie, Neue Folge, hrsg. von Friedrich Borden, Frankfurt am Main 1973, 28-47, insbes. 39 ff.; R. Wisser, Kritik und Krise als Wege zum Selbstverständnis des Menschen, in: Wissenschaft und Weltbild, 27. Jg., Wien 1974, 291-298, insb. 295 f.

innerhalb der Dimensionen des menschlichen Anschauungsraumes durch Orts- und Richtungsangaben symbolisierte Entscheidungen, von denen die zwischen »links« und »rechts« nur eine, wenn auch vielleicht die gängigste Alternative ist, nachdem die Vieldimensionalität, etwa das Oben und Unten, die Breite und Tiefe, das Innen und Außen, das Vorn und Hinten, auf eine Polarisierung zweier Seiten reduziert worden ist, auf den *Gegensatz von links und rechts*. Und sieht man genauer hin, dann zeichnet sich - dieser Reduzierungsbewegung entsprechend - bereits seit längerer Zeit eine Entwicklung ab, innerhalb deren die Alternative von links und rechts, insofern sie mit dem Gegensatz von gut und böse gekoppelt wird, sogar die Seitigkeit eliminiert, d.h. dahin tendiert, die *Einseitigkeit zu verabsolutieren*. An die Stelle der Seiten, der partes, der »Parteien« tritt »die Partei«.

Ich habe an anderer Stelle[2] versucht, aus kulturgeschichtlicher Sicht heraus anschaulich zu machen, wie nachhaltig uns die Eindimensionalität von links und rechts zwar die Sprache verschlagen hat, von Dimensionen zu sprechen, die bisher menschliches Dasein ebenfalls strukturiert und seinen Spielraum nicht unwesentlich erweitert haben, daß aber, blickt man erst einmal hinter die Kulissen dieses dominierenden Einteilungsschemas für alles und jedes, für jeden und alle, und das ist die links-rechts-Schablone geworden, etwas Wichtiges deutlich wird. In ihm erfährt m.E. der noch immer unausgetragene Gegensatz von grundlegenden »Weltanschauungen« und fundamentalen »Menschenbildern« seine *formelhafte Fassung*, wobei Materialismus auf der einen und Idealismus auf der anderen Seite ebenso eine Rolle spielen wie der Glaube an das Gute im Menschen bei den einen und das Mißtrauen in die Vollkommenheit menschlicher Natur bei den anderen. Hier beabsichtige ich, auf einen Vorgang innerhalb des 19. Jahrhunderts hinzuweisen, der für die »Hinterfragung« des »links-rechts«-Schemas im 20. Jahrhundert von einiger Wichtigkeit sein dürfte, ein Vorgang, der mit den Namen Hegel sowie Marx, Kierkegaard und Nietzsche verbunden ist. Ich möchte auf diese Weise zu bedenken geben, ob die Formel links-rechts ausreicht, als *Inbegriff* menschlicher Wege und Richtungen zu fungieren.

[2] Richard Wisser, Der Gegensatz von »links« und »rechts«. Kulturphilosophische Hintergründe eines politischen Schemas, in: AREOPAG, Jahrbuch für Kultur und Kommunikation, Pfullingen 1980, 84-130.

I.

Hegel: Der Kreis als Bewegungsfigur des absoluten Geistes auf seinem Weg von sich zu sich

Menschen des 20. Jahrhunderts neigen oft allzuleicht, fast verräterisch schnell, jedenfalls trotz betont kritischer Attitüde unkritisch dazu, die Wurzeln, die unsere Gegenwart mit dem 19. Jahrhundert verbinden, zu übersehen. Den Blick in die Zukunft, aufs Jahr 2000 gerichtet, stolpert mancher nicht nur über die eigenen unkontrollierten Füße, sondern auch über die *Wurzeln seiner Herkunft*. Das 19. Jahrhundert gilt vielen als abgestanden, als reaktionär, als rückständig gegenüber dem 20. Jahrhundert, mit dem man, trotz der gerade in ihm aufgebrochenen und möglich gewordenen Weltkriege - von einem fast die ganze Welt inzwischen überziehenden Verwesungsgeruch von KZ- und Völkermord ganz zu schweigen - vielfach die Werbevorstellung vom Duft der großen, weiten Welt verbindet, ja den Hauch des Welt-Alls zu schnuppern meint. Jedenfalls halten nicht gerade viele das 19. Jahrhundert für das, was es vielleicht ist, für den revolutionär umbrochenen Boden, für den Bruch mit jahrtausendealten Verhaltens- und Vorstellungsweisen, für den *Bruch*, der den heute landläufig gewordenen *Brauch* des 20. Jahrhunderts und die mannigfachen Neuauflagen des 19. Jahrhunderts im 20., die Reprints, vorbereitet hat. Und noch weniger Zeitgenossen sind bereit, darüber nachzudenken, inwiefern dieser Bruch, der im 19. Jahrhundert von Tätern und Denkern wie Karl Marx, Sören Kierkegaard und Friedrich Nietzsche vollzogen worden ist, das 20. Jahrhundert in manchem - obwohl zeitlich vorher - vielleicht bereits überholt hat, weil andere Keime des 19. Jahrhunderts in den Selbstverständlichkeiten des 20. steril geworden sind.

Deshalb zurück zum 19. Jahrhundert! Es beginnt m. E. paradoxerweise mit einem Toten: es beginnt mit dem Tod Hegels (1831). Hegel, der alles zuvor Geschehene, die gesamte bisherige *Geschichte* vereinnahmende große Systematiker, hatte die Jahrtausende der zurückliegenden bisherigen Entwicklungen des

Geistes und seine Spiegelungen in Kunst, Religion, Philosophie als einen gewaltigen dialektischen Entwicklungsprozeß beschrieben, bei dem der Mensch zwar eine Rolle spielt, aber nicht im Mittelpunkt steht. Wohl nimmt auch der Mensch seinen Platz im System der Gesamtwirklichkeit ein, zu der die Natur ebenso wie die Übernatur, Gott, gehören, aber die Gesamt-Dialektik ist *nicht* eine *menschlich-gesellschaftliche*, sie ist vielmehr der Weg, den der *absolute Geist selbst* beschreitet. Er, der *über* den individuellen Menschen und *über* die Probleme der Gesellschaft hinweg seine Bahnen zieht, ist alles übergreifend (*über*greifend, über*greifend*). Er ist so absolut, daß er durch Täler und über Höhen hinweg auf dem Wege von sich zu sich ist. Da er sich selbst bevorsteht, steht ihm in allem nichts anderes bevor, als daß er selbst als die Wahrheit des Ganzen zu *sich* kommt (*zu*sichkommt) und daß er sich auf diese Weise als Wissen seiner selbst erweist und begreift. Die Sache der Philosophie ist es folglich, diesen alles übergreifenden Geist zu erfahren, seiner Logik nachzuspüren, die Weisen seines In-Erscheinung-Tretens in Natur und Welt zu erkennen, kurz: am alles übergreifenden Begreifen des Geistes, der sich selbst begreift, d.h. am *Begriff* zu partizipieren.

Der Weg des absoluten Geistes, um den sich alles dreht und der sich durch alles hindurch um sich dreht, läßt sich am besten durch das Bild des *Kreises* symbolisieren, und so hat auch Hegel immer wieder auf den Kreis als die *Bewegungsfigur des absoluten Geistes* hingewiesen. Der Weg von sich zu sich ist das Werden seiner selbst, oder, wie Hegel sagt, »der Kreis, der sein Ende als seinen Zweck voraussetzt und zum Anfange hat, und nur durch die Ausführung und sein Ende wirklich ist«[3].

Es geht in Hegels Philosophie ersichtlich nicht allein und in erster Linie um den Menschen. Es dreht sich nicht alles um ihn. Der Mensch muß vielmehr durch *Richtig*stellung der verkehrten Auffassungen, die er über sich hat, zur Einsicht in den ihn wie auch alles andere übergreifenden Prozeß der Heimkehr des absoluten Geistes gebracht werden. Mit anderen Worten: Die Entwicklung des absoluten Geistes spielt sich gewissermaßen hinter dem Rücken des Menschen bzw. durch ihn hindurch ab. Der Mensch mag

[3] Hegel, Phänomenologie des Geistes. Sämtliche Werke (Edition Hermann Glockner), 2. Bd., Stuttgart 1927, 23, vgl. 33.

wollen, was er will, Ziele setzen, die er mag, *Vor*-richtungen treffen, wie er meint, *Richtungen* einschlagen, denen er folgen möchte, die »List der Vernunft« wendet alle seine *Vor*kehrungen im Sinne des absoluten Geistes zu *dessen* Besten, kehrt alle menschlichen *Ver*kehrungen um und hält alles auf dem laufenden, auf der durch die Kreisbahn symbolisierten Kehre des Absoluten.

Angesichts dieser Bewegungsfigur hat es keinen Sinn, von links und rechts zu sprechen. Beim Kreis ist jedes Moment, jeder Punkt durch alle anderen Momente und Punkte vermittelt. Das Wahre ist nicht dieses oder jenes, sondern, wie Hegel sagt, »das Wahre ist das Ganze«. Das Ganze wird aber nicht vorgestellt als Summe von einzelnen und einzeln bleibenden, ver-einzelten Strecken, Gliedern, Elementen, sondern wird in seiner Entwicklung erfahren und begriffen als das »Sichselbstwerden«, als »das durch seine Entwicklung sich vollendende Wesen«[4].

Den inneren Zusammenhang des Kreises verbürgt die Dialektik, eine Methode, die nicht wie sonstige wissenschaftliche Methoden von außen an die Sache herangetragen wird, kein Schema, mit dem *wir* hantieren. Sie ist vielmehr - Hegel zufolge - der Weg, den die Sache selbst, der absolute Geist auf seinem Weg von sich zu sich nimmt.

Hegel hat sich einiges darauf zugute gehalten, daß es sich bei der von ihm aufgedeckten Dialektik um »eine neue Bearbeitung der Philosophie nach einer Methode« handelt, »welche noch, wie ich hoffe, als die einzig wahrhafte, mit dem Inhalt identische, anerkannt werden wird«[5]. Er will damit sagen, daß es sich bei der Dialektik nicht um eine Methode handelt, die die Philosophie von einer anderen Wissenschaft ausgeborgt hat, weder von der konstruierenden Mathematik noch von der entlarvenden Psychologie, weder von der definierenden Geometrie noch von der strukturierenden Soziologie. Die Dialektik ist vielmehr der Methodus selbst, der alles verbindende Kreis, der Weg, den die Sache selbst nimmt, und es geht in der Philosophie einzig und allein darum, diese Dialektik zu buchstabieren. *Die Sache der Philosophie ist die Philosophie der Sache.*

4 Hegel, II, 24.

5 Hegel, System der Philosophie, Werke, 8. Bd., Vorrede zur ersten Ausgabe der Encyklopädie, 5.

Zwar gilt, zwar zählt auch der Mensch. Aber er zählt nur *dazu*, ebenso wie die Natur, die Hegels Spekulation zufolge die erste Phase des Andersseins der Idee, ihr Ansichsein, ist. Im subjektiven Geist des Menschen und in seinen *Ein*-richtungen und *Richtungen*, im sog. objektiven Geist, vollzieht sich zwar die zweite Phase, das Fürsichsein der Idee, aber erst im Anundfürsichsein er-fährt sich der absolute Geist als der »in sich Zurückgekehrte«, als das »Selbst«, als die »sich auf sich beziehende Gleichheit und Einfachheit«[6]. Das *spekulative Denken* der Philosophie wendet sich daher nicht wie die Naturwissenschaft nur der Natur oder wie die anthropologischen Kultur-Wissenschaften nur dem Menschen und seinen Hervorbringungen zu, es verfolgt vielmehr den Weg des absoluten Geistes durch diese *seine* Phasen hindurch. Es bleibt nicht im Unentschiedenen, Verschiedenen, Getrennten, Gegensätzlichen, Disparaten stecken, es läßt nichts auf sich beruhen. Es besteht vielmehr »darin, daß das Denken den Widerspruch und in ihm sich selbst festhält«[7].

Der Begriff als das allumfassende Ganze hat im *Kreis*, der alles umfaßt, sein Symbol. Der Kreis, dessen Bewegung Kreisbewegung ist, veranschaulicht, daß das Absolute, das Eins und Alles, wesentlich Resultat ist, d.h. daß es am »*Ende* das ist, was es in Wahrheit ist«[8]. Das *Ganze* ist das in sich zurückgekehrte Selbst, und *System* ist der Ausdruck dafür, daß Philosophie nicht wie spezialwissenschaftliches Erkennen ein Wissen von diesem und jenem ist, sondern daß sie *Wissenschaft* im Vollsinn des Wortes ist, weil in ihr der Prozeß reflektiert wird, in dem der Geist als Inbegriff dessen, was an und für sich ist, *sich* »entwickelt als Geist weiß«[9]. Ersichtlich symbolisiert der Kreis nicht nur die Zusammengehörigkeit und das Aufeinanderbezogensein von allem, also das System, oder, wie Hegel auch sagt, die »Encyklopädie der philosophischen Wissenschaften im Grundrisse« (Logik, Naturwissenschaften, Philosophie des Geistes). Zugleich symbolisiert der Kreis, daß der Anfang das Ende des Endes und das Ende der Anfang des Anfangs ist.

6 Hegel, II, 26.

7 Hegel, Wissenschaft der Logik, Werke, 4. Bd., 547.

8 Hegel, II, 24.

9 Hegel, II, 28.

Das In-sich-Zurückkehren wird in der Hegelschen Philosophie also als *Grund-bewegung* aufgedeckt. Die *Rund-bewegung*, die Kehre, die Wende, die Wendung, die Umkehrung des Verkehrten ist originär Hegelsche, zur »*Wissenschaft*« erhobene Philosophie, »*wirkliches Wissen*«[10]. Vom Kreis her gedacht, hat - wie gesagt - links und rechts keinen Ort, denn selbst wenn man den Gegensatz der Dialektik mit links und rechts symbolisieren wollte, es kommt beim Kreis alles auf die systematische wie auf die historische Aufhebung des Richtungsgegensatzes an, auf die Entwicklung der Sache selbst, die immer beides ist und durch den Gegensatz nicht sich verliert, sondern als Bewegung sich erst eigentlich hervorbringt.

Von »links« und »rechts« spricht man daher auch erst, seitdem man nicht mehr den *Kreis* für die Grund-Figur hält, sondern die *Linie*, genauer: erst seitdem der *Kreis zur Linie aufgebogen* worden ist, und man vergleichsweise wenig an der Hegelschen »Wissenschaft der Logik« oder an seiner »Naturphilosophie« - wesentlichen Sektoren seiner »Encyclopädie der philosophischen Wissenschaften im Grundrisse« - interessiert ist. »Links« und »rechts« dienen als Richtungsangaben pointiert und programmatisch erst, seitdem man das Augenmerk vornehmlich auf die dialektischen Prozesse innerhalb der Entwicklung des Menschen, der »Menschheit«, der Gesellschaft, auf den sog. »realen Humanismus« richtet, auf die in Widersprüchen sich offenbarende Kontro-*verse* über den Menschen, auf den Kampf der Gesellschaftssysteme, um deren Veränderung es geht, auf den Klassenkampf, auf die Differenz, den Unterschied, auf die *Krise*, in die, wie man sagt, das Alte gerät, und auf die *Epikrise*, auf die Entscheidung, zu der das Neue uns zwingt. Seitdem ist nicht mehr die Kehre, die Rückkehr des Geistes auf dem Weg von sich zu sich die Bahn, die das Interesse der Philosophie findet, ja es wird einer Philosophie, die solchen, wie man sagt, »Spekulationen« nachhängt, die Existenzberechtigung abgesprochen und, insofern sie zur Stabilisierung bestehender Verhältnisse dient, denen der geforderte Sinn für die geforderte Richtung abgeht, der »Prozeß« gemacht.

Jetzt ist die neue Richtung das Vorwärts, das Hindurch, der Fortschritt, das Voran auf der Linie. Die Treue zur Linie, die

[10] Hegel, II, 14.

Linientreue dominiert. Jetzt wird das »Ganze« zum Unwahren gestempelt, die »Spekulation« als Mystizismus verschrieen, und »System« wird zum Schmäh-Wort degradiert, das die Sprengkraft der gesellschaftlichen Dialektik entschärft, Nötiges auf Eis legt, Anstehendes um seine Brisanz bringt und durch Ordnung und Anordnung Pression und Repression ausübt. Zugleich gelten Recht und rechts als reaktionär, als solches, das die Aktion, den Fortschritt, die Bewegung und Dynamik des Links lähmt. Jetzt steht der Geist »links«, und Rechtes gilt nicht nur für etwas Schlechtes, sondern ist in den Augen vieler schlichtweg böse. Es kann aufschlußreich sein, zu verfolgen, inwiefern Hegel selbst verspürt, daß sich in seiner Zeit eine große Wende, gewissermaßen das Aufbiegen des Kreises zur Linie, anbahnt. Seine Sensibilität bestätigt ihm, seismographisch, daß etwas bevorsteht, durch das alles Bisherige in Frage gestellt wird, weil mit dem *Menschen selbst* etwas vor sich geht.

Hegel stellt fest, daß in seiner Zeit die Menschen in eine abgrundtiefe Verzweiflung gestürzt sind, und zwar darüber, je erfahren zu können, was die Welt im Innersten zusammenhält und was sie in Bewegung versetzt. Hegel nimmt wahr, daß die Menschen daran verzweifeln, je »wissen« zu können, *alles* wissen zu können, und das heißt, das wahrhaft Ent*scheid*ende wissen zu können. Hegel spricht, und das ist die Dimension, in der dieses existentielle Problem erörtert wird, von dem »Gefühl, worauf die Religion der neuen Zeit beruht«, von der Grundstimmung, die alles durchdringt und die Menschen im Tiefsten ergriffen hat, dem »Gefühl: Gott selbst ist todt« (1802). Er spricht vom »unendlichen Schmerz« über den sog. »spekulativen Charfreitag« der Philosophie, die in ganzer Wahrheit und Härte die »Gottlosigkeit« erfährt[11], d.h. die »Tiefe der Nacht des Ich = Ich«, eine Nacht, »die nichts außer ihr mehr unterscheidet und weiß«[12], und in der der Mensch sich nur noch auf sich bezieht, aber gezwungen, unterscheiden zu müssen, in sich zerrissen ist, an sich selbst zweifelt, verzweifelt.

Es ist, als habe in Hegels Innerstem etwas gezittert, als sei etwas zu Bruch gegangen, als sei in solchen Sätzen, die seiner Abhand-

[11] Hegel, Aufsätze aus dem kritischen Journal der Philosophie und andere Schriften aus der Jenenser Zeit, Werke, 1. Bd., 433.

[12] Hegel, II, 598.

lung »Glauben und Wissen« (1802) und seiner »Phänomenologie des Geistes« (1807) entstammen, ein Ende erreicht. Und doch - und das ist für Hegel entscheidend, denn hier *scheiden* sich die Geister (Richtungen) an Hegel -, Hegel bleibt bei dieser Grundstimmung, in der viele Menschen des 20. Jahrhunderts sich vielleicht wiedererkennen werden - wenn auch möglicherweise nicht mehr unter ihr leidend, sondern sich an ihr weidend - gerade nicht stehen. All dieses Reden vom sog. »spekulativen Charfreitag« der Philosophie, vom »Gefühl: Gott selbst ist todt«, von der »Verzweiflung« und von der »Tiefe der Nacht« spricht zwar von einem Tiefpunkt der - wohlgemerkt - *Kreis*bewegung. Und so kann Hegel schon frühzeitig sagen, daß durch diesen Vorgang »die höchste Totalität in ihrem ganzen Ernst und aus ihrem tiefsten Grunde, zugleich allumfassend, und in die heiterste Freiheit ihrer Gestalt auferstehen kann und muß«[13]. Die Grundgestalt des philosophischen Systems als des Systems des absoluten Geistes zeichnet sich ab. Der Kreis dreht sich, bleibt in Bewegung, reißt die Entwicklung über ihren Tiefpunkt hinweg. Das Negative ist nur ein notwendiges Movens der Philosophie[14], und es gilt der verbreitete Spruch, das Sprichwort: durch Dunkel zum Licht. Aus diesem Drehmoment gehen gerade kein Atheismus, kein Anthropologismus, kein Sozialismus, aber auch kein Nihilismus, kein Anarchismus, kein Utopismus hervor, Auffassungen, die für das 19. Jahrhundert dann jedoch kennzeichnend werden.

Hegels Rede ist, wie einer seiner Interpreten damals gesagt hat, »von der ganzen Gewalt der spekulativ-religiösen Begeisterung erfüllt«[15]. Hegel könnte, bei allem Abstand, ähnlich wie Christus gegenüber den verzweifelten Jüngern von Emmaus, sprechen: *mußte* der Weltgeist nicht solches leiden und zu seiner Herrlichkeit eingehen?![16] Wie Phönix aus der Asche, wie Christus aus dem Grab, steht der absolute Geist nur umso überzeugender auf, wenn er seine Negation - griffig gemacht in der Formel vom »Gefühl:

[13] Hegel, I, 433.

[14] Richard Wisser, »Von Hegel zu Marx« oder »Die ungeheure Macht des Negativen«, in: bewußt sein. Gerhard Funke zu eigen, hrsg. von Alexius J. Bucher, Hermann Drüe, Thomas M. Seebohm, Bonn 1975, 168-199, insbes. 177 ff.

[15] Karl Rosenkranz, G.W.F. Hegels Leben, 2. Aufl. Darmstadt 1963, 172.

[16] Luk., 24, 25.

Gott selbst ist todt« - aus eigener Kraft überwindet. Und der absolute Geist schlägt sieghaft alle die zu Boden, die, statt dem absoluten Geist zu dienen, sich auf ihren eigenen Geist, den sie begreifen, auf eine individuelle Existenz berufen, auf eigene Erfahrungen und selbstbewußte Ziele, kurz: auf die Welt des Menschen, den »mondo civile« (Vico), auf Gruppen, Klassen, Rassen. Im Sinne und in Konsequenz von Hegels Spekulation steht gerade dem 19., 20. und 21. Jahrhundert die Kulmination einer Auferstehung des absoluten Geistes bevor, und damit die Erkenntnis des Menschen über seine tatsächliche Rolle im Kreislauf der Zeiten. Der Bruch ist überwunden. Der Abgrund hat seine Schrecken verloren. Die *menschliche* Revolution ist nur ein Epiphänomen der »Phänomenologie des Geistes«, der Revolution, der Rückwendung, der Rück-kehr, der Heimkehr des absoluten Geistes zu sich.

Es ist leicht, angesichts dieser Vision heute im sing-, sang-, songartigen Song-Singsang zu fragen: Und wo ist er geblieben? Es ist einfach und banal zu sagen: Wir stehen am Grab der Hegelschen Philosophie, am leeren Grab, nicht weil Auferstehung geschah, sondern weil es - nach Auffassung vieler - nichts und nie etwas beinhaltete. Reicht es aber aus zu behaupten, daß der *Mensch* und die *Gesellschaft* nach dem Untergang der Grabideologie und der Jenseitsphraseologie *er*standen sind? Reicht es aus zu behaupten, daß dadurch »alte« Probleme wie Gott und Natur und Welt anthropologisch und soziologisch, schließlich sozio-ökonomisch lösbar geworden sind? Immerhin, es gibt zu denken, daß, wenn von Hegel die Rede ist, man sogleich auch an Karl Marx denkt, und damit an den sog. »rationellen Kern« des 19. Jahrhunderts. Das 19. Jahrhundert *beginnt*, sagten wir, mit dem Tod Hegels.

II.

Die Aufsprengung des Kreises nach Hegels Tod

Dieses 19. Jahrhundert ist vielen von uns noch immer zweideutig. Das ist, wenn man auf Hegel blickt, nicht verwunderlich, denn er stellt über sein Grab hinaus als der vom Weltgeist Begeisterte, als Vertreter in Sachen Weltgeist, gewissermaßen als Weltgeistlicher, in den Schatten, was ohnedies lange im Dunkeln und Argen lag: die menschlichen Verhältnisse, das leidende Individuum, den konkreten Menschen in seiner Not. »Die im Dunkeln sieht man nicht«. - Zur Zweideutigkeit des 19. Jahrhunderts trägt aber in den Augen vieler vornehmlich die Gegensätzlichkeit der beiden dominierenden Richtungen links und rechts bei, die, in der Aufteilung der Lager in die Linken und Rechten manifest geworden, dem 20. Jahrhundert zum Schicksal werden. Den einen, den sog. Linken, bedeutet das Jahr 1848 das Jahr, in welchem Karl Marx und Friedrich Engels das kommunistische Manifest und damit einen der Grundtexte des 19. Jahrhunderts verfaßt und veröffentlicht haben, alles. Die anderen, die sog. Rechten, sehen seit dieser Zeit Ruhe und Ordnung, Recht und Freiheit durch Anarchie und Klassenkampf, Indoktrination und Funktionärstum gefährdet.

Die Linken und die Rechten. Zwar geht die *politische Unterscheidung* in links und rechts auf die Zeit der französischen Revolution und die ihr folgende Restauration zurück. Schon 1789 setzten sich die Royalisten ostentativ rechts vom Präsidenten nieder, die Teilnehmer an der Revolution links. Und in der Zeit der Französischen Revolution wurden in der Französischen Kammer denen, die als Oppositionelle sich der Probleme der Massen, der Unterdrückten, der Erwachten annahmen und auf Veränderung und Bewegung drängten, dementsprechend die linke Seite angewiesen. Die *weltanschauliche Unterscheidung* in links und rechts dagegen geht auf die deutsche Philosophie zurück. Gewissermaßen am Grabe Hegels zerstritten sich seine Schüler, und so kann wenige Jahre später David Friedrich Strauß (1808-1874) eine »linke Seite der Hegelschen Schule«, eine »rechte Seite« und ein »Centrum« konstatieren[17], und ein namhafter Hegelschüler schlägt unter Berufung auf diese Unterscheidung ausdrücklich schon 1837 eine philosophische Mitte-Links-Coalition vor[18]. Seitdem spricht man

[17] David Friedrich Strauß, Streitschriften zur Vertheidigung meiner Schrift über das Leben Jesu und zur Charakteristik der gegenwärtigen Theologie, Tübingen 1837: Verschiedene Richtungen innerhalb der Hegel'schen Schule in Betreff der Christologie, 95, 120, 126.

[18] Carl Ludwig Michelet, Geschichte der letzten Systeme der Philosophie in Deutschland von Kant bis Hegel, 1. Theil, Berlin 1837, 659, 683; Bezugnahme auf »Streitschriften« (Heft III, 95-126), 654.

von den Links- und von den Rechts-Hegelianern, von der Hegelschen Linken und der Hegelschen Rechten[19].

Aufschlußreich für die Art der Einteilung ist, daß Strauß bei seiner Unterscheidung von der Stellung ausging, die Hegels Schüler angesichts von religionsphilosophischen Fragen, und zwar der Lehre von Gott, der persönlichen Unsterblichkeit und der Göttlichkeit Christi, einnahmen, Fragen, die Hegel selbst nach Auffassung seiner Schüler nicht mehr abschließend, jedenfalls nicht zu aller Zufriedenheit beantwortet hatte. Die Rechten sind in der schematisierenden Sicht von David Friedrich Strauß die Konservativen, die der Orthodoxie zugerechnet werden oder ihr nahestehen und die dem Supranaturalismus, der Vertikalen, zuneigen. Die Linken verstehen sich dementsprechend als Stürmer und Dränger, die die Thesen der Rechten dialektisch zu beseitigen suchen, sie als abseitig ins Abseits bringen möchten und die Massen auf ihre Seite zu ziehen bzw. über ihre eigene Richtung aufzuklären trachten. Sie denken die Dialektik nicht mehr kreisförmig geschlossen, aber auch nicht mehr nach oben vertikal überhöhend, auf-hebend, hinauf-hebend, sondern radikal in die Immanenz hineingelegt, setzen ihre Wirksamkeit folglich in die *Horizontale*, die symbolisch und faktisch Ausdruck der *menschlichen Bewegung* ist, und möchten sie nutzen als Mittel der Verbesserung menschlicher Verhältnisse.

Die Linkshegelianer halten einzig das Diesseits und nicht mehr die Ewigkeit oder das Jenseits für wirklich. Sie setzen deshalb an die Stelle des Bestehenden oder dessen, was die alten Verhältnisse zu erhalten bestrebt ist, das Herzustellende, das Machbare, kurz: die Veränderung. Sie sehen nicht das Positive als vernünftig an, sondern erachten gerade das Negieren des inzwischen *unvernünftig* Gewordenen, ehemals vielleicht vernünftig *Gewordenen*, für positiv, also die Negation der Position, die Veränderung des Bestehenden, das keinen Bestand mehr verbürgt, weil die Dynamik von links alle Wälle von rechts durchbricht. Und so tritt an die

[19] Die Hegelsche Rechte. Texte ausgewählt und eingeleitet von Hermann Lübbe, Stuttgart-Bad Cannstatt 1962, 8; Die Hegelsche Linke. Texte ausgewählt und eingeleitet von Karl Löwith, 1962; Jürgen Gebhardt, Politik und Eschatologie. Studien zur Geschichte der Hegelschen Schule in den Jahren 1830-1840 (Münchner Studien zur Politik, hrsg. von Eric Voegelin und Hans Maier, H. 1), München 1963, insb. »Rechte, Zentrum, Linke«, 97 ff.; William Brazill, The Young Hegelians, Yale University, Clinton, Massachusetts 1970. Er unterscheidet in die erste und die zweite Generation der »Junghegelianer«, 14 f.

Stelle des ewigen Gottes nun das Erwachen des Selbstbewußtseins des Menschen, an die Stelle der christlichen Unsterblichkeit die Lebendigkeit der zwar noch entfremdeten, aber zurückzuerobernden Menschlichkeit (Menschheit), an die Stelle der Göttlichkeit Christi die Aufgabe, einen neuen Menschen, den Menschen neuen Typs, den wahren, d.h. den nicht entfremdeten Menschen hervorzubringen. Nicht der *absolute* Geist ist es, der nach der Auffassung der Linken zu sich kommt, sondern der *Mensch* kommt zu sich, wird seiner selbst bewußt, und im Selbstbewußtsein des sozialisierten Menschen, der Gesellschaft, spiegelt sich der Bruch mit der Tradition.

Nachdem der *Kreis* gesprengt ist, der Gotteskreis, der dem Teufelskreis der Unterdrückung des Menschen durch den Menschen im Namen eines angemaßten Gottes Dauer verliehen hat, wird die in sich rotierende Bewegung des absoluten Geistes als Ideologie entlarvt. Der Mensch erkennt, daß der Mensch, wie Ludwig Feuerbach es ausdrückt, »die *Einheit des Menschen mit dem Menschen* ist«[20], daß, wie Karl Marx in der berühmten elften seiner »Thesen über Feuerbach« von 1845 schreibt, »die Philosophen der Welt nur verschieden *interpretiert* haben«, es aber darauf ankommt, »sie zu *verändern*«[21], kurz, daß es an der Zeit ist, durch permanente Revolution, also durch das Prinzip links, den wirklichen, den sog. »realen Humanismus« zu begründen, der die Menschen Mensch sein läßt, statt sie durch ersonnene Vorstellungen von Gott und dementsprechende, vorgegebene Statthalterschaft zu demütigen

[20] Ludwig Feuerbach, Grundsätze der Philosophie der Zukunft (1843), in: Sämtliche Werke, 2. Bd., 2., unveränderte Auflage: Philosophische Kritiken und Grundsätze (durchges. und neu hrsg. von Friedrich Jodl), Stuttgart-Bad Cannstatt 1959, 319, § 63: Das höchste und letzte Princip der Philosophie; vgl. § 48: » Das mit sich identische, continuirliche Denken läßt im *Widerspruch mit der Wirklichkeit* die Beobachtung von der Ungleichförmigkeit dieser Bewegung, also durch die *Anomalie* der Anschauung *unterbrochene* Denken verwandelt der Wahrheit gemäß diesen Kreis in eine *Ellipse*. Der *Kreis* ist das Symbol, das Wappen der *speculativen* Philosophie, des *nur auf sich selbst sich* stützenden Denkens - auch die Hegelsche Philosophie ist bekanntlich ein Kreis von Kreisen...- die *Ellipse* dagegen ist das Symbol, das Wappen der *sinnlichen* Philosophie, des auf die *Anschauung* sich stützenden Denkens«, 311 f.

[21] Karl Marx, Frühe Schriften, 2. Bd. (hrsg. von Hans-Joachim Lieber und Peter Furth), Darmstadt 1971, 4.

und zu zwingen, daß sie sich durch unwürdige Arbeitsverhältnisse selbst als Menschen entfremden[22].

Die Denktäter

Drei Denktäter werden in Kritik an Hegel des radikalen Bruches, Kreisbruches, gewahr, der sich im 19. Jahrhundert auswirkt, eines Bruches und einer Schwelle, deren Folgen im 20. Jahrhundert offen zu Tage getreten sind: Karl Marx (1818-1883), Sören Kierkegaard (1813-1855) und Friedrich Nietzsche (1844-1900). Diese drei Namen zu nennen, bedeutet nicht ohne weiteres, Position für einen von ihnen zu ergreifen, wie dies geschieht, wenn philosophie- und geistesgeschichtliche Betrachtungsweise tendenziös wird und gegeneinander ausspielt, was möglicherweise als echte Spannung begriffen und ausgetragen werden muß. Man ist nicht dadurch kritisch, daß man einer bestimmten »Linie« (Richtung) oder um der »eigenen Kreise« willen anderes opfert oder gar verleumdet, sondern dadurch, daß man Verabsolutierungstendenzen um der *kritisch-krisischen Grundbefindlichkeit des Menschen* willen nicht mitmacht.

Es versteht sich von selbst, daß hier nicht ausführlich auf das in allen drei Fällen umfangreiche Werk der drei genannten Denktäter eingegangen werden kann. Der Blick soll aber auf das thematisch gemachte Links-Rechts-Schema, das heute noch immer dominiert, gelenkt und dabei auf dreierlei aufmerksam gemacht werden:

1. auf das Aufsprengen des Kreises, den *Kreisbruch* durch die *Religionskritik* von Karl Marx und seinen linken sog. »realen Humanismus«. Formelhaft, mit Marx, gesagt: »Der Mensch, das ist *die Welt des Menschen*«[23], d.h. der Mensch, das ist das Diesseits, die *Immanenz*. Links ist Leben, stößt Verkrustetes ab, erweckt Totes, d.h. bringt Entfremdetes zu sich.

[22] Karl Marx und Friedrich Engels, Die heilige Familie oder Kritik der kritischen Kritik. Gegen Bruno Bauer & Consorten (1845), in: Frühe Schriften. 1. Bd., Stuttgart 1962, 669.

[23] Marx, Zur Kritik der Hegelschen Rechtsphilosophie (1843/44), in: Frühe Schriften, 1. Bd., 488.

2. Hingewiesen sei auf *Kierkegaards existentielle Kritik* an den Institutionen des Diesseits, für ihn verkörpert in der sog. Amtskirche, die zwar zu einer gewissen konstruktivistischen Stabilität menschlicher Verhältnisse im Blick auf Gott verholfen hat, die aber die direkte Beziehung des Menschen zu Gott, aus der die Unverwechselbarkeit jedes Menschen erwächst, blockiert. Auf diese Weise wird, Kierkegaard zufolge, gerade der Erfahrung der *Transzendenz*, der eigentlichen Sinnrichtung, der vertikalen Sinn-»Linie«, der Lebensnerv genommen. Kierkegaard will der Verschüttung der fundamentalen Richtung wehren, indem er auf den Umbruch, die Umkehr, die Bekehrung aufmerksam macht, die in der Berührung von Jenseits und Diesseits gründet, d.h. im »Augenblick«.

3. Schließlich soll kurz auf *Nietzsches Kritik am Diesseits und Jenseits* eingegangen werden, auf seine kompromißlose Absage an jedwede Instanz, mag sie dem Jenseits entstammen oder im Diesseits sich aufspreizen. Nietzsche verwirft sowohl das gesellschaftliche Diesseits wie das individualistische Jenseits. Er verkündet nicht nur, »daß *Gott todt* ist«[24], sondern entwirft auch ein Bild vom »*letzten Menschen*«, »der alles klein macht« und von dem gilt: »kein Hirt und *eine* Herde! Jeder will das Gleiche, jeder ist gleich: wer anders fühlt, geht freiwillig ins Irrenhaus«[25]. Der »*letzte Mensch*« lebt am längsten, weil er - paradoxerweise - tot ist. Deshalb fordert Nietzsche eine, die *Verweltlichung* ebenso wie die *Entweltlichung* ausschlagende, Verwirklichung menschlichen Selbstseins. Er fordert den Menschen, der sich und Gott *über*windet: den »Übermenschen«[26], dessen Dasein Selbstrechtfertigung im zeitlosen Augenblick der Ewigkeit des »vollkommenen Mittags« ist, in dem die Welt, wie Nietzsche sagt, »rund und reif (!)«, »goldener Reif«, eben »vollkommen« ist[27].

Formelhaft formuliert: Während Marx sich auf die Immanenz, auf das Diesseits konzentriert, sammelt Kierkegaard sich angesichts der Transzendenz, angesichts des Jenseits, auf das menschliche Existenz bezogen immer mehr ist, als sie von sich weiß, während

[24] Friedrich Nietzsche, Also sprach Zarathustra. Ein Buch für Alle und Keinen, in: Werke in drei Bänden (hrsg. von Karl Schlechta), 2. Bd., München 1960, 279.

[25] Nietzsche, 2, 284.

[26] Nietzsche, 2, 279 ff.

[27] Nietzsche, 2, 512, 514.

Nietzsche beide Dimensionen, die aus der Aufbiegung des Hegelschen Kreisschemas ihre Richtungslinearität beziehen, verwirft und einen »Standpunkt« sowohl jenseits der Anti-Jenseitigkeit von Marx wie jenseits der Anti-Diesseitigkeit von Kierkegaard einzunehmen versucht[28]. Nietzsche fordert also die Menschen auf, »nicht mehr den Kopf in den Sand zu stecken«, aber auch nicht das menschliche Problem, den Menschen, der Gesellschaft zur Beantwortung und Lösung zu überlassen, sondern das *Jenseits von Jenseits und Diesseits* zu verwirklichen, d.h. so zu leben, daß jeder Augenblick Bestand hat und seine Wiederkehr keine Einbuße bringt, er folglich die »ewige Wiederkunft des Gleichen«, den kreisenden Kreis der Zeit, aushält[29].

1. Marx

Die menschliche Horizontale als die »Wahrheit des Diesseits«

Zunächst zu Marx soviel: in einer vergleichlos nachdrücklichen und bis heute wirksamen Weise, vorbereitet und getragen, aber durch Ablehnung und Zustimmung sein eigenes Denken profilierend, setzt Marx sich von der Hegelschen Linken, von der brodelnden Menge und dem gärenden Gedränge von Dichtern, Religionsphilosophen, Sozialrevolutionären ab, und wendet er sich gegen die Verflüchtigung politischer Bestimmungen in abstrakte Gedanken. Seine eigentliche Gegnerschaft aber gilt, bei aller Anerkennung der von Hegel in die Diskussion gebrachten Dialektik, *Hegels Spekulation*, der Allmacht der *Logik des Kreises*, die die konkreten menschlichen Verhältnisse nicht für das Wesentliche hält und, statt das leidende menschliche Individuum in seinen gesellschaftlichen Verhältnissen zu beachten, den Menschen zum Objekt einer spekulativen Idee, zum Schemel des Weltgeistes denaturiert oder zum Buckel macht, auf dem sich, hinter dem Rücken des Menschen, die *Selbstbegegnung des absoluten Geistes* abspielt.

[28] Nietzsche, 3, 864 ff.

[29] Ilse-Nina Bulthof-Rutgers, Apollos Wiederkehr. Eine Untersuchung der Rolle des Kreises in Nietzsches Denken über Geschichte und Zeit, 'S-Gravenhage 1969. R. F. Beerling, Hegel und Nietzsche, in: Hegel-Studien. Bd. 1, Bonn 1961, 237.

Marx hat versucht, nachdem Hegel die Wahrheit ins Jenseits expediert hat, die Aufgabe der menschlichen Geschichte darin zu entdecken, »die *Wahrheit des Diesseits* zu etablieren«[30]. Nicht die Idee soll künftig am Menschen Kritik üben, sondern der Mensch soll die Ideen kritisieren, soll sie als brauchbare Ideologien anwenden oder aber als unbrauchbare mit Feuer und Schwefel ausräuchern. Marx möchte die *Verkehrung*, durch die das Hegelsche *Kreisdenken* die realen Verhältnisse auf den Kopf stellt, möchte den kopfstehenden Idealisten Hegel endlich auf die Füße stellen, auf Füße, mit denen der Mensch und nicht der absolute Geist geht. Im Nachwort zur 2. Auflage von »Das Kapital. Kritik der politischen Ökonomie« vom 1873 findet sich der Satz: »Sie (die Dialektik) steht bei ihm (Hegel) auf dem Kopf. Man muß sie umstülpen, um den rationellen Kern in der mystischen Hülle zu entdecken«[31]. Die Entfremdung des Menschen ist also eine Selbst-Entfremdung. Hier hat weder Gott noch das Schicksal die Hand im Spiel, sondern Menschen treiben ihre makabren Spielchen. Entfremdung, das ist das Werk des Menschen und kann und muß daher vom Menschen selbst beseitigt werden.

Die linke Seite symbolisiert dementsprechend die Ursprünglichkeit, die neue Richtung, die sich gegen das reaktionäre Rechts und Recht durchzusetzen hat. Sie ist aus Prinzip links, permanent links. Und da die Selbstentfremdung des Menschen nach Marx nicht, wie noch Feuerbach glauben machen wollte, eine religiöse Sache ist, sondern eine soziale, wird sie nicht durch die Philosophie oder gar die Theologie, wie Rechtshegelianer es beabsichtigten, sondern einzig und allein durch revolutionäre, d.h. linke Praxis beseitigt. Links geht an die Wurzeln, hebt durch radikale Revolution rechts aus dem Stand: »Die Kritik der Religion endet mit der Lehre, daß *der Mensch das höchste Wesen für den Menschen sei,* also mit dem *kategorischen Imperativ*, alle *Verhältnisse umzuwerfen*, in denen

[30] Marx, Zur Kritik der Hegelschen Rechtsphilosophie (1843/44), in: Frühe Schriften. 1. Bd., 489. Richard Wisser, »Gott ist tot«. Philosophische Wurzeln einer Grundformel menschlicher Selbstbegegnung und die Menschwerdung des Menschen durch den Menschen, in: AREOPAG 31, 7. Jg., Mainz 1972, 33-51, insbes. 39 ff.

[31] Marx, Das Kapital. Kritik der politischen Ökonomie, in: Ökonomische Schriften, 1. Bd. (hrsg. von Hans-Joachim Lieber und Benedikt Kautsky), Stuttgart 1962, XXXI.

der Mensch ein erniedrigtes, ein geknechtetes, ein verlassenes, ein verächtliches Wesen ist«, folglich - für Marx und seine Zeit - innerhalb des industriellen Proletariats[32]. Ist erst einmal der Kreis aufgesprengt, durch den die Dinge auf den Kopf gestellt werden, gibt es nur noch zwei Richtungen, die linke, die ursprüngliche, und die rechte, die abwegige.

2. Kierkegaard

Die existentielle Vertikale als Sinnlinie des Jenseits

Und Sören Kierkegaard? Auch er versucht, den Hegelschen Kreis zu zerschlagen, auf dem der Mensch zwar Sitz, aber keine Stimme hat. Aber er biegt die Kreisbewegung *nicht* zur *horizontalen Linie* auf, um der sozialen Entwicklung des Menschen die Richtung zu weisen, und das heißt, links vor rechts den Weg in die menschliche Zukunft unter dem Kommando links, links, links anzutreten. Wenn Kierkegaard nicht nur den Stützen der Gesellschaft, der Prominenz, und den gesellschaftlichen Stützen, also dem, was man die Öffentlichkeit nennt, mißtraut, wenn er auch die selbstgebastelten Krücken der Innerlichkeit und Verinnerlichung beargwöhnt, dann deshalb, weil er der *menschlichen* Horizontalen als solcher und ihren *beiden* Seiten mißtraut. Seinem Blick, der weder von sozialistischen Utopismus und Messianismus, noch von der Scheinstabilität kirchlichen Berufschristentums und etablierten Amtskirchentums getrübt ist, entgeht nicht ein Grundphänomen, das weder durch soziale Argumente noch durch klerikale Instrumentarien beseitigt werden kann, die Angst, die Verzweiflung des Menschen, den keine solche *Ein*-richtung und *Unter*-richtung ins Lot bringt.

Kierkegaard nimmt die abgrundtiefe Not des Menschen wahr, der mit sich, mit der Welt, mit Gott zerfallen ist. Er verdrängt nichts und beschönigt nichts, und er überspielt die Angst nicht durch den versöhnlichen Hinweis und Trost, Gott oder die Gesellschaft werde alle Wunden heilen. Er mißtraut dem - utopischen -

[32] Marx, Frühe Schriften, 1. Bd., 497.

Paradies auf Erden, und er läßt sich nicht durch die Paraphrase auf das ekklesiologische Paradies im Himmel vertrösten, denn die Zerbrochenheit und Sinnlosigkeit der Welt ist ihm nicht, wie Marx, lediglich der Reflex unwürdiger menschlich-sozialer Verhältnisse, deren Veränderung durch die Beseitigung der Ursache möglich wird, wodurch folglich die Hoffnung auf Besserung garantiert ist. Die Sinnlosigkeit ist nicht - wie schön wäre das, wie hoffnungsvoll, weil wendbar - das Ergebnis nur menschlicher Veranstaltungen. Sie kann folglich nicht allein durch menschliche Unternehmungen in der Horizontalen, ob sie nun von links oder aber von rechts, von anti-rechts oder anti-links eingeleitet werden, gewendet werden. Sie gründet tiefer und greift nach Höherem aus. Die Sinnlosigkeit hat - paradox formuliert - einen profunderen, und zwar einen de profunderen Sinn. Sie ist nicht etwas, das vom Menschen allein bewältigt werden könnte, weil es nur in unwürdigen sozialen Verhältnissen besteht, sie muß vielmehr durchgestanden werden im Blick auf eine den Hegelschen Kreis zur Vertikalen aufbiegende existentielle Richtung, die Aufrechte und die Senkrechte, das *nach* Oben und das *von* Oben.

Das erfordert aber, daß auch die vordergründigen Heilslehren des Ästhetizismus und Ethizismus, sie seien sozial oder religiös gefaßt und gefärbt, als Versuche durchschaut werden, die sich zwar radikal geben und vorgeben, das Übel an der Wurzel zu packen, tatsächlich aber den nach Kierkegaard einzig möglichen Weg des radikalen Richtungs-Umbruchs übersehen, und zwar die rückhaltlose Hinwendung und Hingabe an Gott, und das heißt nicht an einen Rauschebart, sondern die Preisgabe des menschlichen Subjektivismus, in dem der Mensch in sich selbst verkrampft ist, er zucke links, er zucke rechts zusammen. Deshalb schlägt Kierkegaard *quer zur horizontalen Linie die Vertikale*, und er betont auf diese Weise die einzige Wahrheit, die seiner Auffassung nach die Übertünchung der sinnlosen Welt durch die Werbeplakate der Sinngeberparolen zum Abblättern bringt, eine Wahrheit, die zwar nicht die von den Linken und den Rechten versprochene soziale oder sakramentale Sicherheit verbürgt, die aber der wirklichen Existenz des Menschen gerecht wird, und sei es als Gericht.

Kierkegaard, der Amtskirche ein Greuel, den Gesellschaftsutopisten ein Dorn im Auge, durchschaut auf seine, nicht auf Karl Marxens Weise, die Unangemessenheit der Hegelschen Philosophie, die als reine Theorie des Geistes die existierende Wirklichkeit Mensch, menschliches Dasein, aus dem Auge verliert. Aber er deckt auch die Unangemessenheit von politischen oder religiösen Konstruktionen auf, die über einen Abgrund Brücken schlagen und deshalb vermeinen, dadurch sicheren Boden unter den Füßen zu haben. Nicht der durch Marx vom Mystizismus Hegelscher Spekulation entkeimte dialektische Weg, der über die Veränderung der Verhältnisse, und zwar der ökonomischen, aus dem Reich der Notwendigkeit ins Reich der Freiheit führt und ein neues Bewußtsein, und das heißt zugleich ein neues gesellschaftliches Sein vorbereiten möchte, nicht der Weg materialistischer Dialektik ist für Kierkegaard der Heilsweg, sondern der »qualitative Sprung«, und das heißt, quer zum gewohnt Gewöhnlichen nicht die Regel, sondern die »Ausnahme« zu verwirklichen, in Paradoxen zu existieren, dem allgemein Geglaubten und dem sog. wissenschaftlich Bewiesenen zuwiderzuhandeln. Die Forderung lautet: Stets quer zum anscheinend gesetzmäßig verlaufenden Gang der Geschichte und ihrer eindimensionalen Linearität die Transzendenz offenzuhalten, den unendlichen Überstieg, der - nach Kierkegaard - dem endlichen Menschen ebenso möglich ist, wie der Einstieg des unendlichen Gottes in die endliche Welt für Kierkegaard Wirklichkeit bleibt, und zwar aller horizontalen, und damit anthropomorphisierenden Eindimensionalität von links und rechts zum Trotz.

So stehen sich, einig im revolutionären Umbruch und Bruch, d.h. im *Kreisbruch* der vorangegangenen Philosophie Hegels, einig im Bewußtsein, an einer Zeiten-Wende angelangt zu sein, einig im Willen, mit der Tradition, der Hegelschen Tradition, zu brechen, Kierkegaard und Marx im 19. Jahrhundert gegenüber, und, so will es jeweils den Anhängern des einen oder des anderen scheinen, man redet aneinander vorbei, versteht die *Zeiten*wende als Wendung nach links, versteht die Zeiten*wende* als Vertikale. Hier Immanenz, dort Transzendenz, hier Diesseits, dort Jenseits.

3. Nietzsche

Der »Übermensch« jenseits von Jenseits und Diesseits

Und Friedrich Nietzsche? Uns geht es - wohlgemerkt - nicht darum, Nietzsche nun gewissermaßen als eine Synthese von Marx und Kierkegaard darzustellen. Nietzsche gilt uns vielmehr als der dritte selbständige Denker des 19. Jahrhunderts neben Marx und Kierkegaard, der vergleichsweise weniger als die Genannten, aber doch in Kontroverse zu Hegel auf ihn zurückführbar ist. Nietzsches antidialektische Einstellung, die historisch gegen Hegel gerichtet ist, systematisch aber auch die materialistische wie die existentielle und theologische Dialektik betrifft, die von Nietzsche psychologisch als Werkzeug des Machtwillens, als »Form der Rache«, als »eine *Notwehr*« entlarvt werden soll[33], kann uns jetzt nicht beschäftigen. In unserem Zusammenhang von besonderer Wichtigkeit ist, daß er gegen das, was man Hegels »Infektion des Absoluten« nennt, immun war. Sein Schwellenbewußtsein baute keine Wehr und kein Wehr mehr auf gegen den »atheistischen Wasserdruck«[34]. In totaler Ablehnung von Hegels Philosophie des absoluten Geistes, sprich Gottes, wie Hegel ihn sich dachte (oder ausdachte), wollte Nietzsche *diesem* Gottdenken eine Ende bereiten. Hegel, dem Nietzsche »Theologen-Blut« nachsagte, das die Philosophie verdirbt[35], ist der eigentliche Adressat von Nietzsches Formel »Gott ist tot«; denn Hegel hat die Verzweiflung über die Grundstimmung seiner Zeit, das »Gefühl, Gott selbst ist todt«, in die »heiterste Gestalt der Freiheit«, ins Kreissystem gewendet, dem kreisenden Gott, dem Kreis-Gott geopfert.

Nietzsche war es mit seiner Formel vom »Tod Gottes«, in der er zum Ausdruck bringen konnte, daß die bisherigen obersten Werte sich entwertet haben, gewissermaßen höllisch ernst. Und so kommt es dazu, daß Nietzsche schließlich, vom Wahnsinn gezeichnet, wie man sagt, die Identität mit sich verliert und sich selbst für den leidenden Gott hält, und zwar für den leidenden Gott nach seinen

[33] Nietzsche, III, 760.

[34] Beerling, Hegel und Nietzsche, 233, 235.

[35] Nietzsche, II, 1171.

zwei Hauptformen, für den »Gekreuzigten« und für »Dionysos«. Nach seinem geistigen Zusammenbruch am 3. Januar des Jahres 1889 in Turin, als er ein von einem Droschkenkutscher malträtiertes Pferd umarmt und tränenüberströmt zu Boden sinkt, ruft er sich selbst zum Nachfolger des toten Gottes aus.

Wenn man dieses letzte Wort des schon dem Wahnsinn verfallenen Denktäters Nietzsche, das sich in Briefen und auf Zetteln an seine Freunde findet, nur auf den Wahnsinn zurückführt, hat man m. E. nicht die Hellsicht, die Empfindungsfähigkeit und das Ausdrucksvermögen Nietzsches berücksichtigt, nicht das in dieser vermeintlichen Groteske zum Ausdruck kommende Hellfühlen bei geistiger Dunkelheit begriffen. Hier kommt nicht, wie Naive oder Pharisäer meinen, ein kümmerliches Thronerklimmenwollen ans Licht, sondern etwas, wenn auch in theatralischem Gehabe, Erfahrenes und zur Schau Gebrachtes, etwas vielleicht den echten Happenings Verwandtes, blutiger Ernst im Spiel, Zerschneidung des Tischtuches, Lächerlichmachen des Bisherigen, gar Selbstaufopferung nach Art von des Kaisers neuen Kleidern - das Kind spricht gleichsam: das ist nicht der liebe Gott, das ist Friedrich Nietzsche, und der hat nur Unterhosen an.

Und doch ist zugleich spürbar pathetisches Leiden im Spiel, Bei-spiel dafür, wozu der Mensch in seinen »höchsten Exemplaren« fähig ist, zugleich Travestie, Ins-Lächerliche-Zerren der Verehrungssucht, die dem Menschen in den Knochen steckt, so daß er in die Knie geht, Hohn auf die »Sklavenmoral« der theologischen Dialektiker, die alles - und das ist ja der Sinn ihrer Dialektik - versöhnen wollen und die in Optimismus machen und immer ein »Außerhalb«, ein »Nicht-Selbst«[36], einen Stellvertreter und Garanten brauchen, um sicher zu *gehen*, *sicher*zugehen.

Mir will scheinen, daß es sich bei Nietzsches letztem Akt um den letzten Versuch des nicht nur vom Wahnsinn umfangenen, sondern zugleich von seinem Appell an die Menschen, von Zarathustras Lehre, also seiner eigenen Lehre, Verfolgten handelt, sich noch einmal zu artikulieren, verständlich, begreiflich zu machen. Dabei möchte er jedoch nicht die Menschen an ihn selbst binden, sondern sie zu sich selbst befreien, möchte ihnen, was möglich ist,

[36] Nietzsche, II, 782.

vormachen, damit niemand mehr sich etwas vormachen läßt oder gar sich selbst etwas vormacht.

Wo aber müssen wir Nietzsche einordnen, wenn links und rechts die einzige Unterscheidung, das gängigste Reprint des 19. Jahrhunderts im 20. Jahrhundert ist? Wir haben versucht darzutun, daß das 19. Jahrhundert noch andere Grundfiguren, *andere Dimensionen und Richtungen des menschlichen Anschauungsraumes* kennt, die im 20. Jahrhundert zur Wirksamkeit gelangt sind. Die Tatsache allerdings, daß *eine* Seite alle anderen Dimensionen auf sich bezieht, sich für den Nabel der Welt und den sozialisierten Menschen für den einzigen abgenabelten Menschen überhaupt hält und daher auch noch die Seitigkeit durch Verabsolutierung des pars pro toto aufzuheben trachtet, ist noch kein Beweis für die Stimmigkeit dieses Unternehmens, selbst wenn es nicht wenigen als der letzte Schrei gilt.

Wenn links bedeutet, sich für den Menschen stark zu machen, und wenn der Tod Gottes die Voraussetzung für die Auferstehung des Menschen ist, dann ist Nietzsche ein »Linker«. Nicht umsonst hat man festgestellt: »die Verwandtschaft, die zwischen der Kritik von Kirche und Christentum bei Nietzsche und bei Karl Marx besteht, ist nicht nur eine Verwandtschaft der Schlagworte im Bereich der antikirchlichen Propaganda, sondern eine solche der Ideen, die letzthin auf die Tatsache zurückgeht, daß sich die Religionsphilosophie beider in ihrer gemeinsamen Herkunft von Ludwig Feuerbach berührt«[37]. Wenn Nietzsche aber ausruft: »Tot sind alle (!) Götter, nun wollen wir, daß der *Übermensch* lebe«[38], dann zeigt er, daß nicht der sozialisierte Mensch, die Gesellschaft oder die »Menschheit«, sondern eben der Übermensch sein Ziel ist[39], und dies scheint Nietzsche in gewissem Sinne zu einem »Rechten« zu machen.

Wenn Nietzsche »die große Unehrlichkeit der Konservativen aller Zeiten« aufdeckt, daß sie sich, wenn sie sich an die Herrschaft von Gesetzen und Rechten (!) gewöhnt haben und nichts anders mehr wollen, Gründe hinzulügen, um deretwillen jene Grenzen

[37] Ernst Benz, Nietzsche und Karl Marx, in: Nietzsches Ideen zur Geschichte des Christentums und der Kirche, Leiden 1956, 158.

[38] Nietzsche, II, 340.

[39] Nietzsche, II, 440.

bestehen sollen - Nietzsche nennt die Konservativen aller Zeiten daher »die Hinzu-Lügner«[40] -, dann ist man versucht, ihn unter die »Linken« einzuordnen. Wenn er aber von der »Rangordnung« als der Machtordnung spricht[41], auf die seine Philosophie gerichtet ist, mag er einem »Rechten« zum Verwechseln ähnlich sehen.

Wenn Nietzsche gallenbitter wird gegen den »Hornvieh-Nationalismus«[42], wenn er Internationales um der Einübung der »Welt-Perspektive« willen preist[43], und wenn er zur Maxime erhebt: mit keinem Menschen umzugehen, der an dem »verlognen Rassen-Schwindel« Anteil hat[44], sieht er so manchem »Linken« ähnlich. Wenn Nietzsche lehrt, »daß es höhere und niedere Menschen gibt und daß ein einzelner ganzen Jahrhunderten unter Umständen ihre Existenz rechtfertigen kann«[45], und wenn Nietzsche als Zielbild für die Erziehung von Herrscher-Tugenden den »römischen Cäsar mit Christi Seele«[46] zeichnet, wirkt er wie ein »Rechter«.

Wenn Nietzsche den Individualismus nur als die »*bescheidenste* Stufe des Willens zur Macht«[47] gelten lassen will und dazu auffordert, »nicht als Individuum, sondern als Menschheit sich bewußt werden«[48], wird mancher ihn »links« einstufen. - Wenn er im Sozialismus »die zu Ende gedachte Tyrannei der Geringsten«[49], »Herdentier-Moral«[50] und ein Mißverständnis des christlichen Moral-Ideals[51] meint feststellen zu können, klingt dieses und anderes fatal nach einer »Rechts«-Mentalität, die dekretiert: »Man hat kein Recht, weder auf Dasein, noch auf Arbeit noch gar auf ›Glück‹: es steht

40 Nietzsche, II, 60.

41 Nietzsche, III, 491.

42 Nietzsche, III, 660.

43 Nietzsche, Gesammelte Werke (Musarionausgabe München), XVI, 379.

44 Nietzsche, Musarionausgabe, XVI, 374.

45 Nietzsche, III, 423.

46 Nietzsche, III, 422.

47 Nietzsche, III, 605.

48 Nietzsche, III, 548.

49 Nietzsche, III, 469.

50 Nietzsche, Musarionausgabe, XIV, 211.

51 Nietzsche, III, 574.

mit dem einzelnen Menschen nicht anders, als mit dem niedrigsten Wurm«[52].

Nietzsche, ein Rechter? Die Linken meinen es. Nietzsche, ein Linker? Kännten die Rechten ihn, könnte es ihnen so vorkommen. Gewiß, manches weist in diese, anderes jedoch in die entgegengesetzte *Richtung*. Ist aber mit dieser Unterscheidung Nietzsche zu fassen, zu fassen sein Problem, daß der *Tod Gottes* keinen Sinn hat, wenn er nur dazu führt, daß die *Gesellschaft* der Sinn der Erde ist? Angesichts der Alternative Diesseits und Jenseits entscheidet Nietzsche sich *weder für die gesellschaftliche Horizontale, noch für die existentielle Vertikale*, sondern für das *Darüberhinaus*, für den »Übermenschen«. Er gilt Nietzsche als der Sinn der bisherigen Erde und des bisherigen Himmels. Ausdruck des Hinausseins über die jeweilige Verketzerung der Jenseitigen durch die Diesseitigen und der Diffamierung der Diesseitigen durch die Jenseitigen, die in jeweiligem Seitenwechsel als Gute oder Böse eingestuft werden, ist Nietzsches Formel: »*Jenseits von Gut und Böse*«, Titel seines Buches von 1886, das den Untertitel trägt: »Vorspiel einer Philosophie der Zukunft«. Ausdruck der Verwerfung der materialistisch-humanistischen wie der idealistisch-theologischen, der dialektischen Lösung des Problems von Diesseits und Jenseits ist Nietzsches Forderung: *Jenseits von Jenseits und Diesseits*.

Schlußfolgerung: Das Ende ist offen

Fassen wir zusammen: Beim Versuch, begreiflich zu machen, was es mit dem revolutionären Umbruch im 19. Jahrhundert und seinen Auswirkungen auf das 20. Jahrhundert auf sich hat und worin der Bruch mit jahrtausendealtem Brauch besteht, haben wir mit Hegel begonnen, genauer, mit dem, was sich vor seinem Tod und was sich nach seinem Tod abgespielt hat. Hegel erreicht mit dem Mitteln des spekulativ-dialektischen Kreises die Auferstehung des für tot gehaltenen Gottes, der in Wahrheit der lebendige, absolute Geist ist, durch die Umfunktionierung des Grabes in das Durchgangsstadium eines Tiefpunktes, kurz, die Verwandlung des Kar-

[52] Nietzsche, III, 658.

freitags der bisherigen Philosophie in das Ostern des wirklichen Wissens, des Wissens des Wissens, des sich wissenden absoluten Geistes. Hegel hebt das Grab der Philosophie tief aus, um es nur um so eindrucksvoller im »wirklichen Wissen« zu überbrücken. Alles bleibt gewissermaßen beim »Alten«.

Vor diesem Hintergrund hebt sich das »Neue« ab. *Marx* sprengt den *Kreis*, die *Grund*-bewegung, die *Rund*-bewegung des absoluten Geistes und seiner Rückkehr zu sich. Auf der menschlichen Ebene, der Linie, vollzieht sich von nun an die Entwicklung des Menschen, der aus der Entfremdung ins ursprüngliche Diesseits, d.h. zu sich findet. Links und rechts werden zu Heil- und Unheilsrichtungen. *Kierkegaard* bezweifelt die Tragfähigkeit der Horizontalen, die Stabilität gesellschaftlicher Ein-richtungen ebenso wie die Haltbarkeit selbstgebastelter subjektiver Überzeugungen, die Dogmatik ideologischer Unter-richtung. Die Krise des Menschen ist der *vertikale Spalt*, den die Beziehung des Einzelnen zu Gott durchragt. Rechts und links verlieren ihre entscheidende Bedeutung. *Nietzsche* setzt weder auf den Menschen, wie Marx, noch auf Gott, wie Kierkegaard, sondern zielt das *Jenseits von Jenseits und Diesseits* an, das Hervorzubringende, den »Übermenschen«. Wer erkennt, daß es mit den Letztgründen, sei es die Fiktion einer einzig für wirklich gehaltenen Gesellschaft, sei es ein unwirklich gewordener Gott, Inbegriff der höchsten Werte, nichts auf sich hat, der zieht aus dieser Erkenntnis die Konsequenz, daß der Mensch als Mensch immer schon *über* diese vermeintlichen Letztprinzipien hinaus ist. Der »*Übermensch*« ist der *Richtungssinn* des Menschen.

In diesen Zusammenhang gehört Nietzsches Formel vom »Willen zur Macht«, und sie meint nicht das An-die-Macht-kommen-Wollen, sondern die menschliche Grunderfahrung, daß der Mensch permanent die Horizonte neu bestimmen und neue Orientierungspunkte ausmachen kann und muß. Indem Nietzsche im »Willen zur Macht« das Prinzip aller Wertsetzung und Wertschätzung »eigens *als* die Wirklichkeit des Wirklichen, als das Sein des Seienden« erfährt und übernimmt[53], stürzt er die »alten« Werttafeln, aber auch die vermeintlich »neuen«, sprich den Herrschergott, der oben thront, und die Gesellschaft der Linken und der Rechten, die

[53] Martin Heidegger, Nietzsches Wort »Gott ist tot«, in: Holzwege, Frankfurt am Main 1950, 200-206.

sich gegenseitig zu beseitigen trachten. Er wirft das Problem neuer Formen der Verantwortung auf[54], nicht mehr vor Gott oder der Gesellschaft, sondern unter dem Kriterium, ob, was der Mensch tut, Bestand hat angesichts des Gedankens, daß das Getane im kreisenden Kreis der Zeit »ewig wiederkehrt«.

Was sich da im 19. Jahrhundert abgespielt hat, kann uns wichtige Vorgänge innerhalb des 20. Jahrhunderts begreiflicher machen und zugleich im Blick auf das 21. Jahrhundert lehren, daß unser jeweiliges Verständnis von »alt« und »neu«, von »alten Fragen« und »neuen Wegen« und von »neuen Fragen« und »alten Wegen«, von Grundfiguren und von *Richtungs*tendenzen abhängt. Über sie müssen wir uns also Rechenschaft geben. Die Entscheidung mag schwerfallen. Offen ist sie so lange, als der Mensch das Wesen der Entscheidung ist, das »kritisch-krisische« Wesen, respektive Un-wesen. Dann aber gilt, daß der Mensch sich nicht nur entscheiden kann, sondern entscheiden muß, daß aber keine seiner Entscheidungen *den* Entscheid erbringt, das letzte Gericht. Der Mensch mag sagen und tun, was er will, das letzte Wort hat er nicht, und den Schlußpunkt setzt nicht er.

[54] Richard Wisser, Nietzsches Lehre von der völligen Unverantwortlichkeit und Unschuld Jedermannes, in: Nietzsche-Studien. Internationalcs Jahrbuch für Nietzsche-Forschung, Bd. 1, Berlin-New York 1972, 147-172.

Friedrich Nietzsche: Übermensch in Sicht?

Friedrich Nietzsche ist am 25. August des Jahres 1900, also zu *Beginn des 20. Jahrhunderts* gestorben. Daß es in völliger geistiger Umnachtung geschah - das Jahr des Ausbruchs des Wahnsinns, 1889, ist bekannt, bekannt dürfte auch sein, daß er seitdem bis zu seinem Tod, von seiner Mutter und seiner Schwester betreut, geistig dahindämmerte -, reicht manchem Epigonen noch heute aus, der Philosophie Nietzsches als solcher den Erledigungsstempel »Wahnsinn« aufzudrücken, dient bisweilen auch heute noch solchen, die sich als betont kritische Streiter gegen Nietzsche vorkommen, dazu, in ihm ein abschreckendes Beispiel dafür zu sehen, wohin es führt, wenn man der »Hybris« freien Lauf läßt, und nicht wenige seiner Richter überkommt, weil sie nicht wie Nietzsche denken, das süße Bewußtsein, im Unterschied zu ihm, der verrückt gewesen ist, normal zu sein. Das Bewußtsein, über Nietzsche hinausgekommen zu sein, haben aber gegen *Ende des 20. Jahrhunderts*, dem wir inzwischen entgegensehen, auch die, die der von Hegel und seinen linken und rechten Schülern vertretenen Dialektik vertrauen, durch die die Späteren die Früheren *eo ipso* überwinden, die »Epigonen«, die folglich keinen Grund sehen, sich nach rückwärts zu orientieren.

Mag Nietzsche herausgearbeitet haben, daß Dialektik »nur eine Form der *Rache*«[1] ist, eine »Notwehr«[2] und ein »Werkzeug des Machtwillens«[3], mag er geltend gemacht haben, daß sie »auf *moralischen* Vorurteilen«[4] beruht und ihrer Herkunft nach »plebejisch«[5]

1 Friedrich Nietzsche. Werke in drei Bänden, hrsg. von Karl Schlechta, 2. durchges. Aufl. München 1960; zitiert: N, I-III. Ich greife nach dieser Ausgabe, weil Schlechta einer meiner Lehrer war und seine Ausgabe in Form einer »editio minor« weite Verbreitung gefunden hat. N, II, 954 (7) bezieht sich fragend auf Sokrates. Die allgemeine Charakteristik besagt: »Man hat, als Dialektiker, ein schonungsloses Werkzeug in der Hand; man kann mit ihm den Tyrannen machen; man stellt bloß, indem man siegt. Der Dialektiker überläßt seinem Gegner den Nachweis, kein Idiot zu sein: er macht wütend, er macht zugleich hilflos.«

2 N, III, 760: »Dialektik kann nur eine *Notwehr* sein«.

3 N, III, 496.

4 N, III, 498. Platons »*göttliche Dialektik*«, die aus dem »*Guten*« stammt; Descartes, dem ein »*guter Gott*« und die »Wahrhaftigkeit Gottes erst uns unsre Sinnesurteile *verbürgt*«; das »plumpe non plus ultra einer moralistischen Vertrauensseligkeit«, daß »was nicht gedacht werden kann, nicht *ist*«.

ist, wer da meint, das Gesetz der geschichtlichen Entwicklung verrücken zu können, gilt selbst für verrückt. Insonderheit Nietzsches These vom »Übermenschen« gilt den Normalen jeder Schattierung dafür, daß Nietzsche sichtlich übergeschnappt gewesen ist, und sie fühlen sich so recht als rechte Menschen, weil sie, über die eigene Beschränktheit hinauszugehen, keinen Grund sehen oder vermeinen, auf der Höhe der Zeit zu stehen und von ihrem Pulsschlag durchdrungen zu sein.

Es gibt aber nicht nur die, die Nietzsche für hybrid oder anachronistisch halten und ihn verteufeln oder für museal ausgeben, auf der anderen Seite steht der Chor derjenigen, die sich als Anhänger fühlen, die Nachbeter und Mitläufer, die vermeinen, mit ihm in gleichem Schritt und Tritt einer neuen Zeit entgegenzumarschieren, wenn sie sich kraftmeierisch klingender Nietzsche-Worte wie »Gott ist tot«[6] bedienen, ohne nach ihrem Sinn zu fragen, und die mit Nietzsche-Sätzen wie »Du gehst zu Frauen? Vergiß die Peitsche nicht« herrisch und machistisch sich gebärden[7]. Nietzsches Wort vom »Übermenschen« ist zwar nur *ein* Wort unter vielen anderen im Umlauf befindlichen Nietzsche-Worten, beziehungsweise Nietzsche-Sprüchen, wie seine Kritiker zweideutig sagen. In ihm kulminieren aber möglicherweise Grund-Sätze und prinzipielle Ansätze seiner Philosophie, so daß es wert ist, gerade auch dieses Problemwort näher zu beleuchten.

5 Vgl. N, III, 760.

6 Vgl. Richard Wisser, »Gott ist tot«. Philosophische Wurzeln einer Grundformel menschlicher Selbstbegegnung und die Menschwerdung des Menschen durch den Menschen, in: Areopag. Mainzer Hefte für internationale Kultur, 7. Jg., H. 1, Mainz 1972, 33-51, insbes. 43 ff.; »Dios a muerto«. Las raíces filosóficas de una fórmula fundamental de enfrentamiento del hombre consigo mismo y el devenir humano del hombre a través del hombre, in: Folia Humanistica, Tomo X, Núm. 111, Barcelona 1972, 195-212.

7 Vgl. Richard Wisser, Friedrich Nietzsche. Mißverständnisse eines Denker-Lebens, in: Zeitschrift für Religions- und Geistesgeschichte, Bd. XVII, Köln 1965, 307-339. N, I, 737 (I); Friedrich Nietzsche, Malentendidos de una vida filosófica, in: Folia Humanistica, Tomo III, Núm. 26 und Núm. 27, Barcelona 1965, 105-117 und 221-236.

Methodische Vorüberlegung, oder: »geflügelten Worten« die Federn rupfen

Bevor wir uns ihm aber zuwenden, möchte ich zunächst wenigstens an zwei Beispielen einleitend zur *Desillusionierung* über einige solcher Nietzsche-Phrasen und Paraphrasen beizutragen versuchen, möchte sogenannten »geflügelten Worten«, wie sie sich beispielsweise in des berühmten Georg Büchmann »geflügelten Worten« gesammelt finden (Der Zitatenschatz des deutschen Volkes, 32. Auflage, Berlin 1972), gewissermaßen die Federn rupfen. Dies um so mehr, als auf Nietzsche nicht nur viele solcher inzwischen »geflügelten« Worte zurückgehen, sondern weil viele Begriffe gebräuchlich sind, deren oft plakative Wendungen diese Formeln geeignet gemacht haben, als Stich-Worte, als Hieb- und Stich-Worte zu fungieren, d.h. als Schlag-Worte, als Schlag-auf-Schlag-Worte. Manche Wendung hat sich in unserem Bewußtsein derart festgefressen, daß es schwerfällt, ihr einen anderen, als den üblich gewordenen Sinn, und das heißt zugleich oft übel gewordenen, schlecht gewordenen Sinn abzugewinnen, und oft fällt es nicht leicht, daß wir nicht sofort beim Hören von Stichworten in Assoziationen, die wir mit ihnen, vielleicht auch aus ideologischen Gründen, zwangsweise verbinden, auf Grund laufen und stranden, statt dem tatsächlichen Sinn auf den Grund zu gehen und beim Gemeinten anzukommem, also zu landen.

Da ist zum Beispiel mancher Möchtegern, der sich - und dies ist das erste, noch recht einfache Beispiel - in der herrisch anmutenden Pose Zarathustras aus Nietzsches Buch »Also sprach Zarathustra« wohlfühlt: »Du gehst zu Frauen? Vergiß die Peitsche nicht«. Der Satz steht in einem Kapitel, das betitelt ist: »Von alten und jungen Weiblein«, zielt also auf einen merklichen und beträchtlichen Unterschied zwischen Frauen ab. Das Kapitel beinhaltet, wie es dort heißt, eine »kleine Wahrheit«, die Zarathustra von einem »alten Weiblein«, das es aus langer Erfahrung wissen muß, im Blick auf den Umgang mit »jungen Weiblein« erfährt.[8]

Worin besteht nun diese »kleine Wahrheit«? Dem *Text* zufolge besteht sie darin, daß Zarathustra in Kenntnis dessen gesetzt wird, was ein Mann, der sich mit »jungen Weiblein« einläßt, von *diesen*

[8] N, II, 330.

zu erwarten hat. Wir unterstellen üblicherweise, mit dem bekannten, tatsächlich aber nicht gekannten Ausspruch sei gemeint, der Mann solle zur Peitsche greifen, wenn er sich generell zu Frauen - ein Unterschied wie der oben angezielte wird erst gar nicht gemacht - auf den Weg begibt. Gemeint ist das *Umgekehrte*: dem Manne wird eingeschärft, und zwar von einem »alten Weiblein«, zu dem sich ohnehin kein Mann »auf den Weg macht«, nicht zu vergessen, daß »junge Weiblein« mehr als nur geneigt sind, *ihn* mit der Peitsche zu kommandieren und zu dirigieren.

Es gibt ein Erinnerungsfoto aus dem Jahre 1882, auf dem Nietzsche, sein Freund Paul Rée und beider Freundin Lou Andreas von Salomé zu sehen sind. Schon 1930 hat der Verleger Eugen Diederichs in einer Selbstdarstellung über ein Gespräch mit dem Literaturkritiker Georg Brandes berichtet: »›Wissen Sie‹, sagte dieser zu mir, ›daß es sich mit der Nietzsche-Peitsche im Sinn ganz anders verhält, als wie das Wort sonst zitiert wird? Ich habe noch die Photographie gesehen, von der aus der Satz in die Welt ging. Nietzsche und Paul Rée zogen beide an einem Handwagen, auf dem Lou Salomé mit einer Peitsche stand, und darunter stand eben jenes Wort: Wenn du zum Weibe gehst, vergiß die Peitsche nicht‹«.[9] Besagtes Photo ist heute allerorten publik[10], ohne daß der wahre Sinn des Nietzsche-Wortes, wie er sich aus der Zarathustra-Textstelle ergibt, allgemein vertraut geworden wäre.

Noch ein zweites, im Blick auf unser Thema ergiebigeres, nicht ganz so leicht eingängiges Beispiel sei angeführt. Daß Nietzsche den »Willen zur Macht« als Grundmotiv menschlicher Unternehmungen angesprochen hat, ja darüber hinaus behauptet, daß der »Wille zur Macht« das Wesen von allem, was ist, ist, genügt manchem verschüchterten »Bildungsphilister« - übrigens ebenfalls ein Wort, das auf Nietzsche zurückgeht, ohne daß seine Herkunft von

[9] In memoriam Eugen Diederichs, Jena 1930.

[10] Lou Andreas-Salomé, Lebensrückblick. Grundriß einiger Lebenserinnerungen. Aus dem Nachlaß hrsg. von Ernst Pfeiffer. Neu durchges. Ausgabe mit einem Nachwort des Herausgebers, Frankfurt am Main 1968, vgl. Bildteil zwischen S. 160-161. Vgl auch: Rudolf Augstein, Ein Nietzsche für Grüne und Alternative? Zur Philosophie vom Übermenschen, in: Der Spiegel, Nr. 24, 8.6.1981, 156-184 (Bild, S. 172), der Nietzsche im »Spiegel« vieler Primär- und Sekundär-Zitate steckbriefartig beschreiben möchte. Titel-Geschichte: »Wiederkehr eines Philosophen. Täter Hitler. Denker Nietzsche«. Schlußsequenz: »›Dynamit‹, wonach Nietzsche lechzte, war der Täter Hitler. Er, der Schreibtäter Nietzsche, war es nicht« (184).

diesem allgemein bekannt wäre[11] -, um Nietzsche als Prototyp eines extrem subjektivistischen Machtwillens abzukanzeln, als Philosophen, der gewissermaßen über Leichen geht. Man zeichnet Nietzsche demzufolge als ganz Ellenbogen. Wenn man nur den Assoziationen folgt, die das Wort vom »Willen zur Macht« subjektiv leicht auszulösen vermag, das infernalische Brutalität auszudrücken scheint, wenn man das Wort gar mit dem Ausdruck ›Machtwillen‹ oder ›Wille zur Machtergreifung‹ für identisch hält, wird man auch nicht entfernt dem gerecht, was sich für Nietzsche mit dem *Problem* des »Willens zur Macht« an Fragen auftut. Wer z.B. nicht zur Kenntnis nimmt, daß Nietzsche hier gerade auch in Auseinandersetzung mit dem seinerzeit weltanschaulich dominierenden Philosophen *Arthur Schopenhauer*, seinem »Erzlehrer«[12], steht, wird den Ausdruck zwangsläufig borniert verwenden und er wird je nach eigenem Gutdünken entweder Laut geben oder aber die Notbremse gegen Nietzsche ziehen, d.h. er wird den ihm selbst vielleicht sympathisch anmutenden sog. Voluntarismus und Dynamismus Nietzsches beklatschen oder aber er wird die ›Dämonie des Willens‹ lauthals beklagen.[13] Deshalb sei die Beziehung zu Schopenhauer ein wenig näher beleuchtet.[14]

Schopenhauer (1788-1860) hat auf Nietzsche einen tiefen Eindruck gemacht, weil er, was Nietzsche selbst erfahren mußte, stark betonte, und zwar den *Leidcharakter des Lebens.* Und dieser Leidcharakter des Lebens ist es, der Schopenhauer vor die Frage nach der Erlösung vom Leid bringt. Schopenhauer hatte in seinem Hauptwerk »Die Welt als Wille und Vorstellung« (1819, endgültige

[11] N, III; 1279: »Das von mir formulierte Wort ›Bildungsphilister‹ ist aus dem wütenden Hin und Her der Polemik in der Sprache zurückgeblieben«. Vgl. N, II, 1114 (2): »Das Wort Bildungsphilister ist von meiner Schrift (gemeint sind die »Unzeitgemäßen Betrachtungen«) her in der Sprache übrig geblieben«.

[12] Vgl. N, I, 737 (1): »Meine Ehrfurcht vor meinem ersten und einzigen Erzieher, vor dem *großen* Arthur Schopenhauer«; II, 1116 (3): »In ›Schopenhauer als Erzieher‹ ist meine innerste Geschichte, mein *Werden* eingeschrieben«.

[13] Fritz-Joachim von Rintelen, Dämonie des Willens. Eine geistesgeschichtlich-philosophische Untersuchung, Mainz 1947. 170 ff. Vgl. hierzu: Richard Wisser, Wertwirklichkeit und Sinnverständnis. Gedanken zur Philosophie von Fritz-Joachim von Rintelen, in: Sinn und Sein. Ein philosophisches Symposion, hrsg. von Richard Wisser, Tübingen 1960, 611-708 (691 f.).

[14] Vgl. das »Schwerpunktthema: Schopenhauer und Nietzsche - Wurzeln gegenwärtiger Vernunftkritik«, in: 65. Schopenhauer Jahrbuch. Für das Jahr 1984, hrsg. von Wolfgang Schirmacher, Frankfurt am Main 1984, 7-115.

Fassung 1859) die zwei Grundsätze verkündet: 1. Die Welt ist *für mich* Vorstellung, und 2. die Welt ist *an sich* Wille. Gemeint ist folgendes: Wir sind als Erkennende darauf aus, alles, was ist, also die ganze Welt, als Objekt anzusehen, das in Beziehung auf ein Subjekt steht. Insofern ist die Welt etwas *für mich.* Wenn wir solcherart also *erkenntnis-theoretisch* von »Welt« sprechen, nennen wir damit die Anschauung von jemandem, der die Welt an-schaut, der sich eine Vor-stellung von etwas macht, eine Vor-stellung also, die ein Subjekt, das sich für prinzipiell hält, sich von einem Objekt macht. *Vorstellungen,* das sind Gegenstände *meines* Denkens, Fühlens, Wollens, *meiner* Einbildungskraft, sofern ich sie als etwas Wahrnehmbares vor mich hinstellen, d.h. sie mir vor-stellen kann.

Schopenhauer macht nun darauf aufmerksam, daß die Welt in diesem ihrem Vorgestelltsein *durch mich,* also in ihrer erkenntnistheoretischen Hinsicht, nicht aufgeht, daß sie zwar *für mich* Vorstellung sein mag, *an sich* aber etwas anderes ist. Wie aber gelangen wir zur Erfahrung dieses ihres Ansichseins? Einen Zugang zu *ihrem Wesen* finden wir, Schopenhauer zufolge, über eine Erfahrung, die wir an uns selbst machen können. Wir haben einen Leib. Dieser Leib ist uns aber auf verschiedene Weise gegeben. Als *Vorstellung* ist er nur *ein* Objekt unter anderen Objekten, und wir können mit ihm umgehen, als sei er nicht *mein* Leib, sondern eine *Sache* unter anderen Sachen. Zugleich ist der Leib aber als mein Leib *mir* das unmittelbar Bekannte, ist mir eigen als das, was dieses oder jenes will, ist er mir, wie Schopenhauer sagt, als *Wille* gegeben. Und so wie es mit meinem Leib beschaffen ist, der mir also nicht nur als Vorstellung, d.h. als Objekt für ein beliebiges Subjekt gegeben ist, der mir *zugleich* auch unmittelbar als Wille zum Bewußtsein kommt, der also *für mich* als Erkennenden zwar ein Gegenstand ist, der aber *an sich* lebendiger Wille ist, genau so ist es mit allem, was ist, beschaffen. Habe ich erst einmal in besagter Leiberfahrung den wichtigen Unterschied einer *Erkenntnishaltung,* die alles zu Vor-stellungen macht, von einer *Lebenshaltung*, die als inneres Wesen von allem, was ist, den Willen erfährt, erfahren und ergriffen, dann habe ich nach Schopenhauer den *Schlüssel* zum Wesen jeder Erscheinung gefunden.

Kurzum: der Wille ist das lange gesuchte und - Schopenhauers Kritik an bisheriger, auch kantischer Philosophie zufolge - bisher nie gefundene *Ding an sich.* Schopenhauer treibt konsequent die

Reflexion so weit, bis sie erkennt, daß nicht nur *die* Kraft, die die Pflanzen - wie wir sagen - »treiben« läßt, sie »treibt«, daß nicht nur *die* Kraft, die die Kristalle zusammenschießen läßt, sie, wie wir sagen, »zusammenwachsen« läßt, daß nicht nur *die* Kraft, die den Magnet auf den Nordpol zieht, wir sagen »ausrichtet«, ihrem Wesen nach *Wille* ist. Wille ist auch *die* Kraft, die allem Fliehen und Suchen, allem Trennen und Vereinen zugrundeliegt und in der Dynamik auf allen Ebenen wirksam ist. Alles, was ist, ist, Schopenhauer zufolge, eine Objektivation dieses Urwillens, alles, von den Naturkräften bis hin zu Platons sog. Ideen, alles ist Objektivation dieses Willens, der sich solche Ziele gibt, auf die *er,* der sie entworfen hat, hinstrebt, hinzielt, abzielt, ohne sich als Wille aufzugeben und in ihnen aufzugehen.

Nachdem Schopenhauer somit den *Willen* als das Prinzip der Welt ansichtig gemacht zu haben meint - und das ist keine »kleine Wahrheit«, wie die von der »Peitsche«, sondern eine große Wahrheit, ja, Schopenhauer zufolge, *die* Wahrheit -, holt er zum entscheidenden Schlag aus. Das für ihn übergeordnete Problem ist ja, wie bereits angedeutet, das Problem der *Erlösung* der leidvollen, der mehr als leidigen Welt, durch *Loslösung* von der Welt, und damit das Erreichen des »Nirvana«. Da der Wille *als* Wille immer streben muß, denn Streben ist sein alleiniges Wesen, findet der Wille wesensgemäß in keinem erreichten Ziel Befriedigung, bleibt er stets gewissermaßen hinter sich selbst zurück, findet er kein Ende, kein Über-den-Willen-hinaus, und ist er daher auch keines Glückes wahrhaft fähig. Der Wille ist daher nach Schopenhauer wesensgemäß blind bleibender blinder Wille, der sinn- und grundlos, ziel- und erkenntnislos immer nur weiter wollen will. Unser ganzes Weltdasein ist von dieser Tragik des blinden Willens gekennzeichnet. Das Leiden allen Lebens, und zwar in allen seinen Formen und Betätigungsweisen, gründet im Wesen dieses endlosen, unentwegt strebenden, von sich selbst umhergetriebenen Willens. Der »fliegende Holländer« (vgl. Schopenhauer und Richard Wagner) ist Sinnbild dieser endlosen Unrast, die sich nicht selbst erlösen kann und - bei Richard Wagner - auf eine Frau, und zwar keine mit einer Peitsche, sondern eine, die bereit ist, *sich* zu opfern, angewiesen ist.

Schopenhauers Rat, um das Leiden zu beenden, ist, die *Verneinung des Willens zum Leben* einzuleiten und dadurch den Übergang ins Nicht-sein, ins Nirvana anzubahnen, ins Nichts, das nicht irgend etwas ist, sondern Willenlosigkeit, ins Nichts, das nicht irgendein Ort ist, sondern das Ende der Besessenheit des Willens von sich selbst. Und indem wir im anderen Menschen uns wiedererkennen, d.h. uns des Leidcharakters der Welt bewußt werden, erwächst nach Schopenhauer aus dem *Mitleid,* das sich konsequenterweise nicht nur auf Menschen, sondern auf alle Kreatur bezieht, die Einsicht: es gilt, den *Willen* zu *negieren*, und es bahnt sich dadurch - wie Schopenhauer meint - die Erlösung von der Welt als Wille *und* als Vorstellung an.

Vor diesem Hintergrund wird deutlicher, gegen wen und gegen was sich Nietzsche auch wendet, wenn *er* vom »Willen« und vom »Willen zur Macht« spricht. Nietzsche übernimmt Schopenhauers Deutung, daß der Wille das Grundwesen der Welt ist, aber er teilt nicht Schopenhauers Pessimismus, sondern kommt gerade unter Einbeziehung des Leidcharakters des Lebens zu einem neuen *Ja zum Leben.*[15] Hier deutet sich schon Nietzsches »Über«, sein Darüberhinaus, das gewissermaßen großgeschriebene Über, wie es auch im Titel »Übermensch« vorliegt, an. Nietzsche lehrt nicht wie Schopenhauer aus Ekel vor der Welt und aus einem Satthaben den philosophischen Rückzug und Rückgang ins Nirvana, ins Nichts, sondern den Übergang durch den Nihilismus zu einer qualitativ höheren Form.

Indem Nietzsche als das innerste Wesen des Seins den »Willen zur Macht« erkannt zu haben glaubt[16], und weil er im »Willen zur Macht« das letzte Faktum, zu dem wir - wie er sagt - »hinunterkommen« können, ausfindig gemacht zu haben meint, setzt er auf ihn als den letzten Grund aller Veränderung[17], setzt er auf den Willen, der alles hervorbringt, auf seine »Macht«, die schöpferisch ist, die gewissermaßen der Dampf ist, der alles, vom Protoplasma[18] und noch früher angefangen, bis zum Menschen und durch ihn zum »Übermenschen« treibt, zu solchem also, durch das der Typus Mensch *nicht* wie bei Schopenhauer regressiv *sich zurückzieht* und

[15] N, III, 633: Schopenhauer »ist ein moderner Pascal, mit Pascalschen Werturteilen *ohne* Christentum. Schopenhauer war nicht stark genug zu einem neuen Ja«.

[16] N, III, 778: »das innerste Wesen des Seins Wille zur Macht«.

[17] N, III, 748: Der »Wille zur Macht, in dem ich den letzten Grund und Charakter aller Veränderung wiedererkenne«.

[18] N, III, 712.

ein Ende macht, sondern über Schopenhauer hinaus einen *Schritt vorwärts* und über sich hinaus tut.[19] Bei Nietzsche ist der Wille gerade nicht blinder Wille, kein »Wille ins Blaue«[20], sondern Grundzug des Schöpferischen, durch den wir, wenn wir ihn erfahren und ihn ernst nehmen, die Wehleidigkeit verlieren und den Blick nicht durch die Einengung auf den Leidcharakter des Lebens uns verstellen lassen, kurzum: der uns hilft, *uns selbst* zu über-winden, frei zu werden von der Ohnmacht des Pessimismus und frei zu werden für die Aufgabe, *über* uns hinauszukommen, *über* den Menschen, als den wir uns bisher verstanden haben und als der wir uns vorgekommen sind, mit anderen Worten: durch den wir uns zum Übermenschen hin ent-wickeln wie der Falter aus der Verpuppung.

Der Hinweis auf Schopenhauer dürfte deutlich gemacht haben, daß der als typisch für Nietzsche in Umlauf befindliche Ausdruck vom »Willen zur Macht«, der über Leichen geht, nicht die infernalische Wortzusammenstellung ist, als die sie mancher empfinden mag, nicht der unüberbietbare Ausdruck einer Brutalität ist, die alles niedertritt, nicht übelster Ausdruck des »Machtwillens« des »Machtmenschen« ist, der nichts anderes im Sinn hat, als die »Macht« zu ergreifen, koste es, was es wolle, und die »Machtergreifung« durch Selbstinthronisation der eigenen Borniertheit zu ertrotzen bemüht ist. Auch im Blick auf das Wort vom »Willen zur Macht« haben wir, um es in einer Formulierung Nietzsches zu sagen, die davon spricht, daß »alle Worte Taschen« sind, »in welche bald dies, bald jenes, bald mehreres auf einmal gesteckt worden ist«[21], dem Wort die Taschen umgedreht. Und eingedenk einer anderen Formulierung Nietzsches, die besagt, daß »jedes Wort auch eine Maske ist«[22], haben wir ihm die Maske abgenommen. Wir haben die Gefahr beschworen, in Worten steckenzubleiben. Nur wenn wir gewissermaßen über Worte stolpern lernen, besteht die Aussicht, Nietzsches Philosophie hinfort nicht mit einem fröh-

19 N, III, 687.

20 Vgl. Ludwig Giesz, Nietzsche. Existentialismus und Wille zur Macht, Stuttgart 1950, 3.

21 N, I, 893 (33).

22 N, II, 752 (289).

lichen Spaziergang am Sonntagnachmittag oder aber mit dem Vandalenzug der »blonden Bestie«[23] zu verwechseln.

Halten wir das Ergebnis unserer methodologischen Überlegung fest: Nur wenn wir den »geflügelten Worten« die Federn rupfen und die Flügel stutzen, kommen wir wirklich voran. Wir haben bereits einige wichtige Schritte in Richtung auf das *Problem* getan, das Nietzsche mit dem Terminus »Übermensch« benennt.

1. Der Streit um den Übermenschen, oder: die offene Frage

Was hat man nicht alles in dieses *Wort* hineingedichtet! Was hat man nicht alles als Nietzsches Antizipation dieser noch nicht vorhandenen und noch nicht vorkommenden Form des Lebens simuliert! Nietzsche selbst hat vom »Übermenschen« gesprochen als von demjenigen »Menschen«, der die Moral »*unter* sich« fühlt[24], und das meint zugleich: *hinter* sich läßt. So wie der *Mensch* das »Übertier«[25] ist, ist nach Nietzsche der Übermensch derjenige, der im Verhältnis zum bloß moralisierenden Menschen nicht etwa a-moralisch, sondern *immoralisch* ist, der die Moral also *über* hat, weil er der Moral über ist und über die Moral hinaus ist. Wer begriffen hat, daß der Mensch durch eine das Leben und den Willen zur Macht domestizierende Moral, die ihn - wie Nietzsche meint - krank macht und durch die er als das solcherart krankgemachte Tier ein

[23] Vgl. Detlef Brennecke, Die blonde Bestie. Vom Mißverständnis eines Schlagwortes, in: Nietzsche-Studien, Bd. 5, 1976, 113-145.

[24] N, II, 1156 (5). Nietzsches Selbstinterpretation des Zarathustra, der darum weiß, daß »die Guten und Gerechten seinen Übermenschen Teufel nennen«, daß »sein Typus Mensch« ein »relativ übermenschlicher Typus« ist, d.h. »im Verhältnis zu den *Guten* übermenschlich ist«. Im Unterschied zu den bisherigen Philosophen, für die gilt, daß die christliche Moral die »Circe aller Denker« war und diese folglich im Dienste der Moral standen (II, 1156, 6), hält Nietzsche, der »*Immoralist*«, sich für den, der sich »gegen die ganze Menschheit« abhebt. »Niemand noch hat die *christliche* Moral *unter* sich gefühlt«. Zum Problem der Moral vgl. Richard Wisser, Nietzsches Lehre von der völligen Unverantwortlichkeit und Unschuld jedermannes, in: Nietzsche-Studien, Bd. 1, 1972, 147-172; La doctrina de Nietzsche sobre la absoluta irresponsabilidad e inocencia de todo hombre, in: Folia Humanistica, Tomo XII, Núm. 138, 139/140, 141, Barcelona 1974, 449-458, 539-549, 647-656. Zum Problem des »Übermenschen« siehe die Untersuchungen meiner Schülerin Karen Joisten in: Die Überwindung der Anthropozentrizität durch Friedrich Nietzsche, Würzburg 1994, insb. 171-280.

[25] N, I, 879 (12).

Ende ist[26], zu einem Wesen, einem Un-wesen geworden ist, das überwunden werden soll und muß[27], der wird hellhörig für Zarathustras Lehre: »Und Zarathustra sprach also zum Volke: *Ich lehre euch den Übermenschen.* Der Mensch ist etwas, das überwunden werden soll. Was habt ihr getan, ihn zu überwinden? Alle Wesen bisher schufen etwas über sich hinaus: und ihr wollt die Ebbe dieser großen Flut sein und lieber noch zum Tier zurückgehn, als den Menschen überwinden? Was ist der Affe für den Menschen? Ein Gelächter oder eine schmerzliche Scham. Und eben das soll der Mensch für den Übermenschen sein: ein Gelächter und eine schmerzliche Scham.«[28]

Es mag schwer sein, sich in Zeiten, in denen Menschen durch *Un*menschen, die sich selbst für *Über*menschen gehalten haben oder halten, zu *Unter*menschen degradiert worden sind oder werden, freizuhalten für das von Nietzsche Intendierte, und es ist verständlich, wenn als Reaktion eine Verwerfung Nietzsches erfolgt. Man muß aber unterscheiden zwischen dem, was man meint, daß Nietzsche es gemeint hat, und dem, was Nietzsche tatsächlich ins Auge faßt.

Nietzsche will herausstellen, daß der Mensch ein Anlaß zu etwas ist, das im bisherigen Menschen nicht aufgeht, aber auf das der Mensch, der noch nicht das Endziel ist, ausgeht. Der Mensch ist bei Nietzsche als ein offenes Prinzip erfahren, als eine Art Prinzip Hoffnung, allerdings nicht auf etwas, das von selbst kommt - und sei es dialektisch -, das dem Menschen vielmehr die Chance zur Mitwirkung bietet. Gewiß, es fällt leicht, unter Hinweis auf in der Vergangenheit gerade auch in unserer deutschen Geschichte Geschehenes, aber auch andernorts derzeit Geschehendes alle die zu verstehen, die für die menschlichste Aufgabe des Menschen halten, den Menschen *menschlicher* zu machen. Aber man sollte über einer Mißdeutung nicht das Bedeutsame übersehen: die *offene Frage*.

Es ist hier nicht die Gelegenheit und der Ort, einen *sprachgeschichtlichen* Überblick über das Wort »Übermensch« zu geben, über ein Wort, das alt ist und von dem Nietzsches Zarathustra aus-

[26] N, II, 1166 (3).
[27] N, II, 279, 299.
[28] N, II, 279.

drücklich sagt, daß er es »am Wege aufgelesen« habe.[29] Alt ist auch das *Problem*, und es eint Vertreter unterschiedlichster Gruppen und Herkünfte. Uneinigkeit besteht allerdings ersichtlich über das *Wesen* des Angezielten und über die *Wege*, es zu erreichen oder hervorzubringen.

Um nur zwei Gruppen zu nennen, die allerdings historisch besonders wirksam sind und die deshalb, wenn auch unter anderem Namen, die Kritik Nietzsches trifft: da sind einerseits - und ich sage es typologisch verkürzt - die *Christen*, die, wie ihr Lehrer es von ihnen fordert, den »neuen Menschen« anzuvisieren haben, und die ihn mit Christi, des »neuen Adam« Hilfe, hervorzubringen vermögen, insofern sie die Erlösten sind, für die sie als »Theisten« sich halten. Und da sind andererseits - ebenso verkürzt gesagt - die *Marxisten*, denen es um einen Menschen, wie sie als »Humanisten« sagen, »neuen Typs« geht, um den, wie Karl Marx ihn nennt, »gesellschaftlichen Menschen« eines »realen Humanismus«[30]. - Dies sei kurz umrissen, damit *Nietzsches Kritik* an diesem Ziel deutlich werden kann und sich seine eigene Perspektive drastischer abheben läßt.

Zunächst die Christen: Von der Deutung Christi als des »neuen Adam«, als des »letzten Adam« aus (1. Kor. 15, 45), d.h. als des »Ersten der Auferstandenen«, des »Erstgeborenen unter den Toten«, als des »Erstlings unter denen, die da schlafen« (1. Kor. 15, 20; Kol. 1, 18; Apg. 26, 23), aus begreift sich das christliche Menschenverständnis. Der wesentliche, der eigentliche Mensch ist die vom Geist des Herrn gewirkte »progressive Transformation des Gläubigen in das ursprüngliche Bild des Herrn selbst«[31]. Kürzer gesagt: es kommt auf die Nachfolge Christi des Erlösers an. - Kein Wunder, daß bei solchen Gedanken schon in der christlichen Früh-

29 N, II, 445.

30 Vgl. Richard Wisser, ›Von Hegel zu Marx‹ oder ›Die ungeheure Macht des Negativen‹, in: bewußt sein. Gerhard Funke zu eigen, hrsg. von Alexius J. Bucher, Hermann Drüe, Thomas M. Seebohm, Bonn 1975, 168ff., besonders 191 ff.; De Hegel a Marx o el extraordinario poder de lo negativo, in: Folia Humanistica, Tomo XIII, Núm. 154/155, Barcelona 1975, 659-672, 735-749; «Od Hegela do Marxa« ili »Ćudovišna moc negativnog«, in: Dijalog. Casopis za filozofiju i drustvenu teoriju, 5-6, Sarajevo 1985, 359-377.

31 Ernst Benz, Der Mensch in christlicher Sicht, in: Neue Anthropologie, Bd. 6: Philosophische Anthropologie, 1. Teil, hrsg. von Hans-Georg Gadamer und Paul Vogler, Stuttgart 1975, 396 ff. Vgl. Ernst Benz, Der Übermensch. Eine Diskussion, hrsg. von Ernst Benz, Zürich-Stuttgart 1961.

zeit die Idee der *christlichen Übermenschen* - beispielsweise bei Montanus, dem Begründer der montanistischen Kirche, dem Parakleten, dem Fürsprecher und Beistand im 2. nachchristlichen Jahrhundert - ausgesprochen worden ist. Montanus verkündete seinen Anhängern das Bevorstehen des tausendjährigen Reiches, die Heraufkunft, besser gesagt die Herabkunft des »neuen« Jerusalem, verkündete den »neuen« Menschen, den Übermenschen.

Der »neue« Mensch, der ortho-doxe Mensch, d.h. der Mensch, der die richtige Richtung einschlägt, die einzig aus der wahren Lehre bekannt ist und ihr entnommen werden muß, ist der Mensch, in dessen Leben das Leben Christi zu treten und zu wirken beginnt. »Ist jemand«, schreibt beispielsweise Paulus an die Korinther (2. Kor. 5, 17), »in Christo, so ist er eine neue Kreatur«. Und den Ephesern schreibt Paulus: »Ziehet den neuen Menschen an, der nach Gott geschaffen ist« (Ephes. 4, 24). Und die Kolosser erhalten von Paulus die Mahnung: »Ziehet den alten Menschen mit seinen Werken aus, ziehet den neuen an, der da erneuert wird zu der Erkenntnis nach dem Ebenbilde des der ihn geschaffen hat, da nicht ist Grieche, Jude, Beschnittener, Unbeschnittener, Ungrieche, Skythe, Knecht, Freier, sondern alles und in allen Christus« (Kol. 3, 9-10).

Und da sind auf der anderen Seite die *Marxisten:* Auch sie sind nicht ohne Glauben, jedenfalls insoweit, als sie zu *wissen* glauben, diejenigen Gesetze entdeckt zu haben, die den entmenschten Menschen hervorbringen, folglich auch diejenigen, die den Menschen neuen Typs hervorzubringen möglich machen, den wahren, d.h. den seiner selbst und seines Mitmenschen nicht entfremdeten Menschen, den *zu* sich gekommenen und den zu *sich* gekommenen Menschen, den *»gesellschaftlichen Menschen«*, den, wie Marx dieses Wort erklärt, »menschlichen Menschen«[32].

Karl Marx schreibt in der berühmten Einleitung zur »Kritik der Hegelschen Rechtsphilosophie« (1843/44) unmißverständlich und in betonter Abkehr von der religiösen christlichen Menschenvorstellung: »Der Mensch, der in der phantastischen (d.h. in der bloß phantasierten, folglich fiktiven) Wirklichkeit des Himmels, wo er einen Übermenschen suchte, nur den *Widerschein* seiner selbst gefunden hat, wird nicht mehr geneigt sein, nur den *Schein* seiner selbst, nur den Unmenschen zu finden (und »Unmensch« meint

[32] Karl Marx, Frühe Schriften. 1. Bd., hrsg. von Hans-Joachim Lieber und Peter Furth, Stuttgart 1962, 593.

nicht den moralisch schlechten, sondern den seiner selbst entfremdeten Menschen), wo er seine wahre Wirklichkeit sucht und suchen muss«[33].

Marx verwirft die Religion also gerade um des »neuen« Menschen, um des wahren Menschen willen, denn seiner Deutung nach läßt gerade die Religion dem Menschen keinen Platz zwischen dem religiös ersehnten *Übermenschen*, wie Marx ihn ausdrücklich nennt, und dem faktisch verelendeten *Unmenschen*, wie Marx präzis formuliert; keinen Platz auch zwischen dem Unmenschen, dem Nicht-Menschen, also dem, der nur der Schatten seiner selbst auf Erden ist, und dem Übermenschen, der bloß der Widerschein dieses Schattens, der Heiligenschein im Himmel ist; keinen Platz zwischen dem Schein-wesen im Himmel und dem Schein-wesen auf Erden; keinen Spielraum zwischen Jammertal und Paradies. Marx lehnt sowohl die »*phantastische Verwirklichung* des menschlichen Wesens« im Sinne des religiösen Übermenschen, wie er auch sagt, die »*Heiligengestalt* der menschlichen Selbstentfremdung« ab, als auch, wie er es nennt, die »Selbstentfremdung in ihren *unheiligen Gestalten*«[34]. Marx fordert ausdrücklich die Verwirklichung des menschlichen Wesens, und er fordert sie als die, wie er sagt, »Reintegration oder Rückkehr des Menschen in sich, als Aufhebung der menschlichen Selbstentfremdung«, und zwar als Rückkehr in sich als den »*gesellschaftlichen*, d.h. menschlichen Menschen« (Ökonomisch-philosophische Manuskripte von 1844)[35].

Der Mensch der Zukunft - und Zukunft ist hier verstanden als die Heraufkunft des Ursprünglichen, die Revolution und die Rückkehr zu diesem Ursprünglichen - ist demgemäß nicht ein ins Jenseits ausweichender Mensch, der, weil ihm das Diesseits zur Hölle geworden ist, der Welt den Rücken kehrt, ist vielmehr der zu *sich* zurückgekehrte Mensch, der re-integrierte Mensch, ist, wie Marx sagt, der »zu Verstand gekommene Mensch«, der »sich um sich selbst und damit um seine wirkliche Sonne« bewegt.[36] Es bedarf allerdings des Hindurchgangs durch die Geschichte. Erst wenn der Mensch völlig auf den Hund gekommen ist, erst wenn der »*völlige*

[33] Marx, Frühe Schriften, 488.

[34] Marx, 488 f.

[35] Marx, 593.

[36] Marx, 489.

Verlust des Menschen«[37] im Proletariat einen nicht mehr zu unterschreitenden Tiefpunkt erreicht hat, beginnt, wie Marx ihn nennt, der »Auferstehungstag«[38]. Wenn der Mensch auf keinen anderen Titel mehr Anspruch erheben kann, auf keinen historischen, keinen geschichtlichen, keinen ständischen, wenn er »nur noch auf den *menschlichen* Titel provozieren kann«[39], dann entdeckt er, daß »die Wurzel für den Menschen...der Mensch selbst ist«[40], anders gesagt: daß der Mensch »nur durch die *völlige Wiedergeburt des Menschen* sich selbst gewinnen kann«[41]. Der sozialisierte Mensch, d.h. der zu sich zurückgekehrte Mensch, der re-integrierte Mensch, der sich selbst sich zum Zwecke setzt, der »neue« Mensch ist nicht mehr, meint Marx, im theologischen Zwiespalt von Übermensch und Unmensch befangen, sondern er beginnt, nachdem die Religionskritik das »*Jenseits der Wahrheit*« beseitigt hat, die »*Wahrheit des Diesseits* zu etablieren.«[42]

Aber auch im Diesseits ist der Zwiespalt noch nicht aufgehoben, ja er ist das, woran die Menschen zugrunde zu gehen drohen, denn der bisherige *theologische* Zwiespalt wird zum *Klassenzwiespalt*, und erst wenn dieser aufgehoben ist, findet der Mensch zu sich selbst zurück, geschieht, was Marx die »Reintegration« nennt. Diese menschliche Wahrheit zu etablieren und den Zwiespalt zu überwinden, ist - nach Marx - der Kommunismus berufen, den er deshalb »die vermittelte Wirklichkeit des Menschen«[43] nennt, also das, was den Menschen mit sich selbst in Kontakt, in Kommunikation, in Kommunion zu bringen fähig ist.

Ein Vergleich der christlichen *Vision* dessen, was im »Glauben« vorweggenommen wird, und der *marxistischen Utopie*, dessen also, was im »Wissen« vorausgesehen wird, zeigt: der christliche Weg, zum Übermenschen zu gelangen, ist die *restitutio in integrum,* ist die Wiederherstellung des ursprünglichen Menschen in der Überwindung des alten, gefallenen Adam durch den neuen, den aufer-

[37] Marx, 503.

[38] Marx, 505.

[39] Marx, 503.

[40] Marx, 497.

[41] Marx, 504.

[42] Marx, 489.

[43] Marx, 608.

standenen Adam, durch Christus, also die Überwindung des sündigen, also von *Gott getrennten* Unmenschen durch den erlösenden Gottmenschen und in seiner Nachfolge. Der marxistische Weg, der von diesem theologischen Schema ersichtlich dialektisch abhängig ist, ist die »*Reintegration* oder Rückkehr des Menschen in sich, als Aufhebung der menschlichen Selbstentfremdung«[44], die sich in der bisherigen Geschichte auf ökonomischer Basis, also durch den Tanz ums Goldene Kalb, abgespielt hat, und der wir gerade am tiefsten Punkt - dialektisch gesehen, ist der tiefste Punkt der Umschlagspunkt - der *Entfremdung* als dem »Auferstehungstag« der, wie Marx sagt, menschlichen »Emanzipation« am nächsten sind.[45]

2. Nietzsches Lehre vom Übermenschen, oder: »Vorschritt« statt Fortschritt

Nun zu Nietzsche, und zwar, wie in Aussicht gestellt, zunächst zu seiner »Kritik«, denn Nietzsche ist im Namen des Übermenschen *beiden* Wegen gegenüber, die dialektisch aufeinander bezogen sind - und Dialektik gilt Nietzsche, wie gesagt, nicht als die Logik der Sache selbst, sondern nur als »eine Form der *Rache*«, als »Notwehr«, als ein »Werkzeug des Machtwillens«, als »moralisches Vorurteil«[46] -, kritisch eingestellt. Es geht Nietzsche *weder* wie dem Christentum um *Gott*, durch den, wenn sich alles um ihn dreht, der Mensch in Ordnung ist, *noch* wie dem Marxismus um den *Menschen*, der, wenn er sich um sich als seine »wahre Sonne« dreht, alles Phantastische, also Gott aus dem Spiel läßt. Nietzsche geht es vielmehr sowohl um die *Verwindung Gottes* als auch um die *Überwindung des Menschen*, anders und mit seinen eigenen Worten ausgedrückt: um den *Übermenschen.* Nietzsche nimmt das Wort »Übermensch« wörtlich, und insofern drückt es die Durchstreichung Gottes *und* des Menschen aus, der christlich-theistischen Kommunion *wie* des humanistischen Kommunismus.

[44] Marx, 593.

[45] Marx, 505.

[46] Siehe Anmerkungen 1-4.

Es muß jetzt dahingestellt bleiben, ob Nietzsche Marx überhaupt gelesen und zur Kenntnis genommen hat bzw. ihn durch von Marx abhängige Autoren hindurch lediglich anvisiert hat. Dahingestellt bleiben muß auch, inwieweit Nietzsche das Christentum zwar gekannt, aber sein Wesen vielleicht bewußt verkannt hat. Zu beidem ließe sich manches sagen. Es soll jetzt vielmehr systematisch und nicht philologisch die *kritische Position* von *Nietzsche*, die er im Blick auf den Übermenschen beiden genannten Kontrapositionen gegenüber einnimmt, kurz umrissen werden.

In Nietzsches Augen läuft sowohl das, was das Christentum, ebenso wie das, was der Marxismus beabsichtigen - Nietzsche spricht wohlgemerkt von Sozialisten und Kommunisten -, darauf hinaus, das *Problem des Übermenschen* aus dem Auge zu rücken, denn es geht - so jedenfalls sieht es Nietzsche - dem einen nur um *Gott*, dem anderen aber nur um den *Menschen*. Beide Auffassungen bringen es in Nietzsches Augen nur zu Per-versionen, d.h. zur Umkehr und zur Rück-kehr der Entwicklung, formelhaft gesagt: zum *Rückschritt* zu Gott *(restitutio in integrum) oder* zum Menschen *(reintegratio hominis)*, nicht aber zum Progreß, nicht zur Höherentwicklung, nicht zum Übermenschen in *concreto*. Beide Richtungen reden - so Nietzsche - zwar auf je ihre Weise vom Fortschritt. Dieser entpuppt sich aber im einen Fall nur als ein Schritt *fort* von den sog. Verhältnissen, deren gesellschaftliche Struktur geändert werden muß, damit der gute Mensch Raum gewinnt und der *Fortschritt ins Diesseits* sich vollzieht. Im anderen Fall entpuppt sich der Fortschritt als Schritt *fort* von einem inadäquaten Verhältnis des Menschen zu sich und zu seinesgleichen wie zu Gott, folglich als ein *Fortschritt ins Jenseits*. Der vermeintliche »Fortschritt« ist also genau besehen jeweils ein re-volutionärer *Rückschritt*, er besteht entweder in der Rückkehr des Menschen zu sich oder aber zur göttlichen Ordnung.

Wie nennt Nietzsche nun sein eigenes Unternehmen, das der seit Hegel obwaltenden und von Marx übernommenen Dialektik, bei unterschiedlicher Fundierung, zu entgehen sucht, also einem geschichtlichen Gesetz, das Nietzsche lediglich für ausgedacht hält? Nietzsche, der nie verlegen ist um einen treffenden Ausdruck, wenn es gilt, Unterschiede zu markieren, spricht in Abhebung zu solchem Fortschritt vom *»Vorschritt«*. In seinem Buch *»Morgenröte. Gedanken über die moralischen Vorurteile«* (1881) heißt es:

»Wenn man den *Fortschritt* rühmt, so rühmt man damit nur die Bewegung und die, welche uns nicht auf der Stelle stehenbleiben lassen - und damit ist gewiß unter Umständen viel getan, insonderheit wenn man unter Ägyptern (womit die unbeweglichen Statiker gemeint sind) lebt. Im beweglichen Europa aber, wo sich die Bewegung, wie man sagt, ›von selbst versteht‹ - ach, wenn *wir* nur auch etwas davon verstünden! - lobe ich mir den *Vorschritt* und die Vorschreitenden, das heißt die, welche sich selber immer wieder zurücklassen und die gar nicht daran denken, ob ihnen jemand sonst nachkommt. ›Wo ich haltmache, da finde ich mich allein! Wozu sollte ich haltmachen! Die Wüste ist noch groß!‹ - so empfindet ein solcher Vorschreitender«[47]. Nicht Rück-kehr also ist die Formel, sondern das Sich-selbst-Zurücklassen, das Über-sich-hinaus. Und auch hinsichtlich der Vorstellung vom einzig wesentlichen »Jenseits« und der einzig wirklichen »Wahrheit des Diesseits« läßt sich für Nietzsches Ziel eine Formel finden. Sie lautet: *Jenseits* von Jenseits und Diesseits, oder: *Über* Diesseits und Jenseits *hinaus*.

Was nun *erstens* das *Christentum* betrifft, so macht Nietzsche für besagte Perversion, also für den Rückschritt verantwortlich die Verantwortlichmacher *par excellence*, die, wie er sie nennt, »Priester«. So wie Karl Marx hat auch Nietzsche eine »Kritik der Religion« verfaßt, die aber auch den Sozialismus und den Kommunismus mit einschließt, wie noch zu berichten sein wird. In Nietzsches undialektischer »Kritik der Religion« - und das ist der erste Teil des zweiten Buches des sog. Hauptwerks »Wille zur Macht«, ein Buch, das den Titel trägt: »Kritik der bisherigen höchsten Werte« - formuliert Nietzsche: »Die Priester sind (nur) die Schauspieler von irgend etwas Übermenschlichem«[48].

[47] N, I, 1273 (554). Vgl. II, 1166 (4): »Die Menschheit stellt *nicht* eine Entwicklung zum Besseren oder Stärkeren oder Höheren dar, in der Weise, wie dies heute geglaubt wird. Der ›Fortschritt‹ ist bloß eine moderne Idee, das heißt eine falsche Idee ... In einem andern Sinne gibt es ein fortwährendes Gelingen einzelner Fälle an den verschiedensten Stellen der Erde und aus den verschiedensten Kulturen heraus, mit denen in der Tat sich ein *höherer Typus* darstellt: etwas, das im Verhältnis zur Gesamt-Menschheit eine Art Übermensch ist.« Vgl. III, 741: » *Meine Gesamtansicht. - Erster Satz*: der Mensch als Gattung ist *nicht* im Fortschritt ...«.

[48] N, III, 886.

Was will Nietzsche damit sagen? »Schauspieler«, das sind für Nietzsche die, um die sich zwar das Volk dreht[49], die aber die Gefühle, die sie darstellen, nicht haben. Damit man die von Nietzsche aufs Korn genommenen Schauspieler nicht mit den billigen Bühnenakteuren verwechselt, fordert Nietzsche ironisch an anderer Stelle dazu auf: »Ehret mir die Schauspieler und sucht die besten ja nicht auf der Bühne!«[50]. So gelten Nietzsche beispielsweise auch die klassischen antiken Philosophen für »Schauspieler«, weil sie, wie allen anderen voran Plato, mit Ideen spielen. Mit Ideen spielen bedeutet, weil das Wort »Idee« wörtlich »Schau« bedeutet, daß die Ideen-Spieler Schau-Spieler sind. Als Philosophen der »Idee der Tugend« seien sie folglich nur »Schauspieler« und obendrein »Streithämmel« gewesen, denn gerade durch das, was sie »theoretisch«, also »schauend«, als Tugend aufgestellt hätten, hätten sie sich zur »*größten Stümperei* der Praxis« und Unlösbarkeit der Problemstellung des Handelns verurteilt. »*In praxi* lief alles auf Schauspielerei hinaus«, schreibt Nietzsche resümmierend.[51]

Dem Schauspieler nun, der folglich die Befreiung (zur Praxis) nur spielt und der, wenn es wirklich kritisch wird, unversehens aus der Rolle schlüpft, die er nur personifiziert und, wie man sagt, verkörpert, aber nicht verwirklicht, stellt Nietzsche seinerseits den »Tänzer« gegenüber[52]. Er ist es - und viele Stellen in »Also sprach Zarathustra« zeugen dafür -, der frei über sich verfügt, der sich so außergewöhnlich beherrscht, daß er getrost die Beherrschung verlieren kann, ohne daß Form und Inhalt seiner Bewegungen verloren gehen. »Nur im Tanze weiß ich der höchsten Dinge Gleichnis

[49] N, II, 316: »Um die Erfinder von neuen Werten dreht sich die Welt - unsichtbar dreht sie sich. Doch um die Schauspieler dreht sich das Volk und der Ruhm: so ist es der Lauf der Welt«.

[50] Nietzsche, Die Unschuld des Werdens (Nachlaß I), Band 82, 274.

[51] N, III, 744 (*»Warum alles auf* Schauspielerei *hinauskam«*, 743 f.).

[52] N, II, 530. Vgl. Richard Wisser, Vom Tanz als Leitfaden leibhaften Kunst- und Weltverständnisses, in: Distanz und Nähe. Reflexionen und Analysen zur Kunst der Gegenwart. Walter Biemel zum 65. Geburtstag gewidmet, hrsg. von Petra Jaeger und Rudolf Lüthe, Würzburg 1983, 217 ff., besonders 227 ff.; La danza como referencia para la interpretación corporal del arte y del mundo, in: Folia Humanistica, Tomo XXIII; Núm. 269, Barcelona 1985, 361-378.

zu reden«[53]. »Ich würde« - sagt Nietzsche an anderer Stelle - »nur an einen Gott glauben, der zu tanzen verstünde«[54].

Nietzsche drängt, und das ist das Entscheidende, auf Verwirklichung. Ihm kommt es darauf an, daß ein Gott = der Übermensch durch ihn tanzt, und das heißt: wirk-lich wird. Die Priester haben das Tanzen, d.h. für Nietzsche die Realität verlernt. Sie sind in Nietzsches Augen nur noch Schau-spieler dessen, was sie nicht haben noch sind. Die Priester konnten aber mit ihrer Schau-Spielerei durchsetzen, daß der Mensch es nicht mehr wagt, »alle seine starken und erstaunlichen Momente ... *sich* zuzurechnen«[55]. Religion ist insofern für Nietzsche, wie er in seiner »Rudimentären Psychologie des religiösen Menschen« sagt, eine »Ausgeburt eines *Zweifels* an der Einheit der Person«[56].

Das Wort »Zweifel« muß hier wörtlich genommen werden, denn gemeint ist, daß Religion eine Ent-zweiung des einigen Seins (der Person) ist. Religion spielt Personen, sie stellt vor, sie stellt her, was nicht ist. Sie spielt Schau, ist Schau-Spiel. Religion ist »eine *alteration* der Persönlichkeit«[57], also eine Ent-stellung dessen, was ist. Sie ist der Schein, der so tut, als wäre gerade er das Sein. Der Zweifel an der Einheit der Person ist für den religiösen Zwiespalt verantwortlich. Er »legte die zwei Seiten, eine sehr erbärmliche und schwache und eine sehr starke und erstaunliche in zwei Sphären auseinander, hieß (gemeint ist nannte) die erste ›Mensch‹, die zweite ›Gott‹«[58]. Nietzsche sagt hier, wo es um die Aufdeckung besagter »Rudimentären Psychologie des religiösen Menschen« zu tun ist, der Religion nach, daß sie daran schuld ist, daß »alles Große und Starke vom Menschen als *übermenschlich,* als *fremd* konzipiert wurde«[59]. Die Folge ist, daß sich zwangsweise der Mensch selbst »verkleinerte«. Nietzsches Diktum lautet: »Die Religion hat den Begriff ›Mensch‹ erniedrigt; ihre extreme Konsequenz ist, daß alles Gute, Große, Wahre übermenschlich ist und nur durch die Gnade

[53] N, II, 369.

[54] N, II, 307.

[55] N, III, 747.

[56] N, III, 747.

[57] N, III, 747. Vgl. auch: »Die Religion ist der Fall der ›alteration de la personalité‹«.

[58] N, III, 747 f.

[59] N, III, 747.

geschenkt ...«[60]. Damit wird dem Menschen der Antrieb, über sich hinaus die Richtung zum Übermenschen einzuschlagen, genommen.

Wenn Nietzsche die »Priester« die »Schauspieler« von irgendetwas Übermenschlichem nennt, dann will er damit zweierlei zum Ausdruck bringen: Erstens will er den fiktiven Charakter einer dem Menschen geraubten und auf etwas Nichtmenschliches, in *solchem* Sinne Übermenschliches, eben auf Gott übertragenen Qualität erweisen - dies eint ihn in gewissem Sinne mit Karl Marx -, und Nietzsche will zweitens auch darauf aufmerksam machen, daß solcherart hervorgebrachtes, lediglich *sogenanntes* Übermenschliches *nichts*, aber auch rein gar nichts mit dem von Zarathustra angezielten Übermenschen zu tun hat - dies trennt ihn von Karl Marx. Das Schauspiel von irgendetwas Übermenschlichem macht den Menschen nur etwas vor, schlimmer, bringt sie um die Möglichkeit der Einsicht, daß es ein solches Übermenschliches, durch das die Menschen verkleinert werden, ja sich selbst mittels dieser Fiktion verkleinern, gar nicht gibt, daß vielmehr im Menschen selbst eine Kraft existiert, die über ihn hinausdrängt, es also um den *faktischen* Übermenschen geht, das heißt um die Überwindung des Menschlich/Allzumenschlichen, zu dem das bloß *sogenannte* Übermenschliche noch durchaus hinzugehört.

Nietzsche geht es nicht um die Verbesserung des tatsächlichen Menschen, sondern um die Aufhebung des *vermeintlichen* Übermenschlichen, um die Hinausverlegung des Menschlichen ins Außermenschliche. Es geht Nietzsche um die Überwindung des Menschen, der bisher im *Jenseits* oder aber im *Diesseits* sein Ziel sah oder sieht. Das *Jenseits von Jenseits und Diesseits*, besser: das *Über-Diesseits-und-Jenseits-Hinaus* ist der Ort der Realisierung des wirklichen Übermenschen. Was die Priester unter »Verbesserung« verstehen, das sagt Nietzsche an anderer Stelle: Domestikation, Decadence, Krankmachung[61], kurzum die Ablenkung des Blicks von dem zu entwickelnden Übermenschen weg und die Hinlenkung auf das in Demut und Unterwerfung fingierte, konstitutiv unerreichbare Ersatz-Ziel, auf das *vermeintliche* sogenannte Übermenschliche, auf Gott.

[60] N, III, 748.

[61] Vgl. allgemein: N, III, 740ff.

Und was *zweitens* die *sozialistische* Utopie auf der anderen Seite betrifft, so gilt einem Nietzsche diese keineswegs, wie sie selbst es sieht, für die Überwindung der »Religion«. Nietzsche hält sie für nichts »als ein tölpelhaftes Mißverständnis des christlichen Moral-Ideals«[62]. Nietzsche versucht aufzudecken, was beide Richtungen gerade in ihrer dialektischen Bezogenheit eint und was sie bei ihrer gegenseitigen Kritik aneinander zumeist übersehen, jedenfalls sich wegen der Dialektik nicht einzugestehen bereit und fähig sind, daß sie nichts anderes sind als - feindliche Brüder, weshalb sie auch so intensiv aneinander hängen, und das heißt auch: nicht voneinander loskommen und voneinander lassen können, und das schließt mitunter auch ein, daß sie aufeinander losschlagen. Im »Sozialismus« sieht Nietzsche nichts anderes »als die zu Ende gedachte *Tyrannei* des Geringsten«[63], den Despotismus von unten, die Diktatur derjenigen, die nicht über sich hinaus wollen, sondern die nur haben wollen, was andere nicht teilen wollen, obwohl sie mehr als genug haben. Sozialismus gilt Nietzsche geradezu als Reaktion, als die reaktionärste Haltung überhaupt, als Ressentiment gegen das Individuellwerden.

Es ist hier nicht der Ort zu fragen, ob Nietzsche es sich mit dem Sozialismus, den er keineswegs intensiv studiert hat und dem er schon gar nicht eine auch nur vergleichsweise kritische Auseinandersetzung wie dem Christentum gewidmet hat, nicht zu einfach macht. Wichtig für unseren Zusammenhang ist, daß Nietzsche den Sozialismus einer Kritik nicht einmal für würdig hält, weil dieser, abkünftig aus der Dialektik menschlicher Selbstbezogenheit, nur der Nachäffer der christlichen Schau-Spielerei ist. Die Sozialisten nennt Nietzsche im Unterschied zu den immerhin - sarkastisch gesagt - vollwertigen Priester-Schauspielern die sog. »Dreiviertels-Schauspieler«[64], weil sie naiv »vom ›Guten, Wahren, Schönen‹ träumen«[65] und weil sie einen »albernen Optimismus vom ›guten Menschen‹ (vertreten), der hinter dem Busche wartet, wenn man nur erst die bisherige ›Ordnung‹ abgeschafft hat«[66].

[62] N, III, 574 (*»Verstecktere Formen des Kultus des christlichen Moral-Ideals«*, 573 f.).

[63] N, III, 469.

[64] N, III, 469.

[65] N, III, 845.

[66] N, III, 437.

Nietzsche sucht also diejenigen, die er die Sozialisten und - um Unterschiede nicht weiter bemüht - die Kommunisten nennt, lächerlich zu machen und sie in ihrer Abhängigkeit von den zuvor lächerlich gemachten Priestern zu dekouvrieren. Nietzsche greift den Sozialismus wegen dessen Lehre an, daß die *Reintegration*, also die Rückkehr zum Menschen die Richtung ist, die den Menschen neuen Typs, den diesseitigen Menschen hervorbringen soll - was heißt hier, würde Nietzsche ironisch fragen, »neu«, wenn es nur um eine veränderte Form des Christentums geht -, und weil *»der soziale* (gemeint ist bei Nietzsche der sozialistische) *Mischmasch«*[67] großspurig und oberflächlich leichtfertig als der wahre Mensch ausgegeben wird. Wenn sich die konkreten Menschen, und das heißt für Nietzsche, wenn sich die Unterschiede, die Individualitäten auflösen, dann geht der *Wille, über den Menschen* hinauszukommen, *verloren*, der Wille, den Übermenschen zu wollen und ihn zu realisieren. Der »Wille zur Macht«, das ist der Wille, der dies will und macht, pervertiert dann in eine Massengesellschaft hinein, in die, wie Nietzsche sie nennt, »Ausgleichung«[68].

In Nietzsches Augen stellt das Christentum lediglich eine Parodie auf den Übermenschen dar. Stichwort: Schau-Spielerei. Der Sozialismus gilt Nietzsche nur als eine Travestie der Parodie. Stichwort: Dreiviertels-Schauspielerei. Und weil das Evangelium die Nachricht ist, »daß den Niedrigen und Armen ein Zugang zum Glück offensteht«, weshalb es darauf ankommt, »sich von den Institutionen, der Tradition, der Bevormundung der oberen Stände loszumachen«, behauptet Nietzsche, daß die »Heraufkunft des Christentums nichts weiter ist als die *typische Sozialistenlehre«*[69].

Mit anderen Worten: Wenn der Christ seinem Gott dialektisch den Rücken kehrt, verliert er keineswegs den Niedrigen aus dem Auge. Im Gegenteil: die Erbschaft des Christentums wird zum Thema Nr.1 des Sozialismus. Der enttäuschte Christ wird, wo es dialektisch zugeht, zwangsläufig und keineswegs aus eigener Kraft und eigenem Entschluß zum Sozialisten, der nun das Unterste zu oberst kehrt und durch die »Reintegration«, die Rückkehr »zum wahren Menschen« den »menschlichen Menschen« ans Licht brin-

[67] N, III, 708.

[68] N, II, 788.

[69] N, III, 636.

gen möchte, indem er durch die »Revolution« die vom Menschen verursachte Erniedrigung und die Entfremdung aufhebt, insofern er die Verhältnisse, die zu ihr geführt haben, verändert. Der Begriff »Übermensch«, wie er seit »Also sprach Zarathustra« und später gedacht, ausgemacht, antizipiert und als Ziel aller Hoffnung, die im »Willen zur Macht« gründet, präsentiert wird, dient im Unterschied zur christlichen und zur marxistischen Auffassung vom Menschen als Ausdruck für die erstrebte höchste Realität, die weder christlich gewirkt ist durch Gott, noch marxistisch hervorgebracht wird durch den Abbau der entfremdenden Institutionen, sondern dadurch, daß der Mensch sich in den Dienst des »Willens zur Macht«, also des Prinzips von allem, stellt, jedenfalls ihm nicht entgegenhandelt.

Zarathustra spricht aus, worauf es Nietzsche ankommt: »Der Übermensch liegt mir am Herzen, *der* ist mein erstes und einziges - und *nicht* der Mensch: nicht der Nächste, nicht der Ärmste, nicht der Leidendste, nicht der Beste«[70]. Nietzsche ist sich der Radikalität dieser Aussage bewußt und er weiß, was alles und wen er alles gegen sich hat. Aber Nietzsche wagt die Aussage, weil sie deutlich macht, daß der Mensch *weder* um *Gottes noch* um des *Menschen* willen bei Gott *oder* dem Menschen stehenbleiben und stagnieren muß.

Nach der Kritik am Christentum und seinen menschlich/übermenschlichen Vor-stellungen und nach der Kritik am Sozialismus und seinen menschlich/allzumenschlichen Einstellungen, nach diesen im Sinne Nietzsches reaktionären Reaktionen, nun noch ein Wort zu dem Progreß, den Nietzsche über den Menschen hinaus anvisiert, also zu Nietzsches sog. »*Vorschritt*«.

Ich gehe, selbst wenn es schwerfällt, nicht auf Martin Heideggers Deutung des »Übermenschen« ein, die dieser 1940 in der Abhandlung über »Nietzsches Metaphysik« gegeben hat. Er hat dort anhand von dem, was er Nietzsches »fünf Grundworte der Metaphysik« nennt, unter denen sich das vom »Übermenschen« befindet, nachzuweisen versucht, daß sich in Nietzsches Philosophie die »Vollendung der abendländischen Metaphysik« abspielt.[71] Ich beziehe mich vielmehr auf den Teil in Nietzsches Buch »Also sprach

70 N, II, 523 (3).

71 Martin Heidegger, Nietzsche. 2. Bd., Pfullingen 1961: »Nietzsches Metaphysik« (257-333), 260, 329, 262; »Der Übermensch«, 291-314.

Zarathustra«, wo im 3. und 4. Kapitel aufgezeichnet ist, was man Nietzsches »Übermenschenrede«[72] genannt hat, wohl wissend, daß damit nicht das ganze Problem des »Übermenschen« ausgemacht ist. Da es mir aber vornehmlich in diesen meinen Überlegungen darum zu tun ist, den *kritischen Sinn, den Nietzsche mit dem Wort vom »Übermenschen« verbindet*, herauszuarbeiten und nicht um eine Zusammenstellung aller Stellen, an denen er über den »Übermenschen« spricht, auch nicht um eine Umrißzeichnung des »Übermenschen« oder das Problem der Unterscheidung, wie es sich beispielsweise in dem Problem »Napoleon, dieser Synthesis von *Unmensch* und *Übermensch«*[73], darstellt, dürfte dieser Zuschnitt ausreichen.

»Der Mensch«, sagt Zarathustra, »ist etwas, das überwunden werden soll«[74]. Der Mensch ist folglich Anlaß zu etwas, das weder im Diesseitigen noch im Jenseitigen - beides sind aufeinander dialektisch bezogene Erfindungen, sind Fiktionen, sind bloße »Interpretationen«, keine grundständigen Wirklichkeiten - aufgeht und das auch nicht auf Um-kehr oder aber auf Rück-kehr aus ist. Nietzsche möchte dem Fortwursteln im Menschlich/Allzumenschlichen ebenso wie der Fiktion des Übermenschlich/Phantastischen ein Ende bereiten. Wenn der Mensch sich selbst genügt, gibt er den Progreß preis, der zu ihm selbst geführt hat, den »Willen zur Macht«, der nicht nur als ein Mittel für begrenzte Ziele eingesetzt werden sollte. Dann widersetzt er sich der Dynamik, durch die »alle Wesen bisher etwas über sich hinaus schufen«[75].

Geht dem Menschen aber der *Sinn der Erde* auf und bleibt er der *Erde treu*, das heißt: wendet er sich weder dem Überirdischen noch dem bloß Diesseitigen zu, hört er also auf, in den, wie Nietzsche sagt, »Eingeweiden des Unerforschlichen«, im Jenseits zu wühlen, und bleibt er nicht, wie Nietzsche es ausdrückt, im

[72] Gustav Naumann, Zarathustra-Kommentar , Leipzig 1899, 55.

[73] N,II, 797. »Gegenüber dem Willen zur Niederung, zur Erniedrigung, zur Ausgleichung, zum Abwärts und Abendwärts des Menschen, die furchtbare und entzückende Gegenlosung vom *Vorrecht der Wenigsten*! Wie ein letzter Fingerzeig zum *andren* Wege erschien Napoleon, jener einzelnste und spätestgeborne Mensch, den es jemals gab, und in ihm das fleischgewordene Problem des *vornehmen Ideals an sich«*, 796 f.

[74] N, II, 279.

[75] N, II, 279.

»schmutzigen Strom«[76] des bloßen Diesseits stecken, dann dämmert dem Menschen, also dem Übertier und dem Nichtmehr-Tier, daß er - wie Zarathustra sagt - ein »Seil« ist, »geknüpft zwischen Tier und Übermensch«, »ein Seil über einem Abgrunde«[77]. Sein Ziel ist gerade nicht, mehr *Mensch* sondern *mehr* als Mensch, d.h. Übermensch zu werden. Mag auch die Gefahr, die mit dem Auf-dem-Wege-sein und mit dem Hinüber verbunden ist, die Neigung des Menschen verstärken, zurückzublicken, zu schaudern, den Mut zu verlieren, stehenzubleiben, um es sich und seinesgleichen im Diesseits oder Jenseits kuschelig einzurichten. Da der Mensch - wie Zarathustra sagt - »Brücke«, d.h. gerade nicht Selbstzweck ist, verhilft ihm kein vermeintlich häusliches Einrichten zu einer Bleibe. Der Mensch muß *gehen,* weil er ein »Übergang« ist, und er muß *vergehen,* weil er ein »Untergang« ist.[78]

Schwer fällt es Zarathustra deshalb ins Herz, daß die Menschen, zu denen er spricht, ihn nicht verstehen, daß sie lieber dem akrobatischen Seil-Tänzer zuschauen, statt daß sie erkennen, daß *sie selbst* Seile und Tänzer sind zwischen Tier und Übermensch. Sie übersehen, daß der Kitzel, den sie erleben, wenn sie dem Zirkus-Seiltänzer bei seinen Kunststückchen zuschauen, sie eigentlich an die menschlichste aller menschlichen Aufgaben erinnern müßte, nämlich *über* den Menschen hinauszukommen, den Menschen des Jenseits wie den Menschen des Diesseits zu überwinden, sich um des Zieles des Übermenschen willen des Menschen zu entfremden, die totale Entfremdung *vom* Menschen, nicht *von* Menschen zu vollziehen, das »Seil«, das der Mensch ist, zu überschreiten.

Soviel wenigstens zu Zarathustras beiden Reden vom Übermenschen und zu Nietzsches Sicht von demjenigen Menschen, der noch »den Pfeil seiner Sehnsucht über den Menschen hinauswirft«, zu seiner Schätzung solcher Menschen, deren Sehne des Bogens nicht »verlernt hat, zu schwirren!«[79]

[76] N, II, 280.

[77] N, II, 281.

[78] N, II, 281.

[79] N, II, 284. - Kritisch äußert sich Branko Bošnjak, Primjeri Nietzscheovog preokreta vrednota. O idealnom čovjeku (Nietzsches Umwertung aller Werte. Von dem idealen Menschen), in: Filozofska Istraživanja, II, Zagreb 1984, 551-562.

Nietzsche, der der Menschheit ins Stammbuch geschrieben hat, daß sie ein zu Überwindendes ist, hat sich Zeit seines Lebens darüber keinen Illusionen hingegeben, daß, was er zu sagen hat, in den Ohren der meisten Menschen nur als mißtönend empfunden wurde. Als er sein Buch »Also sprach Zarathustra« veröffentlicht, gibt er ihm als Untertitel eine Charakteristik mit, die für sich spricht: »Ein Buch für Alle und Keinen«[80]. Nietzsche weiß, und er spricht es auf einem Notizzettel aus, der zum sog. Vorreden-Material aus den Jahren 1885-1888 zählt: »Zarathustra hat die Wertschätzungen von ein paar Jahrtausenden gegen sich; ich glaube absolut nicht, daß jemand heute im Stande ist, seinen Gesamt-Ton klingen zu hören: auch setzt sein Verstehen eine solche philologische und mehr als philologische Arbeit voraus, wie sie heute niemand daransetzen wird, aus Mangel an Zeit«[81].

Es ist leicht, solch eine Formulierung als Aristokratismus, als elitäre Attitüde, als hybride Phraseologie zu denunzieren. Und gerade Nietzsches Reden vom Übermenschen hören sich, wenn ihnen zum Trotz der Blick auf die konkreten Verhältnisse gelenkt wird, wie ein Ablenkungsmanöver, wie eine Ablenkungsmusik von dem Ton an, den die Zeit angeschlagen und den die Stunde geschlagen hat. Zu kurz greift trotzdem der, der das philosophische Grundkonzept von Nietzsche mit dem beliebigen und üblichen philosophischen Feuilletonismus verwechselt. Nietzsches Kampf mit dem Menschen um den Übermenschen hat, fast möchte man sagen, kosmische Ausmaße. Nietzsche jedenfalls sieht es so: »Ich sehe etwas Furchtbares *voraus*. Chaos am nächsten, alles Fluss ... Nichts, was an sich Werth hat ... Es ist nicht auszuhalten ... wandelnden Zielen müssen wir *ein* Ziel entgegenstellen, es schaffen ... Den *Uebermenschen* schaffen, nachdem wir die ganze Natur auf ihn hin gedacht, denkbar *gemacht* haben ... Wie habe ichs *(das Leben)* ertragen? Schaffend. Was macht mich den Anblick aushalten? Der Blick auf den Uebermenschen, der das Leben *bejaht*. Ich habe versucht, es *selber* zu bejahen - ach!«[82] Nietzsche ist, wie die Interjektion »ach« zeigt, keineswegs frei von Resignation. In diesem »Ach« liegt mehr als eine lyrische Exklamation, mehr als

[80] N, II, 275.

[81] Nietzsche, Musarion-Ausgabe, Bd. XIV, 320.

[82] Nietzsche, Musarion-Ausgabe, Bd. XIV, 121.

dramatische Deklamation, liegt die Erfahrung des Verlustes der Tradition und Schmerz über das nicht Erreichte.

Vielleicht erwacht aber gerade in der modernen Erkenntnis, daß die Erde und ihre Ressourcen nicht einzig und allein dazu da sind, um vom Menschen aufgebraucht und ausgeschlachtet zu werden, ein Gespür für eine Betrachtungsweise, die vom Menschen als dem Endzweck der Schöpfung abzusehen bereit ist, und vielleicht kommt der Mensch angesichts der modernen Vernichtungswaffen dahinter, daß es nicht der Sinn menschlichen Lebens ist, menschliches Leben, ja vielleicht das Leben dieser Erde überhaupt zu vernichten. Was Nietzsche lehren möchte ist nicht die vor geraumer Zeit vielberufene »Lebensqualität«. Ihn beschäftigt vielmehr der Sinn des Lebens, die Lebenssteigerung, beschäftigen Wachstumsformen der Macht, beschäftigt letztlich das, was alles, was ist, seiner Meinung nach zusammenhält, der »Wille zur Macht«.

Es wäre ein großes Mißverständnis - vielleicht das größte Mißverständnis - zu meinen, Nietzsche habe *sich* für eine erste Verkörperung des Übermenschen gehalten. Er selbst sagt von sich, und damit möchte ich schließen: »Ich glaube, ich habe einiges aus der Seele des höchsten Menschen *errathen,* vielleicht geht jeder zu Grunde, der ihn erräth, aber wer ihn gesehen hat, muß helfen, ihn zu ermöglichen«[83].

[83] Nietzsche, KGW VII, 2, 26 (156).

II. Teil

KREUZWEGE

Philosophie - Wissenschaft - Denken

Historisch-systematische Knotenpunkte eines problematischen Verhältnisses (Vico, Hegel, Heidegger)

Von der Perspektivität des Sehens »respektive« Erkennens

Jedermann weiß, bis zu welchem Grad Sehschwächen unserer Augen durch regulierende Brillen überwunden werden. Allgemein bekannt ist, daß Dioptrien, die man benötigt, um das ins Auge Gefaßte scharf und deutlich zu Gesicht zu bekommen, gemessen werden können. Die meisten Menschen wissen auch, daß Perspektiven, unter denen wir etwas betrachten, wesentlich dazu beitragen, ob wir eine Sache sachlich in den Blick bekommen. Und nicht selten gestehen wir uns ein, daß Blickwinkel gelegentlich recht eng und beschränkt sind, ja daß sie zu Blickpunkten schrumpfen können, so daß wir oft große Mühe darauf verwenden müssen, nicht bei bloßen Stichpunkten zu verbleiben oder unsere Aufmerksamkeit nicht im winkelig Verwinkelten erlahmen zu lassen.

Aber zu *wissen*, daß man die Augen offenhalten muß und die Sicht zu erweitern hat, damit der Überblick bewerkstelligt wird und der Einblick gelingt, der der Sache angemessen ist, ist eines, solches tatsächlich zu *leisten* und ihm im Einzelfall zu *entsprechen*, ist ein anderes. Hinzu kommt, daß es keineswegs ausreicht, eine »Gegebenheit«, ein »Ereignis« oder eine sog. »Tatsache« bloß scharf ins Auge zu fassen, um zu wissen, was es mit ihr auf sich hat, und daß es nicht ausreicht, einen Überblick zu haben und das Umfeld zu kennen, um wirklich Bescheid zu wissen; denn zum richtigen Sehen gehört auch das zutreffende Einschätzen des Gesehenen. Wer sich bei *Faktischem* beruhigt und die *Bedeutung* außer acht läßt, reduziert die Tiefendimension, die einer *Sache* eigen ist, der aber auch eine solche beim Einblick *Nehmenden* entspricht, und er schränkt solches, das sich darbietet, möglicherweise auf einen der Sache äußerlichen Horizont ein beziehungsweise überläßt bei seinem eigenen schätzenden Sehen gegebenenfalls Vorlieben das Wort.

Wer diese Einsichten im Alltag nicht berücksichtigt oder gegen sie verstößt, bekommt es bald zu spüren; denn er eckt an, er gerät ins Abseits, er verliert die Übersicht. Alles dies ist uns allen bestens bekannt. Nehmen wir aber, was schon der Alltag uns lehren kann, nehmen wir seinen Zwang zum richtigen Sehen, seine aus der Praxis stammende Theorie des Blickens, sein Sehen des Sehens jeweils auch im Blick auf Probleme wirklich ernst, die uns als Wissenschaftler und als Philosophen beschäftigen? Lassen wir uns von Alltagserfahrungen bei der Erörterung und Einschätzung wissenschaftlichen und philosophischen Sehens ernsthaft bestimmen? Tragen wir solchem, was der Alltag uns gewisserweise zwangsweise beibringt, auch dort ausreichend und nachhaltig Rechnung, wo wir meinen, über den Alltag gerade erhaben zu sein und den »gesunden Menschenverstand« sich selbst überlassen zu können?

Seit Platon das Problem des *richtigen Sehens* zum Grundproblem der Philosophie gemacht hat[1] und seitdem er zur Kennzeichnung dessen, was unabdinglich erforderlich ist, um überhaupt etwas zu sehen, die Hypothese aufgestellt hat, daß wir nicht das Mindeste von dem, was wir üblicherweise sehen, *sehen könnten*, wenn uns nicht die »*Ideen*«, also das die Sichtbarkeit des Zu-*sehenden* überhaupt erst Ermöglichende gegeben wäre, ist der Zusammenhang von idein (ἰδεῖν), videre, wissen offensichtlich. Und seitdem muß der, der über ihn hinwegsieht, sich sagen lassen, daß er in der Gefahr steht, nicht nur *Sinnes*-Täuschungen zum Opfer zu fallen, sondern auch Täuschungen über den *Sinn* von etwas aufzusitzen. *Primär* sind die »*Ideen*«, sie, die die Gesichte, die das Gesicht, die die Sichtbarkeit überhaupt erst ermöglichen und den Gesichtspunkten und Gesichtswinkeln vorausgehen. Sie öffnen überhaupt erst die Augen für das, wofür diese, ihrer Eigenart gemäß, da sind. Primär sind folglich die *Ideen-Augen*, die auch unser eigenes Gesicht, also unsere leiblichen Augen überhaupt erst öffnen und ihnen die Richtung auf das Wesentliche in den Dingen, auf ihr Sein und ihre Bedeutung, ihre Bedeutsamkeit und ihre - wie man sagen könnte - Seinsamkeit, ihren Sinn weisen.

[1] Vgl. Martin Heidegger, Platons Lehre von der Wahrheit, in: Wegmarken (Gesamtausgabe, Bd. 9), Frankfurt am Main 1976, 230 f.

Platon hat in dem nicht umsonst berühmten »Höhlengleichnis«[2] deshalb ein *anderes Bild* vom Alltag des Sehens gezeichnet, als wir es oben beschrieben haben. Er hat das richtige Sehen als den ständigen, unentwegten Kampf beschrieben, aus der Höhle der Meinungen und Vorurteile des Alltags und aus den engen Blickwinkeln herauszukommen und frei zu werden von den beschränkt beschränkenden Perspektiven eines bornierten Alltagssehens. Und Platon hat dabei ein treffendes Bild der tatsächlichen sozio-psychologischen Situation gezeichnet, in der die Menschen zumeist befangen und gefangen sind, ohne es zu wissen bzw. es wahrhaben zu wollen. Und nicht ohne Grund hat Francis Bacon noch nahezu zweitausend Jahre später auf seine Weise zu einer Kritik an den Idolen, an den Einbildungen und Trugbildern ausgeholt[3], in denen das Sehen befangen ist, und deshalb den Versuch unternommen, dem falschen Sehen den Star zu stechen. Daß er dabei keineswegs nur den Menschen des Alltags, sondern in erster Linie die Wissenschaftler und die Philosophen attackiert, zeigt, daß es sich bei der Kritik des Sehens und Erkennens um ein gemeinmenschliches Problem ersten Ranges handelt.

Platon hat sich als einer der ersten griechischen Philosophen diesem Problem gestellt, dem Eingangsproblem, das in gewisser Weise über alles Weitere entscheidet. Und Platon hatte den Mut des Genies, ein Wort der Volkssprache, das jedem geläufig war, das Wort ἰδεῖν, sehen, aufzugreifen und Idee (ἰδέα) ausgerechnet das zu nennen, was gerade nicht zu Tage liegt[4] und was dem üblichen Sehen, dem *gewohnten* Sehen (Wohnen hier verstanden als Sichwohl- und Zuhausefühlen in der »Höhle«), verschlossen bleibt, ja beim Sehen regelrecht über-sehen wird. Er hat durch dieses Wort aber genau solches bezeichnet, ohne das seiner Hypothese zufolge keine Form des Sehens auskommt und ohne das die gewohnten Weisen des Sehens undenkbar wären; denn wir sehen nicht durch

[2] Platon, Politeia, VII, 514a-517a: »Nächstdem, sprach ich, vergleiche dir unsere Natur in bezug auf Bildung und Unbildung folgendem Zustande ...«

[3] Francis Bacon, Novum Organum, I, 38-62: »The idols and false notions which have already preoccupied the human understanding, and are deeply rooted in it, not only so beset men's minds that they become difficult of access, but even when access is obtained will again meet and trouble us in the instauration of the sciences, unless mankind when forewarned guard themselves with all possible care against them ...«

[4] Martin Heidegger, Die Technik und die Kehre, Pfullingen 1962, 19 f.

das Augenfällige, sondern durch das, was die Augen öffnet und sie offenhält. Es sind die »Ideen«, die uns einsehen lassen, was es mit dem, was vor Augen liegt, auf sich hat, und das heißt: welcher *Sinn ihm* zu *eigen* ist und welche *Bedeutung wir*, ihm beizumessen, uns für berechtigt halten. Platon hat mit diesem Kunstgriff, besser gesagt, mit diesem philosophischen Be-griff die gewohnten Ansichten über das Sehen auf den Kopf gestellt, richtiger gesagt, er hat sie berichtigt, hat sie auf die Füße gestellt. Er hat dem Sehen das Starren abgewöhnt (auch das mit den Augen Aufessen und Verzehren) und er hat uns das Sehen des Sehens, die Erkenntnis-»Theorie« gelehrt. Es ist das wahre Sehen, das uns ermöglicht, wahr-zu-nehmen. Den Wahrnehmungen gehen gesichtete Wahrheiten prinzipiell voraus.

Das *Problem der Erkenntnis*, das in der Folgezeit dann zu einer grundwichtigen Disziplin der Philosophie als sog. Erkenntnistheorie geführt hat - wobei zu beachten ist, daß auch das Wort Theorie (θεωρία) ein Schauen meint, und zwar ein solches, durch das das Angeschaute bewahrt wird -, lenkt folglich bewußt den Blick weg von dem, was üblicherweise wie selbstverständlich in den Blick genommen wird, und es lenkt den Blick konsequent auf das, was das Blicken als solches ermöglicht oder aber den Einblick in die Sache verschließt. Anders gesagt: die Erkenntniskritik übt nicht in erster Linie Kritik an Erkanntem, sondern an den *Formen des Erkennens*. Sie fragt, was es mit dem Erkennen als solchem auf sich hat. Sie ist bemüht, den *Blick vom Erblickten auf den Blick selbst* zu wenden, das heißt, eine kritische Wendung des Blickens und des Blicks vorzunehmen und die *In-Blick-Nahme des Blickens* zu leisten.

Seit Platons Hypothese von den »Ideen« ist vordringlich nicht mehr das naive Blicken, ist vorrangig vielmehr die Durchleuchtung des Blickens selbst. Und mag dann auch Aristoteles zu einer anderen Auffassung über Wesen und Weg des Erkennens gekommen sein, und mag auch die Entwicklung bis zu Immanuel Kant und weiter bis in unsere Tage unterschiedliche, ja gegensätzliche Hypothesen und Theorien zeitigen, gefragt ist seitdem in erster Linie nicht mehr das Erblickte, sondern das *Blicken des Blicks*. In solchen Worten wie »Weltanschauung« oder »Wissenschaftstheorie«, aber auch in Worten wie »Weltbild« und »science fiction« spricht sich der Vorrang des Auges und alles dessen aus, was für das Auge als Bild oder fiction geschaffen, das sehen läßt, was *war*, was *ist* und was *sein wird*. Letztenendes kommt also unter solcher

Hinsicht alles auf das *richtige Sehen* an, gleichgültig, ob es sich um die Erkenntnis von sog. Wahrheiten oder aber um die Erkenntnis von sog. Tatsachen handelt. Und so gilt denn der Kampf der Aufdeckung von Sichtweisen, durch die möglicherweise zwar dieses oder jenes in den Blick gelangt, durch die man aber anderes aus dem Auge verliert, von Sichtweisen des Sehens, durch die gesehen oder aber über-sehen wird, durch die Ein-blicke gelingen oder aber vorbei-geblickt wird.

Geschichte als Horizont der Perspektiven

Vielleicht ist aber *vorrangiger* als die Frage nach dem richtigen Sehen, also nach der *Sicht*weise, die Frage nach der *Seins*weise dessen, was nicht einfach in den Blick gefaßt werden kann und sich auch nicht auf die Frage nach dem Blickwinkel oder dem Ausschnitt reduzieren läßt und nicht durch die spezifische Art des Blickens überhaupt erst zustandekommt, was vielmehr darin seine besondere Eigenart hat, daß *es sich von ihm selbst her an ihm selbst zeigt*. Vielleicht ist vorrangiger als die Erkenntnistheorie und ihre moderne Form, die Paradigmatologie, die *phänomenologische Ontologie*. Vielleicht hängen die Erkenntnistheorien nicht nur in der Philosophie, sondern auch in der Wissenschaft jeweils von unterschiedlichen Antworten ab, die auf die Frage nach dem *Sein* gegeben werden, Antworten, die vielleicht sogar als *»Geschick« des Seins selbst* aufgefaßt werden müssen. Vielleicht wird man dem Problem der Philosophie als solcher, aber auch dem der Wissenschaft als solcher, sei es im engeren, sei es im weiteren Sinne, erst dann gerecht, wenn man der Bedingtheit *traditioneller Philosophie* auf die Spur kommt und sich in den Dienst eines die »Seinsfrage« fragenden Denkens stellt, d.h. wenn man *Wissenschaft* ihrer Vordergründigkeit entkeimt, mit der üblicherweise die Rede vom praktischen Nutzen auftrumpft, aber auch ihrer Hintergründigkeit nicht auf den Leim geht, die mit dem in unseren Tagen allerdings leise gewordenen Anspruch daherkommt, ihr gelinge es, die »Welträtsel« zu lösen.

Anhand von *drei Beispielen* möchte ich auf Vorgänge aufmerksam machen, bei denen jeweils unter neuer Perspektive das problematische Verhältnis von Philosophie, Wissenschaft und Denken in der Geschichte dessen, was man auch heute noch Philosophie nennt, auf dem Spiel steht.

Zunächst greife ich auf denjenigen Philosophen zurück, der lange zu Unrecht im Schatten René Descartes' gestanden hat und über diesem, dem man die Rolle des Vaters der neuzeitlichen Philosophie zugesprochen hat, übersehen worden ist, auf einen Philosophen, der sich aber schon damals konsequent der Aufgabe der *Überwindung* der bis heute tiefgreifenden *Trennung der Wissenschaften in Natur- und Geisteswissenschaften* gewidmet hat: auf *Giambattista Vico* und auf seine »Neue Wissenschaft«, die sich für berufen hält, an *Stelle* der *bisherigen* Philosophie als die *eigentliche Philosophie* zu fungieren.

Daran anschließend werde ich dartun, auf welche Weise *Hegel* versucht hat, die *Philosophie als solche*, auch diejenige, die sich als »Neue Wissenschaft« versteht, dadurch zu *überwinden*, daß er sich bereit fand, an dem mitzuarbeiten, was seiner Auffassung nach »an der Zeit« ist: die Erhebung der Philosophie zur *»wirklichen Wissenschaft«*.

Schließlich soll durch die Befragung dessen, was *Heidegger* meint, wenn er sagt: »die Wissenschaft denkt nicht«, der Blick auf das gelenkt werden, was Heidegger in die Formel vom *»Ende der Philosophie und der Aufgabe des Denkens«* faßt.

Damit scheint der zu beschreitende Weg: *Philosophie - Wissenschaft - Denken* als Prospekt offen vor Augen zu liegen, und man könnte meinen, daß es jetzt nur noch darauf ankomme, besagte drei Beispiele zu offerieren. Nach dem eingangs Gesagten blieben wir allerdings mit solch naivem Verfahren unter dem nötigen Problemniveau. Muß doch wenigstens einsichtig sein, in welcher Perspektive die jeweiligen Unternehmungen stehen. Es reicht ja wohl nicht aus, sich damit zufrieden zu geben, daß sie zeitlich nacheinander aufgekommen und unternommen worden sind. Und wenn nicht durchsichtig gemacht werden kann, weshalb ausgerechnet besagte *drei* Versuche vorgeführt werden sollen, hängt es lediglich vom guten Willen ab, ob man bereit ist, sich gerade mit diesen Beispielen zufrieden zu geben. Deshalb ist es vonnöten, wenigstens *einen* Gesichtspunkt zu nennen, unter dem *alle drei Vorgehensweisen* ein Gemeinsames erkennen lassen und weshalb sie nicht durch beliebige andere Namen ersetzt werden können, daß, sie zu berücksichtigen, also nicht mit einer Eskapade oder mit Anachronismus verwechselt werden darf.

Die drei genannten »Philosophen« treten auf eine zwar durchaus unterschiedliche, aber vergleichslos nachdrückliche Weise nicht nur mit der bisherigen *Geschichte* des Denkens, sondern auch des *Denkens* über Philosophie und Wissenschaft ins Gespräch.

Vico[5] ist als erster bemüht, *Geschichte als solche*, Geschichte, von der bislang alle Gelehrten behauptet hatten, daß sie in ihren Prinzipien »mangelhaft« sei, weshalb René Descartes sie - was oft übersehen wird - geradezu und recht nachhaltig aus dem Gegenstandsbereich einer ihrer selbst bewußt gewordenen rationalistischen Philosophie ausgeschlossen hatte, als etwas verstehbar zu machen, dessen Prinzipien aufgedeckt werden können, und zwar beim Menschen selbst, bei dem Wesen also, das die Geschichte *macht*. Für Vico ist Philosophie wesentlich *Philosophie der Geschichte*.

Hegel[6] ist der erste, der die ihm vorauf- und vorangegangene *Geschichte der Philosophie* nicht als bloße Galerie von Meinungen nimmt, unter denen jeder Interessierte sich das ihn Interessierende eklektisch und zufällig aussuchen kann, und sie nicht als eine - wie er selbst es nennt - »Kollektion von Mumien«[7] ansieht, um die sich

[5] Vgl. zu *Vico*: Richard Wisser, Der »metaphysische Historismus« des Giambattista Vico, in: Philosophia. Miscelánea en Homenaje al Dr. D. José Ignacio de Alcorta y Echevarría, Barcelona 1971, 643-667. R. Wisser, Giambattista Vicos »Neue Wissenschaft« als frühes Modell integrativen Denkens, in: Akten des XVI. Internationalen Kongresses für Philosophie (Wien 1968), Bd. VI, Wien 1971, 572-584. Richard Wisser, Giambattista Vico, in: Die Religion in Geschichte und Gegenwart, 3. Aufl. Tübingen 1962, 6. Bd., Sp. 1391 ff. R. Wisser, Von der Entdeckung des »wahren« Vico: Geschichtsmächtigkeit des Menschen und Verstehbarkeit von Geschichte, in: Zeitschrift für Religions- und Geistesgeschichte, 41. Jg., H. 4, Köln 1989, 302-324. Span. in: Folia Humanistica, Tomo XXV, Núm. 299, Barcelona 1987, 731-740; Tomo XXVI, Núm. 300 (1988), 1-11; Núm. 301, 73-78. Japanisch in: R.Wisser, Menschsein und Fragen. Kritisch-krisische Anthropologie, Tokyo 1994, 13-47.

[6] Vgl. zu *Hegel*: Richard Wisser, Humanismo »real« y lógica »especulativa«, o sea, Marx y Hegel, in: Folia Humanistica, VIII, Núm. 94, Barcelona 1970, 795-812. R. Wisser, »Von Hegel zu Marx«, oder »Die ungeheure Macht des Negativen«, in: bewußt sein. Gerhard Funke zu eigen, hrsg. von Alexius J. Bucher, Hermann Drüe, Thomas M. Seebohm, Bonn 1975, 168-199. R. Wisser, Grundrichtungen des 19. Jahrhunderts in Abkehr zu Hegel. Eine unzeitgemäß zeitgemäße Betrachtung im Blick auf den derzeitigen Gegensatz von »links« und »rechts«, in: Alte Fragen und neue Wege des Denkens. Festschrift für Josef Stallmach, hrsg. von Norbert Fischer, Johannes Nosbüsch, Karl-Anton Sprengard, Wilhelm Teichner, Bonn 1977, 216-239.

[7] Hegel, Differenz des Fichteschen und Schellingschen Systems der Philosophie, in: Hegel, Sämtliche Werke, hrsg. von Hermann Glockner, 1. Bd., 2. Aufl. Stuttgart 1941, 40.

gegensätzliche Schultraditionen streiten, der die Geschichte der Philosophie vielmehr als Erweis der *Geschichtlichkeit des Denkens* ernst nimmt.

Und *Heidegger*[8] kommt das Verdienst zu, den Blick auf die Abhängigkeit sowohl der Geschichte als solcher als auch der Geschichte der Philosophie und des Denkens vom »Geschick« solcher Seinsauslegungen gelenkt zu haben, denen durch den sog. »Schritt zurück«[9] in einen bisher übersprungenen Bereich der Wahrheit und des bisher Ungedachten die Selbstverständlichkeit genommen werden soll zugunsten der - wie Heidegger dies ausdrückt - »Freilegung des überlieferten Denkens in sein noch aufgespartes Gewesenes«[10].

Besagten drei Denkern geht es also jeweils in Auseinandersetzung mit dem in der *Geschichte* sich Manifestierenden 1. um die Erweiterung der Bewußtseins-Philosophie zur *eigentlichen* Philosophie der »Neuen Wissenschaft« (Vico), durch die der *Mensch* als Schöpfer *und* als Geschöpf der Geschichte *zentral* gesehen wird und die Vorsehung nicht mehr *direkt* in die Geschichte eingreift, sondern durch das *Tun* und *Machen* des Menschen wirkt, 2. um die Totalisierung der Philosophie zur »wirklichen Wissenschaft« (Hegel), in der es um den sich selbst begreifenden absoluten Geist, den *Weltgeist* geht, der, von sich ausgehend, auf dem Rücken des Menschen zu sich zurückkehrt, die Vorsehung also die geschichtliche Selbstentfaltung des Absoluten ist, und 3. um die Überwindung beziehungsweise die Verwindung der zur philosophischen Wissenschaft entwickelten Philosophie durch ein »anderes« Denken

[8] Vgl. zu *Heidegger*: Richard Wisser, Humanismus und Wissenschaften in der Sicht Martin Heideggers, in: Integritas. Geistige Wandlung und menschliche Wirklichkeit. Karl Holzamer gewidmet, hrsg. von Dieter Stolte und Richard Wisser, Tübingen 1966, 141-159. R. Wisser, Das Fragen als Weg des Denkens. Martin Heideggers Verantwortung von Technik, Wissenschaft und Humanismus im Hinblick auf den Menschen als Da des Seins, in: R. Wisser, Verantwortung im Wandel der Zeit, Mainz 1967, 273-323. R. Wisser, Martin Heidegger und der Wandel der Wirklichkeit des Wirklichen, in: Areopag, 5. Jg., München 1970, 79-90. R. Wisser, Aneignung und Unterscheidung. Existenzphilosophie im Kampf um die Existenz der Philosophie. Karl Jaspers und Martin Heidegger, in: Theologie und Philosophie, 59. Jg., Freiburg/Basel/Wien 1984, 481-498. R. Wisser, Martin Heideggers vierfältiges Fragen. Vor-läufiges anhand von »Was ist Metaphysik?«, in: Martin Heidegger - Unterwegs im Denken. Symposion im 10. Todesjahr, hrsg. von R. Wisser, Freiburg/München 1987, 15-49.

[9] Heidegger, Identität und Differenz, Pfullingen 1957, 45 ff.

[10] idem, 44.

(Heidegger), dessen Sache weder einseitig der Mensch[11] noch ebenso einseitig das Denken ist, sondern das Zusammen*gehören* von *Mensch* und *Sein*, die als Zusammengehörendes, d.h. Gehöriges in das »Ereignis« vereignet sind.[12]

1. Vicos »Neue Wissenschaft« als die »eigentliche Philosophie«

Auch wenn es durchaus zutreffend ist, Vico als den großen Antipoden zu René Descartes und dessen Neubegründung derjenigen Philosophie anzusprechen, die in der Evidenz einer im Satz cogito ergo sum sich ausdrückenden Existenzerfahrung des Bewußtseins das unbezweifelbare fundamentum inconcussum für zukünftiges Philosophieren und Wissenschaftstreiben zu finden meinte, man verkürzt durch solche bloße Kontraposition Giambattista Vicos Leistung unzutreffend und ungebührlich: denn Vico, der sich seit 1721 die Aufgabe gestellt hat: Nova Scientia tentatur[13], arbeitet in der dann 1725 als »Scienza nuova« titulierten »Neuen Wissenschaft« zwar heraus, daß es sich bei dieser Wissenschaft um das bisher erstmalige Unternehmen handelt, »die Erschaffung der Menschheit durch die Menschheit, registriert gleichfalls von der Menschheit«[14], aus Prinzipien durchsichtig gemacht zu haben, die im Menschen selbst liegen. Vico schließt aber nicht dergestalt, wie Descartes die Geschichte aus dem Kernbereich der Wissenschaft ausgeschlossen hatte, seinerseits die Wissenschaft von der Natur aus der Geschichte als dem von Menschen Hervorgebrachten aus, betont vielmehr, daß es *eigentliche Wissenschaft* nur von dem geben könne, dessen Prinzipien »innerhalb der Modifikationen

[11] Vgl. Richard Wisser, Die Frage nach dem Menschen, in: Wissenschaft und Weltbild, 24. Jg., H. 3, Wien 1971, 176-193. R. Wisser, Die Fraglichkeit der Frage nach dem Menschen, in: Nietzsche - kontrovers, Bd. 6, Würzburg 1987, 89-113.

[12] Heidegger, Identität und Differenz, 23 (»Zusammen*gehören* von Mensch und Sein«). Vgl. die instruktive Erörterung bei meinem Schüler Emil Kettering, NÄHE. Das Denken Martin Heideggers, Pfullingen 1987, 69-87, 328 ff.

[13] Giambattista Vico, L'Autobiografia, Il Carteggio e le Poesie varie, Seconda Edizione riveduta e aumentata a Cura di B. Croce e F. Nicolini, Bari 1929 (Scrittori d'Italia, Vico, Opere V), 42.

[14] Paul Hazard, Die Krise des europäischen Geistes. La Crise de la Conscience Européene 1680-1715, Hamburg 1939, 477.

unseres eigenen *menschlichen Geistes*« selbst gefunden werden können.[15]

Die »Neue Wissenschaft« als die eigentliche Philosophie ist, Vico zufolge, nun aber beileibe nicht irgendeine »neue« Wissenschaft, die auf dem bisherigen Gebiet der Wissenschaften bereichsinterne Fortschritte macht oder die sich von nun an neben andere Wissenschaften lediglich als eine neue »Wissenschaft« mit neuem Gegenstandsbereich setzt. Die »Neue Wissenschaft« ist vielmehr neu »ihrem Wesen nach«. Neu ist gewissermaßen kein Adjektiv zu Wissenschaft, besagt vielmehr - und deshalb spricht Vico selbst von dem »neiderregenden Titel«[16] -, daß mit der *Geschichte* der *umfassende Horizont* aufgedeckt ist, in den alles andere hineingehört, weil er die »Grenzen des Menschenverhältnisses«[17] umfaßt. Geschichte ist alles, was geschieht, ist Inbegriff des Geschehens, und zwar als das vom Menschen Zustandegebrachte. Das heißt: Wissenschaft im strengen Sinne des Wortes, Wissenschaft, die nicht irgendwelche Kenntnisse und Erkenntnisse zu Wege bringt, Wissenschaft, die vielmehr über die Prinzipien ihrer selbst verfügt, kann es nur geben, wenn derjenige das, was er erkennt, selbst hervorbringt, und wenn zugleich der, der hervorbringt, auch derjenige ist, der erkennt.

Deshalb wundert sich Vico, daß es bisher »alle Philosophen im Ernst hatten sich angelegen sein lassen, die Wissenschaft zu erlangen von der Welt der Natur; und sich nicht bekümmert haben nachzuforschen über die Welt der Nationen, oder die bürgerthümliche Welt; von welcher, weil die Menschen sie begründet, die Menschen auch die Wissenschaften erlangen konnten«[18]. Wenn es eine Wahrheit gibt, die - so Vico - »durchaus auf keine Weise in Zweifel

[15] Vico, La Scienza Nuova seconda. Giusta L'Edizione del 1744. A Cura di F. Nicolini, Quarta Edizione, Bari 1953, 117 (= SN). Die deutsche Übersetzung entnehme ich: Giambattista Vico, Grundzüge einer Neuen Wissenschaft über die gemeinschaftliche Natur der Völker. Aus dem Italienischen von Dr. Wilhelm Ernst Weber, Leipzig 1822. Vgl. Giovanni Battista Vico, Prinzipien einer neuen Wissenschaft über die gemeinsame Natur der Völker, Teilband 1 und 2. Übersetzt von Vittorio Hösle und Christoph Jermann und mit Texthinweisen von Christoph Jermann. Mit einer Einleitung »Vico und die Idee der Kulturwissenschaft« von Vittorio Hösle. Hamburg 1990. (= Philosophische Bibliothek Meiner Band 418a und 418b).

[16] Vico, SN, 535.

[17] Vico, SN, 131.

[18] Vico, SN, 118.

gezogen werden kann«[19], dann ist es nicht die recht eingeschränkte Evidenz des Bewußtseins, von der René Descartes meinte, sie führe zur Neubegründung der Philosophie, sondern die *umfassende Einsicht*, daß die *Welt der Geschichte von Menschen aufgebaut* worden ist und daß folglich im strengen Sinne *wissenschaftlich* nur die geschichtlich vom Menschen hervorgebrachte Welt und gerade nicht die von Gott geschaffene Welt der Natur erkannt werden kann. Sowohl auf die geschichtliche Welt, das factum des Menschen, als auch auf die natürliche Welt, - für Vico - das »genitum« Gottes, trifft der *Grundsatz* zu, auf dem einzig und allein *wahre* und *wirkliche Wissenschaft* gegründet werden kann, der Satz: *verum et factum convertuntur*[20], also: Wahres und Geschaffenes sind konvertibel, sind austauschbar, auswechselbar, weil eines für das andere steht. Nur Geschaffenes ist erkennbar, und Erkennbares ist geschaffen. Einzig der Schaffende erkennt, was er schafft, einzig der Erkennende schafft, was er erkennt.

Der cartesische Satz: cogitans sum beziehungsweise sum res cogitans reicht Vico zufolge für eigentliche Philosophie, also für die Neue Wissenschaft nicht aus. Descartes' Satz muß, soll Wissenschaft sich ihres eigenen Wesens bewußt und ihrer Grenzen ansichtig werden, durch den fundamentaleren Satz: *verum idem factum* ersetzt werden, einen Grundsatz, der göttliches *und* menschliches Wissen durchsichtig macht und zugleich geeignet ist, göttliches und menschliches Wissen voneinander zu *unterscheiden*. Einzig Gott, der die *Natur* er-schaffen hat, kennt sie; der Mensch aber, der die *Geschichte* hervorgebracht und gemacht hat, ist ihrer deshalb auch im Erkennen mächtig.

Bei alledem ist es wichtig zu beachten, daß Vico nicht, wie das vielfach auch heute noch in der Vico-Forschung behauptet wird, die Wissenschaft der Geschichte naiv der Wissenschaft der Natur entgegengesetzt hat. Vico erhebt vielmehr von dem - wie er sagt - »unbezweifelbaren Grundsatz«, den man das sog. »Vico-Axiom« genannt hat: »der Mensch macht die Geschichte«[21], aus einen

[19] Vico, SN, 117.

[20] Giambattista Vico, Liber metaphysicus (De antiquissima Italorum sapientia liber primus) 1710. Risposte 1711, 1712. Aus dem Lateinischen und Italienischen ins Deutsche übertragen von Stephan Otto und Helmut Viechtbauer, mit einer Einleitung von Stephan Otto, München 1979, 34/35.

[21] Ferdinand Fellmann, Das Vico-Axiom: Der Mensch macht die Geschichte, Freiburg/München 1976.

ungleich pointierteren Anspruch: der Naturwissenschaft fehlt die Berechtigung, ihre Form des Wissens zum Maßstab und Muster von Wissenschaft als solcher zu machen. Sie hat sich vielmehr vor besagtem - heute würde man sagen - wissenschaftstheoretischen Grundsatz, der zugleich ein wissenschaftspraktischer ist, auszuweisen. Dabei werden die Grenzen der Naturwissenschaft und ihr Wesen offenbar, und ihre Reichweite und die Art ihrer Reichweite läßt sich schlüssig einsehen.

Vico ist der Auffassung, daß der Mensch so, wie er das Geometrische beweist, indem er es hervorbringt (vgl. Vicos Schrift: De nostri temporis studiorum ratione), und so wie er die Geschichte erkennt, weil er sie hervorbringt (vgl. sein Hauptwerk: Scienza Nuova), wir Menschen hiervon Wissenschaft im strengen Wortsinn haben können, es dem Menschen folglich aber versagt ist, die Natur restlos und bis auf den Grund zu erkennen, weil nur der sie lückenlos erkennen kann, der sie geschaffen hat, Gott. Es gilt daher ebenso der Satz: wenn wir die Natur (physica) beweisen könnten, würden wir sie hervorbringen, und inwiefern wir sie beweisen, bringen wir etwas an ihr zu Gesicht; wie der andere: wenn wir Gott erkennen könnten, wären wir es, die ihn schaffen[22], und insofern wir ihn von uns aus ansprechen, bringen wir Götter hervor. Anders gesagt: auch wenn, und nicht erst die Technik unserer Tage ist Beleg hierfür[23], gerade die Wissenschaft von der Natur Physikalisches dadurch beweist, daß sie es hervorbringt, so kann doch nicht darüber hinweggesehen werden, daß sie stets auf das angewiesen ist, was ihr als Wissenschaft immer schon vorausgeht, das heißt: sie konstruiert und sie rekonstruiert, aber sie ist letztenendes stets reproduktiv beziehungsweise nur im Rahmen von Reproduziertem produktiv. Naturwissenschaft schöpft aus der Natur, aber sie selbst ist nicht im eigentlichen Sinne schöpferisch.

Es wäre ein totales Mißverständnis, wollte man Vico unterstellen, er sei wissenschaftsfeindlich gesinnt gewesen. Vico hat vielmehr im Sinne eines *grundsätzlichen wissenschaftstheoretischen Denkens* und *wissenschaftspraktischen Handelns* von seinem

[22] Vico, De nostri temporis studiorum ratione (Vom Wesen und Weg der geistigen Bildung). Übertragung von Walter F. Otto, mit einem Nachwort von Carl Friedrich von Weizsäcker und einem erläuternden Anhang von Fritz Schalk, Godesberg 1947; Reprint Darmstadt 1963, 40 f.

[23] idem: Carl Friedrich von Weizsäcker, 160, 162.

Grundsatz: verum idem factum aus 1. versucht, die *Grenzen* der Wissenschaft von der Natur zu bestimmen, ohne deshalb ihren ins Endlose gehenden Fortschritt zu leugnen, von dessen Ausmaßen (und faktischen Bedrohungen) ihm allerdings nichts träumte noch schwante. Vico hat 2. die *Geschichte* als die eigentlich menschliche Dimension herausgestellt, innerhalb deren Wissenschaft im strengen Sinne des Wortes möglich ist, weil es einzig dort, wo der, der - wie Vico sagt - »die Facten vollzieht, dieselben auch selber erzähle, es keine gewissere Geschichte geben kann«[24]. Und Vico hat 3. durch die These, daß Geschichtsverläufe - Vico nennt sie corsi - nach feststellbaren Gesetzmäßigkeiten kreisförmig Phasen durchlaufen, die menschheitsgeschichtlich wiederkehren, d.h. als ricorsi auftreten, dazu beigetragen, das als Engführung des dem Menschen als Menschen Möglichen durchschaubar zu machen, was später Auguste Comte als das sog. Dreistadiengesetz des gesamten Geschichtsablaufs[25] formuliert hat, dessen absolut letzte Phase die der positiven Wissenschaft ist: die Vorstellung vom unaufhaltsamen Fortschritt als einzigem Gesichtspunkt geschichtlichen Werdens respektive Hervorbringens.

Man hat davon gesprochen, daß durch die »völlig neue Idee«, die im verum quia factum die frühere antike und mittelalterliche Gleichung »verum est ens« außer Kurs gesetzt hat, die Revolution des modernen Denkens in Gang gekommen ist, die dann in der 11. Feuerbach-These von Karl Marx: »die Philosophen haben die Welt nur verschieden *interpretiert*; es kömmt darauf an, sie zu *verändern*«, dazu geführt hat, daß an die Stelle des verum quia factum das verum quia faciendum getreten ist, die These von der prinzipiellen Machbarkeit, also die These von der praktikablen und praktizierten Weltveränderung und Weltgestaltung.[26] Und man kann angesichts der heutigen Kybernetik und den möglich gewordenen Gen-Manipulationen, durch die prinzipiell und kurzfristig der gewünschte effiziente Effekt verfügbar gemacht wird, von der Tendenz sprechen, in Fortsetzung der Reihe verum quia factum seu

[24] Vico, SN, 129.

[25] Vgl. Alexander Marcuse, Das Dreistadiengesetz bei Giambattista Vico. Eine vergleichende Betrachtung der vicchianischen und der Comteschen Geschichtslehre, in: Schmollers Jahrbuch für Gesetzgebung, Verwaltung und Volkswirtschaft im Deutschen Reich, 59. Jg., 1935, 69-79.

[26] Vgl. Joseph Ratzinger, Einführung in das Christentum. Vorlesungen über das apostolische Glaubensbekenntnis, München 1968, 35, 39, 44, 49.

faciendum nunmehr formulieren verum quia perficiendum seu perfectum.

Vico hat aber gerade nicht über der »Endlosigkeit in der Forschung«, von der Karl Jaspers einmal gesagt hat, daß sie »wie eine Bombe ist, die die Wissenschaft selber sprengt«[27], die spezifische Art der Wissenschaft von der Natur im Ganzen der Menschheitsgeschichte übersehen. Er hat die Wandelbarkeit der Menschheitsgeschichte beschrieben, in die die Naturwissenschaft und die Wissenschaftsgeschichte hineingehören, die aber nicht dominieren, sondern figurieren. Er hat schließlich vom Grundsatz verum idem factum aus den Blick auf den factor omnium als Inbegriff der Vorsehung und auf die dem Menschen vorgegebene Natur gelenkt, auf die für ihn eigentliche Dimension der Metaphysik. Mit alledem hat er dazu beigetragen, ein Gesamtbewußtsein der Lage des Menschen zu befördern, weshalb es problematisch ist, ausgerechnet ihn für die »Folgen«, die sich aus dem Mißbrauch des Vico-Axioms ergeben, verantwortlich zu machen: für die Einbildung, der Mensch sei als homo faber der Herr der Natur, für die penetrante Dominanz des Leistungswissens, für dessen Expansion in Kybernetik und experimenteller Genetik, schließlich für die heute zwanghafte Vorstellung, die Veränderung der Macher sei notwendig geworden, damit es die Macher mit ihren eigenen »Gemächten« aufnehmen können und »ihnen gemäß«[28] werden.

2. Hegels Aufhebung der Philosophie in »wirkliches Wissen«

Ich komme zum zweiten Beispiel, an dem ein weiterer Knotenpunkt des problematischen Verhältnisses von Philosophie und Wissenschaft demonstriert werden soll, zu Hegel. Während Vico durch Kritik am verengten cartesischen Wissenschaftsbegriff zur »Scienza nuova« gelangt und bestrebt ist, die Realgeschichte der Menschheit bis in die frühesten Anfänge aus der prinzipiellen Geschichtsmächtigkeit des Menschen heraus als eigentliche

[27] Karl Jaspers, Chiffren der Transzendenz, hrsg. von Hans Saner, München 1970, 11.

[28] Vgl. Karl Löwith, Vicos Grundsatz: verum et factum convertuntur. Seine theologische Prämisse und deren säkulare Konsequenzen, in: Sämtliche Schriften, Band 9, Stuttgart 1986, 226, 416.

menschliche Wissenschaft verstehbar zu machen, sieht sich Hegel der gesamten Geschichte der Philosophie und der Philosophie als solcher konfrontiert und herausgefordert, die Vernunft nicht nur in der Menschengeschichte nachzuweisen, sondern aufzudecken, daß alles, was ist, also Natur und Geschichte, Manifestationen des sog. *absoluten Geistes* sind, der in ihnen von sich zu sich auf dem Weg ist.

Zwar hatte noch *Immanuel Kant* davon gesprochen, daß die »Revolution der Denkart« gerade darin besteht, einzusehen, daß wir »von den Dingen nur das a priori erkennen, was wir selbst in sie legen«[29]. Und Kant hatte daraus die Folgerung gezogen, daß dem Menschen wissenschaftliche Erkenntnis nur möglich ist im Bereich ihm zugänglicher Erfahrung, ihm also prinzipiell verwehrt ist, das Ding an sich zu erkennen.

Aber schon *Fichte* trat mit dem Anspruch auf, solcher Philosophie den Star zu stechen und sie das Sehen des Dings an sich zu lehren. Er wies die Philosophie als solche zurecht, weil sie ihre Aufgabe, letztes und erstes Wissen zu erbringen, vorschnell preisgegeben und den Begriff »Wissenschaft« der traditionellen Erfahrungswissenschaft überlassen habe. Fichte gibt seinem Anspruch Ausdruck, indem er nunmehr und hinfort den Namen »Philosophie« nicht mehr für geeignet hält, die Aktivität des tatschöpferischen »Ich«, dessen Setzungen alles zu verdanken ist, zu benennen. Er tauft also nicht die Philosophie nur in »*Wissenschaftslehre*« um, er qualifiziert mit dieser Bezeichnung vielmehr die wesentliche Aufdeckung des dem Wissen nur vermeintlich unzugänglichen Dinges an sich. Und er requiriert dabei den Terminus »Wissenschaft« für dasjenige Wissen, das gerade nicht, wie es der übliche und für selbstverständlich gehaltene Begriff Wissenschaft im Sinn hat, unter Wissenschaft lediglich den Inbegriff für unterschiedliche Bereichswissenschaften ansetzt und unter wissenschaftlich nur solche Methoden versteht, die jeweils auf einzelne, streng definierte Gegenstände abzielen, sondern aufs Ganze geht.

Hegel hat zwölf Jahre nach Fichtes erstem Entwurf der sog. »Wissenschaftslehre«, die die bisherige Form der Philosophie, ja den Namen Philosophie, als passé erweisen möchte, in der sog. Vorrede zur »Phänomenologie des Geistes« dekretiert, daß »die wahre Gestalt, in welcher die Wahrheit existiert..., allein das

[29] Immanuel Kant, Kritik der reinen Vernunft, B XVIII, XIX.

wissenschaftliche System derselben sein kann«. Und er hat betont, daß deshalb alles darauf ankomme, »daran mitzuarbeiten, daß die Philosophie der Form der Wissenschaft näherkomme, - dem Ziele, ihren Namen der *Liebe* zum *Wissen* ablegen zu können, und *wirkliches Wissen* zu sein«[30]. Was ist damit gesagt?

Die Wahrheit kann nicht mehr wie bisher in der Philosophie als etwas angesehen werden, das über alles Weltsein erhaben, an einem, man weiß nicht wie zu bezeichnenden und wo befindlichen Ort, abgelöst, in durch nichts zu erschütternder Ruhe *ist*. Grundstürzend zum bisherigen Wahrheitsverständnis wird vielmehr behauptet, daß die Existenzweise der Wahrheit ihre »wahre Gestalt«, und das heißt: Wahrheit nicht mehr als fiktive Vorstellung, die man sich von ihr macht, sondern als die Form, in der Wahrheit in Wahrheit als Wahrheit auftritt, einzig im wissenschaftlichen System der Wahrheit hat, in dem der Geist phänomenologisch zur Erscheinung kommt. Somit müssen alle Erscheinungsweisen des Geistes im Zusammenhang gesehen und am jeweiligen zeitlichen Ort im System geortet werden. System darf aber erst dann *wissenschaftliches* System genannt werden, wenn es sich nicht nur um ein von irgend jemandem ausgedachtes und ersonnenes Schema oder um ein zu einem subjektiven Zweck entworfenes Raster handelt, durch das tendenziös etwas formiert, griffig oder dienlich gemacht werden soll, sondern um den Vorgang, durch den der Geist sich selbst dar-stellt. Wir mögen uns unsere Vorstellungen machen. Es geht aber darum zu erkennen, daß der *Geist sich* vor-stellt, d.h. sich *sich* dar-stellt.

Hegel macht bisheriger Philosophie, die vermeinte, ihre Aufgabe sei es, sich zwar in *Beziehung* zur absoluten Wahrheit zu setzen, sie müsse aber, weil es ihr nie möglich ist, sich an ihre *Stelle* zu setzen, stets Liebe zum Wissen bleiben, dadurch ein Ende, daß er einsichtig zu machen bemüht ist: es ist der *absolute Geist selbst*, der sich in allen bisherigen Erscheinungen, und zwar in Natur und Geschichte, selbst dar-stellt. Das aber bedeutet: sobald Philosophie nicht mehr nur Liebe zum Wissen ist, sondern »wirkliches Wissen« wird, ist »die Erhebung der Philosophie zur Wissenschaft an der Zeit«[31].

[30] Hegel, Phänomenologie des Geistes, (Sämtliche Werke, hrsg. von Hermann Glockner, 2. Bd.), Stuttgart 1927, 14.

[31] Hegel, (2), idem.

Unter solchem Betracht gilt es, die gesamte *Geschichte der Philosophie* als »das Innerste der Weltgeschichte«[32] verständlich zu machen und die Philosophie als solche als die Sache des Denkens zu erfahren, das *in sich geschichtlich* ist, das also nicht etwa nur zufälligen Veränderungen unterliegt, so daß die Geschichte der Philosophie nur ein Sammelsurium von mehr oder weniger bemerkenswerten Einfällen und die Philosophie als solche nur eine Eskapade wäre, sondern beides die Bewegung des sich selbst denkenden Denkens ist, der *sich* begreifende Begriff, Denken des Denkens, Wissen des Wissens. Mit anderen Worten: nachdem spekulativ eingesehen ist, daß »das Wahre das Ganze ist«, das wahre Absolute also das Resultat seiner selbst ist, Sichselbstwerden, und folglich »erst am *Ende* das ist, was es in Wahrheit ist«[33], ist es »an der Zeit«, die *Philosophie* zur *Wissenschaft* zu erheben.[34] Das aber bedeutet nicht mehr, dieses oder jenes zu wissen oder diese oder jene Wissenschaft zu betreiben, sondern zu wissen, daß dieselbe »Entwickelung des Denkens, welche in der Geschichte der Philosophie dargestellt wird, in der Philosophie selbst (sprich der Wissenschaft der Logik) dargestellt wird, aber befreit von jener geschichtlichen Äußerlichkeit, rein im Elemente des Denkens«[35].

Dadurch tritt die innere Zusammengehörigkeit des in der Geschichte der Philosophie *Gedachten* zutage, also der Schritt für Schritt alles miteinander verbindende *dialektische Prozeß*, der Hegel beispielsweise angesichts des Erscheinens der Philosophie René Descartes' ausrufen läßt: »Mit ihm treten wir eigentlich in eine selbstständige Philosophie ein, welche weiß, daß sie selbständig aus der Vernunft kommt, und daß das Selbstbewußtsein wesentliches Moment des Wahren ist. Hier können wir sagen, sind wir zu Hause und können, wie der Schiffer nach langer Umherfahrt auf der ungestümen See ›Land‹ rufen.«[36] Dieser Prozeß, der als stetige Aufhebung voraufgegangener Stufen und unter deren Einbeziehung

[32] Hegel, Vorlesungen über die Geschichte der Philosophie, 3. Bd. (Sämtliche Werke, 19. Bd.), 2. Aufl. Stuttgart 1941, 685.

[33] Hegel, (2), 24.

[34] Hegel, (2), 14.

[35] Hegel, System der Philosophie. 1. Teil. Die Logik (Sämtliche Werke, 8. Bd.), 2. Aufl. Stuttgart 1940, 60 (§ 14).

[36] Hegel, Vorlesungen über die Geschichte der Philosophie, (19), 328.

in eine stetig höher führende, das Bisherige von mal zu mal überholende Entwicklung und Systematik vonstatten geht, befähigt Hegel aber auch dazu, nicht nur über Descartes hinauszugehen, sondern einzusehen, daß die »Geschichte der Philosophie nicht blinde Sammlung von Einfällen, ein zufälliger Fortgang« ist, sondern daß »Philosophie schlechthin notwendig die vorhergehende voraussetzt« und daß das »notwendige Hervorgehen aus einander ... die notwendige Stufenfolge der Entwickelung dieser Wissenschaft«[37], d.h. das Sichselbsterkennen des absoluten Geistes ist.

Hegel geht es um einen *neuen Begriff* von *Wissenschaft*, der mit dem überkommenen und auch dem heutigen Wissenschaftsbegriff bereichswissenschaftlicher Erforschung besonderer Gegenstandsbereiche durch dementsprechende Methoden bei Intersubjektivität und Verifikationserfordernissen nur den Namen, nicht aber Ziel und Inhalt gemein hat. Es ist der Geist selbst, der als Inbegriff von allem, was war, ist und sein wird, in Erscheinung tritt. Man kann sich dies verhältnismäßig einfach schon am Titel »Phänomenologie *des* Geistes« klarmachen. Dieser Titel besagt nicht, den Genetiv als genetivus objectivus mißverstehend, daß *wir* - respektive Hegel - eine lehrhafte Auf- und Zusammenstellung über den Geist vornehmen, sondern daß, entsprechend dem Genetiv als genetivus subjectivus, der Geist selbst es ist, der selbst *sich* und der sich *selbst* zur Erscheinung bringt. Es geht dementsprechend beim »wirklichen Wissen« der zur »Wissenschaft erhobenen Philosophie« nicht um solches, das *wir* - respektive Hegel - wissen, sondern um den *sich wissenden Geist*. Es geht nicht wie in der *üblichen Wissenschaft* um etwas Gewußtes oder wie in der *bisherigen Philosophie* um die bloße Liebe zum Wissen, sondern um das Wissen des Wissens, und auch hier ist auf den Genetiv zu achten, denn Wissen *des* Wissens meint nicht, daß *wir* - respektive Hegel - wissen, was das Wissen ist, sondern daß das *Wissen* sich selbst weiß.

Die zur Wissenschaft erhobene Philosophie bringt es dahin, daß die Philosophen nicht mehr vom Absoluten zu munkeln oder zu raunen brauchen, oder daß das Absolute ihnen prinzipiell verschlossen ist, oder daß sie das Absolute in Worte zu fassen sich abquälen müssen: denn - so Hegel - das Absolute hat die Eigenart, sich *selbst sich* darzustellen. Nachdem der *Philosoph* durch den *Wissenschaftler des absoluten Geistes* ersetzt ist, braucht dieser

[37] Hegel, idem, (19), 690.

sich nicht mehr wie Immanuel Kant mit *erkenntnistheoretischen* Fragen abzuquälen, um am Ende den Nachweis zu führen, daß es mittels des endlichen Erkennens nicht möglich ist, Aussagen über das Metaphysische zu machen, die konstitutiven Charakter haben, weil nach Hegels grundstürzender Veränderung des Abkünftigkeitsverhältnisses im Genetiv, also dessen, was man die Hegelsche Kehre nennen kann, ernst damit gemacht wird, daß das Absolute selbst, daß die Vernunft selbst, daß der Geist selbst von sich aus an und für sich bei uns ist und bei uns sein will.[38] Der Wille des Absoluten, *das sich von sich aus zur Erscheinung bringt*, verbürgt, daß die Erhebung der Philosophie zur Wissenschaft möglich und nach Sachlage der Dinge »an der Zeit« ist.

Um das Gesagte an einem Bild zu veranschaulichen: die bisherige Vorstellung, daß die Philosophen in der Philosophie mittels mehr oder weniger großer Kelle am Bau der Vernunft bauen, um ihr eine Unterkunft und Bleibe zu garantieren, ist passé. Nicht wir bauen der Vernunft den Bau, die Vernunft selbst ist es, die sich ihren Bau baut. Nicht wir lassen die Vernunft wohnen, sondern sie schafft uns die Heimstätte. Diesen Bau hat Hegel sowohl historisch in seinen Vorlesungen über die »Geschichte der Philosophie« als auch systematisch als »Wissenschaft der Logik« darzustellen sich bemüht, nicht als eigene Leistung, sondern im Dienst dessen, was da baut. Und so wie »Phänomenologie *des* Geistes«, umgekehrt zur geläufigen Lesart, - wie gesagt - nicht meint, eine Lehre über den Geist und über seine Erscheinungsweisen aufzustellen, sondern den sich selbst zur Erscheinung bringenden Logos als seine Erfahrung vor Augen zu führen, bedeutet auch »Geschichte *der* Philosophie« bei Hegel, dem umgekehrten, dem umkehrenden, dem kehrenden Genitiv, dem Genitiv der Kehre zufolge, nicht die historische Darlegung des Materialobjekts Philosophie, sondern die Nachzeichnung der in der Geschichte *sich* darstellenden Philosophie.

Welche grundstürzende Bedeutung der Genitiv der Kehre bei Hegel hat, wird auch am Titel »Wissenschaft *der* Logik« deutlich, der nicht im üblichen Sinn sagen will, daß hier die Logik wissenschaftlich untersucht würde, sondern umgekehrt und die bisherigen Bemühungen endlich durch die phänomenologische Kehre auf die Füße stellend, daß die Logik ihrerseits - und gemeint ist mit Logik nicht eine bloße Disziplin der bisherigen Philosophie, die sog.

[38] Hegel, (2), 68.

Logik, sondern der Logos - überhaupt erst Wissenschaft als solche hervorbringt. Und Hegel hat schließlich in der sog. »Enzyklopädie *der* philosophischen Wissenschaften« - und auch dieser Titel muß im Sinne der Kehre, die das Wesen des phänomenologisch sich selbst darstellenden Absoluten ist, gewissermaßen gegen den Strich gelesen werden - nicht die Disziplinen der Philosophie unter einen obwaltenden enzyklopädischen Gesichtspunkt als unter ein fremdes Schema bloßer Zusammenstellung gestellt, sondern zur Erscheinung gebracht, wie und daß die philosophischen Wissenschaften, also die Logik, die Naturphilosophie und die Philosophie des Geistes, der sich mit sich vermittelnde *Geist des Ganzen* sind. Am unscheinbar anmutenden Wechsel der Beziehungsrichtung des Genetivs, also der Herkunfts- und Abhängigkeitsform, vollzieht sich die Kehre, der grundstürzende Wandel der Philosophie zur Wissenschaft, wobei »Wissenschaft« jetzt keine der üblichen Wissenschaften meint, sondern das *qualitativ Neue*, daß der sich mit sich vermittelnde Weltgeist sich *selbst* und daß er selbst *sich* ins Spiel bringt.

Anders gesagt: Hegel rollt *spekulativ* vom Absoluten her alles Bisherige als *dialektische* Entwicklung auf und ab, wobei er durch den Namen »Wissenschaft« zum Ausdruck bringen will, daß es sich bei dieser *Spekulation* gerade nicht um eine unwissenschaftliche Überschreitung der dem menschlichen Wissen gesetzten Grenzen handelt, und daß es sich bei der *Dialektik* gerade nicht um eine den Dingen äußerlich bleibende Methode dreht, die Gegensätzliches auf Biegen und Brechen zusammenzwingt, sondern um die Konspekulation, die *Zusammen-schau des Weges* der Selbstentfaltung des absoluten Geistes, die Kehre, die er selbst ist, *sein* Unterwegssein zu sich.

Wenn erst einmal, wie bei Hegel, erkannt wird, daß der »Geist als Geist wirklich ist« und daß er dies nur ist, »indem er sich selbst als absoluten Geist weiß«[39], und wenn erst einmal, wie bei Hegel, eingesehen wird, daß er dies einzig im Sinne der von Hegel verstandenen »Wissenschaft weiß«, kann kein Zweifel mehr daran bestehen, daß in der Geschichte der Philosophie alles bisher Gedachte sowohl »ein schlechthin notwendiger Fortgang, der nichts als die Natur des Geistes selbst ausspricht«[40], ist, als auch »die letzte

[39] Hegel, Vorlesungen über die Gesch. d. Phil., (19), 690.

[40] Hegel, idem, (19), 691.

Philosophie einer Zeit das Resultat dieser Entwickelung und die Wahrheit in der höchsten Gestalt ist, die sich das Selbstbewußtsein des Geistes über sich gibt«. Dann bedeutet die »Erhebung der Philosophie zur Wissenschaft« nicht nur, zu begreifen, daß »die letzte Philosophie die vorhergehenden enthält« und daß sie »alle Stufen in sich faßt«, also »Produkt und Resultat aller vorhergehenden ist«, sondern auch daß es der Geist ist, der »nur in der Wissenschaft von sich als absolutem Geist weiß«[41]. Anders gesagt: nicht wir erheben die Philosophie zur Wissenschaft, sie erhebt *sich* zur Wissenschaft im Sinne des gründlichsten aller Aufhebungsprozesse.

Ist solcherart die Wissenschaft *des* Geistes, und *Wissenschaft* des Geistes meint, dem genetivus subjectivus entsprechend, der das wahre Beziehungs- und Abhängigkeitsverhältnis, die Kehre, ausdrückt, nicht die sog. Geisteswissenschaften in Abhebung zu den sog. Naturwissenschaften, sondern *den sich wissenden Geist*, radikal und total geworden, dann wird auch ein Wissenschaftsbegriff wie ihn Vico in seiner »Scienza nuova« vertreten hat, spekulativ-dialektisch als Stufe aufgehoben, denn es bleibt dann auch Gott und die Natur nicht auf sich beruhen, gibt es doch dann nichts außer dem Geist, und es läßt der Geist nichts außer sich, bringt vielmehr *sich* zur Erscheinung und ist in allem, was erscheint, er selbst. Der Geist ist ein und alles, ist »sich wissende Wahrheit«, ist »alle Wahrheit«[42]. Es gibt kein hinter ihn Zurück, und es gibt kein über ihn Hinaus. Die Kehre ist absolut, sie ist die Verlaufsform des Absoluten, ist sein Werden und sein Sein. Im Geist ist alles beschlossen und durch ihn ist alles erschlossen. Außer ihm gibt es nichts, denn was es gibt, ist der Geist, der sich gibt. *Sein ist Geist*, ist das absolute Sichdenken des Denkens, und *Wahrheit ist* die ihrer selbst gewisse Gewußtheit des Wissbaren als solchen, ist *Wissen des Wissens*. Wissenschaft ist sich wissender Geist. »Daß das Wahre nur als System wirklich ist, ist in der Vorstellung ausgedrückt, welche das Absolute als Geist ausspricht ... Das Geistige allein ist das *Wirkliche* ... Der Geist, der sich so entwickelt als Geist weiß, ist die *Wissenschaft*. Sie ist seine Wirklichkeit und das Reich,

[41] Hegel, idem, (19), 690.

[42] Hegel, Wissenschaft der Logik. 2. Teil. Die subjektive Logik oder Lehre vom Begriff (Sämtliche Werke, 5. Bd.), 2. Aufl. Stuttgart 1936, 328. Vgl. Heidegger, Identität und Differenz, 38 f.

das er sich in seinem eigenen Elemente erbaut«[43]. Man kann Hegels »Wissenschaft« auf die Formel bringen: Der »Geist gibt sich«. Die Formel für Heideggers seinsandenkendes Denken lautet: »Es gibt«, wobei nun aber gerade nicht nach einem Subjekt gefragt werden darf, das etwas, und sei es sich gibt, also nicht nach dem Es wie nach einem ich, du, er, sie, es gefragt werden darf, sondern die Formel »Es gibt« Ausdruck dessen ist, daß *und* wie das Sein *ist*.

3. Heideggers »fragendes Denken«

Das Außerordentliche von *Martin Heideggers* Unternehmung, und damit komme ich zum 3. Knotenpunkt, wird einerseits deutlich, wenn man angesichts dieses radikalen und totalen Wissenschaftsbegriffs der Hegelschen phänomenologischen Kehre fragt: kann es, wenn alles *Gedachte* in der solcherart verstandenen *Wissenschaft* aufgehoben ist, noch etwas geben, das *ungedacht* ist, etwas, das im Gedachten nicht aufgeht und daher unbegriffen ist? Und wird andererseits ersichtlich, wenn man angesichts dieses enzyklopädischen und universalen, also allumfassenden Konzepts der Kehre fragt: ist es möglich, *über* dieses *abschließende Konzept* der Kehre Geist = Wissen seiner selbst = wirk-liche Wissenschaft hinauszugehen oder aber hinter es zurückzuschreiten? Gibt es noch eine andere Kehre?

Heidegger stellt sich in den Dienst der erstens gigantischen und doch zugleich zweitens höchst einfachen Aufgabe, »einem Ungedachten, von dem her das Gedachte seinen Wesensraum empfängt«[44], nachzufragen und das durch die im Sinne Hegels gedachte Geschichte des Denkens hindurch »überall Ungefragte«[45] aufzuspüren. Die Aufgabe ist erstens gigantisch, weil sie erforderlich macht, aus der bisherigen Geschichte der Philosophie, die in Hegel ihren Vollender gefunden und in Marx und Nietzsche nur Nachfahren hervorgebracht hat, *herauszutreten* und einen *Abbau*

[43] Hegel, (2), 27 f.

[44] Heidegger, Identität und Differenz, 44. (= ID).

[45] Heidegger, ID, 46.

(De-struktion)[46] alles dessen vorzunehmen, von dem man gesagt hat, daß es entweder die Philosophen sind, die es als Bau der Vernunft errichtet haben, oder aber daß es die Vernunft selbst ist, die sich ihren Bau gebaut hat. Gilt es doch, um es in einer Formulierung Heideggers zu sagen, den »Rückgang in den Grund der Metaphysik«[47] einzuleiten. Die Aufgabe ist zugleich zweitens höchst einfach, weil der Mensch als seinsverstehendes Dasein immer schon in der Lichtung dessen steht, daß das Sein nicht im Seienden aufgeht, daß folglich die »ontologische Differenz« von Sein und Seiendem ursprünglich ist und deshalb verhindert, daß die Seins*auslegungen* den Horizont total verschließen, und zwar in der ganzen Spielbreite von Platons Auslegung des Seins als Idee über die cartesische Ratio und den Hegelschen Geistbegriff bis hin zu Nietzsches These, daß das Letzte, zu dem hinuntergestiegen werden kann, der »Wille zur Macht« ist, und dies auch nicht, wenn diese Auslegungen seinsgeschichtlich und nicht philosophiegeschichtlich interpretiert werden, folglich die Möglichkeit nicht ausgeschlossen ist, das *Sein sein* zu lassen, was es und wie es *ist*.

Insofern ist Heideggers Kampf nicht nur ein Kampf um das Sein, πόλεμος, sondern auch ein Kampf um das Denken, doch nicht in Fortsetzung des platonischen Wegs ein Kampf um das »richtige« Sehen = Denken, ebensowenig in Fortsetzung des Hegelschen Wegs ein Kampf um das »wahre« Denken, die Spekulation des sich-sehenden Logos, also nicht in Fortsetzung der Versuche, das *Denken* als die Sache des Denkens zu thematisieren, sondern im Kampf um die Sache des Denkens das *Sein* als die Sache des Denkens ins Auge zu fassen. An die Stelle der Hegelschen Kehre, die das *Sein* des Denkens zu er-fahren sucht, geht es bei der Heideggerschen Kehre um die Er-fahrung des *Seins*, das das Denken *denken* heißt. Deshalb intendiert Heideggers nachdrücklich in Angriff genommenes *»anderes Denken«*, ausgehend von der sog. »Seinsfrage«, die sich ursprünglich als Frage nach dem Sinn von Sein auf den Weg begibt und über die Frage nach der Wahrheit des Seins zur Frage nach dem Ereignis vorstößt und derart das bisher Ungedachte, die Vergessenheit der ontologischen Differenz von

[46] Heidegger, Sein und Zeit (Gesamtausgabe = GA, Bd. 2), Frankfurt am Main 1977, 30 ff.; Heidegger, Vier Seminare (Le Thor 1966, 1968, 1969, Zähringen 1973), in: Seminare (GA 15), Frankfurt am Main 1986, 337, 339, 395.

[47] Heidegger, Einleitung zu: »Was ist Metaphysik?«. in: Wegmarken (GA 9), 365.

Sein und Seiendem als das zu-Denkende erfahren soll[48], und die bisherigen Antworten auf die Frage nach dem Sein wie nach dem Denken wieder fragwürdig zu machen trachtet. Es ist bemüht, sowohl aus der bisherigen, von Menschen »gemachten« Menschengeschichte im Sinne Vicos *aus*zusteigen, als auch aus der »Geschichte der Philosophie« und der zur »Wissenschaft« stilisierten Geistphilosophie Hegels *heraus*zusteigen. Heidegger nennt dieses Verfahren den »Schritt zurück«, womit der Charakter seines Unternehmens in Absetzung zu Hegels Fortschritt der »absolut gesetzten Wahrheit im Sinne der vollständig entfalteten Gewißheit des sich wissenden Wissens« zur »Wissenschaft der Logik«[49] bezeichnet wird. »Schritt zurück«, das ist keine Bewegungsrichtung, die sich gegenläufig und re-aktionär zum Fortschritt und Voran-schritt, zum Vor-wärts des in der Geschichte der Philosophie und in der Philosophie als solcher sich Abspielenden rück-wärts gewandt verhält, konveniert auch nicht mit Vicos Auffassung, daß die Geschichte in corsi und ricorsi, in sich wiederholenden Zyklen verläuft, ist vielmehr der Versuch, »in den bisher übersprungenen Bereich«[50] einzukehren und, statt die Sache des Denkens wie Hegel in dem *sich* denkenden *Denken* als das in sich kreisende, das sich kehrende *Sein* anzusetzen[51], in einer Seinskehre als das Zu-Denkende und als das zu-Denkende, d.h. als Aufgegebenes und als Aufgabe das *Sein* zu erfahren.

Dementsprechend ist Heideggers »Denken« nicht wie bisher antwortendes sondern fragendes Denken und als solches vernehmendes Denken, das weder auf die sog. Gegenstände des Verstandes, die konstruiert und konstituiert sind, wie bei Kant, noch auf die sich selbst begreifende Vernunft, wie bei Hegel, das Wissen des Wissens aus ist, sondern auf das, in dem Denken sich immer schon aufhält, auf die *Nähe zum Sein*: auf das Es gibt. Das Denken wird, Heidegger zufolge, erst dann »denkender«, wenn es nicht in den bisherigen philosophischen Seinsbestimmungen, es sei die Physis, der λόγος, das ἕν, die ἰδέα, die ἐνέργεια, die Substanzialität, die Objektivität, die Subjektivität, der Wille, der Wille zur Macht, der

[48] Heidegger, ID, 46.

[49] Heidegger, ID, 45.

[50] Heidegger, ID, 45.

[51] Heidegger, ID, 50.

Wille zum Willen aufgeht oder aber sich unter dem in der Geschichte der Philosophie »wie Äpfel, Birnen, Pfirsiche« auf dem »Ladentisch des historischen Vorstellens«[52] Aufgereihten nach je eigenem Gutdünken und gusto etwas aussucht, sondern als seinsandenkendes Denken Sein *sein*lassendes Denken, ja Danken dem »Es gibt« ist.

Es ist die »Seinsvergessenheit«[53], die sich in der Geschichte der Philosophie und in der Philosophie als solcher abspielt, die Heidegger sagen läßt, daß *»das Bedenklichste in unserer bedenklichen Zeit ist, daß wir noch nicht denken«*[54], daß wir noch keine Seinsandenkenden sind: sei es, daß wir den Menschen als Herrn des Seins ansprechen, dem wir die Gesetze vorschreiben, statt zu erkennen: »Der Mensch ist der Hirt des Seins«, sei es, daß wir, als Menschen zu einem bloßen Moment der Entwicklung geschrumpft, annehmen, daß es der Geist ist, der durch uns hindurch seine eigene Bahn zieht und sich gibt, statt zu erfahren: »Der Mensch ist der Nachbar des Seins«[55], er ist nicht Durchgangsstation, sondern selbst der »Wanderer in die Nachbarschaft des Seins«[56], des »Es gibt«.

Wenn Heidegger darauf abzielt, daß das Denken »denkender«[57] werde, dann beugt er einem groben Mißverständnis vor, dem nämlich, er entsage, weil er als die Sache des Denkens nicht mehr das *Denken* sondern das *Sein* nimmt, dem Denken, er gebe das Denken auf und »raune« statt dessen nur noch vom Sein. Ein solcher Eindruck kann nur dann entstehen, wenn man den Zusammenhang der von Heidegger 1927 aufgeworfenen »Seinsfrage« mit der allerdings erst viel später, und zwar 1951/52 ausdrücklich thematisierten »Denkfrage« übersieht, d.h. unberücksichtigt läßt, daß, wenn das *Sein* die Sache des Denkens ist, das Denken des Seins nicht ohne eine wesentliche Verwandlung und Blickwendung des *Denkens* vonstatten gehen kann. Es reicht nicht aus, daß das Denken als solches bleibt, was es bisher war, und es sich nur gewissermaßen einem anderen Bezugspunkt zuwendet, nicht mehr *sich* und dem

52 Heidegger, ID, 64.

53 Heidegger, Einleitung zu: »Was ist Metaphysik?«, in: GA 9, 371.

54 Heidegger, Was heißt Denken?, 2. Aufl. Tübingen 1961, 3.

55 Heidegger, Brief über den »Humanismus«, in: Wegmarken (GA 9), 342.

56 Heidegger, idem, (GA 9), 344.

57 Heidegger, Einleitung zu: »Was ist Metaphysik?, in: GA 9, 371.

Sein des *Denkens* , sondern dem zu denkenden *Sein*. Die Kehre ist nicht einfach eine Blickwendung sondern eine Kehre des Denkens, das als gekehrtes ein wesentlich »anderes Denken« ist, seinsdenkendes, nicht das *Denken* denkendes Denken. Wenn Heidegger fragt: »Was heißt Denken?«, dann steht nicht zu erwarten, daß er einen philosophiegeschichtlichen oder philosophiesystematischen, gar enzyklopädischen Überblick über alle bisher vorgekommenen Formen des Denkens gibt, also Revue passieren läßt, was alles man im Laufe der Zeit oder in der Optik bestimmter Denksysteme als Denken bezeichnet hat.

Heidegger fragt mit dieser Frage »Was heißt Denken?« gerade nicht, was *Denken* heißt, sondern was das ist, das das Denken *denken heißt*, was das Denken herausfordert zu denken, was das zu-Denkende des Denkens ist. Heidegger fragt die Seinsfrage *als* Denkfrage.

In diesem Zusammenhang 1951/52 von Heidegger Gesagtes hat, wie Heidegger in seinem Gespräch mit mir noch 18 Jahre später bewegt betont hat, im öffentlichen Bewußtsein »viel Aufsehen erregt«, weil er damals den anstößigen Satz gesagt habe: »Die Wissenschaft denkt nicht«[58]. Obwohl dieser Satz, wie Heidegger nachdrücklich feststellt, keinen Vorwurf enthält, sondern lediglich eine Feststellung der inneren Struktur der Wissenschaft zum Ausdruck bringt, gingen damals die Wellen hoch und der Eklat war für manchen Naturwissenschaftler beträchtlich. Bemerkenswert ist m.E. jedoch etwas ganz anderes, daß nämlich die *eigentliche* Zielrichtung verkannt worden ist. Bis heute wird manchenorts, und zwar gerade auch unter Philosophen, weil sie meinen, es sei mit diesem Satz nur den Naturwissenschaftlern heimgezahlt worden, übersehen, daß es Heidegger damals wie auch vorher und nachher um den viel provokativeren Aufweis dessen geht, *daß die Philosophie nicht denkt*, jedenfalls nicht in der von Heidegger für wesentliches Denken erachteten Weise.

Es geht Heidegger um ein Denken, das nicht mehr metaphysisch denkt. Er gibt also nicht das Denken preis, sondern nur ein solches Denken auf, das das Wesen des Denkens aus dem bestimmt, was diese oder jene Philosophie für Denken hält, nicht aber aus dem, was es zu »bedenken« gilt: »aus dem Anwesen des Anwesenden,

[58] Martin Heidegger im Gespräch, hrsg. von Richard Wisser, Freiburg/München 1970, 71.

aus dem Sein des Seienden«. »Denken ist erst Denken, wenn es das ἐόν *an*-denkt«, und mit ἐόν ist bekanntlich eines der Grundworte des Parmenides gemeint, durch das lange *vor* der »Philosophie« dem Denken die Richtung gewiesen ist. Jenes Wort nennt, fährt Heidegger fort, »die Zwiefalt von Seiendem und Sein. Sie ist das, was eigentlich zu denken gibt«[59]. Nicht das Denken ist es, was zu denken gibt, sondern das »Es gibt« gibt zu denken. An die Stelle der Hegelschen Kehre tritt die Heideggersche. Anders gesagt: Heideggers Kehre des Denkens will sagen: Nur solange das Denken in der ontologischen Differenz verwurzelt ist, ist es *eigentliches* Denken.

Von hier aus versteht es sich nun leicht, daß Heidegger weder die Verfahrensweisen des üblicherweise »*Wissenschaft*« Genannten, das auf ein gegebenes oder vorgegebenes Seiendes angewiesen ist, »Denken« nennt, noch daß er den Terminus »Denken«, wesentlich gedacht, den Vorgehensweisen der »*Philosophie*« zugesteht, sofern diese, wie Vico, Philosophie inbegrifflich als Geschichtsphilosophie auf den Satz »verum idem factum« gründet, also Denken auf Handeln und Handeln auf Denken gründet oder in gewisser Weise in Fortführung dieses Satzes in Kants Erkenntnistheorie unter wissenschaftlichem Erkennen die Erkenntnis des »Seienden als Gegenstand der Erfahrung« definiert und unter »›Sein‹« die »Gegenständigkeit des Gegenstandes«[60] vorstellt, oder aber, wie Hegel, behauptet, »daß das Sein Denken ist«[61] und daß der »Geist, der sich entwickelt als Geist weiß, die Wissenschaft ist«[62], also das Handeln des Geistes sein Sich-Darstellen als Sich-Wissen ist.

Die eigentliche Bedeutung von Heideggers Frage »Was heißt Denken?« besteht also nicht in dem vielfach inkriminierten Satz: »Die Wissenschaft denkt nicht«[63], sondern darin, daß Heidegger auf den Nachweis abzielt: die *Philosophie* denkt nicht. Sie denkt nicht, weil sie, statt die »Seinsfrage« zu stellen, von ihrem Beginn als Philosophie an aus dem Seienden aufgefischte Seinsantworten auftischt und deren Verbindlichkeit behauptet und darüber die »Seins-

[59] Heidegger, Was heißt Denken?, 149.

[60] Heidegger, idem, 148.

[61] Heidegger, idem, 149.

[62] Hegel, (2), 28.

[63] Heidegger, Was heißt Denken?, 4.

vergessenheit« vergißt, die gerade seinsgeschichtlich zu denken wäre, also das Sich-Versehen mit einer seinsgeschichtlich zu denkenden Vor-sehung in Zusammenhang sieht. Solange nicht das, was uns *in* das Wesen des Denkens *heißt*, als Geheiß des *Seins* erfahren wird, dessen Wesen ebenfalls ins Denken gehört, bleibt alles beim Alten, d.h. bei der »Philosophie«, die sich dem zu-Denkenden nicht entsprechend zuwendet, also die Kehre nicht vollzieht. Wenn das, »was jedoch vor allem ›ist‹, das Sein ist«, und wenn zwar »das Denken den Bezug des Seins zum Wesen des Menschen vollzieht«, das Denken aber diesen Bezug weder macht noch bewirkt, und »das Denken ihn nur als das, was ihm selbst vom Sein übergeben ist, dem Sein darbringt«, hilft es nicht, in der »Philosophie« zu *verbleiben*.[64] Dann gilt es vielmehr zu erfahren, ab wann das *Denken* zur »Philosophie« und zur »Wissenschaft« gemacht *worden* ist und dementsprechend dann den *Abbau* des solcherart zur »Philosophie« gewordenen Denkens *vorzunehmen*. Für Heidegger waren »Heraklit und Parmenides noch keine ›Philosophen‹«, und zwar deshalb, weil sie die »größeren Denker« dadurch waren, daß sie »in eine andere Dimension des Denkens«[65] gewiesen haben.

Ausblick

Deshalb geht es Heidegger - und damit komme ich zum Schluß - am »Ende der Philosophie« und angesichts ihrer Hegelschen Aufhebung in die »Wissenschaft«, aber auch angesichts der Kapitulation der Philosophie vor der Wissenschaft im engeren Sinne, darum, die »Aufgabe des Denkens«[66] neu zu bestimmen, damit das Denken »denkender«, d.h. fragender wird.

Vico glaubte, das Prinzip von allem, was ist: verum et factum convertuntur ausfindig gemacht und durch die »Neue Wissenschaft« der spezifisch *menschlichen Philosophie* Ausdruck gegeben zu haben, und er sicherte dem, der mit dieser »Scienza nuova«

[64] Heidegger, Brief über den »Humanismus«, in: GA 9, 313.

[65] Heidegger, Was ist das - die Philosophie?, Pfullingen 1956, 24.

[66] Heidegger, Das Ende der Philosophie und die Aufgabe des Denkens, in: Zur Sache des Denkens, Tübingen 1969, 61 ff.

umgeht, »göttliche Wollust«[67] zu, weil er, was er hervorbringt und schafft, weiß, und nicht irgendwie sondern wissend schafft.

Hegel meinte, daß »das Geistige allein das Wirkliche ist«[68], d.h. daß der »*Geist die Wissenschaft ist*«, und daß folglich das Sein im Gedachten aufgeht, und er betonte daher, daß die »Wissenschaft der Logik« unternimmt, die Gedanken Gottes, ja die Darstellung Gottes, »wie er in seinem ewigen Wesen vor der Erschaffung der Natur und eines endlichen Geistes ist«[69], zu denken, in Gottes Schaffen sein Sein und im Erschaffen sein Werden zu erfahren.

Heidegger zufolge muß das künftige Denken, das sowohl die anthropo-faktische Philosophie der Geschichte, die »Neue Wissenschaft« der menschlichen Philosophie, als auch die logo-zentrische, die logo-logische Wissenschaft des absoluten Geistes, die Philosophie als zur »Wissenschaft« erhobene, also Hegel hinter sich läßt, das Einfachste des Einfachen erfahren und sagen lernen: daß nämlich das Sein weder im geschichtlichen facere des Menschen noch im absoluten Sichdenken des Denkens aufgeht, daß vielmehr von ihm gilt: »Es ›ist‹ Es selbst«, daß aber nur so dem Menschen das Sein »das Nächste« ist.[70] Gewiß, Wissenschaft im modernen, im heutigen Sinne des Wortes gibt es, wenn und weil der Mensch sich an ihm vorgegebenes und gegebenes Seiendes hält. Und Philosophie gibt es, wenn und weil der Mensch bemüht ist, das höchste Seiende zu erkennen. Man mag die Weisen, in denen sich dies abspielt, nennen wie man will. Heidegger jedoch hat durch seine Frage »Was heißt Denken?« den Blick auf einen unscheinbaren, einfachen und zugleich »einzigartigen Sachverhalt«[71] gelenkt, daß nämlich »näher als das Nächste, das Seiende, und zugleich für das gewöhnliche Denken ferner als sein Fernstes, die Nähe selbst ist: die Wahrheit des Seins«[72], das »Es gibt«.

[67] Vico, SN, 129.

[68] Hegel, (2), 27.

[69] Hegel, Wissenschaft der Logik, (4), 46.

[70] Heidegger, Brief über den »Humanismus«, in: GA 9, 331.

[71] Heidegger, ID, 63 f.

[72] Heidegger, Brief über den »Humanismus«, in: GA 9, 332.

Hegel und Heidegger, oder: die Wende vom Denken des Denkens zum Seinsdenken

I. Denkarten und Denkhaltungen

Da es Martin Heidegger, einer Selbstbekundung entsprechend, wesentlich nicht um ein »Überkommenes, schon gestelltes Problem« geht, sondern um das durch die »Geschichte des Denkens hindurch überall Ungefragte«[1], nimmt die Auseinandersetzung Heideggers mit Hegel, durch den es erstmals zu einem »Gespräch« mit der gesamten »voraufgegangenen Geschichte des Denkens« gekommen[2] ist, einen hervorragenden Rang ein und darüber hinaus einen radikalen Charakter an. Anhand zweier Beispiele soll daher einiges Licht auf die *Unterschiede* zwischen beiden Denkern geworfen werden. Dabei ist zwangsläufig zunächst ausreichend über Hegel zu sprechen, auf den sich Heidegger nicht als auf irgendeinen aus der langen Reihe namhafter Denker bezieht, von dem er vielmehr sagt, daß durch ihn überhaupt erst so etwas wie ein »*Gespräch*« *mit der Geschichte der Philosophie* als solcher zum Problem geworden ist.

Seit Hegel geht es nicht mehr an, einen Denker durch die Angabe gewisser Eigentümlichkeiten für charakterisiert zu halten. Seit Hegel muß die Verschiedenheit der Denker anhand der ihnen gemeinsamen Sache des Denkens als die unterschiedliche Bestimmung eben dieser Sache ausgewiesen werden. Dies soll an einem ersten Beispiel im Blick auf die unterschiedliche Denkart verdeutlicht werden. Ein zweites Beispiel soll dann auf einen anderen wesentlichen Unterschied aufmerksam machen, sofern nämlich Hegel und Heidegger angesichts der von ihnen unterschiedlich bestimmten Sache des Denkens eine durchaus unterschiedliche Denkhaltung erkennen lassen.

1 Heidegger, Identität und Differenz, Pfullingen 1957, 46. (= ID).

2 Heidegger, ID, 39, vgl. 45.

Die Verschiedenheit der Sache des Denkens

1. Hegel: sich selbst denkendes Denken - Heidegger: Seinsandenkendes Denken

Wer den Versuch unternimmt, das Eigentümliche einer Philosophie zu umreißen, also das gemeinhin aller Welt Selbstverständliche in Sachen Philosophie zu tun, kann seit *Hegel* nicht an dessen Wort vorbei, daß das »Wesen der Philosophie gerade bodenlos für Eigentümlichkeiten ist«, solche also in ihr versinken, und daß, wenn man vergleichsweise den Körper als die Summe aller Eigenschaften ansieht, es, um zur Philosophie zu gelangen, notwendig ist, »*sich à corps perdu* hineinzustürzen«[3]. Beide Bilder sind aus dem Alltag genommen, wo es - jedenfalls seinerzeit - das Faß ohne Boden gab, und wo man ein Verhalten kennt, das sich nicht mehr zögerlich zu diesem oder jenem ver-hält, sondern sich kopfüber ins Wasser stürzt, um in diesem Element, das keine Balken hat und dementsprechend keinen Halt mehr bietet, entweder zu versinken oder aber im Bodenlosen - zu schwimmen. Es kommt darauf an, vom Element selbst getragen zu werden, und damit den wesentlichen Halt gefunden zu haben. Welches Element aber kann von sich sagen, daß es dies leistet? Und welches Element verdient ein solches Vertrauen?

Hegel zielt schon 1801 in seiner Erstlings-Schrift »Differenz des Fichte'schen und Schelling'schen Systems der Philosophie«, der diese Bilder entnommen sind, darauf ab, die *Unzulänglichkeit* einer Sichtweise zu demonstrieren, die vermeint, durch die übliche kennzeichnende Schilderung der »eigentümlichen Ansichten«[4], die die Philosophen innerhalb des Geschichte der Philosophie Genannten eingenommen haben, könne die Folie für die abhebende Charakteristik »neuer eigentümlicher Ansichten« geboten werden. Konkret gesagt: es reiche aus, durch Nennung verständiger Begriffe und Meinungen dem Geschäft der »geschichtlichen Ansicht

[3] Hegel, Differenz des Fichte'schen und Schelling'schen Systems der Philosophie, in: Jenaer Schriften, Werke 2 (Theorie Werkausgabe Suhrkamp, hrsg. von Karl Markus Michel und Eva Moldenhauer), Frankfurt am Main 1970, 19. (= DFSSP).

[4] Hegel, DFSSP, 16.

philosophischer Systeme« und dem »geschichtlichen Benehmen«[5] gedient zu haben.

Hegel läßt keinen Zweifel daran aufkommen, daß die Geschichte der Philosophie sich hier in Äußerlichkeiten von bloßen Kenntnissen verstrickt und daß sie auf solche Weise zwar *Historie* sein mag, aber keine *Philosophie* ist. »Wenn Eigentümliches wirklich das Wesen einer Philosophie ausmachte, so würde es keine Philosophie sein«. Falls demnach überhaupt von Eigentümlichkeiten die Rede sein soll, kann sich dies nur auf die »Form des Systems« beziehen, nicht aber »zum Wesen der Philosophie gehören«[6]. Und Hegel gibt auch den Grund an, weshalb dies so ist und weshalb hinfort die beliebten Verfahren, Philosophen zu Marionetten von Eigentümlichkeiten zu machen - Hegel drückt diese Machart noch drastischer aus, er spricht von der solcherart stattfindenden Vorführung einer Kollektion von »Mumien« und einem »Haufen der Zufälligkeiten«[7] -, sich überlebt haben: »die Vernunft, die das Bewußtsein in Besonderheiten befangen findet, wird allein dadurch zur philosophischen Spekulation, daß sie sich zu sich selbst erhebt und allein sich selbst und dem Absoluten, das zugleich ihr Gegenstand wird, sich anvertraut«[8]. Es geht nicht an, in den Eigentümlichkeiten von Philosophen und Philosophien Trittbretter ausfindig machen und einnehmen zu wollen. Es gilt vielmehr, durch Spekulation Eingang in die Vernunft zu finden, die zu *sich* findet, statt sich Besonderheiten anheimzugeben, und die sich auf sich selbst, also auf das Absolute, d.h. das von allen Besonderheiten Los- und Abgelöste einläßt und verläßt.

Seit Hegel, jedenfalls intendiert dies Hegel, treten nicht mehr Philosophen einander lediglich entgegen und gegenüber, und sie unterscheiden sich nicht mehr einzig durch Besonderheiten und Eigentümlichkeiten voneinander. Es tritt vielmehr in den Philosophien die Vernunft sich selbst gegenüber, und indem dadurch das Ab-solute zu ihrem Gegenstand wird, vertraut sie sich dem an, was von allen derartigen Eigentümlichkeiten und Besonderheiten, wie sie bisher als wesentlich angesehen worden sind und die Historie

[5] Hegel, DFSSP, 16.

[6] Hegel, DFSSP, 17.

[7] Hegel, DFSSP, 16.

[8] Hegel, DFSSP, 19.

der Philosophie und die Schulrichtungen beschäftigt haben, gerade los-löst. Sie vertraut dem Element, das sie selbst ist. Dadurch wird nun aber offenbar, daß alle Bemühungen, durch Konstatation und Präsentation von »Eigentümlichkeiten« kontrastierende Einzelheiten und spezifische Besonderheiten nebeneinander und gegeneinander vorzuführen und die Philosophen auf den Revue-Steg zu zwingen, zu nichts dienen, es sei denn zur Fortführung des bisherigen Spektakels, das man Geschichte der Philosophie nennt, weil solcher Betrachtungsweise kein Platz im *Wesen* der Philosophie verstattet ist, man also außen vorbleibt. Wer auf Eigentümlichkeiten ausgeht, ist selbst in solchen befangen, und so ist es kein Wunder: er »sieht in andern nichts als Eigentümlichkeiten«[9].

Nun darf man allerdings nicht einem vermeintlichen ideologiekritischen Mißverständnis aufsitzen und »Spekulation«, von der soeben die Rede gewesen ist, als bodenlose Subjektivität denunzieren. Sie ist es vielmehr, die von solcher gerade ab-sehen macht und dadurch die »Grundlosigkeit der Beschränkungen und Eigentümlichkeiten«[10] überwindet. Indem sie die Konstruktion des Absoluten im Bewußtsein ist, findet einzig die spekulative Vernunft in jeder »wahren Philosophie«[11] das, worum es geht, »Geist von ihrem Geist, Fleisch von ihrem Fleisch«[12]. Die bisherigen Verhältnisse hinsichtlich der Beurteilung der Geschichte der Philosophie, die sichtlich an Äußerlichkeiten orientiert sind und auf dem Kopf stehen, müssen auf die Füße gestellt werden und das Laufen lernen. Da gibt es dann aber auch nicht mehr, wie bisher, sogenannte Vorläufer und Nachläufer, denn wenn »in der Philosophie die Vernunft, die sich selbst erkennt, es nur mit sich zu tun hat«[13], und wenn »Spekulation die Tätigkeit der einen und allgemeinen Vernunft auf sich selbst ist«[14], kann es in Rücksicht »aufs innere Wesen der Philosophie ... weder Vorgänger noch Nachgänger«[15] geben. Statt dessen erweist sich, daß jede Philosophie »in sich vollendet ist und,

[9] Hegel, DFSSP, 17.
[10] Hegel, DFSSP, 19.
[11] Hegel, DFSSP, 17.
[12] Hegel, DFSSP, 19.
[13] Hegel, DFSSP, 17.
[14] Hegel, DFSSP, 19.
[15] Hegel, DFSSP, 17.

wie ein echtes Kunstwerk, die Totalität in sich hat«[16]. Indem Hegel die Philosophie auf ihren Leitfaden bezieht, lehrt er sie nicht nur aufrecht gehen, sondern laufen, oder, um im Bild des à corps perdu zu bleiben, in ihrem Element zu schwimmen.

Die übliche Herausstellung von *Eigentümlichkeiten* bleibt äußerlich, und die üblicherweise geforderte und als Geschäft in der Philosophiegeschichte betriebene Markierung »verständiger Begriffe und Meinungen«, sie mag sein, was sie will, eines ist sie nicht: Philosophie. Im Unterschied hierzu darf aber gesagt werden: »der lebendige Geist, der in einer Philosophie wohnt, verlangt, um sich zu enthüllen, durch einen verwandten Geist geboren zu werden«[17]. Nach dem Gesagten leuchtet ein, daß hier nicht romantische Seelenverwandtschaft oder subjektive Sentimentalität gemeint ist. »Wahre Philosophie« ist vielmehr im Vollzug wie im Nachvollzug die Geburt der Philosophie aus dem Geiste. Und wieder hat Hegel, diesmal, um die aus dem *Wesen* der Philosophie gedachte Selbständigkeit unterschiedlicher Philosophien zu veranschaulichen, ein *Beispiel* zur Hand: »So wenig des Apelles und Sophokles Werke, wenn Raphael und Shakespeare sie gekannt hätten, diesen als bloße Vorübungen für sich hätten erscheinen können, - sondern als verwandte Kraft des Geistes, - so wenig kann die Vernunft in früheren Gestaltungen ihrer selbst nur nützliche Vorübungen für sich erblicken«[18]. Vernunft ist meisterlich. Sie probiert nicht herum, und ihr Werk darf nicht mit dem Stückwerk von Lehr- und Lernlingen verwechselt werden.

Wenn Hegel hier die Kunst zum Vergleich heranzieht, um die Einsicht in die »wahre Philosophie« zu befördern, dann nicht, um Philosophien und Kunstwerke unverbunden in ein musée imaginaire abzustellen, sondern um Dreierlei deutlich zu machen: Erstens: »Jede Vernunft, die sich auf sich selbst gerichtet und sich erkannt hat, hat eine wahre Philosophie produziert«. Vernunft, die sich selbst erkennt, hat es nur mit sich zu tun. Handgriffe, von denen man meint, daß durch sie das Werk sich selbst macht, und bloße Erfindungen, die die philosophische Wissenschaft als ein »totes Werk fremder Geschicklichkeit«[19] erbrächten, mögen im Be-

[16] Hegel, DFSSP, 19.

[17] Hegel, DFSSP, 16.

[18] Hegel, DFSSP, 19.

[19] Hegel, DFSSP, 17.

reich der mechanischen Künste am Platz sein, wo es ständige und beständige Verbesserungen gibt, taugen aber in der Philosophie nicht. Zweitens: »Das wahre Eigentümliche einer Philosophie ist die interessante Individualität, in welcher die Vernunft aus dem Bauzeug eines besondern Zeitalters sich eine Gestalt organisiert hat«[20]. In der Philosophie geht es nicht um irgendwelche eigentümliche Ansichten von Philosophen, nicht um subjektiv bedingte Partikularitäten, nicht um ein »Analysieren und Methodisieren und Erzählen«, auch nicht um »Ergründungs- und Begründungstendenz«, die die Schritte anderer Philosophen für »Vorübungen oder Geistesverirrungen«[21] ausgibt, sondern um die spekulative Vernunft, die sich selbst im Geist »als ein *und* dasselbe und als ein anderes lebendiges Wesen«[22] ansieht. Drittens: Der lebendige Geist einer Philosophie kann nur »durch einen verwandten Geist«[23] »als eine verwandte Kraft des Geistes«[24] erfahren werden. Wer Philosophien zu Vorübungen abstuft, bringt es nur zu Nachübungen. Epigonales ist die Folge. Anders gesagt: die Sache der Philosophie ist das Absolute, d.h. das von jeder Eigentümlichkeit Los-Gelöste, und die einzige sachgerechte Zuwendungsart ist die *spekulative*, die das Absolute im Bewußtsein als auf sich Bezogenes *dialektisch* konstruiert. Die Vernunft übt nicht erst, um im Laufe der Zeit zur Meisterschaft heranzureifen. Sie hat die bewegte Totalität in sich.

Was hat das alles mit *Martin Heidegger* zu tun? Nun, es schließt auch im Blick auf ihn aus, durch die übliche äußerliche Kennzeichnung von Eigentümlichkeiten und besonderen Ansichten zu vermeinen, Wesentliches gesagt und Unterschiede begriffen zu haben. Es macht zugleich aber deutlich, weshalb Heidegger gezwungen ist, zentral eine Aus-einander-setzung mit *Hegel* zu führen, wobei Aus-einander-setzung nicht einfachhin als kritische Positionsangabe eine bloße Gegenposition oder eine spezifische Besonderheit sein kann. Sie fände schnellstens ihren Platz im historischen Pantheon des Denkens. Es kann sich nur um »ein Gespräch mit Hegel«[25] handeln, in dem nicht im üblichen Sinne »Einwände« erhoben

[20] Hegel, DFSSP, 19.

[21] Hegel, DFSSP, 18.

[22] Hegel, DFSSP, 19. Herv. R.W.

[23] Hegel, DFSSP, 16.

[24] Hegel, DFSSP, 19.

[25] Heidegger, ID, 37, vgl. 41 f.

werden, Abstriche vorgenommen und Übereinstimmungen festgestellt werden, in dem vielmehr *mit* Hegel das, was er als die Sache des Denkens ansieht, und wie er dementsprechend die Denker der vorangegangenen Geschichte der Philosophie ins Gespräch zieht, durchgesprochen wird. Die Art dieses »Gesprächs« ist äußerst lehrreich und sie gibt ein Kriterium für einen sachgerechten Umgang mit Heideggers Denken oder aber für das Schwadronieren in Sachen Heidegger ab.

Gespräch meint nun allerdings nicht die heute üblich gewordene Bezeichnung für konziliantes Miteinanderreden und auch nicht den zum Gerede neigenden Austausch von bloßen Meinungen. Und mit *Hegel* ist nicht ein beliebiger Philosoph herausgegriffen, sondern der, der erstmals und einzigartig zu uns von der gesamten Geschichte der Philosophie spricht, und zwar auf eine Weise, in der die »jeweilige Kraft der Denker ... in dem von ihnen Gedachten« beruht, dadurch aber »als jeweilige Stufe in das absolute Denken aufgehoben werden kann«. Mit Hegel ist der Vergleichslose genannt, der auf den »Einbezug des vormals Gedachten in eine immer höhere und es überholende Entwicklung und Systematik«[26] abhebt.

Gespräch mit Hegel kann also, nachdem Hegel selbst dies unmöglich gemacht hat, nicht mehr der üblichen gegenseitigen Abgrenzung von Zufälligkeiten dienen, die durch die Herausstellung von Eigentümlichkeiten handliche Formeln der Unterscheidung, wie ein Steckbrief sie beibringt, fixiert. Indem Heidegger ansichtig zu machen versucht, daß Hegel und er selbst zwar nicht von der *gleichen* Sache, aber von der *selben* Sache sprechen, tritt nun allerdings auf eine alles andere als äußerlich und zufällig bleibende Weise gerade die *Verschiedenheit* ans Licht.

Für *Hegel* ist die Sache des Denkens: »Das Denken als solches«[27], ist sie das Denken des Denkens. Demzufolge ist, wenn überhaupt von Sein gesprochen wird, das Sein dann nichts als »das absolute Sichdenken des Denkens«[28]. *Hegels* Form des Gesprächs mit den voraufgegangenen Denkern ist folglich zwangsläufig spekulativ, und das heißt gerade nicht illusionär, sondern an der

[26] Heidegger, ID, 44.
[27] Heidegger, ID, 37.
[28] Heidegger, ID, 39, vgl. 40.

Sache des Denkens als dem sich selbst denkenden Denken orientiert, und es ist dementsprechend auf den Prozeßcharakter des Seins bezogen, der in der Dialektik zutage kommt.

Für *Heidegger* ist nun allerdings das Denken nicht solcherart *vom Denken* bedrängt, das *Denken* zu seiner Sache zu machen und es auf solche Weise zu sich selbst zu bringen. Für Heidegger ist die Sache des Denkens, d.h. ist das, was *das Denken bedrängt* zu denken, vielmehr das *Sein*, und zwar das Sein, das nicht im absoluten Sichdenken des Denkens aufgeht, das vielmehr als die »*Differenz* zwischen dem Sein und dem Seienden«[29] für ein »denkender« gewordenes Denken die Sache des Denkens ist[30]. Dem »anderen« Denken geht es nicht mehr um das in der von Hegel konstruierten Geschichte des Denkens *Gedachte*, sondern um das in ihr gerade »überall Ungefragte«[31], dem nunmehr ein über sich und seine bisherige Selbstbindung ins Reine gekommenes Denken nachfragt. Es ist dies das »Sein als Differenz«[32], aber auch als »das zu-*Denkende*«, ist das also, das das Denken *denken heißt* und »uns in das Denken heißt«[33], und das durch die »Ent-fernung« dessen, was sich zwischen die Differenz drängt, »Nähe« zum Scheinen[34] bringt und die Chance eröffnet, daß das »Zusammen*gehören* von Mensch und Sein in das Wesenslicht des Ereignisses«[35] gelangt.

Mit anderen Worten: Bei Heidegger tritt das Denken *von sich selbst zurück an das Sein*, und es bestimmt nun das Denken nicht mehr, indem es sich denkt, seinen jeweiligen Ort als Nähe zum absoluten Wissen. Das seinsandenkende *Denken* erfährt vielmehr das *Sein als die Nähe* und das Menschsein als das »ek-statische Wohnen in der Nähe des Seins«, als »Nachbarschaft«[36], in der über-

[29] Heidegger, ID, 46.

[30] Heidegger, Einleitung zu: Was ist Metaphysik? (1949), in: Wegmarken, GA 9, Frankfurt am Main 1976, 371. (= WiME).

[31] Heidegger, ID, 46.

[32] Heidegger, ID, 62.

[33] Heidegger, Was heißt Denken?, Tübingen 1971, 139, vgl. 162, 173. (= WhD).

[34] Heidegger, ID, 61.

[35] Heidegger, ID, 32.

[36] Heidegger, Brief über den Humanismus (1946), in: Wegmarken, GA 9, 343 f. (= Hum). Vgl. die komplexe Untersuchung meines Schülers Emil Kettering, NÄHE. Das Denken Martin Heideggers, Pfullingen 1987. Japanisch Tokyo 1989, mit einem Vorwort von Richard Wisser, III-VIII.

haupt erst so etwas wie das *Ereignis* der Lichtung des Seins, die sich dem Sein des Menschen übereignet, also »Schickung des Seins«[37] und Seinsgeschichte erfahren werden kann. Ersichtlich handelt es sich bei Heidegger also um *vier Fragen*, oder, wie ich es, um Mißverständnisse zu vermeiden, nenne, um ein *vier-fältiges Fragen*, d.h. um ein Fragen, das über das Fraglichmachen des durch die Theorie des absoluten Geistes total Beantworteten dem bisher »Ungefragten« durch die »*Seinsfrage*«, durch die *Denk-Frage*, durch die *Wohn-Frage* und durch die *Ereignis-Frage* nachfragt[38].

Es bleibt zu diesem Punkt nur noch hinzuzufügen, daß durch die Verschiedenheit der Sache des Denkens zugleich die Verschiedenheit dessen ans Licht kommt, *wonach* bei Hegel und bei Heidegger die Geschichte der Philosophie bemessen und *wie* sie beurteilt wird. Statt wie Hegel vormals Gedachtes als Erscheinung des in sich gestuften dialektisch-spekulativen Prozesses in das absolute Denken als Denken seiner selbst aufzuheben, tritt bei Heidegger der Versuch, das überlieferte Denken nicht als ein sich selbst überholendes und gerade dadurch stets zu sich kommendes darzustellen oder nachzuzeichnen, sondern das Denken als »denkenderes« Denken, d.h. als seinsandenkendes Denken »in sein noch aufgespartes Gewesenes«[39] freizulassen.

Dadurch ändert sich nun aber auch der *Charakter* des Gesprächs mit der voraufgegangenen Geschichte der Philosophie. Statt die Kraft früherer Denker danach zu bemessen und abzuschätzen, inwiefern sie dem dialektisch-spekulativen Prozeß Ausdruck gegeben und in ihrem Gedachten das Denken des Denkens befördert und vorangetrieben haben, anders gesagt: statt der hegelschen Aufhebung, die im vermittelten Begreifen die absolute Begründung des sich wissenden Wissens erfaßt, ist Heidegger bemüht, im sog.

[37] Heidegger, Hum, 336.

[38] Richard Wisser, Martin Heideggers vierfältiges Fragen. Vor-läufiges anhand von »Was ist Metaphysik?«, in: Martin Heidegger - Unterwegs im Denken. Symposion im 10. Todesjahr, hrsg. von R. Wisser, Freiburg / München 1987, 15-49. Heideggerovo četverostruko pitanje. Oprethonom i primenom uz predavanje »Sto je metafizika?«, in: Filozofska Istraživanja, 17, Zagreb 1986, 445-462. Türkisch und deutsch in: Metafizik nedir? Martin Heidegger: Was ist Metaphysik?, Ankara 1991, 2. Aufl. 1994, 53-87. Japanisch in: R. Wisser, Menschsein und Fragen. Kritisch-krisische Anthropologie, Tokyo 1994, 81-112.

[39] Heidegger, ID, 44.

»Schritt zurück« die Richtung »in den bisher übersprungenen Bereich«[40] einzuschlagen. Das aber heißt: die Kraft der Denker danach zu schätzen, inwiefern sie dem Ungedachten Vorschub leisten bzw. ihm nicht eigens und unversehens in den Weg treten. Indem das Denken sich nicht mehr auf das *Gedachte* sondern auf die *Differenz zwischen Sein und Seiendem* bezieht, tritt es »aus dem in der Philosophie bisher Gedachten in gewisser Weise heraus«, vermag aber, weil es, vom Sein herausgefordert, also »geheißen«, das Gedachte in ein Gegenüber bringt, »das Ganze dieser Geschichte«[41] zu erblicken.

Nachdem das erste Beispiel verdeutlichen sollte, daß die *Struktur Hegelschen Denkens* die gesamte bisherige Geschichte des Denkens als den Vorgang begreiflich macht, durch den das Denken sich selbst *beantwortet*, was *es* ist, während *Heideggers Denken* sich als *infragestellendes* und *Fragen* aufwerfendes Denken erwiesen hat, soll in einem zweiten Ansatz, noch einmal von Hegel ausgehend, auf einen wesentlichen Unterschied in der *Denkhaltung* aufmerksam gemacht werden.

2. Hegel: Das durch seine Entwicklung sich vollendende Wesen begreifen Heidegger: Das Sein sein lassen

Hegel geht es in der berühmten »Vorrede« zum »System der Wissenschaft« von 1806, die meist unzutreffend als »Vorrede« zur »Phänomenologie des Geistes« bezeichnet wird, entsprechend dem Titel besagter »Vorrede«: »Vom wissenschaftlichen Erkennen«[42], zentral darum, darzutun, daß »die wahre Gestalt, in welcher die Wahrheit existiert, allein das wissenschaftliche System derselben sein kann«. Hegel läßt keinen Zweifel daran aufkommen, daß das Ziel, an dem er sich vorgesetzt hat, »mitzuarbeiten«, kein anderes ist als dieses, »daß die Philosophie der Form der Wissenschaft

[40] Heidegger, ID, 40.

[41] Heidegger, ID, 46.

[42] Hegel, Phänomenologie des Geistes, Werke 3, Frankfurt am Main 1970, 5. (= Phän.). Vgl. Heidegger, Hegels Phänomenologie des Geistes, GA 32, Frankfurt am Main 1980, 1 ff.; Zur Sache des Denkens, Tübingen 1969, 67 f. (= SD).

näherkomme ..., ihren Namen der *Liebe zum Wissen* ablegen zu können und *wirkliches Wissen* zu sein«[43].

Am Ende seines Lebens kann Hegel auf ein »enzyklopädisches System« zurückblicken, das bis heute seinesgleichen nicht gefunden hat. Wenn Hegel in der »Vorrede« zur 2. Ausgabe der »Enzyklopädie« von 1827 schreibt: »Die Geschichte der Philosophie ist die Geschichte der Entdeckung der *Gedanken* über das Absolute, das ihr Gegenstand ist«[44], knüpft er an den Grundsatz aus der oben apostrophierten »Differenz«-Schrift an, und im »Vorwort« zur 3. Ausgabe von 1830 resümiert Hegel, wenn er formuliert: »die Beschäftigung mit dieser Wissenschaft steht ... allein auf dem Interesse der Sache und der Wahrheit ... der Ernst aber um eine in sich große und nur durch die lange und schwere Arbeit vollendeter Entwicklung sich genügende Sache versenkt sich lange in stiller Beschäftigung in dieselbe«[45].

In besagter »Vorrede« zur »Phänomenologie des Geistes«, die tatsächlich aber die Vorrede zum »System der Wissenschaft« abgibt, findet Hegel beredte Worte, um seinen Zeitgenossen von 1806 durch die Charakteristik seiner neuen Denk*haltung* das Verständnis für die neue Denk*art* zu erleichtern und der Kritik, die an ihr aufgekommen ist, den Mund zu stopfen. Er versucht, begreiflich bzw. anschaulich zu machen, weshalb mancher sich schwertut; denn »eine vollkommene Wirklichkeit hat dies Neue so wenig als das eben geborne Kind; und dies ist wesentlich nicht außer acht zu lassen«[46]. Hegel bekundet Verständnis für diejenigen, die angesichts des bisherigen Reichtums der Bestimmungen, bei aller Äußerlichkeit und Zufälligkeit derselben, auf die Bedürftigkeit des »Neuen« hinweisen und, statt sich seiner mutig anzunehmen, lieber auf die bewährten Inhalte zurückgreifen. Hegel läßt aber keinen Zweifel daran aufkommen, daß die Zeit für die von ihm inaugurierte Denkart arbeitet, und er verweist auf etwas, das allen vor Augen liegt und sie beschäftigt, »daß (nämlich) unsere Zeit eine Zeit der Geburt und des Übergangs zu einer neuen Periode ist«. Es fällt ihm nicht schwer, darauf hinzuweisen, was allerorten für jedermann

[43] Hegel, Phän., 14.

[44] Hegel, Enzyklopädie der philosophischen Wissenschaften im Grundrisse I, Werke 8, Frankfurt am Main 1970, 8, 22. (= Enz. I).

[45] Hegel, Enz. I, 38.

[46] Hegel, Phän., 19.

verspürbar wird, daß »der Geist mit der bisherigen Welt seines Daseins und Vorstellens gebrochen hat und im Begriffe steht, es in die Vergangenheit hinab zu versenken«. Wie sollte es auch anders sein, da doch der Geist »in der Arbeit seiner Umgestaltung ... nie in Ruhe ist, sondern in immer fortschreitender Bewegung begriffen«[47] bleibt.

Hegel greift auf das Bild von Geburt und Kind nicht ephemer zurück, er nutzt es weidlich, um sowohl das langsame Heranreifen, als auch die Plötzlichkeit des In-Erscheinung-Tretens einer neuen Gestalt vor Augen zu führen. »Wie beim Kinde nach langer stiller Ernährung der erste Atemzug jene Allmählichkeit des nur vermehrenden Fortgangs abbricht - ein qualitativer Sprung - und jetzt das Kind geboren ist, so reift der sich bildende Geist langsam und stille der neuen Gestalt entgegen, löst ein Teilchen des Baues seiner vorhergehenden *Welt* nach dem andern auf, ihr Wanken wird nur durch einzelne Symptome angedeutet ... Dies allmähliche Zerbröckeln, das die Physiognomie des Ganzen nicht verändert, wird durch den Aufgang unterbrochen, der, ein Blitz, in einem Male das Gebilde der neuen Welt hinstellt.«[48] Wer wird schon von einem Kind in der Wiege alles verlangen? Wer wird eine »Zeit der Geburt« hin zu einer neuen Periode schelten wollen, wenn an ihrem Anfange ihr Ende noch nicht ausgestaltet ist? Wer aber wird daran zweifeln, daß sich das Kind ent-wickelt und schließlich in derjenigen Gestalt vor Augen steht, die, was nur das kundige und geschulte Auge vorauszuschauen vermochte, nun jedermann offen vor Augen liegt?

Kurzum: es darf nicht außer acht gelassen werden, daß »das erste Auftreten erst seine Unmittelbarkeit und sein Begriff ist«. Aber jedermann weiß oder sollte doch wissen, daß »so wenig ein Gebäude fertig ist, wenn sein Grund gelegt worden, so wenig der erreichte Begriff des Ganzen das Ganze selbst ist«[49]. Dieses Ganze selbst aber und die Weise seiner Präsentation, die Entwicklung, stehen außer Frage. Der Triumph ist vorprogrammiert, und wer bei diesem Fortgehen nicht mitschreitet, den reißt der Fortgang mit sich fort.

[47] Hegel, Phän., 18.

[48] Hegel, Phän., 18 f.

[49] Hegel, Phän., 19.

Hegel, organologischer Betrachtung und der ihr eigenen Überzeugungskraft nicht nur beim Kinde sondern überhaupt in der Natur aufgeschlossen, findet noch ein *weiteres Bild*, um das Vertrauen derjenigen zu gewinnen, die angesichts des in seiner »*Einfachheit* verhüllten Ganzen« an der »neu erscheinenden Gestalt die Ausbreitung und Besonderung des Inhalts« und die »Ausbildung der Form, wodurch die Unterschiede mit Sicherheit bestimmt und in ihre festen Verhältnisse geordnet werden«, vermissen, zumal ihnen »der Reichtum des vorhergehenden Daseins noch in der Erinnerung gegenwärtig« ist und sie daher mit solcher Einfachheit nichts anzufangen wissen. Ihnen dient der Mangel an »allgemeiner Verständlichkeit« als Argument gegen »das aus der Sukzession wie aus seiner Ausdehnung in sich zurückgegangene Ganze«, als Argument gegen »den gewordenen *einfachen Begriff*« des Ganzen und als Argument gegen die offensichtliche, aber noch nicht jedermann sichtbare »Wirklichkeit dieses einfachen Ganzen«. »Wo wir« - schreibt Hegel »beiherspielend« - »eine Eiche in der Kraft ihres Stammes und in der Ausbreitung ihrer Äste und den Massen ihrer Belaubung zu sehen wünschen, sind wir nicht zufrieden, wenn uns an Stelle dieser eine Eichel gezeigt wird.«[50]

Wer sich auf dieses *Bild* einläßt und damit im vorhinein weiß, daß sich mit innerer Gesetzlichkeit und mit Urgewalt alles das, was in der Eichel beschlossen liegt, durchsetzt und am Ende das Ganze, das zunächst eingefaltet war, entfaltet vor aller Augen steht, ja, wer weiß, daß, selbst wenn widrige Umstände das Wachstum von außen daran gehindert haben, sich zu entfalten, aus der Eichel eine Eiche sich entwickelt *hätte*, wer folglich Grund hat zu beklagen, daß es nicht zu dem gewaltigen Eichbaum gekommen *ist*, der das Herz erfreut und den Sinn erhebt, wer folglich alles, was ist und wie es ist, als Entwicklung ansieht, der gibt dem Neuen eine Chance und vertraut nicht etwa blindlings, sondern sehenden, d.h. spekulativen Auges, weil sie allein den Weg der Entwicklungsgesetzlichkeit vorzeichnet. Es ist allerdings die Frage, ob die Plausibilität des Bildes, die zwar bereit machen kann, es mit dem Denken Hegels zu versuchen, die »Anstrengung des Begriffs« ersetzt. Und Hegel ist der letzte, der solches im Sinne hat, zumal er davon überzeugt ist, und auch davon soll das Bild überzeugen, daß »das Wahre das

[50] Hegel, Phän., 19.

Ganze ist. Das Ganze aber ist nur das durch seine Entwicklung sich vollendende Wesen.«[51]

Auch angesichts dieses Bildes ist zu fragen, was das alles mit *Heidegger* zu tun hat? Wie gesagt, jetzt soll die unterschiedliche *Denkhaltung* in den Blick genommen werden. Dazu ist Voraussetzung aber, daß auf besagtem Hintergrund zunächst erneut die unterschiedliche Denk*art* berücksichtig wird. Heidegger geht es nicht darum, dem »wissenschaftlichen Erkennen« die »wahre Gestalt« und den einzig möglichen Ort zu geben und anzuweisen, das »wissenschaftliche System«, weil einzig in ihm »die Wahrheit existiert«. Und Heidegger möchte ersichtlich nicht »mitarbeiten« an der Überwindung der Philosophie durch die Wissenschaft wirklichen Wissens[52]. Alles läuft bei Heidegger vielmehr darauf hinaus, durch die Aufdeckung der »Leitfrage« der abendländischen Philosophie, die in der Form τί τὸ ὄν ᾗ ὄν daherkommt, also nach dem Was dessen fragt, was als Seiendes in den Blick genommen wird, zu erweisen, daß in eben dieser Frage und in der Art eben dieser Frage, also in der Frage-Art der Frage die »abendländische Philosophie in ihrem Anfang den wesentlichen Abschluß«[53] erreicht hat.

Die Frage τί τὸ ὄν ist gewissermaßen die Eichel, die solange nicht viel hergibt, als man sie noch nicht als den Leitfaden erkennt, auf den im Laufe der geschichtlichen Herrschaft dieser Frage die ganze Fülle der »Antworten«, die sie freisetzt, aufgefädelt sind: die Perlenkette der Geschichte der Philosophie. Indem die Frage solcherart gestellt wird, daß nach dem Seienden *als solchem* und *im Ganzen* gefragt wird, wird die Frage als Frage sichergestellt, es steht für das Subjekt der Frage im Blick auf das »Was« von vornherein eine Antwort von solcherart fest, die es als »das« oder »das« bestimmt. Hinzu kommt, daß durch diese Frage-Antwort-Beziehung sichergestellt wird, worauf das Augenmerk zu lenken ist: auf alles, nur nicht darauf, die so geartete Frage selbst *in Frage zu stellen*[54]. Damit ist etwas Grundwichtiges, aber auch Folgen-

[51] Hegel, Phän., 24.

[52] Hegel, Phän., 14.

[53] Heidegger, Nietzsche, Bd. I, Pfulllingen 1961, 452. (= N I). Vgl. Heidegger, Nietzsches metaphysische Grundstellung im abendländischen Denken, GA 44, Frankfurt am Main 1986, 205 ff.

[54] Vgl. Richard Wisser, Upitnost pitanja o čovjeku, in: Filozofska Istraživanja, 11, Zagreb 1984, 535-549; Die Fraglichkeit der Frage nach dem Menschen, in: Nietzsche - kontrovers, hrsg. von Rudolph Berlinger und Wiebke Schrader, Bd. 6,

schweres erreicht: es ist in dieser Frage und in dieser ihrer Form die Philosophie als solche und im Ganzen konstituiert, und es gibt kein Ausweichen vor dieser Frage und kein Abkommen von dieser Frage mehr[55].

Zwar werden im Verfolg dieser Frage und ihrer Frage-Art durchaus unterschiedliche, ja im Laufe der Geschichte der Philosophie gegensätzliche Antworten gegeben. Diese stellen allerdings keineswegs die Leitfrage als solche in Frage, werfen vielmehr lediglich die Frage in der Form auf, daß gefragt wird, wie solche Gegensätze sich besagter Leitfrage ein- bzw. unterordnen lassen. Mit anderen Worten: Es wird *unter* und *mittels* einer Perspektive *ge*fragt, aber die *Perspektive* selbst wird nicht mehr *be*fragt. »Je mehr« - sagt Heidegger - »diese Frage Leitfrage wird und bleibt, umso weniger wird nach dieser Frage selbst gefragt.«[56] Alles kommt innerhalb der in und an ihrem Anfang gewissermaßen bereits zum Abschluß gekommenen Philosophie, die bei Licht besehen folglich an ihrem Anfang allerdings nur *ihr* Ende anvisiert, auf eine *dieser Frage* entsprechende und im Rahmen *dieser Frage* sich artikulierende *Antwort* an. Die Frage steht fest, sie ist sichergestellt, und als solche sichergestellte Frage ist die gestellte Frage alles andere als eine Frage, die selbst in Frage steht. Sie ist es ja, die Fragen stellt, und ihre Art bringt es mit sich, daß durch sie auch die Antworten sichergestellt sind.

Indem Heidegger in einem »erneuten Fragen dieser Frage«, »die Frage wesentlicher zu fragen«[57], sich bemüht, d.h. indem er der nicht eigens erörterten Grundstellung dieser Frage als einer metaphysischen nachfragt, die Frage also nicht mehr, wie bisher lediglich anwendet, um durch sie die entsprechenden Antworten zu entbinden, er die *Frage* vielmehr »auslegt«, zeigt er, daß alles mit dieser Frage-Art verbundene Wissen und jedes durch sie hervorgebrachte Erkennen »im voraus schon unter der Herrschaft dieser Leitfrage«[58] steht. Durch das Fraglichmachen dieser Frage und

Würzburg 1987, 87-113. Japanisch in: R. Wisser, Menschsein und Fragen. Kritisch-krisische Anthropologie, Tokyo 1994, 113-143.

55 Vgl. Richard Wisser, Das Fragen als Weg des Denkens, in: ders., Verantwortung im Wandel der Zeit, Mainz 1967, 273 ff. (Spanisch Buenos Aires 1970, 327 ff.).

56 Heidegger, N I, 455.

57 Heidegger, N I, 457.

58 Heidegger, N I, 456.

durch den Nachweis der Bedingtheit der mittels ihrer hervorgebrachten Antworten bereitet Heidegger den Weg für eine andere Frage: für die »Seinsfrage«, und für eine andere Denkhaltung: das Sein seinzulassen.

Die »*Seinsfrage*«, das Fraglichmachen der ontologischen Differenz von Sein und Seiendem ist aber, jedenfalls ist dies meine These, von vornherein nicht ohne das Fraglichmachen des »*Denkens*«, nicht ohne das Fraglichmachen dessen, worin sich das Denken aufhält, also die »*Nähe*« *zum Sein*, und nicht ohne das Fraglichmachen des Zusammengehörens von Denken und Sein in ihrem *Übereignetsein* in Gang zu bringen, und sie ist auch in Gang zu halten nur als vier-fältiges Fragen. Mit anderen Worten: Heidegger führt nicht die *Philosophie* fort. Er führt sie auch nicht, wie Hegel, zu ihrem Abschluß im »wirklichen Wissen«, d.h. in Hegels Diktion: in der *Wissenschaft*. Heidegger deckt vielmehr bereits *im und am Anfang der Philosophie ihr Ende* auf, und er ist bemüht, durch Loslösung von der wieder fraglich gemachten »Leitfrage«, die in gewisser Weise eine Verleit-Frage ist, und durch die Hinwendung zu der in Differenz zu ihr aufgeworfenen »*Seinsfrage*« sowohl das *Denken* als auch die »*Aufgabe* des Denkens« neu zu bestimmen. Das aber heißt: die *Nähe sein zu lassen* und dem *Ereignis* nachzufragen.

Daß »das Wahre« »das Ganze« ist, und daß das Ganze, wie Hegel formuliert, »das durch seine Entwicklung sich vollendende Wesen ist«[59], entspricht Hegels Versuch, jede Äußerung der Philosophie im Laufe der geschichtlichen Entwicklung als *dialektische* Position spekulativ zu begreifen, d.h. Zug und Gegenzug als den Gesamtzug faßbar zu machen, der jeweils um einen Schritt bzw. um eine Stufe weiter das absolute Wissen zu sich selbst voranbringt. Nachdem Hegel gezeigt hat, daß die »Geschichte der Philosophie keine Sache der Historie« ist, und nachdem er - wie Heidegger sagt - »die erste philosophische Geschichte der Philosophie« vorgelegt hat, die zugleich »bisher die einzige geblieben ist und es bleiben wird«[60], wird jeder bloß selektive und eklektizistische *Zu*griff und jedes zufällige und beliebige *Auf*greifen ausgeschlossen, denn der Zusammenhang wird fundamental. Aus diesem Zug,

[59] Hegel, Phän., 24.

[60] Heidegger, N I, 450.

der als Zugzusammenhang solcherart sich als Zug-Zwang, ja als Zugzwangs-Zusammenhang entpuppt, auszusteigen, ist solange unmöglich, als man im Sinne besagter »Leitfrage« und innerhalb der durch sie eröffneten Bahn nur mit verändertem Vorzeichen *weiter* fragt, d.h. eigentlich gar nicht *fragt*, sondern unter Betonung jeweils anderer Weisen des Seienden, die für wesentlich erklärt werden, *antwortet*. Heideggers »Seinsfrage« dagegen erweist sich, wenn ich es einmal so nennen darf, als Aussteigerfrage. Sie fragt nach dem zu dieser τί τὸ ὄν ῄ ὄν eigentlich frag-los fragenden Philosophie, die seit Hegel zur »Wissenschaft« gediehen ist, *Differenten*, d.h. nach dem Sinn von Sein, nach der Wahrheit als ἀλήθεια, nach der Nähe und nach dem Ereignis.

Angesichts eines wieder fraglich gemachten Fragens versagen *organologische Bilder*, wie die vom »eben gebornen Kinde« oder von der Eichel, die für die Eiche steht, und was sie beiherspielend vor Augen zu bringen beabsichtigen, verliert seine Überzeugungskraft. Und es wird auch fraglich, ob für dieses Denken noch das von Hegel gerne benutzte *Bild vom »Gebäude«* plausibel sein kann, das ersichtlich noch nicht fertig ist, wenn eben erst sein Grund gelegt worden ist, womit seine Basis gemeint ist, nicht aber das, worauf diese ruht und aufruht. Es kommt vielmehr, um im Bilde zu bleiben, auf eine gegenläufige Bewegung an: Es hat *»am Leitfaden der Seinsfrage«* eine *»Destruktion«* der *»Geschichte der Ontologie«* zu erfolgen[61]. Es versteht sich, daß Ontologie hier nicht eine der klassischen Disziplinen der Philosophie unter Absehung von anderen solchen Disziplinen meint, sondern daß die in der Leitfrage τί τὸ ὄν verwurzelte Philosophie als solche aufs Korn genommen wird. Und es muß die Frage »Was ist Metaphysik?« folglich in den »Grund« der Metaphysik vorangetrieben werden, nach dem die Metaphysik ihrerseits nicht fragt, d.h. die Metaphysik muß als

[61] Heidegger, Sein und Zeit, GA 2, Frankfurt am Main 1977, § 6, 30, 26. (= SuZ). Vgl. Richard Wisser, Aneignung und Unterscheidung. Existenzphilosophie im Kampf um die Existenz der Philosophie: Karl Jaspers und Martin Heidegger, in: Theologie und Philosophie, 59. Jg., 1984, 481-498, insb. 495 f.; Jaspers, Heidegger, and the Struggle for the Existence of Philosophy, in: International Philosophical Quaterly, XXIV, 2, New York 1984, 141-155; Appropriation et discernement. Le combat de la philosophie de l'existence et l'existence de la philosophie (Karl Jaspers et Martin Heidegger), in: Revue de Métaphysique et de Morale, 91e annee, 1, Paris 1986, 3-23. Japanisch in: Ursprung der Philosophie. Gesammelte Aufsätze zum existenzialen Gedanken. 20. September 1986, Tokyo 1986, 133-166.

solche fraglich gemacht werden hinsichtlich ihres von ihr selbst übersehenen »Grundes«[62].

Indem auf solche Weise der »Ab-bau«, d.h. die zur hegelschen Kon-struktion gegenläufige De-struktion betrieben wird, erweist sich »Denken« im Unterschied zu seinem bisherigen Begriff nicht mehr als Inbegriff des Begreifens seiner selbst, sondern als »Andenken« an das »Sein«, wirft also die *»Seinsfrage«* die Denk-Frage auf, die ihrerseits darauf hinausläuft, die Erfahrung der »Nähe des Nichts«, die gewissermaßen die Kehrseite der »Nähe des Seins« ist, und die »Nähe des Seins«, die nicht ohne die »Nähe des Nichts« erfahren werden kann, vorzubereiten. Mit dem *»Sein« als »Nähe«* verbunden ist dann aber die *Frage* nach dem, was nicht in der Geschichte der Philosophie, die allerdings erst bei Hegel »philosophisch« wird, aufgeht, und das in ihr nicht, auch in der hegelschen nicht, erfragt worden ist, nach der »Seinsgeschichte«, nach dem, was kein beliebiges Vorkommnis *in* der Geschichte ist, sondern als *Ereignis* überhaupt erst der Geschichte ihr Gepräge gibt.

In »Sein und Zeit« wird programmatisch die »Destruktion« gefordert, und man kann Heideggers späteres Werk, jedenfalls einen Großteil, geradezu als Einlösung dieser Aufgabenstellung ansprechen. In Verfolg von Heideggers Antrittsvorlesung »Was ist Metaphysik?« wird die Voraussetzung dazu, der »Rückgang in den Grund der Metaphysik«[63], beschrieben. Heidegger wird dartun und dardenken, daß dieser Grund nicht das hegelsche Fundament ist, geschweige das, was als Basis vorgestellt wird, daß *dieser* »Grund« vielmehr das ist, worin die Metaphysik, die als »Wurzel der Philosophie« veranschaulicht wird, gehalten und genährt wird, ohne daß es der *Philosophie* gelänge, sich auf »Sein und Grund« als auf »das Selbe«[64] zu versammeln.

Auch Heidegger greift in diesem Zusammenhang auf ein *Bild* zurück, und zwar auf ein Bild, durch das René Descartes die Philosophie als solche mit einem Baum vergleicht, dessen Wurzeln die Metaphysik bilden, während der Stamm die Physik vorstellt, aus dem die anderen Wissenschaften als die Äste hervorgehen[65]. Aber

[62] Vgl. Anm. 38.

[63] Heidegger, WiME, 363.

[64] Heidegger, WiME, 367.

[65] Heidegger, WiME, (zitiert Descartes' Brief an Picot, Opp. ed. Ad. et Ta. IX, 14), 365.

Heidegger will dieses Bild gewissermaßen destruieren, denn er will mit diesem Bilde gerade nicht wie Hegel mit dem Vergleich der Eichel die Aufmerksamkeit auf das lenken, was sich im Laufe der Zeit als involviertes Ganzes ent-wickelt. Ihm kommt es auch nicht auf das an, in das sich - Hegel zufolge - Philosophie à corps perdu hineinzustürzen hat, wenn sie des lebendigen Geistes gewiß und sicher werden will. Heidegger macht vielmehr auf das aufmerksam, was, in »Grund und Boden verborgen«, dem Baum durch die Wurzeln der Metaphysik überhaupt erst die »nährenden Säfte und Kräfte«[66] schenkt, ohne aber eigens beachtet zu werden. Heidegger will durch das gegenläufig gesehene Bild dartun, daß die Metaphysik als die Wurzel des Baums der Philosophie sich gerade nicht »an den Boden kehrt«[67], daß sie nicht an das Sein selbst denkt und daß sie, ohne ihm doch entgehen und entraten zu können, ihm betontermaßen im Fort-schritt und Auf-gang den Rücken kehrt, daß folglich ihre Kon-struktion de-struiert werden muß.

Heideggers »Kehre«[68], aber auch der von ihm geforderte »Schritt zurück« haben folglich die Ab-kehr von einer ihres »Grundes« vergessenden Metaphysik und die Zuwendung zu dem im Sinn, von dem die Leitfrage der Metaphysik sich gerade abgewendet und, vermeintlich fortgeschritten durch entsprechende Antworten und durch im Zugzwangszusammenhang miteinander verkoppelte Antworten, sich entfernt und entfremdet hat. So wird die »Nähe« des Seins dem vermeintlich nächstliegenden Nächsten geopfert, das jeweils ein anderes Seiendes sein kann, und das »Ereignis« gerät über den mannigfachen Formen der Ent-eignung aus dem Blick.

Die *gigantische Aufgabe*, die Heidegger sich gestellt hat, besteht darin, am Leitfaden der »*Seinsfrage*« durch ein »denkender« gewordenes *Denken* die gesamte Geschichte der Philosophie in ihrer ganzen Erstreckung und Ausdehnung vom Gipfel zur Wurzel abzu-bauen, sprich, die Ferne zur Nähe ihrerseits zu ent-fernen, d.h. *Nähe sein zu lassen*, und, statt weiterhin und fernerhin sich am Bau der Philosophie zu schaffen zu machen, nunmehr näherhin »am Bau des in sich schwingenden Bereiches zu bauen«, den Heidegger das Er-eignis nennt, durch das »Mensch und Sein einander in ihrem

[66] Heidegger, WiME, 365.

[67] Heidegger, WiME, 367.

[68] Heidegger, ID, 45 ff.

Wesen erreichen«[69]. Diese gigantische, in ihrer *Einfachheit* gigantische Aufgabe *macht es begreiflich*, daß Heidegger nicht, wie Hegel, am Ende seines Lebens auf ein gewaltiges System der Herrschaft des Denkens und der Wissenschaft, in die Entwicklung sich versenkend, zurückblicken kann. Heidegger nimmt eine andere Denk*haltung* ein. Sie kommt in Heideggers Schlußwort in dem 1969 mit mir geführten »Gespräch« zum Ausdruck: »Ein kommender Denker, der vielleicht vor die Aufgabe gestellt wird, dieses Denken, das ich *vorzubereiten* versuche, wirklich zu übernehmen, der wird sich einem Wort fügen müssen, das einmal Heinrich von Kleist niedergeschrieben hat und das lautet: ›Ich trete vor einem zurück, der noch nicht da ist, und beuge mich, ein Jahrtausend ihm voraus, vor seinem Geiste.‹«[70]

II. Heideggers fragendes Denken

Denk-»Inhalte«

Die Bezüglichkeit von Heideggers vier-fältigem Fragen

Woraus erwachsen nun aber, so wird man fragen, die Denk*inhalte*? Kurz gesagt: aus der Einfalt von Sein, Denken, Nähe und Ereignis. Anders gesagt: aus dem vier-fältigen Fragen.

[69] Heidegger, ID, 30. - Der Frage nach der »Nähe« bei Heidegger hat sich auf die bisher instruktivste Weise gewidmet mein Schüler Emil Kettering, NÄHE. Das Denken Martin Heideggers, Pfullingen 1987.

[70] Martin Heidegger im Gespräch, hrsg. von Richard Wisser, Freiburg/München 1970, 77. (Span. Madrid 1971; ital. Rom 1972; schwed. Stockholm 1973; japan. Tokyo 1973; engl. New Dehli 1977; serbisch Beograd 1989). Vgl. Richard Wisser, Das Fernseh-Interview, in: Erinnerung an Martin Heidegger, hrsg. von Günther Neske, Pfullingen 1977, 257-287. Neudruck in: Antwort. Martin Heidegger im Gespräch, hrsg. von Günther Neske und Emil Kettering, Pfullingen 1988, 21-28; engl. New York 1990, 79-88; ital. Neapel 1992, 49-60.

1. Heideggers Frage: »Was heißt Denken?« als Kehrseite der »Seinsfrage«

Die Schwerverständlichkeit, ja die behauptete Unverständlichkeit von Martin Heideggers Denken ist immer wieder als Argument gegen ihn ins Feld geführt worden. Gezielt wird damit auf das, was - mißverständlich - die Denk-»Inhalte« genannt wird. Und es ist nicht verwunderlich, daß Heidegger selbst exemplarisch auf die sog. Dunkelheit des Denkers Heraklit zu sprechen gekommen ist. »Daran, daß der Denker Heraklit ›der Dunkle‹ heißt, können wir nichts besonderes finden, da doch jeder Denker, der wahrhaft ein Denker ist, leicht und oft in den Ruf der ›Unklarheit‹ und ›Dunkelheit‹ kommt.«[71] Nun ist es aber nicht nur der sog. gesunde Menschenverstand, der Verstand also, der die Selbstverständlichkeit zum Kriterium des Gedachten erhebt, der dort, wo es nicht nach seinem Verstand zugeht, »Unklarheit« und »Dunkelheit« sieht. Gerade auch Philosophen tun sich schwer, von *ihren* Voraussetzungen aus dem Gerechtigkeit widerfahren zu lassen, was sich ihren Kategorien nicht fügt.

So hat beispielsweise Cicero dafürgehalten, daß Heraklit *absichtlich* so dunkel, wie seit der Antike behauptet wird, geschrieben habe. Cicero unterstellt dabei, daß Heraklit durchaus, was er habe sagen wollen, auch verständlich hätte ausdrücken können, es aber aus Gründen, die mit dem Denken als solchem nichts zu tun haben, vorgezogen habe, alles in Dunkel zu hüllen. Man kann Cicero stellvertretend für einen *Typus von Kritik* nennen, die bemüht ist, hinter dem Denken prinzipiell psychologische, soziologische oder politische Absichten aufzuspüren, Absichten, durch deren Nennung es gelingt, den philosophischen Logos als ideologisch abhängig zu erweisen.

Aber auch Hegel, der als Philosoph von höchstem Format angesichts solchen Vorgehens frei heraus von der »Plattheit« Ciceros spricht[72], bemüht sich selbst keineswegs, wenn auch aus anderem Grund, darum, der Sache Heraklits gerecht zu werden. Er nutzt vielmehr die Gelegenheit, an der unterstellten Dunkelheit Heraklits die *Überlegenheit* seines *eigenen* Denkens zu demonstrieren. Man

[71] Heidegger, Heraklit, GA 55, Frankfurt am Main 1979, 19 f.

[72] Hegel, Vorlesungen über die Geschichte der Philosophie I, Werke 18, Frankfurt am Main 1971, 322.

kann Hegel stellvertretend für einen anderen *Typus von Kritik* am Denken nennen, für die philosophische Kritik, die sich nicht nur anheischig macht, einen Denker besser zu verstehen, als er sich selbst verstanden hat, sondern die auch von sich selbst überzeugt ist zu wissen, was einem Denker mangelt und wo seine Grenzen liegen, Grenzen, über die, wie man meint, die Entwicklung der Philosophie bzw. man selbst hinaus ist.

Weder Cicero noch Hegel vermögen über ihren *eigenen* Schatten zu springen, und sie erklären sich das, was ihnen anders nicht verständlich wird, nach ihrem Bild und Gleichnis: der eine politisierend psychologisch, der andere entwicklungs-dialektisch. Die Folgerung, die sich aus der Aufdeckung dieser Abhängigkeit des Urteils von solchen Tendenzen ergibt, ist, einfach gesagt, die: es kommt beim Denken *weder* darauf an, es als *Mittel zum Zweck* zu verwenden, *noch* das Kriterium seiner selbst *in ihm selbst* zu sehen. Es gilt vielmehr, sowohl unter Absehung von Soziologie *wie* von Philosophie - wie Heidegger sagt - das Denken »denkender« zu machen, d.h. über die eigene Hutschnur hinauszugelangen und zur »Sache des Denkens« zu finden. Vielleicht besteht die eigentliche Aufgabe des Denkens dann aber weder darin, dem Seienden auf die Schliche, noch darin, dem *Denken* auf die Spur zu kommen, also *weder* im *Erkennen von* Seiendem, *noch* im *Denken des Denkens*, sondern im Denken des *Seins*, d.h. in der Erfahrung der Entsprechung von Denken und Sein.

Wenn dem so sein sollte, dann bedeutet, worauf ich oben hingewiesen habe, Heideggers *Frage »Was heißt Denken?«* aber gerade nicht, was man unwillkürlich mit ihr verbindet und wie selbstverständlich assoziiert, die informationsbeflissene Frage nach dem, was man alles in der bisherigen Geschichte der Philosophie und des Geistes für Denken ausgegeben hat, und man darf nicht erwarten, daß die Antworten auf dem Ladentisch enzyklopädischer Exposition dargeboten werden bzw. die bisher vorgekommenen Formen des Denkens auf dem Laufsteg der Philosophiegeschichte Revue passieren. Dann fragt die Frage »Was heißt Denken?« nicht nach dem, was *wir* oder *andere* als Denken *bezeichnen*, sondern umgekehrt: sie stellt von dem aus, was uns zu denken *heißt*, d.h. was das Denken bedrängt zu denken, und was es *in* das Denken heißt, die bisherigen Arten des Denkens in Frage. Heideggers Frage »Was heißt Denken?« kommt nicht in Antworten zur Ruhe, macht sich von den bisherigen Antworten vielmehr frei, indem sie nicht nach dem Gedachten oder dem Denken fragt, sondern nach dem, was als das Zu-*denkende* das Denken in Anspruch nimmt: nach dem *Sein*.

Weder die instrumentelle Bestimmung des Denkens noch seine Verabsolutierung zum Prinzip seiner selbst werden dem, was es mit dem Denken auf sich hat, gerecht. Erstere greift zu kurz, die andere zu weit. Die eine verliert das *Denken* aus dem Blick, die andere das *Sein*. Heideggers Frage »Was heißt Denken?« stellt die Bezogenheit des Denkens auf die Sache des Denkens wieder her, indem sie eine Frage aufwirft, die nicht durch die üblichen Antworten beantwortet werden kann. Die Frage »Was heißt Denken?«, die nicht durch bloßes Denken des *Gedachten* oder Denken des *Denkens* beantwortet werden kann, entpuppt sich im wahrsten Sinne des Wortes als die Kehr-seite der »*Seinsfrage*«. Erst angesichts fragwürdig gemachter Weisen des Denkens eröffnet sich die Möglichkeit, Vorurteilen *über* das Denken - Stichwort: Selbst*verständlichkeit* als Kriterium des Gedachten - und des Denkens über sich - Stichwort: Denken des Denkens als *Selbst*-verständlichkeit -, Vor-urteilen also, die allzu leicht zu Ver-urteilungen oder unzulänglichen Beurteilungen geraten und dann nicht nur einzig von Heraklit als dem »Dunklen« sprechen, ein Licht aufzustecken.

Ziehen wir ein erstes Fazit: Die »*Seinsfrage*«, die zumeist und unter ausdrücklicher Berufung auf Martin Heidegger selbst als die *einzige* Frage Heideggers angesprochen wird, gehört engstens mit einer *zweiten Frage*, und zwar mit der rechtverstandenen Frage »Was heißt Denken?«, zusammen. Der vielberedeten »*ontologischen Differenz*« von Sein *und* Seiendem, von der Heidegger sagt, daß das bisherige Denken sie nicht in Betracht zieht, weshalb es eines »anderen Denkens« bedarf, entspricht, was man die *logische Differenz* von *zu*-denkend Zu-*denkendem* und Denken als Mittel oder Selbstzweck nennen könnte. Wenn das Denken vom Sein angesprochen wird, steht es im Dienst der »Seinsfrage«. Wenn die »Seinsfrage« gestellt wird, ist das Denken bemüht, der »Sache des Denkens« zu entsprechen. Denken *und* Sein gehören, sowohl hinsichtlich der »ontologischen Differenz« wie der logischen Differenz nach, zusammen und es muß zugleich erfahren werden, daß Seiendes *und* Erkennen aufeinander bezogen sind. Hieraus ergeben sich eine Reihe von Fragen, die nicht von der selbstverständlich gewordenen Beziehung von Erkennen auf Seiendes aus verständlich sind und daher von ihr aus als »unverständlich« denunziert werden, Fragen, die in zunehmendem Maße schockieren mögen: vorrangig die, ob das üblicherweise »Denken« genannte Denken diesen Titel noch berechtigt trägt, aber auch die, ob es zulässig ist, wissenschaftliches »Erkennen« Denken zu nennen, schließlich die, ob Philosophie beanspruchen kann, »Denken« zu sein.

Doch zurück zu unserem Ausgangsbeispiel: zu Heraklit. Wenn Martin Heidegger sich Heraklit zuwendet, dann tut er dies nicht nur, um an einem Exempel die Unzulänglichkeit von Versuchen, seinem Denken mit unzulänglichen Mitteln beizukommen, ansichtig zu machen, sondern um auf das Ungedachte in einem Denken aufmerksam zu machen, das auf eine solch außer-gewöhnliche und daher nicht selbst-verständliche Weise *»vor«* dem liegt, was man später »Philosophie« genannt hat, daß es die *Bewegung des »nach«* übergreift, die sich als sog. Geschichte der Philosophie etabliert hat. Von *diesem* höchst merkwürdigen »Vor« aus, dessen Möglichkeiten durch kein darauf folgendes »Nach« überwunden, geschweige erschöpft werden, erweist sich die Bewegungsrichtung des »Nach«, die sich heute gern vom Bisherigen durch die unüberlegte Floskel »post« zu verabschieden bemüht ist, als eine solche, die vom »Nach« als dem permanenten Nach des Nach prinzipiell gerade nicht loskommt, also in einem gewissen Sinne schon veraltet ist, bevor sie etwas »Neues« hervorgebracht hat.

Daß Heidegger beispielsweise »nach« Hegel kommt, macht ihn zwar in den Augen derjenigen, die meinen, es gehe innerhalb der gleichen Grundstellung immer weiter, zu einem Nach-Hegelianer, stellt aber im Blick auf das wesentliche »Vor« kein Argument dar. Es bedeutet nicht, daß so, wie Hegel meinte, daß über den von ihm dar-gestellten beziehungsweise spekulativ aufgewiesenen Weg der Voll-endung kein weiteres Hinaus mehr möglich ist, Heidegger seinerseits auf das i, das schon durch Hegel sein Tüpfelchen trägt, ein Über-Tüpfelchen, ein post auf das post setzt. Heideggers »Nach« ist so wenig ein epigonales »post«, wie sein »Zurück« ein reaktionäres Retour ist.

Deshalb zeugt es von wenig Verständnis, wenn man Heideggers sog. *»Schritt zurück«*[73] ganz selbstverständlich als Rückschritt ansieht. Heideggers »Schritt zurück« ist keine Bewegungsrichtung, die sich gegenläufig und re-aktionär zum Fort-schritt und Voranschritt und zum Vor-wärts des in der Geschichte der Philosophie

[73] Heidegger, ID, 45 ff.

sich Abspielenden ihrerseits rück-wärts gewandt ver-hält. Es erweist sich vom »Schritt zurück« aus gesehen vielmehr der Fortschritt als jeweils re-aktionäre Befangenheit in einer Zeitvorstellung, die sich am Leitseil von gestern, heute und morgen entlanghangelt. Heideggers »Schritt zurück« vollzieht sich gerade *nicht innerhalb* der durch ein permanentes Post strukturierten Bewegung des Nacheinander als hierzu rückwärtsgewandte Richtungstendenz. Der »Schritt zurück« tritt vielmehr *vor* der Geschichte der Philosophie als solcher und der Philosophie im Ganzen zurück, um ihrer als einer spezifisch geprägten Verlaufsgestalt überhaupt erst ansichtig zu werden.

Der »Schritt zurück«, der, wie gesagt, kein Rückschritt im Unterschied zum Fort-schritt, sondern Schritt fort vom Fort-schritt *und* fort vom Rück-schritt ist, ist *zugleich* Schritt *zurück* bzw. vor in *den* Bereich, den der Fortschritt nicht etwa hinter sich läßt oder auf den der Rückschritt zurückkommt, den vielmehr *sowohl* der Fortschritt *als auch* sein feindlicher Bruder, der Rückschritt, den also beide rücksichtslos übersprungen und verlassen haben, der aber seinerseits keineswegs dadurch ins Nichtsein versinkt, daß weder Fortschritt noch Rückschritt sich um ihn kümmern. Es geht also um die *Nähe* dessen, dem die Hast und Rastlosigkeit des Vorwärts und Rück-wärts nicht entspricht, um Heimat, die in der Unbehaustheit und Heimatlosigkeit des Fortschritts wie des Rückschritts auf der Strecke bleibt.

Das Ziel des »Schrittes zurück« ist also nicht historische Anbindung, und es ist nicht ein ohnedies unmögliches Zurückdrehen der Geschichte beabsichtigt, sondern das Heraus-drehen des Geschehens aus vorgebahnten Bahnen ins *Ereignis* der Zusammengehörigkeit von Denken und Sein, von denen in der *ersten* und in der zweiten *Frage* Heideggers die Rede ist. Es deutet sich hier an, daß es also noch *zwei weitere Fragen* zu fragen gibt: die *Frage nach der Nähe* und die *nach dem Ereignis*. Zunächst gilt es aber, die Verwindung des Schrittes einzuleiten, der zur »Philosophie« als solcher geführt hat. Und es kommt darauf an, durch das, wie Heidegger es nennt, »andere Denken« hinfort der Erfahrung einer anderen, einer *übersprungenen* Dimension des Denkens und Seins die Wege zu ebnen.

2. *Heideggers Frage nach der »Nachbarschaft zum Sein« als Vorderseite der Frage nach dem »Ereignis«*

Heidegger läßt sich auf *Heraklit* und auf *Parmenides* nicht als auf historisch ferne Philosophen ein, die nur durch die Geschichte der Philosophie im Verbund und in der Erinnerung gehalten werden, sondern sucht die Nähe dessen aufzuspüren, dem beide, die überhaupt noch »keine ›Philosophen‹« waren, zu entsprechen suchten, dem λόγος *als dem Seienden in seinem Sein*[74] und der *Zusammengehörigkeit von Denken und Sein*[75], kurzum der von beiden Denkern vor Augen geführten *Selbigkeit von* logos und eon[76]. Sobald sich zeigen läßt, daß mit demjenigen Schritt, der zur Philosophie und zu alledem führt, was als Geschichte mit ihr verbunden ist - einer Geschichte, die sich inzwischen zur Weltgeschichte ausgeweitet hat -, das einsetzt, was als ein Ab-kommen vom *Sein*, als eine Entzweiung im *Denken*, als eine Entfremdung der *Nähe* verstanden werden muß, die allem, was ist, ihr Unterkommen, ihre Wohnstätte, ihren Aufenthalt, die Heimat gewährt, erweist sich die »*Seinsfrage*« respektive die Denk-Frage als die *Frage nach dem Wohnen*, und das heißt: als die Frage nach der Nachbarschaft zum Sein.

Dann erst kommt zum Vorschein, daß der Mensch als der Eksistierende, als Da-sein in der »Nähe, in der Lichtung des ›Da‹ wohnt«[77]. Und es zeigt sich, daß der Mensch weder Herr der Welt, noch Sklave der Natur, weder Knecht des Himmels, noch Gesetzgeber der Erde, sondern »Nachbar des Seins«[78] ist. Der *dritten Frage*, der *Wohnfrage*, wie ich sie nenne, bzw. der *Frage nach der Nähe*, ist es folglich aufgegeben, die Ent-fernung der Ferne zu Wege zu bringen, und dadurch die Verwindung alles dessen zu fördern, was sich als das vermeintlich Nächste, sei es das Seiende, sei es das Denken des Denkens, vor- und aufdrängt. Es gilt folglich nicht nur die »*ontologische* Differenz« und die *logische* Differenz zu beachten, sondern auch die - wie ich sie nennen möchte - *topo-*

[74] Heidegger, Vier Seminare, in: Seminare (1951-1973), GA 15, Frankfurt am Main 1986, 273. (= VS). Vgl. Was ist das - die Philosophie?, Pfullingen 1956, 24.

[75] Heidegger, ID, 19.

[76] Heidegger, VS, 273.

[77] Heidegger, Hum, 337.

[78] Heidegger, Hum, 342.

logische Differenz zwischen Nähe *und* dem uns vermeintlich Nächsten, dem uns Nächstliegenden.

Die *Wohnfrage*, die Frage, wie Denken und Sein *zusammengehören* und wohinein Denken und Sein zusammen*gehören*, eröffnet eine Dimension, der nun allerdings die gesamte Geschichte der abendländischen Philosophie, Heidegger zufolge, den Rücken gekehrt hat, insofern diese nicht mehr nach der Selbigkeit von Denken und Sein fragt, sondern nach dem τί τὸ ὄν ᾗ ὄν, also danach, was das Seiende, sofern es als Seiendes in den Blick gefaßt wird, ist, eine Frageform, die dem Denken als *Erkennen* fortan als sein Ziel die Rolle zugewiesen hat, dieses Seiende zu *wissen*. Indem statt der »*Seinsfrage*« die Frage nach dem Seienden *als solchen* und *im Ganzen* gestellt wird, ist die *Formel* für alles weitere philosophische Bemühen gefunden. Nun gilt es, »für diese gestellte und gesicherte Frage« durch ein dementsprechendes Erkennen die Antwort zu »finden« und als das Nächste nicht mehr die Nähe, sondern die zu Gegen-ständen der Was-Erkenntnis gemachten Um-*stände* und Be-*stände* zu betrachten, die dann zu Selbst-*verständ*-lichkeiten gemacht werden. Indem die Frage τί τὸ ὄν so und nicht anders gestellt wird, wird sie - wie oben dargetan - *sichergestellt*, so daß sie nicht mehr *in Frage gestellt* werden kann. Philosophie als solche ist damit konstituiert, und es erreicht, wie gesagt, auf solche Weise die abendländische Philosophie bereits »in ihrem Anfang den wesentlichen Abschluß«[79]. Auch wenn mit dieser Frage das Ende noch nicht erreicht ist, der Anfang vom Ende ist gemacht.

Zwar werden in der Folge und im Laufe der Geschichte der Philosophie durchaus unterschiedliche, ja gegensätzliche Antworten gegeben, aber diese ordnen sich alle besagter »Leitfrage«: Was ist das Seiende? ein und unter, und es wird von Mal zu Mal mehr *unter* dieser Perspektive gefragt, die Perspektive *selbst* aber wird - wie gesagt - nicht mehr in Frage gestellt. Das Außerordentliche von Heideggers »anderem Denken« - und es dürfte jetzt sichtbar geworden sein, daß es *zugleich* Ausdruck der »*Seinsfrage*« wie der rechtverstandenen *Frage* »*Was heißt Denken?*«, aber auch der *Frage nach der Nähe* als der Zusammengehörigkeit von Denken und Sein ist -, besteht folglich darin, daß Heidegger sich der Ordnung, die durch die Leitfrage der abendländischen Philosophie, und zwar in ihrer gesamten geschichtlichen Entwicklung und in ihren

[79] Heidegger, N I, 452.

Auswirkungen in allen Bereichen, her-gestellt wird, nicht fügt und einfügt, daß er sich und das Denken vielmehr dieser Frage-Ordnung durch die »*Seinsfrage*«, die *Denk-Frage* und die *Wohnfrage* zu entwinden bemüht ist.

Da sich das was-fragende Fragen als unzulänglich erweist, über die durch es selbst gesetzte Grenze hinauszugelangen, und da es auch auf die Frage: Was ist der Mensch? oder »Was ist das - die Philosophie?« stets nur weitere »Post«-Antworten in Rahmen dieser Fragestellung und im Rhythmus des aufeinander folgenden und einander nach-folgenden Post produziert, muß das innere Gefüge der abendländischen Leitfrage durchschaut, d.h. »ausgelegt« und durch ein *ursprünglicheres Fragen*, auch wenn dieses dem gewohnten und eingeübten, selbstverständlich gewordenen Fragen durchaus »dunkel« und »unklar« erscheinen mag, ent-setzt und nicht nur er-setzt werden.

Angesichts der Seinsvergessenheit, angesichts der ihr entsprechenden Verfallenheit an das Seiende, angesichts der Unbehaustheit und Heimatlosigkeit läuft dies darauf hinaus, durch das Fraglichmachen der »Leitfrage« die ursprüngliche, d.h. Ursprung eröffnende »*Seinsfrage*« in Gang zu bringen, und das heißt wohlgemerkt ineins - die *Frage* »*Was heißt Denken?*« zu stellen und - wiederum ineins - solcherart *fragend* die Erfahrung der »Nähe des Nichts« vorzubereiten, die lediglich die Kehr-seite der »Nähe des Seins« ist, so wie die »Nähe des Seins« nicht ohne die »Nähe des Nichts« erfahren werden kann[80]. Dadurch erweist sich, daß nicht das uns vermeintlich Nächste, das uns umstehende Nächstliegende oder als Gegen-stand zum Still-stand gebrachte nahestehende Seiende oder das von uns Her- und vor uns Hingestellte oder die Zeitgemäßheit des Vor- oder Rückwärts uns am nächsten ist, sondern, daß das vermeintlich Fernste uns nah ist: das Sein und das Nichts.

Es ist verwunderlich, daß, obwohl Heidegger an vielen Stellen seines Gesamtwerkes *Nähe* thematisch gemacht hat, die Bedeutung der Nähe im Denken Martin Heideggers rezeptionsgeschichtlich erst spät in einer Arbeit monographisch herausgestellt wurde, ja zurecht geradezu als der Schlüssel zum Verständnis von Heideggers Denken bezeichnet worden ist[81]. Ich zitiere nur eine Stelle

[80] Heidegger, N I, 460.

[81] Emil Kettering, NÄHE. Das Denken Martin Heideggers, Pfullingen 1987.

aus dem Humanismus-Brief, aus der die Drei-faltigkeit des Fragens von Heidegger hervorgeht: die nach dem Sein, die nach dem Denken, die nach der Nähe. »Das Sein - was ist das *Sein*? Es ist es selbst. Dies zu erfahren und zu sagen, muß das *künftige Denken* lernen. Das ›Sein‹ - das ist nicht Gott und nicht der Weltgrund. Das Sein ist weiter denn alles Seiende und ist gleichwohl dem Menschen *näher* als jedes Seiende, sei dies ein Fels, ein Tier, ein Kunstwerk, eine Maschine, sei es ein Engel oder Gott. Das Sein ist das *Nächste*. Doch die *Nähe* bleibt dem Menschen am weitesten. Der Mensch hält sich *zunächst* immer schon und nur an das Seiende. Wenn aber das *Denken* das Seiende als Seiendes vorstellt, bezieht es sich zwar auf das *Sein*. Doch es *denkt* in Wahrheit stets nur das Seiende als solches und gerade nicht und nie als das *Sein* als solches ... Der Mensch ... verkennt *zunächst* das *Nächste* und hält sich an das *Übernächste*. Er meint sogar, dieses sei das *Nächste*. Doch *näher* als das *Nächste* und zugleich für das gewöhnliche Denken ferner als sein Fernstes, ist *die Nähe selbst*: die Wahrheit des Seins.«[82]

Mit anderen Worten: es geht für den *Menschen*, der nicht im Philosophen aufgeht, der vielmehr »auf dem Weg als Wanderer in die Nachbarschaft des Seins«[83] ist, darum, über den eigenen Schatten zu springen, und zwar eingedenk dessen, daß wir es sind, die durch unser übliches und für selbstverständlich gehaltenes Fragen und Antworten selbst diesen Schatten werfen. Dazu gehört aber in erster Linie, und dies führt bei Heidegger zu einer *vierten Grundfrage*, zu dem, was Heidegger seit »Sein und Zeit« die »Durchführung der Destruktion der ontologischen Überlieferung« nennt, durch die die »Seinsfrage erst ihre wahrhafte Konkretion gewinnt«[84].

Man kann die Jahr für Jahr von Heidegger ausgearbeiteten und größtenteils erst aus dem Nachlaß veröffentlichten Vorlesungen als den großangelegten, seinesgleichen suchenden Versuch einer gigantischen Aus-einander-setzung mit der gesamten Geschichte der Philosophie deuten. Und man kann in einem Titel aus seiner letzten noch von ihm selbst veröffentlichten Schrift, der »Das Ende

[82] Heidegger, Hum, 331 f., Herv. R.W.

[83] Heidegger, Hum, 344.

[84] Heidegger, SuZ, 35.

der Philosophie« ausspricht und »die Aufgabe des Denkens«[85] darin sieht, das Sein sein-zu-lassen und, auf solche Weise an das Sein andenkend, der Nähe des Seins zu entsprechen, die Formel für die Einlösung seiner Lebensarbeit finden. Gerade indem die Überlieferung durch Heidegger nicht wie meist üblich entweder einfach hingenommen beziehungsweise eklektizistisch bloß selektiv kritisch aufgegriffen oder aber nur dialektisch synthetisiert beziehungsweise durch ein Verfahren, das sich am eigenen Schopf hoch und höher hebt, akzeptiert wird, Heidegger die Überlieferung vielmehr konsequent de-struiert, d.h. ab-baut, also ihre Aufbauten Stein für Stein abträgt, erweist sich nicht nur die Wirksamkeit der unumgänglich gewordenen »*Seinsfrage*« und es wird nicht nur die Kontrollierbarkeit eines *Denkens* vor Augen geführt, von dem Heidegger gesagt hat, daß es »denkender« werden müsse.

Gerade wenn man sich nicht schon durch den vielfach mißdeuteten Heidegger-Satz »die Wissenschaft denkt nicht«[86] schockieren läßt, sondern gewahrt, daß die eigentliche Zielrichtung von Heideggers *Frage »Was heißt Denken?«* der Nachweis ist, daß die *Philosophie* nicht denkt, jedenfalls nicht in der Weise des angesichts der »Seinsfrage« notwendig werdenden »denkenderen« Denkens, das in die *Nähe zum Sein* einkehrt, wird Destruktion des vermeintlich Fundamentalen zur Vorbedingung, »das Gehören zum Sein« zu erfahren und auf die Vorstellung von *Denken* als dem sich selbst ergründenden und begründenden Grund[87] und auf die Vorstellung von *Philosophie*, die von solchem Grund Rechenschaft zu geben bemüht ist, zu verzichten. Heidegger hat später lieber als von Destruktion davon gesprochen, mit den Philosophen in ein »denkendes Gespräch« zu treten und dabei »mit der Verschiedenheit der Sache des Denkens zugleich die Verschiedenheit des Geschichtlichen im Gespräch mit der Geschichte der Philosophie ans Licht zu heben«[88].

[85] Heidegger, SD, 61 ff.; vgl. Richard Wisser, Martin Heidegger und kein Ende des Denkens. Neuerscheinungen aus Anlaß seines 80. Geburtstages, in: Die Welt der Bücher. Literarische Beihefte zur Herder-Korrespondenz, 4. Folge, H. 3, Freiburg 1970, (116-121), 118 ff.

[86] Heidegger, WhD, 4.

[87] Heidegger, ID, 24, 54.

[88] Heidegger, ID, 41 f.

Worauf es mir jetzt ankommt, zeigt sich dort, wo Heidegger sich gegen Mißdeutungen der von ihm in »Sein und Zeit« (§ 6) geforderten und zeitlebens betriebenen »Destruktion« zur Wehr setzt. Heidegger betont, daß es ihm nicht nur darum gehe, »im Abbau geläufig und leer gewordener Vorstellungen die ursprünglichen Seinserfahrungen der Metaphysik zurückzugewinnen«, also nicht um »eine bloße Restauration der Metaphysik«, die das »Überlieferte« aufliest »wie einer die vom Baum gefallenen Äpfel«, sondern durch Zurückfragen in den »Grund der Metaphysik« um die »Verwindung« der Metaphysik[89]. Bei diesem Unternehmen, das den »anfänglichen Sinn von Sein freizulegen« sucht, gilt es aber zugleich, die anfängliche »Naivität der ›ontologischen Destruktion‹«[90] zu überwinden, die darin besteht, daß man meint, die *Geschichte der Philosophie* gehe einzig und allein auf den Menschen zurück. Sobald bei Heidegger, wie er selbst sagt, seine eigene anfängliche Unerfahrenheit schließlich einer »echten Erkenntnis der Geschichte des Seins«[91] Platz gemacht hatte, mußte dem *Geschick* des mit dem Sein verbundenen Menschen *und* des mit dem Menschen verbundenen Seins nachgefragt werden.

Gerade weil trotz der in der Geschichte des Denkens betriebenen ungewöhnlichen Anstrengung bis hin zu Hegels im Denken des Denkens *sich* überschlagendem Denken das *Denken* sich von seinem eigentlichen Element, dem Sein, ent-fernt und ihm sich entfremdet hat, sitzt es nicht nur »schon lange, allzu lang ... auf dem Trockenen«[92], es läßt auch das, was sich in der Folge der Verwandlungen, »die die Geschichte der Philosophie darstellt, als *Sein* zuschickt«[93], und folglich *Geschichte* und *Geschick des Seins* außer acht. Damit kommt eine *vierte* Differenz zum Vorschein, die man die *historiologische Differenz* nennen könnte, die Differenz zwischen »Seinsgeschichte«, in die Mensch und Denken hineingehören, *und* Geschichts-Geschichte, in der von Vorgängen in der Geschichte historisch berichtet wird. Heidegger ist im Laufe der von ihm betriebenen »Destruktion« der Geschichte der Ontologie auf

[89] Heidegger, Zur Seinsfrage (1955), in: Wegmarken, GA 9, 416.

[90] Heidegger, VS, 395, vgl. 337.

[91] Heidegger, VS, 395.

[92] Heidegger, Hum, 315.

[93] Heidegger, VS, 395.

eine *vierte Frage* gestoßen worden, richtiger und unmißverständlicher, weil nicht numerisch, sondern, da die vier Fragen zusammengehören, qualitativ gesagt, auf einen vierten Bezug innerhalb seines *vier-fältigen* Fragens, auf das »*Ereignis*«.

Heidegger hat ausdrücklich bekundet, daß »›Ereignis‹ seit 1936 das Leitwort«[94] seines Denkens ist, womit nicht nur gemeint ist, daß das Denken vom Sein »ereignet« ist, und das Sein dem Denken »gehört«[95]. Gemeint ist auch die Frage nach dem »Ereignis des Entzugs« dessen, was sich »einsther entzieht«, also Entzug als Ereignis aufbricht[96]. Und es soll schließlich auch in Erfahrung gebracht werden, was es damit auf sich hat, daß Mensch und Sein einander so übereignet sind, daß sie auf eine ganz bestimmte Weise *zusammen*gehören und zusammen ins Ereignis *gehören*.

Wenn Heidegger nach dem »Ereignis« fragt, dann nicht historisch nach irgendeinem Geschehen oder Vorkommnis *in* der Geschichte, sondern nach dem, was unser *Zeitalter* als die *Konstellation von Sein und Mensch* durchwaltet, die Heidegger das »Gestell« nennt, also das, was das Sein wie den Menschen herausfordert, alles »ihn angehende Seiende als den Bestand seines Planens und Rechnens sicherzustellen und dieses Bestellen ins Unabsehbare zu treiben«[97].

Ereignis nennt als »Leitwort im Dienst den Denkens«[98] das, wovon das »Ge-stell« ein »*Vorspiel*«, ein »erstes, bedrängendes Aufblitzen«[99] ist, nennt eine Möglichkeit, in die der Mensch *und* das Sein als »in ihr Eigentliches enteignet«[100] werden, nennt das »Nächste jenes Nahen ..., darin wir uns schon aufhalten«[101]. Das »Ereignis« als das, was Mensch *und* Sein »einander *eignet*«[102], was den Menschen dem Sein »*ver*eignet« *und* das Sein dem Menschen »*zu*eignet«, ist für Heidegger die einzige, aber auch die einzigartige

[94] Heidegger, Hum, 316 (Anm.).
[95] Heidegger, Hum, 316.
[96] Heidegger, WhD, 5.
[97] Heidegger, ID, 29.
[98] Heidegger, ID, 29.
[99] Heidegger, ID, 31.
[100] Heidegger, ID, 33.
[101] Heidegger, ID, 30.
[102] Heidegger, ID, 32.

Gewähr dafür, daß die technische Welt nicht über dem Menschen und dem Sein zusammenschlägt. Die *Frage nach dem »Ereignis«* ist die Frage nach dem weder personal noch sachlich gemeinten Nächsten; denn es ist uns nichts näher als das, »was uns dem nähert, dem wir gehören« und »worin wir Gehörende sind«, als das »Ereignis«[103].

Es wäre ein großes Mißverständnis, wollte man, weil Heidegger nicht in die *gewohnten Selbstverständlichkeiten* im Blick auf die Geschichte und die in ihr vordringlich werdenden Geschehnisse miteinstimmt und weil er Parolen vermeidet, die zwar gut klingen, aber zu nichts führen, z.B. daß der Mensch, der die Technik gemacht hat, als Herr der Technik frei über sie verfügen kann, oder, daß man den Frieden nur wollen muß, weil er dann realisiert werde, oder, daß das Handanlegen wichtiger ist als das Grübeln, behaupten, Heideggers Denken sei »unklar« und »dunkel« und entbehre obendrein des Inhalts. *Indem* es die *»Seinsfrage* eröffnet und zugleich - entsprechend der obwaltenden »ontologischen Differenz« - vom Seienden absehen lehrt, *indem* es nicht fragt, was alles man bisher unter Denken verstanden hat, sondern - entsprechend der obwaltenden logischen Differenz - *fragt, was das ist, das das Denken denken heißt, indem* es nicht nach dem Nächstliegenden, sondern - entsprechend der topologischen Differenz - nach der *Nähe zum Sein fragt* und *indem* es schließlich statt vom »Ge-stell« ein-, an- und in-Dienst-gestellt, lediglich zur Stelle zu stehen, - entsprechend der historiologischen Differenz - ineins bemüht ist, *im Ereignis zu wohnen*[104], erweist sich Heideggers Denken nach dem Maße dessen, ob und wie ihm die *Vorbereitung* der *Befreiung* von den historischen Auslagen der Philosophie, die *Ent-Fernung* der Entfremdung vom Sein, die *Erfahrung* der Nähe und die *Einkehr* ins Ereignis gelingt.

[103] Heidegger, ID, 30.

[104] Heidegger, ID, 30.

Martin Heideggers vierfältiges Fragen

Vor-läufiges anhand von »Was ist Metaphysik?«

Vorbemerkung

Worum es geht: das Ungedachte im Gedachten

Von Hegel stammt das Wort: »Wo wir eine Eiche in der Kraft ihres Stammes und in der Ausbreitung ihrer Äste und den Massen ihrer Belaubung zu sehen wünschen, da sind wir nicht zufrieden, wenn uns an dieser Stelle eine Eichel gezeigt wird.«[1] Wer beabsichtigt, die Aufmerksamkeit auf Heideggers Frage aus dem Jahre 1929 »Was ist Metaphysik?« zurückzulenken, was zwar nicht bezweckt, von der Hoch- und Spätform seines Denkens abzulenken, vielmehr darauf aus ist, Vor-läufiges zu erkennen zu geben, vermag nicht auszuschließen, daß seine Ausführungen den Leser nicht zufriedenstellen werden.

Wenn sich vielleicht sogar herausstellen sollte, daß die Frage »Was ist Metaphysik?« in einem wesentlichen Sinne *zweideutig* ist, insofern sie nicht nur nach der *Metaphysik* fragt, von der René Descartes, der die Philosophie als solche mit einem Baum vergleicht, gesagt hat, daß sie deren Wurzelwerk abgibt,[2] sondern gerade auch nach dem *»Grund der Metaphysik«* fragt, den die Metaphysik selbst bei all ihren Grundlegungen und Grundannahmen unberücksichtigt läßt, könnte die Unzufriedenheit noch zunehmen, denn dann kann nicht einmal mehr eine Eichel, geschweige eine Wurzel vorgewiesen werden. Fragt doch in solcher Hinsicht die Frage »Was ist Metaphysik?« nicht nur über die Frage ›Was ist nicht Metaphysik?‹ hinaus, sondern geradezu und unverblümt nach dem »ist«, ohne das es keine Metaphysik gibt, dem die Metaphysik sich aber ihrerseits

[1] G.W.F. Hegel, Phänomenologie des Geistes. Vorrede, in: Theorie-Werkausgabe, (hrsg. von Karl Markus Michel und Eva Moldenhauer), Band 3, Frankfurt am Main 1970, 19.

[2] Descartes' Brief an Picot, Opp. ed. Ad. et Ta., IX, 14; zitiert nach Martin Heidegger, Gesamtausgabe, Band 9: Wegmarken, hrsg. von Friedrich-Wilhelm von Herrmann, Frankfurt am Main 1976, 365. (= GA 9). *Die Seitenzahlen im Text beziehen sich auf diese Ausgabe.*

gerade nicht zu-kehrt, von dem sie sich vielmehr ab-kehrt. Womit soll zur Zufriedenheit aufgewartet werden?

Wem die Frage des vierzigjährigen Heidegger »Was ist Metaphysik?«, sofern wir sie mit einer Eichel vergleichen, schon ungenügend erscheint, der wird sich möglicherweise schon gar nicht begnügen wollen mit der Wendung, die der sechzigjährige Heidegger dieser Fragestellung in der »*Einleitung*« gibt, die er 1949 der 5. Auflage seiner *Antrittsvorlesung* von 1929 voranstellt, insofern er sie als »Rückgang in den Grund der Metaphysik« (GA 9, 365), also in den ebenso grundlosen wie bodenlosen Grund der Metaphysik auslegt und bezeichnet. Vielleicht geht es bei diesem Gang und in dieser Wendung allerdings um die Zu-kehr zu dem, von dem die Metaphysik sich ab-kehrt, und um die Ein-kehr in das, in dem die Metaphysik immer schon »wohnt« (122), ohne sich an es zu kehren. Dann liefe alles auf die Ab-kehr von der Philosophie hinaus, die von Hegel als die »verkehrte Welt« (103; zitiert von Heidegger) bezeichnet worden ist, auf die alles entscheidende Umkehr der »verkehrten Welt«, jedoch nicht durch die vermeintliche Richtigstellung mittels des nichtphilosophischen Bewußtseins, sondern durch die »brückenlose Einkehr«[3] in das, was sich dem vorstellenden Denken nicht erschließt. Wenn es aber nicht nur nicht um die Fülle des Gedachten geht, sondern überhaupt nicht um Gedachtes, sondern um das Ungedachte, und wenn dem Denken nicht abverlangt wird, in der bisherigen Weise zu denken, sondern »denkender« (371 f.) zu werden, was kann Philosophie dann noch vorweisen? Sind wir aber zufrieden, wenn uns solcherart das *Ende der Philosophie* vor Augen geführt wird?

Vielleicht müssen wir die Unzufriedenheit als unumgänglich in Kauf nehmen, ja sie eigens und vorsätzlich bis zu dem Grad zu *steigern* versuchen, bis und auf daß der Umschlag in das eigentliche *Interesse*, für den »anfänglichen Bezug des Seins zum Menschenwesen« (370) erfolgt und der »Einsprung der eigenen Existenz in die Grundmöglichkeiten des Daseins im Ganzen« (122) sich vollzieht. Dies gelingt nicht, wenn der Mensch vermeint, auf diesem oder jenen Standpunkt Position beziehen zu können, oder er dadurch einen Halt zu finden wähnt, daß er sich an solches hält, was nur vorübergehend Halt bietet. Nur wenn dem Seienden im Ganzen Raum gegeben wird und die Bindung an das sich vordrängende

[3] Martin Heidegger, Identität und Differenz, Pfullingen 1957, 24. (= ID).

Einzelne und Vereinzelte gelöst wird, und erst wenn der »existierende« Mensch sich ins Nichts losläßt, d.h. »von den Götzen, die jeder hat und zu denen er sich wegzuschleichen pflegt«, befreit wird, und einzig wenn Existenz auf solche Weise in das »Schweben« (122) gerät, das die wesentliche Angst als die »Durchschütterung dieses Schwebens, darin es (das reine Da-sein) sich an nichts halten kann« (112), auslöst, steigt die *Grundfrage der Metaphysik* auf: »Warum ist überhaupt Seiendes und nicht vielmehr Nichts?« (122) Erst dann geschieht, wie Heidegger 1929 sagt, Philosophieren als der Vorgang, in dem Philosophie ihre Aufgaben erfährt.

Noch auf ein *Zweites* sei in dieser Vorbemerkung hinzuweisen: Solange in der Heidegger-Forschung und Heidegger-Ausforschung das Problem diskutiert wird und werden wird, von welcher Schrift des Heideggerschen Opus, das durch den Nachlaß wesentlich erweitert worden ist und noch erweitert wird, auszugehen, am ehesten angebracht ist, um nicht zu sagen sich lohnt, wird diskutiert werden, wo sich der Anfang seines anfänglicheren Denkens nicht nur am auffallendsten sondern am ursprünglichsten manifestiert. Die simple Maxime, die für den besten Ausgang den Anfang hält, sagt leider nichts über das einzig Entscheidende aus, was nämlich der Anfang ist und wo er in Gang kommt. Sie rechnet auch nicht mit möglichen Brüchen und Sprüngen, sieht von Abbrüchen und Umwegen ab, rechnet mit einer Kontinuität und einem roten Faden und setzt auf einen Schlüssel, gar auf einen Passepartout. Und selbst wenn sich eingebürgert hat, weil es zutreffend ist, beispielsweise bei Immanuel Kant eine vorkritische von der kritischen Periode zu unterscheiden, so ist es auch bei Heidegger zwar möglich, eine Periode *vor* »Sein und Zeit« von derjenigen *nach* »Sein und Zeit« zu unterscheiden und bei beiden Philosophen Umstände und Situationen anzugeben, in denen das Neue ans Licht und zu Wort kommt, aber es kommt nicht Blitz und Schlag, und das Donnergrollen trifft ohnedies verspätet ein. Bei Heidegger verschärft sich das Problem noch dadurch, daß die Frage diskutiert werden muß, welche Bedeutung der Kehre von »Sein und Zeit« zu »Zeit und Sein« zuzumessen ist.

Vom Entwickelten und vom Erreichten her wirkt die Eichel unscheinbar, und sie wird als bloß *Vorläufiges* vielleicht nicht einmal für wert befunden, wahrgenommen, geschweige ernst genommen zu werden. Und wenn es gar um anderes als eine Entwicklung wie bei Hegel geht, wenn es um die Kehre der Umkehr geht, wird leicht die Unscheinbarkeit des Vor-läufigen über dem ausdrücklich gemachten »Schritt zurück« (vgl. ID 42 ff.) übersehen.

Und doch gibt es eine Schrift von Heidegger, in der er nicht nur im üblichen Sinne des Wortes Selbstbewußtsein bekundet und Flagge zeigt, sondern demonstrativ als der Denker auf- und antritt, bei dem *das Denken im Fragen wieder zu sich selbst* und zu dem kommt, auf das alles Denken als solches immer schon »vorblickt« (116), auf das »zu Denkende« (368, 373, 377).[4] Es handelt sich um Heideggers Freiburger »öffentliche Antrittsvorlesung« (GA 9, 482) aus dem Jahr 1929. Heidegger wäre nicht der sorgsam auf das Eigentliche in landläufig gewordenen und durch den sorglosen Gebrauch um die Bedeutung gebrachten *Worten* Achtende, wenn er über das Besondere des Auftakts und des Auftritts hinweghören würde und die Situation und die Gelegenheit gerade einer solchen Vorlesung ungenutzt verstreichen ließe.

Deshalb bleibt in gewissem Sinne keine andere Wahl, statt auf Heideggers unvollendete und Bruchstück gebliebene Abhandlung »Sein und Zeit« zurückzugreifen, uns der »Antrittsvorlesung« zuzuwenden. Heidegger selbst hat sie in der Ausgabe von 1949 nicht nur im Sinne einer Dreigliederung *zwischen* die »Einführung« von 1949 und das Nachwort von 1943 gesetzt und »Die Vorlesung« genannt. Sie verdient nicht nur deshalb, sondern auch um eben dieser *beiden Stellungnahmen* willen, also wegen der Beachtung, die sie bei Heidegger selbst gefunden hat, eine entsprechende Berücksichtigung. Und so ist es auch nicht verwunderlich, daß Heidegger mit ihr den Auftakt in dem von ihm selbst zusammengestellten Band »Wegmarken« aus dem Jahre 1967 setzt, in dem er den »Weg in *Die Bestimmung der Sache des Denkens*« vor Augen führt, auch fernerhin die Aufenthalte zu bedenken gibt und zugleich von sich als demjenigen spricht, der »am wenigsten von dem weiß, was als die

4 In der 5. Auflage der Antrittsvorlesung, der Heidegger die »Einleitung« (Frankfurt am Main 1949; = WiM) voranstellt, schreibt Heidegger: »das Zu-denkende« (9, 14, 17). Der Wiederabdruck in »Wegmarken« (Frankfurt am Main 1967; = WM) folgt dieser Schreibweise, obwohl Heidegger selbst schon in seinem »Nachwort« von 1943 die verbesserte Formulierung »das zu Denkende« eingeführt hat, durch die die Betonung des Wortes »das Zu-denkende« eindeutig gemacht wird (Einzelausgabe Was ist Metaphysik? 1949, 43; Wegmarken 1967, 103; GA 9 1976, 308). Die andere Betonung findet sich in der Formulierung, daß das Denken, das sich aus dem Bezug des Seins zu ihm vollzieht, »im Denken des ihm Zu-gedachten« steht (WiM 1949, 12; WM 1967, 201; GA 9 1976, 372).

bestimmende Sache ihn - gleichsam hinterrücks über ihn weg - zu ihr bewegt« (GA 9, IX).

Zur Darstellungsweise sei nur angemerkt, daß versucht wird, möglichst Heidegger zu Worte kommen und ihn selbst das Seine sagen zu lassen, also nicht der Anspruch erhoben wird, das Seine besser sagen zu können, als er selbst es vermocht hat, zumal er selbst im »*Nachwort*« und in der noch späteren »*Einleitung*« bemüht ist, das Seine *selbst* besser zu sagen, als er es früher gesagt hat.

1. »Die Vorlesung«

Die Fragwürdigkeit der Frage: »Was ist Metaphysik?« und die Begegnung mit dem Nichts

Um das Provokative der Frage zu erfassen, die Martin Heidegger anläßlich seiner Freiburger Antrittsvorlesung im Jahre 1929 aufwirft, ist es wichtig zu berücksichtigen, daß Heidegger im Blick auf eine universitäre *Konstellation* spricht, in der die »zerfallene Vielfältigkeit von Disziplinen ... nur noch durch die technische Organisation von Universitäten ... zusammengehalten wird« und »die Verwurzelung der Wissenschaften in ihrem Wesensgrund abgestorben ist« (104), und daß er *vor* Natur- und Geisteswissenschaftlern, *vor* Philosophen und Theologen, *vor* Psychologen und Logikern spricht und *ihretwegen* und um dieser *Situation* willen fragt: »Was ist Metaphysik?« Die Frage nach der Metaphysik erfolgt nicht, weil die *Disziplin Metaphysik* in dieser Zeit noch eine Frage wert und als Fragestellung von Bedeutung ist - die von Peter Wust 1920 konstatierte und verkündete »Auferstehung der Metaphysik«[5] spielt

[5] Peter Wust, Die Auferstehung der Metaphysik. in: Gesammelte Werke, Band 1, Münster 1963. Fritz Heinemann hatte in seiner »Einführung in die Philosophie der Gegenwart« unter dem Titel »Neue Wege der Philosophie. Geist/Leben/Existenz«, Leipzig 1929, Wust zwar »das Verdienst« bescheinigt, »eine tatsächlich vorhandene Richtung sichtbar gemacht und ins Bewußtsein der Gegenwart erhoben zu haben«, hebt aber doch hervor, daß es »vielleicht mehr geschadet, als genützt hat; denn nun warf sich alles, was sich in Deutschland offiziell oder inoffiziell mit Philosophie beschäftigte, auf Metaphysik, und es ist beinahe komisch zu sehen, wie selbst Positivisten und Erkenntnistheoretiker, die himmelweit von jeder Möglichkeit der Metaphysik entfernt sind, nun Metaphysik treiben. Und was für eine!«, über Peter Wusts »Heideggernot«, vgl. Fritz Heinemann, Existenzphilosophie - lebendig oder tot? Stuttgart 1954, 88 f. Vgl. Richard Wisser, Fritz Heinemann - lebendig oder tot? »Lebensgrundwissenschaft« als Fort-

für Heidegger keine Rolle -, sondern weil in den Augen von Heidegger die *Frage* nach der Metaphysik von allergrößter Wichtigkeit ist; denn die Frage »Was ist Metaphysik?« ist nicht irgendeine Frage sondern *die* Frage, und von ihrer Beantwortung hängt nicht nur die Metaphysik sondern alles ab. Sie ist somit die Frage, die überhaupt erst wieder das *Fragen als solches* in seiner von Antworten nicht ohne weiteres einzuholenden Fragwürdigkeit offenbar werden läßt.

Wie aber kann die gestellte Frage beantwortet werden, wenn, was Heidegger ausdrücklich ablehnt, weder über die vorausgesetzte Metaphysik im üblichen und überkommenen Verstande geredet werden soll, noch beabsichtigt ist, uns von ihr als vorgegebenem Faktum zu überzeugen? Wenn die Metaphysik weder als gesetzte noch als gegebene genommen werden soll, muß erreicht werden, daß die Metaphysik »sich selbst vorstellt« (103). Hierzu gehört allerdings, daß zunächst 1. *ein metaphysisches Fragen entfaltet* wird (103), daß 2. eben diese metaphysische Frage *ausgearbeitet* wird (106) und daß 3. dadurch die *Beantwortung* der Frage in Angriff genommen wird (113). Damit ist nun zwar die Gliederung der »*Vorlesung*« angezeigt, aber das eigentlich Wichtige ist nicht zu Wort gekommen, denn nur wenn aufgewiesen werden kann, daß metaphysisches Fragen *nicht* von der Art des ansonsten ausgeübten Fragens ist, nur wenn erweisbar ist, daß das, wonach metaphysisches Fragen fragt, im gewohnten Fragen *ungefragt* bleibt, kann eine Antwort erfolgen, die dem entspricht, wonach die *als Frage fraglich gewordene Frage* fragt.

Das *Sichselbstvorstellen der Metaphysik* ist, sofern diese weder bloß als eine Disziplin der Schulphilosophie unter entsprechenden anderen Fächern, noch bloß als Tummelplatz für Phantasieprodukte angesehen wird, seinem Wesenssinn nach gerade *keine Demonstration* von *solchen* Vorstellungen - sie seien historischer oder systematischer Art -, die *wir* uns von der Metaphysik machen beziehungsweise *jemand* sich von der Metaphysik macht, gesetzten Vorstellungen, und es ist auch *keine Präsentation* von metaphysischen Vorstellungen, die den Anspruch erheben, daß wir uns ihnen zu unterwerfen haben, gegebenen Vorstellungen. Das Sichselbstvorstellen der Metaphysik ist selbst keine Vorstellung, sondern als

setzung seiner »Neuen Wege der Philosophie«, in: Zeitschrift für Religions- und Geistesgeschichte, Bd. XXXVII, H. 2, Köln 1985, 143-157.

ein Vorgang ernst zu nehmen, durch den sich solches zeigt, ohne das niemand - ob er Metaphysik setzt oder als gegeben erachtet - auskommt, selbst wenn kaum jemand um dieses Geschehen eigentlich weiß.

Es muß daher zweierlei ins Auge gefaßt werden. Im Blick auf das *menschliche Existieren* der Wissenschaftler, die sich dieser »Antrittsvorlesung« ausgesetzt haben, muß überhaupt erst erwiesen werden, daß die Metaphysik »das Grundgeschehen im Dasein ist«, ja, daß sie »das Dasein selbst ist« (122). Und hinsichtlich der *Konstellation* - und Heidegger wendet sich, wie gesagt, an die Universitäts-»Gemeinschaft von Forschern, Lehrern und Studierenden«, die durch die Wissenschaft bestimmt ist (103) - wird aufgewiesen werden müssen, weshalb die Philosophie »nie am Maßstab der Idee der Wissenschaft gemessen werden kann« (122). Es muß also alles getan werden, damit sich Rolle und Rang der Metaphysik *von ihr selbst her* abzeichnen.

Auf welchem Weg vollzieht sich aber nun diese, wie ich sie nennen möchte, ›Phänomenologie der Metaphysik‹? Achtet man, entsprechend dem doppelten Genitiv, der im Ausdruck ›Phänomenologie *der* Metaphysik‹ zum Vorschein kommt, sowohl auf die *Selbstvorstellung* des Metaphysik Genannten als auch auf die *Methode, durch die* das Metaphysik Genannte erfahren wird, gilt es, mit bereits Gesagtem ernst zu machen. Wir müssen darauf achten, daß die Metaphysik als Grundgeschehen des Daseins erfahren und zugleich als der vergleichslose, durch die Wissenschaft gerade nicht und nie zu bahnende Weg beschritten wird, auf zweierlei also, das miteinander unauflöslich zusammenhängt.

Noch einmal sei es gesagt: Metaphysik ist in diesem Zusammenhang nicht der übliche Name für antiquiert schulphilosophisch *Ge*achtetes oder aber für von der modernen Wissenschaft *Ver*achtetes, sondern im Unterschied zum üblichen Fragen, das nach einem gegebenen oder dem gesetzten ›Was‹ fragt und dementsprechend in ›Das‹-Antworten mündet, das *andersartige Fragen*, das sich gerade auch von derlei Gegenständen und Setzungen löst. Das von Heidegger angezielte *metaphysische Fragen* wird statt dessen »im Ganzen« gestellt (103, 118), womit gemeint ist, daß es nicht wie das *wissenschaftliche Fragen* auf die Durchforschung und begründende Bestimmung von Seiendem *ausgeht*, das *etwas* ist, beziehungsweise daß es nicht in das Ganze des Seienden so *einbricht*, daß es dieses etwas *als* etwas aufbricht (105). Als metaphysisches Fragen wird es vielmehr »aus der wesentlichen Lage des fragenden Daseins« gestellt (103), womit gesagt ist, daß »das fragende Dasein mit in die Frage hineingenommen wird« (119) und »der Fragende - als ein solcher - in der Frage mit da, d.h. in die Frage gestellt ist« (103). Das »da« Sein des Fragenden ist also wesentlich fragendes Dasein und geht nicht im wissenschaftlichen Fragen und in ihm entstammenden Antworten auf. Aber gerade weil das wissenschaftliche Fragen, wie es das von Heidegger im Unterschied zum wesentlich *als* Frage existierenden Dasein so genannte »wissenschaftliche Dasein« betreibt, zwar der Idee nach auf ein »In-die-Nähe-kommen zum Wesentlichen aller Dinge« (104) abzielt, aber aus eben diesem Grunde nicht *die Nähe selbst* zu erfahren vermag, geht es diesem wissenschaftlichen Fragen einzig und allein um das Seiende und um sonst - nichts.[6]

Es ist zu beachten, daß Heidegger die wissenschaftliche Existenz ausdrücklich in seiner »Antrittsvorlesung« terminologisch als »Da-sein« anspricht, wobei er Da-sein durch einen Gedankenstrich nicht nur deshalb trennt, um dadurch die Bezogenheit auf Welt, den »Weltbezug«, zum Ausdruck zu bringen, sondern auch um die Haltung des Forschers, seinen Führungsanspruch zu benennen, und um den »Einbruch« des Menschen in das Ganze des Seienden, die erforschende Auseinandersetzung mit dem, was und wie etwas ist, zu kennzeichnen. Anders gesagt: das »wissenschaftliche Da-sein« und »die Wissenschaft will vom Nichts nichts wissen« (106). Sie nimmt stets etwas, aber niemals das Nichts ernst (121).

Der logische Grund hierfür scheint offen zutage zu liegen, denn weil Wissenschaft stets Wissen von etwas ist, also Etwas-Wissen ist, ist ihr Fragen stets auf etwas gerichtet und nie auf das Nichts. Nur wenn das Nichts etwas und nicht nichts wäre, könnte das Wissen von ihm wissen und dementsprechend, da alles wissenschaftliche Fragen ein Vorwissen, ohne das es kein wissenschaftliches

[6] Heidegger hat in einer Randbemerkung zur 1. Auflage 1929 darauf hingewiesen, daß diese Formulierung, die man als »willkürlich und künstlich ausgegeben« habe, von Hippolyte Taine ausdrücklich als »Formel zur Kennzeichnung seiner Grundstellung und Absicht« gebraucht worden ist, Taine aber »als Vertreter und Zeichen eines ganzen, noch herrschenden Zeitalters genommen werden kann« (GA 9, 105). Vgl. beispielsweise Hippolyte Taine: Philosophie der Kunst, 1. Bd., Leipzig 1902, 15: »Die neue Methode, der ich zu folgen bestrebt bin und die sich in alle reinen Geisteswissenschaften einzuführen beginnt, besteht darin, die menschlichen Werke ... aufzufassen als Erzeugnisse und Thatsachen, deren Wesen zu bestimmen und deren Ursachen zu erforschen sind - nichts weiter«.

Suchen gibt, voraussetzt, nach ihm fragen. Ist aber das Nichts nichts, dann *ist* es nicht nur nicht, es braucht sich das Wissen auch nicht um es zu *kümmern*. Die solcherart als *wissenschaftliche* Logik sich entpuppende »Logik« gibt folglich der Wissenschaft und ihrer Zurückweisung und Preisgabe dessen, was »es nicht gibt«, Recht. Da das metaphysische Fragen nach dem Nichts das Befragte automatisch und unversehens in sein Gegenteil *verkehrt*, weil es nur mit dem *Seienden* im *Verkehr* steht, folglich zwangsläufig aus dem Nichts ein Etwas macht, was aber dem Nichts widerspricht, beraubt sich die Frage selbst ihres Gegenstandes und macht somit jede Antwort auf diese Frage »von Hause aus unmöglich« (107).

Es ist daher nur folgerichtig, daß die *Logik* die Frage nach dem Nichts »niederschlagen« muß (107) und der *Wissenschaft* nicht nur recht gibt, wenn sie vom Nichts nichts wissen will, sondern sie, wenn dies überhaupt noch nötig und möglich ist, darin noch bestärkt. Die Logik expediert sich durch ihr Unverständnis für das Nichts aus demjenigen Frageansatz heraus, der nicht nur am Nichts sondern auch am Sein statt nur am Seienden interessiert ist. Es zeigt sich, daß *nur* das metaphysische Fragen, das hier *zunächst* als das eigentliche Fragen zur Erscheinung kommt, im wesentlichen Sinne Fragen ist, *weil* es das Nichts nicht preisgibt und dadurch dem Sein offen ist.

Damit wird zweierlei deutlich: 1. Die *Wissenschaft* kann vom Nichts nichts wissen und sie will vom Nichts nichts wissen. Und 2. die *Logik* kümmert sich nicht um das Nichts und sie kann sich nicht um das Nichts kümmern. Wissenschaft und Logik lassen ein unbekümmertes, ja in gewissem Sinne ein verkümmertes Denken erkennen. Erst wenn es auf Grund des Sichselbstvorstellens der Metaphysik gelingen sollte, zu durchschauen, daß die *formale* Unmöglichkeit der Frage nach dem Nichts lediglich eine Folge der Struktur der Logik ist, daß diese aber möglicherweise ein *Phänomen* außer Acht läßt, und erst wenn es dahin kommt, daß die Zurückweisung des Nichts durch die Struktur der Wissenschaft lediglich die Kehrseite ihres betonten Eingehens auf ein seiendes Etwas darstellt, sie also mit einem Phänomen, das ihr auf solche Weise nicht zugänglich ist, nichts anzufangen weiß, erweist sich die Frage nach dem Nichts als die Frage: *Gibt* es eine Begegnung mit dem Nichts als Phänomen, das sich von sich her bekundet, und: Welcher *Art* ist diese Begegnung?

Rekapitulieren wir: Es müssen offenbar *zweierlei* Weisen des *Fragens*, die nicht über den gleichen Kamm geschoren werden können, voneinander unterschieden werden. Zum einen ein solches Fragen, das das Gesuchte als gegeben oder gesetzt irgendwie immer schon vorwegnimmt und deshalb das Nichts zwangsläufig preisgeben muß, bei dem also die Antwort die nachträgliche präzise Feststellung einer Vorwegnahme eines Seienden ist. Zum anderen ein derartiges Fragen, »dem ein reines Finden zugehört« (109), ein Fragen, das nicht in der Gegenstandsentsprechung aufgeht, das vielmehr, gerade weil es vom Nichts Gebrauch macht, für ein *Phänomen* offen ist, das sich von ihm selbst her als es selbst zur Erfahrung bringt.

Im erstgenannten Fall, der keineswegs abqualifiziert werden darf, aber auch nicht für den einzig möglichen und beachtenswerten Fall ausgegeben werden sollte, werden Erfahrungen *gemacht*. Im zweiten Fall *bringt sich* ein Phänomen *dem* Fragen, das diesem Phänomen *fragend entspricht*, zur Erfahrung. Es liegt auf der Hand, daß von der Art ihrer Frageweisen her weder die Wissenschaft noch die Logik[7] bereit sind, sich auf eine Erfahrung im zweiten Sinne des Wortes, die wir im Unterschied zur Gegenstandserfahrung eine ›phänomenologische Erfahrung‹ nennen können, einzulassen. Anders gesagt: Wenn und solange einzig die Wissenschaft und die Logik das Sagen über das Fragen haben, ist es mit der »Grunderfahrung des Nichts« (109), die über das fraglich gewordene Fragen und über die ihm eigene Weise des Sagens, weil sie findet und nicht sucht, hinaus ist, nichts.

Nun ist es allerdings nicht so, als hätten Wissenschaft und Logik kein Verhältnis zum Nichts, und besonders die Logik hält dafür und macht für sich geltend, daß sie selbst sehr wohl und überaus überlegt vom Nichts, von der Verneintheit, vom Nichthaften und von der Verneinung spricht, daß *sie* es aber ist, die einzig und allein zu sagen vermag, was es mit solchem *in Wirklichkeit* auf sich hat. Und in der Tat, sowohl die Wissenschaft als auch die Logik operieren mit der Verneinung und mit dem Nichts, aber sie gehen dabei lediglich mit dem »in der ganzen Blässe des Selbstverständ-

[7] In Randbemerkungen weist Heidegger hinsichtlich des Stichworts »Logik« mehrfach darauf hin, daß hier Logik »im gewöhnlichen Sinne, was man so dafür nimmt« (107), gemeint ist, in der »*überlieferten* Auslegung des Denkens« (117), und »ihr λόγος als Ursprung der Kategorien« (120) genommen wird.

lichen verblichenen Nichts« (109) um und sie inhibieren das Nichts als das »schlechthin Nicht-Seiende« (108). Sie *unterwerfen das Nichts ihrem logischen Nicht und der Verneinung* und kehren damit das Verhältnis um, stellen das auf den Kopf, aus dem genau anders herum ein Stiefel wird.

Somit steht von Seiten der Wissenschaft und der Logik nichts zu erwarten, schon gar nicht das großgeschriebene Nichts. Sie lassen sich durch das metaphysische Fragen nach dem Nichts nicht in Verlegenheit bringen, denn selbst wenn man das Nichts formal als die »vollständige Verneinung der Allheit des Seienden« üblicherweise ›definiert‹, ist zu dieser Definition zu sagen: da wir uns das Ganze des Seienden in seiner Allheit weder an sich noch für uns zugänglich machen können, kommt auch auf diesem, wenn man genau hinsieht, ja eigentlich unmöglichen Weg der Definition des Nichts lediglich der formale Begriff des »eingebildeten Nichts« zustande, aber »nie das Nichts selbst« (109). Hat es also mit dem Nichts doch nichts auf sich?

Es scheint so, denn auch der Weg über die sogenannten Stimmungen, in denen sich uns in unserem Gestimmtsein auf je eigene Weise - etwa als Langeweile oder als Freude - das Seiende im Ganzen offenbart und dieses Enthüllen sich sogar als »das Grundgeschehen unseres Da-seins« erweist (110), bietet keine Handhabe, dieses in der Stimmung offenbar werdende Seiende im Ganzen *durch bloße Verneinung* aus der Welt zu schaffen und uns dem Nichts zu konfrontieren. Und so spricht denn vieles dafür, daß wir das Nichts, da es kein Gegenstand ist, nicht nur nicht erkennen können, daß wir es auch nicht vermögen, das Nichts durch eine von uns vorgenommene Verneinung zu zwingen, sich uns zu erkennen zu geben. Und so läuft denn alles auf die Alternative hinaus: entweder gibt sich das Nichts uns als Phänomen, oder aber es gibt das Nichts nicht.

Vielleicht erweist sich aber der Umstand, daß wir über das Nichts nicht verfügen können, gerade nicht, wie uns das gegenständliche Erkennen einreden möchte, als Mangel, stellt er sich vielmehr als eine einzigartige Chance heraus. Denn wäre es in unser Belieben gestellt, das Phänomen des Nichts, wie es die Wissenschaft und die Logik tut, zu expedieren und zu eskamotieren, dann bliebe dem Menschen seine *eigenste* Möglichkeit versagt: Wie sollte der Mensch, gäbe *sich* das Nichts nicht, sich dem üblichen Verhaftetsein im Alltäglichen und der Verlorenheit an und in der Zersplitterung des Alltags entziehen? (110) Wie könnte der Mensch »je schon über das Seiende im Ganzen« (115) ohne das Nichts hinaus sein? Alles kommt demnach darauf an, zu beachten und zu achten, daß menschliches Da-sein gerade nicht durch Logik und Wissenschaft um diese seine eigenste *Chance, metaphysisch zu existieren*, gebracht wird und in solchem Sinne *um*gebracht wird.

Rechtverstandene ›Phänomenologie der Metaphysik‹, d.h. ein solches Fragen, das ein Finden von dem ist, was sich als ein sich von sich her Zeigendes zeigt, folglich »reines Finden« (109) ist, ist ein Fragen sui generis, dessen Antwort dem Finden entspricht und daher die ihm entsprechenden Antworten nicht wie das wissenschaftliche Fragen im Dingfestmachen von solchem aufgehen läßt, das im Fragen vorweggenommen worden ist. Phänomenologisches Fragen verschließt sich weder den Stimmungen, in denen sich das Seiende im Ganzen enthüllt, noch derjenigen Stimmung, »die ihrem eigenen Enthüllungssinne nach das Nichts offenbart« und »die Grundstimmung der Angst« (111) genannt wird, weil einzig sie es ist, die *über* das Seiende im Ganzen hinausreicht.

Die *Angst* verdient den Namen »Grundstimmung« deshalb, weil in ihr »Grund«, nicht nur im Sinne von tragendem Grund, auf den vermeintlich alles, was ist, fundiert ist, mit einem Mal fragwürdig wird, sondern »Grund« auch im Sinne von Bestimmungsgrund und gegebener Ursache für irgendwelche Wirkungen in Frage gestellt wird. In der Angst, die den Menschen nicht wie die Furcht festhält und blockiert, ihn nicht bannt und dadurch »›kopflos‹« werden läßt, in der dem Menschen vielmehr gerade das, was ihn mit Beschlag belegt, ja das Seiende im Ganzen und er sich selbst »entgleitet«, machen wir eine doppelte Erfahrung. Die Angst läßt uns nicht nur die Erfahrung der »wesenhaften Unmöglichkeit der Bestimmbarkeit« dessen erfahren, wovor und worum wir uns ängstigen. Wir erfahren in der uns überkommenen »Unheimlichkeit« zugleich das Bedrängende des haltlos Gewordenen, erfahren, daß sich das Seiende im Ganzen *uns als Wegrücken zukehrt* (111f.).

Solcherart offenbart die Angst das Nichts (112). Und angesichts der »Gegenwart des Nichts« ist »da« nun nicht mehr das »wissenschaftliche Da-sein« sondern nur noch »das reine Da-sein in der Durchschütterung seines Schwebens, darin es sich an nichts halten kann« (112, vgl. 117). Mit der »Grundstimmung der Angst« als dem »Grundgeschehen unseres Da-seins« (110) ist, nachdem die Wissenschaft und die Logik sich nicht etwa als unzulänglich, sondern als unzuständig erwiesen haben, der Zugang erschlossen, der es ermöglicht, zu fragen: »Wie steht es um das Nichts?« (112)

Nachdem wir bereits mehrfach darauf hingewiesen haben, wie entscheidend es Martin Heidegger darauf ankommt, auf den *Unterschied* zwischen dem *üblichen* Fragen, in dessen Beantwortung Bestimmtes als Vorweggenommenes zur Sprache gebracht und ins Wort gefaßt wird, und dem solches Fragen gerade in *Frage stellenden* Fragen *abzuheben*, überrascht es nicht mehr, wenn Heidegger betont, daß in der *jetzt* gestellten Frage die »allein wesentliche Antwort« nur erwächst, wenn »die Frage nach dem Nichts wirklich gestellt *bleibt*« (113; Herv. R. W.) Es müssen folglich vom Nichts Kennzeichnungen ferngehalten werden, die dem sich selbst bekundenden und von uns aus nicht zu zwingenden Nichts nicht entsprechen und die, statt die über das Wesen des Menschen entscheidende »Verwandlung des Menschen in sein Da-sein« (113) geschehen zu lassen, beim Fragesteller, der lediglich Antworten vorstellt, alles beim Alten belassen[8].

Ohne hier auf Heideggers von mir so genannte ›Phänomenologie des Nichts‹ im einzelnen zu sprechen zu kommen, kann vom »Wesen des Nichts« als von der von sich »abweisenden Verweisung[9] auf das entgleitende Seiende im Ganzen« gesprochen, und das heißt: die *Nichtung* erfahren werden. Diese ist weder eine Vernichtung des Seienden durch das Nichts, noch entspringt sie einer Ver-neinung des Seienden durch uns (114). Anders gesagt: ohne das, was Heidegger die »helle Nacht des Nichts der Angst« nennt, bliebe die »Befremdlichkeit« dessen, *daß Seiendes ist*, verborgen, und es könnte die ursprüngliche Offenheit des Seienden als eines solchen nicht erfahren werden. Indem das nichtende Nichts »das Da-sein allererst vor das Seiende als ein solches bringt« (114), wobei »vor« einer Randbemerkung Heideggers zufolge bedeutet: »eigens vor (das) Sein des Seienden, vor den Unterschied« (GA 9, 114), ermöglicht es, daß das Dasein sich zu solchem, das es nicht

[8] Randbemerkung zur 5. Auflage von 1949: Es handelt sich um eine »Verwandlung des Menschen« »als Subjekt!« in »sein Da-sein«, wobei Da-sein hier »schon denkend vorerfahren« werde, weshalb hier überhaupt die Frage »Was ist Metaphysik?« »fragbar geworden« (113) ist. Die Leitfrage wurzelt also im recht verstandenen »Da-sein«.

[9] Randbemerkung zu 1949: Heidegger erklärt den Terminus »abweisende Verweisung« derart: »abweisen: das Seiende für sich; verweisen: in das *Sein* des Seienden« (GA 9, 114).

ist, aber auch zu solchem, das es selbst ist, verhält, erweist sich das Nichts als die Ermöglichung der Offenbarkeit des Seienden als eines solchen und zeigt sich in eins damit auch, daß das Dasein immer schon »über das Seiende im Ganzen hinaus« ist. Deshalb kann Heidegger jetzt im Blick auf das »reine Da-sein« im Menschen (112) sagen: »Da-sein heißt: Hineingehaltenheit in das Nichts« (115).

Nur wenn das Da-sein *sich* in das *Nichts* hineinhält, das weder als Gegenstand noch als ein Etwas für sich vorkommt oder neben Seiendem daherkommt, vielmehr als das zum Vorschein kommt, das ursprünglich zum Sein des Seienden »gehört«, also auch keinen bloßen Gegenbegriff zum Seienden abgibt, und nur wenn das Dasein zugleich das Nichten des Nichts als Phänomen erfährt, über das es nicht verfügt, also weder meint, es zwingen zu können, noch es fahren läßt und sich von ihm *abkehrt* und abrückt, *existiert das Da-sein*. Nur wenn das Nichts sich ihm *zukehrt* und es bedrängt, muß sich das Da-sein nicht an das Seiende *kehren*, braucht es sich nicht »in die öffentliche Oberfläche des Daseins« zu verlieren, *kehrt* es sich nicht in der »*Abkehr* vom Nichts« (116, Herv. R.W.), als existierendes Dasein sich verlierend, nur an das Seiende, und bleibt ihm das Nichts in der Ursprünglichkeit seiner unausgesetzten Nichtung nicht verstellt. Das Nichts in seinem Nichten erweist sich somit entgegen der *verkehrten* und *verkehrenden* Meinung der Logik nicht nur als der Ursprung der Verneinung, es ermöglicht dem existierenden Dasein auch die zu jeder *Zukehr* zu Seiendem und zu jeder lediglich an Seiendes sich *kehrenden Ankehr* ebenso wie zur »*Abkehr* vom Nichts« (Herv. R.W.) gegenläufige, also »*umgekehrte*« *Kehre*, d.h. die Begegnung mit dem Nichts.

Sie ist es, die im oben explizierten Sinne ein »ursprünglicheres Fragen« in Gang setzt und in Gang hält, in dem nicht nur das Verstandesdenken sich als unzulänglich erweist, sondern die Idee der »Logik« als vermeintlich »höchste Instanz« des Denkens (107) sich »im Wirbel eines ursprünglicheren Fragens«, das das übliche Fragen und Antworten in Frage stellt, auflöst (117).

Mag die »zum Dasein wesenhaft gehörige Offenbarkeit des Nichts« dauernd und zumeist verdunkelt (117), »verstellt« und verborgen (116) sein, die ursprüngliche Angst ist »ständig auf dem Sprunge«, uns, die wir uns selbst nicht aus eigener Kraft »vor das Nichts zu bringen vermögen«, d.h. den Menschen, zum »Platzhalter des Nichts« (118) zu machen. Einzig weil der Mensch »Platzhalter des Nichts« ist und Metaphysik das Fragen ist, das sich von dem in der Wissenschaft zwar angebrachten und in der Verstandesphilosophie üblich gewordenen Fragen unterscheidende Hinausfragen über das Seiende als ein solches und im Ganzen ist, erweist sich die Frage nach dem Nichts als eine - und Heidegger setzt das Wort in Anführungszeichen - »›metaphysische‹ Frage« (119). Anhand des Satzes »ex nihilo nihil fit, aus Nichts wird Nichts« läßt sich deshalb nicht nur zeigen, daß dieser Satz im Laufe der Geschichte der Metaphysik durchaus unterschiedliche *Auslegungen* erfahren hat, sondern auch, daß *in* diesen Auslegungen »die Fragen nach dem Sein und dem Nichts als solchen beide unterbleiben« (119). Dadurch verschafft sich nun allerdings die *Leitfrage* »Was ist Metaphysik?« mit verstärkter Wucht Geltung.

Erinnern wir uns dessen, daß Heidegger diese um ihre vermeintliche Harmlosigkeit wie um ihre unterstellte Nichtigkeit gebrachte Frage, daß er diese wieder zur *Frage* gemachte Frage, vor den versammelten Wissenschaftlern und Metaphysikern stellt und aufwirft, dann können wir zusammenfassend zweierlei festhalten: 1. Das Nichts »enthüllt sich als zugehörig zum Sein des Seienden«, folglich »gehören Sein und Nichts zusammen«, und das Sein selbst offenbart sich nur »in der Transzendenz des in das Nichts hinausgehaltenen Daseins« (120). 2. Die Zuwendung des »wissenschaftlichen Da-seins« zum Seienden ist möglich nur auf Grund der vorgängigen Hineingehaltenheit des Daseins in das Nichts. Unser »fragendes Dasein« ist folglich je schon in die Frage nach dem Nichts mit hineingenommen.

Durch beides tritt nicht nur die *Angewiesenheit der Wissenschaft an die Metaphysik* zutage, es zeigt sich auch, daß »unserer Existenz das Schicksal des Forschers (deshalb) in die Hand gegeben ist«, weil im Grunde des Daseins das Nichts offenbar ist (121).

Auch wenn Heidegger selbst nicht dergestalt formuliert, liegt es doch in der Linie besagter ›Phänomenologie des Nichts‹ und ›Phänomenologie der Metaphysik‹ zu sagen: soll der *Mensch* seiner ursprünglichen Aufgabe als »Platzhalter des Nichts«, die ihn, wie es später im Humanismus-Brief heißt, zum »Wanderer in die Nachbarschaft des Seins« (GA 9, 344) macht, nachkommen, kommt es darauf an, daß die *Metaphysik metaphysischer*, d.h. *fragender* wird, und daß die *Erfahrung* in der Erfahrung der Nichtung des Nichts *erfahrender*, d.h. *in* sie ein-kehrend, *sie* erfahrend wird. Jetzt tritt zutage, daß, wie es ebenfalls im Humanismus-Brief heißt, »die Notwendigkeit und die eigene Art der in der Metaphysik und durch sie vergessenen Frage nach der Wahrheit des Seins nur so ans Licht kommen, daß inmitten der Herrschaft der Metaphysik (womit allerdings nicht die Schulmetaphysik sondern die Angewiesenheit von allem, was ist, auf die Metaphysik und das Undurchschaute dieses Umstandes gemeint ist - R.W.) die Frage gestellt wird ›Was ist Metaphysik?‹« (GA 9, 322)

Anders und in Heideggerschen Termini gesagt: Nur wenn der Mensch existiert, d.h. der Versuchung widersteht, durch »Abkehr vom Nichts« sich selbst *vorzuenthalten* und lediglich sich zu Seiendem zu *verhalten*, nur wenn der Mensch sowohl dem Seienden im Ganzen Raum gibt, als auch das Nichts nicht fluchtartig meidet, nur wenn der Mensch sich selbst in das Nichts losläßt und das »Schweben« über dem »abgründigen Grund«, in dem die Wahrheit der Metaphysik »wohnt«, »ausschwingen« läßt, statt es gegenstandsbeflissen abzubrechen, mit einem Wort, nur wenn der existierende Mensch im Unterschied zu Wissenschaft und Logik das Nichts ernst nimmt, erschließt er 1. der *Wissenschaft* den ganzen Raum von Natur und Geschichte (121), wird er 2. *frei* »von den Götzen, die jeder hat«, und erfährt er 3. *die Fragwürdigkeit der Frage*, »die das Nichts selbst erzwingt: Warum ist überhaupt Seiendes und nicht viel mehr Nichts?« (122; vgl. GA 40, 3 ff.; IG 74 f.) Das aber heißt, daß den Menschen in der Offenbarkeit des Nichts die wesentliche Erfahrung überkommt, daß *einzig in einem Mehr an Nichts der fragende Mensch selbst und alles Seiende in Frage gestellt wird.* Nur wenn die »Grundfrage der Metaphysik«: »Warum ist überhaupt Seiendes und nicht vielmehr Nichts?« aus der folgenlosen und fraglosen Selbstverständlichkeit, mit der konstatiert wird, daß Seiendes ist, herausgerissen und deren Unverständnis für das Fragwürdige dieser Frage durchschaut und ihre Fraglichkeit erfahren wird, wird nicht mehr ausschließlich dem Fragen der Wissenschaft und der Logik das Seiende überlassen und überantwortet, wird vielmehr das Seiende »in seiner vollen, bislang verborgenen Befremdlichkeit« (114) erfahren.

2. Das »Nachwort«

Das »denkende Fragen« nach dem »abgründigen Grund« der Metaphysik und die vier Fragezüge von Heideggers Fragen

Aufschlußreich in mancher Hinsicht ist nun, wie Heidegger zu seiner »*Antrittsvorlesung*« vierzehn Jahre später in einem »*Nachwort*« Stellung nimmt. Je nachdem, ob man das Schwergewicht der »Vorlesung« im Nachweis der Angewiesenheit von Wissenschaft und Logik auf Metaphysik gegeben sieht oder in der sich bereits andeutenden Wendung, die sich in dem Satz ankündigt, daß in der metaphysischen Erörterung des Seienden »die Frage nach dem Sein und dem Nichts als solchen beide unterbleiben« (119), wird man das im »Nachwort« Gesagte mehr als Umdeutung oder aber mehr als ausdeutende Verdeutlichung ansprechen.

Doch zunächst der Hinweis: »*Nachwort*« ist bei Heidegger insofern wörtlich gemeint, als er nunmehr durch unterschiedliche Betonung der Bestandstücke der Frage »Was ist Metaphysik?« die Aufmerksamkeit auf die bereits angedeutete unterschiedliche Intention lenkt. Wenn es bei der solcherart betonten Frage »Was ist *Metaphysik*?« bleibt, dann fungiert das »Nachwort« als »anfänglicheres Vorwort«. Wird allerdings unterschiedlich hierzu die Frage betont »*Was* ist Metaphysik?«[10], geht daraus hervor, daß die Frage bereits einem solchen Denken »entspringt«, »das schon in die Überwindung der Metaphysik eingegangen ist«, selbst wenn noch auf die Sprache der Metaphysik zurückgegriffen wird und damit auf das, was es gerade zu überwinden gilt. (303)

Da sich das »Nachwort« nicht mehr an die seinerzeitige besondere Situation der »Antrittsvorlesung« vor Vertretern aller Wissenschaften gebunden weiß, hebt es entsprechend den von Heidegger gerade auch inzwischen betriebenen Nietzsche-Studien und der Ausführung seiner in »Sein und Zeit« zum Programm erhobenen »Destruktion der Geschichte der Ontologie« (§ 6), sprich Metaphysik, sprich letztlich Philosophie als solcher, auf den Grundzug derjenigen geschichtlich wirksam gewordenen metaphysischen Wahrheit ab, der zufolge der »›Wille‹« der »Grundzug der Seiend-

[10] Die in dieser Schreibweise zum Ausdruck gebrachte Betonung bezieht sich auf die 5. Auflage von 1949. In den »Wegmarken« ist die Schreibweise: »*Was ist Metaphysik?*« und »*Was* ist Metaphysik?«, 303.

heit des Seienden« ist. In *dieser* bisher *letzten* gigantischen metaphysischen *Auslegung*, in der alles Seiende durch den »Willen zum Willen gezeichnet ist« - Heidegger sagt nicht: gekennzeichnet ist -, wird die »Wirklichkeit des Wirklichen zur bedingungslosen Machbarkeit der durchgängigen Vergegenständlichung ermächtigt« (303).

Gerade weil Heidegger, wenn auch unausgesprochen, bei der These seiner »*Vorlesung*«, daß die Wissenschaft »aus der Metaphysik existiert« (121), bleibt, kann er die in der neuzeitlichen Wissenschaft zutage tretende und üblich gewordene »rechnende Vergegenständlichung des Seienden« als »vom Willen zur Macht selbst gesetzte Bedingung, durch die er die Herrschaft seines Wesens sichert« (303), interpretieren. Da sich aber die Metaphysik als »die Geschichte« eben dieser Wahrheit über das Seiende erweist und die Art ihres Denkens sich als unzulänglich herausstellt, »die Wahrheit des Seins bedenken zu können«, stellt sich, nachdem *zunächst* die Abhängigkeit des wissenschaftlichen Forschens vom metaphysischen Denken betont worden ist, *jetzt* die Frage nach einem *Denken*, das nicht mehr metaphysisch denkt, nach einem *Denken* also, das nach dem fragt, was für das metaphysische Denken »der unbekannte ungegründete Grund« bleibt (304).

Sobald das in der »Antrittsvorlesung« vorgenommene Fragen nicht mehr nach der Metaphysik, sondern nach dem fragt, »*Was* die Metaphysik in ihrem Grunde« (304, Herv. R.W.) ist, denkt das inzwischen fragend gewordene Denken oder das »denkende Fragen« nun allerdings nicht mehr *nur* metaphysisch. Es denkt vielmehr bereits aus dem der Metaphysik als solcher *unbekannt* bleibenden, weil auf ihre Weise nicht zu erkennenden, und damit auch *nicht* zu *begründenden*, also *ungegründeten* Grund. Deshalb ist dieses Fragen in einem »wesentlichen Sinne zweideutig« (304).

Daß ein solches Denken möglich ist, hängt nun allerdings mit dem zusammen, was Heidegger zum Schluß seiner »Antrittsvorlesung« mit besonderem Nachdruck herausgestellt hat: nicht nur das sogenannte wissenschaftliche Dasein »existiert« »aus der Metaphysik«, weil darüber hinaus im Wesen »des menschlichen Daseins« das Hinausgehen über das Seiende geschieht, *geschieht im Dasein Metaphysik.* Sie ist, wie es in der »Vorlesung« heißt, nicht nur das »Grundgeschehen im Dasein«, »sie ist das Dasein selbst« (122). Aber weil die Wahrheit der Metaphysik oder, wie Heidegger später in der »*Einleitung*« sagen wird, »das Wesen der

Metaphysik« (367; vgl. dort 382: »Wesen und Wahrheit der Metaphysik«) in diesem »abgründigen Grunde«, auf den die Metaphysik als solche aber nicht eigens zugeht, »wohnt«, lauert ständig die Gefahr »des tiefsten Irrtums« (122).

Deshalb wendet sich Heidegger im »*Nachwort*« nun im Unterschied zum *metaphysischen Denken*, das »die Seiendheit des Seienden zum Begriff bringt« (303), und im Unterschied zum *exakten Denken*, dessen Rechnen *mit* dem Seienden *im* Seienden aufgeht, demjenigen Denken zu, das nach dem Bereich fragt, in dem als der Wahrheit des Seins sich die Metaphysik zwar wohnend bewegt, nach der sie aber nicht fragt. Heidegger nennt es das »wesentliche Denken« beziehungsweise »Denken des Seins«. Das *wesentliche Denken* sucht seinen Anhalt weder im Seienden noch in der Seiendheit des Seienden (311), sondern ist »ein Ereignis des Seins« (308).

Es liegt in einem »*Nachwort*« nahe, kritisch zur Kritik, die an der »*Vorlesung*« geübt worden ist, Stellung zu nehmen. Wenn Heidegger Fehlinterpretationen und »Irrmeinungen« auf die drei Formeln bringt: 1. die »Vorlesung« stelle als »eine ›Philosophie des Nichts‹« den »vollendeten ›Nihilismus‹« dar, 2. sie lähme als »eine ›Philosophie der Angst‹« den Willen zur Tat und sie gefährde 3. als »eine ›Philosophie des bloßen Gefühls‹« Verstand, Logik, »›exaktes‹« Denken und sicheres Handeln (305), geht es ihm nicht um Rechthaberei gegenüber diesen Vorurteilen. Heidegger nutzt vielmehr die Gelegenheit des »*Nachworts*«, um darzutun, worum es ihm selbst geht: 1. soll sich zeigen, daß durch das *Nichts*, das er jetzt als den »Schleier des Seins« anspricht (312), das Sein selbst sich »entschleiert« (305). 2. soll zum Vorschein kommen, daß es das *Sein* ist, das uns das Nichts in der wesenhaften Angst »zuschickt« (306), d.h. daß es die »lautlose Stimme« des Seins (306, 310, vgl. 311) ist, die uns in der wesenhaften Angst »in den Schrecken des Abgrundes stimmt«, damit wir »das Sein im Nichts erfahren« lernen (307). Sie läßt uns bereit werden, den in der Angst »gelichteten Bezug des Seins zum Menschen«, »das Wunder aller Wunder«, »*daß* Seiendes *ist*« (307, vgl. 310), zu erfahren und, angerufen von der »Stimme des Seins«, ihn als »höchsten Anspruch« zu erfüllen. Und 3. gibt Heidegger zu bedenken, daß im Unterschied zum »rechnenden Denken«, dessen Folgerichtigkeit sich im Seienden einrichtet und *mit* dem Seienden *auf* das Seiende rechnet, die »Quelle« für das wesentliche *Denken* die »Nachbarschaft« des

Unberechenbaren ist, das dem Menschen »näher ist als jedes Seiende« (309).

Der Mensch ist gestimmt und gerufen, die Nähe der Wahrheit des Seins, die sich »dem Wesen des Menschen im Denken übereignet hat, damit dieser in dem Bezug zum Sein die Wächterschaft des Seins übernehme« (310), zu wahren für das Seiende. Insofern das »anfängliche« Denken, d.h. das im Wesensgrunde des geschichtlichen Menschen »verborgene Denken«, einer »Gunst des Seins« zu verdanken ist, die sich »ereignen« läßt: »daß Seiendes ist« (310), und das heißt, daß Seiendes niemals ohne das Sein ist (306), ist dieses Denken *dankendes* Denken (vgl. 310). Somit kommt im »Nachwort« nicht nur das Denken zur Sprache, es wird auch auf das »Ereignis« hingedacht, das nicht irgendein »ungewöhnliches Ereignis« (118) sondern sich über-eignendes, Sein und Denken vereignendes Ereignis ist, »als welches das Sein den Menschen für die Wahrheit des Seins in Anspruch nimmt« (311) und ihn braucht.

Damit sind die vier wesentlichen Fragen, besser gesagt, Fragezüge von Heideggers *vierfältigem Fragen* angeschlagen: 1. die SEINSFRAGE, von der Heidegger nicht nur in der 1949 veröffentlichten »*Einleitung*« zu seiner »*Antrittsvorlesung*« sagt, daß es die »eigentliche und einzige Frage von S.u.Z.« ist (378), sondern dies auch und überhaupt, hier allerdings in Bezug auf »Sein und Zeit«, mit solchem Nachdruck betont hat, daß jeder Versuch, noch weitere Fragen bei Heidegger herauszustellen, verfehlt erscheinen mag. In der Widmung der »Wegmarken« im Band 9 der Heidegger-Gesamtausgabe an den Kunsthistoriker Kurt Bauch beispielsweise bezeichnet Heidegger die in diesem Band vorgelegten Arbeiten als »eine Reihe von Aufenthalten im Unterwegs der einen Seinsfrage« (VII).

2. Die, wie ich sie nennen möchte, DENKFRAGE, die zumal in »Was heißt Denken?« auf ihren Höhepunkt gebracht wird.

3. Die Frage, die ich, weil sie nach der »Nachbarschaft zum Unzerstörbaren« (311) und nach der »Ortschaft des Menschenwesens, innerhalb dessen er heimisch bleibt innerhalb des Bleibenden« (307), also nach dem Wo seines Wohnens fragt, die WOHNFRAGE nenne, die man aber auch, weil sie nach dem fragt, was »näher ist als alles Seiende«, schon im Rückblick auf die »Antrittsvorlesung« die *Frage nach der Nähe* nennen darf.

4. Die Frage nach dem EREIGNIS, das, wie Heidegger in einer Randbemerkung zum Humanismus-Brief bekundet, »seit 1936 das Leitwort meines Denkens« ist (GA 9, 316; vgl. GA 12, 248 f.). Sie

taucht hier nicht nur in der Form auf, daß vom Menschen gesagt wird, daß »einzig er unter allem Seienden erfährt ... : *Daß* Seiendes *ist*« (307), sondern darüber hinaus in der Frage nach dem, was Mensch und Sein einander übereignend und vereignend zusammen-*gehören* läßt.

Schon im »*Nachwort*« zur »*Antrittsvorlesung*« wird aber auch auf den *Zusammenhang* dieser Fragen, besser gesagt, dieses vierfältigen Fragens hingewiesen, insofern Heidegger nämlich sagt - und es ist auf die jeweiligen, von uns hervorgehobenen Kennworte zu achten -, daß »das Denken des *Seins*« als das »wesentliche *Denken*« »ein *Ereignis* des Seins« (308) ist, das auf die »Zeichen des Unberechenbaren« achtet und, indem es in ihnen »die unvordenkliche Ankunft des Unabwendbaren« erkennt, durch die »Inständigkeit des Fragens« (304; vgl. 307, 311) dem Sein dazu verhilft, daß es »im geschichtlichen Menschentum seine *Stätte* findet« (311). Deshalb zitiert Heidegger zum Abschluß seines »Nachworts« im Blick auf die Ausprägung des geschichtlichen Menschen im anfänglichen Griechentum das Wort, durch das Oedipus auf Kolonos bei Sophokles die verborgene Geschichte dieses Volkes mit der ungekannten Wahrheit des Seins verschlingt:

»Doch laßt nun ab, und nie mehr fürderhin
Die Klage wecket auf;
überallhin nämlich hält bei sich das Ereignete ...« (312)

3. *Die »Einleitung«*

Der Abschied des seinsandenkenden Denkens von der Metaphysik und die Entscheidung angesichts des Endes der Philosophie

Machen wir nun unter Nutzung der »*Einleitung*«, die Heidegger 1949 der 5. Auflage seiner »*Antrittsvorlesung*« vorangestellt hat, die Probe aufs Exempel, inwiefern und inwieweit Heidegger den seit 1929 zurückgelegten Denkweg in seinen erneuten Umgang mit der »Vorlesung« einbringt beziehungsweise deren *Vor-läufiges* hervorhebt. Dieser Aspekt bringt es mit sich, daß wir nicht ausführlich über die »Einleitung« berichten werden, sondern verkürzt nur solches aufgreifen, was zur Vertiefung und zur weiterführenden Interpretation beiträgt.

Der Titel, den Heidegger der »Einleitung« gibt, verdeutlicht eigens den Wesenssinn seiner »Vorlesung« als »den Rückgang in den Grund der Metaphysik« (365). Blicken wir deshalb und im Blick auf das zweideutige Wort »Grund« kurz zurück.

1. In der »*Vorlesung*« war »vorrangig« gewesen zu zeigen, daß die »Verwurzelung der Wissenschaften in ihrem Wesensgrund abgestorben« ist (104). Das *übliche Begründen* im Seienden durch Seiendes, sei es das Höchste, sei es das Tiefste, weist folglich den Versuch, durch »die Grunderfahrung des Nichts« (109) die Grundlosigkeit dieser Unternehmungen zu durchschauen, als unbegründet und grundlos ab. Durch diese Preisgabe bringt es sich aber um das Enthüllen des Seienden im Ganzen, wie es in der Stimmung als dem »Grundgeschehen unseres Da-seins« (110) geschieht, zumal in der über das Seiende im Ganzen hinausführenden »Grundstimmung der Angst« (111 f.). Das üblich gewordene Denken *inhibiert*, obwohl einzig durch die Offenbarkeit des Nichts »im Grunde des Daseins« die »volle Befremdlichkeit des Seienden über uns kommen« und einzig »auf dem Grunde der Verwunderung - d.h. der Offenbarkeit des Nichts« das »›Warum?‹« entspringen kann, das jegliches Fragen nach »Gründen« und ein »Begründen« (121) überhaupt erst möglich macht, *Metaphysik* als »das Grundgeschehen im Dasein«, das sich aber nichtsdestotrotz als ein »abgründiger Grund« (122) erweist.

2. Im »*Nachwort*« zur »Vorlesung« sollte hervorgehoben werden, daß das wesentliche Denken einem *Fragen* entspringt, das nicht in der bisher letzten Auslegung, die in der Geschichte der Metaphysik vorgelegt worden ist, versandet, das nicht stecken bleibt in dem als »Grundzug der Seiendheit des Seienden« vorgestellten »Willen zum Willen«, der die »Wirklichkeit des Wirklichen zur bedingungslosen Machbarkeit der durchgängigen Vergegenständlichung ermächtigt« (303). Zugleich sollte aber auch deutlich werden, daß diesem wesentlichen Fragen, dem »fragenden Denken« die Wahrheit des Seins nicht der »unbekannte ungegründete Grund« (304) bleibt, weil es »schon in die Überwindung der Metaphysik eingegangen ist« (303). Indem dieses Denken »aus dem Grund der Metaphysik« denkt, und das heißt zugleich metaphysisch *und* »nicht mehr metaphysisch« denkt (304), weil es durch die »Grundstimmung der Angst« (305 f.) und die »lautlose Stimme des

Seins« (306, 310) »in den Schrecken des Abgrundes« (306 f.; vgl. 312) gestimmt, heimisch ist im Ereignis der Übereignung von Sein und Wesen des Menschen, wohnt es in der »Nachbarschaft zum Unzerstörbaren« (311).

3. In der *»Einleitung«* wird deshalb die Frage aufgeworfen: »Was ist die Metaphysik von ihrem Grunde her gesehen ... im Grunde?« Heidegger antwortet: in allen ihren Auslegungen, ob als Geist oder Stoff, ob als Leben oder Wille, ob als Subjekt oder als ewige Wiederkehr des Gleichen, vollzieht sich in der Metaphysik ein Vorstellen des Seienden als solchen und im Ganzen zwar stets »im Lichte des Seins« (365), das *Sein selbst* kommt dabei aber gerade nicht in die Sicht des Denkens. In allen diesen Auslegungen bleibt, weil das Sein nicht durch das Nichts als den »Schleier des Seins« *ent*hüllt wird, *ver*hüllt, ob und wie das Sein selbst sich in der Metaphysik und als dieses »anbringt« (366). Somit bleibt das Sein in seiner Wahrheit, also in seinem entbergend (verhüllenden) Wesen ungedacht, und es bleibt die Offenheit des Seins unbeachtet. Insofern aber die Metaphysik, die jetzt als Inbegriff für die Philosophie als solche genommen wird, sich nicht an das Sein als Sein »kehrt«, so wie die Wurzel der von René Descartes als Baum vorgestellten und versinnbildlichten Philosophie sich nicht an den Grund und Boden »kehrt«, verläßt die Metaphysik ihren »Grund«, also die Wahrheit des Seins (367), ohne ihm doch entgehen zu können. Wenn aber das Denken wesentlich an die Wahrheit des Seins denkt, also »Andenken« ist, verläßt es *seinerseits*, indem es in den »Grund der Metaphysik« *zurückgeht*, die *Metaphysik*.

So kann Heidegger das Verhältnis von *andenkendem* Denken und *metaphysischem* Denken nun dahingehend kennzeichnen: »Die Metaphysik bleibt das Erste der Philosophie. Das Erste des Denkens erreicht sie nicht. Die Metaphysik ist im Denken an die Wahrheit des Seins überwunden.« (367) Und auch die Konsequenz im Blick auf den Menschen tritt nun deutlich zutage; denn erst wenn es dem denkenden Denken oder, wie Heidegger terminologisch sagt, dem »Andenken« glückt, »in den Grund der Metaphysik zurückzugehen«, könnte es einen »Wandel des Wesens des Menschen«, der bislang als animal rationale sive metaphysicum angesprochen worden ist, »mitveranlassen« (368). Dem »andenkenden Denken« kann es nun allerdings nicht um eine neue Grundlegung und Fundamentierung der Philosophie gehen, weshalb Heidegger ausdrücklich auf seinen ursprünglichen früheren Leittitel für sein

Denken, also »Fundamentalontologie«, zur Vermeidung solcher Mißverständnisse verzichtet (380).

Entsprechend der *Vierfalt* des seinsandenkenden, im Ereignis Wohnung nehmenden Denkens geht es einzig und allein um das wechselweise Verhältnis sowohl von »Ankunft« oder »Ausbleiben der Wahrheit des Seins«, um »die Nähe und Ferne«, die jedem Seienden voraus geht, um das Sich-»ereignen«-Können des Bezugs des Seins selber zum Wesen des Menschen und schließlich um ein Denken, das nicht, wie das der Metaphysik durch »Abkehr von ihrem Grunde«, dem Bezug des Seins zum Menschen sein »Leuchten«, d.h. sein von sich her Zeigen verwehrt, sondern des Menschen »Gehören in das Sein« zur Erfahrung bringt (368 f.).

Es steht bei der wieder *fraglich* gemachten Frage »Was ist Metaphysik?« also mehr auf dem Spiel als eine neue Philosophie oder als eine neue Grundlegung oder gar, die Grundlegungsproblematik auf die Spitze treibend, als eine sog. Letztbegründung der Philosophie. Es steht auf dem Spiel und zur »Entscheidung« (369), ob die Metaphysik, sprich die Philosophie als solche weiterhin, wenn auch »ohne ihr Wissen die Schranke« ist, die »dem Menschen den anfänglichen Bezug des Seins zum Menschenwesen verwehrt« (370), oder ob die »Seinsverlassenheit« und die »Seinsvergessenheit« (371) zur Erfahrung gebracht werden und dem immer verbreiteteren und sich verfestigenderen Sich-Einrichten in der Vergessenheit ein Riegel vorgeschoben beziehungsweise die Maske vom Gesicht genommen wird. Es steht auf dem Spiel, ob weiterhin *Philosophie* betrieben oder mit *dem Denken*, das das »zu Denkende« erfährt, begonnen wird. Im Blick auf den Bezug des Seins zum Menschen bleibt daher »in der Not der Seinsvergessenheit« die *Frage* »Was ist Metaphysik?« nach Heideggers eigenen Worten »das Notwendigste alles Notwendigen für das Denken« (371).

Das ist so, weil in der rechtverstandenen Frage »*Was* ist Metaphysik?« nicht nur die von der Metaphysik aus nicht und nie zu fragende »*Seinsfrage*« (370, Herv. R.W.) steckt, sondern auch die Frage »*Was heißt Denken?*«, diejenige Frage also, die das vorstellende Denken »durch ein vom Sein selbst ereignetes und darum dem Sein höriges Denken« (372) ablöst - wobei mit dem Wort »hörig«, entgegen der pejorativen Bedeutung dieses Wortes in der Alltagssprache, ein auf das Sein hörendes, ihm zugehörendes und ihm gehörendes Denken gemeint ist -, und zwar ablöst durch ein

»Denken«, das »denkender« wird, durch ein *denkenderes Denken* (371).

In der Frage »Was ist Metaphysik?« steckt aber auch die *Frage nach dem Wohnen* des Menschen, nach dem Wo seines Heimischseins; denn nachdem aufgedeckt ist, daß sein Wesen nicht mehr wie bisher in der Subjektivität oder in der Rationalität untergebracht werden kann, sondern aus dem Bezug des Seins zum Wesen des Menschen und aus seinem Verhältnis zur Offenheit, das, aus dem »Da« des Seins heraus gedacht, »Dasein« genannt wird und »als die Ortschaft der Wahrheit des Seins erfahren und dann entsprechend gedacht werden soll« (373), ist die *Wohnfrage* die Dafrage. Das Da ist das Wo, in das Mensch und Sein, einander brauchend, ver-eignet sind. Wenn Heidegger in diesem Zusammenhang in der »*Einleitung*« auf »Sein und Zeit« zurückgreift - was hier nicht verfolgt zu werden braucht - und er dabei *Existenz* als das Offenstehen für die Offenheit des Seins, »in der es steht, indem es sie aussteht«, kurz als ekstatische »›Inständigkeit‹« charakterisiert (374), bezeichnet er zwar diese Besinnung auf das Wesen des Menschen als »im Dienst der Frage nach der Wahrheit des Seins« stehend (372, 375), d.h. kennzeichnet er die Seinsfrage als die »einzige Frage des Denkens« (375), spricht dabei aber die »eigentliche und einzige Frage von S.u.Z.« (378) an.

In der Frage »Was ist Metaphysik?«, von der Heidegger sagt, daß für die Besinnung und für die »Veranlassung des Übergangs vom vorstellenden in das andenkende Denken«, das er im Verhältnis zum metaphysischen Denken nun auch das »andere Denken« nennt, »nichts nötiger« ist als eben diese Frage (381), steckt schließlich auch die letzte Wendung des Fragens von Heidegger, die *Frage nach dem Ereignis*. Mit der »Grundfrage der Metaphysik«, von der wir gehört haben, daß »das Nichts selbst sie erzwingt«, mit der Frage »Warum ist überhaupt Seiendes und nicht vielmehr Nichts?« (122) schließt Heidegger seine »*Vorlesung*«, nicht, um sie zu *be*schließen, sondern um den Wesenssinn der Frage »Was ist Metaphysik?« *auf*zuschließen. Deshalb wird diese Frage im »*Nachwort*« dahingehend ausgelegt, daß »einzig der Mensch unter allem Seienden, angerufen von der Stimme des Seins, das Wunder aller Wunder erfährt: *Daß* Seiendes *ist*« (307; vgl. 310) und daß er das »wesentliche Denken« als »ein Ereignis des Seins« erfährt (308).

In der »*Einleitung*« wird hervorgehoben, daß diese Frage nicht »beim Seienden anfragt«, sondern fragt, woher es kommt, daß überall das Seiende »jegliches ›ist‹ für sich beansprucht« (382). In solchem Sinne steht nicht nur am ›Ende‹ der »Antrittsvorlesung« und am ›Ende‹ der »Einleitung« sondern am ›Ende‹ der Metaphysik, sprich Philosophie als solcher nicht allein die Frage: »Was bleibt rätselhafter, dies, daß Seiendes ist, oder dies, daß Sein ist?«, sondern, und hier bricht nun die Frage nach dem Ereignis, die, wie gesagt, seit 1936 für Heidegger zur Leitfrage seines Denkens geworden ist und die Fraglichkeit der eben aufgeworfenen Alternativfrage intensiviert, hervor: »Oder gelangen wir auch durch diese Besinnung noch nicht in die Nähe des Rätsels, das sich mit dem Sein des Seienden ereignet hat?« (383).

Alle diese Fragen müßten nun in der *Zwischenzeit* zwischen 1929 und 1949 und sie müßten in der *Folgezeit* bis zu seinem Tod und durch die Nachlaß-Veröffentlichungen über diesen hinaus verfolgt werden.[11] Dies hieße nicht nur diejenigen Veröffentlichungen zur Kenntnis zu nehmen, die diese *Fragen* beziehungsweise dieses *Fragen* ausdrücklich im Titel tragen: »Die Frage nach dem Ding« von 1953, »Die Frage nach der Technik« ebenfalls von 1953, »Zur Seinsfrage« von 1955 beziehungsweise 1956, »Was ist das - die Philosophie?« von 1956, sondern machte erforderlich wenigstens auch »Bauen Wohnen Denken« von 1951, »Identität und Differenz« von 1957, »Zur Sache des Denkens« von 1969[12] und »Vier Seminare« von 1977 heranzuziehen. Es wäre aber schon viel gewonnen, wenn es gelungen wäre, anhand des Komplexes von Heideggers Freiburger »*Antrittsvorlesung*« und ihrer Auslegung im »*Nachwort*« und in der »*Einleitung*« die Aufmerksamkeit auf das *vierfältige Fragen* Heideggers, wenn nicht gar zu lenken, so doch vielleicht zu steigern. Dann wären die Überlegungen ein Beitrag, die anfängliche Unzufriedenheit mit dem Angebotenen vielleicht abzubauen.

11 Berücksichtigt werden müßten auch die Randbemerkungen, die allerdings nicht datiert sind. Vgl. ferner »Zur Seinsfrage« (1956), in: GA 9, 417 ff.

12 Heranzuziehen ist auch Heideggers Vortrag zum Ludwig Binswanger »Feier-Abend« unter dem Titel »Zur Frage der Bestimmung der Sache des Denkens«, hrsg. von Hermann Heidegger, St. Gallen 1984.

Aneignung und Unterscheidung

Existenzphilosophie im Kampf um die Existenz der Philosophie: Karl Jaspers und Martin Heidegger

Das Problem: Philosophiegeschichte am Ende?

In den sechziger Jahren wurden Stipendiaten der Alexander von Humboldt-Stiftung, die ausländischen Wissenschaftlern Forschungsstipendien zur Durchführung selbstgewählter Forschungsvorhaben gewährt, nach ihrer Auffassung über den Stand der deutschen Philosophie im Vergleich mit anderen Nationen gefragt. Auch wenn die Befragtem um die Schwierigkeit wußten, einen generellen Vergleich durchzuführen, zeichneten sich trotz der Verschiedenheit der Herkünfte der Stipendiaten - sie stammten aus 12 verschiedenen Ländern - und trotz unterschiedlicher Akzentuierung doch sowohl im Positiven wie im Negativen gemeinsame Einschätzungen mit bemerkenswerter Deutlichkeit ab. Deutsche Philosophie, so war den Antworten zu entnehmen, halte in der hermeneutischen Forschung und Erforschung philosophischer Texte eine Spitzenstellung. Im Blick auf die Geschichte der Philosophie aber, in der man in Deutschland zu philosophisch und zu wenig historisch vorgehe, habe Deutschland seine frühere Vorrangstellung eingebüßt. Im Unterschied zu anderen Ländern gebe es heute - gemeint sind die fünfziger und sechziger Jahre - in Deutschland weder nennenswerte Richtungen noch bemerkenswerte Schulen einer gestandenen Philosophiegeschichtsschreibung. Verantwortlich gemacht wird hierfür die Neigung moderner deutscher Philosophen zum sog. »monologischen Philosophieren« und die sog. »Konfusion von Spekulation und historischer Untersuchung«, wie sie namhafte deutsche Philosophen betreiben.[1]

[1] Bericht der Alexander von Humboldt-Stiftung über ihre Tätigkeit 1962/62, Bad Godesberg 1964 ff.

Auch wenn man selbst vielleicht geneigt ist, andere Wertungen vorzunehmen, angesichts der großen Leistungen, die gerade auch im Gefolge Hegels die Philosophiegeschichtsschreibung in Deutschland aufzuweisen hat, fällt auf, daß zwar z.B. Friedrich Ueberwegs »Grundriß der Geschichte der Philosophie« in immer wieder neuen Auflagen, schließlich und verräterisch im »unveränderten photomechanischen Nachdruck« vorgelegt worden ist, daß aber Vergleichbares als eigene Leistung des 20. Jahrhunderts nicht vorliegt.

Es bleibe zunächst dahingestellt, ob Martin Heidegger, denn er ist gemeint, wenn von »monologischen Philosophieren« die Rede ist, und ob Karl Jaspers, auf den gezielt wird, wenn die »Konfusion« zwischen »Spekulation und historischer Untersuchung« bemängelt wird, tatsächlich für diese Entwicklung verantwortlich gemacht werden dürfen. Aus heutiger Sicht darf gesagt werden, daß unter den deutschen Philosophen des 20. Jahrhunderts vornehmlich gerade Karl Jaspers und Martin Heidegger, wenn auch auf sehr unterschiedliche Weise, sich nicht dem verschlossen haben, was in der Geschichte der Philosophie zur Sprache gekommen ist, selbst wenn gesagt werden muß, daß beide ihm eine Sprache gegeben haben, wie sie in bisheriger Philosophiegeschichtsschreibung ungewöhnlich ist. Beide bringen nicht eigentlich philosophiegeschichtlich die Geschichte der Philosophie zu Wort, sondern, der eine, hermeneutisch Texte zum Sprechen und, der andere, »Große Philosophen« ihrer personellen Gestalt nach existentiell zur Sprache.

1. Heideggers denkgeschichtliche Hermeneutik und Jaspers' philosophische Vergewisserung von Möglichkeiten

Um mit Heidegger zu beginnen: Nachdem bereits zu Heideggers Lebzeiten erkennbar war, daß sein Denken, spätestens seit 1927, also seit »Sein und Zeit«, auf die, wie er selbst sagt, Aneignung der bisherigen Geschichte der Ontologie, sprich Metaphysik, sprich »Philosophie« im strengen Sinne des Wortes aus ist, kann spätestens seit der »Plan der Gesamtausgabe« der Werke von Heidegger als »Ausgabe letzter Hand« vorliegt und inzwischen der Großteil der Nachlaßbände erschienen ist, kein Zweifel mehr daran aufkommen, daß das Gesamtwerk von Heidegger - genauer seine Vorlesungen - ein vergleichsloses Vorhaben zu verwirklichen trachtet, und zwar durch Aneignung der Geschichte der »Philosophie« - das Wort als Inbegriff für abendländische Philosophie verstanden, nicht für das »denkendere Denken« - die bisherigen Formen der Philosophiegeschichte und ihrer Inhalte zu verwinden und, statt Philosophie fortzuschreiben, zur »Sache des Denkens« zu kommen. Zu erkennen war dieser Aspekt allerdings schon früh. Schon 1955 hat z.B. Kurt Schilling, dessen zweibändige »Geschichte der Philosophie« in den Jahren 1950 und 1953 in 2. Auflage wieder erschienen war, in einer Abhandlung zu »Heideggers Interpretation der Philosophiegschichte« scharf zwischen solchem unterschieden, das, wie Schilling dies ausdrückt, als »der Kritik entrückt hingenommen werden kann«, womit gemeint ist Heideggers Verständnis der Vorsokratiker und seine Erneuerung der Seinsfrage, und dem, was Schilling bei Heidegger »eine Mißdeutung der Vergangenheit aus dem Zerrspiegel einer ihre Ursprünge verkennenden Gegenwart« nennt, unterschieden zwischen Heideggers »Textkenntnis«, die jedem seiner Gegner überlegen sei, und solchem, was Philosophen zwischen Plato und Nietzsche von Heidegger zu Unrecht angetan werde.[2] Schilling plädiert daher dafür, Heideggers Programm in »Sein und Zeit« wörtlich zu nehmen und durch Kritik an einer zu engen doxographischen, geistesgeschichtlichen oder problemgeschichtlichen Behandlungsart der Geschichte der Ontologie, die die Geschichte der Philosophie einschließt, »die von den ›Alten‹ bereitgestellten Möglichkeiten begreifen zu lernen«.[3] Da dies Heidegger aber »nur bei den Vorsokratikern gelungen« sei, gelte es, den »großen Philosophen der Vergangenheit«, von denen Schilling meint,

[2] Kurt Schilling, Heideggers Interpretation der Philosophiegeschichte. Bemerkungen anläßlich des Erscheinens der »Einführung in die Metaphysik«, 1953, in: Archiv für Rechts- und Sozialphilosophie 1955 414, 416. - Die 1. Aufl. von Schillings »Geschichte der Philosophie« ist 1943/44 in München, die 2. Aufl. 1950/53 in München und Basel erschienen. Schilling hat auch eine »Geschichte der sozialen Ideen«, Stuttgart 2. Aufl. 1966, und eine »Weltgeschichte der Philosophie«, Berlin 1964, verfaßt.

[3] Heidegger, Sein und Zeit, 6. Aufl. Tübingen 1949, 23, 19.

daß sie »uns mehr bedeuten können als allen Generationen vor uns«[4], gegen Heidegger Gerechtigkeit widerfahren zu lassen.

1958 hat Peter Fürstenau dann die spezifische Konkretion von Heideggers Seinsverständnis im Blick auf dessen Geschichtsverständnis als Auslegung der einzelnen Geschehnisse seit dem frühen griechischen Denken bis zu Nietzsche »auf dem Grunde einer *Nach*geschichte« angedeutet.[5] Und 1961 hat Werner Marx mit dem Thema »Heidegger und die Tradition« Martin Heideggers »›Überwindung‹ der Tradition« problemgeschichtlich ins Auge gefaßt.[6]

Heidegger ist bemüht, an die Stelle des philosophiegeschichtlichen Umgangs mit der Philosophie die denkgeschichtliche Hermeneutik zu setzen, die möglichst keinen großen Text der Philosophie ausläßt, allerdings gewissermaßen nicht um der Philosophie, sondern um der Möglichkeit des Denkens willen. Und Heidegger möchte mit seiner Form der Aneignung der Geschichte der Philosophie - über die noch zu sprechen sein wird - ein wesentliches Projekt seines Grundbuchs »Sein und Zeit« erfüllen. Schon ein Blick auf die im »Plan der Gesamtausgabe« des Werkes von Heidegger aufgeführten Titel, erst recht die Berücksichtigung der bereits erschienenen Auseinandersetzungen mit der philosophischen Tradition beweist das Exorbitante dieses Unternehmens.

Was nun Karl Jaspers angeht, so war auch zu seinen Lebzeiten bereits erkennbar, daß er seit dem Buch seiner »Jugend«, wie er die »Psychologie der Weltanschauungen« aus dem Jahre 1919 nannte, »die Frage nach den ursprünglichen Weltanschauungen« als das »Suchen« und Aufspüren der »großartigen Überlieferung« der Philosophen verstanden und betrieben hat: »Hegels Phänomenologie des Geistes, dann vor allem Kierkegaard, den ich seit 1914 studierte, in zweiter Linie Nietzsche, waren«, schreibt Jaspers, »wie Offenbarungen«. Und selbst wenn Jaspers in der »Einleitung« zur »Psychologie der Weltanschauungen« in Abkehr von dem, was er die »Surrogat-

4 Schilling, op. cit., 415, 421.

5 Peter Fürstenau, Heidegger. Das Gefüge seines Denkens. Frankfurt am Main 1958, 102.

6 Werner Marx, Heidegger und die Tradition. Eine problemgeschichtliche Einführung in die Grundbestimmungen des Seins, Stuttgart 1961, 91ff.

philosophie« nennt, die besten Philosophen nicht nur unter den Fachphilosophen sucht, sondern auch unter den »ungewöhnlichen Fachwissenschaftlern«, und dabei insbesondere seines Lehrer Max Weber gedenkt, sucht Jaspers doch ausdrücklich das Gespräch mit denen, die im »uralten Sinn von Philosophie« in der Tat Philosophen heißen dürfen, mit denen, die »am weitesten den Geist der Gegenwart in sich« aufnehmen, begreifen, aussagen und mitgestalten. Wenig ist Jaspers auf seinem »Weg von der Psychologie über die verstehende Psychologie zur Existenzphilosophie« an der historischen Darstellung historisch gewordener Lehren der Philosophen gelegen, alles an »der Vergewisserung der Möglichkeiten als eigene« Möglichkeiten, also solcher der eigenen Existenz, und an »der Erhellung des weiten Raums, in dem die existentiellen Entscheidungen fallen, die kein Gedanke, kein System, kein Wissen vorwegnimmt«.[7]

Wer hier nur eine »Galerie von Weltanschauungen« wahrnimmt, bringt sich, Jaspers zufolge, um das, worum es Jaspers - wie er selbst es nennt - in Aneignung der Philosophen und in Unterscheidung zu den aus der Geschichte sprechenden Philosophen geht: »in der Tat dachte ich an nichts als an das eigentliche Menschsein« und »ich entwarf einen Organismus der Möglichkeiten, in allem mich selber wiedererkennend und abstoßend«. In seinem Vorwort zur 4. Auflage der »Psychologie der Weltanschauungen« von 1954 charakterisiert Jaspers seine damalige Position als die ihm immer grundwichtige: »Vergangene Philosophie zu verstehen, setzt gegenwärtiges Philosophieren voraus. Dieses aber kommt zu sich selber und steigert sich im Verstehen der Großen. Deren Größe wird um so erstaunlicher, unerreichbarer, je tiefer man in sie eindringt. Aber jede Gegenwart hat sich selbst zu verwirklichen«.[8] Mit anderen Worten: Philosophie ist für Jaspers wesentlich Philosophie der Aneignung der Tradition gerade auch der großen Philosophen, aber zugleich auch Philosophie der Unterscheidung, die aus den eigenen Möglichkeiten stammt. Philosophie gründet also in der Tradition, ist aber zugleich als Philosophieren ihr eigener Ursprung.

[7] Jaspers, Psychologie der Weltanschauungen, 4. unv. Aufl. Berlin/Göttingen/Heidelberg 1954, VIII, X, L f., 3, 2, 1, XI.

[8] Ebd. XI; X, XII.

In solchem Sinne hat Karl Jaspers, das auf drei Bände konzipierte Projekt »Die Großen Philosophen«[9] in Angriff genommen, und er hat im Jahre 1957 den 1. Band vorgelegt, nicht als »bloßes Echo« auf Vergangenes, und damit nichtssagend und »nichtig«, sondern als »Aneignung der Wahrheit im Umgang mit der Geschichte als ewiger Gegenwart«. Stets aber zugleich auch in der Unterscheidung, d.h. im Bewußtsein »eigenen Philosophierens«, und damit nicht in einer Richtung nur rezeptiv, sondern in der Wechselwirkung produktiv, weil »nur Philosophie Philosophie versteht, die einst war und heute ist«.[10]

Nachdem dann nach Jaspers' Tod von Hans Saner im Jahre 1981 in zwei Bänden wenigstens ein Teil der im Nachlaß erhaltenen »Darstellungen und Fragmente« (Nachlaß 1) und der »Fragmente, Anmerkungen, (und des) Inventars« (Nachlaß 2) herausgegeben worden ist, wird noch deutlicher, was schon 1957 abzusehen war: Jaspers genügen die traditionellen Weisen des Eindringens in die Geschichte der Philosophie nicht, ja selbst die »Gesamtheit einer Weltgeschichte der Philosophie« brächte, meint Jaspers, das nicht zum Vorschein, worauf es »eigentlich ankommt«: »So wie Menschen mit Menschen sich liebend verbinden, wenn sie nicht nur in einer gültigen Sache sich treffen, sondern durch die Sachen hindurch im Grund des Seins selbst, so suchen wir den Umgang mit den Philosophen«. Jaspers ist davon überzeugt, daß wir »in den Kern der Philosophie« tatsächlich »nur durch sie (gemeint sind die Großen Philosophen) gelangen«, weil das »Wesen der Philosophie« überhaupt »erst im Philosophen in persönlicher Gestalt ursprüngliche Wirklichkeit hat«. »Jeder ist durch Werk und Wesen einzig, in einem nicht definierbaren Punkt unüberbietbar, wenn auch jeder, unterworfen dem Geschick aller Menschen, seine zu ihm gehörenden Grenzen hat«. Gerade die Unüberbietbarkeit ist es, die Jaspers dazu bringt, statt, wie noch Hegel in einer »Weltgeschichte der Philosophie« die Quintessenz von Philosophie zu kondensieren, seinerseits unter der »Idee eines Reiches der Großen Philosophen« das Unverwechselbare aufzuspüren und mit ihm in Beziehung zu treten.

[9] Jaspers, Die Großen Philosophen, 1957, 48 (= DGP).

[10] Jaspers, DGP, 10, 7.

In solchem Sinne kann Jaspers sagen: »Sie sind in ihrem übergeschichtlichen Charakter wie ewige Zeitgenossen«.[11]

Nachdem obendrein Hans Saner 1982 aus dem Nachlaß ein Manuskript ediert hat, das, seinen eigenen Angaben zufolge, vermutlich aus den Jahren 1951/52 stammt und als »Einleitung« in die von Karl Jaspers geplante »Weltgeschichte der Philosophie« angesprochen wird, liegt nun auch offen zutage, daß Jaspers die Weltgeschichte der philosophischen Persönlichkeiten, also »Die Großen Philosophen«, zwar für das »zentrale« Buch einer »Universalgeschichte der Philosophie«, später von ihm »Weltgeschichte der Philosophie« genannt, gehalten hat, daß dieser Aspekt aber nur einer unter anderen innerhalb eines übergreifenden Gesamtprojektes gewesen ist. In einer »polyaspektiven Geschichtsschreibung«, um einen Ausdruck von Hans Saner zu verwenden, habe Karl Jaspers vorgehabt, drei aspekthafte Zugänge zu einer »Weltgeschichte der Philosophie« zu beschreiten. Er habe 1. beabsichtigt, eine »Weltgeschichte der Denkformen« zu schreiben, in der er die Entfaltung des Bewußtseins überhaupt habe schildern wollen. Er habe 2. vorgehabt, eine »Weltgeschichte der philosophischen Gehalte« zu entwerfen, in der Dasein, Geist, Welt und Transzendenz zur Sprache gebracht werden sollten. Und er habe 3. eine »Weltgeschichte der philosophischen Persönlichkeiten« konzipiert.[12] Daß jedes dieser Werke wiederum mehrfach unterteilt werden sollte, kann hier außer Betracht bleiben. Zur Ausführung ist das Vorhaben »Die Großen Philosophen« in der durch den Nachlaß ergänzten, wenn auch nicht zur Vollendung gekommenen Form gelangt.

Aber da Karl Jaspers richtig verstandene »Existenzphilosophie« als wesentlich für die Philosophie als solche bezeugt und bekundet hat, und Philosophiegeschichte für ihn dementsprechend in hervorragendem Maße »das Sichtbarwerden der Menschen, die denkend leben«, gewesen ist, anders gesagt: Philosophie für ihn »immer personelle Gestalt« gehabt hat, ist nicht zu verwundern, daß Jaspers auch in Monographien den »übergeschichtlichen Charakter« »Großer Philo-

[11] Jaspers, DGP, 9, 7, 10.

[12] Jaspers, Weltgeschichte der Philosophie. Einleitung. Aus dem Nachlaß hrsg. von Hans Saner, München/Zürich 1982, 6 ff. Vgl. Hinweis auf »sechs Aspekte«, 8 f.

sophen« suchte, die ihn - wie gesagt - »wie ewige Zeitgenossen anmuten«. Zu nennen sind: Nikolaus Cusanus, René Descartes, Schelling, Kierkegaard, Friedrich Nietzsche, Martin Heidegger, aber auch die, die in seinen »Gesammelten Reden und Aufsätzen zur Geschichte der Philosophie«, betitelt »Aneignung und Polemik«, zu Worte kommen.[13]

Es kommt deshalb nicht von ungefähr, daß eine Themenstellung wie die: »Karl Jaspers und die Großen Philosophen - Aneignung und Unterscheidung« Aufmerksamkeit verdient,[14] und es ist verwunderlich, daß trotz der ungewöhnlichen Bedeutung, die sie für die Philosophie von Karl Jaspers besitzt, gerade dieses Thema lange ein Desiderat dargestellt hat. Ein Wort von Karl Jaspers, das seinen »Notizen zu Martin Heidegger« entnommen ist, kann für ihn und seinen Kontrahenten zum Motto genommen werden. Es lautet: »Das gegenwärtige, das je eigene Philosophieren zeigt sich in der Weise des Umgangs mit den früheren Philosophen. Es bezeugt sich dabei durch das, was gesehen und nicht gesehen, was mitgedacht, nachgedacht und was im Denken der Philosophen ignoriert wurde. Es bezeugt sich im Urteil, in der Aneignung und im Abstoßen ...«.[15]

2. Jaspers: Aneignung als Anverwandlung der Überlieferung in eigenes Tuns aus Unterscheidung

Anhand von zwei Überlegungen soll nun dargelegt werden, inwiefern die Lebens- und Werkdevise von Karl Jaspers, und man sieht sie in

13 Ebd. 118 f. Vgl. Jaspers, Aneignung und Polemik. Gesammelte Reden und Aufsätze zur Geschichte der Philosophie, hrsg. von Hans Saner, München 1968: u.a. Xenophanes, Epikur, Lionardo als Philosoph, Schopenhauer und Max Weber.

14 Internationaler Kurs zum 100. Geburtstag von Karl Jaspers in der Zeit vom 14.-26. März 1983 am Inter-University-Centre of postgraduate studies in Dubrovnik / Jugoslawien unter Beteiligung von Arno Baruzzi, Augsburg; Branko Bošnjak, Zagreb; Milan Damnjanović, Belgrad; Leonard H. Ehrlich, Amherst/Massachusetts; Vladimir Filipović, Zagreb; Jeanne Hersch, Genf; Petra Jaeger, Düsseldorf; Hans Saner, Basel; Xavier Tilliette, Paris; Richard Wisser, Mainz.

15 Jaspers, Notizen zu Martin Heidegger, hrsg. von Hans Saner, München/Zürich 1978, Notiz 182, S. 201.

seinem Satz zum Ausdruck gebracht: »Die Philosophie soll nicht abdanken. Am wenigsten heute«[16], auf innigste mit dem, was man Jaspers' Philosophie der Aneignung und Unterscheidung nennen könnte, zusammenhängt. Anders gesagt: es soll hier nicht, was man Jaspers' »Existenzphilosophie« genannt hat, in der überkommenen Weise erneut beschrieben oder kritisiert, sondern an dem, was Jaspers unter Aneignung und Unterscheidung versteht, gezeigt werden, daß es seiner »Existenzphilosophie« nicht nur um die menschliche Existenz, sondern um die Existenz der Philosophie geht, wobei es selbstredend für Jaspers bei diesem Kampf um die Philosophie allerdings um die »mögliche Existenz« des Menschen geht. Daß dieses Problem hier nur in Umrissen und nur anhand weniger sinnerschließender Stellen skizziert werden kann, versteht sich von selbst. Entsprechend der Disposition dieser Ausführungen sollen jedoch im Blick auf das Thema »Aneignung und Unterscheidung« zur Verdeutlichung des Gemeinten Karl Jaspers und Martin Heidegger miteinander in Beziehung gesetzt werden, um so mehr, weil eine Überlegung, die am Begriff der Aneignung ansetzt, mit der oben bereits vermerkten Tatsache konfrontiert wird, daß sowohl Jaspers als auch Heidegger den grundwesentlichen Titel »Aneignung«, dem bekanntlich schon Hegel eine besondere Bedeutung gegeben hat, verwenden und ihn zur Charakterisierung je ihres eigenen Vorhabens und je ihrer besonderen Unternehmung gebrauchen. Das Aufschlußreiche besteht demnach darin, daß gerade dieser von Jaspers *und* Heidegger verwendete Begriff die entscheidenden Differenzen zwischen beiden und den Unterschied zwischen Heideggers »Denken« und Jaspers' »Philosophieren« ans Licht bringt. Wenn beide Aneignung sagen, sprechen beide nicht die gleiche Sprache.

Fassen wir zunächst den Titel »Aneignung« ins Auge. Karl Jaspers ist an verschiedenen Stellen seines »Philosophie« genannten Hauptwerks auf das zu sprechen gekommen, was er Aneignung nennt. So charakterisiert er im 1. Band seiner »Philosophie« - auf diese Periode muß ich mich hier beschränken - das »Philosophieren« als solches

[16] Jaspers, Der philosophische Glaube, 10. Vgl. R. Wisser, »La filosofia non deve dimettersi«. La »fede filosofia« di una filosofia dell libertà, Karl Jaspers. Filosofia, Scienza, Teologia. A cura di Giorgio Penzo, Brescia 1983, 29-53.

geradezu dahingehend, daß es »in der Aneignung überlieferten Denkens zu sich kommt«. Aber Jaspers läßt keinen Zweifel daran aufkommen, daß Aneignung gerade keine »ungeprüfte Assimilation« und kein »äußeres Übernehmen« der Tradition ist.[17] Aneignung meint also »nicht ein Wissen von einem Gedachten, sondern Umsetzung solchen Wissens in eigenes denkendes Tun. Es ist nicht hinzunehmen, nicht endgültig errungen, kein Bestand des Wesentlichen, nicht Anschauen eines sich rundenden Denkgebildes«.[18] Und Jaspers schreibt an der Stelle, wo es um »Philosophie und ihre Geschichte« geht und er ausdrücklich davor warnt, die Verwandlung der Gestalt der Philosophie in der Zeitfolge nur als äußerlichen Vorgang mißzuverstehen, statt einzusehen, daß Philosophie bewußt ihr »Dasein als ihre Geschichte« erfährt, folgendes: »Keine Gegenwart mehr kann eine neue Philosophie ohne den Weg über ihre Geschichte erdenken«. Deshalb bleibt für Jaspers die erste Schwierigkeit »stets, die alte (Philosophie) zu verstehen und anzueignen. Zwar kennt man sie in ihren Lehrstücken, weiß, was sie gesagt hat, sieht sie in ihren wissenschaftlichen Elementen und in ihren soziologischen Bedingtheiten«. Sie liegt uns also gewissermaßen als ein uns äußerlicher und äußerlich bleibender Vorgang und als Gegenstand der Philosophiegeschichtsschreibung quasi objektiv und für jedermann, der sie aufzuheben bemüht ist, vor Augen. Aber Jaspers zufolge kommt es für das eigentliche Philosophieren gerade darauf an, daß dieses Wissen durch die Aneignung überhaupt erst zu dem wird, »was Philosophieren immer ist: das sich in seiner Transzendenz erhellende Selbstsein«.[19]

Mit anderen Worten: Die Tradition ist nicht nur nicht zu umgehen, sie ist unbemerkt bereits beim sachlich verstehenden Vergegenwärtigen des Vergangenen in mich übergegangen. »Ich werde, was ich lerne, ohne es ausdrücklich« als etwas zu wissen, was unbemerkt in mich übergegangen ist. »Es entstehen Gewohnheiten des Denkens, weil andere Möglichkeiten gar nicht erst aufgetaucht sind. Gehalte treten unbefragt in mich ein; ich bin sie geworden, noch bevor ich gefragt habe, was ich sein will.« Aber: ich bin bei alledem als Existenz

[17] Jaspers, Philosophie, Berlin/Göttingen/Heidelberg, Bd. I, 285 (= P).

[18] Jaspers, P I, 331.

[19] Jaspers, P I, 281, 284.

gerade kein bloßer Hohlraum, in den solche Gehalte gewissermaßen eingetrichtert werden, und auch die geschichtlichen Gehalte sind gerade nicht das, als was sie, vergleichbar unveränderlichen, versteinerten Fossilien aus der Vergangenheit, erscheinen mögen. Wegen der durchgängigen Geschichtlichkeit kann, »was war, (so) nicht noch einmal sein«. Aber auch »ich bin, was ich aus dem Überkommenen geworden bin, durch eine Umwandlung«. Zwar ragt gewissermaßen manches geschichtliche Datum eine Zeitlang noch als identisch Fortdauerndes in die alles verwandelnde Geschichtlichkeit als museale »Veräußerlichung« und »Mechanisierung des Gewesenen« hinein. Aber solch Museales zu übernehmen, bedeutet ebensowenig wie die »unbemerkte und ungeprüfte Assimilation« von Tradition Aneignung.[20]

Das von Karl Jaspers als philosophischer Grundakt geforderte Aneignen hat mit äußeren - intersubjektiv objektivem - Übernehmen und mit assimilierender Angewöhnung nichts gemein. Weder unbemerkte Mimikry noch absichtliche Einkleidung erfüllen den Tatbestand der Aneignung, weil weder die Anpassung noch die Adaptation sich mit der Existenz verbinden. Was sich aber mit der Existenz nicht verbindet, bleibt »als Gedachtes und Gesagtes Schein, ist nur angesprochen. Erst das Nehmen, das das Erworbene durch Anverwandeln in eigenes Tun aufgehen läßt«, ist Jaspers zufolge »nicht Stehlen«. Und nur das Heraustreten aus der unbemerkt assimilierten Tradition, aus dem bloß Überkommenen, das zu dumpfem Dahindämmern verführt oder zur »abgeglittenen Verfestigung des Äußerlichgewordenen wird«, schafft die Möglichkeit, statt im Überkommenen zu verkommen, zu sich zu kommen. »Aneignung« setzt demnach voraus, daß der Mensch weder im Überkommenen noch im Übernommenen aufgeht.

Aneignung ist aber, und das ist wichtig, nur möglich, wenn sie und weil sie aus der Unterscheidung ihrerseits »entspringt«. Aneignung, sagt Jaspers, »entspringt aus der Unterscheidung«. Und wir müssen daher nun den Titel »Aneignung und Unterscheidung« umkehren, müssen sagen: Jaspers vertritt eine Philosophie der »Unterscheidung und Aneignung«, denn Jaspers sagt ausdrücklich: so »wie ich mich

[20] Jaspers, P I, 285.

dem Anderen, den ich verstehe, gegenüberstelle, um nach der Distanzierung mit ihm erst in die eigentliche Gemeinschaft zu treten, so scheide ich mich von aller Tradition, der ich zunächst schon unbemerkt verfallen war, um nun erst, mit hellem Bewußtsein wählend, sie entweder zu verwerfen oder als mich selbst angehend zu ergreifen und damit selbst werdend anzueignen«.[21]

Die Umkehrung des Titels »Aneignung und Unterscheidung«, die wir hier vorgenommen haben in »Unterscheidung und Aneignung«, entspricht genau dem, was eine Erörterung der Bedeutung, die die »kritische Philosophie« von Immanuel Kant für Jaspers spielt, erbringen würde, und es ist Hans-Georg Gadamer zuzustimmen, der in seinem Eröffnungsvortrag anläßlich des Kant-Kongresses 1981 in Mainz, in dem er im Blick auf Immanuel Kant Heidegger und Jaspers als die »beiden originären Denker, die für uns Ältere noch Zeitgenossen waren«, anspricht, darauf abgehoben hat, »wie sehr sich Jaspers' persönliche Aneignung der großen Tradition der Philosophie in dem systematischen Rahmen des Kantischen Denkens hielt«.[22] Jaspers' These ist, daß erst die Unterscheidung die Voraussetzung für das Aneignen schafft. Aneignung »entspringt aus der Unterscheidung«.

Unterscheidung ist aber nicht, wozu man leicht durch die übliche Verwendung dieses Ausdrucks für rationale Distinktion verführt wird, anzunehmen, nur ein intellektueller Vorgang des Bewußtseins. Unterscheidung hat auch und gerade ontologische Valenz. Sie nennt ein Sein, nicht nur Inhalte des Bewußtseins. Das wird deutlich, wenn wir fragen: Weshalb können wir auf das Aneignen nicht nur nicht verzichten, sind vielmehr gezwungen, anzueignen? Wird ersichtlich, wenn wir fragen: Weshalb können wir dem Aneignen nicht entgehen und es nicht umgehen, weshalb können wir es nicht auf sich beruhen lassen und nicht von ihm absehen?

Der Grund hierfür würde durch eine Erörterung der Bedeutung, die die »krisische Philosophie« von Sören Kierkegaard für Jaspers spielt, aufgedeckt werden, was wir hier ebenfalls nicht verfolgen können.

[21] Jaspers, P I, 285.

[22] Hans-Georg Gadamer, »Von hier und heute geht eine neue Geschichte der Weltepoche aus«, in: Akten des 5. Internationalen Kant-Kongresses, Mainz, 4.-8. April. Teil II. Vorträge, hrsg. von Gerhard Funke, Bonn 1982, 25.

Jaspers sagt unmißverständlich: das »sich unterscheidende Selbstsein muß aneignen, weil es allein aus eigenem Ursprung noch nicht zu sich kommt«. Die Scheidung macht »das Selbstsein« möglich. Sie macht aber auch die »Verlorenheit ins Nichts« möglich. Sie löst die permanente Krise aus. Die Scheidung von aller Tradition, die mich aus der Verfallenheit an sie zurückholt und mir zur Erfahrung bringt, daß ich mich ent-scheiden muß, daß ich wählen muß, d.h. entweder die Tradition als mich nicht betreffend verwerfen muß oder aber als mich selbst angehend sie mir anzuverwandeln habe, bringt also zugleich die Unumgänglichkeit der Entscheidung zu Gesicht.

Gerade weil das Selbstsein sich unterscheidet, steht es zwar in der Gefahr, als »isoliertes, sich von allem als nicht es selbst seiend distanzierendes Selbstsein ins Bodenlose« zu sinken. Es muß also, weil es *krisisch* ist, aneignen. Aber, auch wenn das Selbstsein erfährt, daß es »allein aus eigenem Ursprung noch nicht zu sich kommt«, muß die Aneignung, »aus der Aktivität des eigenen Ursprungs kommen, ohne den kein Selbstsein erwüchse«, weil dieses zugleich *kritisch* ist. »Aneignung hält sich an das Vergangene, in welchem mögliche Existenz dem Selbstsein anderer Existenzen zu begegnen sucht. Nicht mehr nur unterworfen dem Strom der Tradition, hat es gegen ihn Fuß gefaßt, um das Gold zu ergreifen, das er mit sich trägt. Die leisesten Worte aus der Vergangenheit können es wecken, die massivste Tradition sich ihm fremd kontrastieren. Es liegt an ihm, was es da hört und durch welches Ansprechen es sich getroffen fühlt«.[23]

Aneignung erweist sich in solchem Sinne für Karl Jaspers folglich als grundwichtig: »Aneignen ist das schlechthin Ursprüngliche, das nicht mehr befragt werden kann, das Einswerden in der Unterscheidung, das Hinangezogenwerden im freien Daraufzugehen. Es ist wie innige Freundschaft, aber in dem Abstand der in das Vergangene gerichteten Beziehung. Es ist wie in aller Kommunikation das Rätsel, daß ich bin nur durch den anderen und doch selbst bin; daß ich mich verliere, ebensowohl im bloß aufnehmenden, widerstandslosen Zerflossensein an das Überkommene wie in selbstischer Isolierung«.[24]

[23] Jaspers, Philosophie I, 285.

[24]. Ebd. 286.

Halten wir fest: Da der Mensch kritisch *ist*, also nicht nur dem Erkennen, sondern seinem Sein nach sich in einer *kritischen* »Grundbefindlichkeit« findet, kann trotz des Überkommenen der Tradition wie des Übernommenen der Tradition ein Mensch prinzipiell nicht in dem ihm nicht eigentlich eigenen, in dem ihm anderen, sein Selbst nicht Betreffenden aufgehen. Aber da der Mensch zugleich krisisch *ist*, d.h. aus eigenem Ursprung allein noch nicht zu sich selbst kommt, kann er auf das »Aneignen und Tradieren« nicht verzichten. Er geht in der Tradition nicht auf, kann in ihr nicht restlos aufgehen, unterscheidet er sich doch stets von ihr. Aber gerade deshalb kann und muß er aneignen. Da das Aneignen im Unterscheiden wurzelt, steht aneignendes Philosophieren, das aus eigener Ursprünglichkeit in den »Großen Philosophen« den Ursprung sucht, anders gesagt: Lehren interpretierend zugleich aus sich selbst ist, nicht und nie in der Gefahr, sich mit den zwar zu verehrenden, aber nicht bindenden und zwingenden säkularen Philosophen »zu verwechseln«. Aneignen ist also nicht selbstverständliche Hinnahme oder bewußte Übernahme von Lehren oder zu Lernendem, »sondern Eindringen in das geschichtliche Philosophieren aus eigener Geschichtlichkeit«.[25] Deshalb ist gerade die Aneignung dem sog. Strom der Tradition nicht unterworfen, vermag vielmehr gegen ihn Fuß zu fassen.

3. Heidegger: Aneignung als Verwandlung der Tradition durch die Aus-einander-setzung in der »Sache des Denkens«

Genau das von Jaspers Ausgeführte bezweifelt Martin Heidegger. Für ihn wird das Ringen um die Seinsfrage nicht wie für Jaspers der Kampf um die Existenz der Philosophie zum Versuch, in der bisherigen Tradition, Fuß fassend, »Gold« zu finden, wie es schon Leibniz aufzuspüren trachtete, sondern zur vergleichslosen Anstrengung, den fußbreit Boden ausfindig zu machen, der innerhalb dessen, was er die abendländische Philosophie nennt, nicht nur nicht auffindbar ist, sondern von ihr aus überhaupt nicht als Aufgabe und Problem des

[25] Jaspers, P I, 287, 286.

Denkens erfaßt werden kann, der aber einziger Anhalt dafür ist, der »Sache des Denkens« am »Ende der Philosophie« auf die Spur zu kommen.

Es wird sich im folgenden zeigen, daß, wenn Heidegger vom »Weg des Denkens« spricht, er damit etwas anderes meint als Jaspers, wenn dieser die Aneignung dessen, was mich betroffen in der Tradition macht, für unumgänglich hält, ja meint, daß der Weg des Selbstseins auf die Denkformen, auf die Gehalte und auf die Persönlichkeiten der Geschichte der Philosophie ersatzlos angewiesen ist. Heideggers »Denkweg« ist am philosophierenden Weg des Selbstseins der Existenz uninteressiert, achtet aber um so intensiver auf den Weg, auf dem das Denken über die überdachten Stationen der Philosophie rückschreitend auf besagten fußbreit Boden zu stoßen trachtet, der es erlaubt, die Philosophie als solche auf-die-Seite-zu-stellen. Leitfaden des Weges von Martin Heidegger durch die Geschichte der Philosophie zurück an ihren Anfang und über ihren Anfang hinaus in diejenige Dimension, die vor dem Anfang der Philosophie liegt, ist die Seinsfrage. Die Seinsfrage ist der Leitfaden, anhand dessen Heidegger durch ein Labyrinth zurückdringt und zurückdrängt und einen Weg erschließt, nicht um Denkfromen, nicht um Gehalte und nicht um Persönlichkeiten zu finden, nicht um das »Gold« der philosophia perennis, die für Karl Jaspers »ein notwendiges Glied im jeweils geschichtlich gegenwärtigen Philosophieren« ist[26], ausfindig zu machen, sondern um gerade von diesen Gehalten und Gestalten möglichst freizukommen und in diejenige Dimension zu gelangen, die mittels der ursprünglich verstandenen Seinsfrage erschlossen werden soll.

Und genau hiermit hängt nun zusammen, weshalb zwar auch Heidegger ausdrücklich von der »Aneignung und Verwandlung des Überlieferten« spricht. Was aber meint Heidegger mit diesem Titel? Genaues Hinhören ist gewiß bereits auf einen Unterschied gestoßen; denn Jaspers spricht ausdrücklich von »Aneignung und Anverwandlung«,[27] meint also, daß die Existenz einen Gehalt der Tradition *sich* zu eigen macht, daß *sie* sich etwas aneignet. Heidegger dagegen spricht betontermaßen von »Aneignung und Verwandlung des Über-

[26] Jaspers, Weltgeschichte der Philosophie, 182.

[27] Jaspers, Philosophie I, »Anverwandeln«, 285.

lieferten«, und gibt dadurch zu erkennen, daß das *Überlieferte* verwandelt wird, daß das Denken ihm einen Gegen-Sinn abgewinnt, dem das Überlieferte nicht auskommt, den es selbst gerade nicht begreift und den es, wenn ihm ein Licht aufgesteckt wird, leugnet, und den es doch nicht abzuschütteln vermag, weil es seinem Sinn nach geradezu verwandelt wird. Das solcherart Angeeignete hat also keinen Selbstzweck mehr und es vermag kein »Gold« für das Selbstsein der Existenz zu bieten.

Heidegger hat in dem berühmten Vortrag, den er in Cerisy-la-Salle in der Normandie im August 1955 über den in der französischen Frage: Qu'est-ce que la philosophie? bewußt krampfhaft anmutend nachgeformten deutschen Titel: »Was ist das - die Philosophie?« gehalten hat, deutlich zu machen versucht, daß auf dem Hintergrund einer grundsätzlichen Ausarbeitung der Seinsfrage, die sich nicht mit den bisherigen Antworten der Tradition zufrieden gibt, das Wort Philosophie keineswegs, wie landläufig unterstellt, soweit formalisierbar ist, daß jedes Denken ihm einbeschrieben werden kann. Anders gesagt: Heidegger möchte aufdecken, daß der Name Philosophie nicht beliebig geweitet oder verengt werden darf, sondern einen präzisen Sinn hat, daß Philosophie nämlich »in ihrem Wesen griechisch« ist, und dementsprechend die Sache der Philosophie nicht identisch ist mit der Sache des Denkens. Heidegger will damit zum Ausdruck bringen, daß »das Abendland und Europa, und nur sie, in ihrem innersten Geschichtsgang ursprünglich ›philosophisch‹ sind«. Was das im einzelnen bedeutet, führt Heidegger in dieser Vorlesung zwar nicht eigens aus - das hat er an anderer Stelle getan -, er deutet es aber doch wenigstens an, und zwar: daß und wie das Denken erst nach Heraklit und Parmenides zu dem wird, was dann griechisch gedacht und gesagt Philosophie ist. Heidegger sagt deutlich: die Philosophie beginnt mit Sokrates und Plato, und er formuliert unmißverständlich: »Heraklit und Parmenides waren noch keine ›Philosophen‹. Warum nicht? Weil sie die größeren Denker waren. ›Größer‹ meint hier nicht das Verrechnen einer Leistung, sondern zeigt in eine andere Dimension des Denkens«.[28]

[28] Heidegger, Was ist das - die Philosophie?, Pfullingen 1956, 13, 28. (= WidP).

Wenn Heidegger dem Denker das Wort »größer« vorbehält, um gerade den Unterschied zu Philosophen zu kennzeichnen, dann steckt darin betont auch eine Provokation zu dem, was Karl Jaspers in »Die Großen Philosophen« über die »Kriterien der Größe der Philosophen« zum Ausdruck gebracht hat. »Größe« kommt für Jaspers Philosophen dann zu, wenn sie »in der Zeit über der Zeit stehen«, wenn sie in ihrer »Ursprünglichkeit original« sind und »eine innere Unabhängigkeit« gewonnen haben, die den jeweiligen Philosophen befähigt, »Herr seiner Gedanken« zu bleiben.[29] Und »Größe« ist dem Werk der Philosophen dann zuzusprechen, wenn in ihm »Wissenschaft« wirksam ist, ohne daß Philosophie auf Wissenschaft reduziert wird, wenn Universalität angestrebt ist, ohne daß dem Totalisieren eine Chance gegeben wird, und wenn ihm ein »Zug des Normativen« eigen ist, der nicht diktiert, sondern durch die Erkenntnis der eigenen Verantwortung die eigene Einsicht steigert.[30]

Ein Vergleich zwischen dem, was Karl Jaspers unter Aneignung versteht, und dem, was Martin Heidegger mit eben diesem Begriff zum Ausdruck bringt, fördert also zweierlei zu Tage, bringt Verschiedenes, ja äußerste Gegensätze ans Licht. Wer aus der Tatsache, daß beide den Terminus Aneignung verwenden, schließt, es handele sich um das Gleiche, verkennt die Sachlage. Es irrt aber auch derjenige, der dafür hält, Jaspers' Begriff der Unterscheidung sei lediglich ein anderes Wort für den Heideggerschen Terminus der Aus-einander-setzung, und folglich vermeint, diese beiden Worte wollten dasselbe ausdrücken. Wenn Heidegger von Aus-einander-setzung spricht, meint er in erster Linie nicht einen Streit zwischen *Personen* über eine Sache, sondern, wie er in seinem »Nietzsche«-Buch formuliert hat, einen Streitfall, in der die *Sache* »in sich selbst Aus-einander-setzung« ist.[31] Wenn dagegen Jaspers von Unterscheidung spricht, benennt er den Vorgang, durch den ein Philosophierender in Distanz zum Gedanken eines anderen Philosophen der Tradition tritt. Beides geschieht in Analogie zu dem, was wir bereits beim Begriff der Aneignung hervorgehoben haben.

[29] Jaspers, Die Großen Philosophen, 39 f.

[30] Jaspers, DGP, 41, vgl. 71 f.

[31] Heidegger, Nietzsche, 1. Bd., Pfullingen 1961, 9.

Wie steht es nun mit dem Begriff Aneignung bei Martin Heidegger? Wenn Heidegger am Leitfaden der Seinsfrage denkgeschichtlich und seinsgeschichtlich und nicht, wie Jaspers, auf das existentielle Tun des Menschen, auf das Selbstsein ausgerichtet, das sich zu verwirklichen hat und »mögliche Existenz« zu realisieren trachtet, seinerseits durch das Labyrinth der Geschichte der abendländischen Philosophie führt, die - und darin sind sich Jaspers und Heidegger einig - erst durch Hegel in einen inneren Zusammenhang gebracht ist, dann zielt er dabei nicht, wie Jaspers, darauf ab, von der eigenen Geschichtlichkeit aus solches anzueignen, das als »Gold« der philosophia perennis betroffen macht und dem Selbstsein auf dem Wege der Anverwandlung die nötige Ergänzung für das Werden seiner selbst, das Zusichkommen gewährt. Heidegger steht nicht, wie Jaspers, der Geschichte der abendländischen Philosophie, in ihr verwurzelt, zugleich aus eigener Geschichtlichkeit wählend, und das heißt entweder verwerfend oder aneignend, sowohl *zu* ihr als auch *in* ihr ihr gegenüber. Heidegger hangelt sich - um es bildlich auszudrücken - vielmehr gewissermaßen am Leitfaden, am Leitseil der Seinsfrage zurück, um, gegenläufig zu den historisch fortschrittlich sich gebenden Gehalten der Geschichte der Metaphysik = sprich Philosophie zurückschreitend, in eine Dimension zu gelangen, die der ursprünglich verstandenen, also Ursprung wieder eröffnenden Seinsfrage entspricht.

Heideggers »Denkweg« ist am Weg des Selbstseins der Existenz und in Konsequenz des sie zentral Berührenden: des Praktischen, Ethischen, der Verantwortung, die eine Weise der Entscheidung ist, *vergleichsweise* uninteressiert. Um so intensiver aber ist er interessiert am Weg, auf dem das Denken durch und über die durch- und überdachten Stationen der Philosophie zurückschreitend, indem es fragend bisherige Antworten in Frage stellt, auf den fußbreit Boden einer Dimension vor- bzw. zurückzustoßen trachtet, der es erlaubt, die Philosophie als solche im »Schritt zurück«,[32] d.h. im Schritt über die Geschichte der Philosophie hinaus, auf jeden Fall hinter sich zu bringen, oder aber, wie Heidegger es einmal ausdrückt, »auf-die-Seite-

[32] Heidegger, Identität und Differenz, Pfullingen 1957, 45 ff.

zu-stellen«. Heidegger seilt gewissermaßen am Leitseil der Seinsfrage die Philosophie als solche im Blick auf die Seinsgeschichte ab.

4. Der Vergleich: Hie der Kampf um die Existenz der Philosophie, hie ihre Destruktion

Es ist von hier aus leicht einzusehen, daß Heidegger nicht nur über die Einordnung, die Karl Jaspers im Blick auf Heraklit und Parmenides vornimmt, die er unter die »Großen Philosophen« einreiht - so geschehen im fast zur gleichen Zeit, nämlich 1957, erschienenen 1. Band des geplanten dreibändigen Werkes, obendrein unter der Rubrik »Aus dem Ursprung denkende Metaphysiker«[33] - den Kopf geschüttelt haben dürfte. Über die Einordnung von Buddha, Konfuzius und Jesus und von Laotse und Nagarjuna unter die »Großen Philosophen« dürfte er wohl mehr als nur den Kopf, dürfte er sich geschüttelt haben. Da für Heidegger »Philosophie« als wesentlich griechisch mit dem Titel abendländisch-europäische Philosophie identisch ist, das eine also tautologisch das andere sagt,[34] hätte er auch auf solches kein großes Kopfzerbrechen verwendet, was Hans Saner als »Jaspers' Idee einer kommenden Weltphilosophie« apostrophiert und, nachdem Jaspers bereits 1955 die Frage »Gibt es eine Weltgeschichte der Philosophie?« erörtert hat,[35] »Weltgeschichte« geradezu als die vom späten Jaspers in Angriff genommene Aufgabe des Zeitalters bezeichnet, nämlich den Weg zu finden aus dem Ende der *europäischen* Philosophie in eine kommende *Welt*philosophie. Aber auch die von Saner 1982 aus dem Nachlaß herausgegebene »Einleitung«, die Jaspers in die von ihm geplante »Weltgeschichte der Philosophie« geschrieben hat, wäre von Heidegger vermutlich dorthin abgelegt worden, wo sie, wenn man Jaspers' aus den fünfziger Jahren stammende Einschätzung seiner

[33] Jaspers, DGP, 631 ff.

[34] Heidegger, WidP, 13.

[35] Hans Saner, »Jaspers' Idee einer kommenden Weltphilosophie«, Philosophie der Freiheit. Karl Jaspers 23. Februar 1883 - 26. Februar 1969, hrsg. von Rudolf Lengert, Oldenburg 1983, 49-61.

eigenen Position mit den Augen Heideggers heranzieht, einzuordnen wäre, in die »Psychologie auf höchster Ebene«, weil sie »auf eigentliche Philosophie« verzichte und aus der »Schwäche der Halbphilosophie« erwachse.[36] Positiv drückt Jaspers seinen Unterschied zu Heidegger gerade im Anschluß an ein Kant-Seminar dergestalt aus: Heidegger »beansprucht etwas völlig Neues, - sieht gnostisch einen Geschichtsprozeß des Seins - ich lebe in der Aneignung einer philosophia perennis, lege keinen Wert auf Neuerung, auf einen Schritt und Schnitt ... Heid. ist hingerissen von einem mehr Geahnten - ich lebe in überlieferten Gehalten«.[37]

Heidegger hat in besagtem Vortrag nun aber auch über die Konsequenz gesprochen, die die Erkenntnis mit sich bringt, daß das Denken vor Plato und Aristoteles, also vor der Philosophie etwas anderes ist als die Philosophie, die - wie Heidegger sagt - »von Aristoteles bis Nietzsche ... dieselbe bleibt«. Die von Heidegger so genannte »Aneignung und Verwandlung des Überlieferten« hat, wenn das Denken willens ist, nicht innerhalb des Philosophie Genannten zu verbleiben, sondern durch die Ausarbeitung der Seinsfrage vor und nach der Philosophie Fuß zu fassen - Heidegger verwendet hier den überräumlich gedachten Begriff der »Nähe« -, nicht mehr den Charakter der Konstruktion, diese werde gedacht im Hegelschen Sinne aneignend, d.h. dialektisch aufhebend, oder aber, wie bei Jaspers, kommunikativ aneignend. Aneignung der Geschichte der verwandelten überlieferten Philosophie, sprich: abendländischer Philosophie, bedeutet bei Martin Heidegger ausdrücklich »Destruktion«. Destruktion meint aber kein billiges und beliebiges Zerstören, sondern - wörtlich - »Abbauen, Abtragen und Auf-die-Seite-Stellen der nur historischen Aussagen über die Geschichte der Philosophie«.[38] Es geht Heidegger seit »Sein und Zeit« in erster Linie darum, am Leitfaden der Seinsfrage Destruktion in solchem Sinne, wie er es nennt, »positiver Aneignung der Vergangenheit« zu betreiben, um wieder in »den vollen Besitz der eigensten Fragemöglichkeiten« zu gelangen.[39]

[36] Jaspers, Notizen, Notiz 74, S. 97.

[37] Ebd., Notiz 47, S. 72.

[38] Heidegger, WidP, 28, 33 f.

[39] Heidegger, Sein und Zeit, 21. (= SuZ).

Was Martin Heidegger unter »Destruktion« versteht ist positive Aneignung und ist Verwandlung der Sache des Überlieferten, die gerade keine Anverwandlung der Tradition durch Existenz ist, also nicht Tradition *sich* aneignet, sondern *ihr* gewissermaßen auf die Schliche kommt, hat er bereits in § 6 von »Sein und Zeit« als Programm aufgestellt und behandelt. Hier sei nur darauf hingewiesen, daß Heidegger »die Aufgabe einer Destruktion der Geschichte der Ontologie«, so der Titel des Paragraphen, nicht nur deshalb für unumgänglich ansieht und in Angriff nimmt, weil menschliches »Dasein nicht nur die Geneigtheit hat, an seine Welt, in der es ist (an seine Alltäglichkeit), zu verfallen und reluzent aus ihr her sich auszulegen«, sondern weil »Dasein in eins damit seiner mehr oder minder ergriffenen Tradition verfällt«.[40] Zwangsweise wird damit auch und gerade das ontologische Verständnis durch die zur Herrschaft gelangende Tradition »verdeckt«. Es wird die Ausbildbarkeit des ontologischen Verständnisses, des Seinsverständnisses durch Überantwortung des Überkommenen an die Selbstverständlichkeit des Daseins so weit entwurzelt, daß es sich »nur noch im Interesse an der Vielgestaltung möglicher Typen, Richtungen, Standpunkte des Philosophierens in den entlegensten und fremdesten Kulturen bewegt«. Der Name von Jaspers wird nicht genannt, aber gerade auch er ist gemeint. Heidegger möchte anhand der Geschichte der Ontologie, sprich Philosophie, durch Destruktion, d.h. in seinem Sinn durch positive Aneignung und Verwandlung, überhaupt erst die Durchsichtigkeit der eigenen Geschichte der Seinsfrage erreichen, die »Auflockerung der verhärteten Tradition« zu Wege bringen und die »Ablösung der durch sie gezeitigten Verdeckungen« betreiben.[41]

Destruktion ist demnach nicht mit einem »Begräbnis der Vergangenheit in Nichtigkeit« zu verwechseln. Destruktion schüttelt nichts ab und ist nicht auf bloße Relativierung aus. Destruktion versteht sich nicht nur als ein negierendes Verhalten zur Vergangenheit, sondern setzt sich gerade auch vom sog. Heute ab. Heidegger will die wesentlichen Versäumnisse aufdecken, die in dieser Geschichte der Ontologie, dieser gewissermaßen »goldigen« Philosophie, auf dem Wege

[40] Heidegger, SuZ, 19, 21.

[41] Heidegger, SuZ, 21 f.

des destruierenden Rückganges am Leitfaden der Seinsfrage - reversiv - bei Hegel, bei Kant, bei Descartes, bei Aristoteles, bei Plato, also rückläufig die Geschichte aufspulend, erkennbar werden, möchte sie destruieren, d.h. schrittweise nach rückwärts die Philosophie als solche abbauen, Schicht für Schicht abtragen, so daß »erst in der Durchführung der Destruktion der ontologischen Überlieferung die Seinsfrage ihre wahre Konkretheit gewinnt« und auf diese Weise der »positiven Aneignung« überhaupt erst »der volle Beweis der Unumgänglichkeit der Frage nach dem Sinn von Sein« erreicht wird.[42] Heidegger zufolge ist es nicht möglich, gewissermaßen aus dem Stand heraus die Seinsfrage in Gang zu bringen.

Nur indem wir an der Seinsfrage entlangfragend diese Destruktion und positive Aneignung und Verwandlung des Überlieferten vornehmen, besteht in der Zeit des »Nihilismus«, der anders als bei Karl Jaspers für Heidegger, im Rückgriff auf Nietzsche, »die Grundbewegung unserer Geschichte ist«[43], Hoffnung, besagten fußbreit Boden, von dem oben die Rede war, anzuvisieren, von dem aus das Denken einen neuen Stand gewinnen kann. Er fällt weder vom Himmel, noch steigt er, wie eine Insel, aus dem Meer herauf. Er ist nicht als das »Gold«, von dem Jaspers spricht, zu gewinnen, wird vielmehr, wenn überhaupt, durch die Destruktion, den Abbau, die Abschichtung der Geschichte der Ontologie, sprich der Philosophie vorgenommen, wird also durch den »Schritt zurück« erfahren, der den Weg der Stationen der Philosophie entlangschreitet und in der wachen »Frage nach dem Sein« überhaupt erst »ein Feld kontrollierter Auseinandersetzung« gewinnt.[44] Bei Heidegger ist nicht, wie bei Jaspers, von Geschichtlichkeit in dem Sinne die Rede, daß sie »nicht das Geschehen in der Zeit« bedeutet, »sondern dies: daß quer zur Zeit in der Zeit das unbegreiflich Eine ist, das ewig ist, das heißt (ist) ... als in diesem Geschichtlichen über das Geschichtliche hinaus« und uns als etwas, das »quer« zur Geschichte ist, »ermächtigt, die paar Jahrtausende menschlicher Geschichte, so grotesk es klingt, wie einen

[42] Heidegger, SuZ, 26.

[43] Heidegger, Nietzsche, 2. Bd., Pfullingen 1961: Der europäische Nihilismus, 115.

[44] Heidegger, Sein und Zeit, 27.

einzigen gegenwärtigen Augenblick zu ergreifen, in dem wir uns befinden«.[45]

Somit liegt nun offen zutage: Aneignung und Verwandlung der Überlieferung bedeutet bei Heidegger nicht wie bei Jaspers die existenzbezogene Aneignung und Anverwandlung und schon gar nicht »das schlechthin Ursprüngliche, das nicht mehr befragt werden kann, das Einswerden in der Unterscheidung, das Hinangezogenwerden im freien Daraufzugehen«.[46] Gemeint ist vielmehr der Weg des Denkens, das radikal und total im Lichte der Zeitlichkeit dasjenige abbaut und abschichtet, was als Philosophie die Sache des Denkens, d.h. die ursprüngliche, dem Ursprung entsprechende Seinsfrage unter Antworten begraben zu haben scheint. Jaspers' Aneignung ist Anverwandlung von solchem in der Geschichte der Philosophie, das Existenz, die sich allein nicht aus ihrem Ursprung verwirklichen kann, zum Selbstsein bringt. Heideggers Aneignung ist Verwandlung der Tradition und wird zur verpflichtenden Lehre des Denkens für die Denkenden, die denkend gewissermaßen aus der Geschichte der Philosophie, ja aus der Philosophie als solcher aussteigen. Angesichts dessen versteht sich gerade auch »Existenzphilosophie« bei Karl Jaspers als Kampf um die Existenz der Philosophie, während sich Martin Heidegger am »Ende der Philosophie«, wie er selbst in seinem letzten Buch provokativ sagt, in den Dienst »der Sache des Denkens« stellt.[47] Darzustellen, was dies im einzelnen bedeutet, kann nicht mehr Aufgabe dieser Ausführungen sein. Gestecktes Ziel war, wenigstens an einem Punkt deutlich zu machen, was angesichts der vielleicht größten Infragestellung, die die Philosophie bisher erlebt hat, und zugleich angesichts der Infragestellung von Jaspers' eigener Philosophie[48], die er seinerseits mit nicht zu überbietender Provokation schlankweg mit »Philosophie« betitelt hat, die Devise von Jaspers

[45] Jaspers, Chiffren der Transzendenz, 16, 11.

[46] Jaspers, Philosophie I, 286.

[47] M. Heidegger, »Das Ende der Philosophie und die Aufgabe des Denkens«, in: Zur Sache des Denkens, Tübingen 1969, 61 ff.; vgl. R. Wisser, Martin Heidegger und kein Ende des Denkens. Neuerscheinungen aus Anlaß seines 80. Geburtstages, in: Die Welt der Bücher, Vierte Folge, H. 3, Freiburg/Br. 1970, 116ff.

[48] Richard Wisser, »La ›fe filosófica‹ de Karl Jaspers. Una filosofia de la libertad«, Folia Humanistica, Tomo XXI, Núm. 246-247, Barcelona 1983, 433-451.

bedeutet: »Die Philosophie soll nicht abdanken. Am wenigsten heute«.[49]

[49] Vgl. zum Zusammenhang Richard Wisser, Karl Jaspers: Philosophie in der Bewährung. Vorträge und Aufsätze, 1. und 2. Aufl. Würzburg 1995, 1-135.

Anthropologie: Disziplin der Philosophie oder Kriterium für Philosophie?

Randvoll ist die Geschichte der Philosophie angefüllt mit philosophischen Systemen, mit Theorien und Anschauungen, und gemeinhin ist unser eigenes Verhältnis zu dem, was uns vielleicht als Überfülle erscheinen mag und vor dem unsere Kapazität versagt, die eklektizistische Auswahl dessen, was unseren Urteilen standhält, vielleicht aber auch nur unseren Vor-Urteilen entspricht. Oft lassen wir uns nur von dem etwas sagen, was uns zusagt, und nicht selten halten wir für sachlich, was uns liegt oder was uns in unser eigenes Konzept paßt, wobei mitunter nicht ausreichend bedacht wird, daß es sich dabei oft nur um solches handelt, das uns von Kindesbeinen an verpaßt worden ist oder Auffassungsweisen entspricht, die mehr über uns als wir über sie verfügen. Es ist keineswegs nur eine Schwäche von Menschen, die über ein unterentwickeltes Reflexionsvermögen verfügen, daß sie meist nicht bemerken, inwieweit sie durch sogenannte Überzeugungen gegängelt werden. Francis Bacon hat aus gutem Grund gerade den Wissenschaftlern und Philosophen mit seiner Idolen-Lehre ins Gewissen geredet.[1] Gerade weil wir selten wirklich frei auswählen und statt dessen das uns Zugeteilte entweder begierig auslöffeln oder aber gequält hinunterschlucken, hat man den Skeptizismus als einen Zustand der Reife angesprochen, und als ein Weiser wird gemeinhin der geachtet, der sich nicht nur über das Menschlich-Allzumenschliche keinen Illusionen *hin*gibt, sondern sich über die eigenen Bedingtheiten Rechenschaft *gibt*, solche also nicht nur bei anderen registriert, sondern bei sich selbst einsieht und vor aller Welt auch *zu*gibt.

1. Mensch: Inkarnierter Zweifel?

Es ist eine Tatsache, daß wir Menschen uns subjektiv auswählend verhalten, diese subjektive Auswahl meist jedoch gerade nicht aus

[1] Francis Bacon, Novum Organum scientiarum, London 1620, I.

freien Stücken erfolgt. Hier nur auf die Verführung durch die Werbung hinzuweisen und die wesentlich raffinierteren Methoden von Ideologie und Idolatrie außer acht zu lassen, ist zwar bei solchen Intellektuellen gebräuchlich, die über andere, doch nicht über sich selbst Bescheid wissen, lenkt aber von einem anthropologischen Problem ersten Ranges die Aufmerksamkeit ab. Denn wie kommt es, daß der Mensch, dessen Leben und Überleben gerade nicht wie beim Tier durch Instinkte getragen wird und abgesichert ist, zwar gezwungen ist, eine Wahl zu treffen, dieser Wahl aber nur zu gerne aus dem Wege geht? Es muß für die Tatsache nicht nur Ursachen geben, die auf der Ebene der Tatsachen liegen. Es gilt, die Bedingung der Möglichkeit in einer anthropologischen Grundbefindlichkeit aufzudecken, die den Tatsachen zugrunde liegt. Wenn es eine solche geben sollte, dann müßte sie sich nicht nur in den landläufigen Angelegenheiten des Alltags und der Alltäglichkeit auswirken, sie wäre von Einfluß auch auf die philosophische Theorienbildung und den Umgang mit philosophischen Systemen und Weltanschauungen, brächte also sowohl hinsichtlich der Konstruktion wie der Adaption der Geschichte der Philosophie einiges ans Licht.

Gemeint ist damit nicht die an sich löbliche Selbsteinsicht, inwieweit wir zumeist und zuvörderst von Gegebenheiten verschiedenster Art bedingt und abhängig sind, obwohl solch eine Selbsteinsicht schon philosophisch zu nennen wäre und denjenigen Verhaltensweisen vorzuziehen ist, die die eigene Vorliebe, die über alle anderen Möglichkeiten hinwegsieht oder von ihnen absieht, zum Kriterium der Beurteilung von Philosophie als solcher macht, wobei Vorliebe sich nicht nur auf mehr oder weniger Beliebiges wie Farben oder Moden bezieht, sondern auch auf für prinzipiell Gehaltenes, sei es die ratio oder aber der élan vital. Gewiß, jeder, der einen philosophischen Standpunkt einnimmt, weiß, einen Grund beizubringen, durch den er gerade diese Position als überlegene ausweisen möchte. Meist leuchtet uns *unser* Grund aber nur deshalb ein, weil andere Gründe nicht gekannt werden, abgeblendet sind oder aber kurzerhand von uns nicht zur Kenntnis genommen werden. Zwar gibt es Bereiche, in denen zwingendes Wissen möglich ist, an dem zu zweifeln den Zweifler ins Unrecht setzt. Und es mag psychologisch verständlich sein, daß selbst Philosophen die großen Menschheitsprobleme auf die Form des *Wissens* zu bringen trachten, um sie dem *Zweifel* zu entziehen. Aber vielleicht steckt im

Zweifel mehr anthropologische Wahrheit als in allen Versuchen, im Felde der Philosophie den Zweifel außer Kraft setzen. Vielleicht schwingt sich der Mensch nicht nur dann und wann, wenn ihm etwas nicht geheuer ist oder die Umstände dubios erscheinen, auf zu zweifeln. Vielleicht *ist* der Mensch anthropologisch-ontologisch gewissermaßen inkarnierter Zweifel. Wenn dem so wäre, wäre begreiflich, weshalb Archimedes nicht nur keinen Standpunkt außerhalb der Welt findet, sondern auch in sich selbst nicht Fuß fassen kann, zugleich ließe sich durchschauen, daß René Descartes mit dem von ihm ausgemachten »fundamentum inconcussum«, dem Ich, nicht nur keine Substanz ausfindig gemacht hat, sondern der Atomzertrümmerung des Subjekts als ungewollte Nebenwirkung die Bahn ebnete.

Gegen unsere Auffassung, daß der Zweifel nicht ins Allzumenschliche gehört, sondern für das Menschliche konstitutiv ist, mag eingewendet werden, daß den Boden unter den Füßen verliert, wer sich selbst oder das Absolute aufgibt. Aber ein vorurteilsloser Blick sowohl auf die Philosophie wie auf die Psychologie des Selbst belehrt, daß zwar vom Selbst - auch von der Existenz - viel die Rede ist, niemand aber zu definieren vermag, was das Selbst ist. Die »Existenz«-Philosophie beispielsweise legt größten Wert darauf, nicht dahingehend mißverstanden zu werden, daß diese Philosophie sagt, *was* die Existenz ist, sondern begreiflich zu machen, *daß* der Mensch »stets mehr ist, als er von sich weiß« (Karl Jaspers).[2] Wer den Zweifel nur auf das Wissen bezieht und hier, wie Descartes, den methodischen Zweifel als Mittel gebraucht, um mit Beelzebub den Teufel auszutreiben, greift zu kurz, denn er übersieht, daß Zweifel möglicherweise nichts nur Intellektuelles darstellt, sondern etwas Ontologisches ist, jedenfalls ein anthropo-ontologisches Merkmal ersten Ranges darstellt.

Zu leicht machen es sich auch die, die gegen diesen Zweifel mit dem vermeintlich zwingenden Schluß zu Felde ziehen, den Zweifel für das Letzte auszugeben, überführe den, der solches behauptet, der Unlogik, behaupte er doch die Unbezweifelbarkeit des Zweifels und damit ein Absolutes. Der anthropologisch inkarnierte Zweifel

2 Karl Jaspers, Der philosophische Glaube, München 1948, 49. Vgl. Richard Wisser, Verantwortung im Wandel der Zeit, Mainz 1967, 33 f.; span. Responsabilidad y cambio histório, traducción de Mario A. Presas, Buenos Aires 1970, p. 40 s.

ist die Bedingung der Möglichkeit des intellektuellen Zweifelns, nicht umgekehrt. Weil das zumeist übersehen wird, gerät der Skeptizismus in die Schußlinie und hält sich die Behauptung, gerade der absolute Zweifel bestätige das Vorhandensein des Absoluten, für des Rätsels Lösung. Daß Positionen die Negation von Positionen und Negationen Positionen angesichts von Negationen sind, daß aber negierende Positionen wie positive Negationen in einem Verhältnis stehen, das nach keiner Seite endgültig aufgelöst werden kann, verwirrt sowohl die Skeptizisten wie die Dogmatisten, die Relativisten wie die Absolutisten, vermittelt aber im Sinne eines Relationismus beide Positionen, die absprechende wie die behauptende. Es hat demnach keinen Sinn, und des Streitens ist kein Ende, wenn Gegner sich bekämpfen, die ohne einander nicht auskommen, jeder aber dem anderen die Schuld am Krieg zuschreibt. Es muß vielmehr in einer anthropologischen Grundbefindlichkeit die Wurzel für die feindlichen Brüder aufgedeckt werden.[3] Vielleicht ist nicht, wie Skeptizismus und Dogmatismus, Relativismus und Absolutismus behaupten, jeweils die eine oder andere Seite primär. Vielleicht ist eine anthropo-ontologische Grundbefindlichkeit primär, aus der heraus das Sekundäre der Seiten, zumal unter Aufhebung des versteckten oder offenen Absolutheitsanspruches ersichtlich wird.

Sollte es eine solche anthropo-ontologische Grundbefindlichkeit geben, müßte gerade eine anthropologische Betrachtung der *Geschichte der Philosophie,* die nicht nach irgendwelchen sogenannten Menschenbildern sucht, die im Laufe dieser Geschichte und in einzelnen Philosophien ans Licht gekommen sind, sondern sich der Tatsache der Unbeantwortbarkeit der Frage nach dem Menschen stellt, dem Grund dieser Befindlichkeit auf die Spur kommen. Ich habe an anderer Stelle dieses Problem als das der »Fraglichkeit der Frage nach dem Menschen« formuliert und versucht, den Grund für die prinzipielle Infragestellung des Menschen in dem, was ich die »kritisch-krisische Grundbefindlichkeit des Menschen« nenne, auf-

[3] Vgl. R. Wisser, Kritik als Weg zum Selbstverständnis des Menschen, in: Didaktische Möglichkeiten der Philosophie. Neue Folge, Nr. 6, hrsg. von Friedrich Borden, Frankfurt am Main 1973, 33 ff.; span. La »critica« como camino hacia la autocomprension del hombre, in: Folia Humanistica, Tomo VII, Núm. 83, Barcelona 1969, 918 ff.

zuweisen.[4] Hier möchte ich ein generelles Problem der Geschichte der Philosophie ansprechen und auf solches aufmerksam machen, was in die gleiche Richtung zielt. Und ich gehe dabei davon aus, daß die Philosophie eigentlich dann nicht für voll genommen werden kann, wenn sie sich um die Tatsache der *Vielzahl*, vielleicht sogar der Unzahl der *Philosophien* herumdrückt, d.h. wenn sie sich nicht mit den unter-schiedlichen, ja gegen-sätzlichen Richtungen und Tendenzen, die die Philosophie als solche zu zerreißen und zu sprengen drohen, auseinandersetzt. Es scheint hier eine Einheit zu geben, die durch Differenz gekennzeichnet ist, beziehungsweise eine Unvereinbarkeit, die doch nicht völlig beziehungslos ist.

2. Von der »Sache« der Philosophie

Es genügt hier nicht, so vorzugehen wie Friedrich von Schiller, der in einem berühmten Distichon aus dem Jahre 1806, also dem Jahr, in dem Hegel seine *Phänomenologie des Geistes* ausarbeitete, meint, das Problem des Plurals, also der *Philosophien*, durch den animativen und visionären Singular, also *die Philosophie*, für gelöst zu halten. »Welche wohl bleibt von allen den Philosophien?«, fragt Schiller, wobei die Frage von einem nur allzu verständlichen Stoßseufzer angesichts all dessen begleitet ist, was uns an Philosophien den Kopf verdreht. Doch wenn Schiller sich selbst antwortet: »Ich weiß nicht. Aber *die* Philosophie, hoff' ich, soll ewig bestehn«[5], genügt solch idealistisch-optimistischer Ausblick auf eine imaginäre Größe, die obendrein nur an ein Sollen gebunden ist, nicht, den Stern anzugeben, auf den die Philosophen zusteuern. Zwar wehrt Schiller, jedenfalls für sich, die Frage, *welche* Philosophie dies sein soll, ab, indem er nicht nur seine eigene Unfähigkeit betont, eine definitive Auswahl zu treffen, sondern auf die Tatsache abhebt, daß real der Plural nicht zu überwinden ist, der Singular aber sein »soll«. Und zwar widersteht Schiller mit dem sokratischen Bekenntnis »ich weiß nicht« dem

[4] Richard Wisser, Die Fraglichkeit der Frage nach dem Menschen, in: Filozofska Istraživanja, 11, Zagreb 1984, 535-549. Vgl. auch R. Wisser: Die Frage nach dem Menschen, in: Wissenschaft und Weltbild, 24. Jg., H. 3, Wien 1971, 176-193.

[5] Friedrich von Schiller, Sämtliche Werke, Leipzig/Wien o.J., Bd. I, 1206.

Verfahren jeweiliger Philosophen, die bemüht sind, anzugeben, was sie für *die* Philosophie halten, die, wie die bisherige Geschichte der Philosophie demonstriert, jeweils wieder nur eine unter anderen gewesen ist. Immerhin das Problem ist gestellt, aber wenn man nicht zu einer Antwort fähig ist, was soll dann die Berufung auf *die* Philosophie?

In genau dem Jahr, in dem Schiller sein Distichon verfaßt hat, das in reichlich trostloser Lage die Hoffnung nicht aufgibt, hat sich Hegel darangemacht, an *seine* Philosophie letzte Hand anzulegen, eine Philosophie, die sich des aufgeworfenen Problems vergleichslos bewußt ist und die sich selbst als die Philosophie der Philosophien verstehen wird. Das ist es ja, was Hegel will: er versucht, *die* Wissenschaft zu bieten, die schließlich und endlich alle bisherigen *Philosophien* nicht nur trotz, sondern gerade wegen ihrer Unter-schiede und Gegen-sätze in ihrem inneren Zusammenhang miteinander dar-stellt. Es kann einem so vorkommen, als habe Hegel aus der Not eine Tugend gemacht, denn er deutet die Unterschiede und die Gegen-sätze gerade nicht, wie es Usus und Usance bei Philosophen war, denen das Problem der Geschichte der Philosophie noch nicht eigentlich zum Bewußtsein gekommen ist, als einander distanzierende und einander aus-schließende, sondern, und das ist der Pfiff an der Sache, durch den »die Sache selbst« ins Spiel kommt[6], als dia-lektische Entwicklung oder, wie Hegel selbst noch schreibt, als »Entwickelung«, als Auseinander-ent-wickelung der Sache selbst, innerhalb deren sich die Unter-schiede und die Gegen-sätze geradezu fordern als den Verlauf regelrecht fördernde, d.h. den Prozeß hervor- und den Zusammenhang ans Licht, d.h. zur Erscheinung bringende.

Gewiß, das erfordert ein Auge, das weder stiert noch gafft, das weder weitschweifig ist, noch sich von Momentanem fesseln läßt, kein selektives Auge, wie es in den seitherigen Geschichten der Philosophie als Geschichten über bestimmte Philosophien wirksam gewesen ist, sondern ein »konspektives Sehen«, wie Nicolai Hartmann Hegels Augen-blick und seine Geistes-Gegenwart einmal genannt hat[7], oder einen »coup d'oeil synthétique«, wie Jean-Paul

[6] Hegel, Phänomenologie des Geistes (Theorie-Werkausgabe, hrsg. von Eva Moldenhauer und Karl Markus Michel, Frankfurt am Main 1970), Bd. III, 13.

[7] Vgl. Nicolai Hartmann, Hegel, Berlin und Leipzig 1929, 26 und 40: Hegel, »der unerreichte Meister des geschichtlichen Blickes«.

Sartre ihn Karl Marx attestiert.[8] Hegel und Marx sind in solchem Sinne, selbst wenn sie »Vorläufer« gehabt haben mögen (vgl. Giambattista Vico[9]), als Geschichts-Seher und Geschichts-Versteher von exemplarischer Bedeutung, und es nimmt Marx nichts von seinem Rang, daß er Hegel prinzipiell methodisch auf dem von diesem eingeschlagenen Weg dialektischer Verein-nahmung der Gegen-sätze zum Zwecke der Entdeckung des Strickmusters der Geschichte überhaupt, nicht dem der Geschichte der Philosophie, gefolgt ist. Daß dies naturgemäß nicht im Sinne einer Metaphysik des absoluten Geistes, sondern konkreter geschichtlicher Vorgänge geschieht, die sich im Sinne der Sozialgeschichte und ökonomischer Gegebenheiten manifestieren, hängt mit der durch Ludwig Feuerbach eingeleiteten fundamental-anthropologischen Wende zusammen und lenkt den Blick auf den »realen Humanismus«.[10]

Beide aber haben sich dem anstehenden Problem, um dessen anthropologische Verwurzelung es mir geht, dem Problem der Verschiedenheit, der Unter-schiedenheit und der Gegen-sätzlichkeit, wie es der vorurteilslose Blick auf die Geschichte der Philosophie, und nicht nur der Philosophie, erspäht, ausgesetzt. Beide haben angesichts des Wechsels und der Veränderung des je und jemals für wahr Gehaltenen und des eh und seitdem für richtig Ausgegebenen nicht resigniert noch zum Verfahren eklektizistischer Auswahl oder registrierender Aufzählung gegriffen, haben vielmehr versucht, dem immanenten Gesetz dieser Veränderung und dieses Wechsels, sei es idealistisch auf die Spur, sei es materialistisch auf die Schliche zu kommen. Damit haben beide, wenn auch auf sehr disparate Art, Geschichte zu denken versucht, konkreter gesagt: sie haben nicht über das, was man sich von der Geschichte (wie Schiller) erhofft oder (wie andere) von ihr erwartet, spekuliert, aber auch nicht alles das, was man üblicherweise die sogenannten Tat-

8 Jean-Paul Sartre, Critique de la raison dialectique. Questions de méthode. Marxisme et existentialisme, Paris 1960, 27 (I).

9 R. Wisser, Der »metaphysische Historismus« des Giambattista Vico, in: Philosophia. Miscelánea en homenaje al José Ignacio de Alcorta y Echevarria, Barcelona 1971, 643-667.

10 R. Wisser, »Von Hegel zu Marx« oder »Die ungeheure Macht des Negativen«, in: bewußt sein. Gerhard Funke zu eigen, Bonn 1975, insb. 191 ff. (der dialektische »reale Humanismus« von Marx); span. De Hegel a Marx o el extraordinario poder de lo negativo, in: Folia Humanistica, Tomo XIII, Núm. 155, Barcelona 1975, 740 ff.

sachen nennt, hochleben lassen, sie haben vielmehr den bisherigen Verlauf der Geschichte durch eine ausgewiesene Methode - das behaupten sie jedenfalls -, eine Methode, die *sich selbst* ausweist, die also nicht ergriffen, sondern *auf*gegriffen wird, die nicht subjektives Mittel, sondern objektiver *Selbstausdruck der Sache* ist, die Dia-lektik, vergangenen Ablauf zu re-konstruieren, den gegenwärtigen Verlauf zu kon-struieren und den zukünftigen Vorgang zu pro-gnostizieren unternommen. In dieser Hinsicht ist die Bedeutung gerade dieser beiden Philosophen, wenn wir sie überhaupt noch mit Fug und Recht »Philosophen« nennen dürfen, denn in ihrem Eigenverständnis waren sie es gerade nicht mehr, von anderen Philosophen so leicht nicht zu übertreffen.

Problematisch ist allerdings, ob die Dia-lektik in der Tat, wie behauptet, nicht eine Methode unter anderen ist, sondern - im Sinne eines singulare tantum - *die* Methode, die der *Sache selbst* nicht etwa nur entspricht, sondern Selbstausdruck der Sache *ist*. Und es wird doch wohl ein Unterschied gemacht werden müssen, ob - wie bei Hegel - solcherart der »absolute Geist« sich selbst begreift oder aber - wie bei Marx - die menschlichen Verhältnisse auf solche Weise sich abspielen. Und es kann auch nicht unberücksichtigt bleiben, ob es so etwas wie eine »Dialektik der Natur« gibt, von der mancher im Gefolge beider gesprochen hat. Vielleicht ist die Dialektik in einem anderen Sinne, als Immanuel Kant von ihr als *»natürlicher Dialektik,* d.i. ein Hang [des Menschen], wider [die] ... strenge (!) Gesetze der Pflicht zu vernünfteln und ihre Gültigkeit ... in Zweifel zu ziehen und sie wo möglich unsern Wünschen und Neigungen angemessener zu machen, d.i. sie im Grunde zu verderben«[11], spricht, in einer menschlichen Grundbefindlichkeit verwurzelt, müßte also anthropo-ontologisch untersucht werden. Vielleicht ist Dialektik also nicht nur der Sache des absoluten Geistes, sondern auch der »Sache« Mensch *nicht* gemäß, ist sie nicht primär, sondern sekundär auf eine Weise, auf eine menschliche Grundbefindlichkeit zu re-agieren, sich einen Reim auf sie zu machen, dem es aber vielleicht nicht gelingt, die obwaltende Struktur zu reimen. Vielleicht läßt sich dann auch besser verstehen, was Immanuel Kant als die »natürliche und unvermeidliche Dialektik der reinen Vernunft« angesprochen hat, die der Metaphysik »natür-

[11] Immanuel Kant, Grundlegung zur Metaphysik der Sitten, (Akademie Textausgabe), Bd. IV, 405.

lich« ist und in die sich nicht »ein Stümper, durch Mangel an Kenntnissen, ... verwickelt, oder die irgend ein Sophist ... künstlich ersonnen hat, sondern die der menschlichen Vernunft unhintertreiblich anhängt«[12] und »also zwar unschädlich gemacht, aber niemals vertilgt werden kann«.[13] Vielleicht läßt sich von besagter Grundbefindlichkeit her begreiflich machen, daß nicht nur der dialektische Schein der Metaphysik *nicht* »natürlich«, sondern kultürlich, also bereits die *Aufarbeitung* einer menschlichen Grundbefindlichkeit ist, sondern daß auch die »vernünftelnden Behauptungen« der menschlichen Vernunft, die einen »dialektischen Kampfplatz« eröffnen, auf dem nicht entschieden werden kann, nur durch die *»skeptische Methode«*, die dieser menschlichen Grundbefindlichkeit entspricht, als »ein bloßes Blendwerk«, wie Kant meint[14], oder aber - wertfrei - als menschliches Bedürfnis verstehbar werden.

3. Philosophie auf dem Weg zur »kritischen Anthropologie«?

Gemeinhin wird die anthropologische Wende mit dem Namen Ludwig Feuerbach verbunden. Zwar steht außer Zweifel, daß er der Anthropologie einen vergleichslosen Rang zuerkannt hat, wenn er im Paragraphen 54 seiner »Grundsätze der Philosophie der Zukunft« (1843) formuliert: »Die neue Philosophie macht den *Menschen* mit *Einschluß der Natur*, als der Basis des Menschen, zum *alleinigen, universalen* und *höchsten Gegenstand* der Philosophie - die *Anthropologie* also, mit Einschluß der *Physiologie*, zur *Universalwissenschaft*.«[15] Und es ist auch deutlich, daß Feuerbach dadurch die bisher in Geltung befindlichen Ordnungen und Unterordnungen philosophischer Disziplinen über den Haufen geworfen und eine neue Prinzipialisierung vorgenommen hat. Die Anthropologie wird nicht mehr nur *unter* die klassischen Disziplinen eingereiht. Ihr

[12] Kant, Kritik der reinen Vernunft (Werkausgabe hrsg. von Wilhelm Weischedel, Darmstadt 1956), Bd. II, 311 (B 354).

[13] Kant, idem, 411 (B 450).

[14] Kant, idem, 411 f. (B 450 f.).

[15] Ludwig Feuerbach, Philosophische Kritiken und Grundsätze (Sämtliche Werke, neu hrsg. von Wilhelm Bolin und Friedrich Jodl), Reprint Stuttgart-Bad Cannstatt 1959, Bd. II, 317.

wird nicht mehr ihr Platz - wie bei Hegel - von der »Logik der Wissenschaft« oder - wie bei anderen - von der Metaphysik angewiesen, sie selbst, die unvergleichlichen Ranges ist, weist ihrerseits den anderen Disziplinen ihren Ort an und bestimmt ihren Rang bzw. ihren Unwert. Aber schon Immanuel Kant, dessen »kopernikanische Wende« meist nur erkenntnistheoretisch verstanden wird, sah sich durch die betont »kritische« Absicht seiner Philosophie, durch die er die Metaphysik in die »Krise« brachte, auf die *menschliche* Vernunft verwiesen.

In Immanuel Kants Grundbuch »Kritik der reinen Vernunft« steht der bemerkenswerte Satz: »Alles Interesse meiner Vernunft ... vereinigt sich in folgenden drei Fragen: 1. *Was kann ich wissen?*, 2. *Was soll ich tun?*, 3. *Was darf ich hoffen?*«[16] In diesen Fragen bekundet sich nicht etwa nur Kants Interesse, kommt vielmehr die Menschlichkeit des Menschen zu Wort in Fragen, die die Menschen solange in Unruhe halten, bis eine überzeugende Antwort auf sie gefunden ist. Und so tritt eine innere Konsequenz zu Tage, wenn Kant, nachdem er in den drei »Kritiken« den Bereich des Wissens ausgemessen, das moralische Gesetz formuliert und die Einigung mit dem höchsten Gut postuliert hat und dabei auf den Menschen als »Weltbürger« gestoßen ist, der alle Erkenntnisse und seinen gesamten Vernunftgebrauch auf den »Endzweck« der menschlichen Vernunft richtet, in der »Logik« bekundet, daß die drei kritischen Fragen nicht für sich stehen. Sie hängen vielmehr von einer Untersuchung der »weltbürgerlichen Bedeutung« der Philosophie ab, von der Frage nach dem Menschen.

Kant ergänzt daher in seinem »Handbuch zu Vorlesungen«, das er »Logik« betitelt, im Jahre 1800 folgerichtig die drei kritischen Fragen: »Was kann ich wissen?, Was soll ich tun?, Was darf ich hoffen?« durch eine vierte, alles entscheidende Frage, die Frage: »*Was ist der Mensch?*«[17] Mit Recht hat Martin Heidegger darauf aufmerksam gemacht, daß Kant den drei bisherigen Fragen nicht lediglich eine beliebige weitere »anstückt«.[18] Das geht auch aus

[16] Kant, Kritik der reinen Vernunft (Ausgabe Weischedel), 677 (B 833).

[17] Kant, Schriften zur Metaphysik und Logik (Ausgabe Weischedel), Bd. III, 447 f. (Akademie-Ausgabe, Bd. IX, 24 f.).

[18] Martin Heidegger, Kant und das Problem der Metaphysik, 4. erw. Aufl. Frankfurt am Main 1973, 201. (auch als Bd. 3 der Gesamtausgabe, hrsg. von Friedrich-Wilhelm von Herrmann, Frankfurt am Main 1991).

Kants Nachsatz hervor, der da lautet: »Im Grunde könnte man aber alles dieses (was kann ich wissen?, was soll ich tun?, was darf ich hoffen?) zur Anthropologie rechnen, weil sich die drei ersten Fragen auf die letzte beziehen.«[19] In gewisser Weise ist also bereits von Immanuel Kant im Sinne einer »Kritik der Anthropologie«, wobei der Genetiv »Anthropologie« sowohl als genetivus objectivus als auch als genetivus subjectivus verstanden werden muß, »kritische Anthropologie« als zentrale Disziplin angezielt. Eine solche kann aber nicht erkenntnistheoretisch eingeengt fungieren, sie wird das »Kritische« gerade auch ontologisch als Seinsweise des Menschen in Augenschein nehmen müssen. Anders ausgedrückt: wir können nicht umhin, nach einer menschlichen Grundbefindlichkeit zu fragen, die den Menschen als »kritisches« Wesen, als Wesen, das nicht nur Kritik *treibt*, sondern kritisch *ist*, ausweist. Von hier aus ließe sich dann wohl auch Stellung nehmen zu den genannten höchst unterschiedlichen Formen der Dialektik, sowohl der Kants wie der Hegels und Marxens, nicht zu vergessen auch die Dialektik Sören Kierkegaards.

Gewiß, wenn man auf Kants »Vorrede« zur »Grundlegung zur Metaphysik der Sitten« von 1785 zurückgreift, die eine schematische Einteilung der Philosophie nach Art der Vernunfterkenntnis und nach den Wegen der Philosophie enthält, ergibt sich *keine* zentrale Position der Frage »Was ist der Mensch?«. Hier wird vielmehr die »Anthropologie« als »praktische Anthropologie« im empirischen Teil der Ethik untergebracht, dem Kant den rein rationalen Teil der Ethik, die mit Empirie unvermischte Behandlung der Moral, gegenüberstellt.[20] Nicht daß es Kant nicht auch um die Konstatation von Verhaltensweisen des Menschen gegangen wäre, um solches, was wir heute vornehmlich unter Anthropologie verstehen, das Ethologische, das Ethnologische, die Ethologie verschiedener Ethnien. Nicht umsonst legt Kant eine umfangreiche Untersuchung unter dem Titel »Anthropologie in pragmatischer Hinsicht«[21] vor, in der er das, was Menschen aus sich gemacht haben - und das besagt der Ausdruck »pragmatisch« - beziehungsweise machen können, beschreibt. Aber als spezifisch Kantisch tritt nicht diese praktische

[19] Kant, Logik, 448 (Akademie-Ausgabe, Bd. IX, 25).

[20] Kant, Grundlegung (Akademie-Ausgabe), 388.

[21] Kant, Schriften zur Anthropologie, Geschichtsphilosophie, Politik und Pädagogik (Ausgabe Wilhelm Weischedel), Bd. VI, 397 ff. (Akademie-Ausgabe, Bd. VII).

Anthropologie als Bestandteil der empirischen Philosophie nach vorn, sondern die sogenannte »reine Philosophie« und deren materiale Ziele, vornehmlich die »Metaphysik der Sitten«. Von Ludwig Feuerbachs *Zentralbau der Philosophie*, der von der *Anthropologie* ausgeht, ist hier noch nichts zu bemerken, und es mag von diesem aus scheinen, als arrangiere Kant lediglich im *Gebäude* der *klassischen Einteilung philosophischer Disziplinen* die *Zimmer* neu um.

Hier wird deutlich, daß der *Kampf um die Philosophie* stets zugleich der Kampf um die Unter- und Überordnung ihrer *Disziplinen* ist und daß der Streit um die Bei- und Nebenordnungen, kurz die Anordnung der Disziplinen der Philosophie unterschiedliche Philosophien hervorbringt. Wir verfolgen dies aus bestimmtem Grund im Blick auf die Rolle, die die Anthropologie spielt, und den Ort, den sie einnimmt, beziehungsweise die Ortung, die sie vornimmt und durch die sie den anderen Disziplinen ihren Platz anweist. Zugleich interessiert uns diese Perspektive aber auch im Blick auf das seit Hegel philosophisch werdende Problem der *Geschichte der Philosophie*. Denn wenn Hegel der, wie er meint, in der Erkenntnistheorie fixierten Philosophie von Immanuel Kant wieder den in seinen Augen entscheidenden Bereich der Metaphysik erschließen möchte, muß er die klassische Architektonik der Disziplinen aufheben und durch eine neue Bauweise des Ganzen ersetzen, die zugleich die Geschichte der Philosophie in ihrem inneren Zusammenhang über alle Höhen und Tiefen hinweg begreiflich macht.

Hegel strebt, und er nennt es mit vollem Bewußtsein und gegen bisherige Gliederungen kritisch so, eine *Enzyklopädie der philosophischen Wissenschaften im Grundrisse* (1817) an.[22] Enzyklopädie besagt, daß die philosophischen Disziplinen nicht neben- oder übereinander stehen, sondern kreisrund verbunden sind und im Kreisgang geführt werden. Enzyklopädie, das bedeutet zugleich, daß keine bloße Neben- und Unterordnung mehr besteht. Der statische Aufriß verwandelt sich in einen dynamischen Zusammenhang. Da gibt es im eigentlichen Sinne keine Teile mehr. Es treten vielmehr Phasen miteinander und hintereinander in Verbindung, und alles eint sich zum Ganzen einer durchgängigen Bewegung. Da ist weder von einem systematischen »Gehäuse« zu sprechen, dessen

[22] Hegel, Encyclopädie der philosophischen Wissenschaften im Grundrisse (hrsg. von Johannes Hoffmeister), 5. Aufl., Leipzig 1949, 6, 47 f.

Stockwerke scharf voneinander getrennt sind. Aber auch das Bild vom Zentralbau trägt nicht, weil hier nichts auf einen Mittelpunkt - wie bei Feuerbach der »Mensch« als »*alleiniger*, *universaler* und *höchster Gegenstand* der Philosophie«[23] - bezogen und beziehbar ist, sondern alles mit allem in Beziehung steht. Da ist selbst nicht mehr von einer Ausfächerung von Fächern zu sprechen, einer disziplinierten Unterteilung von Disziplinen, die durch unterschiedliche Methoden - hie empirische, dort reine Philosophie - voneinander getrennt sind. Da löst sich auch die Qual der Wahl in nichts auf. Da entwickelt sich und entfaltet sich vielmehr, was innerlich miteinander zusammenhängt und erst als Ganzes die Bedeutsamkeit der einzelnen Phasen erkennen läßt. Der Titel »Enzyklopädie« nennt bewußt den Unterschied zu Gliederungen bloßer Bei- oder Unterordnung und statischer Schemata, denn alles, was in der Philosophie, die sich nunmehr als *wissenschaftliches System* versteht, von Belang ist, ist miteinander »vermittelt«, eines ist nicht ohne das andere, und zwar in gehöriger *systematischer* Reihenfolge und in *zeitlicher* Entwicklungsfolge gesehen.

Die Dialektik entpuppt sich als die Methode, die die Natur der Sache selbst zum Vorschein bringt, weil sie nicht, wie alle anderen Methoden, an die Sache herangetragen wird, Sachen durch diese also voneinander getrennt werden, folglich auch nicht bei Gegensätzen stehenbleibt, diese aber auch vor ihr nicht bestehen bleiben, sondern jeweils über bloße Positionen hinausdrängt und der Synthese die Bahn bereitet. Hegel hat in der Vorrede zur ersten Ausgabe seiner »Enzyklopädie der philosophischen Wissenschaften im Grundrisse« deutlich gesagt, wovon er sich absetzt, nämlich von der »nur *äußerlichen Ordnung*, welche die anderen Wissenschaften aufsuchen«, und »von einer in philosophischen Gegenständen gewöhnlich gewordenen *Manier* ..., welche *ein Schema voraussetzt* und damit die Materien ebenso äußerlich und noch willkürlicher als die erste Weise tut, parallelisiert und, durch den sonderbarsten Mißverstand, der die Notwendigkeit des Begriffs mit Zufälligkeit und Willkür der Verknüpfung Genüge geleistet haben will.«[24] Ob es sich um die »Wissenschaft der Logik« (1. Teil), die »Naturphilosophie« (2. Teil), die »Philosophie des Geistes« (3. Teil) handelt, es

[23] Feuerbach, II, 317.

[24] Hegel, Encyclopädie, 4.

handelt sich um die gigantische Entwicklungslehre des Logos. Und wenn wir nach dem Ort fragen bzw. nach der Phase der Anthropologie, dann ist zwar keine untergeordnete Position zu erwarten, aber auch kein fundamentaler Rang, sondern eine begrenzte, wenn auch notwendige Funktion innerhalb der Philosophie des »subjektiven Geistes«[25], während Moralität und Sittlichkeit als Ausdruck des objektiven Geistes auf höherer Entwicklungsstufe Beachtung finden. Es geht Hegel, wie er es sieht, gerade um der Sache selbst willen, *nicht* um Anthropologie, sondern um die Selbstdarstellung des absoluten Geistes, der enzyklopädisch alle Phasen durchlaufend, von sich selbst ausgehend, über Natur und Geist, also über seine eigene Ent-zweiung, sich mit sich dialektisch vermittelnd zu sich selbst zurückkehrt. Bei Hegel findet weder, wie bei Kant, eine Revolution der Denkungsart statt, noch, wie bei Feuerbach, eine anthropologische Revolution, sondern die Re-volution des absoluten Geistes stellt sich systematisch und geschichtlich selbst dar. Daß dies von ausschlaggebender Bedeutung für Hegels Bestimmung des Menschen ist, liegt auf der Hand, zeigt aber auch ein Vergleich mit Kant und Feuerbach.

Bei Kant kann man, entsprechend dem oben Gesagten, Anthropologie als Disziplin der empirischen Philosophie von der grundsätzlichen Fragestellung, in die die drei kritischen Grundfragen münden, der Frage: »Was ist der Mensch?«, abheben. Erstere zielt auf den »empirischen Charakter« des Menschen, womit all das gemeint ist, was wir »lediglich *beobachten*«, die kausal bestimmten Vorgänge, das, was da ist, gewesen ist oder sein wird, angesichts dessen es verfehlt ist zu fragen, ob es geschehen *soll*, und das, wenn wir »alle Erscheinungen menschlicher Willkür bis auf den Grund durchforschen könnten«, es uns erlauben würde zu sagen: es gibt »keine einzige menschliche Handlung ..., die wir nicht mit Gewißheit vorhersagen und aus ihren vorhergehenden Bedingungen als notwendig erkennen« können.[26] Der Mensch als »Bürger einer besseren Welt, die er in der Idee hat«[27], als »Weltbürger« im Hindurchgang durch die drei kritischen Fragen: was kann ich wissen?, was soll ich tun?, was darf ich hoffen? kritisch betrachtet,

[25] Hegel, idem, 333 ff.

[26] Kant, Kritik der reinen Vernunft (Ausgabe Wilhelm Weischedel), 500 (B 577 f.).

[27] Kant, idem, 357 (B 425).

durchstößt alles, was seinem Ursprunge nach zu »*erklären*« ist, und stößt dabei auf den »intelligibelen Charakter« des Menschen, für den es »kein *Vorher*, oder *Nachher*« gibt, nicht die Kausalität einer Zeitfolge, keine »Kette der Naturursachen«, keine Auswirkungen dessen, was aus jeweils anderem entsteht.[28]

Indem Kant die nicht mehr im engeren Sinne anthropologische Frage fragt: »Was ist der Mensch?«, stößt er auf ein Wesen, dem etwas eigen ist, das unvergleichlich und ansonsten nicht nachweisbar ist: das *Sollen*, das eine »Art von Notwendigkeit und Verknüpfung mit Gründen ausdrückt, die in der ganzen Natur sonst nicht vorkommt«[29], die sich weder beobachten noch erklären läßt und die auch nicht entsteht, die vielmehr einer anderen Ordnung angehört. Es ist eine Ordnung, in der nicht nach dem gefragt wird, was geschieht, geschehen ist oder geschehen wird, sondern ob, wenn es hervorgerufen, d.h. Kausalreihen in der Zeit *erzeugt* und *angehoben* hat, sein *soll*. Immanuel Kants ungeschriebene, eigentliche Anthropologie ist eine »kritische« Anthropologie, die sehr wohl weiß, daß der Gedanke von der »Kausalität der Vernunft im intelligibelen Charakter«[30], die sog. Kausalität aus Freiheit, die selbst keinen Anfang hat, aber anfangen *macht*, weder die *Wirklichkeit* noch die *Möglichkeit* der Freiheit beweist.

Aber indem die Frage: Was ist der Mensch? nicht nur im Bereich des empirisch bedingten Wissens gestellt und beantwortet wird, sondern auf Grund der »Kritik der reinen Vernunft« die Ordnung des *Sollens* und der *Glaube* an die empirisch unbedingte Kausalität der Freiheit als etwas sui generis und der Natur nicht widerstreitend erwiesen werden, öffnet die Frage der »Kritik der praktischen Vernunft« zugleich die Aussicht auf Fragen der »Kritik der Urteilskraft«, und weist damit dem *Hoffen* den Weg. Auch wenn Kant die entscheidende Frage »Was ist der Mensch?« in solchem Sinne erst gestellt hat, nachdem er seine drei »Kritiken« geschrieben hat, diese gründen doch in dieser vorgängigen, nicht expliziten Frage, die mit den Beobachtungen und Beschreibungen der »Anthropologie in pragmatischer Hinsicht« nichts oder nur wenig zu tun hat. Worin aber gründet das Sollen und die aus ihm

28 Kant, idem, 502 (B 581).

29 Kant, idem, 498 (B 575).

30 Kant, idem, 501 (B 579).

sich ergebende »Kritik des Menschen«? Läßt sich eine anthropo-ontologische Grundbefindlichkeit benennen, die den grundethischen Charakter des Menschen verstehbar macht?

4. Hegels »wirkliches Wissen« und die »Bestimmung des Menschen«

Bevor wir darauf zu sprechen kommen, wenigstens ein Hinweis darauf, wie es mit dem Menschen bei Hegel steht. Nicht unberücksichtigt darf bleiben, daß Hegel dem Wissen eine grundsätzlich andere Bedeutung zuerkennt als Kant. Wenn Hegel in seiner »Vorrede« zur »Phänomenologie des Geistes« von 1806 schreibt, daß »die Erhebung der Philosophie zur Wissenschaft an der Zeit ist«[31], wobei das Wort »Wissenschaft« hier gerade nicht bedeutet, daß Hegel die Philosophie unter die im üblichen Sinne Wissenschaft genannten Wissenschaften (Plural) eingereiht sehen möchte, er unter »Wissenschaft« im unvergleichlichen Singular, im Sinne eines singulare tantum als nicht irgendeine der besonderen Bereichswissenschaften mit einem jeweils relativen Untersuchungsgegenstand meint, sondern das absolute Wissen, dann folgt daraus Hegels ausdrücklich derart formuliertes Ziel: »daran mitzuarbeiten, daß die Philosophie ... ihren [bisherigen] Namen der *Liebe* zum *Wissen* ablegen« kann und »*wirkliches Wissen*«[32] wird. Der Begriff »Wissenschaft« soll gerade auch *die* Grenzen sprengen, die Immanuel Kant in der »Kritik der reinen Vernunft« betont hat.

Hatte Kant in *seiner* »Logik« besagte Frage gestellt und den Blick auf die »weltbürgerliche« Bedeutung von Mensch und Philosophie gelegt, so unternimmt Hegel es in *seiner* »Wissenschaft der Logik« zu sagen, was der Mensch ist. Damit ist nun allerdings nicht - und man muß den Unterschied auch durch die Betonung hörbar machen - die Lōgik als Disziplin gemeint, die über die Formen des richtigen Erkennens wacht, sondern die Lógik als die alle anderen Disziplinen in sich vereinende Grundwissenschaft, in der der sich selbst wissende absolute Geist, der λόγος zur Darstellung

[31] Hegel, Phänomenologie des Geistes (Theorie-Werkausgabe Suhrkamp), Bd. III, 14.

[32] Hegel, idem. 14.

gelangt. Welcher Ort und welches Wesen des Menschen wird dem Menschen aber in der »Wissenschaft der Lógik« zugesprochen und angewiesen?

Innerhalb der »Wissenschaft der Logik« ist der Mensch gewissermaßen nur eine Durchgangsstation für den von sich selbst ausgehenden und zu sich selbst zurückkehrenden Logos von allem, für den »Geist«, der, weil er auf nichts anderes hin relativer, sondern auf sich selbst bezogener, also grundbezüglicher Geist ist, absoluter Geist genannt wird, d.h. von allem, was ihn an etwas binden könnte, das nicht er selbst ist, losgelöster Geist. Wenn Hegel vom Menschen spricht, und er tut es vergleichsweise nicht allzuoft, dann niemals unter Absehung von diesem alles durchgreifenden und über den Menschen sowohl auf sich zurückgreifenden wie auch auf sich selbst vorgreifenden absoluten Geist, der deshalb, weil es um dieses alles ergreifende Greifen geht, auch der Begriff genannt werden kann, wobei ersichtlich unter Begriff keine Figur aus der Lōgik gemeint ist, sondern unter dem Begriff das singulare tantum des alles greifenden, begreifenden, durchgreifenden Prozesses des Begreifens, letztlich die von Hegel sogenannte »Wissenschaft«.

Es steht von hier aus nicht zu erwarten, daß Hegel der Anthropologie eine zentrale Bedeutung zumißt, selbst wenn sie eine nicht auszulassende Phase innerhalb des großen Prozesses abgibt, durch den der Weltgeist sich selbst begreift. Erst auf diesem Hintergrund kann eine abschließende Antwort auf die Frage nach dem Menschen gegeben werden, kann doch jetzt die Anthropologie, die eine gewisse Wegstrecke absteckt, die der Weltlogos gewissermaßen auf dem Rücken des Menschen zurücklegt, erst als »Wissenschaft« betrieben werden. In solchem Sinne formuliert Hegel in seiner »Wissenschaft der Logik« von 1812: »Die *Bestimmung* des *Menschen* ist die denkende Vernunft: Denken überhaupt ist seine einfache *Bestimmtheit*, er ist durch dieselbe von dem Thiere unterschieden; er ist Denken *an sich*, insofern dasselbe auch von seinem Sein-für-Anderes, seiner eigenen Natürlichkeit und Sinnlichkeit, wodurch er unmittelbar mit anderem zusammenhängt, unterschieden ist. Aber das Denken ist auch *an ihm*; der Mensch selbst ist Denken, es *ist da* als denkend, es ist seine Existenz und Wirklichkeit; und ferner indem es in seinem Dasein, und sein Dasein im Denken ist, ist es *konkret*, ist mit Inhalt und Erfüllung zu nehmen, es ist denkende Vernunft, und so ist es *Bestimmung* des Menschen.«[33]

In Hegels Sinne handelt es sich bei diesem Zitat nicht um irgendeine der vielen Aussagen über die Menschen, die spezielle Seiten oder Eigenarten, die dies oder das betonen und gewisse Feststellungen treffen, die durch beliebige andere ergänzt oder ersetzt werden können. Besagte Formulierung ist vielmehr eine strukturelle Charakteristik, die den Menschen aussagen möchte. Dabei ist zu beachten, daß dies im Zusammenhang mit dem geschieht, was Hegel die »Wissenschaft der Logik« nennt, er also gerade nicht irgendeine Eigenschaft, nach denen in der speziellen Anthropologie gefragt wird, unter die Lupe nimmt, die nur der für die einzige hält, der nicht durch ein anderes Okular zu blicken bereit ist, sondern, wie Hegel sagt, »die *Bestimmung* des Menschen« ins Auge fassen möchte.

Entsprechend dem Zusammenhang, in dem diese Charakteristik steht, ergibt sich, daß Hegel in der »Wissenschaft der Logik« beabsichtigt, den »sein Wesen denkenden Geist« auf seinem »sich selbst konstruierenden Wege« zu verfolgen und dadurch, *statt* der *bisherigen Philosophie* nunmehr und in Zukunft »demonstrierte Wissenschaft« zu bieten. Das, was Hegel die »Selbstbewegung« der »reinen Wesenheiten« des Logos (Sein, Wesen, Begriff) nennt, konstituiert die »Wissenschaft der Logik« und ist ihre Darstellung, d.h. Hegel ist der Auffassung, daß nicht *er* etwas konstruiert, sondern er lediglich den »sich selbst konstruierenden Weg«, den Weg der Sache selbst nachzeichnet und insofern eine Dar-stellung dessen bietet, was sich selbst darstellt.[34] Dementsprechend erörtert Hegel zunächst in der »Wissenschaft der Logik« die Lehre vom Sein, dann die vom Wesen, schließlich die vom Begriff.

Das Zitat steht im Abschnitt über die Lehre vom Sein, und zwar dort, wo das Sein seiner Qualität, d.h. seiner Bestimmtheit nach erfahren wird, genauer im Kapitel über das Dasein in der Form der Endlichkeit. Und da der Mensch vielleicht die gesteigertste Form der Endlichkeit abgibt, *ist* er doch nicht nur endlich, er *weiß* auch um seine Endlichkeit, verwundert es nicht, daß Hegel mit einer gewissen Plötzlichkeit in einem Text, der dem Titel nach *keine*

[33] Hegel, Wissenschaft der Logik (Jubiläumsausgabe Hermann Glockner), Bd. IV, 140.

[34] Hegel, idem, 17 f.

Aussage über den Menschen erwarten läßt, vom *Menschen* spricht. Aber gerade deshalb ist das Zitat so beachtlich. Es steht, noch genauer gesagt, in dem Abschnitt, der überschrieben ist: »Bestimmung, Beschaffenheit und Grenze«[35] und der davon handelt, was *Etwas* ist.

Wenn es in dem Zitat nun über das Etwas des Menschen heißt: »Die *Bestimmung* des *Menschen* ist die denkende Vernunft«, dann scheint dies leicht verständlich. Das Wort »Bestimmung« ist aber zweideutig. Bestimmung im Sinne von Feststellung ist etwas anderes als Bestimmung im Sinne einer Aufgabe, von solchem also, was von mir erwartet wird. Bei Hegel meint der Ausdruck »Bestimmung« nicht einseitig im uns geläufigen Sinne, daß der Mensch auf diese Weise von irgend jemandem, der sich dazu berufen fühlt, bestimmt, d.h. definiert wird, oder daß er bereit und willens ist, sich bestimmen zu lassen, sich dieser Charakteristik und dem Forderungscharakter, der aus ihr spricht, zu unterwerfen. Der Ausdruck »Bestimmung« meint aber auch nicht einseitig andererseits im uns ebenfalls gewohnten Sinne, daß irgendeine Macht dieser Erde oder aber des Übernatürlichen dem Menschen diese Bestimmung als seine Bestimmung, als das von ihm zu Leistende, als seine Aufgabe, als sein Schicksal auferlegt hat. »Bestimmung« ist bei Hegel von Bestimmtheit, also von der Beschaffenheit, die etwas hat, ebenso unterschieden, wie von schicksalhafter Aufgabe, die ihm auferlegt ist.

»Bestimmung« ist bei Hegel vielmehr die dialektische Bezeichnung dafür, daß sich ein Etwas - hier der Mensch - in all seinen Verwicklungen mit Anderem, durch das es bestimmt werden könnte, gleich und gemäß bleibt, also seine Identität nicht verliert. Meint aber auch, daß dieses sein *Ansichsein* sich in seinem Umgang mit anderem, also in seinem *Sein-für-Anderes* geltend macht. Bestimmung des Menschen besagt: Der Mensch bleibt nicht *an sich* bei sich, er läßt sich aber auch nicht einfach von Anderem einwickeln und bestimmen. Er ist vielmehr seinem Ansichsein nach Sein-für-Anderes. Wenn Hegel sagt: »Die *Bestimmung* des *Menschen* ist die denkende Vernunft« heißt das: denkende Vernunft ist dem Menschen nicht nur *an sich* eigen, wie dem Stein beispielsweise die Schwere zukommt. Es *ist* auch *am* Menschen, es ist auch, wie Hegel sagt, »an ihm«, diese denkende Vernunft zu erfüllen, sie

[35] Hegel, idem, 139.

in seinem Sein-für-Anderes geltend zu machen. Qualität im Unterschied zu bloßer Quantität, also zu bloßen Größenangaben, besteht darin, daß das Ansich von Etwas wesentlich in Einheit mit dem anderen Moment, dem »An-ihm-Sein« besteht, also das Ansich nur das einfache Etwas kennzeichnet, nur die Bestimmtheit, die Beschaffenheit, während »Bestimmung« auch das andere Moment mitbenennt, daß nämlich: »was Etwas *an sich* ist, auch *an ihm*« ist.

»Denkende Vernunft« als die »*Bestimmung* des *Menschen*« anzusprechen, bedeutet bei Hegel folglich einerseits, daß es nicht ausreicht, das Ansichsein des Menschen durch Denken bestimmt zu bestimmen, daß es andererseits aber auch nicht ausreicht, den Menschen von seinem Sein-für-Anderes aus als bestimmt anzusehen, gar von seinen Verwicklungen, in die er geraten kann, für definiert zu halten. Es ist - und das will Hegel einsichtig machen - einseitig, seine Bestimmtheit, d.h. seine Beschaffenheiten nur nach dieser oder nach jener Seite für seine »Bestimmung« auszugeben, d.h. einfach feststellen zu wollen, was der Mensch ist. Gewiß, und das besagt der Folgesatz: »Denken überhaupt ist seine [des Menschen] einfache *Bestimmtheit*, er ist durch dieselbe von dem Thiere unterschieden.«[36] Ähnlich formuliert Hegel auch in der »Rechtsphilosophie«, wo es heißt: »der Mensch unterscheidet sich vom Tier durch das Denken.«[37] Gewiß, der Mensch ist, dem Zitat zufolge, »Denken *an sich*, insofern dasselbe auch von seinem Sein-für-Anderes, seiner eigenen Natürlichkeit und Sinnlichkeit, wodurch er unmittelbar mit anderem zusammenhängt, unterschieden ist«. Aber, und das ist die Konsequenz aus der anderen, im dialektischen Terminus »Bestimmung« mitgedachten Seite, »das Denken ist auch *an ihm*; der Mensch selbst ist Denken (das also nicht nur eine Beschaffenheit des Menschen ist), er *ist da* als denkend, es ist seine Existenz und Wirklichkeit«, und nicht nur eine Bestimmtheit neben oder unter anderen.

Mit anderen Worten: denkende Vernunft ist dem Menschen nicht nur theoretisch und an sich eigen, sie ist auch praktisch und an ihm. In der gerade erwähnten »Rechtsphilosophie« formuliert Hegel an besagter Stelle, die eine Parallele zum Zitat aus der

[36] Hegel, idem, 140.

[37] Hegel, Grundlinien der Philosophie des Rechts (neu hrsg. von Georg Lasson), Leipzig 1911, Zusätze aus Hegels Vorlesungen, zusammengestellt von Eduard Gans, 285 zu § 4.

»Wissenschaft der Logik« ist, ähnlich. Hegel warnt hier davor, sich vorzustellen, »daß der Mensch einerseits denkend, andererseits wollend sei, und daß er in der einen Tasche das Denken, in der anderen das Wollen habe«[38], also undialektisch - wie auch bei Kant - vorgestellt wird. In dem Zitat aus der »Wissenschaft der Logik« betont Hegel das Zusammen. Anders gesagt: er betont die »*Bestimmung* des *Menschen*«, wenn er sagt: »indem es [das Denken] in seinem Dasein, und sein Dasein im Denken ist, ist es *konkret*«, d.h. nicht abstrakt die eine oder die andere Seite einer Bestimmt- oder Beschaffenheit, sondern zusammen. Das Denken ist »mit Inhalt und Erfüllung zu nehmen«, es ist beim Menschen nicht nur »*an sich*«, sondern auch »*an ihm*«, ist »denkende Vernunft«, ist »verständige Vernunft, oder vernünftiger Verstand«, ist »Geist«.[39] Deshalb kann Hegel den Gedanken mit der Formulierung schließen: »so ist es [das Denken] *Bestimmung* des Menschen.«

Inwieweit diese Bestimmung ein Sollen gegen das »ihr nicht einverleibte Dasein«, gegen »Sinnlichkeit und Natur« ist, braucht jetzt nicht weiter befragt zu werden. Wichtig ist, daß wir einen Blick darauf geworfen haben, wie Hegel die einfachen Unterscheidungen, die als bloße Positionen, als abstrakte Bestimmtheit, als Besonderungen an Einfachem hängenbleiben, dialektisch durch die immanente Entwickelung des Begriffs zu überwinden sucht, eine Dialektik, die kein Halten kennt und jeweils das Einfache negiert, um dem wirklich »Konkreten« und nicht nur dem, was üblicherweise für konkret gehalten wird, die Bahn zu weisen.

Auch Hegel stößt über bisherige anthropologische Bestimmtheiten hinaus zu einer »kritischen Anthropologie« vor, denn gerade die Struktur seines Denkens vermag vor der Naivität zu bewahren, mit der zumeist positionelle Aussagen über den Menschen, die irgendeine für vorrangig gehaltene oder ausgegebene Bestimmt- und Beschaffenheit, also ein signifikantes Moment bereits für der »*Bestimmung* des *Menschen*« halten. Hegel geht es nicht um *anthropologische* Forschung, nicht um die *Beschreibung* von Einzelzügen. Folglich bleibt er auch nicht bei solchem stehen, was über Abstraktionen, die stets Ausschnitte oder Sonderungen und zeitlich wie sachlich gesehen Momentanes aus der Sache heraus-

[38] Hegel, idem, 285.

[39] Hegel, Wissenschaft der Logik, IV, 17.

und an sich reißen, nicht hinausführt. Er deckt vielmehr das *dialektische* Wesen des Menschen auf. Es genügt Hegel nicht, dies oder jenes über den Menschen zu wissen, was er *auch* ist. Soll der Mensch als solcher erfahren werden, d.h. als der, der er *ist*, muß alles getan werden, daß seine Struktur sich selbst bewährt und bewahrheitet, und es muß alles unterlassen werden, was in diesem Bewegungsprozeß, den der Mensch als solcher darstellt, von außen dreinredet oder an ihn heranredet, d.h. was *ein*greift, aber nicht begreift.

Hegels »kritische Anthropologie« kulminiert aber gerade nicht in der *Frage* »Was ist der Mensch?«. Kaum daß sie das dialektische Grundwesen des *Menschen* aufgedeckt hat, wendet sich das gesamte Interesse wieder der Dialektik des absoluten Geistes zu, und es erfolgt auf dem Hintergrund dieser übergreifenden Dialektik die *Antwort* auf das, was der Mensch ist und was sich in seiner Geschichte in Wirklichkeit abspielt. Statt der *Grundbefindlichkeit* des Menschen nachzufragen, in der alle seine Versuche gründen, nicht nur über sich, sondern auch über Gott und die Welt verantwortlich etwas auszusagen, wird die Anthropologie in die Lógik übergeführt beziehungsweise dem Menschen sein Platz in der »Wissenschaft der Logik« angewiesen. Die Fraglichkeit der Frage nach dem Menschen gerät aus dem Blick, insofern der Logos sich selbst und den Menschen begreift.

Auch wenn die *fundamentalanthropologische Wende*, die Ludwig Feuerbach als historische Notwendigkeit durch die »Kritik Hegels«[40] rechtfertigen möchte, in den »Vorläufigen Thesen zur Reform der Philosophie« von 1842 nur dazu führt, daß durch die *Umkehrung* der Hegelschen Philosophie, die das Subjekt zum Prädikat gemacht habe, also durch das zum Subjekt gemachte Prädikat »die unverhüllte, die pure, blanke Wahrheit«[41] offenbar gemacht wird, d.h. daß »der Satz: das absolute Wesen entwickelt sich aus sich ... nur *umgekehrt* ein wahrer, vernünftiger ist«, weil es heißen muß: »nur ein sich entwickelndes, sich zeitlich entfaltendes Wesen ist ein *absolutes*, d.h. *wahres*, *wirkliches* Wesen«[42], und in den »Grundsätzen der Philosophie der Zukunft« von 1843 die Aufgabe ledig-

[40] Feuerbach, Bd. II, Grundsätze § 19, 274, aber auch: Zur Kritik der Hegelschen Philosophie, 1839, 158 ff.

[41] Feuerbach, II, 224.

[42] Feuerbach, idem, 233.

lich darin besteht, »aus der Philosophie des Absoluten, d.i. der Theologie, die Notwendigkeit der Philosophie des Menschen, d.i. der Anthropologie, abzuleiten und durch die Kritik der göttlichen Philosophie die Kritik der menschlichen zu begründen«[43], Feuerbach hat doch darin klar gesehen, daß, »was der Mensch auch immer nennt und ausspricht«, er immer »sein eigenes Wesen ausspricht«.[44] Und auch wenn Feuerbach in Auslegung von Hegels Philosophie dessen »Dialektik« als »*Monolog des einsamen Denkens mit sich selbst*« deutet und ihr seinerseits als »menschlicher Philosoph« den »*Dialog zwischen Ich und Du*«[45] entgegensetzt und statt der kreisförmigen Einheit des nur »*auf sich selbst sich* stützenden Denkens«[46] die »*Einheit des Menschen mit dem Menschen*« als das Wesen des Menschen behauptet, wobei in Umkehrung von Hegels »Wissenschaft der Logik« die Prinzipien der verschiedenen Wissenschaften als die »*verschiedenen Arten und Weisen dieser Einheit*«[47] bezeichnet werden, er hat ein wichtiges Anthropinon herausgestellt: »die *Realität des Unterschieds* von Ich und Du«.[48]

Und mag Feuerbach schließlich auch in der Attitüde der Aufhebung der Philosophie einem Hegel verbunden bleiben, insofern er in den »Philosophischen Fragmenten« zu den »Grundsätzen der Philosophie« betont, daß er zunächst »die Philosophie zur *Sache der Menschheit*« habe machen wollen, schließlich aber dahin gekommen sei, »den Menschen zur Sache der Philosophie zu machen, und die Philosophie selbst aufzuheben: denn sie wird nur dadurch Sache der Menschheit, daß sie eben aufhört Philosophie zu sein«[49], indem er als Grundzug der »neuen Philosophie« die »Philosophie des Menschen« wesentlich auch als die »*Philosophie für den Menschen*« versteht, lenkt er den Blick auf die wechselseitige Notwendigkeit von Ich und Du, die »Gemeinschaft des Menschen mit dem Menschen«.[50] Es ist aber die Frage, ob die behauptete Einheit

43 Feuerbach, idem, 245 (Vorwort). Zum Gesichtspunkt der Umkehrung vgl. 249, 253, 269, 279 u.ö.

44 Feuerbach, idem, 242.

45 Feuerbach, idem, 318 f.

46 Feuerbach, idem, 312.

47 Feuerbach, idem, 319.

48 Feuerbach, idem, 318.

49 Feuerbach, idem, 391.

50 Feuerbach, idem, 304.

des Menschen mit dem Menschen, die sich, Feuerbach zufolge, »nur auf die *Realität* des *Unterschieds* von Ich und Du stützt«[51], sich »nur« auf *diesen* Unterschied »stützt« und welcher Art sie ist. Auch Feuerbach zehrt zwar von einer menschlichen Grundbefindlichkeit, stellt sich aber nicht deren *ganzer* Struktur. Ich nenne sie die »kritisch-krisische Grundbefindlichkeit«.

5. Anthroplogie des Kritisch-Krisischen

Mit dem Wort »Grundbefindlichkeit« ist keine gegenständliche Vorfindlichkeit gemeint, sondern eine Be-findlichkeit, in der zur Erfahrung kommt, daß der Mensch, sich suchend auf sich aus ist und zugleich sich als nicht findend findet. Es handelt sich um ein Paradox, um ein Dilemma, um eine crux, eine Kalamität, eine Verlegenheit, eine Bredouille, eine *kritische* Klemme, eine *krisische* Zwangslage. Trotzdem vermag von dieser Grundbefindlichkeit aus überhaupt erst eingeschätzt zu werden, was es mit den Bemühungen solcher Philosophien auf sich hat, die vom Menschen sprechen und seinen Ort zu bestimmen suchen, die sich also als Versuche interpretieren und beurteilen lassen, dieser Grundbefindlichkeit zu entsprechen und eine Antwort auf sie zu formulieren. An dieser Grundbefindlichkeit führt gewissermaßen kein Weg vorbei, und insofern läßt sich von ihr aus erkennen, daß mancher Umweg eingeschlagen wird, um ihr aus dem Wege zu gehen, und manche Philosophie ihn zu überspringen bemüht ist und dies für einen gangbaren Überstieg hält.

Mit dem Wort »Kritik« ist nicht der literarische Zerreißwolf gemeint, der sich nachträglich an solchem zu schaffen macht, was Besserwisser als unzulängliches Machwerk auseinandernehmen. Und mit dem Wort »Krise« ziele ich nicht auf solches, was etwa im Felde der Ökonomie »herbeigeredet« oder aber »mit hochgekrämpelten Armen beseitigt« werden kann.[52] Mit dem Wort »kritisch-krisisch« bezeichne ich eine menschliche Grundbefindlichkeit, wobei der »Wechsel von t und s«, also die doppelte Geltung des Ad-

[51] Feuerbach, idem, 318.

[52] Vgl. Richard Wisser, Kritik und Krise als Wege zum Selbstverständnis des Menschen, in: Wissenschaft und Weltbild, 27. Jg., H. 4, Wien 1974, 291-298.

jektivs »kritisch« zu Krisis *und* zu Kritik zwar nach Auffassung von Jacob Grimm »nur dem griechisch könnenden deutlich ist«[53], die Verbundenheit von »kritisch« und »krisisch« - und zwar in beiden Richtungen - meines Erachtens aber ein anthropologisches Problem ersten Ranges darstellt, weil es sich um eine Sache handelt, die nicht nur jeden Menschen angeht, die geradezu der strukturelle Ausdruck seines Seins ist.

Wer die tatsächliche Nachträglichkeit der Kritik - etwa der literarischen - und die faktische Einschränkung des Kritikübens auf einen Berufsstand bereits für das Wesen der Kritik und für die einzige, jedenfalls einzigartige Erscheinungsform hält, der verwechselt Bedingtes mit der Bedingung, der starrt auf die Wirkung und übersieht gerade dadurch das Erwirkende: die Grundbefindlichkeit des Menschen, die jeden Menschen, jede »Existenz« kennzeichnet, d.h. daß der Mensch auch dann kritisch *ist*, wenn er gerade keine »Kritik« im üblichen Sinne des Wortes übt, sei es im Nachhinein, sei es in der Pose des »Kritikers«. Anders gesagt: ein Mensch sollte nicht erst dann »kritisch« genannt werden, wenn er rationale Distinktionen anbringt und intellektuelle Auseinandersetzungen vornimmt. »Kritisch-Sein« macht vielmehr des Menschen *Sein* aus und ist nicht nur Ausdruck seines Bewußt-seins.

Der Mensch *unter*-scheidet nicht nur *sich* von *anderem*, sei es *das* Andere, sei es *der* Andere, sei es gar, wie man Gott genannt hat, der *Ganz*-Andere. Der Mensch unterscheidet zugleich auch *sich* von *sich*, sei es von sich selbst, sei es von seinem sogenannten Über-Ich, sei es von dem, was man den sogenannten inneren Schweinehund im Menschen nennt. Der Mensch *ist* unentwegt und nicht nur zeitweilig »kritisch«, d.h. er ist *primär* kritisch, lange bevor er, was auf dessen Grund möglich ist, nachträglich Kritik treibt oder aber selbst ins Getriebe der Kritik gerät und den sogenannten Kritikern in die Finger oder unter das Messer kommt. Das ist das eine.

Indem sich der Mensch aber, und das ist das andere, *in* der »kritischen« Grundbefindlichkeit als der erfährt, der nicht nur auf sich, sich suchend, aus ist, sondern zugleich sich als denjenigen erfährt, der sich, als *sich nicht* findend, findet, entpuppt sich die *Unter*-scheidung, d.h. die Kritik, als etwas, auf das der Mensch sich nicht

[53] Jacob Grimm / Wilhelm Grimm, Deutsches Wörterbuch, 5. Bd., Leipzig 1873, Sp. 2336 (durchgängig Kleinschreibung).

endgültig zurückzuziehen vermag, etwa vermeinend, daß er in der Behauptung eines *Standpunktes*, *seines* Standpunktes, nun endlich bei *sich* wäre. Die *Unter*-scheidung bringt es nicht zu Wege, die *Scheidung*, die durch sie erfahren wird, verschwinden zu machen. Durch die *Unter*-scheidung wird die *Scheidung* gerade betont und keineswegs aufgehoben. Anders gesagt: die Kritik entpuppt sich als Krise. Sie löst gerade nicht durch Unter-scheidung die Scheidung auf, macht sie vielmehr erst eigentlich, eben als *Krise*, sichtbar. Der Standpunkt, die Distinktion, die auf Grund des Kritisch-Seins zwangsläufig eingenommen ist und wird, eingenommen wurde und werden wird, gleichgültig, ob dieser Standpunkt gewissermaßen ein Verstand-punkt ist oder eine faktische Position, also eine Ansicht oder ein Standort ist, der Standpunkt erweist sich als labil, ja als bodenlos, weil die Grundkrise durch ihn nicht nur nicht überwunden werden kann, sondern gerade durch ihn und in ihm selbst aufbricht.

Es ist ja nicht nur so, daß *ein* Standpunkt den anderen verschiebt, verdrängt, aufhebt. Wenn ein Standpunkt wirklich ein Standpunkt wäre, wäre dies unmöglich. Es kommt noch ein weiteres hinzu: weil Standpunkte *in sich* »krisisch« sind, ist es nicht nur mit ihrer eigenen Widerstandskraft gegen andere Standpunkte nicht weit her, werden sie nicht nur von anderen Standpunkten aufgehoben, heben sich sogenannte Standpunkte vielmehr schließlich *selbst* auf. Krise ist folglich, ontologisch gesehen, nichts nur Zeitweiliges und Zeitweises, also etwas Vorübergehendes. Sie ist ein Immerzu, ein Ohn-Unterlaß, ein Unausgesetztes. Krise ist also so permanent, wie Kritik insistent und intransingent ist.

Deshalb scheint es mir gerechtfertigt, davon zu sprechen, daß der Mensch nicht nur *kritisch* ist, sondern in eins damit *krisisch* ist, daß er also stets kritisch genannt werden muß, selbst wenn er im üblichen Sinne von Kritik ab und zu keine Kritik übt, und daß er *krisisch* genannt werden muß, selbst wenn er sich gerade einmal nicht in einer ihm unangenehmen Lage befinden sollte. So wie das Kritisch-*Sein* der absolutistischen These von der Nachträglichkeit der Kritik einen Strich durch die Rechnung macht, erlaubt auch das Krisisch-*Sein* nicht, daß wir die Krise prinzipiell nur als etwas Vorläufiges und daher Vorübergehendes betrachten, an das niemand mehr denkt, wenn Sachverstand und ein wenig Glück uns aus der Talsohle oder der Rezession herausgeführt haben.

Gewiß, es gibt zweifelsfrei Kritik als Nachträgliches ebenso wie es Krise als Überwindbares gibt. Kritik und Krise sind dann in der Dimension des Habens, d.h. des Könnens und Machens angesiedelt, nicht in der des Anthropo-Ontologischen. Aber, und die Formel von der »kritisch-krisischen Grundbefindlichkeit« möchte dies zum Ausdruck bringen, im Wesen des Menschen (verbal verstanden), in seiner Konstitution, in der - wie Pascal dies ausgedrückt hat - »condition humaine« ist Kritik gerade nichts Nachträgliches und Krise gerade nichts Überwindbares, geht Kritik vielmehr allem voraus, und hält Krise alles auf dem laufenden.[54] Gabriel Marcel hat in einem vor vielen Jahren von mir herausgegebenen Sammelwerk den Ausdruck Pascals, condition humaine, also die menschliche Konditioniertheit und conditio sine qua non, die alles bedingende Bedingtheit, mit großer Sensibilität für die hier sichtbar werdende Grundbefindlichkeit ins Deutsche übersetzt und vom »Menschenlos«[55] gesprochen. Es geht nicht ohne sie. Der Mensch kommt von ihr zeitlebens nicht *los*. Menschliches ist durch sie getränkt, tingiert, gefärbt. Sie ist unser Schicksal, unser *Los*.

Die *Unterscheidung*, sprich die Kritik, setzt, sofern sie nicht mit einem intellektuellen und dementsprechend bloß zeitweisen Vorgang oder Nachgang des Bewußtseins verwechselt, sondern als anthropo-ontologische Struktur erfahren wird, gerade nicht etwas von etwas ab, das nun bleibend wäre und feststünde. Und *Scheidung*, sprich die Krise, ist nicht nur ein zeitweiliges Tief, aus dem das Aufwärts zuversichtlich herausführte. Die rechtverstandene Kritik bringt vielmehr gerade die Grundkrise zum Vorschein, und die rechtverstandene Krise verhindert gerade ein Sich-in-Sackgassen-Verrennen der Kritik. Diese wechselseitige, als ein Bedingungsverhältnis zu begreifende Konstellation von *Unter*-scheidung und *Scheidung* läßt überhaupt erst erfahren, was es mit dem Wesen der *Ent*-scheidung auf sich hat, von der so oft und so oft nur oberflächlich die Rede ist.

Die *Ent*-scheidung, zu der der Mensch durch Kritik und Krise sich gezwungen sieht, kann, wenn die »kritisch-krisische Grundbe-

[54] Vgl. Richard Wisser, Kritik als Weg zum Selbstverständnis des Menschen, in: Didaktische Möglichkeiten der Philosophie, Frankfurt am Main 1973, 33 ff.

[55] Gabriel Marcel, Der Mensch vor dem totgesagten Gott. Nihilismus oder »Vieillissement«?, in: Sinn und Sein. Ein philosophisches Symposion, hrsg. von Richard Wisser, Tübingen 1960, 439.

findlichkeit« wirklich *ist*, sie also des Menschen Ur-sprung ausmacht, den Sprung, der durch ihn geht und der nicht zu kitten ist, nicht einfach dahingehend verstanden werden, daß der Mensch sich durch sie auf diesen oder aber auf jenen Standpunkt stellt und vermeint, die Sache wäre dadurch gelaufen. Oder aber, daß der Mensch im Blick auf die Grundkrise vermeint, jeder Entscheidung enthoben zu sein, weil er die Scheidung doch nicht zu überbrücken vermag. Da der Standpunkt, wie dargetan, *in sich* krisisch ist, und die Krise *in sich* kritisch ist, also neue Standpunkte hervorbringt, lassen sich *Ent*-scheidungen nicht umgehen, und es ist unmöglich, ihnen aus dem Weg zu gehen. Aber sie werden stets im Bewußtsein dessen getroffen, daß Entscheidungen nichts Endgültiges sind, selbst wenn in ihnen alles auf dem Spiel steht. Ent-scheidungen müssen zwar getroffen werden. Das entspricht der ontologischen Akt-Struktur der *Unter*-scheidung. Aber keine Ent-scheidung vermag den permanenten Zwang zur Ent-scheidung aufzuheben, weil die ontologische Akt-Struktur der *Scheidung* es nicht zuläßt. Daß der Mensch sich ent-scheiden muß, anders gesagt, daß der Mensch sittlich *ist* - und ich gebrauche hier ein altertümliches Wort für eine uralte Sache -, wird möglich durch die »kritisch-krisische Grundbefindlichkeit«.

Ich bin deshalb nicht der landläufigen Auffassung, daß der Mensch deshalb sittlich ist und daß er dann sittlich ist, wenn er und weil er einem an ihn ergangenen Gebot folgt, sondern weil er ein »kritisch-krisisches« Wesen *ist*, d.h. weil die anthropo-ontologische Struktur des Menschen darauf hinausläuft, daß er sich zu seinem Verhalten verhalten muß, ohne ausweichen zu können, d.h. daß er sich ent-scheiden *muß*; denn selbst eine unterlassene Entscheidung ist eine Entscheidung, nämlich die, sie zu unterlassen. Die Entscheidung ist für den Menschen signifikant. Sollte aber zutreffen, was ich als die Struktur von Unter-scheidung, Scheidung und Entscheidung beschrieben habe und was ich formelhaft die »kritisch-krisische Grundbefindlichkeit« des Menschen nenne, dann kommt erst in der Ent-scheidung, sprich im Kritisch-Krisischen beziehungsweise im Krisisch-Kritischen die anthropo-ontologische Struktur zur Gänze zum Vorschein.

Wenn aber erst der jederzeitige und fortwährende Wechsel von s und t (als Bedingungszusammenhang verstanden), d.h. von Unterscheidung *und* Scheidung (und umgekehrt) die eigentliche, die ontologische Valenz der anthropo-ontologischen Struktur erkennen läßt, dann muß, damit die Ent-scheidung nicht als Nachträglichkeit verkannt wird, die Strukturformel prinzipiell, also auch ihrem Anfang nach ergänzt werden. Dann ergibt sich Entscheidung nicht auf Grund von Unterscheidung und Scheidung, sondern Unterscheidung und Scheidung, Kritik und Krise, entpuppen sich als Weisen der Entscheidung. Entscheidung geht also der Unterscheidung und Scheidung *voraus*. Es zeigt sich dann, daß es in menschlichen Breiten nicht nur keine endgültige Unterscheidung und Scheidung, sondern auch keine absolute Entscheidung gibt, und daß das Risiko der Entscheidung niemals durch das Wissen um eine, die Entscheidung um ihre Bedeutung bringende Unterscheidung oder Scheidung aufgehoben werden kann.

6. Anwendungen

Gesetzt, es trifft zu, was ich als die »kritisch-krisische Grundbefindlichkeit« des Menschen charakterisiert habe, dann berechtigt uns dies, zu den oben im Text aufgeworfenen Fragen und den Positionen, die wir beschrieben haben, Stellung zu nehmen. Wir tun es von der »kritisch-krisischen Grundbefindlichkeit« aus und auf sie hin. Was wie ein formaler Charakter anmuten mag, erlaubt immerhin einige Bemerkungen.

Nicht nur die Tatsache, daß wir Menschen uns subjektiv verhalten, ist bemerkenswert, sondern auch die Tatsache, daß wir dieser strukturnotwendigen Verhaltensweise nur zu gern aus dem Weg gehen. Das Einklinken in für fest und sicher Ausgegebenes und Gehaltenes, die dogmatistische Attitüde läßt sich vom Kernpunkt der »kritisch-krisischen« Grundbefindlichkeit, der Ent-scheidung her als Abspannung der ethischen Grundspannung interpretieren, durch die menschliche Existenz gekennzeichnet ist. Zugleich wird deutlich, daß sowohl die kleinen Alltagsarrangements (von den Sicherheitsschlössern bis zu den Versicherungen, durch die wir uns vor Unvorhergesehenem schützen), als auch die großen metaphysischen Spekulationen (von der Geschichtsgesetzlichkeit bis zur Feststellung der absoluten Wahrheit) einem Grundtypus entsprechen, der die *insecuritas humana*, die der Ausdruck besagter »kritisch-krisischer« Grundbefindlichkeit ist, in Frage stellt, um sich nicht selbst in Frage gestellt zu sehen.[56] Um dem Skeptizismus zu entgehen, verfällt man in das Gegenteil, in den Dogmatismus. Die »kritisch-krisische« Grundbefindlichkeit lehrt gegen den Skeptizismus, daß Fest-stellungen getroffen werden müssen, und gegen den Dogmatismus, daß sie nicht absolut fest-stehen, lehrt folglich, daß sowohl der Skeptizismus wie der Dogmatismus Reaktionen darstellen und an der Wirklichkeit der Struktur vorbei Sackgassen beschreiten.

Es ist Immanuel Kant zuzustimmen, daß die Entzweiung der Vernunft in Dogmatismus und Skeptizismus auf Irrwege führt und einzig der dritte Weg, der »die menschliche Vernunft zwischen diesen beiden Klippen glücklich durchbringen, ihr bestimmte Grenzen anweisen, und dennoch das ganze Feld ihrer zweckmäßigen Tätigkeit für sie geöffnet erhalten«[57] kann, der Weg des Kritizismus, der Kritik angemessen ist. Diese Überlegung sollte allerdings nicht nur auf die erkenntnistheoretische Problematik eingeschränkt sein, denn diese gründet ihrerseits in einer anthropo-ontologischen Struktur. Indem, was Kant zu leisten unternimmt, die »Vernunftbearbeitungen« einzig durch »Kritik« in Zukunft »auf einen festen Fuß«[58] gebracht werden, entspricht er einer Denkungsart, die in der »kritisch-krisischen« Grundbefindlichkeit Fuß faßt, indem sie auf dem laufenden bleibt. In solchem, über die Erkenntnistheorie hinausgehenden Sinne ist »Kritik« dann nicht nur der »Beweis einer *gründlichen* Denkungsart«[59], sondern einer der Grundbefindlichkeit des Menschen entsprechenden Seinsweise. Und wenn Kant betont: »Unser Zeitalter ist das eigentliche Zeitalter der *Kritik*, der sich alles unterwerfen muß«, wird man ihm nicht nur im Blick auf die Bedeutung der drei »Kritiken« Kants zustimmen, sondern auch im Blick auf die beiden seinerzeitigen Exponenten des Steif-und-festen-Behauptens, die »*Religion*«, die sich, »durch ihre *Heiligkeit*«, und die »*Gesetzgebung*«, die sich »durch ihre *Majestät*« der Kritik entziehen wollen.[60] Man wird allerdings betonen dürfen, daß bei

[56] Richard Wisser, Sicherheit - Möglichkeit oder Unmöglichkeit menschlicher Existenz?, in: Quo vadis Industriegesellschaft? Perspektiven zu Führungsfragen von morgen, hrsg. von Jürgen Günther, Heidelberg 1984, 201-223.

[57] Kant, Kritik der reinen Vernunft (Ausgabe Wilhelm Weischedel), 133 (B 128).

[58] Kant, idem, 36 (B XXXV).

[59] Kant, idem 13 (A XII).

[60] Kant, idem, 13 (A XII).

aller Epochalität des sogenannten »Zeitalters der Kritik« es sich um eine anthropologische Struktur handelt, die nicht nur epochal, sondern jederzeit durch die menschliche Tendenz, Positionen oder Negationen zu versteifen und festzustellen, gefährdet wird. Daß dies ein ethisches Grundproblem ist, haben wir oben herausgestellt.

Wenn ich davon gesprochen habe, daß der Mensch gewissermaßen *inkarnierter Zweifel* ist, dann dürfte jetzt deutlich sein, wie dies gemeint ist, nicht im Sinne einer Totalisierung des Skeptizismus, der in der Bezweifelung von allem die sicherste Position sieht und damit in eine Art umgekehrten Dogmatismus umschlägt, sondern im Sinne der menschliches Sein offen haltenden Struktur des »Kritisch-Krisischen«. Sie aber wird, neben anderem, was hier betrachtet werden kann, eklatant gerade auch am Problem der *Vielzahl* der Philosophien und im Kampf um den Begriff der *Philosophie*, und zwar sowohl in systematisch-disziplinärer wie historisch-disziplinierender Hinsicht. Versuche, dieses Problem dialektisch zu lösen, haben in Hegel zur bisher weitausholendsten Spekulation geführt, und es bietet sich von der »kritisch-krisischen« Grundbefindlichkeit aus die Gelegenheit, die Dialektik auf die Struktur zurückzuführen, die anthropo-ontologisch sachentsprechend ist. Daß außer Hegel nur Kant genannt worden ist, also nur die Dialektik des Absoluten und die der »menschlichen Vernunft unhintertreiblich« anhängende Neigung zu vernünfteln[61], bedeutet nur, daß Eckpunkte markiert werden sollten, zwischen denen sich solche Dialektiken angesiedelt haben, die, wie die sokratische oder die von Sören Kierkegaard, der »kritisch-krisischen« Grundbefindlichkeit ursprünglicher entsprechen.

Die zweideutige Bedeutung, die die anthropologische Wende hat, in der sich die »kritisch-krisische« Grundbefindlichkeit manifestiert, konnte an Ludwig Feuerbachs Fundamentalanthropologie und an Immanuel Kants »im Grunde« die drei kritischen Fragen vereinenden »Grund«-frage »Was ist der Mensch?« plausibel gemacht werden. Indem nach dem *Ort* der »Anthropologie« in den Philosophien von Kant, Feuerbach und Hegel gefragt wurde, bot sich die Gelegenheit, die unterschiedlichen Aufbauten der philosophischen *Disziplinen*, und damit die Architektur und Geometrie disparater *Philosophien* im Blick auf die »Bestimmung« des Menschen und seiner Menschlichkeit transparent zu machen.

[61] Kant, idem, 311 (B 354).

Vom betont ethischen Charakter des Menschen bei Kant hebt sich Hegels Logos-Spekulation ab, durch die der Mensch als »die denkende Vernunft« dem Prozeß des absoluten Logos einbeschrieben wird, wodurch sowohl das Sollen als auch die Fraglichkeit der Frage nach dem Menschen letztlich aus dem Blick gerät und die Logik der Anthropologie in der »Wissenschaft der Logik« aufgeht. Gleichzeitig konnte gezeigt werden, daß Feuerbachs auf Hegel abzielende »Verwandlung und Auflösung der Theologie in die Anthropologie«[62], sofern sie lediglich eine *Umkehrung* der Verhältnisse erbringt, den Bock zum Gärtner macht, während seine Hinweise auf die »Realität des *Unterschieds* von Ich und Du«[63] Ansätze birgt, der stukturalen Dialektik des Menschen als des »kritisch-krisischen« Wesens auf die Spur zu kommen, besser gesagt: auf der Spur zu bleiben.

Auch wenn die Charakteristik der »kritisch-krisischen« Grundbefindlichkeit, die sich als der treibende Motor gerade auch der Auseinandersetzung um die Systematik der Philosophie wie um die Philosophie der Geschichte der Philosophie erwies, fragmentarisch bleiben mußte, dürfte jedenfalls als überlegenswert am Ende die Frage gestellt werden: wie lange wollen wir Philosophen, die wir ja nicht erst seit Ludwig Feuerbachs »neuer Philosophie« »menschliche Philosophen« sind, die »kritisch-krisische« Grundbefindlichkeit, die unsere anthropo-ontologische Struktur ausmacht, in unserem Denken unberücksichtigt lassen oder nur auf sie re-agieren, ohne ihr bewußt zu entsprechen?

[62] Feuerbach, Grundsätze der Philosophie der Zukunft, § 1, 245.

[63] Feuerbach, idem, § 59, 318.

III. Teil

UNTERWEGSSEIN

Die Selbstentdeckung des Menschen
und
Arnold Gehlens Kultur-Anthropologie

Als im Jahr 1940 der damals sechsunddreißigjährige Philosoph und Soziologe Arnold Gehlen seine umfangreiche Untersuchung über die Natur des Menschen und dessen Stellung in der Welt unter dem lapidaren und auf jeden Schnörkel verzichtenden Titel »Der Mensch« veröffentlichte,[1] hatte der Prozeß der Selbstentdeckung des Menschen ein neues Stadium erreicht.

Worum geht es bei diesem Prozeß der Selbstentdeckung des Menschen? - einem Prozeß, der keineswegs selbstverständlich ist; denn mögen auch die ersten Menschen schon ein Bewußtsein davon gehabt haben, daß sie sich von anderen Lebewesen und anderem Sein unterscheiden, es hat seine Zeit gedauert, bis der Mensch z.B. ein Schuld-Bewußtsein entwickelte. Die Erzählung der Bibel[2] deutet auf ihre Weise den Vorgang an, der für das damalige Menschenleben zu drastischen Umwälzungen führte. Es heißt dort: Sie entdeckten, daß sie nackt waren. Auch das Selbst-Bewußtsein des Menschen ist gewissermaßen nicht vom Himmel gefallen, ja, es spricht manches dafür, daß es in Opposition zum »Himmel« entstanden ist, vielleicht sogar erst aus dem Zusammenbruch des Himmels, aus der Entdeckung, daß der Himmel leer ist, hervorgegangen ist (Prometheus - Sisyphos).

Es ist daher aufschlußreich, wenn wir uns zunächst Klarheit darüber verschaffen, daß zwar die Frage nach dem Menschen so alt wie die Menschheit sein dürfte, daß aber der Weg der Selbstbegegnung des Menschen vergleichsweise noch nicht lange beschritten wird. Was es damit auf sich hat und wer die entscheidenden Wegweiser sind, soll im 1. Teil umrissen werden. Im anschließenden 2. Teil geht es um die Darstellung der Rolle, die innerhalb dieses noch

[1] Arnold Gehlen, Der Mensch. Seine Natur und seine Stellung in der Welt (1940), 13. Aufl. Frankfurt am Main 1987. Vgl. Arnold Gehlen, Der Mensch. Seine Natur und seine Stellung in der Welt. Textkritische Edition. Gesamtausgabe, Bd. 3, 2 Teilbde., hrsg. von Karl-Siegbert Rehberg, Frankfurt am Main 1993.

[2] Genesis I, 3, 7.

nicht abgeschlossenen Prozesses der im Jahre 1976 verstorbene Arnold Gehlen spielt. Dabei soll auch auf das letzte Buch, das Gehlen veröffentlicht hat und das nach Auffassung seiner Freunde und Feinde eine Art Quintessenz des Anthropologen und Kulturkritikers Arnold Gehlen darstellt, berücksichtigt werden. Betitelt »Moral und Hypermoral«, versteht es sich als »eine pluralistische Ethik«, ist aber weit mehr, als dieser abstrakt klingende Untertitel verrät.[3] Es stellt eine radikale Absage an solche Ideologien dar, die die Selbstentdeckung und Selbstbegegnung des Menschen auf einseitige Geleise festlegen möchten, diese seien idealistischer oder materialistischer Herkunft, individualistischer oder kollektivistischer Machart, liberalistischen oder sozialistischen Zuschnitts.

1. Wegmarken der Selbstentdeckung des Menschen

- Von Goethe zu Max Scheler

In einem der großartigsten Romane deutscher Sprache, die ich kenne, in einem Roman, der randvoll angefüllt ist mit genauesten Beobachtungen dessen, was man heute zwischenmenschliche Beziehungen, Interaktion und Kommunikation nennt, in Goethes Roman »Wahlverwandtschaften«, findet sich in einer Tagebucheintragung der Hauptperson ein Satz, der gerade heute vielen Menschen aus dem Herzen gesprochen sein dürfte, der in damaliger Zeit aber fast eine Sensation abgegeben hat. Er lautet: »Dem einzelnen bleibe die Freiheit, sich mit dem zu beschäftigen, was ihn anzieht, was ihm Freude macht, was ihm nützlich deucht; aber das eigentliche Studium der Menschheit ist der Mensch.«[4]

Das besagt nicht mehr und nicht weniger, als daß die ureigenste Bemühung aller Menschen - Menschheit meint Summe und Substanz der Menschen - vorrangig darin besteht, in Erfahrung zu bringen, was es mit dem Menschen auf sich hat. Die bemerkenswerte Konsequenz diese Gedankens kommt zum Vorschein, wenn man

[3] Arnold Gehlen, Moral und Hypermoral. Eine pluralistische Ethik, Frankfurt am Main / Bonn 1969, 5. Aufl. 1987.

[4] Goethe, Die Wahlverwandtschaften. In: Goethes Sämtliche Werke. Jubiläums-Ausgabe in 40 Bdn., 21. Bd., 2. Teil, Stuttgart und Berlin o.J., 213.

berücksichtigt, daß dann alle anderen Probleme, also die geheiligten wie Gott oder die erhabenen wie der Kosmos, die übernommenen wie die Natur oder die tradierten wie die Übernatur, nur im Blick auf den Menschen besondere Beachtung genießen können.

Wie stark Goethe von diesem Gedanken gepackt ist, geht daraus hervor, daß er schon Jahre vor der Abfassung der »Wahlverwandtschaften« (1802) in einem anderen Roman, dem vielleicht bedeutendsten Erziehungsroman deutscher Zunge, Wilhelm Meister einen ähnlichen Satz aussprechen läßt: »Der Mensch ist dem Menschen das Interessanteste und sollte ihn vielleicht ganz allein interessieren. Alles andere, was uns umgibt, ist entweder nur Element, in dem wir leben, oder Werkzeug, dessen wir uns bedienen. Je mehr wir uns dabei aufhalten, je mehr wir darauf merken und teil daran nehmen, desto schwächer wird das Gefühl unseres eigenen Wertes und das Gefühl der Gesellschaft.«[5] Aus dem »Vielleicht« von 1794 ist inzwischen ein »so ist es« geworden. Der Indikativ hat den Konjunktiv abgelöst. Der Prozeß der Selbstentdeckung des Menschen hat an Kontur gewonnen.

Goethe rückt mit diesen beiden Worten: »Der Mensch ist dem Menschen das Interessanteste« und »Das eigentliche Studium der Menschheit ist der Mensch« alle anderen Probleme ins Lot, und dieses Lot ist nichts anderes als - der Mensch selbst. Wer wir sind, zu entdecken, und, was unseresgleichen ist, zu begreifen, das allein kann Anspruch darauf machen, ganz bei der Sache zu sein, auf die es ankommt und auf die alles bezogen werden muß, eben auf den Menschen. Mag anderes Element sein, Kern ist es nicht. Zentrales Interesse für den Menschen ist der Mensch, er selbst.

Aber, und das ist nun das Merkwürdige: Bis heute ist der Prozeß nicht abgeschlossen, und die Diskussion darüber, was der Mensch ist, hat kein Ende gefunden. Man gewinnt, selbst wenn inzwischen viele Antworten gegeben worden sind und auch wenn Ost und West vermeinen, das entscheidende Wort gesprochen zu haben, sogar den Eindruck, als sei heute nichts sicherer als die Unsicherheit in puncto Wesen des Menschen. So hat schon im Jahre 1928 beispielsweise Max Scheler, der allgemein als Begründer derjenigen philosophischen Grund-Disziplin gilt, in der alle anderen Disziplinen der Philosophie, also Ethik und Geschichtsphilosophie,

5 Goethe, Wilhelm Meisters Lehrjahre. In: Goethes Sämtliche Werke. Jubiläums-Ausgabe, 17. Bd., 2. Buch. Stuttgart und Berlin o.J., 113 f.

Ontologie und Metaphysik, Logik und Erkenntnistheorie, münden und wurzeln, der sog. Philosophischen Anthropologie, im Rückblick auf eine im Verhältnis zu bisherigen Untersuchungen über den Menschen unvergleichlich umfangreichere Literatur feststellen müssen, daß zwar »die Probleme einer philosophischen Anthropologie heute geradezu in den Mittelpunkt aller philosophischen Problematik ... getreten sind«, daß aber »dessenungeachtet die Selbstproblematik des Menschen in der Gegenwart ein Maximum in aller uns bekannten Geschichte erreicht hat«. »Zu keiner Zeit der Geschichte«, schreibt Scheler, übrigens einer der entscheidenden Lehrer Arnold Gehlens, »ist der Mensch sich so problematisch geworden wie in der Gegenwart«.[6]

Es ist, als ob gerade die Frage nach dem Selbst des Menschen die abschließende Antwort auf die Frage nach dem Menschen immer weiter hinausrückt, ja vielleicht sogar unmöglich macht. Wir stehen jedenfalls vor der paradoxen Situation, daß der Mensch noch nie in der Geschichte so viel über sich wußte wie heute, aber sich noch nie so unsicher darüber gewesen ist, was er ist. Hier wird deutlich, daß möglicherweise zweierlei berücksichtigt werden muß, wenn man von der Selbstentdeckung des Menschen spricht, und zwar, daß mit diesem Ausdruck sowohl der Mensch als solcher, aber auch der einzelne Mensch gemeint sein kann. Und es fragt sich, ob ich, wenn ich weiß, was es mit dem Menschen auf sich hat, mich selbst entdeckt habe oder ob gerade die Selbstentdeckung des einzelnen einen allgemeinen Begriff vom Menschen, einen gemeinmenschlichen Begriff »Mensch« unmöglich macht.

Aber, wie dem auch sei, eine verwirrende Fülle von Einzeluntersuchungen aus allen Bereichen der Wissenschaft wird lediglich durch das eine geeint, daß sie alle auf der Suche nach dem Menschen sind, und es mühen sich ungezählte Forscher damit ab, dem Menschen paläontologisch, archäologisch, biologisch, zoologisch auf die Spur und soziologisch, psychologisch, philosophisch, theologisch auf die Schliche zu kommen. Heute ist die Zeit vorbei, in der man meinte, beispielsweise durch die Lehre von der Abstammung des Menschen vom Affen etwas Wesentliches über den Menschen ausgesagt, gar das Rätsel-Wesen Mensch enträtselt zu haben. Das spürte schon - und ich weise schmunzelnd

[6] Max Scheler, Die Stellung des Menschen im Kosmos, Bern 7. Aufl. 1966, 6, 10. 11. Aufl. Bonn 1988.

darauf hin - selbiger oberbayerische Bauer, den der »Simplicissimus«[7], Deutschlands berühmteste satirische Zeitschrift, in einer Nummer des Jahres 1911 auftreten läßt: Die Pfeife schmauchend im Mund, hängt er seinen Gedanken nach, versonnen an das Balkongeländer seines Alp-Hauses gelehnt, am Sonntag, dem Tag, den der Herr gemacht hat. Ihn bewegt ein damals leidenschaftlich umkämpftes Thema: die Abstammung des Menschen vom Affen. Unter Verzicht auf den sonntäglichen Kirchgang, also die Anbetung seines Schöpfers, aber zugleich ohne rechte Sehnsucht nach dem Affenkäfig des Zoologischen Gartens in Hellabrunn, somit einem Verwandtenbesuch, philosophiert er vor sich hin: »Von mir aus stammt der Mensch vom Aff'n ab. Aba den hätt' i gern g'sehg'n, der's z'erscht g'merkt hat, daß er ko Aff nimmer is« (Hochdeutsche Umschreibung: Von mir aus stammt der Mensch vom Affen ab. Aber den hätte ich gern gesehen, der es zuerst gemerkt hat, daß er kein Affe mehr ist). In der Tat, das wäre in gewissem Sinne der erste Mensch gewesen, der sich selbst entdeckt, der erste, der zu sich kommt, und ihn suchen wir ja, und wir wären es, wenn wir uns nicht nur des Unterschiedes trotz mancher frappanter Ähnlichkeit mit dem Tier bewußt würden, sondern außer in Abhebung von dem, was uns vom Tier trennt, uns selbst begegneten und in kritischer Besinnung auf uns uns selbst entdeckten.

Das alles ist leichter gesagt als getan, und der wissenschaftliche Erweis ist offensichtlich nicht von heute auf morgen zu erbringen. Aber, so wird mancher vielleicht fragen, hat man nicht durch mehr als zweitausend Jahre nachweislich versucht, auf die Frage nach dem Menschen entscheidende, das Feld bereinigende Antworten zu geben? In der Tat! Doch es ist erstens die Frage, ob die berühmten Definitionen, die z.B. im Laufe der Geschichte der Philosophie aufgestellt worden sind, allen voran die: homo est animal rationale, d.h. der Mensch ist das denkende Lebewesen, ausreichend sind, und es ist zweitens die Frage, ob die Bestimmungen, die z.B. von der (christlichen) Theologie angeboten werden, allen voran die, daß der Mensch Geschöpf Gottes ist, auch wenn beide Bestimmungen zutreffen mögen, was jetzt nicht zu untersuchen ist, wissenschaftliche Spezialuntersuchungen ersetzen können? Für den, der die Philosophische Anthropologie zur Basis von Philosophie, Theologie und Wissenschaft macht, liegt auf der Hand, daß wir in

[7] Simplicissimus, 16. Jg., Nr. 32, München 1911, 551.

beiden Definitionen die Antwort auf die Frage nach dem Menschen nicht aus dem Zentrum der Philosophischen Anthropologie heraus in Gang setzen. Wir nehmen in beiden Fällen vielmehr den Weg über die Erörterung anderer Fragen, im einen Fall über die Erörterung der Frage nach Gott, also über die sog. Theologische Anthropologie, im anderen Fall über die Erforschung des Geistes, des Denkens, des Verstandes, kurzum über die sog. Vernunft-Anthropologie. In den Augen konsequenter philosophischer Anthropologen werden beide Wege als Umwege erscheinen, sind es jedenfalls keine Wege, die eine direkte Selbstbegegnung und Selbstentdeckung des Menschen in Aussicht stellen.

- Zwei Pole: Ludwig Feuerbach (»der Mensch mit *dem Menschen«) und Max Stirner (der »Einzige« als »Eigner« seiner selbst)*

Um besser ermessen zu können, was es mit der erstrebten Selbstentdeckung auf sich hat, müssen wir uns, bevor wir auf Arnold Gehlen zu sprechen kommen, der die Philosophische Anthropologie des 20. Jahrhunderts entscheidend im Sinne »Anthropologischer Forschung« geprägt hat,[8] über einen zweipoligen Vorgang im 19. Jahrhundert klar werden, der sogar bis zum heutigen Tag in den Augen vieler noch nicht ausgestanden sein mag, durch den jedenfalls entscheidende Weichen gestellt worden sind. Da ist zum einen der Versuch Ludwig Feuerbachs (geb. 1804, gest. 1872), der im Jahre 1841 die These der bisher dominierenden Theologischen Anthropologie, die besagt: der Mensch ist ein Geschöpf Gottes, genauer gesagt: ist Ebenbild Gottes, auf den Kopf stellt und der Gegenthese einer die Theologie in sich aufsaugenden Radikal-Anthropologie zum Siege verhelfen möchte, die da lautet: Gott ist eine Projektion des Menschen, ist Ebenbild des Menschen. Dieser Vorgang ist ersichtlich für das Vorgehen von Karl Marx und Friedrich Engels, das bislang die Welt, jedenfalls die eine Hälfte beherrschte, ausschlaggebend geworden, denn »nachdem das

[8] Arnold Gehlen, Anthropologische Forschung. Zur Selbstbegegnung und Selbstentdeckung des Menschen, Reinbek bei Hamburg 1961. Vgl. auch: A. Gehlen, Philosophische Anthropologie und Handlungslehre. Gesamtausgabe Bd. 4, hrsg. von Karl-Siegbert Rehberg, Frankfurt am Main 1983.

Jenseits der Wahrheit verschwunden ist, (ist es die Aufgabe der Geschichte) die Wahrheit des Diesseits zu etablieren«[9].

Marx und Engels und die ihnen Folgenden zielen darauf ab, im gesellschaftlichen Erdenwesen des Menschen, im sog. »sozialisierten Menschen«, im Kommunisten, der erkennt, daß er nur mit Menschen Mensch sein kann, den aus der Entfremdung zu sich selbst zurückkehrenden wirklichen Menschen zu entdecken und zu schaffen. Über den entscheidenden Einfluß, den Feuerbach seinerzeit gehabt hat, gibt Friedrich Engels anschaulich Aufschluß, wenn er schreibt: »Man muß die befreiende Wirkung dieses Buches selbst erlebt haben, um sich eine Vorstellung davon zu machen. Die Begeisterung war allgemein: Wir waren alle momentan Feuerbachianer.«[10] Im marxistischen Sozialismus sieht man seitdem die einzig mögliche Konsequenz der Selbstentdeckung des Menschen durch Feuerbach.

Und da ist zum anderen das weit weniger bekannte, aber nicht minder bemerkenswerte Unternehmen von Max Stirner (geb. 1806, gest. 1856). Er versuchte, die These der Vernunft-Anthropologie, die in Hegel ihren großartigsten Vertreter gefunden hatte, als haltlose Spekulation zu entlarven, eine These, die besagt, daß der endliche Geist des Menschen, auch als »Volksgeist«[11], nur eine zeitlich und räumlich bedingte Manifestation des Weltgeistes ist, des sog. absoluten Geistes. Stirners Gegenthese lautet: der Geist ist ein »Spuk« und »Sparren«, eine »fixe Idee«, die konkrete Menschen um ihre Eigenart zu bringen trachtet, und das heißt: sie entfremdet mich mir selbst und meinen ureigensten Bedürfnissen.[12]

Auf dieses Buch, das der Stirner-Biograph und Stirner-Herausgeber John Henry Mackay das »radikalste und gefährlichste Buch jener und jeder Zeit« genannt hat,[13] geht der moderne, vielverleumdete und oft mißverstandene anarchistische »Egoismus« zurück.

[9] Karl Marx, Zur Kritik der Hegelschen Rechtsphilosophie. Einleitung, in: Karl Marx, Frühe Schriften, I. Band, hrsg. von Hans-Joachim Lieber und Peter Furth, Stuttgart 1962, 489.

[10] Friedrich Engels, Ludwig Feuerbach und der Ausgang der klassischen deutschen Philosophie (1886), in: MEW 21, Berlin-Ost 1969, 272.

[11] Max Stirner, Der Einzige und sein Eigentum. Mit einem Nachwort hrsg. von Ahlrich Meyer, Stuttgart 1972, 45.

[12] Stirner, idem, 42ff., 46ff., 104 u.ä.

[13] John Henry Mackay, Max Stirner. Sein Leben und sein Werk (1898), 2. Aufl. Treptow bei Berlin 1910, 137.

Dabei handelt es sich allerdings weder, wie ein Zeitgenosse von Max Stirner es formuliert hat, um »Haifischphilosophie«[14], noch verführt Stirner dazu, wie der seinerzeit hochgeschätzte Philosoph Eduard von Hartmann meinte feststellen zu müssen, »ein blutdürstiger, grausamer, listiger, verräterischer, heimtückischer und eroberungswütiger Tyrann« zu werden.[15]

Stirners »Egoismus« möchte etwas Wichtiges in Gang setzen und zu Wege bringen. Indem er mit Hegels Begriff des Allgemeinen bricht, das das Besondere übergreift und es sich unterordnet, bringt Stirners »Egoismus« auf eine noch nie dagewesene Weise den einzelnen Menschen ins Spiel. Stirner vollzieht eine radikale Loslösung von allen übergeordneten Herrschaftsprinzipien, und sein Anarchismus, der sich gegen alles zur Wehr setzt, was den konkreten, hic et nunc lebenden Menschen um seine Eigenheit bringt, ist die äußerste Gegenposition zu jeder generalisierenden Abstraktion, sie mag idealistisch »Weltgeist« heißen oder materialistisch »ökonomische Gesetzlichkeit«. Stirner vertritt also den Standpunkt: Nicht der Geist macht das allgemeinverbindliche Wesen des Menschen aus, also das auch den einzelnen bindende Wesen, sondern der einzelne konkrete Mensch - Stirner nennt ihn deshalb den »Einzigen« - zerschlägt (anarchistisch) die angemaßte Herrschaft eines Spukwesens, eines Gespenstes, eben des »Geistes«. Es gibt nicht »den« Menschen, nicht »die« Menschheit, nicht »das« Menschliche. »Ich hab' mein' Sach' auf Nichts gestellt«, dieses Motto, das Stirner einem Gedicht Goethes entnimmt, ist die Formel für seinen radikalen Bruch mit den bisherigen Prinzipien.[16]

Deshalb erkennt Stirner auch kein allgemeines Wesen des Menschen an. Es gibt nur einzelne Menschen. Jeder Mensch ist als einzigartiges Ich unvergleichlich und Ursprung seiner selbst, folglich auf keinen Generalnenner zu bringen und keinem allgemeinen Gesetz, sei es idealistisch, sei es materialistisch strukturiert, zu unterwerfen. Ein Mensch ist gerade nicht einem *anderen* zu eigen, und sei es Gott oder der Idee oder der Geschichte beziehungsweise

[14] Heinrich Beta, Ein deutscher Freiheitsapostel, in: Die Gartenlaube, Nr. 17, Leipzig 1863, 267.

[15] Eduard von Hartmann, Stirners Verherrlichung des Egoismus, in: Ethische Studien, Leipzig 1898, 85.

[16] Stirner, Der Einzige und sein Eigentum, 3, 412.

der Gesellschaft, sondern - sich. Der abstrakte Mensch ist, Stirners Ausdrucksweise zufolge, un-eigener Mensch. Der konkrete Mensch ist *sich* zu eigen, ist »eigentlicher« Mensch, ist, wie Stirner es ausdrückt, »Eigner« seiner selbst.[17]

Auch wenn ich jetzt nicht beide oben erwähnten grundwichtigen Vorgänge innerhalb der Geschichte der Selbstentdeckung des Menschen erörtern kann, möchte ich doch wenigstens den ersten Prozeß stichwortartig markieren.

Die These der Theologischen Anthropologie besagt: Der Mensch ist das Ebenbild Gottes. Die Gegenthese lautet: Gott ist das Ebenbild des Menschen. Im Sinne der ersten These geht die Anthropologie, also die Lehre, die dem Menschen sagt, wer er ist und was an ihm dran ist, ersichtlich in der Theologie auf. In der Gegenthese wird die Theologie, also die Lehre von Gott, die auszumachen sucht, um wen es sich bei Gott handelt und was man von ihm zu erwarten hat, konsequentermaßen in der Anthropologie aufgelöst.

Charakteristisch für den *ersten* Fall ist eine Einstellung, wie sie sich beispielsweise in Vers 4, 5 und 7 des VIII. Psalms artikuliert, einem Psalm, der dem Lob des Schöpfers gewidmet ist und der bekundet: »Ich schaue den Himmel, das Werk deiner Finger,/ den Mond und die Sterne, die du geschaffen:/ Was ist der Mensch, daß du seiner gedenkest!/ Des Menschen Sohn, daß du Sorge tragest um ihn! .../ Du hast ihm Macht gegeben über das Werk deiner Hände,/ alles hast du ihm zu Füßen gelegt.« Das bedeutet: Würde und Ehre, Herrlichkeit und Wesen des Menschen wird solcher Sicht zufolge überhaupt erst von der Sorge und Liebe aus begreiflich, die der lebendige Schöpfergott für den Menschen hegt und empfindet. Mit anderen Worten: *Im Vergleich zu Gott* erfährt der Mensch, was es mit ihm auf sich hat und wie es um ihn bestellt ist. Der Psalm *fragt* nicht: Was ist der Mensch? Der Psalm staunt über die *Tatsache*, daß *Gott* des Menschen gedenkt. Der Vers: Was ist der Mensch, daß du seiner gedenkest, endet mit einem Ausrufungs-

[17] Max Stirner, idem, 189. - Ich verweise auf die philosophische Dissertation meines Schülers Bernd Kast, Die Thematik des »Eigners« in der Philosophie Max Stirners. Sein Beitrag zur Radikalisierung der anthropologischen Fragestellung. Bonn 1979. Vgl. Richard Wisser, Max Stirners »Eigner«: nicht Rollenverhalten sondern Selbstsein, in: Zeitschrift für Religions- und Geistesgeschichte, 39. Jg., Köln 1987, 341-349, und meine Besprechung des Buches von Kast in: German Studies, Vol. XX, Num. 2, Tübingen 1987, 131-137.

zeichen, er redet Gott an. Der Ausruf: Was ist der Mensch, daß du seiner gedenkest, ist also Gotteslob, nicht skeptische Frage nach einem in Frage Stehenden, einem in Frage Gestellten.

Bezeichnend für den *zweiten* Fall ist Ludwig Feuerbachs berühmtes Wort aus den »Grundsätzen der Philosophie (1843/44)«: »Gott war mein erster Gedanke, die Vernunft mein zweiter, der Mensch mein dritter und letzter Gedanke. Der Mensch ist ein Product des Menschen, der Cultur, der Geschichte.«[18] Schon in der Zeit der französischen Aufklärung hatte man das Wort der Bibel: »Und Gott schuf den Menschen nach seinem Bilde, nach dem Bild Gottes schuf er ihn«[19] umgekehrt und auf den Kopf gestellt: L'homme crée le dieu à son image, der Mensch schafft Gott nach seinem Bild. Feuerbach sieht ganz im Sinne solcher Umkehrung die Aufgabe der neueren Zeit darin - und er gibt dieser Zielsetzung in besagten »Grundsätzen der Philosophie der Zukunft« von 1843 Ausdruck -, »die Verwirklichung und Vermenschlichung Gottes« durchzuführen und »die Verwandlung und Auflösung der Theologie in die Anthropologie« zu vollenden. Im Vorwort zu dieser Veröffentlichung formuliert Feuerbach unmißverständlich und im Blick auf das noch Bevorstehende: »Gegenwärtig handelt es sich noch nicht darum den Menschen darzustellen, sondern darum ihn aus dem Morast, worein er versunken war, herauszuziehen. Dieser sauberen und saueren Arbeit Früchte sind auch diese Grundsätze. Ihre Aufgabe war, aus der Philosophie des Absoluten, d.i. der Theologie, die Notwendigkeit der Philosophie des Menschen, d.i. der Anthropologie, abzuleiten und durch die Kritik der göttlichen Philosophie die Kritik der menschlichen zu begründen.«[20]

Es ist offensichtlich: Hier wird der Mensch nicht mehr als Gottes Geschöpf angesehen, sondern als von Menschen Darzustellender. Und auch Gott ist in den Augen Feuerbachs eine Hervorbringung, für die der Mensch verantwortlich ist. Mit anderen Worten: 1. Schöpfer Gottes zu sein, das macht den Menschen zum Menschen. Der Mensch richtet sich nicht mehr nach Gott und er glaubt sich nicht mehr durch Gott ge-richtet. Er nimmt vielmehr in

[18] Ludwig Feuerbach, Grundsätze der Philosophie. In: Philosophische Kritiken und Grundsätze, Sämtliche Werke, hrsg. von Wilhelm Bolin und Friedrich Jodl, 2. Bd., Stuttgart-Bad Cannstadt 1959, 388 f.

[19] Genesis I, 1, 27.

[20] Feuerbach, idem, 245.

der Vorstellung, die er sich von Gott macht, sein eigenes Echo wahr, sich selbst. 2. An die Stelle der göttlichen Kritik, d.h. der Kritik, die Gott am Menschen übt, ist die Kritik Gottes getreten, d.h. die Kritik an solchen Vorstellungen, durch die Menschen im Namen eines inexistenten, aber fiktiven Gottes Menschen sich unterwerfen. Der Mensch kommt nach Feuerbach folglich gerade nicht in der Erfahrung der vermeintlichen Ebenbildlichkeit Gottes zu sich, sondern erst dann, wenn er diese seine *Projektion* als *seine* Schöpfung erkennt, wenn er in ihr sich kritisch *selbst* begegnet und entdeckt. Anders gesagt: wenn er sich selbst auf Erden verwirklicht und nicht dem Gericht im Himmel entgegenfiebert. An die Stelle des homo creatus ist der homo creator getreten. Feuerbach fordert daher 3., »Menschen zu machen«, und das heißt für ihn: Menschen sollen weder auf Gott noch auf den Affen oder den Hund, sondern auf den - Menschen kommen.

2. Arnold Gehlens Beitrag zur Selbstentdeckung des Menschen

Worin besteht nun die Selbstentdeckung des Menschen in der Sicht von Arnold Gehlen? Eines läßt sich jetzt schon sagen: Nachdem *Gott* als Vergleichspunkt - nach Meinung der geschilderten Linie der Geistesgeschichte - ausgefallen ist und nachdem das *Meta*-Physische bezweifelt wird, bleibt nur das *Physische* und in ihm - und das ist naheliegend - das *Tier* als Bezugspunkt für einen abhebenden Vergleich übrig. Doch zunächst eine methodische Überlegung.

Man darf sich, wenn man an Gehlen nicht vorbeireden will, die Kennzeichnung seiner Position nicht von solchen seiner Kritiker aufdrängen lassen, die vornehmlich mit ihm im Sinn haben, mit ihm abzurechnen, weil Gehlen ihre Auffassungen nicht teilt. In Gehlens Augen stellen, konkret und unter Einbeziehung des bisher Dargestellten gesagt, sowohl der weltanschaulich verabsolutierte, doktrinäre Sozialismus wie der radikal anarchistisch sich einzigartig setzende Egoismus Anachronismen dar, also Zeitwidrigkeiten, solches, das hinter dem heutigen Erkenntnisstand über den Menschen herhinkt. Nicht daß Gehlen die Wirksamkeit solcher Einstellungen leugnen würde. Ihre Verbreitung ist offensichtlich, und Gehlen erkennt ihnen sogar ein bedingtes Recht zu. Aber er bestreitet den von beiden Positionen vertretenen Ausschließlichkeitsanspruch. Gehlens Überlegungen lassen sich als Attacke gegen die Anmaßung beider Positionen deuten, das letzte Wort über den Menschen gesprochen zu haben; im einen Fall durch Verabsolutierung des »Gemeinmenschen«, des sozialisierten Menschen, des Kommunisten, im anderen Fall durch die alle anderen Auffassungen inhibierende Radikalisierung des »Einzigen«, des »eigentlichen« Menschen, des Ich als »Eigner« seiner selbst.

Wenn im ersten Teil zu Beginn davon die Rede war, daß bereits durch Gehlens erstes Hauptwerk »Der Mensch« der Prozeß der Selbstentdeckung des Menschen in ein neues Stadium getreten ist, dann trifft dies auch, ja erst recht auf sein letztes Buch »Moral und Hypermoral« zu.

- *Arnold Gehlens bio-logisches Modell einer Gesamtwissenschaft vom Menschen*

Gehlen hat, wenn man es für angebracht hält, von *drei Phasen* seines Denkens zu sprechen,[21] und zwar 1. der Ausarbeitung seiner *philosophischen* Kulturanthropologie, 2. der Entwicklung seiner *soziologischen* Institutionenlehre und 3. seiner Analyse von Zeit-Zuständen, die er *kulturkritisch* ins Auge faßt, in der 1. Phase den Versuch unternommen, eine »Wissenschaft vom Menschen« zu inaugurieren, die »eine jede bewußt oder aus Versehen metaphysisch orientierte Theorie einzuklammern« bereit ist.[22] Hierzu zunächst einige methodische Erörterungen.

Unter Metaphysik versteht Gehlen, und das ist wichtig und entscheidend für das rechte Verständnis, solche definitiven Antworten auf die Frage nach dem Menschen wie die obigen, die also gewissermaßen aus einem Guß sein möchten, d.h. die sich absolut setzen und andere Auffassungen radikal ausschließen. Metaphysisch bleiben für ihn auch Auffassungen, die sich, wie »die

[21] Vgl. Helmut Schelsky, der in seinem Nachruf auf Gehlen, den er einen »politischen Denker gegen die Zeit« nennt, vier Phasen zählt, weil er als erste die »bündige denkerische Phase« der Auseinandersetzung mit der Philosophie des Deutschen Idealismus berücksichtigt, in: Frankfurter Allgemeine Zeitung, Feuilleton vom 3.2.1976

[22] Gehlen, Moral und Hypermoral, 15. (= MuH).

heute so penetranten Appelle, Schwungradvorstellungen, Pädagogismen und Utopien«[23], möglicherweise zwar selbst tendenziös oder naiv als anti-metaphysisch gerieren mögen, aber mit dem Pathos auftreten, der Weisheit letzten Schluß gefunden zu haben. Sie schneiden dem anderen das Wort ab und sie halten von der Übereinstimmung ihrer Aussagen mit den Tatsachen, von der wissenschaftlichen Verifikation, nicht viel.

Gehlen möchte im Unterschied zu pseudowissenschaftlich kaschierten Behauptungen, sie mögen idealistisch oder materialistisch aufgeputzt sein, mit *wissenschaftlich empirischer Philosophie* arbeiten. Und das heißt für ihn: Einzelwissenschaftliche Erkenntnisse werden genutzt, aber eingedenk dessen, daß Einzelwissenschaften zwangsläufig und aus methodischen Gründen bei der Untersuchung komplexer Gegenstände nur bestimmte Seiten berücksichtigen können und von anderen möglichst abzusehen haben, müssen diese Erkenntnisse »übergriffen« werden.[24] Daß Gehlen damit eine philosophische Wissenschaft vom Menschen ins Auge faßt, die »mit dem Material der Einzelwissenschaften und über ihre Grenzen hinweg Aussagen über den Menschen als Ganzen zu machen« versucht, die »selbst wieder empirisch-wissenschaftliche Aussagen« sein sollen, ist zwar ein *problematisches* Verfahren, denn es setzt voraus, daß dies möglich ist, stellt aber eine Konsequenz des Versuchs dar, ohne Rückgriff auf metaphysische Gründe oder auf eine anti-metaphysisch verkappte Metaphysik auszukommen.

Es geht Gehlen also nicht wie doktrinären Ideologien darum, die eigene Auffassung als die allein wahre und theoretisch einzig zutreffende mit allen erlaubten und unerlaubten Mitteln zu dokumentieren, sondern um den Nachweis, daß der von ihm gewählte hypothetische Ansatzpunkt geeignet ist, Tatsachen nicht zu verzeichnen oder mißzuverstehen, ja dazu führt, Tatsachen überhaupt erst als solche in Augenschein nehmen zu können und einem übergreifenden Aspekt einzuordnen. Gehlen strebt dementsprechend nicht eine direkte Einwirkung auf die Überzeugungen anderer an. Er fordert nicht im Namen einer »tieferen Wahrheit« Gefolgschaft und verlangt nicht unter Berufung auf die »höhere Wahrheit«

[23] Gehlen, MuH, 10.

[24] Gehlen, MuH, 16.

Nachvollzug. Er setzt vielmehr auf die Leistungsfähigkeit seiner Hypothese und ihre Eignung, anstehende Probleme zu bewältigen. Gehlen möchte auf jeden Fall die Kollision mit Erfahrungen vermeiden, wie sie bei pseudowissenschaftlichen Ideologien immer dann eintritt, wenn diese ihre Bühnenwelt für die tatsächliche halten und der Pappkarton der Versatzstücke und Kulissen von der Wirklichkeit umgeblasen wird.

Unsere methodischen Erwägungen mögen abstrakt anmuten, sind aber, wie sich zeigen wird, von großer Wichtigkeit, denn sie verbürgen, daß der Prozeß der Selbstentdeckung des Menschen vorangetrieben wird. Im Unterschied zu den beiden Auffassungen des 19. Jahrhunderts, die sich einander gegenseitig die Existenzberechtigung absprechen, Auffassungen, die wir oben beschrieben haben und die vielen Menschen des 20. Jahrhunderts zeitgemäß erschienen sind, ja, die im 20. Jahrhundert erst ihre weltweite Verbreitung gefunden haben, bietet Gehlen ein Modell, das die Forschung über den Menschen wieder frei macht von verengenden Aspekten. Die *eine* der bisherigen Auffassungen setzte das Wesen des Menschen im sozialisierten Gemeinmenschen an, die *andere* behauptet die radikale Unbestimmbarkeit des Menschen und formulierte im Blick auf den »Egoisten«, den »Einzigen«, den »Eigner« geradezu: »Du bist Unmensch, und darum bist du vollkommen Mensch.«[25] *Gehlens Modell* erlaubt es, ohne Aussagen über das sog. definite Wesen des Menschen zu machen oder aber über die Nichtfaßbarkeit des sog. indefiniten Wesens des Menschen zu sinnieren, der ein Unwesen, ein Unmensch ist, eine *Gesamtwissenschaft vom Menschen* aufzubauen.[26]

Der Gedankengang Gehlens ist von überraschender Einfachheit und mag daher manchem wie das Ei des Kolumbus, also erkenntnispraktisch effektiv und nicht mehr wie der Stein der Weisen, also erkenntnistheoretisch suspekt vorkommen. Gehlen stellt die *Frage*: Wie kann sich ein somatisch so beschaffenes Lebewesen wie der

[25] Max Stirner, Recensenten Stirners. Entgegnung an Feuerbach, Szeliga und Hess 1845. In: Max Stirner's Kleinere Schriften und seine Entgegnungen auf die Kritik seines Werkes: »Der Einzige und sein Eigenthum« aus den Jahren 1842-1848, hrsg. von John Henry Mackay, 2., durchges. und sehr vermehrte Aufl., Treptow bei Berlin 1914, 367. Vgl. Max Stirner, Der Einzige und sein Eigenthum, 194 f.

[26] Arnold Gehlen, Zur Systematik der Anthropologie (1942), in: Studien zur Anthropologie und Soziologie, 2. Aufl. Neuwied/Berlin 1969, 21. (= ZSdA). Vgl. auch A. Gehlen, Gesamtausgabe, Bd. 4, siehe Anm. 8.

Mensch am Leben erhalten? Welches sind die Bedingungen, unter denen der Mensch sich am Leben erhält, d.h. lebt und überlebt?[27] Man hat diese Fragestellung eine »biologische« genannt, und dies mit Recht, denn die Frage nach den Umständen, »wie ein somatisch bestimmt charakterisiertes Wesen sich am Leben erhält«,[28] ist biologisch orientiert. Wenn man aber ein biologisches Verfahren im engeren Sinne von einem Verfahren unterscheidet, das, wie das Gehlens, dem empirischen Bedingungen nachfragt, die *menschliches* Leben am Leben halten, dann fragt man folglich gewissermaßen bio-logisch, also nach der *Logik* menschlichen Lebens und Überlebens.

Gerade der wissenschaftliche Vergleich zwischen der Lebensausstattung des Menschen im Unterschied zu der des *Tieres* zeigt, daß - um nur einige Charakteristika zu nennen - der Mensch, wie schon Herder bemerkt hat, im Blick auf die mangelhafte Instinktausstattung eher als »Mängelwesen«[29] angesprochen werden muß. Während die Tiere durch Schlüsselreize passend auf die arteigene Umwelt bezogen und in ihr eingepaßt sind, erfährt sich der Mensch als an die Umwelt Ausgelieferter und darüber hinaus sogar als in der Welt, ja, in unterschiedlichen Welten Ausgesetzter. In Abhebung zum Tier, das in die Natur einbezogen ist und von ihr gewissermaßen getragen wird, muß der Mensch erst in eine sich selbst genügende Natur »Inseln methodischer Veränderung« hineinarbeiten, »um die Natur zu nötigen, ihn zu tragen«[30]. Gerade weil der Mensch, wie schon Nietzsche formuliert hat, das »noch nicht festgestellte Tier« ist,[31] also nicht eingepaßt ist, sondern sich stets gezwungen sieht, seine Existenzbedingungen überhaupt erst zurechtzuschustern, in die Natur also gewissermaßen einen Umkreis hineinzuschneiden, der sein Überleben garantiert, erweist sich der Mensch als konstitutionell riskiertes Lebewesen, das bei

[27] Gehlen, ZSdA, 25.

[28] Gehlen, ZSdA, 36.

[29] Gehlen, ZSdA, 36.

[30] Gehlen, ZSdA, 21.

[31] Friedrich Nietzsche, Jenseits von Gut und Böse. Vorspiel einer Philosophie der Zukunft, in: Werke in drei Bänden. Hrsg. von Karl Schlechta. 2. Aufl. München 1960, 2. Bd., 623. Zur Genealogie der Moral, idem, 862: Der Mensch ist »unfestgestellter als irgendein Tier sonst«. Gehlen, ZSdA, 24.

einer ihm wesentlich bleibenden Gefährdung auf sich selbst gestellt ist.[32]

Alles das, was Menschen unternehmen, um dieser konstitutionellen Riskiertheit nicht zum Opfer zu fallen, nennt Gehlen »*Handlung*«, und er faßt unter diesem Schlüssel-Terminus nicht nur die praktischen Handgreiflichkeiten, sondern auch die theoretischen Begriffe, nicht nur das Betasten, sondern auch das Begreifen, nicht nur die Sach-, sondern auch die Vorstellungsmittel zusammen, kurz alles, was dazu dient, diejenige »voraussehende, planende Veränderung der Wirklichkeit« vorzunehmen,[33] die ein Überleben überhaupt erst ermöglicht. Gehlen nennt diesen Inbegriff auch »*Kultur*«, und es liegt auf der Hand, daß er die Kultur dementsprechend im umrissenen bio-logischen Sinn zu den »physischen Existenzbedingungen des Menschen« zählt.[34]

Was nun diese Bedingungen betrifft, so geht Gehlen nicht wie die von ihm abgelehnten krypto-metaphysischen Ideologien vor, die jeweils *ein* Merkmal des Menschen *rein begrifflich* isolieren und es dann für die einzig entscheidende »Ursache« des ganzen Komplexes ausgeben, nicht ohne dabei ihre Reduktion durch hochgeschraubte Ansprüche zu vertuschen. Gehlen möchte, daß der Begriff der Ursache aus allen nicht experimentellen Wissenschaften verschwindet, weil er genau von dem ablenkt, worauf es ankommt, und zwar den »*Zusammenhang von Bedingungen*« aufzudecken, die in *wechselseitiger Abhängigkeit* stehen. Konkret bedeutet das: Wer, wie beispielsweise Karl Marx, die Wirtschaftsverfassung für die *Ursache* der kulturellen Erscheinungen ausgibt, treibt Metaphysik.[35] Wer jedoch versucht, den Zusammenhang von Bedingungen erkennbar zu machen, obige Feststellungen beispielsweise so zusammengehen läßt, daß der Zusammenhang ersichtlich wird, etwa: »Der Mensch, organisch unspezialisiert und reizoffen, ist keiner spezifischen Naturkonstellation angepaßt, sondern hält sich in beliebigen solchen durch planende Veränderung des Vorgefundenen und durch Orientierungsleistungen (Denken, Interpretationen, Interpolationen, vorstellende Neukombinationen usw.)«[36],

[32] Gehlen, ZSdA, 21 f.

[33] Gehlen, ZSdA, 20.

[34] Gehlen, ZSdA, 27; vgl. 30.

[35] Gehlen, ZSdA, 25 u. 58 ff.

[36] Gehlen, ZSdA, 33.

der setzt jedes des nachweisbaren Phänomene in die Reihe der Bedingungen, die das »handelnde Wesen«, sprich den Menschen, ausmachen.[37]

An die Stelle verabsolutierter Merkmale und entsprechender ideologischer Doktrinen: hie der sozialisierte Mensch, dort der Stirnersche Eigner, auf die es in puncto Anthropologie einzig und allein ankomme, ist der Aufweis der »Ganzheit« des Menschen getreten, seine Selbstentdeckung und Selbstbegegnung als »handelndes Wesen«, eines Wesens also, das von Natur aus ein Kulturwesen ist.[38] Anders ausgedrückt: »Die Kultursphäre ist gerade die Natursphäre des Menschen.«[39]

Methodisch gesehen bedeutet dies: Weder ist die physische Riskiertheit die *Ursache* für die geistige Bewußtheit, noch gibt die geistige Bewußtheit die *Ursache* für die physische Riskiertheit ab. Beide gehören in den Zusammenhang von Bedingungen hinein, d.h. Bewußtheit und physische Riskiertheit erklären sich *gegenseitig*. So geht auch beispielsweise die Plastizität der menschlichen Antriebe Hand in Hand mit der Weltoffenheit, also der Fähigkeit, »sich an der Erfahrung zu orientieren«[40]. Alle diese Charaktere gehören zusammen. Keiner vermag als alleinige Ursache für andere zu fungieren. Nur wenn die gesamte Organisation des Menschen von der Handlung her verständlich gemacht wird,[41] besteht die Aussicht, daß wir »eine übersehbare und in sich zurücklaufende Reihe von Bedingungen bekommen«, die die »Ganzheit« des Menschen ausmißt, mathematisch ausgedrückt: »Ohne A kein B, ohne B kein C, ohne C kein N, ohne N kein A.«[42] Soviel zur grundlegenden *1. Phase* des Denkens von Gehlen.

Hinsichtlich der *2. Phase* im Lebenswerk von Gehlen, der Entwicklung seiner soziologischen Institutionenlehre, die durch sein Buch »Urmensch und Spätkultur«[43] markiert wird, kann ich mich

[37] Gehlen, ZSdA, 51.

[38] Gehlen, ZSdA, 51. Vgl. MuH, 9, 165.

[39] Gehlen, ZSdA, 34.

[40] Gehlen, ZSdA, 54, 56.

[41] Gehlen, ZSdA, 20.

[42] Gehlen, ZSdA, 51 f.

[43] Arnold Gehlen, Urmensch und Spätkultur. Philosophische Ergebnisse und Aussagen, 4. Aufl. Bonn / Frankfurt am Main 1956. (= UuS).

kurz fassen: Von der Geborgenheit des Tieres hebt sich die grundsätzliche Ungeborgenheit des Menschen ab. Weil dem Menschen eine festgelegte, ihn straff leitende erste Natur fehlt, sieht er sich genötigt, die bedrängenden Situationen des Daseins in einer »zweiten Natur«, in einer entlasteten Welt, in *seiner* Welt, in der »Kultur« zu bewältigen, sich also wegen fehlender Stabilisatoren selbst Institutionen aufzubauen.

Hier wird das Problem thematisch, das als folgerichtige Weiterführung von Andeutungen und Fragen verstanden werden kann, die Gehlen bereits in der 4. Auflage seines Hauptwerkes »Der Mensch« angemerkt hatte. Wie kommt der Mensch dazu, trotz der aus »Instinktreduktion«, »Unstabilität«, »unwahrscheinlicher Plastizität« und »Versehrbarkeit seines Wesens« sich ergebenden Ungeborgenheit, die Belastungen seines Daseins zu bestehen? Es ergibt sich also die Frage nach dem, was als eine quasi-instinktive Stabilisierung verstanden werden kann. Das heißt: Rolle und Rang der »Institutionen« (Staat, Familie, wirtschaftliche, rechtliche Gewalten usw.) müssen untersucht werden, sind sie es doch, die nicht nur den Einzelmenschen entlasten und ihm den nach Gehlen einzig möglichen »Halt« geben.

In einer Zeit wie der unsrigen, in der vielerorts ein hemmungsloser Subjektivismus zum selbstverständlichen Stil der Stil-losigkeit einer Spätkultur geworden ist und in der der Zerfall von Institutionen und der Abbau von Institutionen (zumal in der westlichen Welt) aufdringlich als allgemeines Merkmal des Zeitgeistes den Alltag bestimmt, entwickelt Gehlen eine interessante, ja im prägnanten Sinne des Wortes lebensnotwendige, weil zum Überleben notwendige »Philosophie der Institutionen«.[44] Auf sie kann hier nicht eingegangen werden.[45]

[44] Gehlen, UuS, 9.

[45] Vgl. Richard Wisser, Zurück zur Kultur, in: Zeitwende, die neue furche, XXXXI, 9, Hamburg 1960, 627-630.

- Die sozialregulativen Ethosformen einer »pluralistischen Ethik«

Abschließend noch ein Wort zur *3. Phase*, die ich anhand von Gehlens letztem Buch »Moral und Hypermoral« kurz umreißen möchte. Gerade dieses Buch ist von der Kritik und der »Ressentimentkritik«[46] unterschiedlich eingestuft und eingeschätzt worden. Jürgen Habermas, der den »politischen Stammtisch eines aus dem Tritt geratenen Rechtsintellektuellen« entlarven möchte, nennt es drastisch verniedlichend das »Satyrspiel« auf die »Kulturrevolution der letzten Jahre«, durch das Gehlen »als Gegenstück zu den modischen Selbstverbrennungen den Gestus der Selbstversteinerung übt«.[47] Rudolf Augstein möchte Gehlens »vorgebliche Wissenschaft« als eine »Zettelkasten-Orgie, eine mit Zitaten gespickte Provokation« entschleiern. Er behauptet: »Wer immer auf einen Kleinen eindrischt - USA in Vietnam, UdSSR in Prag -, hat Gehlens Wohlwollen.«[48] Arend Kulenkampff hält Gehlens Position für eine Art von »sittlichem *credo quia absurdum est*« und ihn selbst für einen »Ruinenmaler von hohem Rang, sozusagen den Piranesi der Institutionen«.[49] Helmut Schelsky dagegen, Schüler und Freund Gehlens, will es als ein gewichtiges Werk über die »Ursachen des Verfalls von Staatlichkeit in der westlichen Welt« angesehen wissen, »mit dem Gehlen die geistige und politische Offensive gegen die in politische Heilsreligiosität umgeschlagene Aufklärung« eingeleitet habe.[50] Das, was an solchen Formulierungen »dran« ist, sollte nicht dazu verleiten, alle Aussagen Gehlens ins Zwielicht modischer Ideologien oder politischer Meinungsmache zu bringen.

[46] Max Scheler, Das Ressentiment im Aufbau der Moralen, in: Gesammelte Werke, Bd. 3: Vom Umsturz der Werte. Abhandlungen und Aufsätze, hrsg. von Maria Scheler, 4. Aufl. Bern 1955, 44.

[47] Jürgen Habermas, Nachgeahmte Substanzialität. Eine Auseinandersetzung mit Arnold Gehlens Ethik, in: Merkur, XXIV, Stuttgart 1970, 313 f.

[48] Rudolf Augstein, Wir Mundwerksburschen. Arnold Gehlens antiintellektuelle Wissenschaft, in: Der Spiegel, XXIV, 23, Hamburg 1970, 172, 173.

[49] Arend Kulenkampff, Arnold Gehlen. Moral und Hypermoral, in: Neue Rundschau, 81. Jg. 1970, 393, 395. Vgl. derselbe, Über einige problematische Aspekte der Institutionenlehre Arnold Gehlens, Echzell 1971.

[50] Vgl. Nachruf in der Frankfurter Allgemeinen Zeitung (3.2.1976).

Ich möchte hier nicht auf Katzbalgereien eingehen, für die Gehlen selbst in gewissem Sinne verantwortlich ist,[51] weil er nicht nur die Journalisten wegen ihrer »Mundwerksburschen-Frivolität«[52] herausfordert, sondern auch den Zeitgeist an seiner empfindlichsten Stelle, am ideologischen Größenwahn, angreift und überhaupt sich in einer nur dem Schein nach enttabuisierten Gesellschaft wie ein Elefant im Porzellanladen gebärdet. Ich will statt dessen andeuten, inwiefern der Prozeß der Selbstentdeckung des Menschen auch und gerade in diesem Buch auffällig in ein neues Stadium getreten ist.

Ganz im Sinne des bisher Ausgeführten mischt sich Gehlen nicht unter diejenigen, die ethische Grundsätze normativ allgemein oder metaphysisch absolut begründen möchten. Und er läßt sich auch nicht auf Diskussionen ein, in denen diese oder jene Ethosform für die einzig wahre ausgegeben wird. Es geht Gehlen nicht um schulmeisterliche Benotung oder larmoyante Besserwisserei, die sich anmaßt, sittlichen Verfall festzustellen, und die ihn ursächlich auf die Nichtbeachtung ewiger Werte oder absoluter Gebote zurückführt oder dem weltanschaulichen Gegner in die Schuhe schiebt. Gehlen macht keinen Hehl daraus, daß er »eine Ethik 'aus einem Guß'« für eine »überspannte Metapher der Wirklichkeit« hält. Was lediglich eine kulturelle Stilisierung des Denkens, Fühlens und Verhaltens darstellt, ein Ethos, kann stets nur aus einer bestimmten kulturellen und politischen Lage heraus eine gewisse Plausibilität beanspruchen[53], und die ideologische Hochrechnung, die versucht, eine allgemein verbindliche Ethik daraus zu machen, kommt über Spiegelfechterei nicht hinaus.

Dementsprechend läßt Gehlen denjenigen Ethosformen, die heute den Mund am vollsten nehmen, dem sog. *Humanitarismus* und dem sog. *Masseneudaimonismus*, die Luft ab. Unter Humanitarismus, eine Bezeichnung, die Gehlens Lehrer Max Scheler eingeführt hat,[54] versteht Gehlen eine aus dem familienbezogenen ethi-

[51] Richard Wisser, Arnold Gehlens »Pluralistische Ethik« oder Vom Labyrinth antagonistischer Ethosformen, in: Aeropag, VI, 1. Mainz 1971, 6-18.

[52] Gehlen, MuH, 118, 179.

[53] Gehlen, MuH, 10.

[54] Max Scheler, Das Ressentiment im Aufbau der Moralen (IV. Ressentiment und moderne Menschenliebe), in: Gesammelte Werke, Bd. 3, Bern 1955, 96. Vgl. derselbe, Die christliche Liebesidee und die gegenwärtige Welt. In: Vom Ewigen im Menschen, Gesammelte Werke, Bd. 5, Bern 1954, 364, 365-371. Siehe auch die Dissertation meines Schülers Egon Haffner, Der »Humanitarismus« und die

schen Verhalten abgeleitete Erweiterung dieses Ethos', und zwar »die zur ethischen Pflicht gemachte unterschiedslose Menschenliebe.«[55] Und als Masseneudaimonismus bezeichnet Gehlen die »Ethisierung des Wohlstandes«[56], durch die Wohlbefinden und Glück zu etwas hochstilisiert werden, das für etwas von jedermann Einklagbares ausgegeben wird. Ist erst einmal das Wohlleben zur Sollforderung erhoben, die alles Dawiderstehende anklagt,[57] und ist erst einmal die auf Nahoptik eingestellte Nächstenliebe zur Fernstenliebe überdehnt,[58] dann wird jeder verteufelt, der nicht ins gleiche Horn stößt, in die Schalmei des Humanitarismus, in die Fanfare des Masseneudaimonismus.

Die Frage, ob es gegenüber Lebewesen wie Menschen überhaupt möglich, geschweige ihnen zuträglich ist, von ihnen eine »allgemeine Verpflichtung Aller an eine abstrakte, nicht mehr im Anschaulichen aufgehende Struktur« zu fordern und sie zur humanitaristischen Solidarität über ganz erstaunlich weite Strecken hinweg zu verpflichten,[59] wird ebensowenig gestellt wie die Frage, ob eine Ethik wie die des Masseneudaimonismus, die das größte Glück der größten Zahl verwirklichen möchte, nicht zu einer Hypertrophie des privatisierten Wohlstandes führt, die das »Organ für die Risiken« verkümmern läßt[60] und eine Gesellschaft heraufbeschwört, die »nicht allen Herausforderungen gewachsen ist, denen eine Gesellschaft sich ausgesetzt sehen kann«.[61]

Aus dem Gesagten ergibt sich zweierlei: 1. Gehlen, dem es um die Selbstentdeckung des Menschen geht und nicht um diese oder jene *absolut* gesetzte *Bestimmung* des Menschen oder um die schlankweg behauptete *totale Unbestimmbarkeit*, stößt bei soziologischer Analyse der in unserer Zeit durcheinanderlaufenden und sich überlagernden ethischen Verhaltensweisen auf *mehrere*, von

Versuche seiner Überwindung bei Nietzsche, Scheler und Gehlen, Würzburg 1988.

[55] Gehlen, MuH, 79.

[56] Gehlen, MuH, 66.

[57] Gehlen, MuH, 61.

[58] Gehlen, MuH, 88 f.

[59] Gehlen, MuH, 89.

[60] Gehlen, MuH, 69.

[61] Gehlen, MuH, 68.

einander unterscheid- und abhebbare *Ethosformen*. Zu ihnen müssen neben und außer dem schon charakterisierten Humanitarismus und dem Masseneudaimonismus noch das sog. »Ethos der Gegenseitigkeit« und das »Ethos der Institutionen« gezählt werden.[62] Ersteres meint ein Ethos, das durch Reziprozitätsmechanismen unter Menschen Ordnung aufrechterhält, also etwa durch Vergeltung oder Austausch,[63] anders ausgedrückt: durch das »do ut des« und das »Aug' um Auge, Zahn um Zahn«. Und schließlich das »Ethos der Institutionen«[64], das vornehmlich durch das heute allerdings in dem, was man den Westen nennt, weitgehend geächtete Staatsethos repräsentiert wird, versucht, gerade weil der Mensch nicht weiß, was er ist, sich also nicht direkt verwirklichen kann, den einzelnen durch Institutionen mit sich zu vermitteln.[65]

Es unterliegt keinem Zweifel, daß Gehlen das Institutionen-Ethos, das aus bekannten Gründen seit längerer Zeit gerade auch in der Bundesrepublik Deutschland nicht gerade ausgeprägt ist, aufzuwerten sucht. Obendrein beleuchtet Gehlen vornehmlich die Gefahren, die im momentan verbreiteten Luxus stecken, Institutionen, also Stabilisatoren, die wegen der inneren Instabilität des fast grenzenlosen menschlichen Antriebslebens unabdinglich sind, abzubauen. Es muß aber doch mit allem Nachdruck zweitens Folgendes festgestellt werden: Gehlen, der seine Sympathie für das Staatsethos an keiner Stelle kaschiert oder versteckt, springt über den eigenen Schatten und deckt auf, daß *alle vier* Ethosformen in der Konstitution des Menschen verwurzelt und aus ihr heraus zu verstehen sind. Sie stellen, wie Gehlen es nennt, »Sozialregulationen« dar,[66] bedingt sowohl von der reduzierten und instabilen menschlichen Instinktausstattung als auch von konkreten Situationen, geschichtlichen Konstellationen, traditionellen Verhaltensweisen.[67]

[62] Gehlen, MuH, 47.

[63] Gehlen, MuH, 59.

[64] Gehlen, MuH, 47 f.

[65] Gehlen, MuH, 100.

[66] Gehlen, MuH, 38.

[67] Gehlen, MuH, 9. Vgl. die Dissertation meines Schülers Bartol Tunjić, Sozialregulation und Kulturentwicklung. Bezugspunkte für eine pluralistische Ethik, Frankfurt am Main 1976.

Schon in seinen Grundsätzen »Zur Systematik der Anthropologie« von 1942, die eine »Darstellung des anthropologischen Modells« sind, mit dem der Verfasser seit dem Jahre 1940 operiert[68] und das die Konsequenz seiner kulturanthropologischen Grundlegung »Der Mensch« darstellt, hat Gehlen »Moralen« als »Antriebsorientierungen von jeweils sehr verschiedener Aufbauordnung« angesprochen.[69] Er hat sie mit der bio-logischen Verfassung des Menschen in Beziehung gebracht und als »Existenzbedingungen« des Menschen charakterisiert, die aber trotz ihrer tatsächlichen Notwendigkeit für das Überleben und Leben des Menschen von einer nur »prekären Gültigkeit« sind,[70] d.h. keinen Anspruch auf absolute Geltung erheben können.

Nimmt man diese Überlegungen ernst und disputiert man die Tatsache, daß einzelne Moralsysteme sich »gegeneinander exklusiv verhalten«[71], nicht aus der Welt, anders gesagt, kehrt man nicht, was nicht ins eigene System paßt, unter den Teppich bzw. verteufelt man es nicht, weil man sich selbst für heilig hält, dann wird verständlich, was als die entscheidende These von Gehlens letztem Werk überdacht werden muß und nicht über der jeweils unterschiedlichen subjektiven Reaktion auf Gehlens Brillantfeuerwerk der Aperçues und Sentenzen übersehen werden sollte: Die heute feststellbaren Ethosformen, die von Gehlen in ihrem geschichtlichen Zustandekommen und in ihrer Entwicklung essayistisch *beschrieben* und, insofern sie radikalisiert zur Hypertrophie ausarten und als einzig wahre und richtige, als »reine Ethik« gegenüber der Realität sperrig werden, auch *kritisiert* werden, können *alle* keinen Anspruch erheben, unfehlbar zu sein. Gehlen drückt dies so aus, daß er von einem »ethischen Pluralismus«[72] bzw. im Blick auf sein Buch von »einer pluralistischen Ethik« spricht.

Will man im Sinne Gehlens der Selbstentdeckung des Menschen nicht vorschnell durch Rückgriff auf gehabte Definitionen und unter Nutzung ihnen Nachdruck verleihender Gewaltsysteme den Rücken kehren, dann muß man sich mit Gehlens Auffassung

[68] Gehlen, ZSdA, 341.

[69] Gehlen, MuH, 22.

[70] Gehlen, MuH, 23 f.

[71] Gehlen, MuH, 23.

[72] Gehlen, MuH, 10.

auseinandersetzen, daß zur Selbstentdeckung des Menschen entscheidend die Einsicht beiträgt: Bei den geschilderten Ethosformen handelt es sich um »verschiedene Grundformen sozialregulativer Impulse und Appelle samt ihren inneren Gegensätzen«[73]. »Es gibt *mehrere* Fundamente der Moral, mehrere Quellen des Sollens, die durchaus unabhängig, ja sogar miteinander unverträglich sind.« Anders ausgedrückt: Letzte Instanzen der Moral, die allesamt ihre bio-logische Entsprechung haben, neigen dazu, bei jeweiliger Radikalisierung ungeheuere Aggressionspotentiale zu enthemmen und freizusetzen. Positionen, die normalerweise im alltäglichen Durcheinander bei »gehöriger Toleranzbreite der Konzessionen« und einer verbreiteten »Geneigtheit zum Wegsehen« nicht zur Kontroverse führen,[74] werden in Zeiten »moralhypertropher Aufgeregtheit« und radikalisierter Moral zum Stein des Anstoßes. Sie können dann eine Explosivität erlangen, die im Blick auf das Leben und Überleben der Menschen Alarmstufe 1 erforderlich macht.

Worin also besteht Gehlens Beitrag zur Selbstentdeckung des Menschen? Gehlen hat deutlich gemacht, daß ein Verantwortungsbegriff anachronistisch ist, der vermeint, sich durch die sog. Einsicht in die geschichtliche Notwendigkeit ein reines Gewissen verschaffen zu können und der im Namen eines fiktiven Gemeinmenschen mit dem einzelnen nach einem Totalplan umspringt, daß anachronistisch aber auch ein Verantwortungsbegriff ist, der einzig im Eigner, im Ich des Stirnerschen Einzigen verwurzelt, auf das Gewissen pfeift und als Egoist unter Egoisten ins Blaue hineinzuleben für das einzig Richtige hält. Gehlen macht deutlich, daß es zwischen den »von Grund aus verschiedenen ethischen ›Programmen‹« immer »virtuelle, meist vom Filz der Geschäfte des Alltags überdeckte Spannungen« gibt, die »in Grenzsituationen bis zur unversöhnlichen Feindschaft heraustreten« und enorme Aggressionen freisetzen,[75] daß aber keine dieser Ethosformen eine absolute Gültigkeit beanspruchen kann. Gerade deshalb werden die Wucht und das Gewicht des inneren Konflikts, in den ein Volk, aber auch der einzelne geraten kann, wenn ethische Positionen »sich zerreißend polarisieren«[76] und der Konflikt in die selbe Seele

[73] Gehlen, MuH, 10.

[74] Gehlen, MuH, 41.

[75] Gehlen, MuH, 168.

[76] Gehlen, MuH, 171.

fällt,[77] in »dasselbe Herz«[78] und es zu zerreißen droht,[79] unerträglich. Es gehört zur Selbstentdeckung des Menschen, sich der Einsicht in die Unlösbarkeit des Widerstreits der letzten Instanzen zu stellen, ohne jeweils die eine oder die andere leichtfertig in den bloßen »Gesinnungsraum« vorzuverlegen, sie dort absolut zu setzen und dadurch zu entleeren.[80]

Gehlen hat deutlich gemacht, daß nichts gefährlicher ist - und dies auch und gerade im Zeitalter der Vernichtungswaffen - als, befangen in der Hypertrophie *einer* Ethosform, 1. die zum Leben und Überleben des Menschen notwendige Wachsamkeit zu verlieren und 2., statt der Riskiertheit des Menschen ins Auge zu sehen - aus der heraus er immer wieder seine Chance wahrzunehmen vermag -, definierten Antworten über sein vermeintliches »Wesen« oder utopischen Vorstellungen über sein vermeintliches »Unwesen« sich zu überantworten. Wem es gelänge, ohne Gehlen zu umgehen und ohne sich im »Meinungs-Slalom« der Rhetoren und Politologen zu bewegen[81], den Widerstreit der letzten Instanzen nicht nur auszutragen, sondern zum Beispiel als Ausdruck der »kritisch-krisischen Grundbefindlichkeit des Menschen« strukturell zu durchleuchten, und zwar ohne in eine vorkritische Einheits-Metaphysik oder aber in doktrinär-ideologische Parteinahme zu verfallen, der brächte den Prozeß der Selbstentdeckung des Menschen auf einen neuen Stand.

[77] Gehlen, MuH, 171 f.

[78] Gehlen, MuH, 38, 92, 100, 114.

[79] Gehlen, MuH, 123.

[80] Gehlen, MuH, 154.

[81] Gehlen, MuH, 92.

Kritik und Krise als Wege zum Selbstverständnis des Menschen

Zwei Seiten einer Medaille?

Nicht wenige Zeitgenossen vertreten heute übereinstimmend die Auffassung, *Krisen*, wie sie sich derzeit in vielen Bereichen abspielen, seien Konsequenzen eines wesentlichen Versäumnisses, seien die Folge mangelnder *Kritik* an institutionalisierten Verhältnissen und an Zuständen, die den tatsächlichen Gegebenheiten und den inzwischen eingetretenen Veränderungen nicht mehr entsprechen. *Krisen*, so sagen viele, sind die Quittung für Unterlassungssünden, allen voran für den selbstmörderischen Verzicht auf Selbstkritik und für die gesellschaftliche Abkapselung gegenüber der Kritik durch andere. *Krisen* sind folglich *kritikdefizitär* und selbstverschuldete Spätfolgen der absentia critici.

Nicht wenige Zeitgenossen vertreten heute allerdings allenthalben die entgegengesetzte Auffassung über die Entstehung und die Einschätzung von *Krisen*. Sie halten dafür, daß just ein *Übermaß* an Kritik, nicht also das Zuwenig der Kritik, sondern das Zuviel Zustände verursacht habe, bei denen nur noch die Labilität konstant und die Stabilität vakant geworden sei. Eingetretene *Krisen* könnten daher, so wie sie durch *Kritik* herbeigeredet worden seien, nur durch eine zum Schweigen gebrachte *Kritik* aus der Welt geschafft werden. *Krisen* sind solcher Meinung zufolge also kritikverschuldet, sind Konsequenzen der praesentia critici.

Nun ist es nicht nur im alltäglichen Leben witzlos, wenn zwei Meinungen oder Parteinahmen ihre Originalität lediglich der Umkehrung der Argumentation des Gegners verdanken, wobei jeweils der eine den anderen vom Kopf auf die Füße zu stellen trachtet, weil er selbst vermeint, auf dem Teppich zu stehen. Solche feindlichen Brüder übersehen über ihrer Feindschaft leicht, was Nichtverwandten als erstes an beiden auffällt, daß sie nämlich - Brüder sind. Mit anderen Worten: Vielleicht hängen *Kritik* und *Krise* innerlich enger zusammen, als es die jeweilige Denunziation der einen durch die andere - feindlicher Schwestern also - wahrhaben will. Dies zu erkennen, setzt allerdings voraus, daß ein Begriff von *Kritik* und *Krise* gefunden wird, der nicht *Kritik* mit Spitzfindigkeit verwechselt und der nicht *Krisen* für Katastrophen verschreit. Wenn, und ich habe dies zunächst nur durch ein Bild veranschaulicht, durch das Bild von den feindlichen Brüdern respektive Schwestern, wenn *Kritik* und *Krise* innerlich aufeinander bezogen sind, wenn sie verwandt sind und wenn die gegenseitigen Vorwürfe nicht nur das unreflektierte Heckmeck und Hickhack von Nörgelei und Besserwisserei darstellen, dann wird erst von einer Analyse der ursprünglichen Entsprechung von Kritik und Krise aus einer ungemäßen Einschätzung und einem jeweils parteiischen Votum vorgebeugt werden können; denn wenn man *Krisen* nur als Katastrophales zu sehen bereit ist, wird man die Krisenvermeidung zum wichtigsten Punkt der Tagesordnung erheben, und man wird geneigt sein, der *Kritik*, die sich in der *Krise* möglicherweise darstellt, das Maul zu stopfen. Wenn man andererseits *Kritik* nur als Destruktives ins Auge faßt, wird man zur Kritikverdrängung neigen und die *Krise*, die in der *Kritik* vielleicht zu Worte kommt, mit allen Mitteln aus der Welt reden. Es kann sein, daß man sich in beiden Fällen um Kopf und Kragen bringt, weil erstens *Kritik* zwar *Krisen* hervorzubringen vermag, aber vielleicht das einzige Mittel ist, sie zu wenden, und weil zweitens *Krisen* eine Form von *Kritik* sind, die der Kritik die nötigen Aufgaben vor Augen führt, damit Kritik nicht zum Selbstzweck entartet.

Als Immanuel Kant die traditionellen Gottesbeweise der Kritik unterzog, geriet zwar die rationale Metaphysik in die Krise. Aber es wäre eine Übertreibung, den kantischen Kritizismus, der sowohl dem Skeptizismus wie dem Dogmatismus die Stirn bot, als »Krisizismus« zu verleumden. Der Philosoph Kant hat mit seiner *Kritik* die *Krise* nicht hervorgerufen, sondern aufgedeckt. Und als Karl Barth das säkularisierte Menschenverständnis durch seinen Hinweis auf die »Krisis« kritisierte, worunter er theologisch das Gericht versteht, unter dem Menschen zeitlebens stehen, ging mancher ekklesiologische Erbhof in Konkurs. Aber es wäre eine Übertreibung, wollte man den Barthschen *Krisizismus*, der sowohl dem Naturalismus wie dem Utopismus die Basis entzog, als »Kritizismus« verniedlichen. Der Theologe Barth hat mit dem Hinweis auf die *Krisis*-Erfahrung *Kritik* nicht überflüssig gemacht, sondern in Fluß gebracht.

Kurzum: ein falscher Begriff von Kritik hat ein falsches Verständnis von Krise zur Folge, und eine flache Vorstellung von Krise bringt ein entsprechend flaches Konzept von Kritik zuwege. Wer - gleichgültig in welchem Bereich auch immer - unfähig ist, den *kritischen Unterschied* zu markieren, oder unwillig ist, Scheidungen und Unterscheidungen, ob der mit ihnen verbundenen Krisen willen, zu vollziehen, wird sich in *Krisen Entscheidungen* entziehen und schwertun, den Sinn *krisischer Entscheide* zu erkennen. Mit anderen Worten: Die Verbundenheit von Kritik und Krise, von kritisch und krisisch oder, um es mit einem Wort von Jacob Grimm zu sagen, der »Wechsel von t und s« stellt ein *anthropologisches Problem* ersten Ranges dar. Und wenn auch, wie Jacob Grimm meint, die doppelte Geltung des Adjektivs »*kritisch*« zu Krisis *und* zu Kritik »nur dem griechisch Könnenden deutlich sei«,[1] die Sache, um die es hier geht, geht jeden Menschen an. Ihr gilt es nachzufragen, und es scheint mir vorteilhaft, den Einstand bei der *Kritik* zu nehmen. Nicht zum Zweck der Befriedigung irgendeiner konkreten Kritik über dieses oder jenes und nicht mit der Absicht der Verteidigung dieser oder jener speziellen Krise, sondern im Blick auf das Thema »Kritik und Krise als Wege zum Selbstverständnis des Menschen« stelle ich die These auf: Der Mensch ist als Mensch kritisch-krisisch, oder, um es in Abwandlung eines bekannten Wortes von Schiller zu sagen, der Mensch ist nur da ganz Mensch, wo er - Kritik übt.[2] Dementsprechend geht es nicht an, an einer abstrakt bleibenden Größe, genannt Kritik, herumzumäkeln oder aber sie über den grünen Klee enthusiastisch zu preisen. Wir müssen vielmehr danach trachten, Kritik und Krise als eine Grundbefindlichkeit des Menschen zugleich analytisch in ihren Grundzügen unter die Lupe und synthetisch als Gefüge in Augenschein zu nehmen.

1 Jacob Grimm / Wilhelm Grimm, Deutsches Wörterbuch, 5. Bd., Leipzig 1873, Sp. 2336.

2 Richard Wisser, Die Frage nach dem Menschen, in: Wissenschaft und Weltbild, 24. Jg., Wien 1971, 187 ff. La pregunta por el hombre, in: Anthropologica. Filosofía y Ciencias Humanas, Departamento de Filosofía, N.° 3, Barcelona 1975, 15-35.

1. Philosophen kritisieren Philosophen

Auf welchem Wege aber kommen wir zu der Einsicht, Kritik und Krise als Wege zum Selbstverständnis des Menschen zu erkennen? Steigen wir zunächst in sogenannte philosophische Höhen. Ich möchte nun allerdings das Augenmerk nicht so sehr auf das Inhaltliche schwieriger Positionen lenken, sondern vornehmlich auf den formalen Prozeß ihrer Aufhebung durch Kritik, das heißt auf die Krise von Positionen durch Kritik. Was geschieht, so fragen wir erstens, wenn Philosophen Philosophen kritisieren?

Wenn beispielsweise Immanuel Kant die bislang ungeprüften Voraussetzungen der metaphysischen Erkenntnis, also der Erkenntnis, die über den Bereich menschlicher Erfahrung guten Gewissens, aber unkritisch hinausschreitet, in der sogenannten »Kritik der reinen Vernunft« einer *erkenntnistheoretischen Kritik* unterzieht, indem er nach den Grenzen menschlichen Erkennens und den Bedingungen der Möglichkeiten des Erkennens überhaupt fragt, dann gibt dieses kritische Unternehmen für Hegel nur den Startschuß für eine *neuerliche* Kritik. Hegel kritisiert seinerseits diesen sogenannten erkenntnistheoretischen *Kritizismus* als zu kurzschlüssig, als vorzeitigen Verzicht auf weiter ausholende Möglichkeiten des Denkens. Hegel versucht, Kants Kritizismus in einer übergreifenden Spekulation im Blick auf den in der Geschichte in Erscheinung tretenden Weltgeist, für den alles Menschliche nur Durchgangsstation seiner selbst, also des absoluten Geistes ist, des Geistes Gottes (wie es Hegel vorkommt), durch eine *kritische Kritik* wieder aufzuheben.

Wenn nun in der Folge Hegelianer, etwa Junghegelianer wie »Bruno Bauer und Konsorten«, die von Karl Marx und Friedrich Engels wegen der wirkungslosen Esoterik und wegen des unrealistischen Gehabes allesamt schlankweg als »Die heilige Familie« bezeichnet werden, weil diese unfruchtbar bleibt, beziehungsweise ihr Kind vom absoluten Geist Hegelscher Philosophie empfängt, diese »kritische Kritik« Hegels übernehmen, geben sie ihrerseits den Anstoß dazu, daß Marx zu einer *Kritik* der kritischen Kritik ausholt. Denn wenn der wirkliche Mensch, also das in konkreten Verhältnissen lebende und leidende Individuum, zu einer bloßen Nebensache, bloß zu einem »irdischen Gefäß *der* kritischen Kritik« gemacht wird, »die sich ihm als die *ewige Sub-*

stanz offenbart«, dann zeigt sich darin für Marx eine Verkehrung der tatsächlichen Verhältnisse.

Denn bei solcher sogenannten kritischen Kritik ist Subjekt nicht die Kritik, die das menschliche Individuum übt, »sondern *das unmenschliche Individuum der Kritik* ist Subjekt. Nicht die Kritik ist eine *Äußerung des Menschen*, sondern der Mensch ist eine *Entäußerung der Kritik*«. Das heißt: Marx wirft Hegel und den ihm folgenden Junghegelianern, wirft der »kritischen Kritik« vor, daß sie »völlig außer der Gesellschaft« lebt.[3] Kein Wunder, daß Karl Marx hier die, wie wir sagen, Grundbefindlichkeit des Menschen als des kritischen Wesens lebensgefährlich von einer philosophischen Einstellung bedroht und in die Krise gebracht sieht, die ihn gerade um die dem wirklichen Menschen, dem konkreten, realen, existierenden Menschen anheimgegebene Fähigkeit, Kritik zu üben, betrügt. Auf solche Weise wird dem Menschen sein Eigenstes entwunden. Kein Wunder, daß um eines *»realen Humanismus«*[4] willen, in dem jeder Mensch die ihm als Menschen eigene Fähigkeit zur Kritik um aller anderen Menschen willen auch ausübt, Karl Marx »Die heilige Familie« der kritischen Kritiker bloßstellt und zu einer »Kritik der kritischen Kritik« ausholt; wie dann ja auch der Titel dieser kritischen Kampfschrift von 1845 lautet.

Als Ergebnis dieser vielleicht verstiegen klingenden Potenzierungen des Kritisierens dürfte wohl unübersehbar bereits das Phänomen ans Licht gekommen sein, um das es hier geht: Der Mensch ist nur da ganz Mensch, wo er *Kritik* übt und wo *er* Kritik übt.

3 Karl Marx, Die unkritisch-kritische Masse oder die Kritik und die »Berliner Couleur«, in: Friedrich Engels / Karl Marx, Die heilige Familie oder Kritik der kritischen Kritik. Gegen Bruno Bauer & Consorten, Frankfurt am Main 1845; in: Marx, Werke, Schriften, Briefe, Bd. 1, Frühe Schriften, hrsg. v. Hans-Joachim Lieber und Peter Furth, Stuttgart 1962, 864.

4 Marx, I, Die heilige Familie, Vorrede, 669.

2. Die Umgangssprache und ihre Meinung von der Kritik

Doch schauen wir uns nun in konkreter anmutenden Gefilden nach weiteren Fingerzeigen um. Da ist zweitens die Umgangssprache und ihre - zumeist - schlechte Meinung von der Kritik.[5]

Es ist gewiß keine neue Feststellung, wenn wir sagen: Sehr viele Menschen wenden sich mit einer ungewöhnlich heftigen und schon deshalb - für den Psychologen - verdächtigen Besessenheit gegen alles, was mit dem Wort »Kritik« - und, entsprechend dem Wechsel von t und s, mitgehört »Krise« - zusammenhängt. Gerade weil ich die These vertrete, daß der Mensch als Mensch kritisch ist, dürfen wir die Augen nicht vor der Tatsache verschließen, daß man gemeinhin der Kritik und den Kritikern nicht grün ist, sie als einen Affront betrachtet und einen Affekt gegen sie hat.

Man stellt gerne die Kritik als etwas lediglich Nachträgliches hin, das sich an einem »Werk« vergreift. Kritik wird als etwas Reaktionäres, ja als Aktionäres verleumdet, das heißt, Kritiker sind nach Auffassung vieler Menschen lediglich Miesmacher oder Geschäftemacher. Gewiß, Kritik agiert sichtbar meist aktiv, das heißt, sie nimmt kein Blatt vor den Mund, aber Kritik ist auch - den meisten unsichtbar - bereits am Entstehen und nicht nur an der Wiege des Werkes oder gar erst bei der Taufe, ganz zu schweigen von Beerdigungen und Epilogen, beteiligt. Es stimmt gar nicht, daß Kritik *nur* etwas Nachträgliches ist. T.S. Eliot beispielsweise warnt mit Recht davor, die hervorragende Bedeutung der Kritik in der Arbeit des Schaffens selbst, »die Bemühung des Sichtens, Verbindens, Aufbauens, Tilgens, Verbesserns, Prüfens« zu übersehen. Das sogenannte unbewußte Schaffen erinnert ihn weniger an ein göttergleiches Verhalten als an ein hausbackenes - wie er sagt - »Durchwursteln«.[6] Der Verdacht regt sich bei uns, daß man mit der geläufigen Erklärung der Nachträglichkeit der Kritik ihre Nebensächlichkeit suggerieren möchte.

[5] Richard Wisser, Kritik, in: Didaktische Möglichkeiten der Philosophie. Aufgaben und Wege des Philosophieunterrichts, Neue Folge, H. 6, hrsg. von Dr. Friedrich Borden, Frankfurt am Main 1973, 30 ff.

[6] Thomas Stearns Eliot, Die Leistung der Kritik, in: Ausgewählte Essays, 1917-1947, ausgewählt und eingeleitet von Hans Hennecke, Berlin und Frankfurt am Main 1950, 124 f.

Und doch: Auch wenn man dem Volk in Geschichte und Gegenwart aufs Maul schaut, das heißt, seriöser ausgedrückt, die Umgangssprache berücksichtigt, stellt man eher eine Mißachtung der Tätigkeit des Kritisierens als eine zustimmende Einstellung fest. Bismarcks Wort - ausgerechnet - vor deutschen Studenten in Friedrichsruh: »Geben Sie sich dem deutschen Bedürfnis der Kritik nicht zu sehr hin!«, ist zum geflügelten Wort geworden.[7] Und auch die heute gesprochene Sprache verwendet vornehmlich negative Bezeichnungen, die sich als Reaktionen auf das Anmaßende, Mißvergnügte, Herabsetzende, Hämische, Destruktive der Tätigkeit mancher Kritiker entpuppen und bei denen man sich in Ausdrücken über Kritiker als Kulturmolch, Meckerpott, Pressenörgler, Tintenbengel, Verreißer seinerseits Luft schafft.[8]

Aber auch sogenannte große Geister halten mitunter nicht viel von Kritik. Zwar ist es nicht Goethe, sondern der »Dogmatiker«, den Goethe im Walpurgisnachtstraum des »Faust« auftrumpfen läßt: »Ich lasse mich nicht irre schrei'n,/ nicht durch Kritik noch Zweifel.«[9] Aber dieser Dogmatiker spricht vielen aus der Seele. Und es ist zwar parabolisch gemeint, wenn Goethe 1774 ruft: »Schlagt ihn tot den Hund! Er ist ein Rezensent!« Aber Goethe schreibt doch in den »Maximen und Reflexionen« von seiner Erfahrung mit Kritikern: »Gegen die Kritik kann man sich weder schützen noch wehren; man muß ihr zum Trutz handeln, und das läßt sie sich nach und nach gefallen.«[10] Auch der für besonnen geltende Matthias Claudius gibt in seiner Spruchweisheit »Ein silbern ABC« den wohlgemeinten Rat unter dem Buchstaben V: »Vor Kritikern hüte dich; wer Pech angreift, besudelt sich«. Und damit es nur ja beherzigt wird, schreibt er unter dem Buchstaben W: »Wer Pech angreift, besudelt sich; vor Kritikern hüte dich.«[11]

7 Franz Freiherr von Lipperheide, Spruchwörterbuch, 3. Aufl., Berlin 1934, 475 (Otto von Bismarck, 1. April 1895).

8 Heinz Küppers, Wörterbuch der deutschen Umgangssprache, Bd. IV, Berufsschelten und Verwandtes, Hamburg 1966, 275.

9 Goethe, Faust I (1808), Walpurgisnachtstraum, Vers 4343/4.

10 Goethe, Maximen und Reflexionen, 2. Abteilung (1821-1826), Cotta-Ausgabe, Bd. 38, 287; Bd. 53, 114.

11 Matthias Claudius, ASMUS omnia sua SECUM portans oder Sämmtliche (!) Werke des Wandsbecker Boten. Ein silbern ABC, I, 7, in: Werke, 1. Bd., 9. Aufl. Gotha 1871, 61.

Immer unabweisbarer fordert die uns derzeit leitende Frage: Warum all diese heftige Abneigung der Kritik? eine Antwort. Meist ist diese Art Kritik an der Kritik Angriff auf das »Kritische« an der Kritik, und hier schwingt wieder die Bedeutung von Krise, von In-die-Krise-Bringen, von krisisch mit, das als zersetzend, ätzend, schädigend, als »jüdisch«, intellektuell, artfremd, kurzum als destruktiv verleumdet wird. Etwas Positives, Reines, Klares, Hehres, Heilsames, Heiles, das Wahre, Gute und Schöne, kurzum ewige Worte und Werte, etwas Greifbares, an dem Kritik sich vergreift, werden, so will es scheinen, durch den kritischen Geist, durch den Geist, der stets verneint, bedroht.

Nun ist es aber eine Erfahrungstatsache, daß der, der sich und seiner Sache wirklich sicher ist, sich Kritik gegenüber gelassen verhält und sich nicht zu Ausfällen hinreißen läßt. Sollten also vielleicht die so sicher sich Gebärdenden nur deshalb so unnachgiebig gegen die Kritiker sein, weil sie sich und ihrer Sache gar nicht so sicher sind? Entstammt die unterstellte oder vorgespielte Sicherheit vielleicht gerade einer als bedrohlich empfundenen, vielleicht verdrängten Unsicherheit, der Angst vor der aus dem Abgrund latent drohenden Krise?

Wenn dem so wäre, dann ließe sich der Dogmatismus des fest Behaupteten, der sich in der anti- oder akritischen Haltung ausdrückt, als Reflex deuten, um dem relativistischen Skeptizismus zu entgehen, der sich an allem und jedem vergreift, was dem Dogmatismus am Herzen liegt. Dies würde die Hektik und Beschränktheit erklären, mit der die Dogmatiker auf der einen Seite sich an Strohhalmen anklammern, und es würde zugleich die Verzweiflung und Not der Skeptiker auf der anderen Seite verständlich machen, die alles in Zweifel ziehen und die sich lieber der totalen Unsicherheit, d.h. dem unter solchen Umständen noch Sichersten anvertrauen.

3. Kritik vermeintlicher Sicherheit - das Los des Menschen ?

Leuchtet man hinter die Kulissenwelt des Dogmatismus und des Skeptizismus, dann entdeckt man - und ich komme damit zu einem dritten Punkt -, daß die Kritik vermeintlicher Sicherheit, daß Krise das Los der Menschen ist.

Blaise Pascal, der berühmte französische Mathematiker und Philosoph, dem an einer schonungslosen Aufdeckung der condition humaine gelegen ist, hat durch einen seiner Aphorismen einen Spalt freigegeben auf die hier in Erscheinung tretende Psychologie des Dogmatismus, der in den Skeptizismus verkrampft ist, und des Skeptizismus, der sich am Dogmatismus wund reibt. »Eritis sicut dii scientes bonum et malum.« Pascal entnimmt dieses Wort der Bibel und er folgert: »Ein jeder spielt Gott, wenn er urteilt: das ist gut oder schlecht.«[12] Die Tatsache, daß der Mensch, Gott imitierend, behauptet, das ist gut und das ist schlecht, kann jedoch nicht darüber hinwegtäuschen, daß der Mensch es mit solchen Bestimmungen nur dazu bringt, den Affen Gottes abzugeben und zum Spielball des Teufels zu werden. Doch will Pascal durch dieses Wort den Menschen gerade nicht davon abbringen, Kritik zu üben, zu sagen, was er für gut oder schlecht hält. Es ist aber ein entscheidender Unterschied, ob ein Mensch sagt: Das »ist« gut, oder aber »ich« halte das für gut, dies für schlecht. Pascal möchte den Blick für die Tatsache schärfen, daß es mit der Absolutheit menschlicher Urteile, sie seien dogmatischer oder skeptischer Art, nichts auf sich hat. Er will nicht *nicht* Kritik, sondern daß Kritik um der Erfahrung der condition humaine willen, um des »Menschenloses« willen, wie Gabriel Marcel diesen Terminus ins Deutsche übersetzt hat,[13] *kritisch* werde. Kritisch bleibt der Mensch, anders gesagt, der Mensch bleibt Mensch, wenn er im Spannungsfeld von Möglichkeiten mit einem Bewußtsein agiert, daß *er* es ist, der die einen als gut und die anderen als schlecht charakterisiert.

Das Bemerkenswerte ist nun aber, daß der Mensch sich dieser seiner Seinslage zu entwinden sucht. Seine Urteile sollen nicht nur jetzt und für ihn, sondern immer und für alle gelten. Er zielt, weil er keinen ruhenden Punkt vorfindet, »um urteilen zu können«,[14] entweder darauf ab, sein eigenes Ich »zum Mittelpunkt von allem« zu

[12] Blaise Pascal, Über die Religion und über einige andere Gegenstände (Pensées). Übertragen und herausgegeben von Ewald Wasmuth, Tübingen 1948, Fr. 553 (S. 249). Auch die folgenden Zitate entstammen dieser Ausgabe und ihrer Zählung der Fragmente.

[13] Gabriel Marcel, Der Mensch vor dem totgesagten Gott. Nihilismus oder »Vieillissement«?, in: Sinn und Sein. Ein philosophisches Symposion, hrsg. von Richard Wisser, Tübingen 1960, 439.

[14] Pascal, Fr. 383.

machen[15] oder sich sonst auf irgend etwas ganz verlassen zu können, um auf jeden Fall und für jeden Fall *sicherzugehen.*

Aber mit dieser vermeintlichen Sicherheit ist es nicht weit her; denn, was die Natur betrifft, sie verwehrt es dem Ich, sich zum Mittelpunkt von allem zu machen, und zwingt uns, sie nicht nach uns, »sondern nach ihr selbst zu beurteilen«.[16] Und was die geistige Welt angeht, die im Ich ihr Zentrum finden möchte, so werden wir zur Einsicht gezwungen: »Es gibt keine Grenzen in den (geistigen) Dingen: die Gesetze wollen sie (zwar) festlegen, doch der Geist kann sie nicht dulden.«[17] So verwirrt also die Natur die Skeptiker, weil es etwas gibt, nach dem sie sich zu richten haben, und die Vernunft macht die Dogmatiker irre, weil der Geist sich durch nichts festlegen läßt. Mit einem Wort: Der Mensch verfügt einerseits nicht über die Wahrheit, und er kann andererseits zugleich »nicht einmal (konsequent) zweifeln«.[18]

Pascal hat, scheint mir, die Seinslage des Menschen treffsicher beim Namen genannt, jedenfalls illusionslos seine strukturelle Unsicherheit, die Krise, in der er sich gründlich befindet, ins Auge gefaßt. Und Pascal hat obendrein eine Erklärung dafür gegeben, weshalb die Menschen nicht nur geneigt sind, sondern geradezu danach drängen, durch die divertissements, wie Pascal sagt, die Zerstreuungen, diese Zerrform kritischer Unterscheidung und Scheidung, sich um die Einsicht in die condition humaine, in menschliches Selbstverständnis herumzudrücken. Die Dogmatiker möchten die Wahrheit zementieren, die Skeptiker sie verdampfen. Von Pascal kann man lernen, daß es weder darauf ankommt, einen objektiven Halt zu erzwingen, noch einzig darauf, einer subjektiven Haltung sich anzuvertrauen, daß es vielmehr gilt, in der Kritik selbst Fuß zu fassen, und das bedeutet: Kritik und Krise als Wege zum Selbstverständnis des Menschen zu nutzen. Das macht es aber

[15] Pascal, Fr. 455.

[16] Pascal, Fr. 542. Zum Thema: Sicherheit - Unsicherheit vgl. Richard Wisser, Sicherheit - Möglichkeit oder Unmöglichkeit menschlicher Existenz?, in: Quo vadis Industriegesellschaft? Perspektiven zu Führungsfragen von morgen, hrsg. von Jürgen Günther, Heidelberg 1984, 481-498. ¿Seguridad, posibilidad o imposibilidad de la existencia humana?, in: Folia humanistica, Tomo XXII, Núms. 258-259, Barcelona, 437-455.

[17] Pascal, Fr. 380.

[18] Pascal, Fr. 389.

erforderlich, die Struktur der Kritik als eine *Grundbefindlichkeit* des Menschen auszulegen.

Es gilt also, weder a) Gott, noch b) den Teufel zu spielen, *weder Dogmatiker noch Skeptiker, sondern Kritiker zu sein.*

Nimmt man diesen Weg zwischen Gott und Teufel ernst, dann zeigt sich erstens, daß ein Wahrheitsbegriff, der vermeint, über die Wahrheit verfügen zu können, unkritisch ist, daß aber zweitens auch eine skeptische Einstellung nicht als kritisch angesehen werden darf, die der Wahrheit jegliches Sein abspricht.

Was erstens den Wahrheitsbegriff betrifft, kurz folgendes: Gerade das kritische Wahrheitsbewußtsein vermeint nicht, ein absolutes Kriterium in Händen zu haben, mittels dessen handlich praktikabel wie mit Senkblei und Lineal die Wahrheit ausgemacht und fixiert werden könnte. Im Wahrheitsbewußtsein wird sich der Mensch vielmehr über eine Fähigkeit und Möglichkeit klar, selbst bei völligem eigenem Überzeugtsein doch eines anderen sich zu überzeugen, wenn dies der Fall sein müßte.[19] Dadurch wird jedoch nicht etwa die Wahrheit relativiert, sondern nur so gelingt es, die eigene Auffassung stets kritisch in Relation zur Wahrheit zu halten. Die Wahrheit wird dann allerdings umfassender vorgestellt als ihre Erfassung gerade durch mich.

Die dogmatisch sich gebärdende Sicherheit, mit der Kritiker oft auftreten, und die ins Auge springende Überheblichkeit, mit der sie es vielfach unterlassen, alles zu tun, um die grundsätzlich aus solcher Sicht zu fordernde Überprüfbarkeit ihrer eigenen Urteile zu gewährleisten, ist deshalb im strengen Sinn des Wortes »unmenschlich«. Sie ist inhuman, nicht-menschlich, weil sie Ausdruck einer das eigene menschliche Konto überziehenden Selbstsicherheit ist, also eine psychologisch-subjektive, keine objektive Qualität, oder Ausdruck eines Willens, der diktiert, *so* ist es und nicht anders! Hier spielt man Gott.

Und was zweitens eine Analyse der Fähigkeit zu zwei-feln, zu unter-scheiden betrifft, so entdecken wir, daß gerade das Zweifeln in einer bemerkenswerten Kommunikation zum ursprünglichen Wahrheitsbewußtsein steht, aus dem es seine Kraft zieht, sich gegen einen anmaßenden und vordergründigen Wahrheitsbegriff zu

[19] Nicolai Hartmann, Grundzüge einer Metaphysik der Erkenntnis, 2. Aufl., Berlin 1925, 96.

wenden. Das Zweifeln schöpft nicht aus sich. Das brächte baldige Erschöpfung mit sich. Es gewinnt seine Kraft aus der Erfahrung, daß es sich mit der unterstellten Wahrheit nicht so verhält, wie die Dogmatiker behaupten. Der Kritiker ist als Kritiker zwar skeptisch, aber er bleibt als Kritiker kritisch gegen den Skeptizismus.

Deshalb wird für den Kritiker das Kriterium, mit dessen Hilfe er urteilt und nicht total den Stab bricht, an dem er mißt, ohne alles über einen Kamm zu scheren, zum unumgänglichen Werkzeug. Dieses Kriterium aber sollte er ausweisen, sollte es jedenfalls nicht bewußt verstecken. Denn: Soll Kritik Kritik bleiben, muß sie offen für Kritik sein. Nur so ist der Kritiker dagegen gefeit, daß er nicht wie der Skeptiker sich vermißt, zu behaupten, es gäbe überhaupt kein Maß. Wollte er das behaupten, würde er den Teufel spielen.

Es gehört folglich drittens zur Kritik hinzu, daß sie sich nie der Struktur verschließt, die sie überhaupt erst möglich macht. Die Tatsache der Kritik gründet in ihrem Wesen und nicht umgekehrt. Das aber bedeutet: Ob tatsächlich getriebene Kritik Kritik ist oder vielleicht nur die Auswirkung einer Mißstimmung, eine Überfunktion der Galle oder ein verdrängter Affekt, wird klar nur, wenn man sie von der Struktur der Kritik aus durchleuchtet.

4. Von der Struktur der Kritik

Was meint nun viertens »Struktur der Kritik« beziehungsweise »in der Struktur der Kritik bleiben«?

Wir haben bereits, gewissermaßen unter der Hand, einige Bestandteile dieser Struktur beim Namen genannt: das Fehlen des absoluten Punktes einer griffbereite Sicherheit verbürgenden »positiven« Position, also die Grundkrise; die aus dieser Tatsache sich ergebende Konsequenz, auf relative Kriterien zurückgreifen zu müssen, also Kritik als Grund; aus dem kritischen Wesen der Kritik heraus erwächst die Forderung ihrer Überprüfbarkeit, um jeden sich einschleichenden Dogmatismus, aber auch jeden resignierenden Skeptizismus ausschließen zu können. Anders gesagt: Soll Kritik kritisch bleiben, muß sie Kritik gegenüber offen sein. Kritik ist wesengemäß nicht in der Einzahl möglich.

Indem Kritik auf solche Weise sich aber ihrer Grenzen bewußt wird, gerät sie selbst in eine kritische Lage. Sie befindet sich gewissermaßen ständig in »kritischen Tagen«. (Nun, »die« Kritik ist weiblich, aber *diese* kritischen Tage sind etwas Allgemein-Menschliches.) Indem Kritik jeden vermeintlichen Abschluß verhindert, ist Kritik Krise in Permanenz. Kritik wirkt als Krise und erscheint als Krise. Sie hält gewissermaßen den Fuß zwischen die Türe, wodurch zwar Durchzug entsteht, bei dem mancher sich erkältet, aber auch gelüftet wird. Kritik bringt zum Bewußtsein, daß es in unseren Breiten menschlicher Möglichkeiten das Voll-endete, das Vollkommene nicht gibt, höchstens das technisch Perfekte. Das Grenzbewußtsein der Kritik entdeckt daher allerorten und an allem die Grenzen, befähigt aber zugleich dazu, nach anderen Ufern und Gestaltungen Ausschau zu halten. Kritik ist dann kritisch, wenn, vergleichbar dem modernsten Gebrauch des Wortes »kritisch« für das »Kritisch«-Werden der Brennelemente eines Atomreaktors, ihre Leistung auf die Grundstruktur des Menschen als des kritisch-krisischen Wesens bezogen bleibt.

Weiter ergibt sich: Kritik und Kriterium gehören zusammen und ergänzen einander. Das Kriterium ist gewissermaßen der Hintergrund, auf dem sich das Mangelhafte des Kritisierten abhebt, auf den es bezogen wird, von dem her Kritik ihre Überzeugungskraft bezieht, das Maß, an dem gemessen wird, und das Mißliche, das Anmaßende, das Vermessene sich herausstellt. Aber gerade an den Kriterien entzündet sich auch der Funke neuer Kritik, gerade sie geraten in die Krise. Kritik hat wegen ihrer Kriterien zwar nie das Ganze im Auge, aber sie muß es stets im Sinn haben.

Aus der Begrenztheit jeder Kritik auf ein Kriterium, das seinerseits Inbegriff einer besonderen Situation ist, ergibt sich, was man die Perspektivität genannt hat. Perspektiven sind zugleich Ausdruck von Kritik wie von Krise. Sie stellen nicht einfach falsche oder unzulängliche Auffassungen dar. Sie werden allerdings dazu, wenn in ihnen das Ich für die Sache selbst oder ein Aspekt für die Totale ausgegeben werden.[20] Kritik hebt folglich im Bewußtsein

[20] Fritz Heinemann (Oxford) hat den Perspektivismus durch das »Grundprinzip der Alternativen« ersetzen wollen. Alternative bedeutet bei Heinemann nicht im zumeist üblichen deutschen Sprachgebrauch, der auf den lateinischen zurückgeht, zwei, sondern grundsätzlich viele Möglichkeiten, von denen jedoch jeweils eine gewählt werden muß. Dadurch werden die anderen Möglichkeiten jedoch nicht einfachhin abgewertet. Der »Alternativismus« verabsolutiert also weder Relatives

ihrer Ergänzungsbedürftigkeit im Blick auf den eigenen Gesichtswinkel das hervor, was sich einer Modifizierung durch andere Sichtweisen grundsätzlich ebenso wenig verschließt wie offenbleibt für eine Eingliederung in ein unumgängliches Ganzes; wohlgemerkt, in ein »unumgängliches« Ganzes, an dem also weder vorbeigegangen werden kann, noch das umfassend auszumachen wäre; *un*umgänglich also, weil es nicht zu umgehen ist, auf das also nicht verzichtet werden kann, und unum*gänglich*, weil um es nicht herumgegangen werden kann, das sich also der Rundumerfahrung entzieht.

5. Der Mensch - das kritisch-krisische »Wesen«

Diese Überlegungen drängen dazu, fünftens eine Neubestimmung des Menschenwesens aus der Grundbefindlichkeit der Kritik heraus vorzunehmen. Denn: Ist es nach alledem nicht berechtigt, Menschen als »kritisch-krisische« Wesen (Wesen verbal gemeint) anzusprechen?

Der Mensch ist als Mensch ein kritisches Wesen, und zwar im zweifachen Sinn des Wortes »kritisch«, mit dem wir wohlgemerkt nicht spielen, sondern den wir angesichts mancher Borniertheit und Beschränkung des Wortes »kritisch« bewußtmachen möchten. Der Mensch ist *kritisch* gegenüber etwas, sei es etwas anderes, sei es ein anderer oder sei er es selbst. Er prüft, ihm kommen Zweifel, etwas stimmt ihn bedenklich, zwingt ihn zu einem Urteil, zu einer Unterscheidung, schließlich zur Entscheidung. Und der Mensch ist als Mensch kritisch im Sinne von *krisisch*. Er mag ein noch so »kri-

noch relativiert er Absolutes. Er entscheidet sich vielmehr angesichts des Relativen für eine Möglichkeit, aber im Bewußtsein, daß es mehrere andere gibt. Fritz Heinemann (Hrsg.), Die Philosophie im XX. Jahrhundert. Eine enzyklopädische Darstellung ihrer Geschichte, Disziplinen und Aufgaben, 2. Aufl., Stuttgart 1963, V, X-XIV; vgl. Das Grundprinzip der Alternativen, in: Logique et Analyse, 11-12, 1960, 231 ff. Zur Auseinandersetzung vgl. A. Polikarov, Zur Kritik der alternativistischen Auffassung, in: Comptes rendus de l'Académie bulgare des Sciences, Tome 16, N 5, 1963, 457-460. Zu Heinemann vgl. Richard Wisser, Fritz Heinemann - lebendig oder tot? »Lebensgrundwissenschaft« als Fortsetzung seiner »Neuen Wege der Philosophie«, in: Zeitschrift für Religions- und Geistesgeschichte, Bd. 37, 1985, 143-157. Fritz Heinemann, ¿vivo o muerto?, in: Folia humanistica, Tomo XXIV, Núm. 279, Barcelona 1986, 217-234.

tischer« Kopf sein, wenn's kritisch, also schwierig, brenzlig wird - und wann wäre es das nicht? -, spürt er, daß es zwar auf seine Entscheidung ankommt, daß aber nicht alles von ihr abhängt. Er mag riskieren, was er will, das Risiko liegt immer bei ihm. Es gehört gewissermaßen zu seiner Natur, nicht natürlich, sondern kritisch *und* krisisch zu sein. Eines steht mit dem anderen in unlösbarem Zusammenhang.

Die Natur übt keine Kritik. Sie läßt eingehen, was nicht ihrem inneren Gesetz entspricht. Der Mensch ist kritisch, weil er sich in einer kritischen, sprich krisischen Lage befindet. Und er ist krisisch, weil jede Kritik ihn zum Aufbruch drängt. Es ist nicht zu verwundern, daß der Mensch diese Situation als mißlich empfindet. Sie zwingt ihn im Unterschied zum Tier, sich nicht nur zu verhalten, sondern sich zu seinem Verhalten zu verhalten, und zwar - kritisch-krisisch.

Im Unterschied zum Tier ist der Mensch vergleichsweise weniger eingepaßt, weshalb ihm ja auch das meiste nicht paßt. Weil ihm alles gegenübersteht, stellt er sich allem gegenüber und läßt nichts dahingestellt. Er erfährt die Distanz, aber auch die Nähe zu allem, von dem er weiß, daß er ohne es nicht auskommt, und von dem er sich doch stets zu unterscheiden bestrebt ist. Der Mensch lebt kritisch-krisisch, und das heißt: vom Wirklichen her und auf es hin, jedoch nicht im Wirklichen. Er vegetiert nicht, sondern existiert, ek-sistiert. Er ist in der Natur nicht zu Hause, sondern in ihr erst dann - wenigstens zeitweilig - heimisch, wenn er sie zu seiner »Kultur« gemacht hat.

Doch gerade die »Kulturen«, die aus der Grundbefindlichkeit des kritisch-krisischen Menschen hervorgehen, vergehen auch in ihr. Die »Kultur« wird für den Menschen geradezu zum Denkmal der Unbeständigkeit des Beständigen. Der Status des Menschen wird gerade am Wechsel der Staaten deutlich. Kritisch-krisisch sagt der Mensch sein Nein und sein Ja zu etwas, das vielleicht ohne den Menschen ist, aber nicht das ist, was es mit dem Menschen und durch ihn ist. In der kritisch-krisischen Grundbefindlichkeit wurzelt sein Versuch, das Sosein von etwas hervorzukehren und es vom Andrang des Daseins zu entkeimen.

Gerade die menschliche Sucht und Suche nach sogenannten Statussymbolen verrät: Der Mensch ist nicht auf natürliche Bahnen restlos festgelegt, nicht zugeschnitten auf ein Vonvornherein, nicht eingepackt in invariable Abläufe, nicht hartkantig vorgeprägt. Er geht nicht auf *in* etwas, sondern *auf* etwas aus. Er hat sein Ziel nicht einfach intus. Er muß vielmehr kritisch-krisisch durch das intus legere, das intellegere, den Intellekt hervorkehren, hervorbringen, schaffen und verantworten, bewähren, verteidigen. Der Mensch muß aufforsten und abholzen. Weder Gott noch die Tiere sind auf dem Holzweg. Holzwege sind Ausdruck der kritisch-krisischen Grundbefindlichkeit des Menschen. Holzwege sind - und dies nicht nur nach Heidegger[21] - Wege, die im Unbegehbaren enden, aber zugleich Wege, die ins Unbegangene führen.

Aus alledem ergibt sich die Bedeutung der Kritik. Sie ent-bindet das vermeintliche Gebundensein an ein Vorgegebenes, Umgebendes, an ein eingefahrenes Milieu, eine selbstverständlich gewordene Perspektive, an die für hoch gehaltene Kirchturmspitze ebenso wie an die vermeintlich umfassende Chinesische Mauer. Sie bringt dem strukturell zur kritisch-krisischen Grundbefindlichkeit hinzugehörenden Eingebundensein in Gewohnheiten, dem Angewiesensein auf Kriterien und Institutionen jedoch zum Bewußtsein, daß der Mensch zwar mit ihnen und mit sich im reinen sein mag, aber deshalb noch lange nicht mit sich und der Welt fertig ist.

Jeder Mensch muß kritisch-krisisch »seinen« Weg gehen. Er mag noch so begierig auf Instanzen und Institutionen als Stabilisatoren und Wegweiser zurückgreifen. Der Mensch erfährt stets zweierlei: daß Kriterien »nötig« sind, weil er ein *kritisch*-krisisches Wesen ist, daß aber kein Kriterium absolut »notwendig« ist, weil er ein kritisch-*krisisches* Wesen ist. Einfach gesagt: Kein Mensch vermag dort zu stehen, wo ein anderer Mensch steht. Aber auch wo ein Mensch steht, kann er nicht stehenbleiben, weil jeder Standpunkt Ausdruck seines kritisch-krisischen Wesens ist, das ihn wieder vom Platz treibt. Doch wo es kein Halten und keinen Halt mehr zu geben scheint, tritt mit aller Deutlichkeit die Notwendigkeit einer ursprünglichen anthropologischen Haltung ans Licht, die Haltung des kritischen Menschen, die der Struktur seines In-der-Welt-Seins entspricht.

[21] Martin Heidegger, Holzwege, Frankfurt am Main 1950, 3.

6. Die intentionale Mitte der Kritik

Die kritische Haltung als Anhalt in der Haltlosigkeit der Krise bringt nun aber, und darauf möchte ich abschließend sechstens hinweisen, etwas Wichtiges zur Erfahrung. Indem sich der Mensch durch Kritik orientiert und in der Krise zu orten versucht, ist es ihm, als ob es eine geheimnisvolle Mitte gäbe, auf die die Kompaßnadel der Kritik hinzielt, eine Mitte, auf die sie die Hervorbringungen hinzulenken trachtet, ich nenne sie die intentionale Mitte der Kritik. Das Betrübliche ist, daß das Wort Mitte durch solche Unternehmungen in Verruf geraten ist, die unter Mitte ein Dogma oder eine Doktrin verstehen und die den Verlust der Mitte beklagen, weil sich die Dinge anders entwickeln, als es manchem lieb ist oder als Dogma oder Doktrin fordern. Mitte meint in dem von mir angezielten Sinn nicht eine Voraussetzung, sondern das, auf das das kritisch-krisische Treiben der Kritik verweist, etwas Intentionales, um das es ihr geht, wenn es ihr ums Ganze geht.

Intentionalität drückt sowohl Zielgerichtetheit aus als auch schöpferische Hervorbringung. Intentionalität ist kein determinierter Dynamismus, sie bringt vielmehr ihre Zielrichtung selbst hervor. Sie ist kein Gefälle, sondern eine Zielansprache. Gerade die kritische Reflexion dieser intentionalen Mitte der Kritik bringt die Differenz zwischen Erstrebtem und Erzieltem zutage. Sie bleibt dadurch Motor des Unterwegsseins, führt dazu, auf dem laufenden zu bleiben, neue Verwirklichungsweisen zu erschließen, nicht nur zu *orten*, sondern auch zu *ordnen*. Vielleicht ist, von hierher gesehen, das »Wiederganzwerden« der eigentliche Funktionssinn der Kritik.[22] Sicher ist, daß sich in der Struktur der Kritik nicht in erster Linie nur eine richterliche Zuständigkeit oder gar eine Anmaßung aufspielt. In ihr setzt sich nicht nur diese oder jene Richtung in

[22] Richard Wisser, Integration als Zeitsignatur. Der Mensch unterwegs im Ganzen, in: Areopag, 2. Jg., H. 1, Marburg an der Lahn 1967, 29-37. Vgl. Richard Wisser, Vorwort zu: Integritas. Geistige Wandlung und menschliche Wirklichkeit, hrsg. von Dieter Stolte und Richard Wisser, Tübingen 1966, 5-12. Dieter Stolte, Verantwortung im Spannungsfeld zwischen Kritik und Krise. Zur philosophischen Anthropologie von Richard Wisser, in: Verantwortlich Mensch sein. Ein philosophisches Symposion zu Ehren von Richard Wisser, hrsg. vón Emil Kettering, Mainz 1993, 17-43. Karen Joisten, La capacidad crítica y la situación en crisís de la condición fundamental humana, in: Folia Humanistica, Tomo XXXI, Núm. 330, Barcelona 1993, 67-87.

Szene, um einer anderen ihre Fehlorientiertheit vor Augen zu führen. In der Struktur der Kritik ist vielmehr eine Gerichtetheit wirksam, deren Ziel zwar nicht mit Händen zu greifen ist, die aber wie ein magnetischer Punkt die Kraftlinien zu sich in Beziehung setzt und zugleich die Kraftlinien untereinander in Relation bringt.

Es ist, als ob paradoxerweise gerade der Nebeneffekt der Kritik ihr Haupteffekt ist, daß nämlich die Unterscheidung nicht um der Abtrennung willen geschieht, sondern um einer tiefergreifenden Einung willen. Es zeigt sich dann, daß die Distanzierung nicht auf eine Separation, sondern auf eine Kommunikation aus ist, und daß die Differenzierung die Integration und Komplexität befördert. Mit anderen Worten: Der Gegensatz von Ordnung und Chaos, innerhalb dessen jeweils eines das andere aufheben möchte, die Ordnung das Chaos zur Ordnung rufen und das Chaos die Ordnung verschlingen möchte, wird als letzten Endes unfruchtbarer Gegensatz von der Struktur der Kritik aus durchschaut und der Krise ihr Schrecken, nicht ihre Funktion genommen. Kritik ist der *Vorgang* der Ordnung, der die abgestandene Ordnung auf sich beruhen läßt und das gähnende Chaos sich selbst überläßt und der statt dessen *auf dem laufenden bleibt.*

Kritik sollte also nicht nur als Zerreißwolf gesehen werden, konstruiert für einen bestimmten Zweck, sei es die Unterstützung einer Ideologie oder die Bestätigung einer Infamie. Kritik, als Struktur des Menschseins betrachtet, ist Ausdruck höchsten Lebens, verpflichtet dem Gesamthaushalt des Menschlichen. Lüftung der Welt durch Kritik, das ist das eine.

Und das andere ist, daß das kritisch-krisische Wesen des Menschen nicht nur um seiner selbst willen in Gang gehalten wird, sondern als Ausdruck einer Struktur auf etwas verweist, um dessentwillen es ist, wie es ist. Kritik zertrümmert zwar die Schale, aber um den Kern freizulegen. Dieser Kern, das Ganze ist nicht die Zusammenzählung alles dessen, was beim kritisch-krisischen Betrieb nicht zu Bruch gegangen ist. Es ist aber auch nicht gewissermaßen am Ende des kritischen Geschäfts der sogenannte Ertrag, der übrigbleibt.

Wenn man zu der Hilfsvorstellung greift, daß das »Ganze *vor* den Teilen« ist, dann besagt dies für unseren Versuch, auf das im kritisch-krisischen Wesen anwesende Ganze hinzuweisen, daß Kritik nichts Bruchstückhaftes ist, sondern etwas An-teiliges.

Gerade in der Struktur der Kritik kommt ans Licht, daß Kritik nicht nur Splitter, Späne und Bruchteile bringt, sondern - um es mit einem Wort von Leo Gabriel zu sagen - »Anteile, die durch Teilnahme am Ganzen ihre eigene Entfaltung erfahren«.[23] Kritik hat durch die Struktur der Kritik Anteil an der »Spannung des Unsagbaren, aus der sich erst die Aussage des Ganzen gestalten kann«.

7. *Zusammenfassung*

Fassen wir das Gesagte zusammen: Niemand, jedenfalls kein Mensch, kann sich der Grundbefindlichkeit, Kritik zu üben und Kritik üben zu müssen, kritisch und krisisch zugleich zu »sein«, entziehen. Menschliches Leben ist kritisch-krisisches Leben, gleichgültig, ob sich der, welcher es lebt, darüber - wie wir es getan haben - philosophisch-anthropologisch Rechenschaft gibt oder nicht, ob er reine Sätze darüber aufstellt oder mit gebundenen umgeht, ob er Strukturen analysiert oder sie gebraucht.

Von hier aus wird nun aber deutlich: Das kritische Geschäft der Kritik beginnt nicht dort, wo viele Kritiker und Rezensenten die Erfüllung kritischen Vorgehens sehen und wo es meist endet, im Rezensions-Betrieb, sondern bei den Fragen, die die Kritik selbst, nicht diese oder jene, die sich dafür hält, unter die Lupe nehmen.[24] Konkreter gesagt: Überall dort, wo Kritik ausbleibt oder erlahmt, läßt sich auf eine Bedrohung des Menschen als Menschen schließen, sei sie 1. soziologischer, 2. pychologischer, 3. geistiger Art.

Kritik zu üben gehört erstens zu den »sozialen Mischprozessen«, bei denen sich generell nicht sagen läßt, ob bei ihnen das Zueinander oder das Auseinander überwiegt.[25] Wird um des einen oder

[23] Leo Gabriel, Das Verhältnis der Synthese zur Analyse im integrativen Denken, in: Akten des XIV. Internationalen Kongresses für Philosophie, Wien (2.-9. September 1968), II. Bd., Wien 1968, 371 f.

[24] Richard Wisser, Von der Unumgänglichkeit der Kritik, in: Fernseh-Kritik im Streit der Meinungen von Produzenten, Konsumenten, Rezensenten, hrsg. von Dieter Stolte, Mainz 1969, 19 ff.

[25] Leopold von Wiese, Soziologische Betrachtungen über Kritik, in: Studium Generale, 12. Jg., H. 7, 1959, 393.

des anderen willen auf Kritik verzichtet, drohen, wenn das Zueinander verabsolutiert wird, Diktatur, wenn das Auseinander vorgezogen wird, Terror. Kritik zu üben zählt zweitens zu den Grundvermögen der Psyche, die zwischen sich und dem Nicht-Ich zu vermitteln hat, soll nicht das Übergewicht des einen oder des anderen zu stumpfsinniger Blasiertheit führen, wenn allein das Ich herrscht, oder zu pedantischer Borniertheit, wenn einzig die Gegenstände bestimmend werden. Und Kritik zu üben ist drittens für das geistige Leben unabdinglich, soll nicht das Urteil des Menschen an Skylla oder Charybdis scheitern, am Zuviel des Dogmatismus oder am Zuwenig des Skeptizismus.

Eine alte Weisheit lautet: errare humanum est; weder Gott noch das Tier irrt; Gott nicht, weil er die Wahrheit ist, das Tier nicht, weil es auf das Richtige eingestellt bleibt. Weil der Gummiknochen nicht eßbar ist, frißt das Tier ihn nicht. Ähnliches läßt sich über den Menschen nicht sagen, der eine Zeitungsente oft mit mehr Genuß verzehrt als eine knusprig gebratene. Aber gerade weil dem so ist, muß es auch heißen: criticare humanum est. Wo die Kritik fehlt, fehlt spezifisch menschliches Leben. Die Freiheit zur Kritik, die dem Menschen nicht nur gegeben, sondern aufgegeben ist, ist Ausdruck des Weges, um durch Kritik und Krise zur Freiheit zu gelangen.

Meine Kritik der kritischen Kritik drängt folglich nicht auf die Aufhebung der Kritik, sondern darauf, daß Kritik im Einzelfall kritischer werde, indem sie aus der Struktur der *Kritik und Krise* auf dem laufenden bleibt. Vielleicht sollte ich sogar noch konsequenter sagen: Es geht nicht darum, daß die Kritik kritischer wird, sondern darum, zu erkennen, daß Kritik Krise ist, und praktische Folgerungen daraus zu ziehen, daß Krisen kritisch sind. Oder, um es formelhaft zu sagen: Kritik sollte krisenbewußter und Krise kritikdurchlässiger werden.

Nietzsches Lehre von der völligen Unverantwortlichkeit und Unschuld jedermanns

Vorbemerkung

Von der Absicht, Nietzsche »zur Verantwortung zu ziehen«

Man hat, seit Friedrich Nietzsches Explorationen »für Alle und Keinen« die Heraufkunft von Phänomenen anvisierten, die sich anschickten, die bisherige Geistesgeschichte gründlich zu erschüttern, immer wieder Nietzsches Mitverantwortung am Niedergang der Zivilisation, an der Ausbreitung der Unmenschlichkeit und an der Ausweitung des Nihilismus nachdrücklich betont.[1] Und man schreibt, nachdem die Menschen*verachtung* nicht nur politisch institutionalisiert sondern durch die neuen Möglichkeiten der Technik in einer alles menschliche Vorstellungsvermögen übersteigenden Intensität tatsächlich zu einer vergleichslosen Menschen*vernichtung* geführt haben, Nietzsche auch heute noch hin und wieder, wenn auch keine *»direkte* Mitschuld ... an den Weltkatastrophen dieses Jahrhunderts« zu, so doch die »Verantwortung« für das Propagieren von Lehren, die das psychologische Klima für die »Diktaturen dieses Jahrhunderts« vorbereiteten. »Nietzsches Verantwortung« kulminiert solcher Auffassung zufolge gerade darin, daß er »verantwortungslos« war, daß er durch die »Leugnung der Verantwortlichkeit des Menschen für sein Denken und Tun vor einer allgemeinverbindlichen Instanz« die moderne Art, »sich zu entschuldigen bzw. sich der Verantwortung zu entziehen, hoch in Kurs gebracht« hat.[2]

Kein Wunder, wenn unter Hinweis darauf, daß »ein Denker nur dann groß, nur dann ein Philosoph ist, wenn sein Denken, Lehren und Schreiben von der Verantwortung getragen, d.h. von der Sorge um das Wohl, die Gesundheit und das Heil aller Menschen bis ins

[1] Vgl. Herbert W. Reichert und Karl Schlechta, International Nietzsche Bibliography. Rev. and expanded ed. - Chapel Hill (Univ. of North Carolina Press) 1968; (= Studies in comparative literature, Nr. 45).

[2] Ernst Sandvoss, Nietzsches Verantwortung, in: Studium Generale, 18. Jg., 1965, 151 f.

Tiefste und Letzte durchdrungen ist«, die Forderung erhoben wird: »Es ist an der Zeit, die dekadenten Maximen, nach denen ... der Mensch für nichts verantwortlich ist, aufzugeben«. An der Zeit ist es, wenn es nach solchem, um den letzten Sinn besorgten Tiefsinn ginge, folglich auch, sich endlich entschieden loszusagen von den »›Krankmachern‹«, die den »Prozeß der Genesung aufzuhalten oder zu unterbinden suchen«, indem sie - wie beispielsweise Heidegger - das von Nietzsche Gesagte nicht etwa beurteilen und kritisieren, sondern durch einen »Versuch der Selbstbeschönigung« darauf abzielen, »sein Gesagtes ein Ungesagtes sein zu lassen«[3].

Wenn man solcherart bewußtseinsgeschichtlich moralisierend Nietzsche die »Mitverantwortung für vergangene und evtl. noch kommende Menschheitskatastrophen nach Art des Hitlerismus« zuschreibt[4] und wenn man unterstellt, durch Abkehr von Nietzsches Lehren und durch die Preisgabe seines Denkens die wichtigste Phase eines aus ungefährdeter Substanz Kräfte ziehenden Gesundungsprozesses eingeleitet zu haben, macht man es sich nicht nur zu leicht mit Nietzsche sondern mit säkularen Vorgängen, die dringend der Analyse und Interpretation bedürfen. Wer den »Regenpfeifer« verscheucht, bannt nicht die Gewitter. Wer die Seismographen zerschlägt, schlägt die Erdbeben nicht nieder. Wer einen Sündenbock schlachtet, beruhigt sich, nicht die Götter.

Gerade die *marxistische* Nietzsche-Kritik hat deutlich gemacht, daß es gegenüber Nietzsche nicht mit gutem Zureden oder angesichts seiner Epigonen mit dem Appell getan ist, zu den bewährten alten Werten zurückzukehren und der hybriden »Umwertung aller Werte« den Rücken zuzukehren[5]. Der greift zu kurz, dem es im Blick auf Nietzsche nur um die Feststellung einer privaten Verantwortung vor einer allseits anerkannten Instanz zu tun ist, um die Bloßstellung individueller Verfehlungen oder Schuld. In Nietzsche spiegelt sich vielmehr ein Grundvorgang, eine geschichtliche Lage, ein Schwellenphänomen ersten Ranges. Georg Lukács' These, daß

3 Sandvoss, 152 f.

4 Ernst Sandvoss, Hitler und Nietzsche. Eine bewußtseinsgeschichtliche Studie, Göttingen 1969, 68. Vgl. die Rezension von Richard Wisser in: Die Welt der Bücher, 4. Folge, H. 4, Freiburg i.Br. 1970, 1986 f.; auch in: Wissenschaft und Weltbild, 24. Jg., H. 7, Wien 1971, 315-318.

5 Vgl. Bernhard Kaufhold, Zur Nietzsche-Rezeption in der Westdeutschen Philosophie, in: Beiträge zur Kritik der gegenwärtigen bürgerlichen Geschichtsphilosophie, hrsg. von Robert Schulz, Berlin 1958, 279-409.

Nietzsches »ganzes Lebenswerk eine fortlaufende Polemik gegen den Marxismus, gegen den Sozialismus ist«, auch wenn Nietzsche nie eine Zeile von Marx und Engels gelesen hat, daß der »Einheitspunkt des Zusammenhanges von Nietzsches Gedanken die Abwehr des Sozialismus« ist, daß Nietzsche »logisch-philosophisch« betrachten zu wollen zu nichts, jedenfalls nur zu Widersprüchlichkeiten führt, aber das »Zusammenhaltende, das Systematische ... im sozialen Gehalt seines Denkens, im Kampf gegen den Sozialismus« liegt, kurzum, daß Nietzsches Philosophie den »imperialistischen Gegenmythos gegen den sozialistischen Humanismus« abgibt[6], läßt Verflechtungen problematisch werden, wie in noch so guter Absicht beigebrachte Vergleiche zwischen Nietzsche und Hitler sie nicht ausmessen.

Auch die Auseinandersetzung mit Karl Jaspers' »Einführung in das Verständnis« von Nietzsches *existentiellem* »Philosophieren« ist um der Sache willen förderlich. Jaspers bezeichnet den Umgang mit Nietzsche geradezu als »Fegefeuer der Wahrheit«, durch das hindurch muß, wer den Namen Mensch als das zur Wahrheit strebende Wesen zu recht tragen will, weil in Nietzsche »kein Ausruhen« ist, da er »alle Möglichkeiten versucht«, und weil man durch Nietzsche lernt, »die Rohheit des Argumentierens mit herausgegriffenen Sätzen, die Etikettierung und Subsumierung geistiger Größen zu überwinden«[7]. Wenn Jaspers zwei Richtsätze aufstellt: »Niemand kann ohne Nietzsche vom Dasein wissen und im Philosophieren wahrhaftig sein« - »aber niemand kann bei Nietzsche stehen bleiben und in ihm die Erfüllung finden«[8], nutzt er Nietzsche, um von ihm freizukommen, mehr, als es Kaskaden von Zitaten vermöchten, die Nietzsche im Blick auf politische Diktaturen moralisch diskreditieren sollen. Und Martin Heideggers These, daß Nietzsche der »letzte Denker des Abendlandes«[9] ist, weil er den »Willen zur Macht« als das Prinzip aller Wertsetzung

6 Georg Lukács, Von Nietzsche bis Hitler oder Der Irrationalismus in der deutschen Politik, Frankfurt am Main 1966 (Fischer Bücherei Nr. 784): Nietzsche als Begründer des Irrationalismus der imperialistischen Periode, 30, 39 f., 54, 77, 100.

7 Karl Jaspers, Nietzsche. Einführung in das Verständnis seines Philosophierens. 3. unver. Aufl. Berlin 1950, 456 f.

8 Jaspers, 457.

9 Martin Heidegger, Was heißt Denken?, Tübingen 1954, 61.

erkennt und damit eine »Umkehrung aller Metaphysik«[10] und zugleich die Vollendung der Metaphysik einläutet[11], macht das Problem von Nietzsches Überwindung, richtiger seiner Verwindung *fundamentalontologisch* formulierbar.

Was hilft es, wenn man Nietzsches »Verantwortungslosigkeit« dadurch bloßgestellt zu haben vermeint, indem man feststellt, daß er, da »eine geregelte Tages- und Arbeitseinteilung, ein bestimmter Kreis von Pflichten und Verantwortung weder ihm noch Hitler gefielen«, ein philosophisches *»Vagabunden-Dasein«* vorzog? Wird man dem von Nietzsche Erfahrenen gerecht, wenn man argumentiert: Weil Nietzsche das *»Pathos des Ausgestoßenseins«* als Missionars-Schelle benötigte, »trägt er selbst die Verantwortung für sein Schicksal, nicht die anderen, denen er sie immer wieder aufzubürden suchte«?[12] Trifft man Nietzsche, wenn man hartnäckig behauptet: Nietzsches »makabres Spiel mit der Verantwortung«, sein »Pathos der Unschuld«, mit dem sich »Provokation, Unverschämtheit, Frechheit, Heuchelei, Gewissens-Skrupel und Verantwortungslosigkeit paaren«, sein *»Pathos der Vergänglichkeit«*, all dies entwertet »das Grundanliegen jeder echten Religion, fundierten Moral und verantwortungsvollen Politik, die Schaffung stabiler Zustände im Zusammenleben der Menschen«?[13] Kommt man an Nietzsche heran, wenn man ihm Unwahrhaftigkeit unterstellt und dadurch glaubt, Nietzsche auf die Schliche gekommen zu sein: Obendrein »wußte Nietzsche die verführerische Macht seiner durch nichts bewiesenen, suggestiven décadence-Perspektiven mit dem Pathos der Verantwortlichkeit zu tarnen«, die aber - wie auch Hitler - »den einzigen ›Sinn‹ des Todes in der Flucht vor der Verantwortung und dem Zugriff irdischer Gerechtigkeit sieht«? Deutet man die Dinge so, dann allerdings ist es konsequent zu behaupten: Als »ideologischer Wegbereiter« hat Nietzsche »das Klima mitge-

[10] Heidegger, Nietzsches Wort »Gott ist tot«, in: Holzwege, Frankfurt am Main 1950, 214.

[11] Heidegger, Vorträge und Aufsätze, Pfullingen 1954, 83. Heidegger, Nietzsche, 2 Bde., Pfullingen 1961, II, 201. - Peter Fürstenau, Heidegger. Das Gefüge seines Denkens, Frankfurt am Main 1958: Die Philosophie Nietzsches, 157-164. Vgl. die Untersuchung meines Schülers Hak-Soon Kang, Die Bedeutung von Heideggers Nietzsche-Deutung im Zuge der Verwindung der Metaphysik, Bern, New York, Paris 1990.

[12] Sandvoss, Hitler und Nietzsche, 100, 102.

[13] Sandvoss, 123 f., 167 f.

schaffen« für die »Bestialisierung der Menschennatur«. »Nietzsche ist daher von der Mitverantwortung für die ›entsetzlichen Leichenberge der Konzentrationslager‹, für alle Unmenschlichkeiten und Grausamkeiten des Hitlerismus nicht zu entbinden.«[14] Wenn, wie hier, *Nietzsches Verantwortung seine Verantwortungslosigkeit* ist, wird es unabweislich zu fragen, was hat es mit Nietzsches Lehre von der »völligen Unverantwortlichkeit und Unschuld jedermannes« auf sich[15]?

1. Die Lehre von der völligen Unverantwortlichkeit

Nietzsche vertritt im zweiten Hauptstück seines Buches »für freie Geister«: »Menschliches, Allzumenschliches« (1878) im Rahmen einer Erörterung über die »Geschichte der moralischen Empfindungen«, durch die er den Ursprung der Ethik analysieren möchte und durch die er der Menschheit »den grausamen Anblick des psychologischen Seziertisches und seiner Messer und Zangen« glaubt zumuten zu müssen, die *»Lehre von der völligen Unverantwortlichkeit«*[16]. Die moralisierende Frage, ob diese Lehre, die auch auf die Formel eines »Hauptsatzes« gebracht werden kann: »›Der moralische Mensch ... steht der intelligiblen (metaphysischen) Welt nicht näher, als der physische Mensch‹«, allerdings der Menschheit zum Segen oder aber zum Fluche gereicht, zum Nutzen oder aber zum Nachteil, läßt Nietzsche ausdrücklich offen und unentschieden.

Dafür gibt es mehrere Gründe: Zum einen hält Nietzsche diese seine Lehre für eine »große Erkenntnis«, für eine »notwendige« Be-

[14] Sandvoss, 182, 185, 191. - Zum Thema: Nietzsche und der Nationalsozialismus, vgl. Richard Wisser, Friedrich Nietzsche. Mißverständnisse eines Denker-Lebens, in: Zeitschrift für Religions- und Geistesgeschichte, XVII, 1965, 307 ff., insbesondere 317 - 326; spanisch in: Folia Humanistica, Tomo III, Núm. 26 und 27, Barcelona 1965, 105-117, 221-236. Vgl. auch R. Wisser: Friedrich Nietzsche. Auf der Suche nach Wesen und Gestalt seines Denker-Lebens, in: Universitas, 18. Jg., Stuttgart 1963, 967-979.

[15] MA II (Der Wanderer und sein Schatten = WS), SA I, 912 f. - Im folgenden wird nach »Schlechta-Ausgabe« = SA (Friedrich Nietzsche, Werke in 3 Bdn., hrsg. von Karl Schlechta, 2., durchges. Aufl. München 1960) unter Nennung von Band- und Seitenzahl zitiert.

[16] MA I, SA I, 501, 511, 513, 534, 544, 709.

obachtung, für einen »wissenschaftlichen« Grundsatz. Gerade wegen der Zweckfreiheit der von ihm wagemutig und fragemutig betriebenen Wissenschaft hält er sich für »einen der kühnsten und kältesten Denker«. Nietzsche möchte nicht durch nützliche Erwägungen lediglich der »Wohlfahrt der Menschen« gefällig sein, sondern dem »Zeitalter als Spiegel und Selbstbesinnung über sich« dienen[17]. Zum anderen ist gerade das Kriterium der Nützlichkeit selbst zweideutig, denn es steht fest, daß die durch den Wandel der Zeit geltenden Wertschätzungen in ihr Gegenteil verkehrt werden. Dies macht es unmöglich, über Fluch und Segen endgültige Aussagen zu machen. Schließlich, und das dürfte der wichtigste Grund sein, dreht der Gesichtspunkt der Nützlichkeit der von Nietzsche angestrebten Fragerichtung im Hinblick auf Wahrheit den Rücken zu und verhindert durch den steten Hinweis auf gewisse sogenannte negative Folgen, die solche Erkenntnisse haben, daß die Konsequenzen aus Einsichten gezogen werden.

Gewiß kostet Nietzsche es aus, daß er durch seine Lehre von der »völligen Unverantwortlichkeit« gegen eine Jahrtausende gültige Überzeugung verstößt, aber er leert den bitteren Becher der Erkenntnis bis zur Neige. Er bezeichnet die »völlige Unverantwortlichkeit des Menschen für sein Handeln und sein Wesen« als den »bittersten Tropfen, welchen der Erkennende schlucken muß, wenn er gewohnt war, in der Verantwortlichkeit und der Pflicht den Adelsbrief seines Menschentums zu sehen«[18]. Die Geschichte der moralischen Empfindungen ist die »Geschichte eines Irrtums, des Irrtums von der Verantwortlichkeit«. Er wurzelt in einer längst vergessenen Grundentscheidung, die am Beginn dieser Entwicklung der Ethik, die bestrebt ist, jemanden für etwas verantwortlich zu machen, erfolgt ist: Zunächst nannte man Handlungen wegen der nützlichen oder schädlichen Folgen »gut« oder »böse«, nicht wegen der Motive, aus denen sie erfolgten. Bald sprach man aber die Handlung selbst und »an sich« als »gut« oder »böse« an und gab dadurch »gut« und »böse« als Ursache aus, obwohl diese Bezeichnungen ursprünglich Wirkungen kennzeichneten. Ja, man ging noch weiter und setzte in die Motive, schließlich in das ganze Wesen eines Menschen das »Gut- oder Böse-sein«.

[17] Ebd., I, 478 f.

[18] Ebd., I, Abschnitt 107: Unverantwortlichkeit und Unschuld, 513.

Auf diese Weise macht man den Menschen für etwas verantwortlich, das ein ganz bestimmter, aber nun aus dem Blick und der Erinnerung geratener Gesichtspunkt ihm auferlegt hat. Erst wenn man diese Verzerrung entzerrt, erst wenn diese Selbsttäuschung entlarvt wird, erwächst aus der Einsicht, daß dieses sog. Wesen des Menschen lediglich etwas »Konkresziertes«, also ein unter dem Einfluß geschichtlicher Gegebenheiten Zusammengewachsenes ist, die Erkenntnis, daß dies etwas ist, für das der Mensch gerade nicht verantwortlich gemacht werden kann. Die *Geschichte des Verantwortlichmachens* entpuppt sich als eine Verkehrung von Wirkung und Ursache, von Folge und Grund, von Nützlichkeit und Gutsein, von Wohlfahrt und Moral. Die Geschichte des Verantwortlichmachens hebt sich selbst auf, weil sie zwangsläufig in die Lehre von der »völligen Unverantwortlichkeit« mündet. Die Pointe ist, daß am Ende herauskommt, was von Anfang an zwar nicht deutlich war, aber bereits feststand: diese Begründung der Ethik mag zwar in *gewisser Hinsicht aus*reichen. Unter dem *Wahrheitsaspekt* aber reicht sie nicht *zu*. Trotzdem sperrt man sich aus *Furcht vor den Folgen* jedoch gegen die Einsicht, daß niemand für seine Taten und sein Wesen - sprich das Konkreszierte - verantwortlich ist. Und man gesteht sich nicht ein, daß, jemanden »richten« wollen, nichts anderes bedeutet, als »ungerecht« zu sein - sprich eine kulturelle *Entwicklung* für das *Wesen* des Menschen auszugeben[19].

Diese Überlegungen mögen zunächst genügen, um vor Augen zu führen, weshalb sich die Vertreter in Sachen Moral und Kultur für berechtigt hielten, gegen Nietzsche ob solcher »nihilistischer« Negativismen, die eine gegenklassische Wende einleiteten und zugleich dem Stolz des Jahrhunderts, dem Fortschrittsbewußtsein, einen entscheidenden Stoß versetzten, mit allen Mitteln vorgehen zu dürfen und zu müssen. Stand hier nicht alles auf dem Spiel, was Generationen an Moralvorstellungen vertreten und - vielleicht sogar - praktiziert hatten? Wurde hier nicht gerade das verunglimpft, ohne das man einer Zukunft nicht glaubte entgegensehen zu können? Durfte eine Auffassung unwidersprochen hingenommen werden, durch die die geschichtliche Leistung der Kultur, die Herausarbeitung einer »Rangordnung der Güter« und die Vorzugsethik, die Niedrigeres dem Höhergeschätzten hintanzusetzen befiehlt und die Folgsamkeit als Moralisch-sein dekretiert, lediglich

[19] Ebd., I, 480 f.

als kulturgeschichtlicher Gesichtspunkt des Jeweiligen und der »jedesmaligen Festsetzung« dekouvriert werden[20]? Wurde durch die »Lehre von der völligen Unverantwortlichkeit« nicht dem Abendland und dem Christentum auf eine bisher einmalig unverblümte Weise der totale Krieg angesagt?

Mag heute die sittliche Entrüstung von damals abgeebbt sein, mag überhaupt Entrüstung über den, der Feuer schreit, wenn es brennt, fehl am Platze sein, es muß doch einsichtig gemacht werden, welchen Problemkomplex Nietzsche mit der »Unverantwortlichkeit«, die man leichtfertig auch heute noch mit Verantwortungslosigkeit verwechselt, tatsächlich anspricht.

Wenn Nietzsche den Menschen, der als Produkt der Geschichte des Verantwortlichmachens als *»Über-Tier«*, als »etwas Höheres« entstanden ist, daran erinnert, daß die »Bestie« in ihm lauert, dann darf man solche Bezeichnungen nicht kurzerhand im Sinne einer vermeintlich von Nietzsche geförderten Bestialisierung des Menschen mißdeuten. Wenn Nietzsche sagt: »Die Bestie in uns will belogen werden; Moral ist Notlüge, damit wir von ihr nicht zerrissen werden«[21], will er auf die Gefährdung des Menschen aufmerksam machen, angesichts deren gerade Nietzsche nicht auffordert zu lügen, sondern darüber nachzudenken, inwieweit die *bisherige Form des Verantwortlichmachens* ausreicht, dieser Grundsituation zu entsprechen und gerecht zu werden. Es geht darum, ins Schwarze zu treffen, »aber ins Schwarze der menschlichen Natur«. Wie vieles unterbleibt oder wird übersehen oder vertuscht aus Angst vor den Folgen. Nietzsches Alternative lautet: *Wahrheit statt Wohlfahrt*[22]. Es ist etwas anderes, ob man angesichts von Nietzsches Satz: »Niemand ist für seine Taten verantwortlich, niemand für sein Wesen; richten ist soviel als ungerecht sein«[23], die Folgen fürchtet, die diese Lehre mit sich bringen könnte, und daher von der Verantwortungslosigkeit Nietzsches spricht, weil der die »Unverantwortlichkeit« festzustellen trachtet, oder ob man fragt, was Nietzsche mit solchen »Hauptsätzen« gemeint hat, ob nicht vielleicht seine Lehre von der »Unverantwortlichkeit« gerade einer neuen Weise, Verantwortung zu erfahren, entspricht?

[20] Ebd., I, 482.

[21] Ebd., I, 481.

[22] Ebd., I, 476, 478.

[23] Ebd., I, 481.

2. Die instantielle und die situationelle Verantwortung

Fragen wir so, dann sind wir gezwungen, zunächst einige prinzipielle Erörterungen über das Problem der Verantwortung anzustellen. Gerade heute ist so viel und so oft von der Verantwortung die Rede, daß man sich fast verantwortungslos vorkommt, wenn man nicht in das Gerede einstimmt. Das vielverwendete Wort »Verantwortung« ist aber keineswegs so eindeutig, wie diejenigen meinen, die es als Suggestions- oder als Bannformel gebrauchen. Unter Verantwortung kann man immerhin Zweierlei verstehen: Da ist zunächst die übliche Verwendung des Wortes, die mit ihm eine Rechenschaftsablage darüber bezeichnen möchte, ob und inwieweit eindeutigen Forderungen und Normen entsprochen oder nicht entsprochen worden ist, eine Verantwortung also, die »vor« einer und »von« einer *Instanz* zur Verantwortung gezogen werden kann. Von ihr ist zweitens eine Verantwortung in dem Sinne zu differenzieren, die eine *Herausforderung* meint, angesichts noch mangelnden Wissens, aber von der Lage genötigt, Entscheidungen zu fällen und Folgen auf sich zu nehmen, also gewissermaßen Existenz mit in die Antwort hineinzunehmen, weil ausformulierte Antworten zu übernehmen entweder nicht möglich oder nicht entsprechend ist. Während es im ersten Fall darum geht, vor einer anerkannten und bekannten Instanz - und zwar im zweifachen Wortsinn von »bekannt«, also einer Instanz, die man kennt und zu der man sich bekennt - Rede und Antwort zu stehen, kommt es im zweiten Fall, bei dem keine sicheren Antworten vorliegen - und wo lägen sie bei modernen Problemen vor - darauf an, »verantwortete Antworten« zu geben, durch die der Mensch mit seiner Existenz für etwas einsteht, weil dies nur so ans Licht kommt, es zugleich aber um Kopf und Kragen geht[24].

In diesem zweiten Sinn bedeutet, »Verantwortung« zu übernehmen, stets ein Risiko, weil sie immer dann, wenn gerade ein eindeutiges Wissen als Stütze fehlt, nicht aus Mutwillen sondern aus einem Notstand heraus für eine Entscheidung »einsteht«. Zugleich setzt sie sich einem Widerspruch aus, durch den der Verant-

[24] Richard Wisser, Verantwortung im Wandel der Zeit. Einübung in geistiges Handeln, Mainz 1967, insbesondere: Über die Verantwortung, 1-10.

wortliche nicht etwa nur als episodenhafter Charakter in Augenschein genommen sondern als Person in Frage gestellt wird. Deshalb steckt sowohl hinter der »Flucht *vor* der Verantwortung«, als auch hinter der Flucht *in* die Verantwortung« oft der mangelnde Mut, sich zur Fragwürdigkeit des Gewußten und seiner selbst zu bekennen; der Mangel an Bereitschaft, in der Welt des Menschen und in den mannigfachen Weltbeziehungen gespannt zu sein auf das Unerwartete und Unvermutete; der Mangel an Einsicht, die nicht nur auf Errechenbares und die Resultate eines Kraftfeldes von Zwangsläufigkeiten oder Sachzwängen starrt, sondern dafür einsteht, daß Verantwortung sich auch dem Unbetretenen zuzuwenden hat, das vielleicht noch als verbotener Weg gilt oder sich vermeintlich längst als Irrweg erwiesen hat.

In der Verantwortung kommt also nicht nur der in Tradition überkommene Befund an Forderungen, Satzungen und Gesetzen zu *instantieller* Wirksamkeit. In der Verantwortung wird auch die schöpferische Verpflichtung sichtbar, angesichts von *Situationen*, für die noch keine sog. klassischen Lösungen bereitstehen, Wege in die unwegsamen Konflikte der Gegenwart zu schlagen. Es scheint deshalb angebracht, zwischen der »instantiellen Verantwortung« und der »situationellen Verantwortung« zu unterscheiden, zwischen der Verantwortung ersten und zweiten Grades. Die Verantwortung zweiten Grades nimmt die Dinge nicht als gegeben oder als von Instanzen aufgegeben, nicht als Relikte oder Projekte. Sie verfügt weder über Vergangenes, noch bindet sie sich an eine für gesetzmäßig erklärte Zukunft. Sie macht einen Strich durch Rezepte und Verordnungen und durch die glatten Lösungen und Antworten, die sie mit Nietzsche als Verlegenheitsauskünftlein dekouvriert. Wo schon alles geschehen ist und nur übernommen zu werden braucht, wo alles bereits gegeben ist und nur darauf wartet, ergriffen zu werden, und wo schließlich alles schon aufgegeben ist und es nur noch aussteht, nachvollzogen zu werden, dort wird die Dimension der Verantwortung zweiten Grades nicht erreicht.

Wie, wenn sich also gerade in die Rückweisung von Sprüchen und Ansprüchen die Verantwortung zweiten Grades zeigen sollte? Muß es nicht verwundern, daß nicht nur die unzuverlässige Verwendung des Wortes Verantwortung nicht nachdrücklicher aufgedeckt wird, sondern auch angesichts der heute geradezu forcierten Verwendung dieses Wortes nicht öfter Untersuchungen prüfen, ob nicht eben durch den Mißbrauch des Wortes dem gerade geweckten und wachen Bewußtsein solcher Verantwortung wieder Schlafsand in die Augen gestreut wird? Wie, wenn *Verantwortlichkeit* vielleicht die *Grundbefindlichkeit des Menschen* wäre, *die durch eine bestimmte Art des Verantwortlichmachens statt entdeckt verdeckt werden würde?* Wie, wenn Verantwortung dem Menschen überhaupt erst den Zugang zur unverkürzten Wirklichkeit vermittelte, die mehr ist als die Vielzahl möglicher Abstraktionen von ihr und mehr als die Summe deduzierender Reflexionen über sie?

Verantwortung ist als situationelle im Unterschied zur instantiellen nicht mehr nur Rechenschaftsablage und Rechtfertigung. Sie kann nicht mehr einfachhin »zur Verantwortung gezogen« und »gerichtet« werden. Der Mensch ist nicht nur »vor« etwas »für« etwas verantwortlich. In der Verantwortung, die sein Wissen umfaßt, aber nicht in ihm aufgeht, löst der Mensch das aus dem wirklichen Geschehen gewissermaßen Ausgefällte, das Abgesetzte und Erstarrte immer wieder auf. Aber er stürzt dadurch nicht sich und die Seinen in ein Chaos oder in den Abgrund der Gegenwart und des Augenblicks, sondern gewinnt gerade durch die Verantwortung im Wechsel der Situationen und im Wandel der Zeit die Stetigkeit, die seine innerste und äußerste Möglichkeit ist.

Von der rechtverstandenen Verantwortlichkeit aus nimmt sich die Klage derjenigen, die den Ordnungen oder gar nur noch dem Ordentlichen nachtrauern, recht kleinmütig aus; mag mangelnde Verantwortung an deren Zusammenbruch beteiligt sein, es ist nicht immer Verantwortung, die sie zusammenhält. Emil Brunner hat dies an einem leicht mißdeutbaren, aber für unseren Zusammenhang dienlichen Beispiel, und zwar im Hinblick auf die Moral derart formuliert: »Es gibt keinen deutlicheren Beweis dafür, daß der Mensch nicht recht weiß, was Verantwortlichkeit ist, als die Moral«. Moral wird hier geradezu als »Ersatz für die verlorene Verantwortlichkeit« bezeichnet, weil die Moral die Verantwortlichkeit nicht mehr als die »charakteristische Wesensformel für den Menschen« nimmt, nicht mehr als die »*Formel seiner Wirklichkeit*«, sondern nur noch als eine Formel für sein Sollen[25]. Im Blick auf Nietzsche darf man formulieren: Wer gegen die Moral ist, sollte deswegen nicht gleich unmoralisch genannt werden, und wer für die Moral ist, verdient es noch lange nicht, als moralisch zu gelten.

[25] Emil Brunner, Der Mensch im Widerspruch. Die christliche Kehre vom wahren und vom wirklichen Menschen, 3. Aufl. Zürich 1941, 39, 151.

3. Die Psychologie des Verantwortlichmachens

Welcher Verantwortung könnten wir nun Nietzsches »Lehre von der völligen Unverantwortlichkeit« zuordnen? Wohl keiner von beiden! Es dürfte aber manches an Nietzsches Überlegungen vor diesem Hintergrund plastischer zur Erscheinung gelangen. Nietzsche kämpft durch die Untersuchung über den Ursprung und die Geschichte der moralischen Empfindungen gegen die Verantwortung ersten Grades an, gegen die Position eines undurchschauten Verantwortlichmachens, das als gegeben annimmt, was ein Konkresziertes ist. Dem entspricht auch Nietzsches »Umwertung aller Werte«, deren bisherige Gegebenheitsgrundlage in Frage gestellt wird. Aber Nietzsche erreicht nicht die Dimension der Verantwortung zweiten Grades, die sich weder im Nachzeichnen geschichtlich ans Licht tretender Gesetzmäßigkeiten erschöpft, noch in der Reaktion einer Entlarvung vermeintlicher Gegebenheiten. Nietzsche Lehre von der völligen Unverantwortlichkeit ist *Destruktion der Verantwortung ersten Grades*, nicht jedoch konstruktive Verantwortung zweiten Grades, selbst wenn die von Nietzsche entwickelte Lehre von der »Unschuld des Werdens« als der »Notwendigkeit«, die von den Menschen durch die allzu durchsichtige Unterstellung der Freiheit pervertiert wird, konstruktivistische Züge aufweist.

Wichtig ist es aber, über Nietzsches Destruktion nicht das Bestreben zu übersehen, Unbegründetes zu stürzen, Vorgegebenes zu entlarven, Implikationen ans Licht zu bringen, Angemaßtes seines Nimbus zu entkleiden. Insofern ist Nietzsches Lehre von der völligen Unverantwortlichkeit, also seine Leugnung der »Verantwortung« eine Form der Verantwortung, und seine »Unverantwortlichkeit« ist nicht Verantwortungslosigkeit, sondern der Kampf gegen das, was er als falsche Verantwortung aufzudecken sucht. Sie ist Verantwortung im Übergang.

Nietzsche lehrt nicht die Verantwortungslosigkeit. Er lehrt nicht, daß jeder tun und lassen könne, was ihm beliebt. Nietzsche lehrt vielmehr die Unverantwortlichkeit für das, was ist und was geschieht, lehrt, daß unser Tun und Lassen nicht von uns abhängt. Dadurch setzt er die Frage nach dem, was die Welt im Innersten zusammenhält, wieder frei, bereitet die Entdeckung des »Willens zur Macht« vor, der lieber das Nichts will, als daß er nicht will. Nietzsche lehrt nicht die Willkür. Er will gerade auf den Notwendigkeitscharakter im Willen aufmerksam machen. Deshalb fordert er dazu auf, den Gründen und Motiven nachzugehen, warum wir so und nicht anders handeln, und er verbietet es sich und uns, sofort ethisch und moralisierend zu argumentieren, wo wir Kausalitäten auf die Spur kommen müßten. Gerade weil Nietzsche die ewigen Werte - Inbegriff einer konkreszierten Pseudo-Notwendigkeit, keiner ursprünglichen - nicht als ein für allemal gegeben hinnimmt, fragt er nicht, was sie sind oder wofür sie ausgegeben werden, sondern was sie *bezwecken*. Er warnt davor, ihrem vermeintlichen Absolutheitscharakter auf den Leim zu gehen und hängen zu bleiben am Seim derer, die uns auferlegen, um der ewigen Werte willen, dies oder jenes zu tun, wodurch wir darüber hinweggetäuscht werden, daß wir etwas tun, das man uns gar nicht um eben dieser ewigen Werte willen auferlegt sondern aus ganz anderen Absichten. Mit anderen Worten: Nietzsche warnt vor dem Stumpfsinn, der sich durch ewige Werte programmieren läßt und sich dabei noch Wunder wie wertvoll vorkommt. Nietzsche warnt vor der Nasführung und er möchte die Ideologen entlarven, die die Werte um ihrer eigenen Wertvorstellungen willen gebrauchen, also mißbrauchen. Nietzsche will die Manipulationen aufdecken und dem Menschen die Augen öffnen für sein Wesen, für das, was Nietzsche den »physischen Menschen« nennt, zugleich den »freien Geist«, den Unverantwortlichen, für den Menschen »ganzes *Wesen*«.

Nietzsches Lehre von der Unverantwortlichkeit bringt also nicht die Willkür ins Spiel, lehrt gerade nicht die billige Beliebigkeit, sondern weist auf die Notwendigkeit des Handelns hin, auf die Determination des Willens, auf die Gebundenheit und Unfreiheit des Willens. Nietzsche spottet deshalb über Arthur Schopenhauer, der aus dem jedem Menschen vertrauten Unmut, und zwar dem »Schuldbewußtsein«, das gewisse Handlungen nach sich zieht, darauf schließt, es müsse eine Verantwortlichkeit geben. Zwar durchschaue Schopenhauer, daß dieser Unmut sich nicht auf das operari, das mit Notwendigkeit verlaufe, bezieht, sondern auf das esse, also nicht auf die Freiheit, so oder so zu *handeln*, sondern so oder so zu *sein*. Aber Schopenhauers Grundsatz von der Freiheit des Seins, durch die der Mensch das werde, was er werden *wolle*, sein Grundsatz, daß des Menschen *Wollen* früher sei als seine Existenz (vgl. Sartre), enthält nach Nietzsche den Fehlschluß, daß hier aus dem Unmut über das, was wir sind, die Freiheit des Seins gefolgert wird, statt zu fragen, ob der Unmut überhaupt vernünftig ist. Nietzsche schließt also nicht aus der Tatsache des Unmuts auf die Berechtigung, auf die »vernünftige *Zulässigkeit* dieses Unmutes«, er sucht vielmehr aufzudecken, daß der Mensch Reue und Gewissensbisse nicht deshalb empfindet, weil er frei *ist*, sondern weil er sich für frei *»hält«*. So gilt es also nach Nietzsche nicht, den Unmut zu kultivieren und zu sublimieren, sondern es geht darum, ihn sich abzugewöhnen, und zwar durch die Einsicht, daß der Mensch weder für die Folgen seiner Handlungen, noch für seine Handlungen, noch für seine Motive, noch für sein Wesen verantwortlich ist[26].

Wenn dem aber so ist, wie kommt es dann zu dem Reden von der Verantwortlichkeit? In seiner Schrift »Götzen-Dämmerung oder Wie man mit dem Hammer philosophiert« (1889), die ursprünglich bezeichnenderweise den Titel »Müßiggang eines Psychologen« tragen sollte[27], möchte Nietzsche den *Mechanismus* aufdecken, der hinter dem bereits dargestellten Prozeß wirksam ist, andere *für etwas verantwortlich zu machen.* Kernstück der »Psychologie des Verantwortlichmachens« ist der sog. »freie Wille«, nach Nietzsche das »anrüchigste Theologen-Kunststück, das es gibt«; denn es habe den Zweck, die Menschheit »in ihrem Sinne ›verantwortlich‹ zu machen«. Das aber bedeutet bei Lichte besehen für Nietzsche nichts anderes, als sie *»von sich abhängig zu machen ...«,* d.h. von dem, der mit diesem Mittel operiert. Indem man vorgibt, die Menschen wären »frei«, gibt man ihnen gerade nicht die Freiheit, tun und lassen zu können, was sie für richtig halten, sondern legt sie gerade durch diese eigens zum Zwecke der Versklavung erfundene Freiheit an die Kette, an die Kette der Vorstellung von der Freiheit. Man *denkt* sie »frei«, um sie zu richten und strafen zu können, um sie als verantwortlich und schuldig zu bezeichnen und abstempeln zu dürfen.

Nietzsche behauptet also, daß überall dort, wo Verantwortlichkeiten vorgehalten, gesucht und eingeklagt werden, ein »Instinkt«

[26] MA I, SA I, 480.

[27] Nietzsche, Brief vom 13. September 1888 an v. Seydlitz, in: Friedrich Nietzsche, Gesammelte Briefe, 5 Bände, Leipzig und Berlin (Schuster und Löffler) 1900 ff., Leipzig (Insel) 1907 ff.

am Werke ist, der strafen und richten will. »Man hat das Werden seiner Unschuld entkleidet, wenn irgendein So-und-So-Sein auf Wille, auf Absichten, auf Akte der Verantwortlichkeit zurückgeführt wird: die Lehre vom Willen ist wesentlich erfunden zum Zwecke der Strafe, das heißt des »*Schuldigfinden-wollens*«[28].

Hier liegt der Grund dafür, weshalb Nietzsche in der Verantwortlichkeit gerade keinen Adelsbrief des Menschentums zu sehen vermag und weshalb er die »Lehre von der völligen Unverantwortlichkeit« als die Befreiung von der Freiheit des Willens und ihren versklavenden Konsequenzen predigt. Nietzsche zielt darauf ab, den gerade durch den sog. freien Willen an die Kette der Moral und der Moralisten gelegten Menschen wirklich frei zu machen, und zwar frei zu machen von denen, die durch ihre zweckbetonte Psychologie, durch ihre ideologische Auslegung der Geschichte und der Natur, durch ihre gesellschaftlichen Institutionen und vor allem durch ihre Sanktionen, dem Menschen ein schlechtes Gewissen imputieren, durch das sie ihn an die Kandare bekommen.

Jean-Paul Sartre hat in seinem vielgespielten Erfolgsstück »Die Fliegen« im Blick auf das Jahr 1940 Nietzsches Lehre von der Psychologie des Verantwortlichmachens, um richten und strafen zu können, in theatralische Szenen umgesetzt. Er hat demonstriert, inwiefern Moral die Kette ist, an die die durch Reue moralisch gemachten Sünder gelegt werden, und wie die Gewissensbisse aus der Unterstellung erwachsen, der Mensch sei verantwortlich für sein Tun. Zugleich inszeniert Sartre den Prozeß der Befreiung von solcher zum Zwecke der Verantwortlichmachung unterstellten Freiheit. Der Mensch, läßt Sartre den Orest sagen, hat kein anderes Gesetz als sein eigenes und jeder Mensch muß seinen Weg erfinden. Wenn einmal diese Freiheit der Unschuld des Werdens in einer Menschenseele aufgebrochen ist, können, stöhnt Gott Jupiter, der Obergott, bei Sartre resignierend, »die Götter nichts mehr gegen diese Menschen« tun, und die »Fliegen«, die Aastiere, die Erinnyen, die Göttinnen der Reue, die Gewissensbisse verziehen sich[29].

Später, im Jahre 1951, hat Sartre dann in seinem Welttheater »Der Teufel und der liebe Gott« wörtlich Nietzsches Lehre vom

[28] Götzen-Dämmerung = GD, II, 976 f.

[29] Jean-Paul Sartre, Dramen, Hamburg 1958, 46 ff. Vgl. Richard Wisser, Des Menschen Menschlichkeit, in: Neue Sammlung, 4. Jg., Göttingen 1964, 341 ff. (341-361).

»Tod Gottes« verkündet, die Inexistenz eines Gottes, in dessen Namen die Menschen andere verantwortlich gemacht haben, um sie begründeter und gründlicher ausrotten zu können, wobei sie sich mit ihren Erdichtungen auf dessen Offenbarungen berufen haben[30]. Götz, der Feldherr, der es zunächst mit dem Bösen hält und ein Ungeheuer ist, dann mit dem Guten und wie ein Heiliger sich verhält, erkennt schließlich, daß er das Böse und das Gute jeweils abstrakt als eine absolute Instanz angesehen und sich auf sie verlassen hatte. Er sieht ein, daß dies sein eigener Versuch war, mit dem Teufel oder mit Gott zu paktieren, um auf ein absolut Instantielles seine eigenen Taten zu gründen. Er begreift, daß er die Verantwortung von sich auf das Absolute abzuschieben trachtete, daß er sich zum Handlanger des Teufels oder Gottes gemacht hat, um nicht selbstverantwortlicher Mensch jenseits von »gut« und »böse«, aber auch jenseits »des Guten« und »des Bösen« sein zu müssen[31].

4. Die Unschuld des Werdens

Wenn Nietzsche sich einen »Immoralisten« nennt, so nicht, weil er die Unmoral lehren möchte, sondern weil er in der Moral der Moralisten den Versuch aufdecken zu können glaubt, durch Begriffe wie Schuld und Strafe die »Unschuld des Werdens« zu »durchseuchen«. Im Blick auf eine »Notwendigkeit«, angesichts deren sich moralistische Kategorien als untauglich erweisen und ihren instrumentalen, tendenziösen Charakter erkennen lassen, entspricht der jenseits von Gut und Böse stehende Im-moralist der Un-schuld des Werdens. Er ist nicht unmoralisch sondern immoralisch. Er geht nicht ins Spinnennetz der Moral und verfängt sich nicht in den Fäden des Verantwortlichmachens, sondern gründet im »Werden«. Wenn Nietzsche in »Menschliches, Allzumenschliches« den Trugschluß der Moralisten aufdeckt, dann um darzutun: Lohn und Strafe dienen nur der Abschreckung und der Aufmunterung. Man lohnt nicht und man straft nicht, *weil gut* oder *böse* gehandelt worden ist,

[30] Sartre, 354.

[31] Vgl. Richard Wisser, Jean-Paul Sartre und der »liebe Gott«. Aktualisierte Geistesgeschichte - Ideologisierte Religionsgeschichte, in: Zeitschrift für Religions- und Geistesgeschichte, XIX, Köln 1967, 235-263.

sondern *damit* den eigenen Vorstellungen von gut und böse entsprechend gehandelt werden wird.

Man schafft möglichst kräftige Motive herbei, wo an sich keine vorhanden sind[32]. Man behauptet zwar, Gerechtigkeit bedeute, jedem das Seine zu geben. Aber Lohn und Strafe kommen niemandem als das Seine zu, werden vielmehr aus Nützlichkeitsgründen angebracht, damit der andere tut, was von ihm verlangt wird. Nietzsche zertrümmert die gewöhnliche Vorstellung von der Verantwortung gegenüber dem für »an sich« feststehend Gehaltenen, aber er gelangt nicht zur Verantwortung zweiten Grades, sondern zur Lehre von der völligen Unverantwortlichkeit, zur Negation der Verantwortung ersten Grades. Er setzt an die Stelle der ob ihres ideologisch manipulierten und manipulierenden Charakters willen beseitigten Wertvorstellungen seine neue, nur den »freien Geistern« erträgliche Wirklichkeitssicht, die Einsicht in die »Unschuld des Werdens«. Sie zu entdecken und sie nicht durch zweckbetonte Wertannahmen zu verdecken, sieht er als die große Aufgabe an, durch die der Mensch überhaupt erst der wird, der er ist, und als den ihn die nicht haben wollen, die den Menschen nach ihrem Bild und Gleichnis umzumodeln trachten, zu einer Kreatur ihrer Wertvorstellungen, die nicht Freiheit bringen, sondern durch die *»Fabel von der intelligiblen Freiheit«*[33] in Fesseln schlagen.

So ist es für Nietzsche nur folgerichtig, daß »*Unverantwortlichkeit und Unschuld*«[34] zusammengehören wie *Verantwortlichkeit und Schuld*. Und es gilt, im Hinblick auf die »Unschuld des Werdens« die raffinierte »Falschmünzerei« derer zu entlarven, die durch die Unterstellung, der Mensch habe einen »freien Willen«, ihm Würde zusprechen, um ihn als unwürdig zur Verantwortung ziehen zu können. Es mag paradox klingen, aber Nietzsche will gerade durch den Hinweis auf die »Fatalität« menschlichen Wesens, durch die Lehre, »daß niemand dem Menschen seine Eigenschaften *gibt* weder Gott, noch die Gesellschaft, noch seine Eltern und Vorfahren, noch *er selbst«*, zeigen, daß *»niemand«* dafür verantwortlich ist, daß er »überhaupt da ist, daß er so und so beschaffen ist, daß er unter diesen Umständen, in dieser Umgebung ist«. Nietzsche will

[32] MA I, SA I, 512.

[33] Ebd., I, 479.

[34] Ebd., I, 513.

den Menschen gerade durch den Hinweis auf diese »Fatalität seines Wesens« *frei* machen für die Unschuld seines Werdens[35]. Zu ihr soll er sich bekennen, weil er nur so und nicht anders ist. Mit ihm soll er in Einklang gelangen, damit er wirklich ist und sich nicht von einer Ideologie - welcher Art sie auch immer sein mag - um sein Sein bringen läßt, eben um die »Unschuld des Werdens«.

Nietzsche gelangt aber nicht zur Verantwortung zweiten Grades, der situationellen Verantwortung, sondern setzt an die Stelle ewiger Werte seine Entdeckung der Unschuld des Werdens, an die Stelle einer beliebigen Zweckdienlichkeit einen notwendigen Zweck, an die Stelle der Moral die Immoral, an die Stelle der Nützlichkeit die Wissenschaft als die *»Nachahmung der Natur in Begriffen«*[36], an die Stelle der Wohlfahrt die Wahrheit. Nietzsche deckt zwar den Mechanismus der bisherigen Moral auf und kann sich mit Recht einen Immoralisten nennen. Aber er stößt bei seiner psychologischen Analyse der Moral nicht zu einer Dimension vor, in der das ethische Phänomen gründen könnte, sondern zu einer Basis, die es aus den Angeln zu heben ermöglicht. Deshalb ist Nietzsche in der Destruktion groß, während seinen Versuchen, eine neue Grundeinstellung durch die Umwertung aller Werte zu erzielen, etwas Abstraktes anhaftet. Nicht umsonst versagt Nietzsche vor den großen historischen Problemen seiner Zeit: der Demokratie, dem Sozialismus, der Rolle des Arbeiters, der Bändigung der Macht.

Nietzsches »psychologische Beobachtung«, geschult an den großen »Meistern der psychologischen Sentenz«, gelangt, in der »Kunst der Sentenzen-Schleiferei« erfahren, zu scharfsichtigen und delikaten Einsichten[37]. Sie stellen geradezu so etwas wie eine Lehranalyse für den Menschen dar, der sich entziehen zu wollen, Flucht vor sich selbst bedeutet. Sie zergliedert und rechnet zusammen, sie verdächtigt und spürt auf, sie verkleinert und entspricht, sie mißtraut und baut ab. Deshalb kämpft Nietzsche gegen die Theologen und ihre unvergleichlich radikale Gegnerschaft, weil sie durch Begriffe wie »sittliche Weltordnung« oder göttliches Gericht »eine Metaphysik des Henkers« betreiben, und weil sie durch Parolen, die ein »Ideal von Mensch«, ein »Ideal von Glück«, ein

[35] GD, II, 977.

[36] MA I, SA I, 478.

[37] Ebd., I, 475.

»Ideal von Moralität« aufstellen, den Menschen um die Unschuld seines Seins und Werdens bringen.

Nietzsche verweist auf eine letzte Notwendigkeit, vor der sich Menschliches zwar als Allzumenschliches herausstellt. Er klärt aber nicht die Frage, wie es trotz dieser Notwendigkeit eines metaphysisch zu nennenden Immoralismus zum tatsächlichen Moralismus kommen konnte. Gewiß, diejenigen, die von sich glauben, dem Menschen einen Sinn zu offenbaren, ihm ein Ziel vor Augen zu führen, ihm einen Zweck seines Daseins zu bieten, gerade diejenigen, die sich für »positiv« halten, die sich wertvoll vorkommen, weil sie von Werten reden, die auf Ordnung bedacht sind, gerade sie handeln nach Nietzsche absurd, weil es »absurd ist, sein Wesen in irgendeinen Zweck hin *abwälzen* zu wollen«. Sie tun und verlangen etwas Unmögliches. Sie wollen Freiheit, um diejenigen strafen zu können, die nicht anders können. Sie drücken sich um die Erkenntnis, daß niemand verantwortlich gemacht werden kann, weil dieser Zweck eine Erfindung ist, nichts, das in der Wirklichkeit gegeben wäre. Wo aber liegt die Bedingung der Möglichkeit für die Scheinwelt des Faktischen?

Der Immoralist Nietzsche entpuppt sich als der Moralist Nietzsche, der auf die Unschuld des Werdens schwört, die nur als Kontrastphänomen zur Geschichte der moralischen Empfindungen aufblitzt. Nietzsche läßt zwar durch Zarathustra sein Evangelium des »großen Mittags« verkünden[38] und er schreibt das »Vorspiel einer Philosophie der Zukunft« (1886), sein Buch »Jenseits von Gut und Böse«[39]. Aber dies alles mutet angesichts der die Menschheit und Erde bedrohenden konkreten Probleme nicht gerade initiierend an, zumal Nietzsche weder die *ökonomischen* Bedingungen, noch die *existentiellen* Möglichkeiten, noch die *wesensgeschichtlichen* Bezüge reflektiert.

Gewiß, Nietzsches Analyse, derzufolge die Rückführung des tatsächlichen Seins auf eine causa prima, auf eine erste Ursache, den Menschen um die Freiheit bringt, die ihm gerade durch diese Instanz zugespielt werden soll, nicht damit er frei wäre, sondern damit er zu manipulieren ist, ist nicht einfach von der Hand zu weisen. Erst wenn die Absurdität und Falschmünzerei des Zweck-

[38] Also sprach Zarathustra = Za, II, 561.

[39] JGB, II, 563.

denkens aufgedeckt ist, erfolgt nach Nietzsche »*die große Befreiung*«, die nicht nur von eingebildeten Werten und unterstellten Instanzen, sondern auch von ungerechtfertigten Sanktionen und ebenso irrigen Belobigungen befreit. »Damit erst ist die *Unschuld* des Werdens wieder hergestellt ... Der Begriff ›Gott‹ war bisher der größte *Einwand* gegen das Dasein ... Wir leugnen Gott, wir leugnen die Verantwortlichkeit in Gott: *damit* erst erlösen wir die Welt.«[40]

Es darf nach Nietzsche *Gott* nicht deshalb nicht geben, weil, wie immer noch behauptet wird, Nietzsches Anmaßung und Maßlosigkeit es nicht ertrüge, wenn es neben ihm einen Gott gibt. Es darf Gott nicht geben, damit es kein falsches Maß gibt, durch das der Mensch um die Unschuld seines Werdens gebracht würde, an dem gemessen er für zu leicht befunden würde. Für Nietzsche ist Gott der Inbegriff des Instantiellen, und zwar die Vorstellung von Gott, denn in Nietzsches Augen gibt es Gott nicht. Es gibt nur den Begriff Gott, den die Menschen nach ihrem Bild und Gleichnis gebildet haben, um eine *Instanz der Verantwortung* aufzurichten, die größer und höher, umfassender und tiefgründiger nicht gedacht werden kann, selbst wenn sie nicht *ist*; denn: *nur die Unschuld des Werdens ist.*

Wenn Nietzsche ausdrücklich die Verantwortlichkeit in Gott und die Verantwortung vor Gott leugnet, dann nicht aus Hybris gegenüber dem lebendigen Gott, sondern aus radikal sein sollender Kritik an einer von Menschen für ihre beschränkten Zwecke errichteten absolut gesetzten Instanz. Nietzsche kritisiert nicht Gott, der nicht existiert, sondern den allzumenschlichen Menschen. Nietzsche ist nicht Gott gegenüber hybrid und anmaßend, sondern den

[40] GD, II, 978. - Vgl. Jörg Salaquardas Interpretation der Rede Nietzsches vom »Tod Gottes«, in: Philosophische Theologie im Schatten des Nihilismus, hrsg. von J. Salaquarda, Berlin 1971: Durch den Wegfall von Gott als »einender Instanz« (9) werden die bisher für selbständige Wesenheiten gehaltenen, aber auf Gott hin orientierten Werte ihrem Wert-Charakter nach als »*Erhaltungs-, Steigerungs-Bedingungen*« (Friedrich Nietzsche, Großoktav-Ausgabe, Werke 19 Bände u. 1 Registerband, Leipzig 1894 ff. = GA, XVI, 171) des Lebens erkennbar. Gott als der und das Absolute drückt dann immer nur einen »Höchstwert des Menschen« (14) aus, durch den er andere zur Verantwortung zwingt. Gott ist folglich nach Nietzsche »der sanktionierende *Gott*« (GA XV, 332), »der *moralische* Gott« (GA XIII, 75), dessen »Tod« die durch ihn und über ihn »zusammengehaltene und garantierte Wert-Hierarchie« (10) zum Einsturz bringt. Das aber ist eine Grundvoraussetzung dafür, daß die »völlige Unverantwortlichkeit und Unschuld jedermannes« zum Vorschein gelangen kann.

Menschen gegenüber kritisch. Er möchte die zweckbetonten Gottesvorstellungen durchschauen und damit den instantiellen Anhaltspunkt zertrümmern, von dem aus immer wieder die »Durchseuchung« der »Unschuld des Werdens« vorgenommen wird. Nietzsche will die Verantwortung ersten Grades, die instantielle, demaskieren. *Er verhält sich unverantwortlich, aber nicht verantwortungslos.* Er fordert, daß der Mensch sein Sein annimmt, ohne sich und anderen etwas vorzugaukeln; fordert, daß der Mensch nicht von Verantwortung redet, wenn er nur einen Grund sucht, den anderen oder sich zu strafen; fordert, daß der Mensch nicht um der Beibehaltung des sog. freien Willens auf die Befreiung von einer Selbsttäuschung oder Falschmünzerei verzichtet.

Aber Nietzsche wird dem Problem der Verantwortung zweiten Grades nicht gerecht, durch die überhaupt erst das, was konkret ist, erfahren wird, und durch die, was zu tun ist, konkret ausgehandelt wird, aber im Blick auf *Konditionen, Möglichkeiten* und *seinsgeschichtliche* Bezüge. Der Impuls Nietzsches dürfte unumgänglich nötig sein. Seine Imputation der Unschuld des Werdens bringt vom Regen in die Traufe.

Nietzsche geht voran, wenn es gilt, der »moralité larmoyante« ein Ende zu machen, diesem Vergnügen, »angenehme Tränen« beim Anhören moralischer Ergötzlichkeiten zu zerdrücken, diesem sog. »Reiz des Lebens«, der zwangsläufig verschwände, wenn »der Glaube an die völlige Unverantwortlichkeit überhandnähme«, und mit ihm dieser oder jener Kitzel beim moralischen Kitzeln[41]. Nietzsche möchte, wie wir dargestellt haben, durch die Aufdeckung des »Fehlschlusses«, daß der Mensch nicht deshalb »Reue und Gewissensbisse« empfindet, weil er frei *ist*, sondern weil er sich für frei *hält*[42], zur Abgewöhnung dieser Einbildung beitragen. Er möchte durch die Abschaffung Gottes als Inbegriff der Täuschung über die Unschuld des Werdens und Seins den ausgedachten Grund für den »Unmut der Gewissensbisse« ans Licht bringen. Er möchte durch die Einsicht, daß man sich zwar vielleicht gegen menschliches Herkommen, menschliche Satzungen und Ordnungen vergangen habe, »aber damit noch nicht das ›ewige Heil‹ der Seele« und ihre Beziehung zur Gottheit gefährdet habe«, dem Gefühl der

[41] MA I, SA I, 501.

[42] Ebd., I, 480.

Schuld den »schärfsten Stachel« abbrechen. Er möchte schließlich den Menschen zur Erfahrung der »unbedingten Notwendigkeit aller Handlungen und ihrer völligen Unverantwortlichkeit« bringen, um damit, so jeder sie in Fleisch und Blut übernommen hat, den letzten »Rest von Gewissensbissen« zu tilgen[43].

Aber befreit Nietzsche den Menschen nur vom Menschen, um ihn an die Kette der Notwendigkeit zu legen? Er baut den Mißbrauch, der mit der Verantwortlichkeit getrieben wird, durch seine Lehre von der völligen Unverantwortlichkeit ab, aber er stößt nicht zur Verantwortung zweiten Grades vor, die nicht der Unschuld des Werdens vertraut und allem anderen mißtraut, sondern offenbar macht, in welchem Maße es heute am Menschen liegt, ob er gewillt ist, Mensch und Erde zu retten oder zu atomisieren.

Nach Nietzsche gibt es zwei Weisen, sich das »Gefühl« »völliger Unverantwortlichkeit« zu erwerben: erstens, wie *Christus* es getan habe, der durch die Imagination, Gottes Sohn zu sein, das Gefühl völliger Sündlosigkeit in sich großzuziehen versuchte, oder aber zweitens - ein Weg, der nach Nietzsche heute jedermann offenstehe - durch die *Wissenschaft*, wie Nietzsche sie versteht, also durch die Erkenntnis der »Fatalität (menschlichen) Wesens«[44] die Unschuld des Werdens zu erlangen. Nietzsches Lehre von der völligen Unverantwortlichkeit, die der negative Ausdruck für seine positiv gemeinte Lehre von der Unschuld des Werdens ist, muß deshalb zwangsläufig eine Umwertung aller bisherigen Wertschätzungen hervorbringen. Wenn man beschreibt, was aufhört, wenn der Mensch sich auf sie einläßt, vermag einiges von dem im Kontrast deutlich werden, was die »Unschuld des Werdens« ist.

Wenn der Mensch für sein Handeln und sein Wesen völlig unverantwortlich ist, entbehren die bisherigen Schätzungen und Auszeichnungen, die Abneigungen und Verurteilungen der Grundlage. Zwar wird man innerhalb einer Institution und Gesellschaft, einer bestimmten Kultur und Gemeinschaft nach wie vor werten und verdammen. Aber damit wird man nicht das *Wesen* treffen oder das *Wesen* ablehnen, sondern das, was man für ein solches ausgibt. Wer diese Ideologien durchschaut, der wird »nicht mehr loben, nicht tadeln, denn es ist ungereimt, die Natür und die Notwendig-

[43] Ebd., I, 534.

[44] GD, II, 977.

keit zu loben und zu tadeln«. Der Mensch steht dann vor seinen eigenen Handlungen und vor denen anderer wie vor einem Kunstwerk, das man »liebt, aber nicht lobt«[45]; denn das Kunstwerk kann nichts für sich. Die Rangordnung der Güter, auf die die eine Zeit den Menschen festlegen wird, wird umgestoßen, von einer anderen, wodurch die Handlungen beschränkt erscheinen. Wer aber *hinter* diesem Prozeß die *Notwendigkeit* erspürt und nicht über den Fall der Sitten klagt, wenn andere, neue, ungewohnte heraufziehen, der bereitet sich vor für die Einsicht in die *Unschuld und Unverantwortlichkeit.*

Gewiß, die Bedingtheit moralischer Urteile zu erkennen, mag tiefe Schmerzen bereiten. Aber: »Solche Schmerzen sind Geburtswehen. Der Schmetterling will seine Hülle durchbrechen, er zerrt an ihr, er zerreißt sie: da blendet und verwirrt ihn das unbekannte Licht, das Reich der Freiheit«. Aber unter dieser Trauer bereitet sich die Umwandlung der Menschheit aus einer *moralischen* in eine *weise* Menschheit vor. »Alles ist Notwendigkeit - so sagt die neue Erkenntnis; und diese Erkenntnis selber ist Notwendigkeit. Alles ist Unschuld: und die Erkenntnis ist der Weg zur Einsicht in diese Unschuld«. Mag auf dem Gebiet der Moral alles »geworden, wandelbar, schwankend ..., im Flusse« sein, *»alles ist auch im Strome«*, und das heißt für Nietzsche auf dem Weg, die notwendige Vorstufe des bisherigen »unweisen, unbilligen, schuldbewußten Menschen« zu überwinden und »in Tausenden von Jahren vielleicht« den »weisen, unschuldigen (unschuldbewußten) Menschen« hervorzubringen[46].

5. Der unschuldbewußte Mensch und die Verantwortung der Unverantwortlichkeit

Wie sieht dieser Mensch aus? *Erstens:* Dieser Mensch *richtet nicht* über vergangene Zeiten, denn er hat erkannt, daß beispielsweise die heute als Ungerechtigkeit empfundene Sklaverei nicht am Maßstab eines inzwischen weiter ausgebildeten »Instinktes der Gerechtigkeit« gemessen werden darf. »Wer darf dem Genfer Calvin die Ver-

[45] MA I, SA I, 513.

[46] Ebd., I, 514.

brennung des Arztes Servet vorwerfen? Es war eine konsequente, aus seinen Überzeugungen fließende Handlung«. Zwar erscheinen uns heute diese Konsequenzen hart. Aber nur deshalb, »weil uns jene Ansichten fremd geworden sind«. Wer sieht nicht ein, daß es ungerecht wäre, wollten wir den Kindern Grausamkeit gegenüber Tieren vorwerfen, selbst wenn nicht daran zu zweifeln ist, daß die Kinder grausam erscheinen? Wer wollte über die Tierquälerei mancher Italiener den Stab brechen, nachdem das Tier »namentlich durch die Interessen der kirchlichen Lehre zu weit hinter den Menschen zurückgesetzt worden« ist? Wer darf den Egoismus für böse ausgeben, wenn die Vorstellung vom Nächsten in uns noch so schwach ist, daß wir uns ihm gegenüber »beinahe wie gegen Pflanze und Stein frei und unverantwortlich fühlen«[47]? Der neue Mensch richtet sich folglich nicht nach sach- und zeitfremden, unhistorischen Maßstäben, er richtet sich vielmehr nach der »Unschuld des Werdens«, stellt sich dem Prozeß der Notwendigkeit anheim, kurzum, der neue Mensch richtet nicht *andere*, sondern richtet *sich* nach der »Fatalität«.

Zweitens: Dieser neue Mensch erkennt, wie *vereinsamt* er ist. Wenn er wahrnimmt, wie ungleich die Voraussetzungen sind, nach denen die Menschen angetreten sind, wenn er dessen gewahr wird, wie »hundertfältig der Anlaß kommt zum Mißverstehen, zum feindseligen Auseinanderfliehen«, wenn er erfährt, wie unsicher der Boden ist, »auf dem alle unsere Bündnisse und Freundschaften ruhen«, dann schärft sich sein »Auge für die innere Notwendigkeit der Meinungen aus der unlösbaren Verflechtung von Charakter, Beschäftigung, Talent, Umgebung«. Was folgt? Der Mensch verliert die Bitterkeit, die ihn ankommt beim Ruf des Weisen, der sterbend die tiefe Wahrheit ausspricht: »Freunde, es gibt keine Freunde!« Aber zugleich wirft er die naive Freude über Bord, die in ihm aufsteigt beim Ruf des enthusiastisch lebenden, optimistischen »Toren«, der da in den zuversichtlichen Ausspruch ausbricht: »Feinde, es gibt keinen Feind!«

Es greift ans Herz, wenn Nietzsche - sehr persönlich - die Struktur der Freundschaft aufzudecken sucht. »Ja, es gibt Freunde, aber der Irrtum, die Täuschung über dich führte sie dir zu; und Schweigen müssen sie gelernt haben, um dir Freund zu bleiben; denn fast immer beruhen solche menschlichen Beziehungen darauf, daß

[47] Ebd., I, 508.

irgend ein paar Dinge nie gesagt werden, ja daß an sie nie gerührt wird: kommen diese Steinchen aber ins Rollen, so folgt die Freundschaft hinterdrein und zerbricht.« Der neue Mensch, der sich als vereinsamt erkennt, gelangt ins Gleichgewicht mit den Meinungen anderer, wenn er selbst sich als »eine wandelnde Sphäre der Meinungen und Stimmungen« durchschaut. Er folgt Nietzsches Aufforderung: »Wir wollen es miteinander aushalten, da wir es ja mit uns aushalten.«[48]

Aber der neue Mensch folgt nicht nur der Aufforderung: Richtet nicht! Und er kommt nicht nur dem Imperativ nach: Haltet die Einsamkeit aus! Er befolgt *drittens* den Ruf: *Sei unverantwortlich!* Die Einsicht in die Ungerechtigkeit des Richtens und in die Unsachlichkeit des Aburteilens des »physisch und historisch« Erklärbaren hatte das »Gefühl der Unverantwortlichkeit« heraufgeführt[49]. Die Erfahrung, daß der Mensch mit sich allein ist, hat ihn die Bescheidenheit gelehrt, denn der Gedanke der völligen Unverantwortlichkeit, und zwar auch für das Gute, das einer schafft, bedeutet ja gerade die Erkenntnis, »daß wir nicht unsere eigenen Werke sind«[50]. Aus der Einsicht in die »gründliche Unverantwortlichkeit und Unverdienstlichkeit alles Wirkens und Wesens« erwächst die Überwindung des Stolzes und des unangebracht subjektivistischen Machtgefühls des Menschen. Stolz und Machtstreben sind nach Nietzsche der »Vater und die Mutter« der Lehre von der sog. Freiheit des Willens[51]. Um stolz sein zu können auf sich im Unterschied zum erbärmlichen anderen und um sich an der eigenen Macht und an der Ohnmacht des anderen weiden zu können, hat sich der Unmensch Mensch die sog. Freiheit des Willens ausgedacht, die den *anderen* an die Kette des von ihm Geforderten legt, zugleich aber zeigt, wie herrlich weit *man selbst* es gebracht hat.

Nietzsches Aufforderung: Sei unverantwortlich! schließt die Aufgabe ein, die Moral als den Versuch zu entlarven, »den menschlichen Stolz herzustellen«. Der Mensch möchte sich durch die Erfindung der Moral und durch die mit ihr gekoppelte Lehre vom

[48] Ebd., I, 644 f.

[49] Ebd., I. 459.

[50] Ebd., I, 709.

[51] Morgenröte. Gedanken über die moralischen Vorurteile = M, I, 1099.

freien Willen »ein Anrecht schaffen, sich für seine hohen Zustände und Handlungen als Ursache denken zu dürfen«. Man unterstellt durch die Lehre vom freien Willen, daß dem Menschen nichts zugehört, was er nicht bewußt gewollt habe, daß *er* also »causa prima« als Wille ist. Man unterstellt, um auf sich stolz sein zu können. »In summa: damit der Mensch vor sich Achtung haben kann, muß er fähig sein, auch böse zu werden«, eine wie Nietzsche ausführt, »naive Psychologie«, die da behauptet, daß »nur der Wille Ursache ist und daß man wissen muß, gewollt zu haben, um *sich* als Ursache glauben zu dürfen«[52].

Sei unverantwortlich! ist folglich bei Nietzsche gerade kein Imperativ, der sich einer sog. höheren Verantwortlichkeit entzieht, sondern der die Verantwortung ersten Grades durchschaut zu haben glaubt, und zwar als Unwahrhaftigkeit, als »mauvaise foi«, wie Sartre später sagen wird, als die Unredlichkeit, in der der Mensch *sich* etwas vormacht, um *anderen* etwas vorzumachen. Aber Nietzsches Forderung reicht nicht zu, um die Verantwortung zweiten Grades ansichtig zu machen, weil sie den Menschen an die »Fatalität« der Unschuld des Werdens verweist.

Der neue Mensch ist also weder anmaßend, noch unbescheiden. Er hat den Stolz abgetan und möchte wahrhaftig und redlich sein. Die Einsicht, daß es kein *»Zentralwesen der Verantwortlichkeit«* gibt, »erleichtert«[53] ihn und befreit ihn für die Unschuld des Werdens. Nietzsche möchte diese allerdings nicht als »automatisch und machinal«[54] vorgestellt wissen. Er hält nur die Verantwortlichkeitslehre für einen Mechanismus, der es erlaubt, automatisch und machinal abzuurteilen, wo jemand den an ihn ergangenen Forderungen nicht entspricht. Trotzdem, Nietzsche starrt derart gebannt auf den Automatismus der Psychologie des Verantwortlichmachens, daß er den Mechanismus seiner Lehre von der Unschuld des Werdens - wenn auch vielleicht nicht übersieht, so doch - nicht ausreichend belichtet.

Um den Inbegriff weltlicher Gerechtigkeit und ihren Mechanismus aus den Angeln zu heben, beschreibt Nietzsche zwei Wege und dementsprechend zwei Lehren: Zum einen seine eigene Lehre

52 Aus dem Nachlaß der Achtzigerjahre, SA III, 745 f.

53 Ebd., III, 858.

54 Ebd., III, 745.

von der »völligen Unverantwortlichkeit und Unschuld jedermannes« und zum anderen die Lehre Jesu Christi von der »völligen Verantwortlichkeit und Verschuldung jedermannes«[55]. Christi Warnung: Richtet nicht! entsprach seiner Auffassung, daß die vor Gott Schuldigen, die Sünder, nicht die Richter von ihresgleichen sein sollten[56]. Deshalb schien ihm die »Miene der Schuldlosigkeit ... so heuchlerisch und pharisäerhaft«[57]. Kriterium der Beurteilung konnte für ihn nur »Gott« sein, er selber. Nietzsches Imperativ: Richtet nicht! entspricht dessen Auffassung, daß niemand für sein Wesen und Handeln verantwortlich ist und es deshalb *kein »Zentralwesen der Verantwortlichkeit«*[58] gibt. Nietzsche kennt nicht als einzig entscheidenden Frevel den Frevel an Gott, sondern nur den »Frevel an der Welt«[59].

Aber, noch herrscht die »Zeit der Tragödie, die Zeit der Moralen«. Noch herrschen die »Lehrer der Gewissensbisse«, die nicht mit der ganzen Wahrheit herausrücken wollen, mit der Wahrheit, daß der Zweck des Daseins es ist, »zu tun, was der Erhaltung der menschlichen Gattung frommt«. Noch können die Menschen nicht lachen, weil sie den Satz »›die Art ist alles, einer ist immer keiner‹« sich nicht einverleibt haben. Noch haben sie nicht den »jeden jederzeit offenstehenden Zugang zur letzten Befreiung und Unverantwortlichkeit« durchschritten. Aber, wenn der Mensch die *Ungerechtigkeit des Richtens* einsieht, wenn er die *Gemeinsamkeit der Einsamkeit* begreift und wenn er die *Verantwortung der Unverantwortlichkeit* auf sich nimmt, dann wird sich nach Nietzsche vielleicht das »Lachen mit der Weisheit« verbünden und die »Frohbotschaft« wird von der »fröhlichen Wissenschaft« abgelöst werden[60].

Es mag scheinen, als sei Nietzsches Lehre von der Erhaltung der Art als Zweck des Daseins denn doch ein wenig primitiv, lediglich

[55] MA II (Der Wanderer und sein Schatten = WS), SA I, 912 f.

[56] Sartre läßt in »Der Teufel und der liebe Gott« Heinrich auf dem Höhepunkt seiner Auseinandersetzung mit Götz ausrufen: »Unser Vater, der Du bist im Himmel, ich möchte lieber gerichtet werden von einem unendlichen Wesen, als von denen, die meinesgleichen sind«, 354. Vgl. Wisser Anmerkung 31.

[57] MA II (WS), SA I, 913.

[58] Aus dem Nachlaß der Achtzigerjahre, III, 858.

[59] MA II (WS), SA I, 913.

[60] Die fröhliche Wissenschaft = FW, II, 33 f.

ein auf den Bereich der Sittlichkeit übertragener Darwinismus. Und mancher nimmt vielleicht in Nietzsches Lachen über die Dekrete derer, die immer irgend etwas davor bewahren wollen, daß über es gelacht werden darf, schon das Gelächter des dem Wahnsinn nahen Nietzsche wahr. Man sollte sich nicht durch selbstgefällige Kritik an Nietzsches sog. Darwinismus und Biologismus und an seinem weisen oder gequälten Lachen dazu verleiten lassen, darüber hinwegzusehen, inwieweit Nietzsche mit seiner Lehre von der völligen Unverantwortlichkeit den Blick für die Gefahren schärft, die sich aus einer Ideologisierung der Verantwortung ergeben; selbst wenn er im Hinblick auf die Verantwortung zweiten Grades, auf die »verantworteten Antworten« angesichts konkreter Probleme unserer Zeit und der Dimensionen, in denen sie gründen, nicht das Wesentliche zu sagen hat.

»Wir leugnen Gott, wir leugnen die Verantwortlichkeit in Gott: damit erlösen wir die Welt«[61], formuliert Nietzsche. Und er will mit diesem Satz der absolut gesetzten Instanz »Gott« den Todesstoß versetzen, einer ausgedachten Instanz, durch die der Mensch die Welt und die Natur als eine große Ordnung zu deuten unternimmt, als eine Gerichtsordnung. Gott als der besonnene Schöpfer von allem, Gott als der Weltenbaumeister, der allem einen *Zweck* einprägt und aufstempelt, Gott, der allem ein *Ziel* setzt, Gott als der überlegene Richter, der alles und jedes danach beurteilen wird, ob es dieser Richtung gefolgt ist, ob es getan hat, was verlangt wurde, dieser Gott ist für Nietzsche der Inbegriff der Psychologie der Verantwortlichmachung. Gott, der für alles verantwortlich sein soll, zieht jeden zur Verantwortung und zur Rechenschaft, der nicht die von ihm dekretierten Zwecke, die von ihm ausgegebenen Ziele und die von ihm verkündeten Richtlinien befolgt. Indem Nietzsche diesen Gott leugnet und dieser Zweck-Instanz gegenüber die Verantwortlichkeit aufkündigt, glaubt er den Menschen von einer Selbsttäuschung befreit zu haben, von einer Fessel, durch die er sich selbst gebunden hat. Die Menschen »erlösen« mit der Analyse und Zergliederung des Mechanismus der Verantwortlichmachung die »Welt«.

Aber *woraufhin* erlöst Nietzsche die Welt? Nietzsche antwortet: auf die Einsicht »alles ist Notwendigkeit«[62]. Nachdem wir 1. die

[61] GD, II, 978.

[62] MA I, SA I, 514.

Lehre von der völligen Unverantwortlichkeit entwickelt haben, 2. die instantielle von der situationellen Verantwortung unterschieden haben, 3. die Psychologie des Verantwortlichmachens skizziert, 4. die Unschuld des Werdens anhand der drei Forderungen: Richtet nicht!, haltet die Einsamkeit aus! und seid unverantwortlich! expliziert haben, 5. den unschuldbewußten Menschen apostrophiert haben, muß nun 6. noch ein Hinweis auf die Lehre von der Notwendigkeit und den Zweckgesichtspunkt folgen.

6. Die Notwendigkeit und die nötige Zwecksetzung

Ist, so kann man fragen, mit dem Grundsatz »alles ist Notwendigkeit« nicht an die Stelle einer metaphysisch einsichtigen Normierung gegenseitig sich fordernder Zwecke, an die Stelle einer überschaubaren und bergenden, anheimelnden, beruhigenden Sinn-Ordnung, in der alles seinen fest umrissenen Platz hat und nur insofern es diesen nicht ergreift und ausfüllt, zur Verantwortung gezogen wird, eine abstrakte, kühle, ja kalte und fremdartig wirkende Notwendigkeit getreten, von der niemand so recht weiß, was sie ist? Und war nicht, wenn nach Nietzsche alles Notwendigkeit ist und »wir selber in unsern absichtlichsten Handlungen nichts mehr tun als das Spiel der Notwendigkeit zu spielen«[63], die frühere, von Nietzsche so heftig kritisierte Weise des Menschen, in Zweckmäßigkeiten zu denken und allem, was ist, eine in Gott verbürgte Sinnhaftigkeit nachzusagen, ebenfalls notwendig?

Nietzsche wäre es nur recht, wenn man ihn solcherart befragte, denn er könnte dann auf Zweierlei hinweisen: erstens darauf, was der Mensch im Unterschied zum Tier ist, und zweitens auf das, was er wegen dieses Unterschiedes benötigt, um existieren zu können. Erstens: Der Mensch ist nach Nietzsche das *»noch nicht festgestellte Tier«*[64], ein Lebewesen also, das im Unterschied zum Tier den Gesetzen, denen das Tier unterworfen ist, nicht zu folgen braucht. Und zweitens: Für dieses »nicht festgestellte Tier«, genannt Mensch, wäre es gar nicht möglich, ohne vom Menschen selbst gesetzte Zweckmäßigkeiten am Leben zu bleiben, zu über-

[63] M, I, 1102.

[64] JGB, II, 623. Vgl. GM, II, 862.

leben. Gerade die Ungebundenheit, das Freisein von allgemeinen Zwecken und natürlichen Zwängen, macht überhaupt erst begreiflich, weshalb der Mensch von sich aus, und zwar notwendigerweise, um am Leben zu bleiben, Zwecke setzen muß. Nietzsche will gerade *erklären,* warum der Mensch Zwecke setzt. Er setzt Zwecke und er steckt Ziele und er postiert Werte, weil er überleben will, koste es, was es wolle, koste es selbst die Wahrheit und sei selbst die Lüge nötig, durch die diese Zwecke, Ziele und Werte für absolut, für an sich, für allgemeinverbindlich, für objektiv ausgegeben werden.

Aber, und das ist es, worauf Nietzsche aufmerksam machen will, es ist ein Unterschied, ob der Mensch diese selbstbeigebrachten Zweckmäßigkeiten und Nützlichkeiten für absolut verbindlich ausgibt oder ob er sich zu ihrer Subjektivität bekennt, ob er rational metaphysisch behauptet, sie seien zwingend, oder zugesteht, daß sie lediglich voluntativ pragmatisch nützlich sind. Mit anderen Worten: Nach Nietzsche haben die *Menschen* »den Begriff Zweck erfunden: in der Realität fehlt der Zweck«[65]. Gewiß, »jene eisernen Hände der Notwendigkeit, welche den Würfelbecher des Zufalls schütteln, spielen ihr Spiel unendliche Zeit: da müssen Würfe vorkommen, die der Zweckmäßigkeit und Vernünftigkeit jedes Grades vollkommen ähnlich sehen«[66]. Einer strengen, und wie Nietzsche dies nennt, »wissenschaftlichen« Kritik jedoch halten diese zufälligen Fälle von zufälliger Zweckhaftigkeit und zufälliger Vernünftigkeit nicht stand, denn, was wie Zweck und Vernunft aussieht, entstammt lediglich dem Zufall. »Die Ordnung des Zwecks ist ... eine Illusion«[67].

Die von den meisten abendländischen Philosophen vertretene Lehre, daß die Welt ein Inbegriff von Zwecken ist und daß eine letztlich alles regelnde Ordnung ihren inneren Sinn verbürgt, diese Lehre weist Nietzsche zurück, weil der Zweckmäßigkeitsgesichtspunkt lediglich vom Menschen selbst gesetzte Größen beibringe[68]. Zwecke zu setzen, ist Inbegriff menschlichen Wesens, ist ein Anthropinon. Der Zweck ist lediglich eine »nützliche Scheinbar-

[65] GD, II, 978.

[66] M, I, 1102.

[67] Aus dem Nachlaß der Achtzigerjahre, III, 424, 525.

[68] Ebd., III, 909.

keit«[69], kann aber keinen Anspruch darauf erheben, ein Fundament in der Realität selbst zu haben. »Die Verirrung der Philosophie ruht darauf, daß man, statt in der Logik und den Vernunftkategorien Mittel zu sehen zum Zurechtmachen der Welt zu Nützlichkeits-Zwecken (also, prinzipiell, zu einer nützlichen Fälschung), man in ihnen das Kriterium der Wahrheit, respektive der Realität zu haben glaubte«[70].

Das durch Jahrtausende hindurch geübte Zweckdenken wird von Nietzsche wohlgemerkt nicht schlankweg abgelehnt, nicht sein Gebrauch wird zurückgewiesen, sondern die Anmaßung, daß es sich um Zwecke handele, die in der Realität selbst liegen, die unbegründete Behauptung also, daß es sich, wenn der Mensch Zwecke oder Werte setzt, die er zu irgendeinem Behufe als »nützliche Fälschung« gebraucht, um Zwecke an sich, um Werte an sich handele. Das Zweckdenken und Zweckhandeln trägt in das Zweckfreie, in die Notwendigkeit, etwas hinein, das ihr nicht nur nicht entspricht, sondern widerspricht. *Notwendigkeit,* dieses Wort soll bei Nietzsche also sagen, daß es sich nicht um solche Vorstellungen handelt, die der Mensch sich von etwas macht. Notwendigkeit meint nicht ein allem innewohnendes Mißgeschick. Notwendigkeit bedeutet kein zwangsweise hinzunehmendes Fatum und ist nicht, als sog. Naturnotwendigkeit vorgestellt, »ein letzter Zufluchtswinkel der mythologischen Träumerei«[71]. Daß alles Notwendigkeit ist, bezeichnet vielmehr die unverstellte Realitätserfahrung, den radikalen Abbau all der für in sich ruhende Wahrheiten ausgegebenen Wertziele im Hinblick auf das, was ist, auf Realität also. Das *Zweckdenken* ist überhaupt kein echtes Denken, nichts, das sich auf eine Wirklichkeit gründen könnte, nicht Gründliches. Es ist vielmehr nur eine Weise, »um Herr zu werden über die Realität«[72].

Soll die *Wirklichkeit* zur Erfahrung gebracht werden, dann muß alles getan werden, um die *Welt der Zwecke*, Ziele und Richtlinien, kurzum die instantielle Verantwortung als eine zwar wirksame, aber keineswegs wirkliche Welt zu durchschauen und zwar im Blick auf die durch das Zweckdenken gerade verdeckte *Notwendig-*

[69] Ebd., III, 682.

[70] Ebd., III, 726.

[71] MA II (Vermischte Meinungen und Sprüche = VM), SA I, 747.

[72] Aus dem Nachlaß der Achtzigerjahre, III, 727.

keit hin. Notwendigkeit bedeutet für Nietzsche also nicht einen, sei es positiven, sei es negativen Zweckzusammenhang, der zwangsläufig abläuft und in goldene und eherne Fesseln schlägt, sondern die Realität selbst, frei von Zweckmäßigkeitsgesichtspunkten aufgefaßt. Notwendigkeit meint also auch nicht primitiv ein unbewußtes und unbewußt bleibendes Getriebenwerden, nicht eine quasi-instinktive Festlegung, die nie über ihren Schatten zu springen erlaubt, meint nicht oberflächliche Unabänderlichkeit als etwas von irgend einer Instanz Verordnetes, sondern gerade Freiheit von solcherart Bindung und Zwang.

Indem der Mensch diese Notwendigkeit erfährt, gelingt ihm die Kritik am bisherigen Zweckdenken, das zugleich als unumgängliches Mittel der Daseinsbewältigung erklärlich gemacht wird. Die bisherige sog. Realität war nur eine Annahme und die sog. Wirklichkeit nur eine Angabe. Indem Nietzsche aber die Genesis des Zweckdenkens analysiert, stößt er darauf, daß die bisherigen Annahmen und Angaben nur eine Art Glauben an Nützlichkeiten darstellten, die zu Lebensbedingungen erhoben wurden[73], eine »Art von Irrtum, ohne welche eine bestimmte Art von lebendigen Wesen nicht leben könnte«, »eine Stellung verschiedener Irrtümer zueinander«[74]. Was gemeinhin als »Wahrheit« ausgegeben wird, ist eine »Summe von menschlichen Relationen«[75]. Und es ist ein Grundmißtrauen all denen gegenüber am Platz, die stets auf die Wahrheit pochen, um gerade dadurch darüber hinwegzutäuschen, daß diese Wahrheit mit größerem Recht Lüge, Lebenslüge oder Fiktion genannt werden kann.

Trotzdem möchte Nietzsche die relative Wahrheit in der Unwahrheit der Wahrheitsgläubigen aufdecken, um auf solche Weise den Menschen freizumachen für die Notwendigkeit; analog dem Vorgang, durch den Nietzsche als Immoralist den Menschen offen machen will, indem er die Moral als Inbegriff des Unwertes aller bisherigen Werte im Hinblick auf das entdeckt, was den Menschen nicht nasführt, die Notwendigkeit. Deshalb sagt Nietzsche: »Man muß die Moral vernichten, um das Leben zu befreien«[76]. Wahrheit

[73] Ebd., III, 476, 556.

[74] Ebd., III, 844, 915.

[75] Über Wahrheit und Lüge, III, 314.

[76] Aus dem Nachlaß der Achtzigerjahre, III, 887.

und Moral, Realität und Wirklichkeit als Inbegriff von Zwecken zu denken, die an sich bestehen und absolut sind, führt nach Nietzsche nicht zur Einsicht in die Notwendigkeit. »Alles ist Notwendigkeit«, dieser Satz erst erschließt nach Nietzsche Realität. Notwendigkeit ist das Stichwort, auf das hin die Dinge zu sprechen beginnen.

Wenn Nietzsche von der »Erlösung der Welt« spricht, wenn er immer wieder die Lehre von der völligen Unverantwortlichkeit vorträgt, dann um zugleich das Zweckdenken als eine »kluge Weise, die Realität *mißzuverstehn«,* zu erklären[77], um der Desillusionierung über zwar nützliche, aber grundlose Täuschungen willen. Aber entspricht das solcherart Zweck- und Lebensdienliche bereits dem, was Nietzsche die Notwendigkeit nennt? Entsprechen sie dem, was er die Wahrheit, Realität, Notwendigkeit nennt? Wie gelangen wir zu ihr? Wie erfahren wir sie? Was ist sie?

Hier kann nur noch soviel angedeutet werden: Sie ist keine »Wirklichkeit« des *Geistes* im bisherigen Sinne des Wortes, der, indem er sich an der Realität vergreift, vermeint, sie begriffen zu haben. Sie ist keine der *Vernunft*, die vorgibt, Zwecke zu entdecken, wo sie sich solche ausdenkt; die behauptet zu finden, wo sie solche nur erfindet. Sie ist keine der *Seele* im überlieferten Verständnis, die überzeugt ist, auszulegen, wo sie sich tatsächlich hineinlegt; die zu erleben wähnt, wo sie erdichtet. Nietzsche möchte um der Wahrheit, Realität, Notwendigkeit willen nachweisen, daß die bisherigen Instanzen: Geist, Vernunft, Seele tatsächlich nur angemaßte Richterbefugnisse wahrnehmen, und daß deshalb der Mensch, so er richtet, so er Allgemeinverbindlichkeit behauptet und so er jemanden zur Verantwortung zieht, lediglich vor das Forum einer nützlichen Täuschung zitiert.

Nietzsche entdeckt statt dessen den »Leib« als das unvergleichliche Entdeckerorgan. »Es ist mehr Vernunft in deinem Leibe, als in deiner besten Weisheit.«[78] Der Leib wird zum »Leitfaden«[79], der es ermöglicht, auf die Notwendigkeit einzuschwenken, nachdem die Lehre von der völligen Unverantwortlichkeit die instantielle Verantwortung und mit ihr das »außerordentliche Privilegium der *Ver-*

[77] Ebd., III, 727.

[78] Za, II, 301. Vgl. hierzu die Ausführungen meiner Schülerin Karen Joisten, Die Überwindung der Anthropozentrizität durch Friedrich Nietzsche, Würzburg 1994, 105 ff.

[79] Aus dem Nachlaß der Achtzigerjahre, III, 476.

antwortlichkeit«, das »*Gewissen*«[80], durchleuchtet hat und kein Rückgrat entdecken konnte.

Die Lehre von der »völligen Unverantwortlichkeit und Unschuld jedermannes« ist Ausdruck einer neuen Realitätserfahrung. Sie führt zur Entdeckung des »Leibes«. Mit Nietzsches Lehre vom Leib[81] aber müßten wir ein neues Kapitel aufschlagen.

[80] GM, II, 801. Vgl. JGB, II, 621.

[81] Vgl. Bernhard Bueb, Nietzsches Kritik der praktischen Vernunft, Stuttgart 1970, IV. Leib und Geist: Der methodische Vorrang der Leiblichkeit; die Vernunft des Leibes, 109-122.

Die Fraglichkeit der Frage nach dem Menschen

1. Von der Besonderheit der Beschäftigung des Menschen mit sich

Es scheint, wenigstens auf den ersten Blick, leicht, über »Philosophische Anthropologie« zu sprechen, jedenfalls vergleichsweise leicht, weil der Gegenstand gerade *dieser* philosophischen Disziplin, und es gibt deren ja mehrere, offensichtlich nicht etwas uns selbst Fremdes ist, wir es vielmehr selbst sind, nach denen gefragt wird *und* die da fragen. Einzig in der »Philosophischen Anthropologie« sind *wir uns selbst* befragende Fragende. Wer aber, so meint mancher, weiß über uns besser Bescheid, als wir selbst, die wir doch, wie ein verbreitetes Sprichwort sagt, uns selbst die Nächsten sind und denen, um es noch drastischer zu sagen, das Hemd näher ist als der Rock.

Von hier aus gesehen scheint die Behandlung anderer philosophischer Disziplinen vergleichsweise schwerer, etwa die Frage der Ontologie, die Frage nach dem *Sein*, oder aber die Frage der Logik, die ja nicht nur nach den Regeln richtigen Denkens fragt, sondern auch die Frage nach dem Logos von *allem*, was *ist*, aufwirft, also Logik *und* Lógik einschließt, oder schließlich die Frage der Metaphysik, die Frage nach dem, was, griechisch gesagt, μετὰ τὰ φυσικά ist, also die Frage nach dem, was über die Gegenstände der »Physik« hinaus ist, wobei die »Phýsik« nicht mit dem, was wir heute unter der »Physík« verstehen, gleichgesetzt werden darf, weil in der griechisch gedachten Physik vielmehr nach der »phýsis« gefragt wird, also nach dem, was sich von sich her uns zur Erscheinung bringt, während die Metaphýsik nach dem fragt, was jenseits des Phýsishaften ebenfalls noch ist.

Bei einem Vergleich dieser Disziplinen mit der »Philosophischen Anthropologie« mag sich ergeben, daß diese Disziplinen einfach deshalb schwierigere Probleme aufwerfen, weil wir in diesen Disziplinen über solches berichten müssen und uns auferlegt ist, über solches etwas zu sagen, an dem wir zwar vielleicht *Anteil* haben mögen, wie an der Natur oder, in aller Winzigkeit, am Kosmos, das wir aber nicht *eigentlich* sind, d.h. das gerade nicht unser

Spezifikum, das, was uns zu eigen, unser Eigentum ist, ausmacht. Und schon gar fällt es uns schwer, über solches etwas Zutreffendes zu sagen, wozu es beim Menschen offenbar einfach nicht langt, über Gott, zu dem es, vom Menschen her gesehen, ganz besonders schwierig ist, sich in ein erkennendes Verhältnis zu setzen. Es sei denn, man hält ihn für nichts als für eine Projektion des Menschen.

Mit anderen Worten: Naturphilosophie, Kosmologie, Logik, Metaphysik zu treiben, erscheint auf den ersten Blick schwieriger, als die Probleme der »Philosophischen Anthropologie« zu erörtern, ja aus erkenntnistheoretischen Gründen sind diese Disziplinen in gewissem Sinne vielleicht sogar unmöglich - jedenfalls meinte das beispielsweise Giambattista Vico (1668-1744)[1] -, weil wir bei eben diesen genannten Disziplinen nicht *uns selbst* untersuchen oder aber *nur* gewisse *Beigaben* unseres Seins ins Auge fassen, nur solches also, das wir mit anderem Seienden gemeinsam haben, uns aber doch etwas *anderem* als uns selbst zuwenden müssen, gar Gott, also, wie Theologen Gott genannt haben, dem Ganz-Anderen auf die spurlose Spur zu kommen trachten, auf die spurlose Spur, die nicht, wie die Frage nach dem Menschen, gewissermaßen in uns selbst von selbst spurt durch die vestigia hominis.

Was ist das Besondere der Beschäftigung mit uns selbst? Anders gesagt: wenn Menschen nach sich fragen, nach *dem* Menschen, nach *den* Menschen, nach der *Menschheit*, sei es die *Gattung*, sei es das *Wesen*, nach dem *menschlichen* Ich, nach *ihrem* Ich, fragen sie, gleichgültig, ob sie diese Fragen zum wissenschaftlichen Zentralthema erheben oder als das dem Menschen nächstliegende philosophische Grundproblem anvisieren, immer nach etwas, das ihnen *eigentlich* nicht fremd ist, nach etwas, das sie *sind* oder sein *können*, selbst wenn sie es noch nicht oder nicht mehr direkt wissen. Wir gehen auf uns aus und bemühen uns, bei uns anzukommen, und selbst wenn wir uns entfremdet sind, sind *wir* es doch, die diese Entfremdung als unser Problem erfahren.

Es bedurfte eines großen Psychologen wie Nietzsche, dem Sigmund Freud zuerkannt hat, der Größten einer zu sein, um die ganze *Fragwürdigkeit* dieser Auffassung zu durchschauen. In der »Vorrede« zur »Genealogie der Moral« schlägt er bewußt das Thema an:

[1] Giambattista Vico, Opere, IV-1, 117. Vgl. Richard Wisser, Giambattista Vicos »Neue Wissenschaft« als frühes Modell integrativen Denkens, in: Akten des XIV. Internationalen Kongresses für Philosophie in Wien, Bd. VI, Wien 1971, 572-584.

»Wir sind uns unbekannt, wir Erkennenden, wir selbst uns selbst: das hat seinen guten Grund. Wir haben nie nach uns gesucht - wie sollte es geschehen, daß wir eines Tages uns *fänden*?« Bei all unseren »›Erlebnissen‹« reiben wir uns »*hinterdrein* die Ohren und fragen, ganz erstaunt, ganz betreten, ›was haben wir da eigentlich erlebt?‹ mehr noch: ›wer sind wir eigentlich?‹ und zählen nach, hinterdrein, wie gesagt, ... und verzählen uns dabei ... Wir bleiben uns eben notwendig fremd, wir verstehn uns nicht, wir *müssen* uns verwechseln, für uns heißt der Satz in alle Ewigkeit ›Jeder ist sich selbst der Fernste‹ - für uns sind wir keine ›Erkennenden‹ ... «[2]. Mag die Hoffnung, *uns* zu finden, uns beflügeln, nachdem wir erst einmal die »Suche nach dem Menschen« in Gang gesetzt haben, am Ende steht die Einsicht, daß gerade das, was manch einer für den erfolgversprechendsten Gegenstand der Untersuchung wissenschaftlichen Erkennens oder spekulativen Denkens halten mag, an kein Ende kommt.

Es hieße Nietzsche mißdeuten und mißverstehen, wollte man unter Hinweis auf all das, was in der Geschichte der Philosophie und der Wissenschaft an Aussagen über den Menschen gemacht und an Bestimmungen über ihn vorgenommen worden ist, Nietzsches Problemaufriß bloß als Irrationalismus abtun oder aber auf eine »Tatsache« mit Resignation reagieren. Nietzsche hat allen denen, die zu wissen meinen oder zu wissen vorgeben, was der Mensch ist, die *Problematik* gerade dieses Lebewesens, des »noch nicht festgestellten Tieres«[3], zum Bewußtsein gebracht, anders gesagt: er hat die »*Frage* nach dem Menschen« um den rhetorischen Charakter einer solchen Frage gebracht, auf die - wer auch immer - eine Antwort parat hat und zu geben beansprucht. Die »Frage nach dem Menschen« *ist* und sie *bleibt* eine *Frage*. Entscheidend ist nicht, die Frage zu »lösen« und durch eine Antwort überflüssig zu machen, sondern die *Fraglichkeit* gerade dieser Frage zu erkennen und die gegebenen Antworten in eben dieser Fraglichkeit zu gründen, sie jedenfalls auf sie zu beziehen.

Wenn wir üblicherweise allerdings von der »Frage nach dem Menschen« sprechen, scheint die Zielrichtung eindeutig und wie selbstverständlich auf den *Menschen* zu gehen, der »irgendwie« als

[2] Friedrich Nietzsche, Zur Genealogie der Moral. Eine Streitschrift, in: Werke (hrsg. von Karl Schlechta), Bd. II, 2., durchges. Aufl., München 1960, 763.

[3] Friedrich Nietzsche, Jenseits von Gut und Böse, in: Werke, II, 623.

Untersuchungsgegenstand *vor*gegeben und *ge*geben, vielleicht auch von irgendetwas oder irgendjemandem *auf*gegeben ist, dem wir uns jedenfalls nur zuzuwenden brauchen, um seiner habhaft zu werden. Vielleicht müssen wir, die wir zumeist gewohnt sind, auf *etwas* auszugehen, bei dieser Frage jedoch gewissermaßen *in uns* gehen, müssen also vielleicht die gewohnte und gewöhnliche Zielrichtung umkehren, müssen uns von *anderem* ab- und *uns* zuwenden, müssen eine Kehre vollziehen, eine Blickwendung vornehmen, die so unterschiedlichen Aspekten wie der vielberedeten psychologischen Introspektion ebenso zugrundeliegt wie dem immer wieder von ethischer Seite erhobenen Ruf nach μετανοῖα, nach Sinneswandel, nach Um-kehr, kurzum: müssen dem *Ver-kehrten* zu *entgehen* trachten. Dies aber in einem Bewußtsein, daß, wie Nietzsche sagt, wir uns »notwendig fremd bleiben« und uns »verwechseln *müssen*«[4], daß das Problem der Identität also kein lösbares ist, vielmehr in seiner *Problematik* der Sinn der Sache steckt. Vielleicht kommt es, so paradox es klingen mag, beim Nüssekernen nicht auf die Kerne an, sondern auf das Kernen.

Vielleicht müssen wir dementsprechend, um das Besondere der »Frage nach dem Menschen« erfahren zu können, unser Augenmerk in erster Linie auf die *Frage* lenken; denn im Unterschied zu den anderen genannten Fragen, der Frage nach der Natur oder der Frage nach Gott, fragt die »Frage nach dem Menschen« nach uns, also gerade nicht nach etwas anderem, aber sie fragt nach *unserer Identität als unlösbarer Aufgabe*. Das für den Menschen Charakteristische könnte gerade sein, daß diese Identität, die weder mit der Substantialität göttlichen Seins noch mit der Kompaktheit eines Steins oder der organisch folgerichtigen Teleologie einer Pflanze oder der auf Instinkte festgelegten Invarianz von Tieren vergleichbar ist, gerade nicht fest-steht, sondern *In-Frage-steht*. Und der Fehler könnte sein, daß man immer wieder von ungemäßen Modellen und Analogien aus, den menschlichen Modus und den anthropo-logischen Logos zu finden trachtet, sich aber nicht auf das *Vergleichslose* einläßt, weil man der Problematik einer fragwürdigen Frage nicht die Stirne zu bieten bereit ist. Wenn dem so wäre, dann müßte die »Frage« geradezu als das für den Menschen Besondere ans Licht kommen, nicht als Quiz-Frage allerdings, die vorentschieden ist, sondern als Entscheidungs-Frage,

[4] Nietzsche, II, 763.

für die der Mensch mit dem ganzen Risiko seines *fragwürdigen* Wesens einzustehen hätte. Wenn dem so wäre, dann müßten wir bei der »Frage nach dem Menschen« also nicht den *Menschen* betonen, sondern die *Frage*, weil sie uns Entscheidendes über den Menschen zu Gesicht bringen könnte. Eine grundwichtige Blickwendung müßte ein Umdenken in Gang setzen, das sich nicht die »Frage nach dem Menschen« vorlegt, um sie zu *beantworten*, das sich vielmehr der *Fraglichkeit* dieser Frage aussetzt, um gegebene Antworten *zu ver-antworten.*

2. Von der In-Frage-Stellung des Menschen als Frage sui generis

Wenn wir bei der »Frage nach dem Menschen« den *Menschen* betonen, stellt diese Frage als Frage nach uns selbst, so scheint es, eine Identität von Fragesteller und von In-der-Frage-Gestelltem dar. Der Ausdruck »von In-der-Frage-Gestelltem« ist verräterisch, denn er weist darauf hin, daß wir nur zu oft einzig und allein darauf aus sind, durch Vorstellungen, die wir uns über uns machen, Feststellungen zu treffen, die solches, was möglicherweise weiter und umfassender ist, als das von uns verwendete inquisitionell fragende Fragen respektiert und hören will, in ein Zwangsgefüge zwingt, also gewissermaßen auf der Folter zum Sprechen bringt und folglich Geständnisse erwirkt, die gerade deshalb letztlich nichtssagend sind. Man kann zeigen, daß und inwiefern die großen philosophischen Systeme, aber auch die bereichswissenschaftliche selektive und segmentierende Forschung jeweils nur das zuläßt, was ins Konzept oder System paßt.

Immerhin, auch der Mißbrauch der *Frage* bei der »anthropologischen Frage« scheint doch mit einem Einssein von dem, *der* fragt, und dem, nach *dem* gefragt wird, rechnen zu können: der Einheit von Fragendem und *Be*fragtem, einem elementaren Zusammenhang von Fragendem und *Er*fragtem; denn immerhin sind *wir* es, die fragen, wer wir sind, und da wir faktisch sind, d.h. da der Gegenstand unseres Fragens uns durch unser eigenes Sein gegeben scheint, hält mancher dafür, daß gerade in der »Philosophischen Anthropologie« erkenntnistheoretisch alles zum Besten steht und man, wenn überhaupt irgendwo, *hier* erwarten kann, daß die Frage, und zwar verstanden als einseitig auf den Menschen gerichtete Frage, nicht als die das Fragen *befragende Frage*, eine abschließende Antwort erfährt. Daß auf diese Weise die »*Fraglichkeit der Frage*« aus dem Blick gerät, liegt auf der Hand.

Nur gar zu gern neigt man dazu, den sprachlichen Sinn des Wortes »fragen« auf das Gewünschte einzuengen. Das Wort »fragen« darf aber nicht nur in der Bedeutung von »*be*fragen« und nicht nur im Sinne von »sich erkundigen«, kurzum von Konsultation verstanden werden, die auf eine Antwort aus ist, auf Auskunft und Aussage. »Fragen« kann auch, um mit Nietzsche zu sprechen, der für dieses heute weitverbreitete, aber als bloße Phrase meist zu kurz greifende Wort verantwortlich ist, »hinterfragen« bedeuten, auch den Sinn von »sich fragen« haben. Sich fragen bedeutet auch In-Frage-stellen, also nicht nur Konsultation, sondern auch Destruktion. Die »anthropologische Frage« stellt in solchem Sinne nicht in erster Linie solche Fragen, auf die abschließende Antworten gegeben werden können, meint, wie gesagt, keine Quizfragen oder bloß rhetorische Fragen, also bereits entschiedene und von wem auch immer bereits beantwortete Fragen, sondern sie stellt *uns*, sie stellt den Menschen *infrage*. In *solchem* Sinne ist der Titel »Die *Frage* nach dem Menschen« als Herausforderung gemeint. Vielleicht ist es gerade das Wesentliche der »anthropologischen Frage«, daß sie die Kurzatmigkeit von Antworten auf eine zu kurz greifende Fragestruktur bzw. Auslegung dessen, was »fraglich« ist und in Frage steht, aufdeckt und dementsprechend Antworten in-Frage-stellt, den *Antworten* also gewissermaßen Beine macht und das Fragen der Frage, die »Fraglichkeit der Frage« auf dem laufenden hält.

Ist aber, nachdem die »anthropologischc Frage« bewußt als Frage ergriffen und verstanden wird, tatsächlich ein neuer Aggregatzustand des Fragens eingetreten, oder hat sich lediglich ein neuer Untersuchungsgegenstand an die Stelle bisher bevorzugter geschoben, während sonst alles beim Alten geblieben ist?

Zunächst gilt es, einem Mißverständnis zu wehren, das seit Ludwig Feuerbachs programmatischen Gedanken über eine »Philosophie der Zukunft« Platz gegriffen hat, daß nämlich durch die *anthropologische Wende* die *Beantwortung* der Frage: »Was ist der Mensch?« bevorsteht.

Wenn Ludwig Feuerbach im Jahre 1843 als § 54 seiner »Grundsätze der Philosophie der Zukunft« formuliert: »Die neue Philosophie macht den *Menschen* mit *Einschluß der Natur*, als der Basis des Menschen, zum *alleinigen, universalen* und *höchsten Gegenstand* der Philosophie - die *Anthropologie* also, mit *Einschluß der Physiologie, zur Universalwissenschaft*«[5], dann wirft er sämtliche bisher in Geltung befindlichen Ordnungen und Anordnungen des Systems der Philosophie und die gewohnten Beiordnungen, Über- und Unterordnungen der philosophischen Disziplinen über den Haufen. Dem 19. Jahrhundert blieb es vorbehalten, die »Philosophische Anthropologie« nicht nur unter die klassischen Disziplinen *einzureihen* und ihr nur einen Platz anzuweisen, sie betont vielmehr den unvergleichlichen Rang. Wenn der Mensch nicht nur der *alleinige*, sondern auch der *universale* und zugleich der *höchste* Gegenstand der Philosophie ist, dann wird einzig in ihm der Schlüssel für alle anderen Probleme gefunden, dann kulminieren alle anderen Probleme in ihm und dann hat auch die Metaphysik mit ihrer Frage nach Gott gegenüber der Anthropologie als der Frage nach demjenigen Wesen, das als Projektion seines eigenen Wesens Gott hervorbringt, ihre bisherige Spitzenstellung eingebüßt. Dann *konzentriert* die Anthropologie alle anderen Wissenschaften, und dann wird die Anthropologie unter Einschluß der Natur ebenso wie der Physiologie zur Universalwissenschaft. Jetzt wird, wie gesagt, der »Philosophischen Anthropologie« nicht mehr ihr Platz angewiesen. Jetzt wird von der Anthropologie her den bisherigen Disziplinen gesagt, was sie eigentlich sind. Die Anthropologie ist dann nicht mehr *eine* Disziplin *neben anderen*, sie ist als Fundamentalanthropologie *die* Wissenschaft, in die alle anderen münden und in der alle anderen gründen.

Im solchen Sinne war im 20. Jahrhundert Max Scheler der Auffassung, daß sich »alle zentralen Probleme der Philosophie auf die Frage zurückführen lassen, was der Mensch sei«. Und er vermerkt in der »Vorrede zur 1. Auflage« seiner Abhandlung über »Die Stellung des Menschen im Kosmos«, er habe »das zunehmende Glück zu sehen, daß der Großteil aller Probleme der Philosophie, die ich schon behandelt, in dieser Frage mehr und mehr koinzidierten«. Mit »Befriedigung« stellt er fest, daß »die Probleme einer Philosophischen Anthropologie heute geradezu in den Mittelpunkt aller philosophischen Problematik in Deutschland getreten sind, und daß

[5] Ludwig Feuerbach, Grundsätze der Philosophie der Zukunft, in: Sämtliche Werke (neu hrsg. von Wilhelm Bolin und Friedrich Jodl), 2. Aufl., Stuttgart-Bad Cannstatt 1959, Bd. II, 317.

auch weit hinaus über die philosophischen Fachkreise Biologen, Mediziner, Psychologen und Soziologen an einem neuen Bilde vom Wesensaufbau des Menschen arbeiten«. Zwar habe die »Selbstproblematik des Menschen in der Gegenwart ein Maximum in aller uns bekannten Geschichte erreicht«. Aber Scheler ist voller Zuversicht, daß der Mensch, nachdem »ihn keine Möglichkeit der Antwort auf diese Frage mehr schreckt«, eine »neue Form seines Selbstbewußtseins und seiner Selbstanschauung zu entwickeln« fähig sei.[6]

Die »anthropologische Wende«, die den Menschen ins Zentrum philosophischer und wissenschaftlicher Bemühungen gestellt hat, darf nicht mit der *Infragestellung* verwechselt werden, wie sie in der Fraglichkeit der Frage nach dem Menschen vor sich geht. Solange diejenige Frage, die nach dem Menschen fragt, nicht von anderer Qualität als das gegenstandsbezogene Fragen ist und als solche Fragen, die sog. Tatsachen oder sog. Gegebenheiten, gleichgültig, ob diese als Dinge oder als Wesensanschauungen vorgestellt werden, zur Sprache bringen möchten, solches also, was auf eben diese Weise der Tatsächlichkeit oder der Gegebenheit schon ist, auch wenn es noch nicht *erkannt* oder *ausgemacht* sein sollte, solange hat sich nur der Untersuchungsgegenstand, nicht aber das Fragen geändert. Alles hängt in der »Philosophischen Anthropologie« vielleicht davon ab, daß erkannt wird: die anthropologische Frage ist eine *Frage sui generis*, eine Frage, die gewissermaßen gerade nicht irgendwo und bei irgendetwas, das bereits ist, ankommt. Ihre Eigenart besteht möglicherweise gerade darin, daß sie sich nicht auf Bestehendes richtet, daß sie vielmehr gewissermaßen richtungslos, d.h. nicht festgelegt, sondern offen ist, offen für solches, was *durch* diese *Frage* überhaupt erst hervorgebracht wird. In solchem Sinne bezieht sich die anthropologische Frage nicht auf Vorfindliches, das gewissermaßen nur darauf wartet, daß das Fragen darauf stößt, um entdeckt zu werden, d.h. daß das, was irgendwie schon ist, aufgedeckt wird in seinem Vonvorneherein-schon-sein.

Die *anthropologische Frage* wäre dann nicht zielstrebig auf Gegebenes aus, sondern unterwegs in *dem*, was durch sie selbst hervorgebracht wird und das sie nach dem *durch sie* Aufgegebenen

[6] Max Scheler, Die Stellung des Menschen im Kosmos, 7. Aufl., Bern und München 1966, 5 ff.

suchen läßt. Aus einer *Grundbefindlichkeit* des *Menschen* heraus müßte dieses wesentliche Fragen überhaupt erst in der ganzen Problematik des dem Menschen möglichen Sich-findens oder Sich-verfehlen-Könnens plausibel gemacht werden. Die anthropologische Frage könnte auf diese Weise das *übliche* Fragen als ein letztlich rhetorisches entlarven und das Fragen vor einem Fragen retten, das sich der Fragwürdigkeit von Abschlüssen und Beschließungen nicht bewußt wird, weil es auf ein ur-sächlich versachlichtes Ergebnis eingeschränkt ist oder von einem teleologisch ziehenden Ziel aus angezogen wird, d.h. sich auf eine ursächlich bewirkte Wirkung verläßt oder, auf ein im voraus gestecktes Ziel hingelenkt, dieses zu erreichen gedenkt. Vielleicht entwindet sich die anthropologische Frage dem geläufigen üblichen Schema von Frage und Antwort, gewissermaßen dem *Fragen in der 1. Potenz*, das unterstellt, daß man für alles und jedes zwar aus bestimmten Gründen die Antwort auf eine Frage nicht weiß, daß eine solche aber grundsätzlich möglich ist, weil das, was befragt wird, schon und bereits ist, sei es eh, sei es je, die Zeit also nur eine untergeordnete Rolle spielt, und folglich in solchem Sein die Antwort *prinzipiell* jedenfalls feststeht oder aber die Frage *sinnlos* ist.

Ein solches *Frage-Antwort-Schema der 1. Potenz* beruht auf der Grundvoraussetzung, die eine Setzung ist, daß alles, was ist, bereits irgendwie und irgendwo in Aussagbarkeit feststeht, selbst wenn es vielleicht menschlicher Erkenntnis verschlossen bleiben sollte. Das Fragen hat also entweder von vornherein keinen Sinn, weil es nicht hinreicht, wo ihm Antwort erteilt werden kann, oder aber es zeigt sich, daß das Fragen ein sekundärer Vorgang ist, der stets auf ein bereits primär als Antwort Vorgegebenes bezogen bleibt. Entweder kann das Fragen doch nicht oder aber es braucht eigentlich gar nicht zu fragen. Dadurch wird letztlich alles Fragen zu einem rhetorischen Fragen, auf das es entweder derzeit keine Antwort gibt, obwohl diese durchaus schon gegeben ist, oder aber für das die Antwort schon feststeht. Im ersten Fall gestikuliert das Fragen gewissermaßen mit den Händen, ohne zugreifen zu können, im zweiten Fall entpuppt sich das Fragen nicht nur als sekundärer Vorgang, sondern es zeigt sich, daß es immer nachträglich ist, d.h. daß es eigentlich immer zu spät kommt. Das Frage-Antwort-Schema erweist sich, so vorgestellt, letztlich als einseitig gewichtetes objektivistisches Schema, bei dem die *Antwort* nicht nur das letzte Wort hat, sondern als erstes Wort auch jedem Fragen prinzipiell voraus ist. Das Fragen gibt dementsprechend nur den methodischen Vorgang ab, herauszubekommen, was prinzipiell immer schon beantwortet ist. Der Mensch vermag sich dieser Feststellung zwar zu entziehen und er kann das Wissen um das erste und letzte Wort auf sich beruhen lassen. Aber er geht, wenn der Logos alle Wege legt und wenn das Gesetz alles setzt, unweigerlich in die Irre, wenn er *eigene* Wege beschreitet.

In Formulierungen wie »Bestehendes«, »Gegebenes«, »Vorfindliches«, »Ursächliches«, »Zielsachliches« ist eine ganz bestimmte Vorstellung dessen, was man für das eigentliche Sein hält, wirksam. Wenn die Grundantwort auf die Frage nach dem Sein die ist, daß der λόγος alles bestimmt, also der Logos das Sagen hat, oder daß das *Ge-setz* alles fest-setzt, folglich an der geschichtlichen Entwicklung nicht zu rütteln ist, weil die Geschichte selbst jedem Revisionismus die Stirne bietet, dann ist das Fragen lediglich ein nachträgliches Suchen eines ursprünglich Vorfindlichen und Vorhersichfindenlassenden oder ein Ein-gehen auf die geschichtliche Notwendigkeit. Das Fragen setzt dann nicht mehr in Gang, vollzieht vielmehr nur nach, hält nicht in Gang, sondern kommt nur einem Vorgang auf die Spur, folgt der Veränderung, die, was ihr folgt, trägt, und die mit sich zieht, was sich ihr zu widersetzen versucht. Wenn alles, was ist, wenn das Sein im λόγος beschlossen ist und folglich lógisch erschlossen wird oder im Gesetz der Geschichte mit der Zeit ans Licht kommt und seinen Sinn zu erkennen gibt, bleibt dem Fragen nichts übrig, als nachzuvollziehen, was im *Begriff begriffen* ist und im *Gesetz festgestellt* ist. Es gibt aber offenbar auch ein Fragen, gewissermaßen ein *Fragen in der 2. Potenz*, das sich gerade über die recht verstandene und recht genutzte *anthropologische Frage* darauf besinnt, daß solche Antworten auf die Seinsfrage bei aller Ehrwürdigkeit und Publizität nicht der Fragwürdigkeit entbehren.

3. Zur anthropologischen Bedeutung von Martin Heideggers Seinsfrage

Allen anderen voran hat Martin Heidegger auf diesen Umstand aufmerksam gemacht. Hegel gilt ihm gewissermaßen als die Kulmination eines Philosophie-Begriffs, der konsequent auf »Wissen« aus ist. Wissen und die Selbstbewegung des Wissens, das sind die innersten Motive der »Philosophie«, die sich folgerichtig zur »Wissenschaft der Lógik« mausert. Anders gesagt: es geht um den inneren Zusammenhang von Wissenwollen und Sich-wissen-wollen-dem-Wissen. Heidegger möchte, und er nennt diesen Versuch bekanntlich zunächst »denkenderes« Denken, später betont »Denken« bzw. »Aufgabe des Denkens«, den Blick freidenken von lógischen Absichten und für einen Ausblick auf eine ganz andere Hinsicht vorbereiten, für die - wie er zur Zeit von »Sein und Zeit« sagt -»*fundamentalontologische*« Betrachtungsweise. Konkret bedeutet dies für ihn, daß über den Menschen weder der »Philosoph« im traditionellen Verstand noch der »Wissenschaftler« im modernen Sinne des Wortes, aber gerade auch nicht der, wie man ihn terminologisch nennen könnte, »Wissensch*aft*er« im Sinne der Hegelschen Aufhebung von Philosophie und Wissenschaft in der »Wissenschaft der Lógik« das letzte Wort sprechen können. Indem bei Hegel alle Disziplinen der Philosophie, respektive, wie er sagt, der »Enzyklopädie der philosophischen Wissenschaften« letztlich in der Theo-logie, ja in der Theológos-logie, der Lehre vom Absoluten als lógos, als Geist münden, also im sog. absoluten Wissen zur Gänze vereint sind, *Ontologie* also ursprünglich und final mit spekulativer Theologie zusammenfällt,[7] bewährt und bewahrheitet *sich* der Lógos als »Weltgeist« in allem, was ist, und durch alles, was ist, hindurch, indem er selbst *sich* und sich *selbst* dar-stellt. Insofern bewährt und bewahrheitet das »System der Wissenschaft« und die »Wissenschaft der Lógik« den spekulativen Satz, daß »das Wahre das Ganze« als »das durch seine (eigene) Entwicklung sich vollendende Wesen« ist.[8] Folgerichtig werden die Stellung des Menschen, sein Wesen und sein Name von hier aus bestimmt, *weil* diese von hier aus bestimmt sind.

Heidegger hat in seiner Freiburger Vorlesung vom Wintersemester 1930/31 in solchem Sinne in kritischer Absicht nach dem »*Leitproblem der antiken und abendländischen Philosophie*« gefragt, also nach dem, was die *gesamte* bisherige Philosophie ins

[7] Martin Heidegger, Hegels Phänomenologie des Geistes, Bd. 32 der Gesamtausgabe (hrsg. von Ingtraud Görland), Frankfurt am Main 1980, 4.

[8] G.W.F. Hegel, Phänomenologie des Geistes, Vorrede (Suhrkamp-Werkausgabe hrsg. von Eva Moldenhauer und Karl Markus Michel), Frankfurt am Main 1970, III, 24.

Auge gefaßt hat, um deutlich zu machen, daß die Stellung und das Wesen des Menschen und sein Name anders gesehen werden müssen. Im Verfolg der Gedanken von »Sein und Zeit« geschieht dies kritisch im Blick auf die primäre Antwort, durch die Hegel dieses Grundproblem zu »*seiner vollendeten Ausgestaltung*« zu bringen trachtete. »Dieses abendländische Leitproblem ... ist die Frage: ›Was ist das Seiende?‹ Der Ansatz dieser Frage steht in innerem sachlichen Zusammenhang mit dem λόγος, dem νοῦς, der ratio, dem Denken, der Vernunft, dem Wissen.« Heidegger nennt hier gewissermaßen die Litanei der abendländischen »Philosophie«: »Das besagt nicht etwa nur und zuerst, die Frage, was das Seiende sei, werde durch ein denkendes *Verfahren* behandelt und in einem Wissen theoretisch gewußt; sondern die These, wonach die Frage nach dem Seienden im Zusammenhang mit dem λόγος stehe, sagt etwas über den *Sachgehalt* dieser Frage, nämlich daß das Seiende als Seiendes, d.h. hinsichtlich seines Seins, aus dem λόγος und *als* λόγος begriffen wurde. Es sagt, daß die Ansetzung des Zusammenhangs zwischen dem Seienden, dem ὄν und dem λόγος bereits eine entscheidende und zwar nicht zufällige Antwort auf die Leitfrage der Philosophie darstellt«.[9]

Soll, was man üblicherweise und ohne großes Nachdenken »Philosophie« oder aber, seit Fichte und Hegel und Marx die »Wissenschaft«, später die Wissenschaftlichkeit der Philosophie, »Philosophie als strenge Wissenschaft«, nennt, nicht auf der durch besagte Entscheidung in Richtung auf den lógos festgelegten und in Hegel gewissermaßen kulminierenden Bahn, die sich vielleicht als Sackgasse herausstellt, verbleiben, gilt es gerade auch angesichts *dieser* Antwort auf die Frage »Was ist das Seiende« die »*Frage nach dem Sein*«, die »Seinsfrage« neu zu stellen. Damit gewinnt aber auch die »*Frage nach dem Menschen*«, und hierauf kommt es uns in diesem Zusammenhang ja vornehmlich an, denjenigen Charakter zurück, von dem ich anfangs gesprochen habe, den der *Fraglichkeit*, den der Infragestellung von *Antworten*. Anders gesagt: die *Frage* erhält ein unerhörtes Gewicht. Sie wird zum entscheidenden Gegengewicht gegen die Antworten.

Vielleicht ist der Mensch weder, wie der platonische Sokrates meinte, als φιλόσοφος noch, wie man Hegels Antwort formulieren kann, als »Wissensch*aft*er«, noch, wie es der moderne Begriff von

9 Heidegger, Hegels Phänomenologie, 17.

Wissenschaft will, als »Wissenscha*ftl*er« ursprünglich beim Namen genannt. Vielleicht wird er in seinem Sein und in seiner Existenz vielmehr ureigen als der *Fragende* angesprochen werden müssen. Das heißt nicht, daß er im üblichen Sinne des Wortes alles in Zweifel zieht und sich um Antworten herumdrückt. Das heißt vielmehr, daß er als das *wesentlich* fragende Wesen, dessen Wesen gerade in seiner Wesenlosigkeit besteht, die *Antworten*, die er gibt, *zu verantworten* hat. Dies kann guten Gewissens nicht, ohne die Möglichkeiten des Wissens ausgeschöpft zu haben, vonstatten gehen, nicht aber einzig *durch* Wissen geschehen.

Man wird daher auch sagen können: dort, wo es *wesentlich* wird, wo es nicht um Fragen nach dem Schema: wieviel ist 2x2? geht, muß der Mensch selbst *entscheiden*, und das heißt sowohl *etwas* entscheiden wie *sich* entscheiden, *ohne* durch Wissen determiniert zu sein. Anders gesagt: Wissen nimmt dem Menschen die *Entscheidung* nicht ab, bzw. Wissen versagt als entscheidendes Mittel, d.h. als Allheilmittel der Entscheidung. Damit tritt aber eine ganz andere Sorge, die sich der Mensch angelegen sein lassen sollte, zutage, nicht mehr nur die der Vermehrung oder der Vollendung des *Wissens*, sondern die Sorge um das *Sein*, das es neu zu erfahren und zu hüten, nicht aber durch Wissen und um des Wissens willen zu mißbrauchen gilt.

Von hier aus wird verständlich, weshalb Martin Heidegger schon frühzeitig und lange bevor er in einer Freiburger Vorlesung des Wintersemesters 1951/52, im Zusammenhang einer Fragestellung, die sich nicht scheut, nach jahrhunderte- und jahrtausende langem Denken die Frage aufzuwerfen: »Was heißt Denken?« und dabei nicht irgendeine Antwort »eröffnen« möchte, sondern das Ziel verfolgt, deutlich werden zu lassen, daß *»das Bedenklichste in unserer bedenklichen Zeit ist, daß wir noch nicht denken«*, den vielgelästerten und oft mißverstandenen Satz gesagt hat: »Die Wissenschaft denkt nicht«[10], bereits formuliert: »Philosophie ist *nicht* Wissenschaft«.[11] Dieser Satz ist nicht nur gegen Husserl gerichtet, er spricht sich auch gegen Hegel aus, schließt aber auch die antike Tradition mit ein, kurzum alle diejenigen, deren »innerste Absicht« es ist, die *Frage* nach dem Sein dadurch zu beantworten, daß sie es lógisch, also im Sinne des λόγος, oder sophisch, also im Sinne des

[10] Martin Heidegger, Was heißt Denken?, 2., unv. Aufl., Tübingen 1961, 3, 4.

[11] Heidegger, Hegels Phänomonologie, 18.

σοφός oder »im Geiste radikalster Wissenschaftlichkeit«, also rationalistisch bestimmen. Auf diese Weise wird, Heidegger zufolge, nicht eigentlich gedacht, also nicht im Sinne des, wie er es mitunter nennt, »denkenderen« Denkens, das im Sinne des alten deutschen Wortes »gedanc« auf Dank hinweist, folglich das, was ist, sein läßt, es also nicht in den Griff zu nehmen versucht, nicht in die Zange des Wissens nimmt, nicht es er-greifen, be-greifen und verfügbar machen möchte.

Es liegt auf der Hand, daß sich von solcher Bedénklichkeit des Denkens aus, also von seinem absoluten Herrschaftsanspruch als Wissen, wie von der Bédenklichkeit des Denkens aus, also der Frage: Was ist Denken? und einer Einsicht, daß, wie Heidegger einmal sagt, »Fragen die Frömmigkeit des Denkens« ist, für Heidegger sofort auch die Frage ergibt, ob die bisherigen Bestimmungen des *Menschen*, die ja offensichtlich Folgerungen aus dem Philosophie-Begriff sind, zutreffen, oder aber gerade des Menschen *eigentliche* Aufgabe, »Hirte« statt »Herr« des Seins zu sein, wie Heidegger formuliert, unberücksichtigt lassen. Bezeichnenderweise, und das zeigt auch, daß sich bei Heidegger der Name des Menschen aus der Bedenklichkeit des Denkens, also aus Heideggers Versuch, das Denken »denkender« und damit zugleich dankender zu machen, ergibt, kommt Heidegger unmittelbar im Anschluß an den Satz: »Die Wissenschaft denkt nicht« und die Folgerung: »wir können das Denken nur lernen, wenn wir sein bisheriges Wesen von Grund aus verlernen«,[12] dazu zu fragen, was denn, wenn der Mensch nicht im bisherigen Sinn des Wortes Denken durch das Denken definiert ist, er *ist*?

Mag auch, was ich jetzt nur andeuten kann, nicht auf die stringente und zwingende Weise, in der das Wissen spricht und begreiflich ist, nachvollziehbar sein. Wenn man berücksichtigt, daß für Heidegger nicht wie in dem beschriebenen Trend abendländischer Philosophie das, was ist, schließlich im Wissen aufgeht, daß vielmehr das, was sich dem Wissen entzieht vielleicht gerade das zu-Dénkende ist, das Wissen uns aber gerade gegen das absperrt, was als das Zú-Denkende den Menschen gerade dadurch angeht, daß es sich dem Wissen entzieht, dann wird verständlich, daß Heidegger in diesem Zusammenhang vom Menschen als demjenigen

[12] Heidegger, Was heißt Denken?, 5.

spricht, der »gezogen in das Sichentziehende, auf dem Zug in dieses und somit zeigend in den Entzug ... allererst Mensch *ist*«.[13]

Es ist ein entscheidender Unterschied, ob der Mensch verstanden wird und sich versteht als der, der sich und alles definiert bzw. lógisch als »denkende Vernunft« (Hegel) im Zuge des absoluten Geistes bestimmt auf das Sein bezogen ist, das als absolutes Wissen am Ende aller theo-lógischen und anthropo-lógischen Bemühungen steht, oder ob der Mensch, wie bei Martin Heidegger, als der, der gerade in das zeige, was sich entzieht, was sich also gerade nicht zur Erscheinung bringt und offenbar macht, ein »Zeigender« und ein »Zeichen« ist, das einem Anspruch zu entsprechen sucht, nicht begreifendes Denken, »denkende Vernunft«, sondern weisendes Andenken *ist*.

Notorischer Unverstand gegenüber solchem, was sich Verstandeskategorien nicht fügt, macht es sich zu leicht, über solche Formulierungen, in denen die *Fraglichkeit* des Menschen zum Vorschein kommt, zu spotten, Formulierungen, die man nicht versteht, während man akzeptiert, worüber man nicht nachdenkt. So spricht manch einer vom »Zug der Zeit«, dem keiner entgehen kann, und meint damit das Gesetz der Geschichte, sei es mit Hegel idealistisch, sei es wie immer sonst gedacht, jedenfalls im Sinne von Senecas berühmtem Wort: ducunt volontem fata, nolentem trahunt, den Willigen führt das Geschick, den Widerstrebenden schleppt es (mit sich) fort. Manch einer wird vielleicht auch wie Schiller den sog. »Zug des Herzens« als »des Schicksals Stimme« ansprechen. Solche sind eher Zugvögeln zu vergleichen, die es zu solchem Ende zieht, dem sie sich nicht entziehen können.

Heidegger faßt gerade nicht solche Ereignisse, solchen Zug und solches Ziehen ins Auge. Als das für den Menschen entscheidende Ereignis nennt er im Gegensatz hierzu vielmehr den »Entzug« das »Ereignis«, nicht das, was an- und daherkommt, sondern was sich uns entzieht, uns dabei aber gerade mitzieht, »ob wir es sogleich und überhaupt merken oder nicht«. Ihm ist menschliches Sein solches Sein, das »in den Zug des Entziehens« gelangt ist, weshalb er sagt: »Wir sind - nur ganz anders als die Zugvögel - auf dem Zug zu dem, was uns anzieht, indem es sich entzieht«. Heideggers Denken vollzieht sich gewissermaßen im Gegenzug gegen ein Denken, das im Laufe der Zeit und auf der Höhe der Zeit beim Logos (im

[13] idem, 5, 6.

Wissen, in *der* Wissenschaft, in der Wissenschaft = Wissen des Wissens) anzukommen meint. Ihm ist der Mensch weder φιλόσοφος noch Wissenscha*ft*er noch Wissenscha*ftl*er, denn »was sich entzieht, versagt die Ankunft«. Ihm ist der Mensch Weiser, d.h. Deuter und Zeiger in das Sich-Entziehen. Deshalb kann Heidegger sagen: »Gezogen in das Sichentziehende, auf dem Zuge in dieses und somit zeigend in den Entzug, ist der Mensch allererst Mensch. Sein Wesen beruht darin, ein solcher Zeigender zu sein«.[14]

Dies führt bei Heidegger zu einer *fundamentalontologisch akzentuierten Anthropologie*, in der vom Menschen, wie angedeutet, nicht als dem Herrn des Seins, sondern als dem Hirten des Seins gesprochen wird. Und von der zentral gestellten »Seinsfrage« aus erscheint der Mensch in Heideggers »Denken« nicht als dasjenige Wesen, dessen wesentlichste Bestimmung der lógos, und sei es in unserer Spätzeit der sozio-lógos ist, sondern als »Weiser«, gemeint: als »Zeigender«, als »Zeichen«. Es liegt auf der Hand, daß von hier aus die »Frage nach dem Menschen« eine andere Antwort - wenn überhaupt - erwarten läßt, als die, daß der Mensch wesentlich ein ζῶον λόγον ἔχον ist, das am Leitseil des absoluten Logos (er werde wie auch immer vorgestellt oder gedacht oder begriffen) oder aber an der Entwicklung der Gesellschaft als sozio-lógos sich entlanghangelt. Die *Fragwürdigkeit* der Frage nach dem Menschen besteht von hier aus gesehen folglich darin, daß man aufgrund der antiken und abendländischen Antwort, die im Sinne der Litanei λόγος, νοῦς, ratio, Denken, Vernunft, Wissen jeweils mit anderen Worten das Gleiche meint und dabei im Rahmen dessen bleibt, was man für die Antwort, für das »letzte Wort« hält.

Gerade weil Heidegger in dem Buch, das er dem Erzanthropologen Max Scheler gewidmet hat, die »Idee einer philosophischen Anthropologie« auf dem Hintergrund der »Fundamentalontologie« in ihrer eklatanten Unzulänglichkeit kritisiert (»Alle Anthropologie, auch die philosophische, hat den Menschen schon als Menschen gesetzt«[15]), bleibt anthropologischer Philosophie nichts übrig, als sich ernsthaft mit Heideggers Fundamentalontologie, die

[14] idem, 5 f.

[15] Martin Heidegger, Kant und das Problem der Metaphysik, 4., erw. Aufl., Frankfurt am Main 1973, 202, 223. - Vgl. Richard Wisser, Probleme der philosophischen Anthropologie, insbesondere der Kulturanthropologie, in: Die Welt der Bücher, 2. Folge, H. 6, Freiburg Br. 1961, insb. 287 ff.

einer »existential-philosophischen Anthropologie« die Richtung weist, auseinanderzusetzen. Ist sie es doch, wenn auch später unter anderem Namen, die zugleich um eines ursprünglicheren Verständnisses des Menschen willen wieder ursprünglich nach dem Sein zu fragen für not-wendig erachtet.

Heidegger nimmt ausdrücklich für sich in Anspruch, daß in »Sein und Zeit« »die Frage nach dem Sinn des Seins erstmals in der Geschichte der Philosophie als *Frage* eigens gestellt und entwickelt wird«.[16] Das bedeutet aber, daß bei ihm die Frage nicht von der Art der Frage-Antwort-Struktur ist, wie sie sich aus der Lógos-Struktur des Seins, aber auch der des Wissens, gar der Wissenschaft ergibt. Wenn sich das Spiel von Frage und Antwort nicht in einem bereits vorentschiedenen Spielraum des Lógischen oder des Gesetzlichen, des Wissens und des Wißbaren abspielt, folglich des Machbaren, dem alles zum »Gestell« wird, also die Verfügbarkeit alles dessen herrscht, was auf der Stelle zur Stelle, also abrufbar, greifbar, begreifbar zur Hand ist, dann ändert sich mit dem Wesen der Frage auch das Verhältnis zu den bisherigen Antworten auf die Frage nach dem Sein. Aus einer prinzipiell beantwortbaren oder, weil die Mittel fehlen, prinzipiell unbeantwortbaren Frage, wird eine Frage, die in einer anderen Erfahrung des Seins durch den Menschen gründet. Es wird nicht nach dem-immer-schon-geantwortet-Habenden gefragt, nicht nach dem bei richtiger Frage immer die richtige Antwort gebenden Gesetz.

Heidegger hat in seiner Vorlesung des Sommersemesters 1935, betitelt »Einführung in die Metaphysik«, im Zusammenhang mit der dort durchgeführten Infragestellung der gesamten bisherigen Metaphysik im Rückgriff auf einen recht verstandenen Parmenides und Heraklit formuliert: »*Das Wesen und die Weise des Menschseins kann sich ... nur aus dem Wesen des Seins bestimmen.*«[17] Nur bei naiver Erwartung konnte der Titel so verstanden werden, daß Heidegger im üblichen Sinne in die Metaphysik als in etwas einzuführen beabsichtigte, das er vertritt. Er will vielmehr in ihr *Wesen* einführen, um auf diese Weise die Metaphysik als solche zu überwinden. Soll über den Menschen etwas gesagt werden, das über die bisherige Struktur von Frage und Antwort im Sinne der geschilderten Logos- und Gesetz-Struktur hinausgeht oder ihr vorausgeht,

[16] Martin Heidegger, Einführung in die Metaphysik, Tübingen 1953, 64.

[17] idem, 106.

dann muß anders als bisher nach dem *Sein* gefragt werden und anders als bisher *gefragt* werden. »Wer der Mensch sei, das ist für die Philosophie nicht irgendwo an den Himmel geschrieben. Vielmehr gilt hier: 1. Die Bestimmung des Wesens des Menschen ist nie Antwort, sondern wesentlich Frage. 2. Das Fragen dieser Frage und ihre Entscheidung ist geschichtlich, nicht nur überhaupt, sondern das Wesen der Geschichte. 3. Die Frage, wer der Mensch sei, muß immer im Wesenszusammenhang mit der Frage gestellt werden, wie es mit dem Sein steht.«[18] Die Frage nach dem Menschen im strengen Sinne des Wortes ist folglich »keine anthropologische«, sondern eine, wie Heidegger es nennt, »geschichtlich metaphysische«. Und mit dieser Wendung möchte er zum Ausdruck bringen, daß diese Frage über die Frage-Antwort-Beziehung der bisherigen Metaphysik, die zwar nach dem Grund der Physik fragt, dabei aber über die »Physik« nicht eigentlich hinauskommt, sondern nur tiefer in sie hineinkommt, wesentlich hinausgelangen möchte.

4. Vom Vorrang des Fragens vor dem Antworten oder: Von der Verantwortung

Ich habe oben, um zu verdeutlichen, was es mit der rechtverstandenen anthropologischen Frage, also der Frage nach dem Menschen als einer Frage sui generis auf sich hat im Unterschied zu dcm geläufigen Frage-Antwort-Schema, vom Fragen in der 1. Potenz und vom Fragen in der 2. Potenz gesprochen. Gemeint ist *erstens* ein Fragen, das innerhalb des nicht in Frage gestellten Frage-Antwort-Schemas verbleibend, zwangsläufig zu einem *sekundären* Vorgang wird, weil in diesem Schema die *Antwort* nicht nur das letzte Wort hat, sondern prinzipiell jedem Fragen bereits vorausliegt, also das Wort als das Erste, das Wort als das Primäre dem Fragen vorausgeht, vorauseilt. Und gemeint ist *zweitens* ein Fragen, das in eben diesem Schema *nicht* aufgeht, weil es »die Frage nach dem Sinn des Seins« - wie Heidegger von sich selbst sagt - erstmals in der Geschichte der Philosophie *als Frage* gestellt und entwickelt hat, d.h. die Frage wegen der verwandelten

[18] idem, 107.

Qualität der Frage nicht durch Wissen und Wißbares gewissermaßen immer schon prinzipiell beantwortet ist. Wenn es so etwas gibt, dann ist das Fragen in der 2. Potenz ein unabschließbar Offenes, weil ihm nicht schon eine Antwort vorausgekommen ist, dann ist das Fragen nicht wie beim Wettlauf zwischen Hase und Igel, wie der Igel immer schon angekommen, und nur der dumme Hase strampelt sich ab, dann bringt das Fragen überhaupt erst das fragend hervor, was nicht aus Gegebenem, Gewußtem, Schonentschiedenem ableitbar ist. Es ist etwas anderes, ob das *Antworten* oder aber ob das *Fragen* vorrangig ist, ob das Fragen aus der prinzipiell vorgängigen Antwort erfolgt, oder aber ob das Fragen auf dem laufenden bleibt und auf dem laufenden hält.

Man kann sich den Unterschied verdeutlichen, wenn man das sog. Frage-Antwort-Schema, bei dem ja nur vermeintlich die Antwort auf die Frage folgt, analysiert und dabei erkennt, daß zwar der Frage *und* der Ant-wort das *Wort* vorausgeht. Die *Lógos*-beziehungsweise die *Wissens-Struktur* ist also erst dann schematisch ihrer Gänze nach benannt und gekennzeichnet, wenn man nicht nur den zweiten Bestandteil des Schemas in den Blick rückt, sondern wenn die Gesamtstruktur sichtbar gemacht wird, d.h. wenn von einem *Wort-Frage-Ant-wort-Schema* die Rede ist. Auf dieses Schema trifft dann der berühmte Satz zu: »Im Anfang war das Wort«. Falls man das Schema Wort-Frage-Ant-wort wissenschaftlich formuliert, d.h. wenn man das Schema anders benennt, nämlich: Ge-setz-Frage-Satz, wenn man also auf die Frage die Aussage des *Gesetz*-mäßigen, des Gesetz-gemäßen folgen läßt, kann man formulieren: »Im Anfang war das Ge-setz, die Satzung, der Satz«. Kein Wunder, daß innerhalb dieser miteinander zusammenhängenden Schemata die Frage-Wörter und die Frage-Sätze letztlich lediglich rhetorischen Charakter haben, weil sie entsprechend dem *Wort*, das fest*steht* und *fest* steht, und dem *Satz*, der fest*gesetzt* und *fest* gesetzt ist, nur die schon bekannte Richtung, wo's langgeht, weisen, aber keine neuen Möglichkeiten eröffnen.

Wie aber läßt sich dasjenige Schema veranschaulichen, das der *anderen* Art des Fragens Ausdruck gibt? Nun, hier steht nicht das »Wort« oder das »Gesetz« am Anfang, sondern die *Frage*, aber die Frage *als Frage*, d.h. als solches, was nicht in einem wie auch immer ergangenen Wort oder einem wie auch immer zustandegekommenen Gesetz gründet. Dementsprechend läßt *diese* Frage dann auch keine Ant-wort, keine Ent-sprechung und auch keinen zwingenden Satz, keinen Er-satz, keinen Satz, der für das Gesetz steht, ihm angemessen und gemäß ist, erwarten. *Diese* Frage provoziert auch kein dialektisches Geflecht von Erwiderungen, und sie erzwingt auch kein rigoroses Abschmettern von solchem, was dem Gesetz nicht gemäß ist. Dort, wo das Fragen nicht von vorneherein prinzipiell beantwortet ist, ja wo es mittels des Schemas Wort-Frage-Ant-wort prinzipiell nicht beantwortbar ist, ist also ein anderes Schema am Platz. Ich nenne es das von *Frage und Verantwortung*; denn dort, wo weder Fakten noch Wesenheiten gegeben sind, auf die, sei es auf Wort, sei es auf Gesetz, die entsprechende Frage und die entsprechende Ant-wort oder Aus-sage, und damit als Er-satz, bezogen werden kann, gilt es, *selbst für das einzustehen*, was ohne übernommene Ver-ant-wortung unausgesprochen und ungetan bliebe. Durch solcherart Verantwortung wird zwar eine Situation entschieden, sie steht aber prinzipiell infrage, d.h. Verantwortung hebt das Situationelle nicht auf. Ver-ant-wortung schließt nicht wie Ant-wort ab, muß sich vielmehr der *Kritik* stellen und bleibt prinzipiell in der *Krise*. Die Formel, daß der Mensch ein ζῷον λόγον ἔχον, d.h. daß er nur mittels des *Ver*standes *Stand* nimmt, sagt nicht das, was die *andere* Formel zum Ausdruck bringt, daß der Mensch als das fragende Wesen das Wesen der Verantwortung ist.

Das heißt: dort, wo gerade kein Standpunkt feststeht und kein Gesetz ständig wirksam und gesetzt ist, ist der Mensch für das, wozu *er sich* entscheidet und wofür *er selbst* einzustehen hat, verantwortlich. Dem *Schema: Frage-Verantwortung* entsprechend, ist der Mensch gründlicher als ein Wesen, dem es vorrangig und primär um das Wissen geht, ein *sittliches* Wesen. Für denjenigen, der sich durch dieses altertümliche Wort verleitet sieht, das Bedeutsame aus dem Auge zu verlieren, läßt sich das Charakteristische auch so ausdrücken: er ist ein Wesen (verbal gemeint), das sich nicht nur wie das Tier verhält, also einem festgelegten Ablaufschema, patterns und dergleichen folgt, das sich vielmehr zu *seinem Verhalten verhält*, sich also nicht analog zum Tier, dem die Instinkte den Weg bahnen, auf Wissen stützen kann, sondern sich auch zu seinem Wissen *verhalten* muß. Der Mensch geht im Wissen nicht auf. Das aber bedeutet: die *Frage* steht nicht nur am Anfang des Schemas Frage-Verantwortung, sondern auch an seinem Ende. Das Schema lautet dementsprechend zur Gänze: *Frage-Verantwortung-Frage.* Verantwortung gründet hier folglich nicht in irgendeiner Substanz, sondern wurzelt in der auf dem laufenden bleibenden und haltenden Frage.

In welchem Maße bei Martin Heidegger die Fraglichkeit der Frage nach dem Menschen wesentlich in der Frage nach dem Sein wurzelt, habe ich oben angedeutet. Und ich bin mit Heidegger der Auffassung, daß »die Frage, wer der Mensch sei, immer im Wesenszusammenhang mit der Frage gestellt werden muß, wie es mit dem Sein steht«, beziehungsweise »daß die Frage, was der Mensch sei, nur im Fragen nach dem Sein gefragt werden kann«. Aber ich benötige eine *anthropologische* Erfahrung, aufgrund deren ich einzusehen vermag, wie es zum *Fragen*, gleichgültig, ob nach dem Bahnhof gefragt wird oder - bei allem Unterschied - nach dem Sein, kommt. Ich benötige eine Erfahrung, durch die mir zugleich strukturell einsichtig wird, wogegen anthropologisch verstoßen wird, wenn es zu der von Heidegger so nachdrücklich beklagten »Lähmung der Leidenschaft des Fragens« kommt, durch die uns »das Fragen als ein Grundgeschehnis des geschichtlichen Seins fern gerückt ist«, ja uns bereits »das Verständnis der Frage ... abhanden gekommen ist«.[19]

Gerade weil für Heidegger das Fragen in der 2. Potenz so wichtig ist und er sein ganzes Augenmerk auf die durch die ursprüngliche Seinsfrage eröffneten Möglichkeiten gelenkt hat, hat er zwar die wichtige Hinsicht auf den Menschen als seinsverstehendes Wesen freigesetzt, aber auf die *anthropologische* Voraussetzung hierfür und gewissermaßen auf die Entstehungsbedingungen für das Fragen in der 2. Potenz weniger geachtet; denn wenn Heidegger Angst und Sorge als die existentialen Stimmungen analysiert, die durch die Erfahrung des Nichts und der Endlichkeit Sein als Nähe erfahren, es lassen sich vielleicht auch Angst und Sorge als Stimmungen auf solches zurückführen, dem sie entstammen, auf eine Ur-sprünglichkeit, wörtlich: auf einen Sprung, der wie bei einem Topf mitten durch den Menschen geht, auf einen *anthropologischen* Ur-sprung, auf einen Riß, eine Scheidung, ein prinzipielles Auseinanderklaffen des Menschen, eine *Grundbefindlichkeit*. Ich nenne sie die »kritisch-krisische Grundbefindlichkeit«.[20]

[19] Heidegger, Einführung in die Metaphysik, 107, 109.

[20] Vgl. zu diesem Problemkreis: Richard Wisser, Die Frage nach dem Menschen, in: Wissenschaft und Weltbild, 24. Jg., Wien 1971, 176-193; R. Wisser, Kritik und Krise als Wege zum Selbstverständnis des Menschen, in: Wissenschaft und Welt-

Was ist damit gemeint? *Grundbefindlichkeit* meint nicht eine beliebige Vorfindlichkeit, auf die der Mensch stößt, sondern die Befindlichkeit, von der er gerade abstößt, von der er nicht wie von einem Faktum ausgeht und bei der er deshalb auch nicht wie bei einem Ziel ankommt, eine Grundbefindlichkeit vielmehr, über die er bei allen Fakten, die sich aus ihr für ihn ergeben, nicht hinauskommt, die ihm aber auch nicht gestattet, bei Wesenheiten zu landen, die ihn vielmehr auf dem laufenden hält.

Was meint »*kritisch-krisische* Grundbefindlichkeit«? Auch hier in aller Kürze nur das folgende: der Mensch unterscheidet sich - und Unterscheiden, Scheiden, richtendes, d.h. separierendes sich von etwas abhebendes, ab-scheidendes Ur-teilen, das ist der eigentliche Sinn des Wortes »kritisch«, das nicht im sog. Kritisieren aufgeht, aber selbst noch in der sog. kritischen Attitüde, in der Auseinander-setzung und im Zerschneiden des Tischtuches offensichtlich ist. Aber der Satz: der Mensch unterscheidet sich ist mehrsinnig. Der Mensch unterscheidet sich nicht nur von *etwas* anderem, also von *Gegenständen*, oder von *einem* Anderen, also von *Personen*, sondern stets und unentwegt auch von *sich* und von sich *selbst*. Kein Wunder, daß aus solcher Kritik, die *vor* jeder erkenntnismäßigen Unterscheidung liegt und ein *anthropo-ontologisches Phänomen* ersten Ranges darstellt, sich die ständige Frage nach dem Was und nach dem Wer, nach dem Objekt und nach dem Subjekt, nach dem gegenständlichen Sachverhalt und nach dem ungegenständlichen Person- bzw. Ich-Verhalt ergibt, zugleich aber auch der Zwang, *antworten zu müssen*, ohne allerdings unterstellen zu können, daß die Antworten restlos aufgehen. Denn diese anthropo-ontologische Struktur der *Kritik* stellt gegebene Antworten wesensgemäß unentwegt infrage, kaum daß sie aufgrund dieser Struktur formuliert sind. Damit bringt sie die Kehrseite der Medaille, das, was ich die »*krisische* Grundbefindlichkeit« des Menschen nenne, zu Gesicht. Das ist das eine.

Hier muß betont werden: so wie der Mensch immer schon »kritisch« ist, bevor er gewissermaßen Erkenntniskritik oder Sach-

bild, 27. Jg., Wien 1974, 291-298; R. Wisser, Kritik als Weg zum Selbstverständnis des Menschen, in: Didaktische Möglichkeiten der Philosophie, hrsg. von Friedrich Borden, Frankfurt a.M. 1973, 28-47; R. Wisser, Sicherheit - Möglichkeit oder Unmöglichkeit menschlicher Existenz, in: Quo vadis Industriegesellschaft? Perspektiven zu Führungsfragen von morgen, hrsg.von Jürgen Günther, Heidelberg 1984, 201-223.

kritik oder Personkritik oder Ichkritik treibt, ist der Mensch immer schon »krisisch« - auf der Kippe, in brenzliger Situation, in gefährlicher Lage, und das ist der eigentliche Sinn des Wortes »krisisch«, das nicht bereits begriffen wird, wenn wir solches, was nicht so läuft, wie wir uns das gedacht oder ausgedacht haben, als »Krise« bezeichnen, die wir schleunigst und schnellstens hinter uns zu bringen bemüht und fähig sind. So wie wir unserem »*Kritisch*-Sein«, weil es »kritisch *sein*« ist, nicht entgehen können, können wir unserem »*Krisisch*-Sein«, weil es »krisisch *sein*« ist, nicht entkommen. Anders gesagt: wir sind gezwungen, angesichts der Scheidung und der Unaufschiebbarkeit der Situation, in der wir uns befinden und zu finden versuchen, uns zu entscheiden, ohne daß die getroffene Ent-scheidung die Grundbefindlichkeit als solche aufheben würde. Wir sind daher zwar genötigt, Antworten zu geben, aber im Bewußtsein dessen, daß Antworten gerade nicht das letzte Wort erbringen, sind gezwungen, Antworten zu geben, ohne uns aus ihnen als Antwortende, die letztlich Ver-antwortende sind, herausmogeln zu können. Wir vermögen uns nicht wie Münchhausen am eigenen Schopf aus dem Sumpf zu ziehen oder am eigenen Zopf abzuseilen. Das ist das andere.

Im Blick auf die *Schemata* von *Wort-Frage-Antwort* und von *Frage-Verantwortung-Frage* bedeutet dies: die Einsicht in die Unumgänglichkeit von Antworten, die aber nicht abschließende, sondern erschließende Antworten sind, also keine, durch die der Bart ab und die Sache gelaufen ist, verwandelt auch das *Wesen* solcher Antworten, die nicht mehr vom Typ der Antwort auf die Frage, was 2x2 ist, elementar. Der Ur-sprung bleibt in solcherart Antworten erhalten und wirksam. Da die wesentlichen Antworten im Rahmen der »kritisch-krisischen Grundbefindlichkeit des Menschen« gegeben werden müssen, d.h. nicht Bereiche betreffen, in denen durch den Grad der Abstraktion oder durch den eingeengten, abgesteckten Gesichtskreis der Forschung oder des Experiments die Antwort auf die Frage zwingend ist, weil die Frage nicht *fragt*, sondern eine in Frageform gebrachte Antwort ist - wenn das Experiment glückt, bestätigt es nur, mißlingt es, war die Frage nicht richtig gestellt -, die »kritisch-krisische Grundbefindlichkeit« aber dem lógischen Frage-Antwort-Schema und dem durch Gesetze festgesetzten Bereich vorausliegt, handelt es sich bei »kritischen« und bei »krisischen« Antworten um, wie ich sie nenne, »*verantwortete Ant-worten*«, um Antworten also, die nicht den Charakter des »Hugh, ich habe gesprochen«, haben, oder des »damit basta« oder des Diktums oder des »Amen, Amen« haben, sondern um Antworten, die *vertreten* werden müssen und nicht nur eingenommen werden können. Bei solchen Antworten kommt es darauf an, sie nicht nur zu übernehmen oder bei besserem Wissen preiszugeben. Es muß für sie vielmehr der, der sie gibt, einstehen, sie müssen verantwortet werden, und zwar stets im Bewußtsein des Risikos, das bei dem liegt, der sie vertritt.

Ich meine: nur wenn wir den endgültigen Antworten in solchen Bereichen, in denen es sie strukturell nicht geben kann, weil hier das Schema Wort-Frage-Antwort nicht am Platz ist, aus der »kritisch-krisischen Grundbefindlichkeit« heraus Ade und à Dieu sagen und ernst damit machen, daß menschliche Antworten *verantwortete* Antworten sind, Antworten, in denen der Ur-sprung, die Ursprünglichkeit, die kritisch-krisische Grundbefindlichkeit« erhalten bleibt, hat auch das bisher geübte desolate und zwangsweise zur Unmenschlichkeit führende Verfahren, diejenigen, die *meinen* Antworten nicht folgen, ja sie bezweifeln, über die Klinge springen zu lassen, keine Chance mehr, und es droht auch mir nicht, von solchen, die andere Antworten als ich geben, als »Feind der Wahrheit«, die nach dem oben beschriebenen Wissens-System vorgestellt wird (Stichwort: Logos; Stichwort: Gesetz), ausgemerzt zu werden.

Ich bin der Auffassung und ich habe sie zu begründen versucht, daß heute eine »negative« Anthropologie, also eine, die prinzipiell eine solche Positivität bestreitet, die nicht mehr mit sich reden läßt, am Platz ist, oder, wie ich sie lieber nenne, eine *»kritisch-krisische Anthropologie«*; denn eine solche entspricht der »kritisch-krisischen Grundbefindlichkeit des Menschen«. Ihr entspringen die Positionen wie die Negationen. Sie hält auf dem laufenden und macht dem Menschen Beine. Eine »kritisch-krisische Anthropologie« - »kritisch« nicht im landläufigen Sinne als Besserwisserei mißverstanden, und »krisisch« nicht als lästiges Übel perhorresziert - entspricht meines Erachtens eher dem, als was sich der Mensch grundbefindlich erfahren kann, als ein »kritisch-krisisches« Wesen, das weder in Positionen aufgeht noch bei Negationen stehenbleiben kann, aber gerade deshalb weder in Positionen noch in Negationen steckenbleiben muß.

Ausdruck dessen ist das wesentliche Fragen, das nicht nur der derangierte Modus dessen ist, der ständig Schüler bleibt und von seinem Herrn und Lehrer auf Fragen Antwort, d.h. Belehrung erfährt. Einer kritisch-krisischen Anthropologie, die nicht auf die fragende Infragestellung Verzicht leistet, stellt sich dann auch die Frage nach Rolle und Rang des Wissens und der Wissenschaft im beschriebenen Sinne. Sie geht nicht mehr davon aus oder wie selbstverständlich darauf zu, daß Wissen und Wissenschaft um ihrer selbst willen getrieben, alle Fragen beantworten. Sie erfährt vielmehr mit Betroffenheit, daß selbst der Wissenschaft und dem Wissen gegenüber *die Frage nach der Verantwortung* den in ihnen sich manifestierenden Seinsauslegungen den Boden entzieht und damit der Abgründigkeit der menschlichen Grundbefindlichkeit, dem *Ur-sprung des Menschen* entspricht, angesichts dessen eine gewandelte Metaphysik nottut.

Anthropologische Grundlagen der Verantwortung

Zunächst sei durch eine Hinleitung, die die Frage nach so etwas wie einer *anthropologischen Verwurzelung* der *Verantwortung* plausibel machen möchte, das Problem angedeutet. Sodann soll stichwortartig solches beim Namen genannt werden, was *nicht* eigens ins Auge gefaßt werden soll, selbst wenn es vielleicht konkreter anmuten mag als der vorliegend vergleichsweise formal erscheinende Ansatz. Nachdem hieran anschließend der *eigene Weg* gekennzeichnet und beschritten ist, der Weg über die Frage nach dem Menschen, über die sog. anthropologische Frage, die von anderen Fragen als Frage sui generis abgehoben zu werden verdient, weil es eine *Frage* ist, die *fraglich* bleibt, sollen *zwei unterschiedliche Frage-Schemata* beim Menschen markiert werden. Sie verweisen auf etwas, das abschließend angedeutet werden soll: auf die von mir sogenannte »kritisch-krisische Grundbefindlichkeit des Menschen«.

1. Hinleitung zum Problem

Daß die Beschäftigung mit der Ethik den, der ihr sein Augenmerk widmet, nicht schon ethisch macht, und daß auch der tiefsinnigste Denker, der sich über das Wesen der Verantwortung den Kopf zerbricht, zwar viel über diese zu sagen weiß, deshalb aber nicht ohne weiteres auch verantwortlich handelt, hängt damit zusammen, daß das idealistische Diktum des Sokrates: Wissen ist Tugend, richtigem Wissen kommt das entsprechende Handeln nicht aus, die Rechnung ohne den Wirt macht. Nichts fällt dem Menschen, sobald er erst einmal dahintergekommen ist, daß nicht nur Wissen und Wollen, sondern auch Sein und Sollen zweierlei sind, leichter, als Reden und Handeln eigene Wege gehen zu lassen, Theorie und Praxis getrennt zu betreiben sowie Begriff und Leben als Gegensätze zu betrachten. Nichts liegt dem Menschen seitdem näher, als sich um die Probe auf das ihm aufgegebene Exempel, die Einheit von Tun und Denken erst zu bewerkstelligen, herumzudrücken. Es ist sogar fraglich, ob in den seltenen Fällen, in denen man Grund zu haben meint, die Kongruenz von Wort und Tat bei einem Menschen zu rühmen, tatsächlich mehr als eine ansonsten und vergleichsweise unübliche Annäherung vorliegt.

Nicht umsonst hat Immanuel Kant, der zwar zu wissen meinte, was Sittlichkeit ist, betont, daß es unmöglich sei, auch nur in einem Fall tatsächlich und unbedenklich sittlich zu nennendes *Verhalten* festzustellen. Und auch die intellektualistischen antiken Versuche, die *Beschäftigung* mit Ethik zur höheren Form der Sittlichkeit zu erklären, sind schon damals auf Mißtrauen gestoßen. Mag die Einigkeit von Wort und Tat ein Ideal sein, real ist sie nicht - oder jedenfalls selten. Und gerade der Realist stellt allenthalben im Verhalten der Menschen nicht Einklang sondern Gegensätzlichkeit fest. Mit nichts haben die großen Erzieher der Menschheit mehr Mühe gehabt, als damit, zu bewirken, daß der Mensch dem Wissen um das rechte Handeln auch die Tat folgen läßt, mit nichts mehr Mühe als damit, zu erreichen, daß das rechte Tun des Menschen im Einklang mit seinem Wissen steht. Diskontinuität, Inkonsequenz, Diskrepanz, Gegensätzlichkeit begegnet im menschlichen Leben auf Schritt und Tritt und macht verständlich, weshalb reichlich viele Anstrengungen unternommen werden, der Instabilität Stangen einzuziehen und die Unverläßlichkeit, wie man landläufig, aber aufschlußreich sagt, Mores zu lehren.

Nachdem, und die Bibel weiß in Genesis 1, Kap. 2-4 davon zu berichten, die ersten Menschen verbotenermaßen vom »Baum der Erkenntnis von Gut und Böse« gegessen hatten, sind sie darauf gestoßen, daß nicht nur die Welt um sie herum, die Umwelt eine Welt der Gegensätze ist, sondern daß auch sie als Menschen zueinander im Verhältnis des Gegensatzes stehen, also auch die Mitwelt widersprüchlich ist, ja daß kein Mensch wegen der in ihm selbst aufbrechenden Gegensätzlichkeit fähig scheint, mit sich und seiner eigenen Innenwelt ins Reine zu kommen. Daß die Menschen sich all dessen schämten und daß sie dies durch so unzulängliche Vorkehrungen wie Feigenblätter zu kaschieren versuchten, und daß es weit über derlei Empfindungen hinaus möglich wurde, daß die Menschen-Brüder einander morden - Kain ist nur der Anfang vom Ende -, dürfte die Folge einer anthropologischen Grundbefindlichkeit sein, in der der Mensch seither umgetrieben wird.

Sie erst läßt erkennen, daß Verantwortung nicht nur dies oder jenes betrifft, sondern daß der Mensch *als Mensch* verantwortlich ist, und zwar für sein Tun und Lassen ebenso wie für sein Denken und Glauben, Lieben und Hoffen, Sollen und Wollen. Mögen sich die der Mode unterworfenen Verhüllungsmaßnahmen, die der Selbst- und Fremdtäuschung über diese Grundbefindlichkeit zu dienen scheinen, mit der Zeit zu hochkarätigen Arrangements und zu kunstvoll stilisierten Ideologien verfeinert haben, zu solchem also, in dessen Namen geschieht, wofür man sich nicht mehr zu schämen braucht, die Situation hat sich nicht wesentlich verändert. Zwar spricht es für die ersten Menschen, daß sie sich ein Gespür für das ideale Sein, wie es sein sollte, erhalten haben. Daß dieses aber nicht nur sie nicht entscheidend bestimmt hat, zeigt sich bis auf den heutigen Tag allenthalben und sollte zu denken geben.

Vielleicht ist es aber angebracht, das tatsächliche Abhängenkönnen des Handelns vom Denken und des Wissens vom Tun nicht nur als eine *Schwäche* der menschlichen Natur zu denunzieren, durch die der Mensch sich, wie man vorwurfsvoll sagt, der Verpflichtung der Pflicht und der Nötigung des Wissens entzieht. Vielleicht ist der vielbeklagte Hiatus zwischen Tun und Denken, den nicht nur die wissenschaftliche Ethik, sondern auch solche Wissenschaftler, die sich zu ihrer Verantwortung bekennen, zu überwinden trachten, und dem auch die anderen Formen der Ethik zu Leibe rücken, die dialektischen wie die um rationalen Diskurs bemühten, die idealistischen wie die materialistischen, eine *anthropologische Chance*, die den Menschen befähigt, sowohl der hohen Schule ethischer Prinzipienreiterei gegenüber skeptisch auf dem Boden zu bleiben, als auch vom Leim bindenden Wissens sich gerade ethisch distanzieren zu können. Ich möchte jedenfalls darauf aufmerksam machen, daß immer dann, wenn Rat und Tat gezwungen werden, ineinander aufzugehen, statt aufeinander zuzugehen, Gefahren drohen. Wenn das *Wissen* das letzte Wort hat, sei es in der Form der Wissenschaft im engeren Sinne, sei es in der Form des sogenannten eigentlichen Wissens, des »Wissens des Wissens«, dem Hegels »Logik« den Namen »absoluter Geist« gegeben hat, fällt es dem Handeln in den Arm und diktiert ihm sein Tun. Wenn das *Handeln* für die ultima ratio ausgegeben wird, sei es in der Form des Willens im üblichen Sinne der Aktion, sei es in der Form des eigentlichen Willens, des »Willens zum Willen«, den Nietzsche konsequenterweise als »Willen zur Macht« anspricht, gerät das Denken in Atemnot und kollabiert die Besonnenheit.

Will man den Tatbestand ins Auge fassen, ist zwar ein solcher Hinweis wie der auf Extreme, auf Hegel oder aber auf Nietzsche, lehrreich, insofern er mit der Auflösung der Spannung von Ethos und Logos konfrontiert, sei es durch die dialektische Aufhebung des Ethos *im* Logos, sei es durch die entlarvende Abschaffung des Logos *durch* das Ethos. Aber wer sich von dergleichen Verabsolutierungen von Einseitigkeiten freizuhalten versteht, die die *Grundsituation der Gegensätzlichkeit* übersehen, in der sich der Mensch befindet und findet, der wird an einer einfachen Beobachtung nicht vorbeikommen: es gibt keine ethische Vorschrift, über die nicht nachgedacht werden müßte, und kein Satz des Wissens vermag von sich aus das Handeln ohne weiteres in Gang zu setzen. Wir reden zwar in einem ungenauen Sinn davon, daß dies oder jenes nötig oder notwendig sei, eine Forderung, um die wir wissen, oder ein Wissen, das uns zu handeln fordert. Aber ebensowenig wie uns ein Wert zwingt, ihn zu verwirklichen, bringt unser Wissen ohne weiteres unser Handeln auf Trab.

Was jeder von uns an seinem eigenen Verhalten erfährt, vielleicht darf ich sagen: am eigenen Leib verspürt, was das eigene Herz zerreißen mag und uns den Kopf durcheinander bringt, und wozu jeder, dem weitverbreiteten, in uns steckenden Pharisäismus zufolge, sich veranlaßt fühlt, am Fremdverhalten tagtäglich zu mißbilligen, die Inkongruenz von Tun und Denken und die Inkonsequenz von Denken und Tun, konfrontiert mit einem bemerkenswerten, aber vielleicht gar nicht nur beklagenswerten Umstand, insofern letztlich selbst das zwingendste Wissen dem Handeln noch einen Spielraum lassen muß, und selbst das konsequenteste Handeln Wissen nicht ersetzen kann. *Menschliches* Wissen ist eben *nicht* gleich Tugend, und *menschliche* Tugend, ist, was fast noch leichter einzusehen ist, mit Wissen nicht identisch. Gerade weil beim Menschen nicht, wie es die Auffassung spekulativer Theologen über Gott ist, Wissen und Wollen ineinsfällt, die *Anthropologie* vielmehr die Eigenständigkeit zweier menschlicher Vermögen konstatieren muß, deren Verhältnis zueinander äußerst problematisch ist, entsteht überhaupt erst das Kampffeld, angesichts dessen es den Anschein haben mag, als sei dort ein Chaos der Formen ausgebrochen - ein Eindruck, der besonders dann entstehen kann, wenn man sich einen ausreichenden Überblick über die *Geschichte der Ethik* verschafft, der nicht durch die eigene Optik getrübt und eingeengt ist, die meist bekanntlich dazu neigt, nicht die Vielfalt und Gegensätzlichkeit widerzuspiegeln, sondern den eigenen Standpunkt, d.h. *sich* zu bespiegeln -, und so öffnet sich überhaupt erst das Kampffeld, auf dem mehr nur als ein Fähnlein der sieben Aufrechten sich tummelt.

2. Was nicht eigens von mir erörtert wird

Wie, so ist aber nun die Frage, ist die Verantwortung *anthropologisch* zu verwurzeln beziehungsweise, radikaler gefragt, ist sie überhaupt anthropologisch verwurzelt? Ich bin mir dessen bewußt, daß eine solche Frage, zumal in der zweiten Form heutigentags von den meisten Zeitgenossen für unnötig, ja für äußerst gefährlich gehalten wird; denn nachdem landauf landab von »Verantwortung« derart selbstverständlich wie üblich die Rede ist, dürfte auch nur die leiseste Infragestellung der Verantwortung auf Unverständnis stoßen und nichts als Kopfschütteln hervorrufen. Ich bin mir auch dessen bewußt, daß viele Zeitgenossen, die mit dem Begriff Verantwortung ganz konkrete Fragen verbinden, die nicht nur auf den Nägeln sondern im Herzen brennen, Fragen des faktischen Überlebens nicht nur von Menschengruppen, sondern der Menschheit, Fragen, die nicht nur ein Biotop sondern die Natur überhaupt betreffen, Fragen, die nicht nur ein Ballungsgebiet sondern den Erdball ins Auge fassen, Enttäuschung beschleichen mag, wenn ich eine solche vielleicht akademisch anmutende Frage stelle, eine Frage, wie es manchen Engagierten vielleicht vorkommen mag, nach des Kaisers Bart.

Man mag bedauern, daß sich meine Fragestellung auch nicht in die vielerorts diskutierte Kontroverse hineinziehen läßt, in der Hans Jonas übrigens schon mit dem Titel seines 1979 erschienenen Buches »Das Prinzip Verantwortung« bewußt zum Gegenschlag gegen Ernst Blochs »Das Prinzip Hoffnung« ausholt und betont an die Stelle einer »Utopie«, die er für ökologisch wie anthropologisch unzureichend hält, seinerseits eine den »neuen Arten und Abmaßen des Handelns ... kommensurable Ethik der Voraussicht und Verantwortung«[1] setzt, eine »Ethik der Fernverantwortung«[2]. Sie möchte die Zukunft statt als Noch-Nicht, aber Dermaleinst konkret als das

[1] Hans Jonas, Das Prinzip Verantwortung. Versuch einer Ethik für die technologische Zivilisation, Frankfurt am Main 1979, 49.

[2] Jonas, 63.

verstehen, was auf keinen Fall kommen darf: daß nämlich die Nachkommen für unsere Versäumnisse die Zeche zahlen müssen.

Mein Gesichtspunkt läßt sich auch nicht auf eine zu Hans Jonas in gewissem Sinne kontroverse Problemstellung ein, wie sie Werner Marx in seinem 1983 herausgebrachten Buch »Gibt es auf Erden ein Maß?« aufwirft, in dem er seinerseits durch die »Neubegründung einer ›Nächsten-Ethik‹ überhaupt erst die Bedingung der Möglichkeit für eine Sozialethik, aber auch für die (Jonassche) Ethik einer Fernverantwortung wie auch für die Übernahme einer (ökologischen) ›Treuhänderschaft‹ für die Natur«[3] eruieren möchte. Ich diskutiere hier auch nicht kritisch, ob es, wie Werner Marx meint, möglich und notwendig ist, im je eigenen Sterblichsein des Menschen Maße für eine »nichtmetaphysische Nächstenethik«[4] aufzudecken, die in Liebe, Mitleid und gegenseitiger Anerkennung das Maß »für verantwortliches Handeln« aufweisen möchte, das es, nachdem die »Himmlischen« (Hölderlin) nur noch von einer Minderzahl akzeptiert werden, tatsächlich »›auf Erden‹ gibt«[5].

Ich ziele mit meiner Frage auch nicht auf das ab, was ich selbst in den sechziger Jahren als »Verantwortung im Wandel der Zeit« beschrieben habe, als ich deutlich zu machen versuchte, daß Verantwortung deshalb zu einem Schlüsselwort avanciert ist, weil es das dem Menschen Obliegende nennt, Verantwortung also »nicht erst für unsere Gegenwart charakteristisch ist, sondern überhaupt erst ›Gegenwart‹ (als solche) erschließt, die mehr ist als Relikt oder Projekt, und zwar: durch den Willen, dem Neuen aufgeschlossen zu begegnen, durch die Umsicht, dem Unvordenklichen offen, Notwendigkeiten wahrzunehmen, und durch die ›schöpferische Verpflichtung‹, alle Kräfte in den Dienst der Aufgabe zu stellen, eine Möglichkeit, die sich nur mir als Wirklichkeit aufdrängt, in eine Wirklichkeit für alle zu verwandeln«[6]. Moral kann, darauf hat Emil Brunner mit Recht aufmerksam gemacht, beim Menschen geradezu zum Ersatz für die verlorene oder nicht wahrgenommene Verant-

[3] Werner Marx, Gibt es auf Erden ein Maß? Grundbestimmungen einer nichtmetaphysischen Ethik, Hamburg 1983, XIV.

[4] Marx, XVII.

[5] Marx, 60.

[6] Richard Wisser, Verantwortung im Wandel der Zeit. Einübung in geistiges Handeln, Mainz 1967. Vgl. Über die Verantwortung. Statt eines Vorworts, 1-10, 3 f.

wortlichkeit werden, wenn diese nicht mehr die »Formel seiner Wirklichkeit« sondern nur noch eine Formel für sein Sollen ist. »Wer das Wesen von Verantwortlichkeit verstanden hat, der hat das Wesen des Menschen verstanden«[7].

Schließlich drängt es mich bei meiner eigenen Fragestellung auch nicht, Stellung zu historischen Verantwortungsbegriffen zu nehmen und zu entscheiden, ob man beispielsweise Max Webers berühmte, aus der Situation der Nachkriegszeit des I. Weltkriegs heraus getroffene Unterscheidung zwischen der »Gesinnungsethik« und der »Verantwortungsethik« eingedenk der vergleichslosen Möglichkeiten, wie sie sich seit der Nachkriegszeit des II. Weltkriegs bieten und angesichts der hochrechenbaren Ausmaße eines alle Vorstellungen bisheriger Art sprengenden III. Weltkriegs für den Bereich der Politik noch aufrechterhalten darf; denn eine unbedingte »Gesinnungsethik«, die sich definitionsgemäß nicht um die Folgen kümmert, sondern gewissermaßen alles auf eine Karte setzt, erscheint nur noch wenigen Moralisten als Alternative zu einer Verantwortungsethik, die nicht außer Acht läßt, was in den Verwicklungen der Wirklichkeit an Folgen und Folgelasten aufkommen kann, und die, die Risiken kalkulierend, bereit ist, für entstehende Folgen auch aufzukommen und sie nicht der Geschichte, und das heißt letztlich den Menschen auf den Buckel zu binden.[8]

Meine Frage zielt auf die anthropologische Verwurzelung der Verantwortung, die, und ich kann nicht umhin, ihn zu nennen, ihren schärfsten Kritiker in Friedrich Nietzsche gefunden hat, zielt auf eine strukturelle Untersuchung. Ich habe im Eröffnungsband der Nietzsche-Studien im Jahre 1972 herausgearbeitet, inwiefern Nietzsche im zweiten Hauptstück seines Buches für »freie Geister«, betitelt: »Menschliches, Allzumenschliches« im Rahmen einer Erörterung über die »Geschichte der moralischen Empfindungen« umrißartig etwas markiert, das er selbst die »Lehre von der völligen Unverantwortlichkeit« jedermanns nennt[9]. Nietzsche hat auch spä-

[7] Emil Brunner, Der Mensch im Widerspruch. Die christliche Lehre vom wahren und wirklichen Menschen, 3. Aufl. Zürich 1941, 151, 38.

[8] Max Weber, Politik als Beruf, in: Gesammelte politische Schriften, München 1921, 441 f., 415, 447 ff.

[9] Richard Wisser, Nietzsches Lehre von der völligen Unverantwortlichkeit und Unschuld jedermanns, in: Nietzsche-Studien. Internationales Jahrbuch für die Nietzsche-Forschung, hrsg. von Mazzino Montinari, Wolfgang Müller-Lauter, Heinz Wenzel, Bd. 1, Berlin / New York 1972, 147-172.

ter mehrfach auf die dabei zur Sprache gebrachte Geschichte des Verantwortlichmachens und die in ihr wirksame Psychologie hingewiesen.

Es geht, Nietzsche zufolge, bei der Verantwortung kurz gesagt in Wirklichkeit und den emphatischen Gebrauch des Wortes als tendenziöse Absicht entlarvend, um nichts anderes als darum, dem Menschen, indem man vorgibt, er sei in seinen Handlungen »frei«, seine Taten zurechnen zu können. Indem man ihn, der tatsächlich für nichts verantwortlich ist, auf solche Weise verantwortlich gemacht hat, kann man ihn nun zur Verantwortung ziehen, d.h. ihn strafen und richten, kurzum: aburteilen, ja vierteilen[10]. »Man hat das Werden seiner Unschuld entkleidet, wenn irgendein So-und-So-Sein auf Wille (gemeint ist: der sog. freie Wille), auf Absichten, auf Akte der Verantwortlichkeit zurückgeführt wird: die Lehre vom (freien) Willen ist wesentlich erfunden zum Zwecke der Strafe, das heißt des Schuldigfinden-wollens«[11]. In solchem Sinne ist Verantwortung in Nietzsches Augen gewissermaßen das »Menschlich, Allzumenschliche« und gerade nicht für den potentiellen Menschen, der zum »Übermenschen« drängt, sondern für die tatsächliche Zerrform des Menschen charakteristisch, für die domestizierte, an die Leine genommene, abgespannte Fehlform. In solchem Sinne ist für Nietzsche dann Gott lediglich der Unbegriff der absoluten Verurteilungs-Instanz, ist Gott die Instanz der Verantwortung katexochen, die größer und höher, umfassender und tiefgreifender nicht gedacht werden kann, die aber ebensowenig wie irgendeine andere Instanz, die nach diesem Bild und Gleichnis gebildet ist oder von seinen Gnaden die Unschuld des Werdens vor ein selbsternanntes Tribunal zieht, berechtigt ist, Rechenschaft zu fordern.

Nietzsches »Lehre von der völligen Unverantwortlichkeit und Unschuld jedermanns« stellt die äußerste Infragestellung des uns heute selbstverständlich gewordenen Appells an die Verantwortung dar, die für indiskutabel gehalten wird, einer Verantwortung, über die alle sich einig sind und die jedermann wahrzunehmen hat, sei es - und ich paraphrasiere einige Titel der inzwischen unübersehbar gewordenen Verantwortungsliteratur - der Wissenschaftler im

[10] Friedrich Nietzsche, Zur Genealogie der Moral. Eine Streitschrift, in: Werke in drei Bänden, hrsg. von Karl Schlechta, 2. durchges. Aufl. München 1960, II, 803.

[11] Nietzsche, Götzen-Dämmerung oder Wie man mit dem Hammer philosophiert, in: Werke, II, 977 f.

Atomzeitalter, sei es der Politiker angesichts der gefährdeten Welt, sei es der Philosoph, der wie Sokrates lebte, sei es, wie Nikolaus Cusanus das schwerfällige Wort übersetzte, der Mann auf der Straße.

3. Die Fraglichkeit der Frage nach dem Menschen

Wie ist es aber möglich, die Verantwortung als etwas ansichtig zu machen, das *anthropologisch* verwurzelt ist und das nicht nur, wie Nietzsche aufgedeckt zu haben meint, etwas hinterhältig Allzumenschliches darstellt, das vielmehr strukturell ist und nicht nur ein Mittel an die Hand gibt, andere Menschen, vielleicht auch sich selbst, an die Kandarre zu legen oder nur eine dienliche Methode bereitstellt, um andere unschädlich zu machen, gar aufs Schafott zu bringen, wobei die Berufung auf die Verantwortung vor Gott als absoluter Instanz den Nachdruck unvergleichlich verstärkt und den zusätzlichen Vorteil bringt, eine weitere, eine noch höhere Berufungsinstanz endgültig auszuschließen?

Überall dort, wo etwas problematisch ist, und das sollte durch den Rückgriff auf Nietzsche demonstriert werden, ist die Frage, wie man angesichts dessen vorgeht, von entscheidender Bedeutung. Der ontologische Weg, von etwas *Gegebenem* auszugehen, wird ebenso vermieden werden müssen wie der normative Weg, auf etwas *Aufgegebenes* zurückzugreifen; denn beides kann bezweifelt werden. In beiden Fällen kommt man überdies über etwas bereits Bestehendes oder aber über vor- und vorausgesetztes Gesetztes, das nur ausgelegt, aber nicht hinterfragt werden kann oder darf, nicht hinaus. So bleibt eigentlich nur der Weg des Fragens, und da es sich um den Menschen handelt, über die *Frage nach dem Menschen.*

Soll hier jedoch nicht, bevor überhaupt richtig *gefragt* worden ist, alles schon in einer der üblich gewordenen - übrigens untereinander widersprüchlichen - *Antworten*, die im Laufe der Geschichte gegeben worden sind, enden, ist es nötig, dem Wort »Frage« in der Wendung »die Frage nach dem Menschen« den rhetorischen Charakter einer solchen Frage zu nehmen, auf die - wer und wann auch immer - eine Antwort schon parat hat oder zu haben beansprucht. Die Frage muß also Frage bleiben. Dies läßt sich vielleicht so ausdrücken: es darf die Frage nicht durch die Antwort überflüssig gemacht werden. Es muß vielmehr ihre *Fraglichkeit* erhalten bleiben. Und Antworten müssen in eben dieser Fraglichkeit gründen. Antworten überschreiten die Frage nicht, schreiten sie aber in ihrer Fraglichkeit aus.

Wenn wir allerdings üblicherweise von der »Frage nach dem Menschen« sprechen, scheint die Zielrichtung eindeutig und wie selbstverständlich auf den Menschen zu gehen, der »irgendwie« als Untersuchungs-Gegenstand *vor*gegeben und *gegeben*, vielleicht auch *auf*gegeben vorgestellt wird. Es wird dabei also etwas anvisiert, dem wir uns in gewissem Sinne nur zuzuwenden brauchen, um seiner habhaft werden zu können. Vielleicht müssen wir, die wir zumeist gewohnt sind, auf *etwas* auszugehen, bei dieser Frage - recht verstanden - jedoch gewissermaßen *in uns* gehen. Vielleicht müssen wir uns gerade von anderem ab- und uns zuwenden. Vielleicht müssen wir eine Kehre vollziehen und dem Ver-kehrten zu entgehen trachten.

Im Unterschied zu anderen Fragen, etwa der Frage nach der Natur oder der Frage nach Gott, fragt die »Frage nach dem Menschen« nach uns, aber nach uns als solchen, die möglicherweise nicht mit sich identisch sind, nach solchem also, dem weder die Substanzialität göttlichen Seins noch die Kompaktheit eines anderen Seins, es sei das gesetzlich Faßbare des Anorganischen, es sei die organisch folgerichtige Teleologie einer Pflanze, es sei die auf Instinkte festgelegte Invarianz von Tieren, *eigen* ist, selbst wenn es von alledem etwas besitzt. Gefragt wird nach einem Wesen, das gerade nicht feststeht, sondern ein durch und durch problematisches »Wesen« ist, anders gesagt: das nicht nur nicht außer Frage steht, das vielmehr in des Wortes ursprünglicher Bedeutung *in Frage steht.*

Wenn aber dem so sein sollte, dann muß in *dieser* »Frage« geradezu die *Frage* als das für den Menschen Besondere ans Licht kommen. Die Frage ist dann aber nicht reduziert auf eine Quiz-Frage, die bereits vorentschieden und beantwortet ist, bevor sie überhaupt gestellt wird. Sie ist eine Ent-scheidungs-Frage, für die der Mensch in seiner Antwort mit dem ganzen Risiko seines *fragwürdigen* Wesens einzustehen hat. Folglich müßten wir bei der Formulierung: »die Frage nach dem Menschen« also nicht den *Menschen* betonen, sondern die *Frage*, weil *sie* uns Entscheidendes über den Menschen zu Gesicht bringen könnte. Eine grundwichtige Blickwendung müßte ein Umdenken in Gang setzen, das sich nicht die »Frage nach dem Menschen« vorlegt, um sie zu *beantworten*, sondern das sich der *Fraglichkeit* dieser Frage aussetzt, um gegebene und noch zu gebende Antworten - und hier bin ich dezidiert bei meinem Thema - zu *ver-antworten*.

Zunächst scheint es aber angebracht, einem Mißverständnis zu wehren, das möglicherweise durch das Wort von der Blickwendung aufkommt. Die sogenannte »anthropologische Wende«, wie sie von Ludwig Feuerbach eingeleitet worden ist, der den Menschen ins Zentrum *philosophischer* und zugleich *wissenschaftlicher* Bemühungen stellt und dadurch erreichen möchte, daß nach langen vergeblichen Versuchen nun endlich in der »Philosophie der Zukunft« die *Beantwortung* der Frage »Was ist der Mensch?« unmittelbar bevorsteht, darf nicht mit der von mir ins Auge gefaßten *Infragestellung* verwechselt werden, wie sie in der *Fraglichkeit der Frage nach dem Menschen* vor sich geht.

Solange diejenige Frage, die nach dem Menschen fragt, nicht von anderer Qualität als das gegenstandsbezogene *Fragen* ist und als *solche* Fragen, die sogenannte Tatsachen oder sogenannte Gegebenheiten, gleichgültig, ob diese als Dinge oder als Wesensanschauungen vorgestellt werden, zur Sprache bringen möchten, solches also, was auf eben diese Weise der Tatsächlichkeit oder der Gegebenheit schon *ist*, auch wenn es noch nicht *erkannt* oder *ausgemacht* ist, solange hat sich nur der *Untersuchungsgegenstand*, nicht aber das *Fragen* geändert. Alles hängt also davon ab, daß erkannt und damit ernst gemacht wird: Die anthropologische Frage ist eine *Frage sui generis*, eine Frage, die gewissermaßen gerade nicht bei etwas, das bereits *ist* (in welcher Form auch immer es vorgestellt werden mag), ankommt. Ihre Eigenart besteht gerade nicht darin, daß sie sich auf Bestehendes richtet, sie ist vielmehr gewissermaßen richtungslos und nicht festgelegt, ist offen für solches, was *durch* diese *Frage* überhaupt erst hervorgebracht wird. In solchem Sinne bezieht sich die solcherart verstandene anthropologische Frage nicht auf Vorfindliches, das nur darauf wartet, durch das rhetorische Fragen entdeckt zu werden, nicht auf etwas, das irgendwie irgendwo irgendwann schon ist und lediglich in seinem Von-vorn-herein-schon-Sein oder in seinem Dermaleinst-Sein und jetzt Noch-nicht-Sein aufgedeckt wird.

Die »anthropologische Frage«, und ich verwende den Ausdruck jetzt als Terminus und Titel, als Leitbegriff, nicht als Phrase, ist demnach gerade nicht zielstrebig auf Gegebenes aus, sondern unterwegs *in dem*, was durch sie selbst hervorgebracht wird. Aus einer *Grundbefindlichkeit* des Menschen heraus müßte dieses wesentlich Frage bleibende Fragen überhaupt erst in der ganzen Problematik des dem Menschen möglichen Sich-Findens und Sich-ver-fehlenkönnens plausibel gemacht werden. Die anthropologische Frage könnte auf diese Weise das übliche Fragen als ein letztlich rhetorisches kenntlich machen und das fragliche Fragen gerade vor einem solchen Fragen retten, das sich der Fragwürdigkeit von Abschlüssen und Beschließungen, Beschlüssen und Abschließungen nicht bewußt ist, sei es, weil es von einem teleologisch ziehenden Ziel aus angezogen wird, das sich also im einen Fall auf eine ursächlich bewirkte Wirkung verläßt oder im anderen Fall auf ein im voraus gestecktes Ziel hingelenkt weiß und dieses zu erreichen gedenkt.

Sieht man das Problem so, dann wird es zur Aufgabe, die anthropologische Frage dem *geläufigen* und *üblichen* Schema von FRAGE und ANTWORT, gewissermaßen dem Fragen in der 1. Potenz[12] zu entwinden. Nicht, weil es dieses Schema nicht gäbe oder weil dieses Schema nicht wirksam wäre. Es gibt es in der Tat vordringlich und es ist von solch bestimmender Wirksamkeit, daß der Eindruck entsteht, daß es nur dieses Schema gibt. Über ihm sollte aber ein anderes Schema nicht aus dem Auge geraten, das für den Menschen ebenfalls kennzeichnend ist und ihm über sich bemerkenswerten Aufschluß ermöglicht.

Das *übliche* Schema unterstellt, daß, selbst wenn man aus bestimmten Gründen die Antwort auf eine Frage nicht weiß, eine solche grundsätzlich mehr oder minder erschöpfend, abschließend und endgültig möglich ist, weil das, was befragt wird, schon und bereits *ist*, sei es eh, sei es je, die Zeit also nur eine untergeordnete Rolle bei der Auf- und Entdeckung spielt. Die Antwort steht, und das allein ist wichtig, *prinzipiell* fest, oder aber die Frage ist *sinnlos*.

Ein solches FRAGE-ANTWORT-Schema, ich nenne es, wie gesagt, ein solches der 1. Potenz, beruht auf der Setzung der Grundvoraussetzung: alles, was ist, steht bereits in *Aussagbarkeit*

[12] Richard Wisser, Dimensionen der Verantwortung, in: Begegnung. Zeitschrift für Kultur und Geistesleben, 23. Jg., Nr. 4, Köln 1968, 103-107. Vgl. auch R. Wisser: Die Frage nach dem Menschen, in: Wissenschaft und Weltbild, 24. Jg., H. 3, Wien 1971, 176-193.

irgendwie, irgendwo, irgendwann fest, selbst wenn es menschlicher Erkenntnis vielleicht oder durchaus verschlossen bleiben sollte. Dort, wo das Fragen nicht hinreicht und ihm deshalb keine Antwort erteilt werden kann, Fragen zu stellen, hat keinen Sinn. Wo es aber Antwort erwarten kann und darf, zeigt sich, daß das Fragen ein sekundärer Vorgang ist, der stets auf ein bereits als Antwort Vorgegebenes bezogen bleibt. Dadurch wird letztenendes dieses Fragen zu einem rhetorischen Fragen, zu einem Fragen, das gerade keine neue Antwort, keine ursprüngliche Antwort erwartet, oder zu einem Fragen, für das die Antwort schon feststeht[13].

Im ersten Fall gestikuliert das Fragen gewissermaßen mit den Händen, ohne greifen zu können. Im zweiten Fall entpuppt es sich als sekundärer Vorgang, und somit zeigt sich, daß es immer nachträglich ist, immer zu spät kommt. Das FRAGE-ANTWORT-Schema erweist sich folglich, so vorgestellt, letztlich als einseitig gewichtetes objektivistisches Schema, bei dem die *Antwort* nicht nur das *letzte* Wort hat, bei dem - so paradox das auch klingen mag - die Antwort auch als *erstes* Wort jedem Fragen prinzipiell voraus ist. Das Fragen gibt dementsprechend nur den *methodischen* Vorgang ab, herauszubekommen, was prinzipiell immer schon beantwortet ist. Der Mensch vermag sich dieser Feststellung zwar zu entziehen und er kann das Wissen um das erste und letzte Wort auf sich beruhen lassen. Aber er geht, wenn der »λόγος« alle Wege legt und wenn das »Gesetz« alles setzt, unweigerlich in die Irre, wenn er *eigene* Wege beschreitet.

In Formulierungen wie »Bestehendes«, »Gegebenes«, »Vorfindliches«, »Ursächliches«, »Zielsächliches« usw. ist eine ganz bestimmte Vorstellung dessen, was man für das eigentliche Sein hält, wirksam. Wenn die Grundantwort auf die Frage nach dem Sein die ist, daß der λόγος alles bestimmt, also der λόγος *das* Sagen und *die* Sagen hat, oder daß das *Gesetz* alles fest-setzt und satzt, folglich an der geschichtlichen Entwicklung nicht zu rütteln ist, weil die Geschichte selbst jedem Revisionismus die Stirne bietet und den Garaus macht, dann ist das Fragen lediglich ein nachträgliches Suchen eines grundsätzlich Vorfindlichen und Vorher-sich-

[13] Richard Wisser, Die Fraglichkeit der Frage nach dem Menschen, in: Nietzsche - kontrovers, Bd. 6, hrsg. von Rudolph Berlinger und Wiebke Schrader, Würzburg 1987, 89-113; vgl. R. Wisser: Upitnost pitanja o čovjeku, in: Filozofska Istraživanja, 11, Zagreb 1984, 535-549.

finden-Lassenden oder ein Eingehen auf die geschichtliche Notwendigkeit. Das Fragen setzt dann nicht mehr in Gang, vollzieht vielmehr nur nach. Es hält nicht in Gang, sondern kommt nur einem Vor-gang auf die Spur. Es verfolgt die Veränderung, die, was *ihr* folgt, trägt, und die mit sich zieht, was sich ihr zu widersetzen versucht. Wenn alles, was ist, wenn das Sein im λόγος beschlossen ist und folglich logisch erschlossen wird oder im Gesetz der Geschichte mit der Zeit ans Licht kommt und seinen Sinn zu erkennen gibt, bleibt dem Fragen nichts übrig, als nachzuvollziehen, was im *Begriff begriffen* und im *Gesetz festgestellt* ist und wird.

4. Zwei anthropologische Frage-Schemata

Es gibt nun aber offenbar auch ein Fragen, gewissermaßen ein *Fragen in der 2. Potenz*, das sich gerade über die recht verstandene und genutzte *anthropologische Frage* darauf besinnt, daß solcherart Antworten bei aller Ehrwürdigkeit und Publizität nicht der Fragwürdigkeit entbehren. Bleiben wir beispielsweise bei Antworten auf die Frage nach dem, was den Menschen zum Menschen macht.

Vielleicht ist der Mensch weder, wie der platonische Sokrates meinte, als »philosophos« ursprünglich beim Namen genannt, noch, wie man Hegels Antwort auf die Frage formulieren kann, als - ich bediene mich eines Ausdrucks von Goethe - »Wissenschafter«, als denkendes Wesen, noch, wie es der moderne Begriff von Wissenschaft will, als »Wissenschaftler«. Vielleicht wird er in seinem Sein und in seiner Existenz vielmehr strukturell und ureigen als *der Fragende* angesprochen werden müssen. Das heißt nicht, daß er im üblichen Sinne des Wortes alles in Zweifel zieht und sich um Antworten billig herumdrückt. Das heißt vielmehr, daß er als das *wesentlich* fragende Wesen die *Antworten*, die er gibt, zu *ver*-antworten hat.

Dies kann guten Ge-wissens nicht vonstatten gehen, ohne daß er die Möglichkeiten des *Wissens* ausgeschöpft hat, kann aber auch nicht einzig *durch* Wissen geschehen. Man wird daher sagen können: dort, wo es wirklich *wesentlich* wird, wo es nicht um Fragen nach dem Schema: wieviel ist 2x2? geht, muß der Mensch selbst *entscheiden*, und entscheiden bedeutet sowohl *etwas* entscheiden, als auch *sich* entscheiden, und zwar beidemale ohne durch Wissen total determiniert zu sein. Anders gesagt: Wissen nimmt dem Menschen die *Entscheidung* nicht ab, bzw. Wissen versagt als ent-scheidendes Mittel, d.h. als Allheilmittel der Entscheidung[14]. Damit tritt aber eine ganz andere Sorge zutage, und zwar die Sorge, daß sich der Mensch angelegen lassen sein sollte, nicht mehr nur die Vermehrung oder die Perfektionierung des *Wissens* anzustreben, sondern auch die Sorge um sein *Sein* ernst zu nehmen, das es neu zu erfahren und zu hüten, nicht aber durch Wissen und um des Wissens willen zu mißbrauchen gilt.

Ich kann hier jetzt nicht auf das Denken Martin Heideggers zu sprechen kommen und auf das bei ihm, was man seine fundamentalontologisch akzentuierte Anthropologie nennen könnte. Mir geht es jetzt lediglich darum, von der Frage nach dem Menschen als einer Frage sui generis aus auf den Unterschied zu dem geläufigen FRAGE-ANTWORT-Schema, dem Fragen in der 1. Potenz, das Fragen in der 2. Potenz abzuheben. Gemeint ist, es sei nochmals betont, im ersten Fall ein Fragen, das innerhalb des nicht in Frage gestellten FRAGE-ANTWORT-Schemas verbleibend, zwangsläufig zu einem *sekundären* Vorgang wird, weil in diesem Schema die ANTWORT nicht nur das letzte Wort hat, sondern prinzipiell jedem Fragen bereits vorausliegt, also das WORT als das Erste, das WORT als das Primäre dem Fragen vorausgeht, vorauseilt. Und gemeint ist im zweiten Fall ein Fragen, das in eben diesem Schema *nicht* aufgeht, weil die Frage wegen der gewandelten Qualität der Frage nicht durch Wissen und Wißbares gewissermaßen immer schon prinzipiell beantwortet ist. Wenn es so etwas gibt, dann ist das Fragen in der 2. Potenz ein unabschließbar Offenes und Öffnendes, weil ihm nicht schon eine Antwort vorausgekommen ist. Dann ist das Fragen nicht wie beim Wettlauf zwischen Hase und Igel, wie der Igel immer schon angekommen, und nur der dumme Hase strampelt sich ab. Dann bringt das Fragen überhaupt erst fragend das hervor, was nicht aus Gegebenem, Gewußtem, Schonentschiedenem ableitbar ist. Es ist etwas anderes, ob das ANTWORTEN oder aber das FRAGEN vorrangig ist, ob das Fragen aus der prinzipiell vor-

[14] Richard Wisser, Sicherheit - Möglichkeit oder Unmöglichkeit menschlicher Existenz?, in: Quo vadis Industriegesellschaft? Perspektiven zu Führungsfragen von morgen, hrsg. von Jürgen Günther, Heidelberg 1984, 201-223. Vgl. R. Wisser, Seguridad, i posibilidad o imposibilidad de la existencia humana?, in: Folia Humanistica, Tomo XII, Núm. 258/259, Barcelona 1984, 437-455..

gängigen Antwort heraus erfolgt, oder aber ob das Fragen auf dem laufenden bleibt und auf dem laufenden hält.

Man kann sich den Unterschied verdeutlichen, wenn man das sogenannte FRAGE-ANTWORT-Schema, bei dem ja nur vermeintlich die Antwort auf die Frage folgt, analysiert und darauf stößt, daß zwar der Frage die Ant-wort, die Ent-sprechung *nachfolgt*, daß aber der Frage *und* der Ant-wort das WORT vorausgeht. Die *λόγος*-Struktur bzw. vereinfacht gesagt die *Wissens*-Struktur ist also erst dann schematisch ihrer Gänze nach benannt und gekennzeichnet, wenn man nicht nur den zweiten Bestandteil des Schemas in den Blick rückt, sondern die Gesamtstruktur sichtbar macht, d.h. wenn von einem WORT - FRAGE - ANT-WORT-Schema die Rede ist. Auf dieses Schema trifft dann der berühmte, gerade nicht nur theologisch gemeinte Satz zu: »Im Anfang war das Wort«. Falls man das Schema WORT - FRAGE - ANT-WORT wissenschaftlich formuliert, d.h. wenn man das Schema anders benennt, nämlich: Gesetz - Frage - Satz, wenn man also auf die Frage die Aussage des *Gesetz*-gemäßen des Gesetz-mäßigen folgen läßt, kann man formulieren: »Im Anfang war das Ge-setz, die Satzung, der Satz«. Kein Wunder, daß innerhalb dieser miteinander zusammenhängenden Schemata die Frage-Wörter und die Frage-Sätze letztlich lediglich rhetorischen Charakter haben, weil sie entsprechend dem *Wort*, das *fest*steht und fest *steht*, und dem *Satz*, der *fest*gesetzt und fest *gesetzt* ist, nur die schon bekannte Richtung, wo's langgeht, weisen, aber keine neuen Möglichkeiten eröffnen.

Wie aber läßt sich dasjenige Schema veranschaulichen, das der *anderen* Art des Fragens Ausdruck gibt? Nun, hier steht nicht das »Wort« oder das »Gesetz« am Anfang, sondern die *Frage*, aber die Frage *als* Frage, d.h. als solches, was nicht in einem wie auch immer ergangenen Wort oder einem wie auch immer zustande gekommenen Gesetz gründet. Dementsprechend läßt *diese* Frage dann auch keine Ant-wort, keine Ent-sprechung und auch keinen zwingenden Satz, keinen Satz, der für das Gesetz steht, ihm angemessen und gemäß ist, erwarten, keinen Er-satz. *Diese* Frage provoziert auch kein rigoroses Abschmettern von solchem, was dem Gesetz nicht gemäß ist.

Dort, wo das Fragen nicht von vorneherein prinzipiell beantwortet ist, ja wo es mittels des Schemas WORT - FRAGE - ANT-WORT prinzipiell nicht beantwortbar ist, ist also ein anderes Schema am Platz. Ich nenne es das von FRAGE und VERANTWOR-

TUNG; denn dort, wo weder Fakten noch Wesenheiten gegeben sind, auf die, sei es auf Wort, sei es auf Gesetz, die entsprechende Frage und die entsprechende Ant-wort oder Aus-sage, also als Ersatz, bezogen werden kann, gilt es, *selbst für das einzustehen*, was ohne übernommene Ver-ant-wortung unausgesprochen und ungetan bliebe. Durch solcherart Verantwortung wird zwar eine Situation in diesem oder jenem Sinne entschieden, sie steht aber prinzipiell infrage, d.h. Verantwortung hebt das Situationelle nicht auf. Ver-ant-wortung schließt nicht wie die Ant-wort ab, muß sich vielmehr der *Kritik* stellen und bleibt prinzipiell in der *Krise*. Die Formel, daß der Mensch zoon logon echon ist, d.h. daß er nur mittels des Verstandes *Stand* nimmt, sagt nicht das, was die *andere* Formel zum Ausdruck bringt, daß der Mensch als das *fragende* Wesen das Wesen der Ver-antwortung ist.

Dort, wo gerade kein Standpunkt feststeht und kein Gesetz ständig wirksam und gesetzt ist, ist der Mensch für das, wozu *er sich* entscheidet und wofür *er selbst* einzustehen hat, verantwortlich. Dem Schema: FRAGE - VERANTWORTUNG entsprechend, ist der Mensch gründlicher als ein Wesen, dem es vorrangig und primär um Wissen geht, ein *sittliches* Wesen. Für denjenigen, der sich durch dieses altertümliche Wort verleitet sieht, das Bedeutsame aus dem Auge zu verlieren, läßt sich das Charakteristische auch so ausdrücken: Der Mensch ist ein Wesen (verbal gemeint), das sich nicht nur wie das Tier verhält, also einem festgelegten Ablaufschema, patterns und dergleichen folgt, das sich vielmehr auch *zu seinem Verhalten verhält*, sich also nicht analog zum Tier, dem die Instinkte primär den Weg bahnen, gewissermaßen direkt auf Wissen stützen kann, sondern das sich auch zu seinem *Wissen verhalten* muß. Der Mensch geht im Wissen, auch im Wissen von sich, nicht auf.

Das aber bedeutet: es steht die FRAGE nicht nur am Anfang des Schemas: FRAGE - VER-ANTWORTUNG, sondern auch an seinem Ende. Das Schema lautet dementsprechend zur Gänze: FRAGE - VER-ANTWORTUNG - FRAGE. Verantwortung gründet hier folglich nicht in einer wie auch immer gearteten Substanz und Insistenz, sondern wurzelt in der auf dem laufenden haltenden Frage einer Existenz.

5. *Die »kritisch-krisische Grundbefindlichkeit des Menschen«*

Wie aber, und damit komme ich auf ein letztes, hängen etwa diese beiden Schemata in der Luft oder sind sie ihrerseits anthropologisch verwurzelt? Sind sie vielleicht in einem dritten Schema vereint, das für beide die Bedingung der Möglichkeit ist?

Ich bin in der Tat der Auffassung, daß die beiden genannten Schemata auf eine gründlichere Struktur zurückbezogen werden müssen, auf eine Ur-sprünglichkeit, wörtlich: auf einen Sprung, der, wie bei einem Topf, ohne daß er zer-springt, mitten durch den Menschen geht, auf einen anthropologischen Ur-sprung, auf einen Riß, eine Scheidung, ein prinzipielles Auseinanderklaffen des Menschen als seiner *Grundbefindlichkeit.*

Zu Beginn meiner Überlegungen habe ich, als ich auf das Problem hinzuleiten hatte, anhand einer Auslegung von Genesis I, Kap. 2-4, die sich auf Martin Buber berufen kann, auf das »Bewußtsein der Gegensätzlichkeit alles Innerweltlichen«[15] hingewiesen, auf die Gegensätzlichkeit als aktuell existente Wirklichkeit, auf den Menschen als das »in der Gegensätzlichkeit umgetriebene Wesen«[16], dessen Menschwerdung »in die Atmosphäre des Gegensätzlichen gerückt«[17] ist. Ich nenne diese Grundbefindlichkeit des Menschen die »kritisch-krisische Grundbefindlichkeit«[18].

Was ist damit gemeint? Zunächst: *Grundbefindlichkeit* meint nicht eine *beliebige* Vorfindlichkeit, auf die der Mensch stößt, sondern *die* Befindlichkeit, von der er gerade abstößt, von der er nicht wie von einem Faktum ausgeht und bei der er deshalb auch nicht wie bei einem Ziel ankommt. Es handelt sich um eine Grundbefindlichkeit, weil er bei allen Fakten, die sich aus ihr für ihn ergeben,

[15] Martin Buber, Bilder von Gut und Böse, in: Werke, Bd. 1, München 1962, 613.

[16] Buber, idem, 614, 616.

[17] Buber, idem, 617.

[18] Richard Wisser, Kritik und Krise als Wege zum Selbstverständnis des Menschen, in: Wissenschaft und Weltbild, 27. Jg., H. 4, Wien 1974, 291-298. Vgl. auch: R. Wisser, Kritik als Weg zum Selbstverständnis des Menschen, in: Didaktische Möglichkeiten der Philosophie. Aufgaben und Wege des Philosophieunterrichts. Neue Folge, hrsg. von Friedrich Borden, Frankfurt am Main 1973, 28-47. Vgl. die instruktive Untersuchung meiner Schülerin Karen Joisten, La capacidad crítica y la situatión en crisis de la condicion fundamental humana (Sobre la filosofía de Richard Wisser), in: Folia Humanistica, Tomo XXXI, Núm. 330, Barcelona 1993, 67-87. Krištiko-Krizno temeljno stanje čovjeka. O filozofiji Richarda Wissera, in: Filozofska Istraživanja, 50, Zagreb 1993, 631-645.

nicht über sie hinauskommt, die ihm aber auch nicht gestattet, bei Wesenheiten zu landen, die ihn vielmehr auf dem laufenden hält.

Was meint »*kritisch-krisische* Grundbefindlichkeit«? Auch hier in aller Kürze nur das folgende: *Der Mensch unterscheidet sich* - und unterscheiden, scheiden, richtendes, d.h. separierendes, sich von etwas abhebendes, ab-scheidendes Ur-teilen, das ist der eigentliche Sinn des Wortes »kritisch«, das nicht im sogenannten Kritisieren aufgeht, aber selbst noch in der sogenannten kritischen Attitüde, in der Aus-einander-setzung bis hin zum Zerschneiden des Tischtuches als Ausdruck des Kommunikationsabbruchs offensichtlich ist. Aber der Satz: der Mensch unterscheidet sich, ist mehrsinnig. Der Mensch unterscheidet sich nicht nur von *etwas* anderem, also von *Gegenständen* oder von Gegenständlichem an ihm, er unterscheidet sich auch von *einem* Anderen, also von *Personen* und von Persönlichem seiner selbst, unterscheidet sich stets und unentwegt gerade auch von *sich* und von sich *selbst.*

Kein Wunder, daß aus solcher Kritik, die *vor* jeder erkenntnismäßigen Unterscheidung liegt und ein *anthropo-ontologisches Phänomen* ersten Ranges darstellt, sich die ständige Frage nach dem Was und nach dem Wer, nach dem Objekt und nach dem Subjekt ergibt, nach dem gegenständlichen Sachverhalt und nach dem ungegenständlichen Person- bzw. Ich-Verhalt. Zugleich wird aber auch der Zwang und die Chance verständlich, *antworten zu müssen,* ohne allerdings unterstellen zu können, daß die Antworten restlos aufgehen; denn diese anthropo-ontologische Struktur der *Kritik* stellt gegebene Antworten wesensgemäß unentwegt infrage, kaum daß sie aufgrund dieser Struktur formuliert sind, sie trennt, ohne abzutrennen, sie unterscheidet, ohne das Verhältnis preiszugeben, sie bleibt im Vergleich auf Ungleiches bezogen. Damit bringt die Kritik die Kehrseite der Medaille, das, was ich die »*krisische* Grundbefindlichkeit« des Menschen nenne, zu Gesicht, nach dem einen das andere.

Hier muß betont werden: So wie der Mensch immer schon »kritisch« *ist*, bevor er Erkenntniskritik oder Sachkritik oder Personenkritik oder Ichkritik treibt, *ist* der Mensch immer schon »krisisch« - auf der Kippe, in brenzliger Situation, in gefährlicher Lage, und das ist der eigentliche Sinn des Wortes »krisisch«, das nicht bereits begriffen wird, wenn wir solches, was nicht so läuft, wie wir uns das gedacht oder ausgedacht haben, als »Krise« bezeichnen, die wir schleunigst und schnellstens hinter uns zu bringen bemüht *und* prinzipiell fähig sind. So wie wir unserem »*Kritisch-Sein*«, weil es »kritisch *sein*« ist, nicht entgehen können, können wir unserem »*Krisisch-Sein*«, weil es »krisisch *sein*« ist, nicht entkommen. Anders gesagt: wir sind gezwungen, angesichts der Scheidung und der Unaufschiebbarkeit der Situation, in der wir uns befinden und zu finden versuchen, uns zu ent-scheiden, ohne daß die getroffene Ent-scheidung die Grundbefindlichkeit als solche aufheben würde. Wir sind daher zwar genötigt, Antworten zu geben, aber im Bewußtsein dessen, daß Antworten gerade nicht das letzte Wort erbringen. Wir sind gezwungen, Antworten zu geben, ohne uns selbst aus ihnen als Antwortende, die letztlich Ver-antwortende sind, herausmogeln zu können. Wir vermögen uns nicht wie Münchhausen am eigenen Schopf aus dem Sumpf zu ziehen oder am eigenen Zopf abzuseilen. Das ist das andere.

Im Blick auf die Schemata VON WORT - FRAGE - ANT-WORT und von FRAGE - VER-ANTWORTUNG - FRAGE bedeutet dies: Die Einsicht in die Unumgänglichkeit von Antworten, die aber nicht abschließende, sondern erschließende Antworten sind, also keine, durch die die Sache gelaufen ist, verwandelt auch das *Wesen* solcher Antworten, die nicht mehr vom Typ der Antwort auf die Frage, was 2x2 ist, elementar. Der Ur-sprung bleibt in solcherart Antworten erhalten und wirksam. Da die wesentlichen Antworten im Rahmen der »kritisch-krisischen Grundbefindlichkeit des Menschen« gegeben werden müssen, d.h. nicht Bereiche betreffen, in denen durch den Grad der Abstraktion oder durch den eingeengten, abgesteckten Gesichtskreis der Forschung oder des Experiments die Antwort auf die Frage zwingend ist, weil die Frage nicht *fragt*, sondern eine in Frageform gebrachte *Antwort* ist - wenn das Experiment glückt, bestätigt es nur, mißlingt es, war die Frage nicht richtig gestellt -, die »kritisch-krisische Grundbefindlichkeit« aber dem logischen Frage-Antwort-Schema und dem durch Gesetze festgesetzten Bereich vorausliegt, handelt es sich bei »kritischen« *und* bei »krisischen« Antworten um, wie ich sie nenne, »*verantwortete Antworten*«, um Antworten also, die nicht den Charakter des »damit basta« oder des Diktums oder des Amen haben, sondern um Antworten, die *vertreten* werden müssen und nicht nur *eingenommen* werden können. Bei solchen Antworten kommt es darauf an, sie nicht nur zu akzeptieren oder bei besserem Wissen preiszugeben. Es muß für sie vielmehr der, der sie gibt, einstehen, sie müssen ver-antwortet werden, und zwar stets im Bewußtsein des Risikos, das bei dem liegt, der sie vertritt.

Ich meine: wenn wir den endgültigen Antworten in solchen Bereichen, in denen es sie strukturell nicht geben kann, weil hier das Schema Wort-Frage-Ant-wort nicht am Platz ist, aus der »kritisch-krisischen Grundbefindlichkeit« heraus Ade und à Dieu sagen und ernst damit machen, daß menschliche Antworten *verantwortete* Antworten sind, Antworten, in denen der Ursprung, die Ur-sprünglichkeit, die »kritisch-krisische Grundbefindlichkeit« erhalten bleibt, hat auch das bisher geübte desolate und zwangsweise zur Unmenschlichkeit führende Verfahren, diejenigen, die *meinen* Antworten nicht folgen, ja sie bezweifeln, über die Klinge springen zu lassen, keine Chance mehr. Und es droht auch mir nicht, von solchen, die andere Antworten geben als ich, als »Feind der Wahrheit«, die nach dem oben beschriebenen, aber auf solche Fälle nicht ohne weiteres anwendbaren Wissens-System vorgestellt wird (Stichwort: λόγος; Stichwort: Gesetz), ausgemerzt zu werden.

Ich bin der Auffassung, daß heute eine »negative« Anthropologie, also eine, die prinzipiell eine *solche* Positivität bestreitet, die nicht mehr mit sich reden läßt, am Platz ist, oder, wie ich sie lieber nenne, eine *»kritisch-krisische Anthropologie«*; denn eine solche entspricht der »kritisch-krisischen Grundbefindlichkeit des Menschen«. Ihr entspringen die Positionen wie die Negationen. Sie hält auf dem laufenden und macht dem Menschen Beine. Eine »kritisch-krisische Anthropologie« - »kritisch« nicht im landläufigen Sinne als Besserwisserei mißverstanden, und »krisisch« nicht als lästiges Übel perhorresziert -, entspricht meines Erachtens eher dem, als was sich der Mensch grundbefindlich erfahren kann, als ein »kritisch-krisisches« Wesen, das weder in Positionen aufgeht noch in Negationen steckenbleiben muß.

Ausdruck dessen ist das wesentliche Fragen, das nicht nur der derangierte Modus dessen ist, der ständig Schüler bleibt und von seinem Herrn und Lehrer auf schülerhafte Fragen Antwort, d.h. Belehrung erfährt. Eine solcherart verstandene Anthropologie, die nicht auf die fragende Infragestellung Verzicht leistet, stellt sich dann auch die Frage nach der Rolle und dem Rang des Wissens und der Wissenschaft im beschriebenen Sinne. Sie geht nicht mehr davon aus oder wie selbstverständlich darauf zu, daß Wissen und Wissenschaft um ihrer selbst willen getrieben, alle Fragen beantworten und außerhalb der Ver-antwortung stehen. Sie erfährt vielmehr mit Betroffenheit, daß selbst der Wissenschaft und dem Wissen gegenüber die *Frage nach der Verantwortung* den in ihnen sich manifestierenden spezifischen Seinsauslegungen den Boden souveränen Betriebs entzieht und damit der Abgründigkeit der menschlichen Grundbefindlichkeit, dem *Ur-sprung des Menschen* entspricht.

Nachweise

Albertus Magnus. Ein Mensch auf dem Weg durch die Wirklichkeit

In: Zeitschrift für Religions- und Geistesgeschichte, 38. Jg., Heft 4, Köln 1986, 311-344. »Serbokroatisch«: Albertus Magnus - čovjek na putu kroz zbiljnost. Posvećeno prof. dr Vladimiru Filipović, in: Godišnjak za povijest filozofije, 3/3/1-288, hrsg. von Goran Gretić, Zagreb 1985, 242-272 (prijevod Jasenka Kekić). Kroatisch: Albertus Magnus: čovjek na putu kroz zbiljnost, in: Richard Wisser, Filozofski putokazi, Zagreb 1992, 13-46 (s njemačkog preveo Dražen Karaman).

Von der Entdeckung des »wahren Vico«: Geschichtsmächtigkeit des Menschen und Verstehbarkeit von Geschichte. Tendenzielles - Aktuelles - Strukturelles

In: Zeitschrift für Religions- und Geistesgeschichte, 41. Jg., Heft 4, Köln 1989, 302-324. Spanisch: Descubrimiento del »verdadero« Vico: Historicidad del hombre y comprensibilidad de la Historia. Aspectos tendenciales, actuales y estructurales, in: Folia Humanistica. Ciencias - Artes - Letras, Tomo XXV, Núm. 191, Barcelona 1987, 217-232 (primera parte); Tomo XXVI, Núm. 300, Barcelona 1988, 1-11 (segunda parte); Tomo XXVI, Núm. 301, 73-78 (tercera parte). Kroatisch: o otkriću »pravoga« Vica: čovjekovo vladanje poviješću i njena shavatlijivost. O tendenciji - aktualnosti - strukturi, in: Richard Wisser, Filozofski putokazi, Zagreb 1992, 47-69. Japanisch, in: Richard Wisser, Menschsein und Fragen. Kritisch-krisische Anthropologie, Tokyo 1994, 13-47 (übersetzt von Naokatsu Kato).

»Von Hegel zu Marx«, oder »Die ungeheure Macht des Negativen«

In: bewußt sein. Gerhard Funke zu eigen. Hrsg. von Alexius J. Bucher, Hermann Drüe, Thomas M. Seebohm, Bonn 1975, 168-199. Spanisch: De Hegel a Marx o el extraordinario poder de lo negativo, in: Folia Humanistica, Tomo XIII, Núm. 154, Barcelona 1975, 659-672 (primera parte); Núm. 155, 735-749 (segunda parte). »Serbokroatisch«: »Od Hegela do Marxa« ili »Čudovišna moć negativnog«, in: Dijalog. Časopis za filozofiju i društvenu teoriju, 5-6, Sarajevo 1985, 57-82 (prevod s njemačkog Aleksa Buha). Kroatisch: »Od Hegela do Marxa« ili »Štrahovita moć negativnoga«, in: Richard Wisser, Filozofski putokazi, Zagreb 1992, 70-93.

Grundrichtungen des 19. Jahrhunderts in Abkehr von Hegel. Eine unzeitgemäß zeitgemäße Betrachtung im Blick auf den derzeitigen Gegensatz von »links« und »rechts«

In: Alte und neue Fragen und neue Wege des Denkens. Festschrift für Josef Stallmach. Hrsg. von Norbert Fischer, Johannes Nosbüsch, Karl-Anton Sprengard, Wilhelm Teichner, Bonn 1977, 216-239. Spanisch: Lineas ideológicas básicas en el siglo XIX en oposición a Hegel. Consideraciones contemporáneas sobre la contraposición »derecha-izquierda«, in: Folia Humanistica, Tomo XVI, Núm. 185, Barcelona 1978, 321-335 (primera parte); Núm. 186, 431-446 (segunda parte). Kroatisch: Osnovni pravci 19. stoljeća i njihovo odvajanje od Hegela: nesuvremeno-suvremen ogled o tadašnjoj suprotnosti »lijevog« i »desnog«, in: Richard Wisser, Filozofski putokazi, Zagreb 1992, 96-119.

Friedrich Nietzsche: Übermensch in Sicht?

In: Perspectives. A collection of Essays in Honor of G. A. Rauche. Ed. by Ratnamala Singh, Durban-Westville 1986, 79-103. »Serbokroatisch«: Fridrih Niče: Nadčovek na pomulu?, in: Dijalog. Časopis za filozofiju i društvenu teoriju, 1-2, Sarajevo 1985, 37-55 (preveo Danilo N. Basta). Spanisch: Friedrich Nietzsche: ¿El superhombre al la vista?, in: Folia Humanistica, Tomo XXIV, Núm. 277, Barcelona 1986, 97-120. Japanisch, in: Tetsugaku-Sekai, No. 12, Waseda-University, Tokyo 1989, 109-132 (übersetzt von Akira Nitta). Deutsch und türkisch: Friedrich Nietzsche: Üstün insan görünürde mi?, in: Felsefe Arkivi. Edebiyat Fakültesi Basimevi, Sayi: 27, Istanbul 1990, deutsch 47-73, türkisch 75-97. Kroatisch: Friedrich Nietzsche: nadčovjak na pomolu?, in: Richard Wisser, Filozofski putokazi, Zagreb 1992, 120-140. Japanisch, in: Richard Wisser, Menschsein und Fragen. Kritisch-krisische Anthropologie, Tokyo 1994, 145-177 (übersetzt von Akira Nitta und Teruo Machida).

Philosophie - Wissenschaft - Denken. Historisch-systematische Knotenpunkte eines problematischen Verhältnisses: Vico - Hegel - Heidegger

In: Ökologie und Humanökologie. Beiträge zu einem ganzheitlichen Verstehen unserer geschichtlichen Welt. Hrsg. von Hartmut Wehrt und Rainer Heege, Frankfurt am Main, Bern, New York, Paris 1991, 229-255. Spanisch: Filosofía - Ciencia - Pensamiento. Puntos de intersección histórico-sistemática de una relación problemática, in: Folia Humanistica, Tomo XXI, Núm. 297, Barcelona 1987, 627-647. Auch in: La Ciencia y la Técnica ante la ética y el derecho. XI Symposium Internacional de la Ciencia del Hombre. Editor Francisco Arasa, Barcelona 1988, 127-148. Japanisch, in: Zeitschrift der Philosophischen Gesellschaft. Hrsg. von der Philosophischen Gesellschaft der Gakushuin-Universität, Nr. 13, Tokyo 1989, 1-29 (übersetzt von Atsuko Kato). »Serbokroatisch«: Filozofija - Znanost - Mišljenje. Historijsko-sistematska čvorišta problematičnoga odnosa, in: Umjetnost i Revolucija. Spomenica Danku Grliću (1923-1984). Hrsg. von Gajo Petrović, Zagreb 1989, 292-307 (preveo s njemačkog: Tomislav Martinović). Kroatisch: Filozofija - znanost - mišljenje. Historijsko-sustavna čvorišta jednoga problematičnog odnosa, in: Richard Wisser, Filozofski putokazi, Zagreb 1992, 143-163. Japanisch, in: Richard Wisser, Menschsein und Fragen. Kritisch-krisische Anthropologie, Tokyo 1994, 49-80 (übersetzt von Tadahiko Eguro).

Hegel und Heidegger, oder: Die Wende vom Denken des Denkens zum Seinsdenken

In: Synthesis philosophica, vol. 2, fasc. 2, Zagreb 1987, 301-336. »Serbokroatisch«: Hegel i Heidegger, ili: obrat od mišljenja mišljenja k mišljenju bitka, in: Filozoska istraživanja, 24, Zagreb 1988, 101-121 (s njemačkogo preveo Dražen Karaman). Spanisch: Hegel y Heidegger o el paso desde pensamiento sobre el pensar al pensamiento sobre el ser, in: Folia Humanistica, Tomo XXVI, Núm. 304, Barcelona 1988, 299-313 (primera parte); Tomo XXVII, Núm. 304, Barcelona 1988, 299-313 (segunda parte). Kroatisch: Hegel i Heidegger ili: obrat od mišljenja mišljenja k mišljenju bitka, in: Richard Wisser, Filozofski putokazi, Zagreb 1992, 164-189. Spanisch: Hegel y Heidegger o el paso del pensar el pensar al pensar del ser, in: Texto y contexto. Heidegger, Numero 21, Santafé de Bogotá (Colombia) 1993, 59-88.

Martin Heideggers vierfältiges Fragen. Vor-läufiges anhand von »Was ist Metaphysik?«

In: Martin Heidegger. Unterwegs im Denken. Symposion im 10. Todesjahr. Hrsg. von Richard Wisser, Freiburg/München 1987, 15-50. »Serbokroatisch«: Heideggerovo četverostruko pîtanje. O prethodnom i privremenom uz predavanje »Što je metafizika?«, in: Filozofska istraživanja, 17, Zagreb 1986, 445-461 (preveo Dražen Karaman). Spanisch: La cuádruple cuestión de Martin Heidegger. Consideraciones provisionales a propósito de »¿Qué es Metafísica?«, in: Folia Humanistica, Tomo XXVII, Núm. 310, Barcelona 1989, 355-379. Deutsch und türkisch, in: Metafizik nedir? Martin Heidegger: Was ist Metaphysik?, Türkiye Felsefe Kurumu. Çeviri Dizivi: 1. zweisprachige Ausgabe, Ankara 1991: Martin Heideggers vierfältiges Fragen. Vor-läufiges anhand von »Was ist Metaphysik?« - Martin Heidegger'in Dürtlü Sorgulamasi »Metafizik nedir?« le Öncü-Olana Bakmak. Hrsg. von Ioanna Kuçuradi und Yusuf Örnek, 53-87. 2. Aufl. Ankara 1994. Kroatisch: Heideggerovo četverostruko pitanje. O prethnodnom i privremenom uz predavanje »Što je metafizika?«, in: Richard Wisser, Filozofski putokazi, Zagreb 1992, 190-210. Japanisch, in: Richard Wisser, Menschsein und Fragen. Kritisch-krisische Anthropologie, Tokyo 1994, 81-112 (übersetzt von Tetsu Suzuki).

Aneignung und Unterscheidung: Existenzphilosophie im Kampf um die Existenz der Philosophie. Karl Jaspers und Martin Heidegger

In: Theologie und Philosophie, 59. Jg., Freiburg/Basel/Wien 1984, 39-54. Auch in: Karl Jaspers Today. Philosophy at the Threshold of The Future. Ed. by Leonard H. Ehrlich and Richard Wisser, University Press Washington 1988, 341-361. Auch in: Richard Wisser, Karl Jaspers: Philosophie in der Bewährung. Vorträge und Aufsätze, Würzburg 1995, 99-121. 2. Aufl. Würzburg 1995. Spanisch: Asimilación y diferenciación. La Filosofía Existencial en la lucha por la existencia de la Filosofía, in: Folia Humanistica, Tomo XXI, Núm. 250, Barcelona 1983, 649-667. Englisch: Jaspers, Heidegger, and the Struggle of Existenz-Philosophy for the Existence of Philosophy, in: International Philosophical Quarterly, Vol. XXIV, No. 2, Fordham University, New York 1984, 141-155 (translated by Edith Ehrlich). Französisch: Appropriation et discernement. Le combat de la philosophie de l'existence et l'existence de la philosophie. Karl Jaspers et Martin Heidegger, in: Revue de Metaphysique et de Morale, 91e année, N° 1, Paris 1986, 3-23 (traduit par Maurice de Gandillac). Italienisch: Appropriazione e discernimento. La filosofía dell' esistenza in lotta per l'esistenza della filosofía: Karl Jaspers e Martin Heidegger, in: Heidegger. A cura di Giorgio Penzo, Brescia 1990, 75-98 (tr. di G. Colombi). Kroatisch: Usvajanje i razlučivanje. Filozofija egzistencije u borbi za egzistenciju filozofije. Jarl Jaspers i Martin Heidegger, in: Richard Wisser, Filozofski putokazi, Zagreb 1992, 230-247.

Anthropologie: Disziplin der Philosophie oder Kriterium für Philosophie?

In: Kant-Studien, 78. Jg., Heft 3, Berlin-New York 1987, 290-313. Kürzere Fassung spanisch: Antropología: ¿Disziplina filosófica o criterio de filosofía?, in: Cultura y existencia humana. Homenaje al profesor Jorge Uscatescu. Hrsg. von José Antonio Merino, Madrid 1985, 359-377. Japanisch, in: Kyoko-Ronshu. Liberal Arts Review. Kokushikan University, Vol. 19, No. 2, Tokyo 1994, 69-98 (übersetzt von Toru Nakajima und Takaya Hayashi).

Die Selbstentdeckung des Menschen und Arnold Gehlens Kulturanthropologie

In: Spectrum. Essays presented of Sutan Takdir Alisjahbana on his seventieth birthday. Ed. by S. Udin, Jakarta (Indonesien) 1978, 429-451. Kurzfassung spanisch: La ética pluralista de Arnold Gehlen o el laberinto de los formas morales antagónicas, in: Folia Humanistica, Tomo IX, Núm. 108, Barcelona 1971, 961-973. Kroatisch: Čovjekovo otkrivanje samoga sebe i kuturna antropologija Arnolda Gehlena, in: Richard Wisser, Filozofski putokazi, Zagreb 1992, 251-267.

Kritik und Krise als Wege zum Selbstverständnis des Menschen

In: Wissenschaft und Weltbild, 27. Jg., Wien 1974, 291-298. Kroatisch: Kritika i kriza putovi k čovjekovnom shvacanju samago sebe, in: Richard Wisser, Filozofski putokazi, Zagreb 1992, 270-284.

Nietzsches Lehre von der völligen Unverantwortlichkeit und Unschuld jedermanns

In: Nietzsche-Studien, Bd. 1, Berlin-New York 1972, 147-172. Spanisch: La doctrina de Nietzsche sobre la absoluta irresponsabilidad e inocencia de todo hombre, in: Folia Humanistica, Tomo XII, Núm. 138, Barcelona 1974, 449-458 (primera parte); Núm. 139/140, 539-549 (segunda parte); Núm. 141, 647-656 (tercera parte). Kroatisch: Nietzscheov nauk o lišenosti svake odgovornosti i nevinosti svih, in: Richard Wisser, Filozofski putokazi, Zagreb 1992, 285-311. Japanisch, in: Nietzsche lesen. Waseda-Universität, Tokyo 1993, 85-117 (übersetzt von Takahiro Kadokura und Akira Nitta).

Die Fraglichkeit der Frage nach dem Menschen

In: Nietzsche - kontrovers, Bd. 6, hrsg. von Rudolph Berlinger und Wiebke Schrader, Würzburg 1986, 89-113. Spanisch: Cuestionabilidad de la cuestión del hombre, in: Folia Humanistica, Tomo XXV, Núm. 291, Barcelona 1987, 217-232 (primera parte); Núm. 292, 297-304 (segunda parte). »Serbokroatisch«: Upitnost pitanja o čovjeku, in: Filozofska istraživanja, 11, Zagreb 1984, 535-549 (preveo: Dražen Karaman). Kroatisch: Upitnost pitanja o čovjeku, in: Richard Wisser, Filozofski putokazi, Zagreb 1992, 312-330. Japanisch, in: Richard Wisser, Menschsein und Fragen. Kritisch-krisische Anthropologie, Tokyo 1994, 113-143 (übersetzt von Toru Nakajima).

Anthropologische Grundlagen der Verantwortung

In: Wirtschaftpädagogik im Spektrum ihrer Problemstellung. Festschrift zum 65. Geburtstag von Joachim Peege. Hrsg. von Manfred Becker und Ulrich Pleiß, Baltmannsweiler 1988, 1-18. Spanisch: Bases antropológicas de la responsabilidad, in: Folia Humanistica, Tomo XXIII, Núm. 272, Barcelona 1985, 505-524. Kroatisch: Antropološke osnove odgovornosti, in: Richard Wisser, Filozofski putokazi, Zagreb 1992, 331-347.

Personenverzeichnis